20/24

COORDENADORES
GILBERTO CARLOS **MAISTRO JUNIOR**
MARCELO JOSÉ **LADEIRA MAUAD**

RESPONSABILIDADE CIVIL NAS RELAÇÕES DE TRABALHO

HOMENAGEM A **VALDIR FLORINDO**

Adalberto Martins · **Alexandre** de Mello Guerra · **André Cremonesi** · **Augusto** Grieco Sant'Anna Meirinho · **Carlos Augusto** Marcondes de Oliveira Monteiro · **Célio** Pereira Oliveira Neto · **Cristina** Paranhos Olmos · **Denise** Vital e Silva · **Dulce Maria** Soler Gomes Rijo · **Epifanio** A. Nunes · **Erotilde** Ribeiro dos Santos Minharro · **Francisco** Ferreira Jorge Neto · **Gabriela** Neves Delgado · **Gilberto Carlos** Maistro Junior · **Giuliano** Rossi de Migueli · **Guilherme** Guimarães Feliciano · **Gustavo** Magalhães de Paula Gonçalves Domingues · **Homero** Batista Mateus da Silva · **Ingrid Elise** Scaramucci Fernandes · **Ivani** Contini Bramante · **Jorge** Pinheiro Castelo · **José Affonso** Dallegrave Neto · **José Augusto** Rodrigues Jr. · **José Ricardo** da Silva · **Lady Ane** de Paula Santos Della Rocca · **Laura** Haj Mussi Pereira Oliveira · **Manoel Jorge** e Silva Neto · **Marcelo Benacchio** · **Marcelo José** Ladeira Mauad · **Marco Antonio** Marques da Silva · **Marco Aurélio** Fernandes Galduróz Filho · **Natália** Zambon Marques da Silva Mazza Melfi · **Otavio** Pinto e Silva · **Paulo Eduardo** Vieira de Oliveira · **Priscilla Milena** Simonato de Migueli · **Regina** Duarte · **Renato** Munuera Belmonte · **Ricardo** Nino Ballarini · **Ricardo** Pereira de Freitas Guimarães · **Rodolfo** Pamplona Filho · **Sergio Aparecido** Macário · **Sergio** Pinto Martins · **Silvana** Andrade Sponton · **Tarso** de Melo · **Thiago** Trindade Abreu da Silva Menegaldo · **Yone** Frediani

Dados Internacionais de Catalogação na Publicação (CIP) de acordo com ISBD

R434

Responsabilidade Civil nas Relações de Trabalho: Homenagem a Valdir Florindo / coordenado por Gilberto Carlos Maistro Junior, Marcelo José Ladeira Mauad. - Indaiatuba, SP : Editora Foco, 2024.

616 p. ; 17cm x 24cm.

Inclui bibliografia e índice.

ISBN: 978-65-6120-123-0

1. Direito. 2. Direito civil. 3. Relações trabalhistas. I. Maistro Junior, Gilberto Carlos. II. Mauad, Marcelo José Ladeira. III. Título.

2024-1687

CDD 347   CDU 347

Elaborado por Odilio Hilario Moreira Junior - CRB-8/9949

Índices para Catálogo Sistemático:

1. Direito civil 347

2. Direito civil 347

COORDENADORES

GILBERTO CARLOS **MAISTRO JUNIOR**
MARCELO JOSÉ **LADEIRA MAUAD**

RESPONSABILIDADE CIVIL NAS RELAÇÕES DE TRABALHO

HOMENAGEM A **VALDIR FLORINDO**

Adalberto Martins · **Alexandre** de Mello Guerra · **André** Cremonesi · **Augusto** Grieco Sant'Anna Meirinho · **Carlos Augusto** Marcondes de Oliveira Monteiro · **Célio** Pereira Oliveira Neto · **Cristina** Paranhos Olmos · **Denise** Vital e Silva · **Dulce Maria** Soler Gomes Rijo · **Epifanio** A. Nunes · **Erotilde** Ribeiro dos Santos Minharro · **Francisco** Ferreira Jorge Neto · **Gabriela** Neves Delgado · **Gilberto Carlos** Maistro Junior · **Giuliano** Rossi de Migueli · **Guilherme** Guimarães Feliciano · **Gustavo** Magalhães de Paula Gonçalves Domingues · **Homero** Batista Mateus da Silva · **Ingrid Elise** Scaramucci Fernandes · **Ivani** Contini Bramante · **Jorge** Pinheiro Castelo · **José Affonso** Dallegrave Neto · **José Augusto** Rodrigues Jr. · **José Ricardo** da Silva · **Lady Ane** de Paula Santos Della Rocca · **Laura** Haj Mussi Pereira Oliveira · **Manoel Jorge** e Silva Neto · **Marcelo** Benacchio · **Marcelo José** Ladeira Mauad · **Marco Antonio** Marques da Silva · **Marco Aurélio** Fernandes Galduróz Filho · **Natália** Zambon Marques da Silva Mazza Melfi · **Otavio** Pinto e Silva · **Paulo Eduardo** Vieira de Oliveira · **Priscilla Milena** Simonato de Migueli · **Regina** Duarte · **Renato** Munuera Belmonte · **Ricardo** Nino Ballarini · **Ricardo** Pereira de Freitas Guimarães · **Rodolfo** Pamplona Filho · **Sergio** Aparecido Macário · **Sergio** Pinto Martins · **Silvana** Andrade Sponton · **Tarso** de Melo · **Thiago** Trindade Abreu da Silva Menegaldo · **Yone** Frediani

2024 © Editora Foco

Coordenadores: Gilberto Carlos Maistro Junior e Marcelo José Ladeira Mauad
Autores: Adalberto Martins, Alexandre de Mello Guerra, André Cremonesi,
Augusto Grieco Sant'Anna Meirinho, Carlos Augusto Marcondes de Oliveira Monteiro,
Célio Pereira Oliveira Neto, Cristina Paranhos Olmos, Denise Vital e Silva, Dulce Maria Soler Gomes Rijo,
Epifanio A. Nunes, Erotilde Ribeiro dos Santos Minharro, Francisco Ferreira Jorge Neto,
Gabriela Neves Delgado, Gilberto Carlos Maistro Junior, Giuliano Rossi de Migueli,
Guilherme Guimarães Feliciano, Gustavo Magalhães de Paula Gonçalves Domingues,
Homero Batista Mateus da Silva, Ingrid Elise Scaramucci Fernandes, Ivani Contini Bramante,
Jorge Pinheiro Castelo, José Affonso Dallegrave Neto, José Augusto Rodrigues Jr., José Ricardo da Silva,
Lady Ane de Paula Santos Della Rocca, Laura Haj Mussi Pereira Oliveira, Manoel Jorge e Silva Neto,
Marcelo Benacchio, Marcelo José Ladeira Mauad, Marco Antonio Marques da Silva,
Marco Aurélio Fernandes Galduróz Filho, Natália Zambon Marques da Silva Mazza Melfi,
Otavio Pinto e Silva, Paulo Eduardo Vieira de Oliveira, Priscilla Milena Simonato de Migueli, Regina Duarte,
Renato Munuera Belmonte, Ricardo Nino Ballarini, Ricardo Pereira de Freitas Guimarães,
Rodolfo Pamplona Filho, Sergio Aparecido Macário, Sergio Pinto Martins, Silvana Andrade Sponton,
Tarso de Melo, Thiago Trindade Abreu da Silva Menegaldo, Yone Frediani
Diretor Acadêmico: Leonardo Pereira
Editor: Roberta Densa
Coordenadora Editorial: Paula Morishita
Revisora Sênior: Georgia Renata Dias
Capa Criação: Leonardo Hermano
Diagramação: Ladislau Lima e Aparecida Lima
Impressão miolo e capa: FORMA CERTA

DIREITOS AUTORAIS: É proibida a reprodução parcial ou total desta publicação, por qualquer forma ou meio, sem a prévia autorização da Editora FOCO, com exceção do teor das questões de concursos públicos que, por serem atos oficiais, não são protegidas como Direitos Autorais, na forma do Artigo 8º, IV, da Lei 9.610/1998. Referida vedação se estende às características gráficas da obra e sua editoração. A punição para a violação dos Direitos Autorais é crime previsto no Artigo 184 do Código Penal e as sanções civis às violações dos Direitos Autorais estão previstas nos Artigos 101 a 110 da Lei 9.610/1998. Os comentários das questões são de responsabilidade dos autores.

NOTAS DA EDITORA:

Atualizações e erratas: A presente obra é vendida como está, atualizada até a data do seu fechamento, informação que consta na página II do livro. Havendo a publicação de legislação de suma relevância, a editora, de forma discricionária, se empenhará em disponibilizar atualização futura.

Erratas: A Editora se compromete a disponibilizar no site www.editorafoco.com.br, na seção Atualizações, eventuais erratas por razões de erros técnicos ou de conteúdo. Solicitamos, outrossim, que o leitor faça a gentileza de colaborar com a perfeição da obra, comunicando eventual erro encontrado por meio de mensagem para contato@editorafoco.com.br. O acesso será disponibilizado durante a vigência da edição da obra.

Impresso no Brasil (6.2024) – Data de Fechamento (6.2024)

2024
Todos os direitos reservados à
Editora Foco Jurídico Ltda.
Rua Antonio Brunetti, 593 – Jd. Morada do Sol
CEP 13348-533 – Indaiatuba – SP

E-mail: contato@editorafoco.com.br
www.editorafoco.com.br

PREFÁCIO

Preparem-se os estudiosos do direito para o que virá pela frente neste livro.

O tema sobre a responsabilidade civil para a reparação de danos, um dos mais analisados em qualquer área do direito, vem experimentando inovações significativas ao longo do tempo. Em qualquer ordenamento jurídico encontramos situações as mais variadas possíveis em que a responsabilização por aqueles que causam danos merece a mais justa e adequada reparação às vítimas deles.

No nosso sistema ordenativo não tem sido diferente. Uma preocupação que outrora ficava restrita ao campo do Direito Civil, hoje domina relações trabalhistas, previdenciárias, de consumo, chegando até mesmo ao campo desportivo e, porque não, criminal. Tudo isso é tratado aqui.

E não poderia ser diferente. A nova ordem constitucional brasileira, desde 1988, é fundamentada na dignidade da pessoa humana. No campo das relações trabalhistas complementamos essa premissa maior com o valor social do trabalho, a livre iniciativa e o pleno emprego. E nessa seara, quanto mais se intensificam essas relações, mais necessário se torna a proteção ao trabalho decente, ao meio ambiente de trabalho saudável, visando a segurança individual e coletiva do trabalhador. E a responsabilização àqueles que causam danos, por ação ou omissão, deve observar a integralidade da reparação, o efeito pedagógico da punição e, também, a capacidade econômica do ofensor.

Essa preocupação, especialmente no âmbito das relações de trabalho, sempre esteve à frente na ordem de preferência do homenageado nesta obra. Valdir Florindo ficou conhecido nacionalmente por sua marca registrada: o livro "Dano Moral e o Direito do Trabalho", lançado inicialmente em 1996, que praticamente introduziu no estudo do direito, com especial atenção ao Direito do Trabalho, um tema até então pouco explorado.

Vou me permitir, aqui, contar uma história praticamente desconhecida sobre os primórdios desta inestimável obra para o direito brasileiro.

Desde meados de 1990 eu já trabalhava com Valdir Florindo, pois éramos advogados do então Sindicato dos Metalúrgico de São Bernardo do Campo e Diadema (hoje, Sindicato dos Metalúrgicos do ABC). Sempre o admirei como um profissional dedicado e estudioso, preocupado com temas de forte apelo social. Lembro-me bem quando, em 1994, Valdir procurou a mim e ao nosso colega Marcelo Mauad (um dos coordenadores deste livro) e nos entregou um artigo (ainda em elaboração) de sua autoria relacionado ao tema do dano moral no Direito do Trabalho. Seria uma primeira contribuição sua (dele) para a construção de um novo pensamento doutrinário.

Li com atenção e fiquei realmente impactado com raciocínios lógicos e objetivos que ali estavam expostos, dentre eles o de que a competência para analisar e julgar a reparação de danos morais e materiais decorrentes de relações trabalhistas deveria ser da Justiça do Trabalho, e não da Justiça Comum como se imaginava e praticava naquela época (não custa lembrar que essa competência, hoje estabelecida no inciso VI do art. 114 da Constituição, somente viria na Emenda Constitucional nº 45, em 2004).

Ao comentar com Valdir sobre o conteúdo do artigo, tanto eu quanto o Mauad sugerimos que, considerando a importância do que ali era tratado, o ineditismo do tema abordado e a extensão do mesmo (o artigo tinha quase 50 folhas datilografadas – isso mesmo, leitor, ainda não estávamos na era digital), ao invés de um artigo, valeria mais a pena acrescentar novos tópicos (históricos, doutrinários e jurisprudenciais) e lançar logo um livro (não quero, aqui, deixar a impressão de que fomos responsáveis pela magnífica obra mencionada – foi apenas uma modesta contribuição ao amigo e colega).

Seria muita pretensão para um jovem advogado e, até então, desconhecido operador do direito. Mas, como disse à época Marcelo Mauad, "quando se sonha um sonho, o céu é o limite".

Pois o céu de Valdir parece mesmo não ter limites. Hoje, trinta anos depois, este imortal da Academia Brasileira de Direito do Trabalho (foi presidente no biênio 2016/2018), nascido em Alvinlândia mas cidadão honorário de inúmeras cidades, desembargador do Tribunal Regional do Trabalho de São Paulo desde 2003 (foi vice-presidente judicial no biênio de 2020/2022), a semente plantada pelo livro "Dano Moral e o Direito do Trabalho" colhe seus frutos.

E os artigos que compõem este livro se inserem nesses frutos colhidos ao longo desses anos todos. Todos eles demonstram a evolução do tema, sobretudo na proteção das vítimas de danos sofridos e na responsabilidade dos seus ofensores.

Desde a origem histórica da responsabilidade civil, a constitucionalização do instituto como forma de garantia da dignidade humana do trabalhador, sua interlocução com o Direito do Trabalho, tanto nas fases pré-contratual, durante este, e pós-contratual, a responsabilidade do empregador nos acidentes de trabalho (e nas moléstias ocupacionais) e na obrigatoriedade de proporcionar um meio ambiente de trabalho seguro e saudável, a tarifação da indenização dela decorrente, a necessidade de implementação, pelas empresas, de políticas de compliance como forma de prevenção, o posicionamento jurisprudencial sobre o tema, sobretudo do Supremo Tribunal Federal (STF), os aspectos processuais, sua presença nas áreas previdenciárias, penais e desportivas. Tudo isso será objeto de análise, de pesquisa atualizada, demonstrando a relevância que o tema exige.

Desnecessário, aqui, tecer comentários sobre os autores dos textos que compõem esta obra. São todos eles conhecidos e estudiosos do direito que há anos contribuem para a construção de um pensamento doutrinário mais humanizado, visando a garantia de direitos fundamentais. Vejam, leiam e confiram.

De minha parte, cabe agradecer a amizade e a confiança que sempre pude desfrutar deste grande profissional que ora é homenageado. Há trinta e quatro anos caminhamos juntos, descontando um curto período de 2003 a 2007 (ele já magistrado e eu ainda advogado). Sigo seus passos, e o tenho como um paradigma na arte de fazer justiça, porque pensamos igual, buscamos fazer do direito um instrumento para melhorar a vida da sociedade em que vivemos.

Vida longa ao Valdir Florindo. Que venham mais trinta anos para, quem sabe, saudarmos um novo direito, uma sociedade mais justa e igual, um tempo melhor para se viver.

Davi Furtado Meirelles

Doutor e Mestre em Direito (PUC-SP). Professor Titular de Direito do Trabalho na Faculdade de Direito de São Bernardo do Campo. Desembargador do Trabalho – Tribunal Regional do Trabalho da 2ª Região.

APRESENTAÇÃO

Sinto-me honrado em comentar esta obra coletiva em homenagem ao eminente Desembargador Valdir Florindo.

Conheço Valdir Florindo desde meados dos anos 1980, quando iniciou sua trajetória na advocacia trabalhista como advogado do Sindicato dos Metalúrgicos do ABC. Competente profissional, dos mais estudiosos e dedicados que conheci, tinha fama de resolver de maneira rápida e eficiente suas demandas.

Nos anos 1990, já como pesquisador de diversos temas juslaborais, foi pioneiro nos estudos jurídicos a respeito do dano moral trabalhista. Sua obra sobre a matéria marcou época e, até hoje, prossegue como referência obrigatória para os profissionais da área.

Foi por essa época que assumiu a coordenação do Departamento Jurídico da entidade, desempenhada nos mesmos termos de seu perfil sempre eficaz e produtivo.

Nos anos 2000 suas qualidades de jurista brilhante restaram amplamente reconhecidas quando foi nomeado pelo Presidente Lula como Desembargador do Tribunal Regional do Trabalho da 2ª Região, com sede na capital paulista, com base na regra do quinto constitucional da advocacia.

Daí para frente, no TRT/SP, ocupou cargos como o de Presidente da 6ª Turma (2006/2008, 2008/2010 e 2014/2016), Presidente da SDI-4 – Seção Especializada em Dissídios Individuais – 4 (2010/2012 e 2014/2016), Vice-Presidente Judicial (2020/2022) e atualmente Presidente da Seção Especializada em Dissídios Coletivos.

Seus horizontes ampliam-se ainda mais, já na Academia Brasileira de Direito do Trabalho, quando foi eleito seu presidente.

Insta enfatizar que, desde sempre, sua humildade e simplicidade, no fino trato com todos que com ele têm o privilégio de conviver, sempre foram uma marca permanente.

E agora vejo-me diante dessa justíssima homenagem a ele prestada por grandes juristas do Direito do Trabalho nacional, entre advogados, procuradores, desembargadores, ministros e outros mais.

Certamente o presente maior é conferido a todos nós que dedicamos nossa vida aos temas do direito social e laboral, ao recebermos esta coletânea de textos jurídicos de envergadura, sobre o tema da *responsabilidade civil nas relações de trabalho*.

Boa leitura!!!

Luiz Marinho

Ministro do Trabalho e Emprego

NOTA DOS COORDENADORES

Há tempos, o Direito evolui no sentido de reconhecer a supremacia das questões existenciais frente às patrimoniais. A referida realidade ganha relevância nos casos em que a relação jurídica em razão da qual há o desenvolvimento das relações intersubjetivas é, por si, também ligada à salvaguarda do respeito à condição humana e suas necessidades mais básicas. Nesse grupo inclui-se a relação de trabalho e, com maior intensidade, a relação jurídica empregatícia.

Seja em razão do extrapolamento dos limites do poder diretivo patronal, seja em razão de condutas indevidas por parte dos trabalhadores ou de outros *stakeholders*, o fato é que há de se garantir a proteção aos direitos da personalidade inclusive e principalmente no âmbito das relações laborais.

Em tempos nos quais o tema ainda experimentava desenvolvimento, o dano moral nas relações de trabalho já havia sido mapeado pelo Desembargador Valdir Florindo, do Tribunal Regional do Trabalho da 2ª Região, quando ainda exercia a nobre profissão da advocacia. Sua obra (*Dano Moral e o Direito do Trabalho*, editada pela LTr em 1996) é considerada como um dos marcos do estudo e do desenvolvimento do tema nos domínios do Direito do Trabalho brasileiro.

Ao lado disso, não se pode negar a relevância da reparação dos danos materiais, também verificáveis de diversas formas e em diversos momentos no âmbito das relações de trabalho.

Por isso, nada melhor do que reunir mais de quarenta profissionais do Direito para se debruçarem sobre diversas questões afetas à responsabilidade civil nas relações de trabalho, em estudos redigidos em homenagem ao Desembargador Valdir Florindo, como forma de reconhecimento por todos esses anos de estudo e dedicação ao nobre e belo Direito do Trabalho brasileiro.

Para tanto, decidimos preservar a liberdade de cada autor, que pode utilizar a metodologia de sua preferência, tanto na pesquisa quanto na elaboração dos textos que integram esta obra. A dita liberdade também foi respeitada no tocante ao conteúdo dos capítulos, de modo que cada autor pode sustentar suas posições e entendimentos, reflitam ou não o pensamento dos coordenadores, do homenageado ou da própria editora, a propiciar ao leitor uma múltipla visão de temas tão relevantes, sob a responsabilidade de cada subscritor de capítulo componente desta homenagem.

Agradecemos, por fim, à Editora Foco, e, em especial, à Professora Roberta Densa, pela acolhida e publicação da obra.

São Bernardo do Campo, abril de 2024.

Gilberto Carlos Maistro Junior

Marcelo José Ladeira Mauad

SUMÁRIO

PREFÁCIO

Davi Furtado Meirelles V

APRESENTAÇÃO

Luiz Marinho e Ministro do Trabalho e Emprego.. IX

NOTA DOS COORDENADORES

Gilberto Carlos Maistro Junior e Marcelo José Ladeira Mauad XI

I – O HOMENAGEADO: ALGUMAS PALAVRAS SOBRE VALDIR FLORINDO

1. SOBRE VALDIR FLORINDO: DISCURSO NA SESSÃO SOLENE DE ENTREGA DO TÍTULO DE CIDADÃO ANDREENSE, EM 13 DE MARÇO DE 2024

Sergio Aparecido Macário 3

II – NOÇÕES PROPEDÊUTICAS SOBRE RESPONSABILIDADE CIVIL

2. ORIGENS HISTÓRICAS DA RESPONSABILIDADE CIVIL: ESBOÇO SOBRE O PASSADO, O PRESENTE E O FUTURO DO DIREITO DE DANOS

Alexandre de Mello Guerra 9

3. A RESPONSABILIDADE CIVIL NO DIREITO DO TRABALHO

Adalberto Martins.. 27

4. RESPONSABILIDADE PRÉ E PÓS-CONTRATUAL NO DIREITO DO TRABALHO – ATUALIDADES

Cristina Paranhos Olmos.. 43

5. RESPONSABILIDADE CIVIL TRABALHISTA E OS IMPACTOS DECORRENTES DA AGENDA 2030 DA ONU – UM BREVE DIÁLOGO COM OS DIREITOS HUMANOS

Silvana Andrade Sponton.. 57

6. OBRIGAÇÃO, COOBRIGADO, RESPONSABILIDADE PATRIMONIAL, RESPONSABILIDADE CIVIL, FIADOR E O STF (TEMA 1232)

Jorge Pinheiro Castelo 73

7. RESPONSABILIDADE CIVIL DO EMPREGADOR

José Augusto Rodrigues Jr. e Renato Munuera Belmonte 105

III – DIGNIDADE HUMANA, TRABALHO DECENTE E RESPONSABILIDADE CIVIL

8. DIGNIDADE HUMANA E SUA RELAÇÃO COM ASPECTOS DO TRABALHO ESCRAVO NA CONTEMPORANEIDADE

Marco Antonio Marques da Silva e Natália Zambon Marques da Silva Mazza Melfi 119

9. ASPECTOS DA RESPONSABILIDADE EMPRESARIAL EM CADEIAS PRODUTIVAS ESTRUTURADAS VIA TERCEIRIZAÇÃO EXTERNA NA PERSPECTIVA DO DIREITO FUNDAMENTAL AO TRABALHO DIGNO

Gabriela Neves Delgado 131

10. O SER E O TEMPO – BREVES REFLEXÕES ACERCA DA REDUÇÃO DA JORNADA DE TRABALHO E A RESPONSABILIDADE CIVIL

Marco Aurélio Fernandes Galduróz Filho e Ricardo Pereira de Freitas Guimarães.... 141

IV – SAÚDE E SEGURANÇA DO TRABALHADOR E RESPONSABILIDADE CIVIL DO EMPREGADOR

11. RESPONSABILIDADE TRABALHISTA EM FACE DO ACIDENTE DO TRABALHO

Marcelo José Ladeira Mauad 163

12. RESPONSABILIDADE OBJETIVA DO EMPREGADOR E O TEMA 932 DO STF

Otavio Pinto e Silva 185

13. RESPONSABILIDADE CIVIL DO EMPREGADOR NAS RELAÇÕES DE TRABALHO – ACIDENTES DO TRABALHO E DOENÇAS OCUPACIONAIS: CONSEQUÊNCIAS E RESPONSABILIDADE CIVIL DO EMPREGADOR

Yone Frediani.. 197

14. DILEMAS DA RESPONSABILIDADE OBJETIVA EM SAÚDE OCUPACIONAL

Homero Batista Mateus da Silva e Denise Vital e Silva.................................... 207

SUMÁRIO **XV**

15. PROTEÇÃO DOS DADOS RELATIVOS À SAÚDE DO EMPREGADO E A RESPONSABILIDADE CIVIL DO EMPREGADOR

Gustavo Magalhães de Paula Gonçalves Domingues e Ricardo Nino Ballarini......... 229

16. A SAÚDE MENTAL DO TRABALHADOR NO MEIO AMBIENTE DE TRABALHO

Dulce Maria Soler Gomes Rijo 243

17. A PRESUNÇÃO DA CULPA EM DECORRÊNCIA DO ACIDENTE DE TRABALHO

Thiago Trindade Abreu da Silva Menegaldo 257

18. INFORTUNÍSTICA NA TERCEIRIZAÇÃO: A RESPONSABILIDADE CIVIL DO TOMADOR DE SERVIÇOS NAS HIPÓTESES DE ACIDENTES DE TRABALHO E DE DOENÇAS PROFISSIONAIS

Erotilde Ribeiro dos Santos Minharro... 279

V – RESPONSABILIDADE CIVIL POR DANOS EXTRAPATRIMONIAIS NAS RELAÇÕES DE TRABALHO

19. DISCIPLINA E IMPORTÂNCIA DA RESPONSABILIDADE CIVIL POR DANO EXTRAPATRIMONIAL NAS RELAÇÕES TRABALHISTAS

Rodolfo Pamplona Filho e Epifanio A. Nunes.. 293

20. O DANO MORAL TRABALHISTA NAS LENTES DO STF

José Affonso Dallegrave Neto... 319

21. O DANO MORAL EXISTENCIAL TRABALHISTA

Ivani Contini Bramante.. 349

22. ASSÉDIO MORAL NO AMBIENTE DE TRABALHO

Regina Duarte e José Ricardo da Silva 371

23. TRABALHO UBERIZADO E (IR)RESPONSABILIDADE CIVIL: REFLEXÕES SOBRE DANO EXISTENCIAL NA ERA DO "EMPREENDEDORISMO DE SI MESMO"

Tarso de Melo.. 385

24. O DANO MORAL EM RAZÃO DA DISPENSA POR IMPROBIDADE: UMA ANÁLISE DA RESPONSABILIDADE CIVIL

Ingrid Elise Scaramucci Fernandes 397

25. A PRÁTICA DO ETARISMO NO CONTRATO DE TRABALHO E SUAS CONSEQUÊNCIAS

Paulo Eduardo Vieira de Oliveira 409

26. HIPÓTESES DE RESPONSABILIZAÇÃO CIVIL POR DANO MORAL DIFUSO E COLETIVO POR OFENSA AOS DIREITOS INDIVIDUAIS À INTIMIDADE, VIDA PRIVADA, HONRA, IMAGEM E LIBERDADE SEXUAL DAS (OS) TRABALHADORAS (ES)

Manoel Jorge e Silva Neto 427

27. A TARIFAÇÃO DA INDENIZAÇÃO POR DANO MORAL NA JUSTIÇA DO TRABALHO À LUZ DA REFORMA TRABALHISTA E O POSICIONAMENTO DO SUPREMO TRIBUNAL FEDERAL SOBRE O TEMA

André Cremonesi e Carlos Augusto Marcondes de Oliveira Monteiro 443

28. DESMONETARIZAÇÃO DA RESPONSABILIDADE CIVIL E ABORDAGEM AMPLIADA DE REPARAÇÃO NOS DANOS MORAIS COLETIVOS TRABALHISTAS

Lady Ane de Paula Santos Della Rocca e Marcelo Benacchio 463

VI – *COMPLIANCE* E RESPONSABILIDADE CIVIL NAS RELAÇÕES DE TRABALHO

29. *COMPLIANCE* COMO FERRAMENTA DE PREVENÇÃO AO ASSÉDIO E OUTRAS FORMAS DE VIOLÊNCIA NO MEIO AMBIENTE DO TRABALHO

Célio Pereira Oliveira Neto e Laura Haj Mussi Pereira Oliveira.............................. 477

VII – RESPONSABILIDADE CIVIL E PROCESSO DO TRABALHO

30. CIF COMO CRITÉRIO TÉCNICO DE AFERIÇÃO DA PENSÃO NA INCAPACIDADE DO TRABALHADOR PELO ACIDENTE DE TRABALHO E A IMPORTÂNCIA DOS QUESITOS FACE À PERÍCIA TÉCNICA

Francisco Ferreira Jorge Neto 501

31. A REVOGAÇÃO DA TUTELA PROVISÓRIA E A RESPONSABILIDADE POR DANO PROCESSUAL NO PROCESSO DO TRABALHO

Gilberto Carlos Maistro Junior 521

32. ADC 944: A FILIGRANA DA ANTICIDADANIA

Guilherme Guimarães Feliciano 539

VIII – INTERFACES ENTRE O DIREITO PENAL E A RESPONSABILIDADE CIVIL

33. ALGUNS ASPECTOS SOBRE O CRIME DE ASSÉDIO SEXUAL NO AMBIENTE DO TRABALHO E SEUS REFLEXOS INDENIZATÓRIOS

Giuliano Rossi de Migueli 551

IX – INTERFACES ENTRE O DIREITO PREVIDENCIÁRIO E A RESPONSABILIDADE CIVIL NAS RELAÇÕES DE TRABALHO

34. O LIMBO JURÍDICO TRABALHISTA PREVIDENCIÁRIO E A RESPONSABILIDADE CIVIL DO EMPREGADOR

Priscilla Milena Simonato de Migueli 563

X – INTERFACES DO DIREITO DESPORTIVO COM O DIREITO DO TRABALHO E RESPONSABILIDADE CIVIL

35. REPASSE DA SAF E RESPONSABILIDADE DOS DIRIGENTES

Sergio Pinto Martins 573

36. RESPONSABILIDADE CIVIL E RACISMO. REPARAÇÃO DE DANOS SOFRIDOS POR ATLETAS PROFISSIONAIS DECORRENTES DA VIOLÊNCIA IRRADIANTE DE TORCEDORES

Augusto Grieco Sant'Anna Meirinho 579

VIII – INTERFACES ENTRE O DIREITO PENAL E A RESPONSABILIDADE CIVIL

33. ALGUNS ASPECTOS SOBRE O CRIME DE ASSÉDIO SEXUAL NO AMBIENTE DO TRABALHO E SEUS REFLEXOS INDENIZATÓRIOS
Giuliano Rossi de Miguel 551

IX – INTERFACES ENTRE O DIREITO PREVIDENCIÁRIO E A RESPONSABILIDADE CIVIL NAS RELAÇÕES DE TRABALHO

34. O LIMBO JURÍDICO TRABALHISTA-PREVIDENCIÁRIO E A RESPONSABILIDADE CIVIL DO EMPREGADOR
Priscila Milena Simonato de Miguel 563

X – INTERFACES DO DIREITO DESPORTIVO COM O DIREITO DO TRABALHO E RESPONSABILIDADE CIVIL

35. REPASSE DA SAF E RESPONSABILIDADE DOS DIRIGENTES
Sérgio Pinto Martins 575

36. RESPONSABILIDADE CIVIL E RACISMO. REPARAÇÃO DE DANOS? OCORRIDOS POR ATLETAS PROFISSIONAIS DECORRENTES DA VIOLÊNCIA JURÍDICA TEDE TORCEDORA
Auguste Géleté Sant'Anna Velhinho 579

I – O HOMENAGEADO: ALGUMAS PALAVRAS SOBRE VALDIR FLORINDO

1
SOBRE VALDIR FLORINDO: DISCURSO NA SESSÃO SOLENE DE ENTREGA DO TÍTULO DE CIDADÃO ANDREENSE, EM 13 DE MARÇO DE 2024

Sergio Aparecido Macário

Diretor Jurídico da Fundação Casa/SP. Tesoureiro da 38ª Subseção da OAB/SP – Santo André/SP – gestão 2022/2024. Advogado.

Boa noite ao Presidente da Câmara Municipal de Santo André, Carlos Ferreira, na pessoa de quem cumprimento todas as autoridades do Poder Legislativo Andreense, do Poder Judiciário, do Poder Executivo e da Ordem dos Advogados do Brasil que estão presentes, assim como todas as pessoas que participam dessa justa homenagem ao amigo Valdir Florindo!

Não poderia iniciar minha fala sem antes parabenizar o Vereador Eduardo Leite, autor do projeto de lei que homenageia o Dr. Valdir Florindo, bem como parabenizar a Câmara Municipal de Santo André pela honraria concedida ao ilustre homenageado.

Valdir Florindo nasceu em Alvinlândia, no dia 29 de junho de 1962, Estado de São Paulo. É casado com Débora Rossi Florindo e pai de três filhos sendo eles Karen, Lucas e Gabriel.

Embora nascido em Alvinlândia, Valdir tem berço em várias cidades do Estado de São Paulo, fruto de sua sempre intensa atividade profissional. Inegáveis são os grandes laços com a população, tanto é que recebeu e ainda recebe diversas homenagens como a desta noite.

Permitam-me citar apenas algumas:

– Colar de Honra ao Mérito Legislativo do Estado do São Paulo – Ato 28, de 11 de Novembro de 2015, conferido pela Assembleia Legislativa do Estado de São Paulo;

– Cidadão Paulistano (Decreto legislativo 20/2014);

– Cidadão São-Bernardense (Decreto Legislativo 530/97);

– Cidadão Emérito de São Bernardo do Campo (Decreto Legislativo 1.163/10);

– Cidadão Benemérito de Alvinlândia/SP (Decreto Legislativo 02/97);

– Cidadão Sul-sancaetanense (Decreto Legislativo 375/09);

– Cidadão Diademense (Decreto Legislativo 003/2014);

– Cidadão Ribeirãopirense (Decreto Legislativo 981/2023);

– Medalha João Pereira da Silva, conferida pela Câmara Municipal de Alvinlândia, em conformidade com o Decreto-Legislativo 03/2017, de 13.11.2017;

– Medalha de Honra *di Thiene* conferida pela Prefeitura Municipal de São Caetano do Sul; dentre outras.

No ano que cheguei no Sindicato dos Metalúrgicos do ABC (1995), o Valdir publicou seu tão conhecido livro: "O dano moral e o Direito do Trabalho".

Era até então o primeiro autor a tratar dessa importante temática no Direito do Trabalho brasileiro, o que, naturalmente, fez com que passasse a ser convidado a tratar do tema em muitos Congressos pelo Brasil e fora do nosso país, chegando à Espanha.

O livro consta do rol de indicações obrigatório para o curso de pós graduação na Universidade de São Paulo.

Onde o *homem* palestra, alcança-se a lotação do auditório. E não é por menos: ele sempre está pensando em algo. Nunca para!

O Des. Valdir, em palestra, fala de tudo um pouco: sobre temas de Direito, sobre psicologia, administração, filosofia, geografia, enfim, tudo.

Mas não é apenas sobre o dano moral que ele escreve: em novembro de 1997, publicou na Revista Síntese artigo sobre *"A dispensa de funcionário público"*, tendo como pano de fundo que a dispensa teria de ser motivada, tese essa que, somente agora, em fevereiro de 2024, foi fixada pelo STF. Esse, dentre tantos temas pioneiros tratados pelo Des. Valdir em seus escritos e que tanto colaboram para o desenvolvimento da teoria, mas, também, da prática nas relações trabalhistas e nas questões que chegam e devem ser solucionadas pela Justiça do Trabalho.

Dr. Valdir Florindo possui um vasto conhecimento em outras ciências e, já observei, até mesmo sobre poesia, mas, talvez, nele possamos identificar uma qualidade ainda mais relevante: trata-se de um homem de família, sempre ao lado dos filhos e claramente apaixonado pela sua esposa, Débora, que se emociona facilmente, sinal de sua grandeza como pessoa.

E sua memória? Ah!...sua memória é capaz de recuperar com riqueza de detalhes fatos que ocorreram há quarenta ou cinquenta anos.

Um sujeito acessível, cordial, respeitoso e que está pronto para atender a todos.

Pessoa agradável e humilde, que raramente se apresenta como magistrado ou conta seus feitos: age com simplicidade e empatia.

Além disso, é uma pessoa bem humorada e que constrói pontes ao seu redor, sempre a bem dos interesses daqueles que mais precisam.

Enfim, reitero, que ser amigo do Dr. Valdir Florindo é motivo de honra para mim.

Encerro minha fala parabenizando o Vereador Eduardo Leite pela escolha da importante personalidade agraciada nesta noite, por tudo que realizou em Santo André, por tudo que representa ao mundo jurídico e à sociedade como um todo.

Por fim, agradeço ao amigo Valdir Florindo pela generosidade em me conceder a palavra em um momento marcante como esse.

Que Deus proteja a todos!

II – NOÇÕES PROPEDÊUTICAS SOBRE RESPONSABILIDADE CIVIL

2
ORIGENS HISTÓRICAS DA RESPONSABILIDADE CIVIL: ESBOÇO SOBRE O PASSADO, O PRESENTE E O FUTURO DO DIREITO DE DANOS

Alexandre de Mello Guerra

Doutor e Mestre em Direito Civil pela PUC-SP. Pós-doutorando em Direito Civil na USP (Largo São Francisco). Pós-graduado em Direito Público pela EPM. Professor convidado nos cursos de pós-graduação da PUC-SP. Professor titular de Direito Civil da Faculdade de Direito de Sorocaba e da Escola Paulista da Magistratura. Juiz de Direito no Estado de São Paulo. Fundador do Instituto Brasileiro de Estudos de Responsabilidade Civil e do Instituto de Direito Privado. Associado ao Instituto de Direito Administrativo Sancionador Brasileiro. Autor e coordenador de obras e artigos jurídicos.

Sumário: 1. Introdução – 2. O passado: os primórdios da responsabilidade civil – 3. O presente: responsabilidade civil e o direito do trabalho – 4. O futuro: responsabilidade civil em perspectiva – 5. Proposições conclusivas – Referências.

"O Direito existe para se realizar. A realização é a vida e a verdade do Direito: é o próprio Direito. O que não passa à realidade, o que não existe senão nas leis e no papel, é só um fantasma do Direito; são só palavras" (João Calvão da Silva, Cumprimento e sanção pecuniária compulsória)

Spondes mihi dari...?

Spondeo

1. INTRODUÇÃO

A Responsabilidade Civil ocupa papel central na Ciência do Direito, em todos os povos e em todos os tempos.

Com ampla aplicação nas relações jurídicas de Direito Privado e Direito Público, ao longo dos séculos, a Responsabilidade Civil sofreu forte influxo de múltiplas forças e intensas pressões da realidade socioeconômica, em permanente transformação.

Partindo de tempos imemoriais (nos quais não havia sequer separação entre a responsabilidade e a vingança), com o advento da hipervelocidade própria das relações jurídica na *Era* da tecnologia e da hipercomunicação, estamos a nos deparar com novas formas de relações sociais e com novos danos, tão difusos quanto exponenciais.

A desenfreada velocidade e a inegável fluidez desse intangível mundo eletrônico que nos assola agravam a necessidade de estudos doutrinários que resgatem a solidez da evolução histórica da Responsabilidade Civil.

Somente o estudo das bases científicas da Responsabilidade Civil permitirá aos intérpretes e aos jovens juristas extraírem a raiz do tema que permanentemente desafia os juristas.

Nesse cenário, o presente ensaio, apenas um brevíssimo esboço do *estado da arte*, se apresenta dividido em três perspectivas fundamentais.

Na primeira parte, o *passado*: pretende-se apresentar as origens da responsabilidade desde os primórdios, passando pela compreensão da dualidade de coexistência de sistemas fulcrados na culpa e no risco.

Na segunda parte, o *presente*: respeitado o corte metodológico que se afina com os limites da proposta da obra, serão destacados os aspectos de relevo da Responsabilidade Civil no Direito do Trabalho, e sua interface com as regras gerais de Responsabilidade Civil previstas no Código Civil de 2002.

Na fase final, o *futuro*: serão propostas algumas possibilidades de aprimoramento do sistema de Responsabilidade Civil no Brasil, o que se mostra oportuno por ocasião da perspectiva de reforma do Código Civil.

Não nos é dado conhecer o futuro, é certo; mas nos é permitido aspirar tempos em que se busque prevenir a proliferação de danos, e, uma vez ocorridos, sejam tais danos injustos eles concretamente reparados, com eficiência, pelo Poder Judiciário.

A abordagem eleita poderá servir como convite ao leitor e à comunidade jurídica para que sejam abertas janelas a um Direito de Danos que se ilumine pela axiologia constitucional de efetiva tutela de direitos fundamentais de solidariedade social e dignidade humana.

2. O PASSADO: OS PRIMÓRDIOS DA RESPONSABILIDADE CIVIL

O estágio inicial da vida em sociedade foi marcado pela ausência (ou pela insuficiência) de um modelo de Direito tal qual hoje o conhecemos.

No início dos tempos, os danos que surgiam do contato humano eram equacionados a partir de um critério de imediata repulsa, como é próprio de um incivilizado sentimento de vingança. A ideia de que o mal é suficiente para reparar o mal era algo intrínseco ao homem primitivo.

A paz entre os membros do grupo, de certo modo, era mantida pelo medo da dor que poderia ser infligida. A repulsa que a agressão poderia gerar no ofensor era mais forte do que o sentimento de juridicidade dos comportamentos humanos, tais quais hoje os concebemos.

A Responsabilidade Civil parte de um modelo que extravasa os limites do Direito Civil, guardando relação com o que se entende hoje como próprio do Direito Penal.

A ideia de reparação do mal causado pelo mal a ser suportado foi a marca do início da vida em sociedade, ainda em um estado rudimentar da civilização.

ORIGENS HISTÓRICAS DA RESPONSABILIDADE CIVIL **11**

Essa coexistência entre o injusto e a reparação, quando o Estado ainda não titularizava o monopólio da força, era própria dos grupos que compunham as primeiras estruturas da sociedade.

No início dos tempos, eram as famílias. Das famílias, originavam-se as tribos. Naquele ambiente, prevalecia a ideia de uma responsabilidade grupal, de todos os membros daquela unidade de sobrevivência coletiva contra todos os que feriam os membros da outra tribo.

Importante registrar que o que se veio séculos depois a conhecer como o Direito das Obrigações, no início dos tempos, não conhecia sequer a patrimonialidade que se reconhece em uma fase mais evoluída do Direito.

Como ensina Renan Lotufo,[1] nos tempos primitivos, as relações sociais eram coletivas e, desse modo, as obrigações igualmente nasceram coletivas.

Tais imposições eram provenientes daquele membro que detinha o controle do grupo, geralmente um Poder de caráter religioso (sobrenatural), bélico ou familiar. Os bens eram coletivos. A propriedade era compartilhada. Os conceitos jurídicos ainda estavam em um estágio embrionário.

Nesse cenário, a responsabilidade pelos danos e pelas ofensas contra outros membros de outros grupos era caracterizada por uma responsabilidade coletiva, rendendo ensejo à repulsa que ia muito além da patrimonialidade e da pessoa do causador do dano.

As trocas econômicas mais significativas ocorriam por meio dos próprios grupos, de modo que as relações não surgiam individualmente, mas, sim, coletivamente.

A celebração de negócios não demandava sequer a presença física de todos os membros do grupo, como salienta Renan Lotufo, mas apenas daquele(s) que o representava(m).

E o não cumprimento do quanto fora prometido deflagrava uma repulsa coletiva; "levava os grupos ao conflito armado, que só mais tarde foi substituído por multas para aplacar a cólera do grupo credor impago".

A História, com informa a notório episódio do *Rapto das Sabinas*,[2] é prova de que a repulsa era coletivamente considerada por todos os membros daquela unidade, em um comportamento de enérgica reação contra os membros do grupo rival:

---

1. LOTUFO, Renan. *Código Civil comentado. Das obrigações*. São Paulo: Saraiva, 2003, v. 2. p. 16.
2. "O rapto teria acontecido no início da história de Roma, logo após sua fundação por Rômulo e seus seguidores, em sua maior parte homens. À procura de esposas com quem pudessem formar famílias, os romanos negociaram, sem sucesso, com os sabinos, que haviam povoado a região anteriormente. Temendo o surgimento de uma sociedade rival, os sabinos recusaram-se a permitir que suas mulheres se casassem com os romanos; estes tiveram então a ideia de raptar as mulheres sabinas. Rômulo inventou então um festival em homenagem a Netuno Equestre, e proclamou-o aos povos vizinhos de Roma. De acordo com Lívio, muitos habitantes destes povoados vizinhos compareceram ao festival, incluindo os ceninenses, os crustumerinos e os antemnos, bem como muitos dos sabinos. Durante o festival Rômulo deu um sinal, indicando a seus conterrâneos que era hora de capturar as mulheres sabinas, o que eles fizeram, enquanto combatiam os homens. Após o rapto as mulheres, indignadas, logo se viram diante de um Rômulo que lhes suplicava que aceitassem os romanos como seus maridos. (...) Furioso com o ocorrido, o rei dos ceninenses invadiu o território de Roma com seu exército. Rômulo e os

> (...) H. Post (jurista alemão) mostra que, para a sobrevivência dos grupos, ocorrendo a falta de mulheres em alguns deles, faziam a aquisição delas junto a outro grupo, havendo contribuição de cada membro dentro do seu grupo.

> Com o tempo, isso foi ficando restrito aos grupos familiares, para finalmente restringir-se ao próprio noivo quando da aquisição da sua esposa, o qual, então, fazia o pagamento ao chefe do outro grupo.[3]

Assim, segundo Jorge Bustamante Alsina,[4] nas primeiras comunidades, todo dano causado a uma pessoa do grupo ou a seus bens despertava na vítima e no grupo que compunha, o instinto de vingança.

O homem, no seu dizer, "respondia a um desejo natural de devolver o mal pelo mal que tinha sofrido. Era uma reação absolutamente espontânea".

A injustiça da ofensa praticada era apreciada colocando em destaque a própria causa da injustiça, e não o efeito do ato injusto, salienta o autor. A dor que se suportava fazia nascer um sentimento de imposição da mesma dor que se suportou contra aquele a lhe impôs.

Somente mais tarde, enfatiza o citado autor, a paixão humana se modera pela razão e a consciência reflexiva passa a prevalecer sobre o instinto primitivo de vingança.

Com efeito, não mais somente o desejo de vendeta alimentara o espírito da vítima, mas também a entrega pelo ofensor de uma soma consentida e estabelecida como suficiente para reparar o mal (prejuízo) a ele causado: é o que se refere como o momento de *migração da vingança para a composição dos danos*.

Mais adiante ainda, prossegue a doutrina, o crescimento dos grupos fez nascer dificuldade de controle pelo chefe único.

Essa nova situação social possibilitou a libertação dos membros de cada unidade tribal, que passam, então, a viver sem a sujeição prévia e absoluta do chefe dos grupos.

As obrigações, então, passam a se desenvolver em profusão, decorrentes, em primeiro lugar, dos próprios atos ilícitos perpetrados (entendidos aqui os atos ilícitos como os atos contrários a um sentido ainda rudimentar de Direito), uma vez que até então as formas contratuais eram ainda esparsas, circunscritas à troca, em um estágio anterior ao advento da moeda, que se marcava pela falta de confiança recíproca entre os grupos.

Mais tarde, em um estágio civilizatório mais avançado, a vingança coletiva sai das mãos do ofendido ou dos seus sucessores (ou do grupo a que pertence) e passa às mãos

---

    romanos os enfrentaram em combate, assassinando o rei e derrotando suas tropas. Em seguida Rômulo atacou a cidade de Cenina e a conquistou já na primeira tentativa. Ao retornar a Roma, Rômulo dedicou um templo a Júpiter Ferétrio (de acordo com Tito Lívio, o primeiro templo dedicado em Roma) e ofereceu os espólios do rei inimigo como spolia opima. De acordo com os Fasti Triumphales, Rômulo teria celebrado um triunfo sobre os ceninenses em 1º de março de 752 a.C.[3] (*Ab urbe condita*, 1:10) (...) Disponível em: https://pt.wikipedia.org/wiki/Rapto_das_Sabinas. Acesso em: 1º maio 2023.

3. LOTUFO, Renan, op. cit., p. 17.
4. ALSINA, Jorge Bustamante. *Teoria General de la responsabilidad civil*. 9. ed. Buenos Aires: Abeledo Perrot, 1993, p. 27.

de um ente dotado de autoridade e superioridade necessários para prevalecer suas determinações com vistas a atender ao ideário de ordem social: é o rudimentar embrião do Estado.

Essa nova consciência inspirara a aplicação da Lei de Talião, de origem Bíblica, como se colhe do *Êxodo*: orientada por uma retributividade própria da vingança, passava a caber à autoridade pública o dever de realizar esse juízo de reciprocidade de ofensas simétricas: *Olho por olho. Dente por dente.*

Essa relação de reciprocidade entre as ofensas inspirou, dentre outros, os longínquos Códigos de Hamurabi e de Manu.

Tempos depois, como se registra na História do Direito,[5] o homem percebeu o ciclo pernicioso que poderia ser deflagrado por tais sucessivas vinganças.

A reparação econômica entra em cena, nesse momento, como um alento à dor infligida, pela entrega de bens, de soma ou da coisa efetivamente perdida.

Por volta de 450 a.C, a Lei das XII Tábuas vem estabelecer o valor de indenizações a serem pagas pelo ofensor, sob um regime que se aproxima do que se conhece como tarifamento, a depender da natureza de mal suportado, casuisticamente.

Entre nós, é importante sublinhar que o modelo de quantificação tarifada de indenização de danos extrapatrimoniais se faz presente nas relações de Direito do Trabalho, como estabelece a partir do art. 223-A da Consolidação das Leis do Trabalho do Brasil, com as alterações promovidas pela Lei 13.467/17.

Em Roma, o Estado assumiu a tarefa de administrar a Justiça e reparar os conflitos.

Inicia-se a raiz de uma importante separação entre os contornos da responsabilidade penal, de um lado, e de uma responsabilidade não penal (extrapenal), de outro lado, de natureza compensatória.

Essa divisão se torna nítida ao longo dos tempos. Somente no século XVIII assumem os contornos do que hoje se conhece como Responsabilidade Civil, conceito que modernamente vem se substituindo pela nomenclatura *Direito de Danos*.

O ponto alto de evolução do sistema romano de Responsabilidade Civil está no advento de *Lex Aquilia*, por volta do século III a.C.

Pretendendo disciplinar o *damnum injuria datum*, o sistema romano abandona os critérios de indenização tarifada, aproximando-se da tentativa de atender ao princípio da reparação integral (que, aliás, é o cerne da Responsabilidade Civil contemporânea, como prevê o art. 944, *caput*, do Código Civil).

O mérito maior de *Lex Aquilia* está em introduzir a culpa como elemento determinante para estabelecer o dever de indenizar.

---

5. Por todos, ver: GILISSEN, John. *Introdução histórica ao Direito*. Lisboa: Fundação Calouste Gulbenkian, 2001.

É clássica a lição: *In Lege Aquilia levíssima culpa venit.*[6]

Com efeito, recepcionando a culpa aquiliana como pressuposto da Responsabilidade Civil, o legislador e o pretor passam a conhecer a importância da migração da responsabilidade pessoal para a responsabilidade patrimonial.

Bem se vê que a responsabilidade pelos atos ilícitos, partindo de um momento inicial marcado pela vingança, evoluiu para se admitir a prestação de serviço como uma dentre as formas possíveis de compensação/reparação de danos.

Em Roma, entra em cena também a possibilidade de pagamento de certa quantia pelos danos injustos causados.

É verdade que nos países da Península Ibérica, ainda por influência da dominação romana, segundo Renan Lotufo, "perdurou a sanção extremamente cruel, no plano pessoal, para os ilícitos, particularmente para o homicídio doloso, citado por Clóvis, com base em Herculano, na História de Portugal, v. IV, referindo o Foral de Mormeral".

Segundo ele, "ali se previa que o homicida doloso devia ser enterrado vivo, abaixo da vítima, além de ter seus bens confiscados, passando os móveis para o senhor da terra e os bens de raiz para o conselho. Ainda em Portugal, a não satisfação dos danos podia levar o réu à escravidão".

Esse modelo de responsabilidade pessoal brutal foi substituído, em um contexto de maior evolução civilizatória, por admitir-se a prestação de serviço para o ofendido ou para seus sucessores/dependentes, como meio de reparar as consequências decorrentes dos danos provocados.

Se nos primórdios o descumprimento da obrigação era considerado um crime, tal concepção perde relevância ao longo dos tempos, permitindo distinguir diversos graus de ofensa contra os bens socialmente protegidos (não necessariamente todas consubstanciando crimes) e, em paralelo, permitindo reconhecer distintas formas de reparação à violação do Direito.

---

6. (...) De acordo com a Lei *Aquilia*, se configurasse o *damnum iniuria datum*, era necessário, como se verifica dos textos dos jurisconsultos clássicos, que se conjugassem os três seguintes requisitos: *a) a iniuria*: que o dano decorresse de ato contrário ao direito; não cometia, portanto, *damnum iniuria datum* quem causasse dano a coisa alheia por estar exercendo direito próprio, ou por agir em legítima defesa ou em estado de necessidade; *b) a culpa*: que o dano resultasse de ato positivo do agente (e não simplesmente de omissão), praticado com dolo ou culpa em sentido estrito; e *c) o damnum*: que a coisa sofresse lesão em virtude de ação direta do agente exercida materialmente contra ele (os autores medievais traduziam essa exigência dizendo que era necessário que o dano fosse *corpore corpori datum*; *corpore*, para indicar que o dano devia ser causado diretamente pelo agente, e não indiretamente, como ocorreria – e aí, por isso, não se configurava o *damnum iniuria datum* – na hipótese de alguém entregar arma a escravo alheio, que, com ela, se matasse; e *corpori*, para designar que o ato do agente devia atingir materialmente a coisa alheia, razão por que não se configuraria o *damnum iniuria datum* se alguém abrisse uma jaula, possibilitando, assim, a fuga do animal alheio ali preso. As obrigações decorrentes do *damnum iniuria datum* eram sancionadas pela *actio legis Aquiliae*, de caráter penal, que só podia ser intentada pelo proprietário da coisa que sofrera o dano, e que implicava, para o ofensor, se confessasse, a condenação ao pagamento do valor do prejuízo causado (abrangendo o *lucrum cessans* e o *damnum emergens*), e, se negasse a prática do *damnum iniuria datum*, a condenação *in duplum* (pagamento do dobro daquele valor)" (ALVES, José Carlos Moreira. *Direito romano*. 17. ed. Rio de Janeiro: Forense, 2016, p. 634).

A sociedade passa, então, a admitir a garantia pessoal de cumprimento da obrigação. Há uma evolução do contexto segundo o qual o inadimplemento ensejaria a submissão pessoal do devedor ao credor, que poderia ser adjudicado ao credor, como ensina Renan Lotufo,[7]

> (...) é de inesquecível memória, ainda no Direito Romano das XII Tábuas, o devedor insolvente podia ser preso e metido a ferros pelo credor, que só tinha de dar-lhe para o sustento uma libra de farinha e, passados três dias, se não conseguisse o réu, no mercado, obter meios para a satisfação do débito, podia ser morto, ou vendido além Tibre (rio que, então, simbolizava os limites da *cives* romana).

> E se fossem diversos os credores, podia ser esquartejado em partes tantas quantos fossem os credores: *partis secanto; si plus minusve secuerint nec fraude esto.*

A maior contribuição romana central para o desenvolvimento das relações em sociedade no campo do Direito das Obrigações e da Responsabilidade Civil se manifesta com o fim das respostas corporais, com a chegada da *Lex Poetelia Papiria*[8] (que, segundo os historiadores, data de 326 a.C).

Com ela, aboliu-se a sanção pessoal, passando exclusivamente à sanção patrimonial. Ganha relevo a ideia de que a obrigação contratual (responsabilidade) era uma verdadeira cadeia que atava o credor e o devedor (*vinculum*).

"O espírito inquieto dos seres humanos levou-os a ultrapassar suas fronteiras, inicialmente encontrando a morte, até que a inteligência começou a permitir a relação negocial, que de imediato se expandiu, fazendo nascer contratos entre grupos e depois entre pessoas de diferentes nacionalidades", anota Renan Lotufo.[9]

A *Lex Poetelia Papiria* representa o alvorecer de um novo momento na civilização, abolindo o instituto do *nexum* (por meio do qual a execução recaía sobre a pessoa do devedor) e substituindo-o pela *bonorum cessio* (que submetia o patrimônio do devedor ao processo de execução).

Passa-se, então, a conhecer, em Roma, a gênese da Responsabilidade Civil com contornos mais próximos do que hoje se conhece, a partir dos cânones que marcam a Responsabilidade Civil que tem por pressuposto o desvio de um padrão de comportamento social exigido pelo agente (Responsabilidade Civil subjetiva ou *aquiliana*).

---

7. LOTUFO, Renan, op. cit., p. 3.
8. "A *Lex Poetelia Papiria* foi uma lei da República Romana que aboliu o *nexum*, ou seja, o acordo pelo qual um devedor dava como garantia de um empréstimo a escravidão de si próprio (ou de um membro da família sobre o qual ele tinha autoridade, como uma criança) em nome do credor em troca da extinção do débito (escravidão por dívida). (...) Segundo Lívio (Ab Urbe Condita VIII, 28), o nome é uma referência ao caso de Caio Publílio, que havia se entregado em escravidão a Lúcio Papírio para quitar o débito de seu pai. Lúcio, enamorado do jovem Caio, mandou açoitá-lo quando este se recusou a ceder aos seus avanços. O jovem conseguiu se libertar do credor e contou o que aconteceu perante uma multidão. Depois de um grande tumulto, os cônsules eleitos para aquele ano (326 a.C.), Lúcio Papírio Cursor e Caio Petélio Libo Visolo, foram obrigados a promulgar uma lei encerrando a prática, conhecida como *Lex Poetelia Papiria*. A partir daí, somente os bens do devedor podiam ser dados em garantia de um crédito. Marco Terêncio Varrão, por sua vez, datou esta lei em 313 a.C. (De lingua Latina VII)". Disponível em: https://pt.wikipedia.org/wiki/Lex_Poetelia-Papiria Acesso em: 1º nov. 2023.
9. LOTUFO, Renan. Op. cit., p. 3.

Séculos mais tarde, na Idade Média, por cerca de dez séculos, aprimorando as estruturas do modelo romano de responsabilidade aquiliana com o influxo dos valores religiosos do Cristianismo e das estruturas da Igreja, houve forte influência do Direito Canônico Medieval na Responsabilidade Civil.

Passou-se, nesse momento histórico, a reconhecer a existência de uma vinculação entre as ideias de responsabilidade patrimonial e a noção cristã de piedade humanitária, num modelo coexistente de comportamento social.

Em tema de Direito Privado no Ocidente, é certo que o grande divisor de águas se fez presente em França, em 1804.

Após a Revolução, nos primeiros anos do século XIX, por ordem e inspiração direta de Napoleão Bonaparte, surge o Código Civil francês (*Code*).

Esse monumental diploma civil passou a exercer papel central na vida em sociedade ocidental, no Direito Civil e na Responsabilidade Civil, influenciando diretamente dezenas de outros códigos civis que se lhe seguiram, inclusive o Código Civil do Brasil de 1916.

No que interessa ao Direito de Danos, o artigo 1.382 do Código Civil francês (atual art. 1.240) afirma a responsabilidade extracontratual que se funda na culpa.

"Tout fait quelconque de l'homme, qui cause à autrui un dommage, oblige celui par la faute duquel il est arrivé à le réparer".[10]

Fortemente inspirado pelo Direito Romano e pelas noções de Responsabilidade Civil aquiliana, o *Code Napoléon* fez com que toda estrutura da legislação civil se fundasse na culpa, assim irradiando efeitos na maior parte dos países ocidentais.

Sucede que a evolução da teoria da culpa para o risco se faz aprimorar.

Primeiro, ainda, sob as luzes do Código Civil de 1916, passou o Direito a criar hipóteses em que a culpa era presumida, como ocorreu, por exemplo, nas regras de Responsabilidade Civil por fato da coisa e por fato de terceiro.

Não demorou a que tais presunções de culpa passassem a ceder diante de uma nova concepção de uma responsabilidade civil sem culpa: é o nascimento da objetivação da Responsabilidade Civil pela teoria do risco.

O ponto alto da evolução da Responsabilidade Civil se deu, no final do século XIX e início do século XX, pela superação da teoria (dogma) da culpa.

Ora, quem desenvolve uma atividade que, por sua natureza, causa risco aos direitos de outrem, e convertendo-se o risco em dano, deve o agente suportar a sua reparação. É o núcleo do que Alvino Lima apresenta em obra que se faz clássica sob o sugestivo título *Culpa e risco*.[11]

---

10. Em tradução livre: "Todo ato do homem, que cause dano a outrem, obriga a pessoa por cuja culpa ocorreu a repará-lo".
11. LIMA, Alvino. *Culpa e risco*. São Paulo: Ed. RT, 1998, p. 116.

Nas suas palavras,

Os perigos advindos dos novos inventos, fontes inexauríveis de uma multiplicidade alarmante de acidentes, agravados pela crescente impossibilidade, tanta vez, de se provar a causa do sinistro e a culpa do autor do ato ilícito, forçaram as portas, consideradas, até então, sagradas e inexpugnáveis da teoria da culpa, no sentido de se materializar a responsabilidade, numa demonstração eloquente e real de que o Direito é, antes de tudo, uma ciência nascida da vida e feita para disciplinar a própria vida.

Segundo Alvino Lima, a partir do século XX, a responsabilidade civil deve passar a emergir do próprio fato, "considerando a culpa em resquício da confusão primitiva entre a responsabilidade civil e a penal". O que se deve ter em mira, prossegue citado autor, é a reparação da vítima, não a ideia de imposição de uma sanção contra o ofensor, o que não é próprio do Direito Civil. Assim, migra o núcleo da Responsabilidade Civil da conduta ilícita do ofensor para o dano injusto suportado pela vítima, permitindo que os danos econômicos passem a ser fundados sobre "a lei econômica da causalidade entre o proveito e o risco".[12]

Para Alvino Lima,

A reparação não deve decorrer da culpa, da pesquisa de qualquer elemento moral, verificando-se se o agente agiu bem ou mal, consciente ou inconscientemente, com ou sem diligência; acima dos interesses de ordem individual devem ser colocados os sociais e só consultando estes interesses, e neles se baseando, é que se determinará ou não a necessidade da reparação.[13]

Ainda,

A questão da responsabilidade, que é mera questão de reparação dos danos, de proteção do direito lesado, de equilíbrio social, deve, pois, ser resolvida atendendo-se somente aquele critério objetivo; quem guarda os benefícios que o acaso da sua atividade lhe proporciona deve, inversamente, suportar os males decorrentes desta mesma atividade.[14]

É esse, resumidamente, do itinerário da evolução histórica da Responsabilidade Civil.

Nos primórdios, uma responsabilidade de grupos pautados pela ânsia de vingança, com a posterior evolução civilizatória à substituição da sanção pessoal sobre a patrimonialidade.

Em Roma, uma responsabilidade civil iluminada pelo advento de *Lex Aquilia*, marcando os contornos dos desvios de um padrão de conduta ideal como pressuposto do dever de indenizar (passando a conceber a culpa como o desvio de um padrão de comportamento esperado do *bonus pater familiae*).

Mais tarde, com a influência do Direito Canônico, por cerca de dez séculos, sobreveio o influxo do *Code*, ainda fortemente marcado pela concepção subjetiva da responsabilidade civil, mas esboçando os contornos de presunções de culpa.

---

12. LIMA, Alvino. Op. cit., p. 116.
13. LIMA, Alvino. Op. cit., p. 117.
14. LIMA, Alvino. Op. cit., p. 120.

E, por fim, a partir do século XX, o ponto alto do desenvolvimento do Direito de Danos com a objetivação da responsabilidade civil atenta à sociedade de produção massiva, na qual grassa a proliferação de danos, cenário em que se fez necessário potencializar a teoria do risco como fator idôneo de imputação do dever de indenizar.

No terceiro milênio, em uma Era que se marca pela tecnologia e pela hipercomunicação, somente o tempo dirá se venceremos o desafio maior: encontrar novos modelos científicos que sejam suficientes para atender aos reclamos de uma nova ordem jurídica, econômica e social não mais adstrita às fronteiras dos Estados, mas suficiente a atender a uma complexa e multiforme comunidade internacional.

3. O PRESENTE: RESPONSABILIDADE CIVIL E O DIREITO DO TRABALHO

A locução *responsabilidade* tem sua origem latina em *spondeo*.

Em Roma, *spondeo* era a forma de o devedor se vincular solenemente aos contratos verbais por ele celebrados. Na origem mais remota, a responsabilidade humana nascera em um ambiente negocial, que, mais tarde, passou a conceber o modelo negocial (contratual). Com efeito, é fora de dúvida que toda atividade humana traz em si o problema da responsabilidade do assuntor.

Somos todos responsáveis, em princípio, por nós e com os nossos bens, pelas relações jurídicas assumidas e pelos danos que nossos comportamentos podem ocasionar à esfera jurídica de terceiros.

As regras de Responsabilidade Civil destinam-se não somente a impedir a ocorrência de danos (o que modernamente se tem como a função preventiva da responsabilidade civil), mas, antes, servem para restaurar o equilíbrio no patrimônio do ofendido colhido por danos injustos (próprios das relações humanas em sociedade).

É agora preciso, brevemente, bosquejar os contornos de um conceito adequado de Responsabilidade Civil que possa ser utilizado com propriedade no campo do Direito do Trabalho e nos ensaios vindouros.

A responsabilidade civil é a obrigação que decorre de lei de reparar os danos ou os prejuízos patrimoniais e extrapatrimoniais (morais) que se causa a outrem.

Segundo Mário Júlio de Almeida Costa, é a obrigação que se estabelece quando alguém deve reparar um dano sofrido por outrem. Toda lesão faz nascer uma situação jurídica em que o responsável é o devedor e o lesado é o credor. É, salienta, uma obrigação que nasce diretamente da lei, e não da vontade das partes.[15]

Para Heinrich Ewald Hörster, se é correto dizer que a autonomia privada decorre do princípio geral de autodeterminação humana, é igualmente correto dizer que o dever de suportar as consequências dos comportamentos decorre da autorresponsabilidade

---

15. ALMEIDA COSTA, Mário Júlio de. *Direito das obrigações*. 9. ed. Coimbra: Almedina, 2007, p. 475-476.

pressuposta própria da vida em sociedade. "O homem é um ser que existe com vista à sua autorresponsabilidade".

A consciência de que deve responder pelos atos praticados e por suas consequências na livre decisão de agir são fatores que limitam a responsabilidade do agente, evitando comportamentos irrefletidos, irresponsáveis e abusivos.

Essa constatação se harmoniza, o autor acentua, com o conceito de *liberalitas*, e vale como ideia fundamental para todo tipo de atividade. "Assumir responsabilidade e ser responsabilizado são, por isso, prerrogativas e ônus do homem. Vista nestes termos, a responsabilidade tem um fundamento ético".[16]

Segundo Carlos Alberto da Mota Pinto,[17] existe responsabilidade civil toda vez que a lei impõe ao autor de danos injustos a obrigação de reparar os prejuízos dela causados.

A Responsabilidade Civil tem como razão final a obrigação de tornar *indemne*. E tornar *indene*, etimologicamente, é tornar *sem dano*. No seu entender, é a estrutura que visa recolocar-se na situação jurídico-patrimonial que se estaria sem a ocorrência do ato ilícito danoso.

Segundo José de Oliveira Ascensão,[18] a Responsabilidade Civil é uma situação jurídica de sujeição daquele que perpetra um ato ilícito frente àquele que sofreu os danos que decorrem de tal comportamento ilícito.

Para Caio Mário da Silva Pereira, a Responsabilidade Civil é a obrigação de reparar o dano imposta a todo aquele que, por ação ou omissão voluntária, negligência ou imprudência, viola direito e causa prejuízo a outrem.

No seu entender, "o ato ilícito tem correlata a obrigação de reparar o mal. Enquanto a obrigação permanece meramente abstrata ou teórica, não interessa senão à moral. Mas, quando se tem em vista a efetiva reparação do dano, toma-o o direito a seu cuidado e constrói a *teoria da responsabilidade civil*. Esta é, na essência, a imputação do resultado da conduta antijurídica e implica necessariamente a obrigação de indenizar o mal causado".[19]

No Direito Civil de Portugal, Fernando Pessoa Jorge preceitua que o termo *responsabilidade* corresponde à ideia de *responder* ou de *dever prestar contas* pelos próprios atos.

Tal conceito, diz Pessoa Jorge, pode assumir duas tonalidades distintas: (i) a suscetibilidade de se imputar eticamente determinado ato e seus efeitos ao agente e (ii) a possibilidade de fazer sujeitar alguém às consequências de um dado comportamento.[20]

---

16. HÖRSTER, Heinrich Ewald. *A parte Geral do Código Civil Português. Teoria Geral do Direito Civil*. Coimbra: Almedina, 2007, p. 70

17. MOTA PINTO, Carlos Alberto da. *Teoria Geral do Direito Civil*. 4. ed. Coimbra: Coimbra Editora, 2005, p. 128.

18. ASCENSÃO, José de Oliveira. *Direito Civil. Teoria Geral. Acções e factos jurídicos*. Coimbra: Coimbra Editora, 2003, p. 29.

19. PEREIRA, Caio Mário da Silva. *Instituições de Direito Civil. Introdução ao Direito Civil. Teoria Geral do Direito Civil*. 22. ed. Rio de Janeiro: Forense, 2007, p. 660.

20. "No primeiro sentido, a palavra responsabilidade apresenta-se com conteúdo normativo, significando a exigibilidade ao agente de que preste contas, de que se justifique do acto, de que dê as razões do seu procedimento. Claro está que, para haver responsabilidade neste sentido, é necessário que o agente seja racional e livre e actue

No dizer da doutrina,[21]

Simples diálogo revela a existência da responsabilidade. Nos contratos do direito romano, perguntava o credor: *Spondesne?* E respondia o devedor: *spondeo*. Estas duas e simples manifestações verbais de vontade de dois sujeitos que dialogam eram suficientes para firmar o *vinculum juris*.

Toda manifestação de vontade traz em si o problema da responsabilidade. A responsabilidade é a consequência direta do que se no receptor da declaração de vontade. A responsabilidade é o efeito que necessariamente decorre do comportamento que obriga determinado sujeito de direito.

Se alguém é responsável, significa dizer que se deve cumprir e se deve suportar as consequências do que se fez, desobrigando-se justamente por assim agir frente ao receptor, no momento em que responde pelos atos e pelas condutas consideradas relevantes pelo Direito.

Estabelecidas essas premissas conceituais do que se deva entender por Responsabilidade Civil, é momento de examinar as suas incursões na legislação trabalhista brasileira.

Em primeiro lugar, a raiz da indenizabilidade de danos encontra-se na Carta Constitucional de 1988. O art. 5º, estabelecendo os direitos e as garantias individuais e coletivos, assegura, nos incisos V e X, respectivamente, que "é assegurado o direito de resposta, proporcional ao agravo, além da indenização por dano material, moral ou à imagem" e "são invioláveis a intimidade, a vida privada, a honra e a imagem das pessoas, assegurado o direito a indenização pelo dano material ou moral decorrente de sua violação".

Não há dúvida de que a ampla tutela à prevenção e à reparação de danos se aplica ao Direito do Trabalho, no que se perpassa pela efetiva proteção dos direitos sociais preconizados, dentre outras passagens, nos artigos 6º e 7º da Constituição Federal em vigor.

Não é demais recordar que o artigo 1º da CRFB/88, ao apresentar os princípios fundamentais do Brasil, elege, imediatamente após a afirmação da dignidade da pessoa humana, "os valores sociais do trabalho e da livre iniciativa" como os fundamentos da República.

Três passagens são dignas de destaque no que toca ao perfil constitucional da Responsabilidade Civil no Direito do Trabalho.

Primeiro, a expressa afirmação da competência da Justiça do Trabalho para processar e julgar as ações de indenização por dano moral ou patrimonial, decorrentes da relação de trabalho (art. 114, inc. VI).

---

no uso das suas faculdades ou, por outras palavras, que seja imputável. E é por isso que a palavra responsabilidade aparece frequentemente em sinonímia com imputabilidade, dizendo-se, que uma criança de tenra idade ou uma pessoa totalmente demente não são responsáveis. No segundo sentido apontado, a atribuição das consequências danosas a uma pessoa – ou até a uma coisa – assume carácter acentuadamente económico ou factual; fala-se, por exemplo, na responsabilidade de bens (...) ou do património (...), ou diz-se que o proprietário é responsável pelos prejuízos casuais sofridos pela coisa de que é dono. (...)." (PESSOA JORGE, Fernando de Sandy Lopes. *Ensaio sobre os pressupostos da responsabilidade civil*. Coimbra: Almedina, 1999, p. 34-35).

21. CRETELLA JÚNIOR, José. *Curso de Direito Administrativo*. 8. ed. Rio de Janeiro: Forense, 1986, p 94.

Segundo, a expressa indenização compensatória contra demissão arbitrária ou contra a demissão sem justa causa; "são direitos dos trabalhadores urbanos e rurais, além de outros que visem à melhoria de sua condição social, relação de emprego protegida contra despedida arbitrária ou sem justa causa, nos termos de lei complementar, que preverá indenização compensatória, dentre outros direitos" (art. 7º, inc. I).

Terceiro, a previsão contida no inc. XXVIII do art. 7º da CF/1988 que assegura a reparação integral dos acidentes do trabalho suportados pelo empregado; "seguro contra acidentes de trabalho, a cargo do empregador, sem excluir a indenização a que este está obrigado, quando incorrer em dolo ou culpa".

No plano infraconstitucional, a Consolidação das Leis do Trabalho é o diploma normativo especial com prevalência sobre as relações laborais que disciplina.

Comporta destaque na análise panorâmica da responsabilidade civil no Direito de Trabalho que ora se propôs a engendrar o preceito contido no art. 233 da Consolidação das Leis do Trabalho.

Por força de alteração introduzida pela Lei 13.467/2017, a CLT apresenta tratamento legislativo expresso aos danos extrapatrimoniais na relação de trabalho, o que faz no art. 223-A a 223-G.

Sem dúvida, é a mais expressiva regra contemporânea que se contém na CLT relativa à indenização de danos extrapatrimoniais.

Merece destaque o sistema de tabelamento que se apresenta no art. 223-G.

Se, de um lado, o legislador assegura o cumprimento do direito fundamental à segurança jurídica, estabelecendo critérios de previsibilidade normativa de valores à composição de danos extrapatrimoniais, de outro lado, o legislador desatende à necessidade de valoração adequada e fundamentada a partir dos contornos específicos de cada caso concreto apresentado ao julgador.

Não há dúvida de que pode a rigidez das proposições em foco comprometer a realização do compromisso de densificação da Justiça e da ampla tutela do ser humano.

Diz a regra em foco:

CLT. Art. 223-G. (...). § 1º Se julgar procedente o pedido (de indenização de danos extrapatrimoniais, acresce-se), o juízo fixará a indenização a ser paga, a cada um dos ofendidos, em um dos seguintes parâmetros, vedada a acumulação:

I. ofensa de natureza leve, até três vezes o último salário contratual do ofendido;

II. ofensa de natureza média, até cinco vezes o último salário contratual do ofendido;

III. ofensa de natureza grave, até vinte vezes o último salário contratual do ofendido;

IV. ofensa de natureza gravíssima, até cinquenta vezes o último salário contratual do ofendido

§ 2º Se o ofendido for pessoa jurídica, a indenização será fixada com observância dos mesmos parâmetros estabelecidos no § 1º deste artigo, mas em relação ao salário contratual do ofensor.

§ 3º Na reincidência entre partes idênticas, o juízo poderá elevar ao dobro o valor da indenização.

A análise plena de todos os aspectos e consequências do comando normativo em questão ultrapassa os lindes e os propósitos dessa investigação, mas, por certo, a regra demanda atenção e adequada exegese pelo intérprete para que a partir de suas disposições se conciliem adequadamente as regras, os princípios e os valores incidentes sobre as relações fatuais.

Não nos parece adequado afirmar a impossibilidade de intepretação/aplicação lógico-sistêmica das regras jurídicas indenitárias previstas da legislação especial trabalhista em harmônica conjugação com o regime geral de responsabilidade civil previsto a partir do art. 927 do Código Civil Brasileiro, no que com ele não contrastar.

O Código Civil é norma geral e arcabouço estruturante de todo sistema do Direito.

É diploma perfeitamente passível de incidência na multiplicidade de situações de fato trabalhistas.

Tal incidência não compromete ou prejudica, na sua estrutura e na função, os princípios regentes do Direito de Danos assegurados pelo Código Civil em vigor.

4. O FUTURO: RESPONSABILIDADE CIVIL EM PERSPECTIVA

Dentre os ramos do Direito Privado que mais sofreu o influxo de novos valores, a Responsabilidade Civil ocupa papel central.

Juristas de elevado jaez sustentam que o modelo de Responsabilidade Civil previsto no Código Civil de 2002 não mais atende aos reclamos da sociedade de produção massiva e hiperconsumo, marcada pela proliferação dos danos e pela multiplicidade dos critérios de imputação estribados não somente na culpa, mas, em larga medida, na teoria do risco.

Delineiam-se hoje os contornos da objetivação da Responsabilidade Civil, seja nas relações consumeristas, seja por força da aplicação da teoria do risco administrativo, seja por operabilidade da cláusula geral de responsabilidade civil objetiva pelo risco da atividade prevista no parágrafo único do art. 927 do Código Civil, dentre outras passagens.

Quatro pontos merecem destaque no desenho de uma renovada Responsabilidade Civil contemporânea.

Em primeiro lugar, observa-se hoje a necessidade de alargar as funções da responsabilidade civil.

Além da tradicional função compensatória (que busca realizar o princípio da reparação integral), a renovada Responsabilidade Civil deve expressamente acolher também as funções preventiva (da ocorrência de danos) e punitiva (do comportamento ilícito do ofensor).

Pela função preventiva da Responsabilidade Civil, devem os agentes adotar as medidas necessárias para evitar a ocorrência de danos previsíveis, mitigando a sua extensão e não agravando sua extensão, caso já tenham sido verificados.

Não seria demais exigir que todo aquele que cria ou que é responsável por evitar a ocorrência do dano deva suportar as despesas necessárias para prevenção da ocorrência das lesões patrimoniais e extrapatrimoniais.

As funções punitiva e preventiva visam desestimular a reiteração de comportamentos ilícitos. São funções relevantes e que devem se somar à tradicional função compensatória na contemporânea compreensão do Direito de Danos.

Em segundo lugar, a Responsabilidade Civil do século XXI exige um aprimoramento legislativo no que diz respeito à incidência da teoria do risco como fato de objetivação da Responsabilidade Civil.

De fato, deve existir obrigação de reparar o dano independentemente de culpa nos casos especificados em lei ou quando a atividade desenvolvida pelo autor do dano implicar, por sua natureza, risco para os direitos de outrem, como já preceitua o parágrafo único do art. 927 do Código Civil, de aplicação subsidiária às relações jurídicas de Direito do Trabalho (no que não contrastar com o regime jurídico especial laboral).

De bom alvitre que o legislador afirme, em prosseguimento, que a regra em foco deve ser aplicada àquelas atividades que, mesmo sem defeito e que não sejam intrinsecamente perigosas, induzam risco especial aos direitos patrimoniais e extrapatrimoniais de outrem.

Ainda, adequado seria o legislador afirmar que, na ausência de disposição legal, caberá às partes a prova de risco da atividade, caso em que tal avaliação será feita por critérios técnicos e pelas máximas de experiência.

Em terceiro lugar, é momento de o legislador expressamente estabelecer uma necessária distinção (já acolhida há tempos por doutrina e jurisprudência) entre os conceitos de caso fortuito interno e caso fortuito externo.

Seria adequado ao legislador explicitar que somente o caso fortuito externo impede a incidência da regra que estabelece o dever de indenizar.

O caso fortuito interno permite que nasça o nexo causal entre a atividade desenvolvida pelo agente e o dano suportado pela vítima, mesmo quando o evento for imprevisível e irresistível, entendimento que, reconhecendo-o, rendeu ensejo à súmula 479 do Superior Tribunal de Justiça.[22]

De outro lado, o caso fortuito externo não se presta a infirmar o dever de indenizar, uma vez se insere na linha de desdobramento natural da atividade desenvolvida pelo agente, como leciona Agostinho Alvim.[23]

O fortuito interno se prende diretamente ao risco ligado à atividade do sujeito responsável.[24]

---

22. Súmula 479 do STJ: "As instituições financeiras respondem objetivamente pelos danos gerados por fortuito interno relativo a fraudes e delitos praticados por terceiros no âmbito de operações bancárias".
23. ALVIM, Agostinho. *Da inexecução das obrigações e suas consequências*. São Paulo: Saraiva, 1949, p. 290-291.
24. Exemplificativamente, "(...) O roubo do talonário de cheques durante o transporte por empresa contratada pelo banco não constituiu causa excludente da sua responsabilidade, pois se trata de caso fortuito interno. Se o banco envia talões de cheques para seus clientes, por intermédio de empresa terceirizada, deve assumir todos os riscos com tal atividade. (...) (STJ, REsp 685.662/RJ, Rel. Ministra Nancy Andrighi, Terceira Turma, j. 10.11.2005, DJ 05.12.2005 p. 323)".

É essencial que o sistema geral de Responsabilidade Civil passe a estabelecer que o caso fortuito/força maior somente irromperá o nexo causal quando o fato gerador do dano não for conexo e diretamente imbricado à atividade normalmente desenvolvida pelo autor do dano, realizando um juízo de previsibilidade objetiva que considere a linha de desdobramento causal normal da atividade do agente ofensor.

Por último, augura-se que o legislador brasileiro, a partir da experiência também extraída da normatividade da liquidação de indenização de danos extrapatrimoniais prevista na Consolidação das Leis do Trabalho, passe a estabelecer critérios que possam atender ao direito fundamental de tutela da segurança jurídica.

Na quantificação do dano extrapatrimonial, é necessário que a lei passe a estabelecer que se deve considerar a natureza do bem jurídico violado e os valores de indenização fixados por tribunais em semelhantes.

É importante que o legislador assinale que devem ser consideradas as peculiaridades do caso concreto, respeitando dentre outros parâmetros, o grau de afetação em projetos de vida e o grau de reversibilidade da ofensa ao bem jurídico.

E, por fim, como última observação para aprimoramento do sistema de Responsabilidade Civil do Brasil, como se tem defendido há tempos, para que se respeite o caráter punitivo/pedagógico da indenização de danos morais e sem causar enriquecimento indevido à vítima, deveria o legislador permitir que o Poder Judiciário reverta parte da indenização punitiva para fundos criados por lei de proteção a interesses coletivos ou, preferencialmente, reverter parte da indenização punitiva para estabelecimentos idôneos de benemerência, assim cristalizando por lei os contornos da indenização social.

5. PROPOSIÇÕES CONCLUSIVAS

Traçado esse brevíssimo panorama de evolução da Responsabilidade Civil, é impossível negar que passado, presente e futuro são ambientes indissociáveis na caminhada humana pelos rumos do Direito de Danos.

De maior relevo, hoje, é o fenômeno da Constitucionalização do Direito Privado, que espraia também sobre as areias da Responsabilidade Civil em todo mundo, em especial após a segunda metade do século XX, e, no Brasil, com a advento da Constituição Federal de 1988.

Como salientam Nelson Rosenvald e Felipe Braga Netto,[25] desde o ano de 1988, "a dignidade da pessoa humana, fundamento da República (CF, art. 1º, III), e a solidariedade social (CF, art. 3º, III), passam a ser invocadas com frequência nos trabalhos acadêmicos e em decisões judiciais".

---

25. ROSENVALD, Nelson; BRAGA NETTO, Felipe. Responsabilidade civil e solidariedade social: potencialidades de um diálogo. In: GUERRA, Alexandre D. de Mello (Coord.). *Estudos em homenagem a Clóvis Beviláqua por ocasião do centenário do Direito Civil codificado no Brasil*. São Paulo: Escola Paulista da Magistratura, 2018. v. 1., p. 393-417.

A personalização do Direito e a despatrimonialização do Direito Civil são as tônicas desse movimento que assenta, também na Responsabilidade Civil, sólidas raízes no princípio constitucional fundante da dignidade da pessoa humana.

A Responsabilidade Civil, nesse cenário, também no Direito do Trabalho, vale-se de conceitos jurídicos abertos, de cláusulas gerais e de normas dotadas de elevado grau de indeterminação/abstração, absorvendo os novos ares que rejuvenescem as relações sociais no âmbito do Direito de Danos.

Como anotam os autores citados, "a responsabilidade civil se encontra em processo de abertura e refuncionalização, aceitando o pluralismo e assumindo certo tom menos dogmático. Não mais o sujeito de direito impessoal e abstrato, mas a pessoa humana, com seus projetos e suas dores bastante reais".

"Não adianta, retoricamente, repetir a todo instante que a pessoa humana deverá ter uma tutela privilegiada, se não construirmos, através da interpretação, categorias que permitam avanços reais", pontificam Rosenvald e Braga Netto.

Muito já se caminhou na Responsabilidade Civil, é verdade.

Mas muito há ainda a caminhar.

REFERÊNCIAS

ALMEIDA COSTA, Mário Júlio de. *Direito das Obrigações*. 9, ed. Coimbra: Almedina, 2007.

ALVES, José Carlos Moreira. *Direito Romano*. 14, ed. Rio de Janeiro: Forense, 2008.

ALVIM, Agostinho. *Da inexecução das obrigações e suas consequências*. São Paulo: Saraiva, 1949.

ASCENSÃO, José de Oliveira. *Direito Civil. Teoria Geral. Acções e factos jurídicos*. Coimbra: Coimbra editora, 2003. v. II.

CRETELLA JÚNIOR, José. *Curso de Direito Administrativo*. 8. ed. Rio de Janeiro: Forense, 1986.

GILISSEN, John. *Introdução histórica ao Direito*. Lisboa: Fundação Calouste Gulbenkian, 2001.

HÖRSTER, Heinrich Ewald. *A parte Geral do Código Civil Português. Teoria Geral do Direito Civil*. Coimbra: Almedina, 2007.

LIMA, Alvino. *Culpa e risco*. 2. ed. São Paulo: Ed. RT, 1998.

LOTUFO, Renan. *Código Civil comentado. Parte geral*. São Paulo: Saraiva, 2003. v. 1.

LOTUFO, Renan. *Código Civil comentado. Das obrigações*. São Paulo: Saraiva, 2003. v. 2.

LOTUFO, Renan. *Curso Avançado de Direito Civil. Parte Geral*. 2 ed. São Paulo: Ed. RT, 2003. v. 1.

MOTA PINTO, Carlos Alberto da. *Teoria Geral do Direito Civil*. 4. ed. atual. Antonio Pinto Monteiro e Paulo Mota Pinto. Coimbra: Coimbra editora, 2005.

PEREIRA, Caio Mario da Silva. *Instituições de Direito Civil*. 22 ed. Rio de Janeiro: Forense, 2007.

PESSOA JORGE, Fernando de Sandy Lopes. *Ensaio sobre os pressupostos da responsabilidade civil*. 3 reimp. Coimbra: Almedina, 1999.

ROSENVALD, Nelson; BRAGA NETTO, Felipe. Responsabilidade civil e solidariedade social: potencialidades de um diálogo. In: GUERRA, Alexandre D. de Mello (Coord.). *Estudos em homenagem a Clóvis Beviláqua por ocasião do centenário do Direito Civil codificado no Brasil*. São Paulo: Escola Paulista da Magistratura, 2018.

3
A RESPONSABILIDADE CIVIL NO DIREITO DO TRABALHO

Adalberto Martins

Professor doutor da Faculdade de Direito da PUC/SP (graduação, mestrado e doutorado). Desembargador aposentado do TRT-2ª Região (São Paulo). Advogado, Consultor jurídico trabalhista, autor de artigos e livros jurídicos.

Sumário: 1. Considerações iniciais – 2. Conceito de responsabilidade civil; 2.1 Responsabilidade civil subjetiva e objetiva – 3. A responsabilidade civil do empregador; 3.1 Responsabilidade do empregador no acidente do trabalho; 3.2 Responsabilidade do empregador na proteção à maternidade; 3.3 Responsabilidade do empregador por ato de terceiros – 4. Responsabilidade civil do empregado – 5. Conclusão – Referências.

1. CONSIDERAÇÕES INICIAIS

A responsabilidade civil é tema recorrente no Direito do Trabalho, geralmente vinculado àquela que decorre da atuação patronal, por atos ou omissões que tenham causado dano material ou extrapatrimonial ao trabalhador, e que acaba sendo objeto de litígios na Justiça do Trabalho.

Neste cenário emerge a discussão acerca da responsabilidade civil do empregador em matéria de acidente do trabalho, se objetiva ou subjetiva, sendo esta última hipótese sinalizada no art. 7º, XXVIII, da Constituição Federal, e se o art. 927, parágrafo único, do Código Civil, que alude à responsabilidade objetiva em situações específicas, seria aplicável na seara laboral.

No entanto, não se pode ignorar que a responsabilidade civil é via de mão dupla, havendo situações em que o empregado pode causar danos materiais ou extrapatrimoniais ao empregador e, nessa circunstância, também pode ser instado à devida reparação em favor do empregador lesado, consequência advinda da bilateralidade do contrato de trabalho, e para a qual se faz necessário o exame da legislação trabalhista e dos princípios que norteiam o Direito do Trabalho.

Neste estudo, vamos revisitar a responsabilidade patronal em decorrência do acidente de trabalho, inclusive à luz da jurisprudência trabalhista, sem olvidar outras situações (por exemplo, a que decorre da garantia provisória à gestante e a responsabilidade por ato de terceiro) e também abordar as situações que implicam a responsabilidade civil do empregado perante o empregador, trazendo à baila os conceitos que decorrem do Direito Civil e sua incidência nas relações de trabalho, sem olvidar a discussão acerca do próprio conceito de responsabilidade civil.

2. CONCEITO DE RESPONSABILIDADE CIVIL

Trata-se de conceito que se vincula ao fato de uma pessoa, física ou jurídica, estar obrigada a reparar um dano ou compensar os prejuízos causados a uma outra pessoa, igualmente física ou jurídica. Nas palavras de Silvio Rodrigues, apoiado nas lições de Savatier, a responsabilidade civil se traduz na "obrigação que pode incumbir uma pessoa a reparar o prejuízo causado a outra, por fato próprio, ou por fato de pessoas ou coisas que dela dependam" (Rodrigues, 1979, p. 4), consubstanciando uma relação obrigacional, cujo objeto é o ressarcimento (Diniz, 2020, p. 23).

Os pressupostos da responsabilidade civil se configuram a partir da verificação dos seguintes elementos: conduta ilícita do agente, o dano a terceiro, o nexo causal (nexo de causalidade) entre a conduta e o dano, e a culpa ou dolo do agente, ficando ressalvadas as situações específicas de responsabilidade civil sem a existência da conduta ilícita (responsabilidade objetiva ou responsabilidade sem culpa).

A conduta ilícita pressupõe o descumprimento, por ação ou omissão, de um dever instituído por norma legal (responsabilidade extracontratual ou aquiliana), conforme art. 186 do Código Civil, cuja obrigação de reparar está expressamente definida no art. 927 do Código Civil: Aquele que, por ato ilícito (arts. 186 e 187), causar dano a outrem, fica obrigado a repará-lo". O dano, por sua vez, reside na existência do prejuízo efetivo e mensurável que tenha sido causado, podendo ser material ou extrapatrimonial e, finalmente, o nexo causal (ou nexo de causalidade) consubstancia uma relação direta entre a conduta ilícita e o dano sofrido pela parte prejudicada.

A definição de ato ilícito, consagrada no art. 186 do Código Civil, dispensa a existência de um vínculo contratual entre as partes; mas não é a única hipótese que vai amparar a responsabilidade civil, pois existem situações em que a obrigação de ressarcimento emerge de conduta de um dos sujeitos do contrato, sem vínculo direto com o negócio jurídico existente entre os sujeitos. Alguns autores defendem que a responsabilidade civil pode ser extracontratual (aquiliana) ou contratual, a depender da existência de uma relação jurídica contratual entre ambas. Maria Helena Diniz, por exemplo, adota a concepção de que a responsabilidade civil pode ser decorrente do inadimplemento contratual, e que "constitui uma relação obrigacional que tem por objeto a prestação de ressarcimento. Tal obrigação de ressarcir o prejuízo causado pode originar-se: a) da inexecução de contrato; b) da lesão a direito subjetivo, sem que preexista entre lesado e lesante qualquer relação jurídica que a possibilite" (Diniz, 2020, p. 23).

Na mesma linha da autora referida no parágrafo anterior, também temos o ensinamento de Alexandre Agra Belmonte: "Responsabilidade civil é o dever garantido por lei, obrigação ou contrato, de reparar, no campo civil, o dano moral ou patrimonial causado por ato próprio do agente ou por pessoa, animal, coisa ou atividade sob a sua tutela" (Belmonte, 2004, p. 444).

Por outro lado, alguns autores entendem que a responsabilidade civil é sempre uma obrigação não negocial que decorre de ato ilícito do devedor ou de fato jurídico a ele imputável, não se confundindo a responsabilidade civil com o inadimplemento contratual; e dentre esses autores, vamos encontrar Fábio Ulhoa Coelho (2020, p. 235-236), sob o argumento de que até pode existir o vínculo contratual entre os sujeitos, mas a obrigação de indenizar não será dele decorrente e sim da conduta ilícita ou de algum fato jurídico imputável a determinado sujeito.

No Direito do Trabalho, em que empregado e empregador estão vinculados pela relação de trabalho, o mero descumprimento de um direito trabalhista desencadeia a obrigação de adimplir esse direito, com juros e correção monetária, não se podendo afirmar que seria um exemplo de responsabilidade civil, pois se trata de simples ina-dimplemento de cláusula do contrato de trabalho, tratando-se de responsabilidade tipicamente trabalhista. Contudo, mesmo no âmbito da relação de emprego reside amplo espaço de incidência da responsabilidade civil aquiliana (extracontratual) quando configurado o dano em virtude do descumprimento de norma legal, a exemplo de um dever de conduta que se relaciona com o meio ambiente de trabalho.

Em síntese, as considerações que trouxemos nas linhas pretéritas apenas reforçam a dificuldade de sistematização da responsabilidade civil, à míngua de uma definição legal, e que vem sendo enfrentada pela doutrina, podendo ser compreendida "como categoria geral de várias "responsabilidades" próprias das diversas searas jurídicas não penais, incluindo a trabalhista (Balazeiro e Rocha, 2022, p. 39-40), e que justificam afirmação de que se trata de um dos temas mais problemáticos da atualidade jurídica, haja vista os reflexos na vida social, que são alavancados pelo avanço tecnológico (Diniz, 2020, p. 20).

2.1 Responsabilidade civil subjetiva e objetiva

A teoria da responsabilidade civil foi edificada a partir da verificação de culpa do causador do dano, sob inspiração do Código Civil francês (Código de Napoleão – 1804), de concepção individualista (Supioni, 2016, p. 15), não sendo concebida a ausência de culpa como legitimadora do direito à reparação do dano em todos os ordenamentos jurídicos de países ocidentais, e que persistiu ao longo do século XIX (Coelho, 2020, p. 242). Vale dizer, ausente a culpa, não se cogitava da obrigação de indenizar, devendo cada um suportar o próprio dano experimentado, só se concebendo a responsabilidade civil subjetiva.

Em síntese, a responsabilidade subjetiva está lastreada na culpa do agente, mas no sentido amplo, pois também envolve o dolo (direto ou indireto) e pressupõe a prática de ato ilícito, cuja definição emerge do art. 186 do Código Civil: "Aquele que, por ação ou omissão voluntária, negligência ou imprudência, violar direito e causar dano a outrem, ainda que exclusivamente moral, comete ato ilícito", conceito que se estende às situações de abuso do direito existente, nos termos do art. 187 do mesmo diploma legal, que se configura a partir do excesso manifesto do titular do direito, quando se considera o fim econômico ou social do direito, e também quando se considera a não observância do princípio da boa-fé ou dos bons costumes.

Contudo, ao longo do século XX, foi questionada a necessidade de satisfação do pressuposto subjetivo (culpa) para a imputação da responsabilidade, notadamente nas situações que lançavam ao desamparo as vítimas de acidentes inevitáveis (Coelho, 2020, p. 242), sendo lançadas as sementes para o reconhecimento da responsabilidade objetiva.

Trata-se da obrigação de indenizar o dano suportado por alguém, a qual não está vinculada a conduta ilícita, na medida em que decorre de um ato lícito. Está lastreada na teoria do risco, tratando-se da "objetivação da responsabilidade, sob a ideia de que todo risco deve ser garantido, visando à proteção jurídica à pessoa humana, em particular aos trabalhadores e às vítimas de acidentes, contra a insegurança material" (Diniz, 2020, p. 29). Trata-se de responsabilidade sem culpa do agente, bastando que haja prova de que o dano decorreu do exercício de sua atividade.

Em verdade, o reconhecimento da possibilidade da responsabilidade civil objetiva representou mudança de paradigma em relação ao enfoque individualista, e está em perfeita sintonia com o princípio da dignidade da pessoa humana, matriz principiológica de inquestionável normatividade, expressamente consagrada no texto da Constituição Federal brasileira (art. 1º, III), na medida em que a responsabilidade civil fundada na culpa do agente se mostra insuficiente para respostas efetivas diante de várias atividades que decorrem da evolução da sociedade, tendo surgido "as teorias do risco-proveito, do risco profissional, do risco excepcional, do risco-criado e do risco integral, de cunho objetivista, de forma a justificar o dever de reparar o dano proveniente do exercício de certos empreendimentos" (Belmonte, 2004, p. 458).

O artigo 159 do revogado Código Civil brasileiro, inspirado no Código de Napoleão adotou a teoria da responsabilidade civil fundada na culpa, tendo havido plena evolução no Código Civil de 2002, que se encontra em plena vigência, ao estabelecer a obrigação de reparar o dano independentemente da existência de culpa nas duas hipóteses contempladas no parágrafo único de seu art. 927: a) nos casos especificados em lei; b) quando a atividade normalmente desenvolvida pelo autor do dano, por sua própria natureza, implicar risco para os direitos de outrem.

Em síntese, no direito contemporâneo dispomos da responsabilidade fundada na culpa do autor do dano (subjetiva) e da responsabilidade objetiva, a ser verificada nas situações de exercício de atividades de risco e também nos casos especificados em lei, sendo oportuno mencionar a lição de Alexandre Agra Belmonte, que trouxe à baila dois princípios para justificar a incidência de uma e outra: "Nos comportamentos ilícitos, o dever de reparar o dano decorre do princípio da legalidade; nos comportamentos lícitos, o dever de reparar o dano decorre do princípio da igualdade" (Belmonte, 2004, p. 462),

3. A RESPONSABILIDADE CIVIL DO EMPREGADOR

A responsabilidade civil do empregador pode decorrer da assunção dos riscos de sua atividade econômica, conforme art. 2º da Consolidação das Leis do Trabalho, ou do inadimplemento das obrigações legais que decorrem dessa condição. Vale dizer, existem situações em que a responsabilidade do empregador será objetiva e outras em que se adotará a responsabilidade subjetiva. Neste sentido, podemos identificar a obrigação legal do empregador proporcionar um ambiente de trabalho seguro e saudável para seus empregados,[1] atenuando os riscos de efeitos deletérios em face de doença ocupacional ou acidente de trabalho, e de práticas de assédio (moral ou sexual) ou condutas discriminatórias, e ainda as situações que decorrem de sua responsabilidade por ato de terceiro (art. 932, III, Código Civil).

Neste contexto, destaca-se a responsabilidade civil patronal que emerge do art. 7º, XXVIII, da Constituição Federal, que consagra o direito dos empregados urbanos e rurais ao "seguro contra acidentes de trabalho, a cargo do empregador, sem excluir a indenização a que este está obrigado, quando incorrer em dolo, ou culpa", havendo a transferência da responsabilidade objetiva ao órgão previdenciário, mediante o seguro contra acidentes de trabalho (SAT), que é custeado pelo empregador, remanescendo a responsabilidade subjetiva do empregador, quando incorrer em dolo ou culpa.

3.1 Responsabilidade do empregador no acidente do trabalho

O conceito de acidente do trabalho emerge do art. 19 da Lei 8.213/91, sendo aquele que ocorre pelo exercício do trabalho a serviço de empresa ou do empregador doméstico, "provocando lesão corporal ou perturbação funcional que cause a morte, bem como a perda ou redução, permanente ou temporária, da capacidade para o trabalho (Martins, 2022, p. 273) alcançando também os segurados especiais (art. 11, VII, Lei 8.213/91), os quais não são objeto deste trabalho.

É importante destacar que também será considerado acidente do trabalho quando ocorrido nos intervalos intrajornadas, independentemente de serem ou não remunerados pelo empregador, pois nenhuma distinção se constata no art. 21, §1º, Lei 8.213/91, que se limitou a esclarecer que, nessas situações, o empregado é considerado no exercício do trabalho. Em síntese, mesmo na hipótese de infortúnio verificado no intervalo intrajornada não computado na jornada de trabalho (art. 71, § 2º, CLT), não será afastada a configuração do acidente de trabalho.

Além das ocorrências clássicas de acidente do trabalho, o legislador incluiu algumas situações por equiparação (art. 21 da Lei 8.213/91), para alcançar qualquer acidente que ocorra no local e horário do trabalho, inclusive por motivos de agressão e ato de terceiros, ainda que sem relação direta com o trabalho, e também algumas situações de infortúnios fora do local e horário de trabalho, a exemplo das viagens a serviço do empregador e também o acidente no percurso da residência do empregado para o local de trabalho e vice-versa. O acidente de percurso ou acidente *in itinere* havia sido retirado da

---

1. Patrícia Sane Hamano e Lourival José de Oliveira defendem a existência da responsabilidade civil sem dano quando o empregador descumpre as normas de medicina e segurança do trabalho, bastando o dano potencial ou risco de dano, notadamente porque o estabelecimento do *status quo ante* fica inviabilizado a partir da ocorrência do acidente de trabalho, tornando insuficiente a disciplina legal acerca da obrigação de indenizar (HAMANO e OLIVEIRA, 2022, p. 8-9.

relação de acidentes do trabalho pela Medida Provisória 905, de 11/11/2019, a qual não foi convolada em lei; motivo pelo qual a hipótese se encontra plenamente restabelecida no art. 21, IV, d, Lei 8.213/91.

Igualmente, as doenças profissionais (tecnopatias) e as doenças do trabalho (mesopatias) são consideradas acidentes do trabalho (art. 20, I e II, Lei 8.213/91). A doença profissional é aquela produzida ou desencadeada pelo exercício do trabalho peculiar a determinada atividade e consta em relação elaborada pelo Ministério do Trabalho e Previdência Social, enquanto a doença do trabalho decorre das condições adversas em que o trabalho é realizado, distinção que já tivemos a oportunidade de mencionar em obra anterior (Martins, 2022, p. 274).

O acidente do trabalho consubstancia, pois, um fato jurídico que desencadeia necessariamente reflexos na esfera trabalhista e previdenciária e, ocasionalmente, também na seara da responsabilidade civil do empregador ou até na esfera penal. São exemplos de reflexos na órbita trabalhista a suspensão do contrato de trabalho, o direito do empregado à continuidade dos depósitos do FGTS (art. 15, § 5º, Lei 8.036/90) e garantia provisória de emprego se o afastamento é superior a 15 dias (art. 118, Lei 8.213/91); e quanto aos reflexos na órbita previdenciária vamos encontrar o direito do empregado aos benefícios devidos ao segurado, tais como o auxílio-doença acidentário, a aposentadoria por invalidez, a pensão por morte e o auxílio-acidente, conforme o caso (Molina, 2021, p. 59-60).

Contudo, a responsabilidade civil do empregador não decorrerá automaticamente do infortúnio, na medida em que o art. 7º, XXVIII, da Constituição Federal transferiu para a Previdência Social o ônus de assegurar os benefícios cabíveis ao trabalhador, mediante o seguro contra acidentes de trabalho (SAT) que está a cargo do empregador, sem prejuízo da indenização a que este último está obrigado quando tiver contribuído para o infortúnio mediante conduta dolosa ou culposa.

Em síntese, ao empregado será sempre devido o benefício previdenciário em decorrência do acidente de trabalho, independentemente de culpa, seja dele próprio ou até do empregador, na medida em que a responsabilidade objetiva, que decorre da assunção dos riscos da atividade econômica, foi transferida para o órgão previdenciário, mas sem prejuízo da responsabilidade civil subjetiva do empregador, quando incorrer em dolo ou culpa, por expressa disposição constitucional. Só não haverá direito ao benefício na hipótese de lesão por conduta dolosa do empregado.

Nessa perspectiva, o pressuposto da responsabilidade subjetiva do empregador está atrelado ao descumprimento dos deveres de conduta consagrados no art. 157 da CLT: "I – cumprir e fazer cumprir as normas de segurança e medicina do trabalho; II – instruir os empregados, através de ordens de serviço, quanto ás precauções a tomar no sentido de evitar acidentes do trabalho ou doenças ocupacionais; ...", e que foi sintetizado no art. 19, § 1º, da Lei 8.213/91: "A empresa é responsável pela adoção e uso das medidas coletivas e individuais de proteção e segurança da saúde do trabalhador".

E assim, caminhou a doutrina por mais de 10 anos, na vigência do Código Civil de 1916: "A omissão do empregador na adoção de medidas tendentes a prevenção de acidentes pode ocasionar, de acordo com a gravidade ou repetição dos fatos, ...d) no âmbito civil, a responsabilidade indenizatória, CF de 1988, art. 7º, XXVIII, além das que decorrem do seguro obrigatório contra acidentes do trabalho" (Carrion, 1995, p. 157). Neste mesmo sentido, também a jurisprudência da Justiça do Trabalho, a partir da ampliação de sua competência com a Emenda Constitucional 45/2004, mas em relação a fatos ocorridos na vigência do Código Civil de 1916.

Com a promulgação do Código Civil de 2002, algumas vozes começaram a se levantar em face da possível aplicação da responsabilidade objetiva prevista no art. 927, parágrafo único, especialmente destinada às hipóteses de reparação do dano, independentemente de culpa, "nos casos especificados em lei, ou quando a atividade normalmente desenvolvida pelo autor do dano implicar, por sua natureza, risco para os direitos de outrem".

Inicialmente, relutamos em reconhecer a possibilidade de reconhecimento da responsabilidade objetiva do empregador, mesmo nas atividades consideradas de risco, salvo previsão legal expressa, por dois motivos: 1) o art. 7º, XXVIII, CF transferiu a responsabilidade objetiva para o órgão previdenciário, mediante seguro contra acidentes do trabalho compatível com o grau de risco da atividade, a cargo do próprio empregador; 2) o art. 927, parágrafo único, do Código Civil não é norma trabalhista, o que inviabilizaria a invocação do princípio da norma mais favorável.

No entanto, a doutrina majoritária adotou o entendimento de que a inovação do Código Civil de 2002 comportava aplicação na seara trabalhista, por apresentar um nível de proteção superior àquele que emerge do texto constitucional, até mesmo pelo fato de que a negativa de sua aplicação poderia gerar algumas situações paradoxais, em que um terceiro completamente desconhecido da empresa seria indenizado, enquanto o trabalhador ficaria à mercê de um seguro de acidente do trabalho que não necessariamente representa a reparação integral do dano sofrido.

Além disso, a jurisprudência trabalhista, oscilante no início, acabou se consolidando no sentido favorável à aplicação do art. 927, parágrafo único, do Código Civil, merecendo destaque os seguintes julgados do colendo Tribunal Superior do Trabalho:

> Recurso de revista. Acidente de trabalho. Construção civil. Servente. Responsabilidade objetiva do empregador. Teoria do risco profissional. Indenização por danos moral e material. "quantum" indenizatório. 1. Trata-se de hipótese na qual o Tribunal Regional do Trabalho, valorando fatos e provas, concluiu pela existência de nexo causal entre o acidente de trabalho e a lesão meniscal no joelho esquerdo e condromalácia do autor, razão pela qual reconheceu a responsabilidade civil objetiva da empregadora pelos danos moral e material causados ao autor, vítima de acidente de trabalho em atividade desempenhada na construção civil. 2. A jurisprudência deste Tribunal Superior vem reconhecendo que, nas atividades vinculadas à construção civil, como na hipótese, por apresentarem alto grau de risco, aplica-se a responsabilidade objetiva do empregador com apoio na teoria do risco profissional. Precedentes. Recurso de revista de que não se conhece. (TST – RR: 29042201151110052, Relator: Walmir Oliveira da Costa, Data de Julgamento: 10.04.2019, 1ª Turma, Data de Publicação: DEJT 12.04.2019)

I – Agravo de instrumento em recurso de revista da reclamante. Processo regido pela lei 13.467/2017. Transcendência social reconhecida. Dano moral. Doença ocupacional. LER/DORT. Bancário. Responsabilidade objetiva. Teoria do risco. Demonstrada possível violação do art. 927, parágrafo único, do Código Civil, impõe-se o provimento do agravo de instrumento para determinar o processamento do recurso de revista. Agravo de instrumento provido. II – Recurso de revista da reclamante. Processo regido pela Lei 13.467/2017. Dano moral. Doença ocupacional. LER/DORT. Bancário. Responsabilidade objetiva. Teoria do risco. Embora, em regra, a responsabilidade civil do empregador pelos danos sofridos pelo empregado seja subjetiva, exigindo a caracterização do dolo e culpa, nos termos dos artigos 186, 187 e 927, do Código Civil e do art. 7º, XXVIII, da Constituição Federal, a jurisprudência dominante desta Corte Superior tem admitido a aplicação da responsabilidade objetiva, com fundamento no art. 927 do CC, especialmente quando a atividade desenvolvida pelo empregador for considerada como atividade de risco, com maior probabilidade de acidentes ou doenças do trabalho, caso dos autos, referente à bancário acometido por LER/DORT. Precedentes. Recurso de revista conhecido e provido. (TST – RR: 14766720175100004, Relator: Delaide Alves Miranda Arantes, Data de Julgamento: 26.05.2021, 2ª Turma, Data de Publicação: 28.05.2021)

Agravo. Agravo de instrumento em recurso de revista. Leis 13.015/2014 e 13.467/2017. Indenização por danos morais e materiais decorrentes de acidente de trabalho. Motorista de caminhão. Responsabilidade objetiva. A questão acerca da responsabilidade civil objetiva do empregador, quando ocorrerem danos decorrentes do exercício da atividade de risco, encontra-se pacificada na jurisprudência desta Corte no sentido de que as atividades de motorista de caminhão pressupõem a existência de risco potencial à incolumidade física e psíquica do empregado, a atrair a responsabilidade civil objetiva do empregador, nos termos do art. 927 do Código Civil. Agravo a que se nega provimento. (TST – Ag: 9118120195120003, Relator: Alberto Bastos Balazeiro, Data de Julgamento: 22.06.2022, 3ª Turma, Data de Publicação: 24.06.2022)

Recurso de revista. Acidente de trabalho. Utilização de motocicleta. Ato de terceiro. Responsabilidade objetiva. 1. O entendimento desta Corte Superior é o de que o art. 7º, XXVIII, da CF, ao consagrar a teoria da responsabilidade subjetiva, por dolo ou culpa do empregador, não obsta a aplicação da teoria da responsabilidade objetiva às lides trabalhistas, mormente quando a atividade desenvolvida pelo empregador pressupõe a existência de risco potencial à integridade física e psíquica do trabalhador e o acidente tenha ocorrido na vigência do atual Código Civil. 2. Com efeito, o art. 7º da CF, ao elencar o rol de direitos mínimos assegurados aos trabalhadores, não exclui a possibilidade de que outros venham a ser reconhecidos pelo ordenamento jurídico infraconstitucional, tendo em mira que o próprio caput do mencionado artigo autoriza ao intérprete a identificação de outros direitos, com o objetivo da melhoria da condição social do trabalhador. 3. Por outro lado, a teoria do risco da atividade empresarial sempre esteve contemplada no art. 2º da CLT, e o Código Civil, no parágrafo único do art. 927, reconheceu expressamente a responsabilidade objetiva para a reparação do dano causado a terceiros. 4. *In casu,* o acidente sofrido pelo reclamante decorreu das atividades desenvolvidas com motocicleta, que envolviam risco extraordinário, fato que atrai a aplicação da responsabilidade civil objetiva em decorrência do risco da atividade. 5. Se não bastasse, a jurisprudência desta Corte Superior Trabalhista segue no sentido de que o fato de o acidente ter sido causado por culpa exclusiva de terceiro não tem o condão de romper o nexo de causalidade e, por conseguinte, de excluir a responsabilidade do empregador. Recurso de revista conhecido e provido. (TST – RR: 111637320165150001, Relator: Dora Maria Da Costa, Data de Julgamento: 09/02/2022, 8ª Turma, Data de Publicação: 11.02.2022)

Agravo interno interposto pela reclamada. Agravo de instrumento em recurso de revista. Apelo submetido à regência da Lei 13.467/2017. Acidente de trânsito. Óbito de empregado na condução de veículo fornecido pela empresa. Exercício cotidiano da atividade de motorista em rodovia de tráfego intenso. Compras externas e transporte de outros empregados. Teoria do risco criado. Responsabilidade objetiva do empregador. Excludente por culpa de terceiro. Inaplicável. Transcendência não reconhecida. Depreende-se do acórdão regional que, conquanto o empregado acidentado ocupasse a função de auxiliar administrativo, resta incontroverso nos autos que, "em razão de suas atividades, notadamente, o transporte de outros empregados, em condução fornecida pela empregadora, tinha que trafegar por rodovia de trânsito intenso, o que elevava, sobremaneira, os riscos a que se submetia o trabalhador". A par desses elementos de prova, a Corte de origem destacou que, independentemente da denominação da função ocupada, há de prevalecer a conclusão pelo risco da atividade cotidianamente desempenhada no percurso de aproximadamente 50Km em "rodovia de grande movimento e com alto índice de acidentes", local em que, aliás, ocorreu a colisão de veículos que culminou no óbito do empregado. Consoante destacado pelo Tribunal *a quo,* a prova oral revelou, ainda, que "o trabalhador poderia ir à cidade para fazer as compras e retornar para a empresa, ou retornar no dia seguinte, dependendo da necessidade", como também "era possível o reclamante realizar as compras e posteriormente ir para o trabalho", de modo que a situação de o acidente ter ocorrido no trajeto de casa para o trabalho não descaracteriza o nexo de causalidade nem a responsabilidade do empregador pelo dano sofrido na condução de veículo disponibilizado pela empresa. Nesse cenário fático, insuscetível de reexame nesta instância extraordinária, a teor da Súmula 126 do TST, tem-se por justificada a conclusão do Tribunal Regional pela aplicação, *in casu,* do art. 927, parágrafo único, do Código Civil, a amparar a condenação ao pagamento de indenização por danos morais e materiais à viúva e às filhas dos de cujus. Vale destacar que a jurisprudência consolidada desta Corte Superior firma-se no sentido de que a culpa de terceiros não afasta a responsabilidade objetiva do empregador pelo acidente de trânsito que vitimou o empregado, devendo aquele arcar com o ônus decorrente do risco criado. Precedentes. Estando a decisão recorrida ao amparo do entendimento jurisprudencial deste Tribunal, tem-se por aplicado o óbice do art. 896, § 7º, da CLT e da Súmula 333 do TST, a inviabilizar o reconhecimento da transcendência da causa. Agravo interno a que se nega provimento. (TST – Ag-AIRR: 00102225420215030043, Relator: Jose Pedro De Camargo Rodrigues De Souza, Data de Julgamento: 07.06.2023, 6ª Turma, Data de Publicação: 16.06.2023).

O Supremo Tribunal Federal, ao reconhecer a repercussão geral do Tema 932 no julgamento do RE 828040, aprovou a seguinte tese proposta pelo relator, Ministro Alexandre de Moraes: "O art. 927, parágrafo único, do Código Civil é compatível com o artigo 7º, XXVIII, da Constituição Federal, sendo constitucional a responsabilização objetiva do empregador por danos decorrentes de acidentes de trabalho nos casos especificados em lei ou quando a atividade normalmente desenvolvida, por sua natureza, apresentar exposição habitual a risco especial, com potencialidade lesiva, e implicar ao trabalhador ônus maior do que aos demais membros da coletividade".

A ementa do julgamento da Excelsa Corte já não deixa dúvidas quanto à possibilidade de aplicação do art. 927, parágrafo único, do Código Civil aos casos de acidentes do trabalho. No entanto, remanescerá a discussão acerca de quais atividades são passíveis de enquadramento, por "apresentar exposição habitual a risco especial" em potencial superior àquele imposto "aos demais membros da coletividade", já que não há um rol taxativo previsto em norma legal. Enfim, a discussão no âmbito doutrinário e jurisprudencial apenas suportará mudança de foco.

3.2 Responsabilidade do empregador na proteção à maternidade

A situação que vamos tratar neste tópico remete à garantia provisória de emprego da empregada gestante, desde a confirmação da gravidez até cinco meses após o parto (art. 10, II, "b", do ADCT). Vale dizer, uma vez confirmado o estado gestacional, o empregador fica impedido de promover a despedida sem justa causa, pois já não possui o direito potestativo de fazê-lo, durante o lapso temporal referido, independentemente da ciência do estado gravídico (Súmula 244, TST).

Se o empregador tiver ciência da condição de gestante e, ainda assim, promover a despedida, entendemos que se estará diante de uma prática discriminatória, desafiando a incidência da Lei 9.029/95 e as consequências na esfera trabalhista, da responsabilidade civil e também da responsabilidade penal (art. 2º, I, e 4º, ambos da Lei 9.029/95). Se promover a despedida sem justa causa, sem conhecimento do estado de gravidez da empregada, não se eximirá da responsabilidade que emerge da referida condição, pois terá descumprido a disposição constitucional que rege a proteção à maternidade, muito embora não tenha agido com culpa ou dolo. Portanto, uma típica responsabilidade objetiva, conforme reiterados pronunciamentos da jurisprudência atual que, a propósito, não exige sequer que a empregada tenha ciência da própria condição:

Recurso de revista. Estabilidade provisória. Gestante. O art. 10, II, b, do ADCT realça o fato de que é vedada a dispensa arbitrária ou sem justa causa da empregada gestante, desde a confirmação da gravidez até cinco meses depois do parto. Do mesmo modo, a Súmula 244, I, do TST não condiciona a estabilidade ao conhecimento da gravidez pela própria empregada ou pela empregadora ao tempo da rescisão contratual, deixando claro, por outro lado, que o estado gravídico da trabalhadora é a única condição exigida para assegurar o seu direito. Por tais razoes, é devida a indenização desde a dispensa até a data do término do período estabilitário. Recurso de revista conhecido e provido. (TST – RR: 17016220175120059, Relator: Dora Maria da Costa, Data de Julgamento: 06.11.2019, 8ª Turma, Data de Publicação: DEJT 08.11.2019)

Agravo em agravo de instrumento em recurso de revista. Estabilidade da gestante. Inexigibilidade de conhecimento do estado gravídico. Limitação do direito por meio de norma coletiva. Impossibilidade. Não havendo dúvida de que a concepção se deu no curso do contrato de trabalho, como no caso, é devido o pagamento da indenização decorrente da estabilidade da gestante, independentemente do conhecimento do estado gravídico pelo empregador ou até mesmo pela gestante. Dessa forma, a previsão constante de instrumento normativo, no sentido de limitar ou exigir condição do conhecimento do estado gravídico não se coaduna com o espírito da norma constitucional garantidora da estabilidade (art. 10, II, b, do ADCT). Agravo conhecido e desprovido. (TST – Ag: 112949820175030178, Relator: Alexandre de Souza Agra Belmonte, Data de Julgamento: 16.12.2020, 3ª Turma, Data de Publicação: 18.12.2020)

Recurso de revista. Recurso interposto sob a égide da Lei 13.467/2017. Estabilidade provisória – Gestante – Desconhecimento do estado gravídico pelo empregador – Irrelevância – Estabilidade da gestante. Transcendência política reconhecida. Tratando-se de recurso de revista interposto em face de decisão regional contrária à jurisprudência consolidada desta Corte, caracterizada a transcendência política da causa, a justificar o prosseguimento do exame do apelo. O conhecimento do estado gravídico pelo empregador, ou mesmo pela empregada, no ato da rescisão contratual ou mesmo durante o período estabilitário não é condição para aquisição da estabilidade prevista no artigo 10, II, b, do ADCT, bastando que a concepção tenha ocorrido no curso do contrato de trabalho. O artigo 10, II, b, do ADCT, garante à empregada gestante a estabilidade no emprego, desde a dispensa, até 5 meses após o parto, independentemente do conhecimento do estado de gravidez. Precedentes, inclusive desta e. 7ª Turma. Inteligência da Súmula 244, I, do TST. O direito à estabilidade da trabalhadora gestante está condicionado tão somente à ocorrência da gestação no curso do contrato de trabalho e à despedida imotivada. Precedentes. Recurso de revista conhecido e provido. (TST – RR: 10019693720185020611, Relator: Renato de Lacerda Paiva, Data de Julgamento: 09.03.2022, 7ª Turma, Data de Publicação: 18.03.2022)

A RESPONSABILIDADE CIVIL NO DIREITO DO TRABALHO **37**

Recurso de revista interposto na vigência da Lei 13.467/2017. Estabilidade gestante. Gravidez no curso do aviso prévio indenizado. Renúncia à reintegração no emprego. Indenização substitutiva devida. Transcendência política. No caso em tela, o entendimento regional apresenta-se em dissonância do desta Corte firmado no sentido de que a recusa à reintegração ao emprego não afasta o direito à estabilidade da gestante, tampouco à indenização relativa ao período estabilitário, ao fundamento de o artigo 10, II, b, do ADCT, não condicionar a estabilidade ao retorno ao emprego, bastando, para tanto, a gravidez no curso da eficácia do contrato de trabalho, circunstância apta a demonstrar o indicador de transcendência política, nos termos do art. 896-A, § 1º, II, da CLT. Transcendência política reconhecida. Recurso de revista interposto na vigência da lei 13.467/2017. Estabilidade da gestante. Gravidez no curso do aviso – prévio indenizado. Estabilidade. Renúncia à reintegração no emprego. Indenização substitutiva devida. Transcendência política reconhecida. Requisitos do artigo 896, § 1º-A, da CLT, atendidos. O artigo 10, II, b, do ADCT, não condiciona a estabilidade da gestante ao retorno ao emprego, bastando, para tanto, a gravidez no curso da eficácia do contrato de trabalho. Logo, o fato de a reclamante não ter pleiteado a reintegração e, portanto, recusar o retorno ao emprego não obsta o direito ao pagamento da indenização relativa ao período estabilitário. Há precedentes. Recurso de revista conhecido e provido. (TST – RR: 111981220175150029, Relator: Augusto Cesar Leite De Carvalho, Data de Julgamento: 30.03.2022, 6ª Turma, Data de Publicação: 1º.04.2022).

A análise da construção jurisprudencial em torno do tema, revela a preocupação com o *status* constitucional das regras de proteção à maternidade, que estão alçadas à condição de direito fundamental das trabalhadoras, e daí a condenação à reparação devida, independentemente de culpa do empregador, não se podendo afirmar que decorre propriamente de um descumprimento do contrato de trabalho.

3.3 Responsabilidade do empregador por ato de terceiros

A responsabilidade por ato ou fato de terceiros é uma exceção àquelas situações de responsabilidade por ato próprio, consubstanciando uma responsabilidade excepcional, com maior ênfase no Código Civil de 2002, que ampliou o seu alcance, adotando como fundamento a teoria do risco, por meio da responsabilidade objetiva e não mais a culpa (Stoco, 2004, p. 907); vale dizer, "afastou-se do princípio genérico da culpa contida no art. 186, quanto ao fundamento da responsabilidade extracontratual, desvinculando-se do Código anterior" (idem, p. 920).

Em relação ao empregador, trata-se de hipótese de responsabilização não expressamente indicada no texto consolidado, que apenas alude à assunção dos riscos da atividade econômica (art. 2º, CLT), mas decorre do art. 932, III, do Código Civil, ao estabelecer que são responsáveis pela reparação civil "o empregador ou comitente, por seus empregados, serviçais e prepostos, no exercício do trabalho que lhes competir, ou em razão dele", e a certeza de que se trata de uma hipótese de responsabilidade objetiva decorre do art. 933 do mesmo diploma legal: "As pessoas indicadas nos incisos I a V do artigo antecedente, ainda que não haja culpa de sua parte, responderão pelos atos praticados pelos terceiros ali referidos".

É importante destacar que a jurisprudência trabalhista, na aplicação da mencionada hipótese de responsabilização objetiva do empregador, não exclui sequer as situações de homicídio perpetrado por um empregado, desde que no local de trabalho, conforme bem ilustra a seguinte ementa de julgado do Tribunal Superior do Trabalho:

> Recurso de revista. Responsabilidade civil do empregador por ato praticado por empregado. Assassinato de empregada no local e horário de trabalho por outro empregado. Indenização por dano material e moral aos filhos da vítima. Cabimento. O ordenamento jurídico brasileiro mantém, como regra geral, no tocante à responsabilidade civil, a noção da responsabilidade subjetiva, ou seja, mediante a aferição de culpa (lato sensu) do autor do dano (art. 186 e *caput* do art. 927, Código Civil). Os requisitos necessários para a configuração da responsabilidade civil do empregador são: dano, nexo causal e culpa empresarial, como regra. Já a responsabilidade civil do empregador, por ato praticado por empregado, foge à regra geral, porquanto prescinde de culpa para sua ocorrência, tratando-se, pois, de responsabilidade objetiva. Nesse sentido, os arts. 932, III, e 933 do CC. Na hipótese, infere-se do acórdão regional a presença dos requisitos necessários para a responsabilização civil da empregadora pelo ato praticado pelo empregado, quais sejam: a) prejuízo causado a terceiros – consistente na morte da empregada, mãe dos Reclamantes, provocada por empregado da Reclamada; b) o ato lesivo decorreu de culpa do empregado da empresa; c) existência de relação de emprego entre o causador do dano e a empresa Reclamada e, por fim, d) o fato lesivo ocorreu durante o horário de trabalho. Assim, configurada a responsabilidade objetiva da empregadora pelo ato praticado por empregado seu, que assassinou a colega de trabalho no local e horário de serviço. No presente caso, incidem as regras dos arts. 932, III, e 933 do CCB, que estabelecem a objetividade da responsabilidade do empregador pelos atos praticados por seus empregados no estabelecimento ou empresa. Não se trata, pois, da incidência dos arts. 186 e 927 do Código Civil. Esclareça-se que a assunção dos riscos do empreendimento ou do trabalho impõe à exclusiva responsabilidade do empregador, em contraponto aos interesses obreiros oriundos do contrato pactuado, os ônus decorrentes de sua atividade empresarial ou até mesmo do contrato empregatício celebrado. Por tal característica, o empregador assume os riscos da empresa, do estabelecimento e do próprio contrato de trabalho e sua execução. Cabível, portanto, a condenação da Reclamada ao pagamento de indenização por dano material e moral aos filhos da empregada falecida. Recurso de revista conhecido e parcialmente provido. (TST – RR: 1578009220065070024, Relator: Mauricio Godinho Delgado, Data de Julgamento: 20.06.2018, 6ª Turma, Data de Publicação: DEJT 29.06.2018).

O julgado supra, destacado para ilustrar as hipóteses de objetivação da responsabilidade do empregador por ato de terceiro, comporta incidência da crítica de Molina, na medida em que não perquire o alcance do pressuposto legal de que a conduta do ofensor tenha relação com o trabalho que lhe competia, pois "somente quando o ato lesivo guardar relação com o exercício do trabalho ou tiver sido cometido em razão da atividade é que haverá, também, a responsabilidade civil do empregador (2021, p. 89). Se a ofensa não tiver relação com o trabalho, não há dúvida de que configura acidente do trabalho (art. 21, II, "a", Lei 8.213/91), mas não poderia atrair a responsabilidade objetiva do empregador fundada no art. 932, III, do Código Civil.

Destaque-se que a responsabilidade objetiva, por ato de seus servidores, se aplica aos órgãos da administração pública, conforme art. 43 do Código Civil: "As pessoas jurídicas de direito público interno são civilmente responsáveis por atos dos seus agentes que nessa qualidade causem danos a terceiros, ressalvado direito regressivo contra os causadores do dano, se houver, por parte destes culpa ou dolo". A expressão "agentes" alcança os servidores públicos *stricto sensu* e também os servidores *lato sensu,* sendo estes últimos regidos pela legislação trabalhista (empregados públicos, portanto).

Por isso, afirma-se que a responsabilidade objetiva disciplinada no art. 932, III, Código Civil alcança o poder público por ato de seus servidores regidos pela legislação trabalhista. E, para arrematar, nenhuma pecha de inconstitucionalidade pode ser argumentada em desfavor do art. 43 do Código Civil, que apenas reproduz a regra do art. 37, § 6º, da Constituição Federal, a qual também assegura o direito de regresso na hipótese de dolo ou culpa do agente público.

É importante assinalar que, na situação que estamos tratando neste tópico, a responsabilidade do empregador privado é objetiva, mas sua incidência depende da culpa ou dolo do empregado, não obstante a ausência de menção expressa no art. 933 do Código Civil. Neste sentido, o entendimento de Maria Helena Diniz: "Se o evento lesivo não se deu por ato culposo do empregado, mas em razão de força maior, caso fortuito, culpa da vítima ou de terceiro, não se terá a responsabilidade do empregador" (2020, p. 599).

Todavia, quando se tratar de pessoa jurídica de direito público ou de pessoa jurídica de direito privado prestadora de serviços públicos, teremos a responsabilidade objetiva por risco administrativo (Moraes, 2002, p. 899), devidamente traçada no art. 37, § 6º, da Constituição Federal e repetida no art. 43 do Código Civil, havendo referência expressa à culpa ou dolo do agente público para fins do direito de regresso, mas não para excluir a responsabilidade do ente público, da qual ficará isento apenas no caso de incidência de alguma excludente da responsabilidade estatal, tais como a força maior, o caso fortuito e a culpa exclusiva da vítima (Moraes, p. 906), conforme bem ilustra o seguinte julgado: "Ocorrendo culpa exclusiva da vítima que sofreu o dano, deixa de existir o imprescindível nexo causal justificador da atribuição da responsabilidade objetiva do Estado" (STF-1ª Turma – RE – Rel. Ministro Moreira Alves – julgado em 25.05.1993 (Stoco, 2004, p. 970).

4. RESPONSABILIDADE CIVIL DO EMPREGADO

Sabemos que o direito do trabalho é formado por um conjunto de normas (regras e princípios) e instituições que objetivam estabelecer o necessário equilíbrio nas relações de trabalho, tendo em vista as peculiaridades que norteiam as mencionadas espécies de relação jurídica, em que, normalmente, se depara com a hipossuficiência de um dos sujeitos. Não obstante essa característica da nossa disciplina, precisamos reconhecer que o caráter sinalagmático está presente no contrato de emprego, e existem algumas situações específicas em que o trabalhador é chamado à responsabilidade.

Destacaremos duas situações conhecidas, e que se encontram positivadas na Consolidação das Leis do Trabalho. A primeira é a possibilidade de descontos de prejuízos causados por danos perpetrados pelo empregado (art. 462, § 1º, CLT) e a indenização de prejuízos causados ao empregador quando o empregado, por sua própria iniciativa, rescinde contrato de trabalho por prazo determinado (art. 480 da CLT).

A onerosidade é um dos requisitos de existência do contrato de trabalho, e o legislador se ocupou de proteger o salário contra descontos ou práticas abusivas do empregador, mas não inviabiliza os descontos legais e aqueles expressamente autorizados pelo empregado. Neste mesmo sentido, os descontos de danos são permitidos, desde que decorrentes de uma conduta dolosa do empregado ou, no caso de culpa, quando previamente autorizado em cláusula do contrato de trabalho (art. 462, § 1º, CLT).

Quanto à rescisão sem justa causa do contrato de trabalho por prazo determinado antes do prazo ajustado, a legislação estabelece que se a iniciativa for do empregador, este ficará obrigado a indenizar o empregado no valor correspondente à metade da "remuneração a que teria direito até o termo do contrato" (art. 479 da CLT). E por remuneração, devemos entender todas as verbas de natureza salarial acrescidas da média de gorjetas, não havendo motivos para a interpretação restritiva defendida por Vólia Bomfim Cassar (2017, p. 593). Trata-se de indenização que é inversamente proporcional ao tempo de serviço, pois quanto maior o tempo de contrato cumprido, menor o valor a ser pago ao trabalhador, ao contrário do que ocorre na rescisão do contrato de trabalho por prazo indeterminado (Silva, 1986, p. 490).

Quando a iniciativa de ruptura contratual antes do prazo for do empregado, haverá a obrigação de "indenizar o empregador dos prejuízos que desse fato lhe resultarem" (art. 480 da CLT), a qual se encontra limitada ao valor previamente tarifado para o caso da rescisão contratual por iniciativa do empregador (art. 480, § 1º, CLT). Por fim, impõe-se destacar que as indenizações supramencionadas não serão devidas se o contrato por prazo determinado contiver cláusula assecuratória do direito recíproco de rescisão antecipada, nos termos do art. 481 da Consolidação das Leis do Trabalho.

Além das situações referidas, acreditamos que seja possível estabelecer outras hipóteses devidamente contempladas no contrato de trabalho ou nos instrumentos coletivos, a exemplo da obrigação do empregado devolver os valores despendidos pelo empregador, devidamente corrigidos, em determinado programa de qualificação profissional, quando o empregado descumpre a cláusula de permanência no emprego por um período previamente ajustado ou quando viola a cláusula de não concorrência devidamente pactuada.

5. CONCLUSÃO

A análise da responsabilidade civil no direito do trabalho é tarefa que se mostra muito relevante na atualidade, notadamente quando se considera as novas formas de organização das atividades que se desenvolvem sob o manto do contrato de emprego, alavancadas pelas inovações da 4ª Revolução Industrial, e que acabam desencadeando danos ao patrimônio material ou imaterial, seja do empregado ou do empregador, e demanda uma resposta eficaz do direito, com vistas ao retorno ao *status quo ante* ou mitigar o sofrimento da vítima.

No contexto da relação de emprego, sabemos que existe uma diversidade de obrigações legais e contratuais, cujo não adimplemento legitima a possibilidade de responsabilização da parte que estava obrigada. Em síntese, o descumprimento de uma obrigação legal ou contratual, seja por empregado ou por empregador é passível de desencadear a responsabilidade civil.

Quando a obrigação descumprida está vinculada ao meio ambiente de trabalho, o risco de acidentes de trabalho e doenças ocupacionais é potencializado, e daí a possibilidade de uma tutela inibitória em demanda de natureza coletiva, com vistas a evitar o infortúnio, sem prejuízo de uma indenização por dano extrapatrimonial. E nas situações em que o acidente do trabalho ou doença ocupacional já tenha se confirmado em desfavor de algum trabalhador, haverá o interesse de agir em demanda individual, com vistas à reparação material (lucros cessantes e danos emergentes, por exemplo), além da indenização por dano extrapatrimonial eventualmente devida, não ostentando esta última uma função reparadora do dano, mas apenas compensatória.

A pesquisa realizada neste trabalho também apontou que existem situações específicas, nas quais o direito à reparação por acidente do trabalho não depende da existência de culpa do empregador, bastando que desenvolva alguma atividade considerada de risco para a segurança de outrem, não havendo mais dúvidas quanto à possibilidade do art. 927, parágrafo único, do Código Civil comportar aplicação na seara trabalhista, tendo em vista a tese de repercussão geral aprovada pelo Supremo Tribunal em recurso extraordinário.

Não obstante se reconheça que o descumprimento das normas de medicina e segurança do trabalho, seguida de acidentes do trabalho, seja um campo fértil para incidência das normas que regem a responsabilidade civil, é certo que existem outras situações de responsabilidade civil do empregador, muitas vezes, também sem existência de culpa, a exemplo da indenização em favor da gestante despedida sem que o empregador soubesse do estado gestacional, e que se encontra pacificada na jurisprudência trabalhista.

Por fim, não se pode olvidar algumas situações específicas em que o ônus da responsabilidade civil se volta contra o trabalhador, nas hipóteses dos descontos de danos causados ao empregador, motivados por conduta dolosa ou, quando previsto em contrato de trabalho, daqueles oriundos de conduta culposa. Trata-se, pois, de um tema desafiador e que ainda apresenta muitos contornos que demandam enfrentamento da doutrina e jurisprudência, motivo pelo qual revisitamos o tema e lançamos luzes sobre algumas situações específicas, sem a pretensão de esgotar o debate.

REFERÊNCIAS

BALAZEIRO, Alberto Bastos; ROCHA, Afonso de Paula Pinheiro. Apontamentos sobre a responsabilidade civil trabalhista contemporânea. *Revista do Tribunal Superior do Trabalho,* São Paulo, v. 33, n. 02, abr./ jun. 2022.

BELMONTE, Alexandre Agra. *Instituições civis no direito do trabalho.* 3. ed. Rio de Janeiro: Renovar, 2004.

BRASIL. Constituição da República Federativa do Brasil de 1988. Disponível em: http://www.planalto.gov. br/ccivil_03/Constituicao/Constituicao.htm.

BRASIL. Lei 8.213, de 24 de julho de 1991. Disponível em: http://www.planalto.gov.br/ccivil_03/Leis/ L8213cons.htm.

BRASIL. Lei 9.029, de 13 de abril de 1995. http://www.planalto.gov.br/ccivil_03/Leis/L9029.htm.

BRASIL. Lei 10.406, de 10 de janeiro de 2002. Institui o Código Civil. Disponível em http://www.planalto.gov.br/ccivil_03/Leis/2002/L10406.htm.

BRASIL. Decreto-lei 5.452, de 1º de maio de 1943. Aprova a Consolidação das Leis do Trabalho. Disponível em http://www.planalto.gov.br/ccivil_03/decreto-lei/del5452.htm.

CARRION, Valentin. *Comentários à consolidação das leis do trabalho.* 19. ed. São Paulo: Saraiva, 1995.

CASSAR, Vólia Bomfim. *Direito do trabalho.* 14. ed. Rio de Janeiro: Forense; São Paulo: Método, 2017.

COELHO, Fábio Ulhoa. *Curso de direito civil* – Obrigações e Responsabilidade civil. 8. ed. São Paulo: Ed. RT, 2020. v. 2.

DINIZ, Maria Helena. *Curso de direito civil brasileiro* – Responsabilidade civil. 34. ed. São Paulo: Saraiva Educação, 2020. v. 7.

HAMANO, Patrícia Sanae; OLIVEIRA, Lourival José de. Responsabilidade civil sem danos em face do descumprimento das normas de segurança e saúde do trabalho. *Revista de direito do trabalho.* v. 226, p. 377-397, nov./dez. 2022.

MARTINS, Adalberto. *Manual didático de direito do trabalho.* 7. ed. Leme/SP: Mizuno, 2022.

MOLINA, André. A responsabilidade civil do empregador nos casos de agressão física sofrida pelo trabalhador. *Revista do Tribunal Regional do Trabalho da 3ª Região.* Belo Horizonte, v. 67, n. 104, p. 57-100, jul./dez. 2021.

MORAES, Alexandre de. *Constituição do Brasil interpretada e legislação constitucional.* São Paulo: Atlas, 2002.

RODRIGUES, Sílvio. *Direito civil* – responsabilidade civil. São Paulo: Saraiva 1979. v. 4.

SILVA, Carlos Alberto Barata. *Compêndio de direito do trabalho.* 4. ed. São Paulo: LTr, 1986.

STOCO, Rui. *Tratado de responsabilidade civil.* 6. ed. São Paulo: Ed. RT, 2004.

SUPIONI, Adriana Jardim Alexandre. *Responsabilidade civil do empregador pelo exercício de atividade de risco*: da incidência às excludentes. São Paulo: LTr, 2016.

4
RESPONSABILIDADE PRÉ E PÓS-CONTRATUAL NO DIREITO DO TRABALHO – ATUALIDADES

Cristina Paranhos Olmos

Doutora e Mestra em Direito do Trabalho pela PUC-SP. Professora. Autora de *Discriminação na relação de emprego e proteção contra a dispensa discriminatória* e de *Direitos da personalidade nas relações de* trabalho, ambos da Editora LTr. Advogada.

Sumário: 1. Conceito – 2. Responsabilidade contratual – boa-fé objetiva – 3. Fase pré-contratual – 4. Fase pós-contratual – 5. Ofensa aos direitos da personalidade – 6. Conclusão – Referências.

1. CONCEITO

Muito se fala, na atualidade, de responsabilidade pré e pós-contratual no campo da reparação civil, e, mais especificamente no Direito do Trabalho.

Para tanto, é de suma importância traçar considerações sobre a responsabilidade civil.

Sobre a matéria, invocamos de Flávio Tartuce:[1]

A responsabilidade civil surge em face do descumprimento obrigacional, pela desobediência de uma regra estabelecida em um contrato, ou por deixar determinada pessoa de observar um preceito normativo que regula a vida.

(...)

Como se pode notar, a responsabilidade civil no Código Civil de 1916 era alicerçada em um único conceito: o de ato ilícito (art. 159). Assim, havia uma única pilastra a sustentar a construção. Por outro lado, a responsabilidade civil, no Código Civil de 2002, é baseada em dois conceitos: o de ato ilícito (art. 186) e o de abuso de direito (art. 187).

(...)

De início, o ato ilícito é o ato praticado em desacordo com a ordem jurídica, violando direitos e causando prejuízos a outrem. Diante da sua ocorrência, a norma jurídica cria o dever de reparar o dano, o que justifica o fato de ser o ato ilícito fonte do direito obrigacional. O ato ilícito é considerado como fato jurídico em sentido amplo, uma vez que produz efeitos jurídicos que não são desejados pelo agente, mas somente aqueles impostos pela lei.

(...)

Ao lado do primeiro conceito de antijuridicidade, o art. 187 do CC traz uma nova dimensão de ilícito, consagrando a *teoria do abuso de direito*, como ato ilícito, também conhecida por *teoria dos atos emulativos*. Amplia-se a noção de ato ilícito, para considerar como precursor da responsabilidade

---

1. TARTUCE, Flávio. *Manual de direito civil*: volume único. 6. ed. rev., atual. e ampl. Rio de Janeiro: Forense; São Paulo: Método, 2016. p. 483-488.

civil aquele ato praticado em exercício irregular de direitos, ou seja, o ato é originariamente lícito, mas foi exercido fora dos limites impostos pelo seu fim econômico ou social, pela boa-fé objetiva ou pelos bons costumes.

Assim, qualquer decisão condenatória que estabeleça dever de reparar exige prática de ato ilícito ou abuso de direito, nos exatos termos das disposições previstas no Código Civil brasileiro.

Qualquer ato, portanto, que configure descumprimento obrigacional ou exercício irregular dos direitos pode implicar o dever de reparar, o que no mais das vezes se dá de forma pecuniária.

Quando se trata de reparação civil pela ofensa a direitos fundamentais, devem ser consideradas as seguintes características, que os distinguem dos "demais direitos": historicidade, universalidade, limitabilidade, concorrência, irrenunciabilidade, inalienabilidade, imprescritibilidade.

"Direitos fundamentais" é a expressão utilizada para designar o conjunto de direitos da pessoa humana expressa ou implicitamente reconhecidos por determinada ordem constitucional.[2]

Os direitos fundamentais constituem "parte da reserva de justiça do sistema jurídico",[3] porque servem de veículo para a incorporação dos direitos da pessoa.

São parâmetros ideais buscados pela sociedade, de forma que a sociedade que respeita os direitos da pessoa pode ser considerada sociedade justa.

Os direitos fundamentais são de tamanha importância que devem servir de norte para a interpretação das disposições do ordenamento jurídico, e, nesse sentido, "não é a Constituição que deve ser interpretada em conformidade com a lei, mas sim a lei que deve ser interpretada em conformidade com a Constituição".[4]

Também assim ressalta Marcelo Sampaio Freire Costa: "além de operarem efeitos diretamente, têm capacidade de conformar a interpretação de textos infraconstitucionais, adequando-os ao sistema constitucional".[5]

Evidente que não há consenso sobre os valores mais importantes da sociedade, que merecem o destaque como princípios basilares do direito, pois não vivemos "num mundo ideal, mas num mundo composto por pessoas, que, muito embora sejam capazes de articular alguns princípios de justiça, de discernir entre o certo e o errado, nem sempre estão de acordo sobre quais desses princípios devem informar a organização da sociedade – ou seja, não estão de acordo sobre quais direitos as pessoas devem ter".[6]

---

2. VIEIRA, Oscar Vilhena. *Direitos* fundamentais: uma leitura da jurisprudência do STF, p. 36.
3. Ibidem, p. 36.
4. MIRANDA, Jorge. *Manual de direito constitucional*, p. 292.
5. COSTA, Marcelo Sampaio Freire. *Direitos fundamentais aplicado ao Direito do Trabalho*, p. 100.
6. VIEIRA, Oscar Vilhena. *Direitos fundamentais*: uma leitura da jurisprudência do STF, p. 38.

Exatamente por isso que através da interpretação dos direitos fundamentais, catalogados de acordo com os valores de determinada sociedade, "poderemos tentar descobrir os princípios de justiça escolhidos para regular o convívio entre as pessoas, bem como dessas pessoas com a autoridade política".[7]

Para algumas pessoas determinada classe de direitos é mais importante que outra, e, exatamente por isso, para dirimir tais diferenças e estabelecer senso comum do que é mais importante para regular as relações sociais, é que existem os direitos fundamentais.

De acordo com as tradições de cada país, as Constituições privilegiam certa gama de direitos em prejuízo de outros.

A Constituição Federal do Brasil estabelece certo sincretismo entre as diversas concepções de direitos,[8] e, conforme a classificação de Oscar Vilhena Vieira,[9] os direitos constitucionais podem ser classificados como:

a) *direitos civis*: são os direitos inerentes a integridade, propriedade e liberdade;

b) *direitos políticos*: são os direitos vinculados à participação política;

c) *direitos sociais*: são os direitos ligados ao bem-estar da pessoa e caracterizam a democracia social;

d) *direitos relativos ao bem-estar da comunidade*: são os direitos relativos ao meio ambiente, ou de comunidades específicas.

A classificação em tais "tipos de direitos" é usada para hierarquizá-los, ou seja, para estipular que determinados direitos devem se sobrepor a outros.

A busca por conciliar os princípios liberais, democráticos, sociais e comunitários causa dificuldades aos cidadãos para interpretar a Constituição Federal e, também aos magistrados, que devem implementar as condições asseguradas pelas disposições constitucionais.

Para tanto, e a fim de conjugar todos os "tipos de direitos", cumpre ao intérprete da lei socorrer-se dos princípios que, como regras gerais, traçam diretrizes para todo tipo de situação, ainda que ausente uma previsão legal específica.

O exemplo mais comum de rol de direitos fundamentais em nosso sistema é o artigo 5º, *caput*, da Constituição Federal de 1988, que dispõe que todos são iguais perante a lei, sem distinção de qualquer natureza, garantindo-se aos brasileiros e aos estrangeiros residentes no País a inviolabilidade do direito à vida, à liberdade, à igualdade, à segurança, à propriedade, nos termos dos incisos e parágrafos de referida disposição legal.

O rol do artigo 5º da Constituição Federal de 1988 é meramente exemplificativo, porquanto os direitos e garantias ali expressos não excluem outros, adotados por princípios, regime e tratados internacionais (a exemplo das Convenções da OIT).

---

7. Ibidem, p. 28.
8. Ibidem, p. 39.
9. Ibidem, p. 39.

Ao se falar de direitos fundamentais, é importante, para a sua compreensão, descrever o contexto histórico de sua inserção, chamando a atenção para a segunda fase do direito moderno, quando, a partir da segunda metade do século XIX, surgiu o direito social, que trouxe o fenômeno do constitucionalismo social, com capítulo próprio sobre os direitos trabalhistas nas Constituições.[10]

O fenômeno surge com a Constituição francesa de 1848, e é seguido pela Constituição mexicana (1917), pela Constituição de Weimar (1919), e mesmo pela Constituição brasileira (1934), consagrando os direitos trabalhistas como princípios programáticos, que, portanto, não tinham eficácia imediata nem vinculante em relação às entidades públicas e privadas.

Historicamente, entretanto, houve a universalização dos direitos humanos, a exemplo da sua consagração pela Declaração dos Direitos Universais do Homem de 1948, o que deu origem à internalização desses direitos humanos, nas Constituições, como *direitos fundamentais*.

Nesse sentido são as Constituições alemã (1949), a portuguesa (1976), a espanhola (1978) e a brasileira (1988), e, portanto, os direitos fundamentais configuram-se como princípios normativos, e têm aplicação direta, com vinculação das entidades públicas e privadas.

O artigo 5º, § 1º, da Constituição Federal brasileira, dispõe que "*as normas definidoras dos direitos e garantias fundamentais têm aplicação imediata*" (destacamos).

O artigo 18, I, da Constituição Federal portuguesa dispõe que "*os preceitos constitucionais respeitantes aos direitos, liberdades e garantias são directamente aplicáveis e vinculam as entidades públicas e privadas*" (destacamos).

Não há dúvida, assim, da eficácia vertical e horizontal dos direitos fundamentais, com vinculação das entidades públicas e privadas, respectivamente, e, evidentemente, dos próprios particulares.

São exemplos emblemáticos da vinculação dos particulares aos direitos fundamentais dois casos ocorridos na Alemanha, mencionados por Renato Rua de Almeida.[11]

O primeiro data de 1954, e institui a obrigação de igualdade salarial entre mulheres e homens que exercessem a mesma função, adotando a *drittwirkung*, que é a definição alemã da obrigatoriedade da observância dos direitos fundamentais pelos particulares.

O segundo caso, de 1958, é do Tribunal Constitucional alemão, conhecido como "caso Lüth", que tratou de divulgação de filme, e confirmou, assim, que os direitos fundamentais são oponíveis em relação aos particulares, perfeitamente inseridos no ordenamento jurídico.

---

10. *Direitos fundamentais aplicados ao Direito do Trabalho*, p. 144-145.
11. Ibidem, p. 145-146.

O artigo 3º, I, da Constituição da República brasileira determina que é um dos objetivos fundamentais da República Federativa do Brasil *construir uma sociedade livre, justa e solidária*.

Essa disposição impõe concluir que não há apenas a obrigação de combater o desrespeito aos direitos fundamentais, mas há também a obrigação de adotar as medidas necessárias para a *construção* da sociedade.

O inciso IV, do mesmo artigo 3º da Constituição Federal, assegura ainda que deve haver *promoção* do bem de todos (...), e, portanto, não pode haver dúvida em relação à obrigação de instituição de medidas para assegurar o desenvolvimento e cumprimento dos direitos fundamentais, e não apenas a repressão pelo descumprimento.

Note-se que as disposições constitucionais mencionadas não fazem qualquer restrição ou distinção entre particulares e Estado, apenas inserindo os direitos fundamentais no ordenamento como garantias aos cidadãos, sem esclarecer quem vinculam.

Mas sendo os *direitos fundamentais* verdadeiros *direitos* inerentes à simples condição humana, independentemente da regulamentação legal, não há margem para a dúvida da vinculação do Estado e também dos particulares.

Além disso, os direitos fundamentais se referem a "princípios que resumem a concepção do mundo e informam a ideologia política de cada ordenamento jurídico", além de ser "reservada para designar, no nível do direito positivo, aquelas prerrogativas e instituições que ele concretiza em garantias de uma convivência digna, livre e igual de todas as pessoas".[12]

Direitos fundamentais que são, asseguram a convivência digna de todas as pessoas, e, assim, não há que se falar em vinculação de apenas determinado grupo (público ou particular).

Sem a consecução dos direitos fundamentais não há realização e nem mesmo condições para a realização, em todos os sentidos (de saúde, político, social etc.) dos indivíduos. Daí o caráter de *essencialidade* dos direitos assim classificados, e efeito vinculante dos mesmos.

Não se trata de simples direitos oponíveis contra o Estado e mesmo contra os particulares, a fim de se reprimir o desrespeito aos mesmos, como ocorre com a maior parte dos direitos "de outra categoria", normalmente simplesmente positivados, e combatido o desrespeito.

Feitas tais considerações, insta tratar especificamente da responsabilidade contratual no direito do trabalho.

2. RESPONSABILIDADE CONTRATUAL – BOA-FÉ OBJETIVA

Embora o tema tenha suscitado inúmeros debates, não há dúvida, na atualidade, que há possibilidade de reparação em razão de eventos ocorridos na fase pré ou pós--contratual.

---

12. José Afonso da Silva, p. 176-177.

É o princípio da boa-fé objetiva que fundamentará todas as relações entre as pessoas, inclusive aquelas que pretendem contratar, ou aquelas que já mantiveram contrato, inclusive contrato de trabalho.

Com o advento do Código Civil de 2002, houve a *constitucionalização do direito civil*, e, por evidente, todos os outros ramos do direito, inclusive e especialmente o direito do trabalho, também devem ser analisados sob essa ótica.

A boa-fé objetiva, conceito trazido pelo Código Civil de 2002, deve ser a *base* de todo o relacionamento contratual (artigo 422, Código Civil), e é a fonte da responsabilidade pré e pós-contratual, inclusive para efeitos de reparação civil.

É que todos os relacionamentos contratuais não vigoram apenas durante a vigência do contrato firmado, mas também antes e após a vigência do contrato. Trata-se do relacionamento contratual, que pode ser analisado antes, durante, e após o contrato.

Na hipótese, portanto, da falta de boa-fé pelos contratantes, seja antes, durante ou depois do contrato, deve haver a reparação pelo dano causado à outra parte. Havendo a falta de boa-fé, o vínculo de conexão entre tal conduta e o dano, impera o dever de reparação pelo ofensor.

O dever de boa-fé objetiva abarca outros direitos, chamados de *direitos reflexos* ou *deveres anexos à boa-fé*, que irradiam da boa-fé objetiva, e devem estar presentes no contrato, em sua fase anterior (pré) e posterior (pós).

São exemplos dos *deveres anexos à boa-fé* o dever de proteção, lealdade, confiança, equidade, razoabilidade, colaboração e transparência.

O dever de proteção implica concluir que após extinto o vínculo de emprego, as partes continuam vinculadas a fim de não proporcionarem danos mútuos nas pessoas e em seus patrimônios.

O dever de lealdade consiste em não adotar atitudes que possam implicar a diminuição de vantagens, ou infligir danos (dever de não-concorrência e dever de sigilo).

Sobre o tema da boa-fé objetiva, as lições de Miguel Reale:

> Andou bem o legislador ao se referir à boa-fé que é o cerne ou a matriz da eticidade, a qual não existe sem o intentio, sem o elemento psicológico da intencionalidade ou de propósito de guardar fidelidade ou lealdade ao passado. Dessa intencionalidade, no amplo sentido dessa palavra, resulta a boa-fé objetiva, como norma de conduta que deve salvaguardar a veracidade do que foi estipulado. Boa-fé é, assim, uma das características essenciais da atividade ética, nela incluída a jurídica, caracterizando-se pela sinceridade e probidade dos que dela participam, em virtude do que se pode esperar que será cumprido e pactuado, sem distorções ou tergiversações, máxime se dolosas, tendo-se sempre em vista o adimplemento do fim visado ou declarado como tal pelas partes. Como se vê, a boa-fé é tanto forma de conduta como norma de comportamento, numa correlação objetiva entre meios e fins, como exigência e adequada e fiel execução do que tenha sido acordado pelas partes, o que significa que a intenção destas só pode ser endereçada ao objetivo a ser alcançado, tal como este se acha definitivamente configurado nos documentos que o legitimam. Poder-se-ia concluir afirmando que a boa-fé representa o superamento normativo, e como tal imperativo, daquilo que no plano psicológico se põe com intentio leal e sincera, essencial à juridicidade do pactuado. (*Estudos preliminares do Código Civil*. São Paulo: Ed. RT, 2003, p. 77).

É importante ressaltar que para se avaliar a boa-fé objetiva nos contratos deve ser sempre sopesada a necessidade social da realização do contrato, e, especialmente, o elemento que substitui o ato volitivo na vinculação do contrato.

É verdade que o *pacta sunt servanda* continua vigorando no direito das obrigações, mas não se baseia mais na vinculatividade da vontade individual instrumentalizada em contrato, nem na necessidade da preservação de segurança jurídica como segurança do cumprimento dos interesses jurídicos individuais.

A segurança jurídica ambicionada é aquela que se relaciona com a certeza de que as partes poderão cumprir as obrigações assumidas, sem abusos nem excessos.[13]

Indiscutível ainda a relevância da boa-fé objetiva na proteção dos direitos fundamentais. É que o contrato firmado em desrespeito aos princípios de valorização social (direitos fundamentais) é caracterizado como desconformes à função social,[14] e, nesse sentido, é "função social do contrato o instituto que faz a ponte entre a relação negocial privada com os requisitos de observância aos princípios constitucionais de valorização humana"[15] (exatamente a boa-fé objetiva).

A responsabilidade das partes contratantes deve ser revestida a boa-fé objetiva em todas as fases contratuais, como já visto, por isso, é correto afirmar que antes de o contrato ser firmado, durante a sua vigência, e, também, após sua extinção, há a obrigação de adoção da boa-fé objetiva.

Tem sido relativamente comum na Justiça do Trabalho ações de reparação civil em razão de candidato à vaga de emprego ter sido informado de sua aprovação em processo seletivo, sem a respectiva contratação, frustrando-o sem justo motivo.

Nesse sentido:

> Dano moral na fase pré-contratual. O pré-contrato de trabalho nasce a partir do momento em que o trabalhador é aprovado na seleção e, por qualquer meio, recebe a confirmação da sua escolha. Diante da não formalização do contrato pelo empregador, se não houver justo motivo, poderá o prejudicado pleitear a reparação de danos materiais e morais junto à Justiça do Trabalho (art. 114, I, CF). De acordo com o âmbito da sua extensão, o dano moral pode ser subjetivo ou objetivo. O primeiro limita-se à esfera íntima da vítima, isto é, ao conjunto de sentimentos e de valores morais e éticos do próprio ofendido. O segundo se projeta no círculo do relacionamento familiar ou social, afetando a estima e a reputação moral, social ou profissional da vítima. Nos presentes autos, o dano moral é patente. Houve, sem dúvidas, ofensa à honra objetiva e subjetiva do Reclamante em razão da quebra da promessa de contratação e desistência unilateral pela contratante do contrato, cujos procedimentos formais já haviam sido iniciados (TRT-2 10011577820205020011 SP, Relator: Francisco Ferreira Jorge Neto, 14ª Turma – Cadeira 1, Data de Publicação: 02.08.2021).

Conclui-se, pois, que há dever de reparação por ofensas praticadas antes de formalizada a relação de trabalho, especialmente pela sua frustração, e, também, após o encerramento de contrato de trabalho.

---

13. Rodrigo Trindade de Souza, p. 77.
14. Claudio Luiz Bueno de Godoy, p. 124.
15. Rodrigo Trindade de Souza, p. 81.

3. FASE PRÉ-CONTRATUAL

Tratando inicialmente da fase pré-contratual, é certo que em tal período há complexo projeto de elaboração dos interessados em negociar, destinado à formalização e conclusão do contrato, e, exatamente por isso, há inquestionável incidência de deveres anexos.

Por certo que qualquer processo de formação passa por longa negociação entre seus representantes, através de mensagens enviadas por *e-mails*, memorandos, telefonemas, reuniões, e demais formas de comunicação convenientes.

Assim, há responsabilidade pré-contratual em relação ao pacto laboral se um dos participantes, sem motivo justo, interromper ou abandonar de forma arbitrária a "negociação". O dever de boa-fé objetiva (artigo 442 do Código Civil) deve ser seguido durante as prévias tratativas, sem exceção.

Por isso, caso haja ruptura das negociações preliminares de um contrato, sem justificativa, há dever reparação. Na hipótese, a parte prejudicada fica obrigada a demonstrar apenas a existência da violação.

Para a situação, a reparação deve compreender despesas e prejuízos relativos à frustração do contrato – *o que a parte perdeu ou deixou de ganhar em face da negociação encetada e posteriormente frustrada pela parte adversa* – despesas que sofreu para se credenciar à negociação ou em razão do tempo que gastou (dano emergente), abrangendo também as oportunidades imediatas que deixaram de se concretizar (lucro cessante), em face da frustrada quebra ou vício contratual da parte contrária.

A jurisprudência também confirma a responsabilidade civil pré-contratual:

Responsabilidade pré-contratual – Danos materiais e morais. A doutrina tem admitido a possibilidade de indenização no que se pode denominar de fase pré-contratual, desde, obviamente, que se consiga provar seriedade nas negociações preliminares o suficiente para criar uma confiança entre as partes quanto à concretização do ajuste. De acordo com o artigo 422 do Código Civil, "Os contratantes são obrigados a guardar, assim na conclusão do contrato, como em sua execução, os princípios de probidade e boa-fé". Logo, a responsabilidade dos contratantes estende-se a atos relativos à formação, à execução e à conclusão, sendo então passíveis de responsabilização os atos pré e pós-contratuais. Não se discute a prerrogativa que tem o empregador de optar ou não pela admissão de determinada pessoa submetida à seleção para emprego. É certo que ele pode contratar ou deixar de contratar quem entender necessário, mas também é certo que não pode causar danos ao trabalhador ao exercer esse direito. Aliás, no exercício de qualquer direito, o poder discricionário tem limite, sobretudo frente à dignidade da pessoa humana (art. 1º, III, da Constituição da Republica). Em situações semelhantes esta E. Primeira Turma já se posicionou no sentido de que a expectativa real de emprego frustrada, em desacordo com o princípio da boa-fé, enseja o dever de indenizar o trabalhador. Sentença que se reforma (TRT-9 – RORSum: 00003347220225090071, Relator: Edmilson Antonio de Lima, Data de Julgamento: 29.11.2022, 1ª Turma, Data de Publicação: 08.12.2022).

Dano pré-contratual. Promessa de emprego não cumprida. Compensação por danos morais. Devida. Comprovado que a empresa não cumpriu a promessa de emprego que havia sido feita ao então futuro empregado, há violação da boa-fé objetiva. Em razão da frustração da expectativa sofrida pelo empregado, caracteriza-se o dano moral, sendo cabida a compensação pleiteada (TRT-9 – RORSum:

00005921720225090028, Relator: Paulo Ricardo Pozzolo, Data de Julgamento: 13.12.2022, 6ª Turma, Data de Publicação: 16.12.2022).

A fase pré-contratual é fase em que os direitos fundamentais do trabalho são habitualmente desrespeitados, e são cada vez mais comuns as ações perante a Justiça do Trabalho com pedido de reparação de dano ocorrido em tal fase contratual.

Nesse sentido, não há como se negar a obrigação relacionada aos direitos do trabalhador, inclusive na fase anterior ao contrato, ou seja, na fase pré-contratual.

4. FASE PÓS-CONTRATUAL

Insta consignar que há deveres que perduram mesmo *após* a extinção da relação obrigacional, e independem da vontade das partes, ou de previsão legal.

Novamente, o dever de boa-fé objetiva deve nortear as relações entre as partes, mesmo após encerrado o contrato de trabalho.

Exemplos do que se alega é a obrigação de empregado que deve guardar segredo industrial de seu ex-empregador e do ex-empregador que não pode prestar informações que desabonem o trabalhador, em evidente prejuízo.

A jurisprudência é nesse sentido:

Dano moral pós-contratual – Caracterização. I – O dano moral pós-contratual decorre da violação de um dever de conduta inerente aos sujeitos do contrato de trabalho posteriormente à sua extinção, com fundamento na cláusula geral de boa-fé, que norteia os contratos. II – O fato de a empresa remeter aos seus clientes correspondências, relatando a má qualidade do serviço prestado pelo autor, de modo a dificultar a sua recolocação no mercado de trabalho, caracteriza ofensa à honra e à dignidade da pessoa humana, verificando-se a ocorrência de dano moral, nos termos do art. 1º, III da CF e dos artigos 186 e 927 do Código Civil." (TRT-24 00007464820125240002, Relator: Nicanor De Araújo Lima, 2ª Turma, Data de Publicação: 29.08.2013).

É cabível a fixação por esta Justiça de uma indenização reparatória por danos causados ao empregado, resultantes de denúncia inverídica da empresa, que obstam a obtenção por aquele de novo emprego na profissão, que foi o que houve no presente caso. Aplicável à hipótese legislação civil reguladora da situação, conforme permite o art. 8º da CLT (TRT 8ª Região, RO 6662/92, 1ª Turma, Ac. 143/94, Rel. Lygia Oliveira, DJPA 08.02.1994).

Não resta dúvida, portanto, acerca do dever de reparação na hipótese de prejuízo causado entre as partes mesmo após encerrado o contrato de trabalho.

5. OFENSA AOS DIREITOS DA PERSONALIDADE

O poder de direção do empregador em relação ao empregado em algumas oportunidades ultrapassa seus limites, e causa ofensa aos direitos da personalidade.

Entretanto, sempre deve ser considerado que a celebração do contrato de trabalho confere então ao empregador o *direito* de dirigir e fiscalizar as atividades do empregado, com o propósito de exigir o cumprimento da obrigação assumida, obviamente, com os limites atualmente impostos pelo respeito aos direitos fundamentais.

São inerentes a qualquer contrato de trabalho a subordinação e a gerência das atividades do empregado – artigos 2º, *caput*, e 3º da Consolidação das Leis do Trabalho.

De acordo com Alice Monteiro de Barros "essa dependência consente que o empregado renuncie, em parte, à sua liberdade de ação, aceitando, até certo ponto, o controle do empregador".[16]

Assim, se é certo o poder diretivo do empregador encontra limites no direito à intimidade do empregado, também é certo reconhecer que "o poder diretivo legitima a limitação da esfera de intimidade do empregado, imposta pelas exigências do desenvolvimento da atividade laboral".[17]

No diapasão, ao reconhecer o poder diretivo do empregador, o legislador ordinário legitima a limitação da esfera de intimidade do empregado.

A dúvida consiste na era da constitucionalização do direito civil, em que é cediço que a legislação ordinária é que deve ser interpretada à luz da Constituição Federal. Assim, se o direito fundamental à intimidade decorre de norma constitucional, a Consolidação das Leis do Trabalho e a legislação ordinária em geral é que devem sofrer adaptação interpretativa, decorrendo daí a ideia de que o direito fundamental à intimidade impõe limitação ao poder diretivo do empregador.

O equilíbrio entre um e outro é a difícil tarefa do operador do direito, que deve se socorrer do Código Civil, que proporcionou a solução para essa difícil equação: a boa-fé objetiva (artigos 113 e 422 do Código Civil).

É que ao firmar contrato de trabalho o empregado está ciente do "direito fiscalizatório" do empregador inerente a essa modalidade contratual e assume a obrigação de dedicação exclusiva na sua jornada de trabalho.

O exercício do direito de controle decorre da garantia constitucional do direito de propriedade, que, reconhecidamente, tem sua função social.

Nesse contexto, como reconhece Sandra Lia Simón:

> A proteção constitucional do direito de propriedade, cuja evolução se deu paralelamente ao desenvolvimento tecnológico, apresenta-se no momento atual bastante ampla para abarcar a nova concepção desse direito. Por consequência, todos os meios de produção pertencentes ao empregador e que se materializam na empresa, no estabelecimento, no imóvel onde se localiza o estabelecimento, nos bens que compõem esse estabelecimento (tais como maquinário, mobiliário), no modo de produção, nas invenções, nas estratégias de atuação no mercado, no produto etc., integram o objeto do seu direito de propriedade, sendo passíveis de proteção constitucional, dada pelo artigo 5º, inciso XXII, do Texto Fundamental.[18]

---

16. BARROS, Alice Monteiro de. *Curso de direito do trabalho*. 4. ed. São Paulo: LTr, p. 73.
17. BARROS, Alice Monteiro de. *Curso de direito do trabalho*. 4. ed. São Paulo: LTr, p. 73.
18. SIMÓN, Sandra Lia. *A proteção constitucional da intimidade e da vida privada do empregado*. São Paulo: LTr, 2000, p. 116-117.

O artigo 5º, inciso X, da Constituição Federal de 1988 é claro ao estabelecer que "são invioláveis a intimidade, a vida privada, a honra e a imagem das pessoas, assegurado o direito a indenização pelo dano material ou moral decorrente de sua violação".

Não restam dúvidas na doutrina e jurisprudência pátria quanto à reparabilidade do dano moral, prevista expressamente pela Constituição Federal de 1988 em seu artigo 5º, incisos V e X. São assim as lições de Yusssef Said Cahali:

> Finalmente, a Constituição Federal de 1988 cortou qualquer dúvida que pudesse remanescer a respeito da reparabilidade do dano moral, estatuindo em seu artigo 5º, no item V, que 'é assegurado o direito a resposta, proporcional ao agravo, além da indenização por dano material, moral ou a imagem', e, no item X, 'são invioláveis a intimidade, a vida privada, a honra e a imagem das pessoas, assegurado o direito a indenização pelo dano material ou moral decorrente de sua violação' (*Dano Moral*. 2. ed. São Paulo: Ed. RT, 1998, p. 52).

É sabido que há inúmeras definições para o dano moral, que basicamente consiste em ofensa decorrente de ataque à imagem e honra da pessoa, com prejuízo de sua credibilidade e respeitabilidade no meio social.

O ofensor, por suas atitudes, causa dor, humilhação, vexame, ferindo a dignidade, o decoro, a autoestima e o respeito próprio, agredindo a honra subjetiva do ser humano.

Ainda que o dano moral não possa ser quantificado em dinheiro, é certo que deve haver efetiva reparação dos danos morais à vítima. É assim o magistério de Maria Helena Diniz:

> Impossibilidade jurídica de se admitir tal reparação. Tal objeção não tem nenhum fundamento, pois os bens morais também são jurídicos, logo, sua violação deverá ser reparada. Se o interesse moral justifica a ação para defendê-lo ou restaurá-lo, é evidente que esse interesse é indenizável, mesmo que o bem moral não se exprima em dinheiro. Se a ordem jurídica sanciona o dever moral de não prejudicar ninguém, como poderia ela ficar indiferente ao ato que prejudique a alma, se defende a integridade corporal, intelectual e física?
>
> Ante a inconsistência destas objeções, somos levados a admitir a ressarcibilidade do dano moral, mesmo quando não tiver repercussão econômica (*Curso de Direito Civil Brasileiro*. 5. ed., 7. v., p. 78).

Das definições doutrinárias do dano moral, não há como não se admitir a reparação dos prejuízos ocorridos antes e depois do contrato de trabalho, fases pré e pós-contratual, *mesmo que o prejuízo ocorrido seja exclusivamente moral*. É que não há qualquer óbice para isso, de sorte que é de rigor a reparação na hipótese de prejuízo.

6. CONCLUSÃO

Por todo exposto, e, ainda, considerado o instituto da boa-fé objetiva no Código Civil de 2002, por certo que não pode ser negado o dever de reparação, por ato anterior ou posterior a vigência contratual.

Na atualidade, a matéria é pacífica na doutrina e na jurisprudência, restando devidamente confirmada, para o caso, a competência da Justiça do Trabalho para apreciação de controvérsias de tal natureza.

Para tanto, impõe-se, nos processos de natureza trabalhista, invocar as disposições do Código Civil, além dos princípios gerais do direito, e especialmente, os direitos fundamentais disciplinados em Constituição Federal, tudo de acordo com o artigo 8º da Consolidação das Leis do Trabalho.

Ainda que a Consolidação das Leis do Trabalho não conte com regramento próprio, é certo que não deve se afastar da realidade, e, por isso, todas as situações, antes, durante e depois do contrato, devem ser objeto de absoluta tutela.

REFERÊNCIAS

ABRANTES, José João. *Contrato de trabalho e direitos fundamentais*. Coimbra: Coimbra, 2005.

ALEXY, Robert. *Teoria dos direitos fundamentais*. São Paulo: Malheiros, 2008.

ALMEIDA, Renato Rua de (Coord.); CALVO, Adriana; ROCHA, Andrea Presas (Org.). *Direitos fundamentais aplicados ao direito do trabalho*. São Paulo: LTr, 2010.

AMARAL, Júlio Ricardo de Paula Amaral. *Eficácia dos direitos fundamentais nas relações trabalhistas*. São Paulo: LTr, 2007.

ANDRADE, José Carlos Vieira de. *Os direitos fundamentais na Constituição Portuguesa de 1976*. 4. ed. Coimbra: Almedina, 2009.

BARROS, Alice Monteiro de. *Curso de direito do trabalho*. 4. ed. São Paulo: LTr, 2008.

COELHO, Luciano Augusto de Toledo Coelho. *Responsabilidade civil pré-contratual em direito do trabalho*. São Paulo: LTr, 2008.

COSTA, Marcelo Sampaio Freire. *Direitos fundamentais aplicados ao Direito do Trabalho*. São Paulo: LTr, 2010.

DALLEGRAVE NETO, José Affonso. *Responsabilidade civil no Direito do Trabalho*. São Paulo: LTr, 2005.

DALLEGRAVE NETO, José Affonso. Responsabilidade civil pré e pós-contratual no direito do trabalho. *Revista do Tribunal Regional do Trabalho da 9ª Região*. Curitiba, ano 29, n. 53, jul./dez. 2004.

FISCHER, Hans Albrecht. *A reparação de danos no direito* civil. Trad. Antonio de Arruda Ferrer Correia. São Paulo: Saraiva, 1938.

GAGLIANO, Pablo Stolze Gagliano; PAMPLONA FILHO, Rodolfo. *Novo curso de direito civil*. 8. ed. São Paulo: Saraiva, 2010.

GEMIGNANI, Tereza Aparecida Asta, *Direitos fundamentais e sua aplicação no mundo do trabalho*: questões controversas. São Paulo: LTr, 2010.

GODOY, Claudio Luiz Bueno de. *Função social do contrato*: os novos princípios contratuais. São Paulo: Saraiva, 2007.

MARTINS-COSTA, Judith. *A boa-fé no direito privado*: sistema e tópica no processo obrigacional. São Paulo: Ed. RT, 1999.

MIRANDA, Jorge. *Manual de direito constitucional*. 5. ed. Coimbra: Coimbra Ed., 2003.

REALE, Miguel. *Estudos preliminares do Código Civil*. São Paulo: Ed. RT, 2003.

REALE, Miguel. Visão geral do Projeto de Código Civil. *Jus Navigandi*, Teresina, ano 4, n. 40, mar. 2000.

SILVA, Eva Sónia Moreira da. *Da responsabilidade pré-contratual por violação dos deveres de informação*. Coimbra: Almedina, 2003.

SILVA, José Afonso da. *Curso de direito constitucional positivo*. 13. ed. São Paulo: Malheiros, 1997.

SILVA, Virgílio Afonso da. *A Constitucionalização do Direito. Os direitos fundamentais nas relações entre particulares*. São Paulo: Malheiros, 2011.

SOUZA, Rodrigo Trindade de. *Função social do contrato de emprego*. São Paulo: LTr, 2008.

TARTUCE, Flávio. *Manual de direito civil*: volume único. 6. ed. rev., atual. e ampl. Rio de Janeiro: Forense; São Paulo: Método, 2016.

VIEIRA, Oscar Vilhena. *Direitos fundamentais*: uma leitura da jurisprudência do STF. São Paulo: Malheiros, 2006.

5
RESPONSABILIDADE CIVIL TRABALHISTA E OS IMPACTOS DECORRENTES DA AGENDA 2030 DA ONU – UM BREVE DIÁLOGO COM OS DIREITOS HUMANOS

Silvana Andrade Sponton

Mestre em Direito pela PUC-SP. Especialista em Direito do Trabalho e Relações Sociais pela Faculdade de Direito de São Bernardo do Campo. Professora de Direito na Graduação. Professora Convidada na pós-graduação *Stricto Sensu* no Programa de Mestrado em Ciências da Saúde e, nos cursos, MBA em Administração Hospitalar e Sistemas de Saúde, e, Gestão Pública em Saúde, na Faculdade de Medicina do ABC. Professora em diversos cursos de pós-graduação e extensão na Escola Superior de Advocacia – ESA-SP e na pós-graduação *Lato Sensu* em Direito e Processo do Trabalho na Faculdade de Direito de Sorocaba. Autora de artigos jurídicos, coordenadora e coautora de obra coletiva de Direito do Trabalho. Advogada e palestrante.

Sumário: 1. Introdução – 2. Simbiose histórica entre o direito social do trabalho e os direitos humanos – 3. A responsabilidade civil trabalhista: do inadimplemento das obrigações à teoria do risco. Nexo normativo e imputação objetiva – 4. Responsabilidade civil objetiva x subjetiva: ponderação principiológica – 5. Impactos na governança institucional – 6. A agenda 2030 da ONU e os impactos na responsabilidade civil: cláusula geral e a interpretação evolutiva – Referências.

1. INTRODUÇÃO

O estudo da Responsabilidade Civil no Direito do Trabalho exige uma breve, porém, essencial reflexão acerca da construção histórica dos direitos sociais, especialmente os direitos humanos e os direitos trabalhistas, ao mesmo tempo em que remete à aplicação progressiva de suas diretrizes.

Nesse sentido, a normativa internacional culminou no compromisso firmado na Agenda 2030 da ONU, estabelecendo objetivos e metas que exigem uma reconfiguração da Teoria da Responsabilidade Civil aplicada no Direito do Trabalho, ante os impactos significativos na concretização dos anseios onusianos.

Considerando o status constitucional (em que pese a teoria do status supralegal) dos Tratados Internacionais de Direitos Humanos ratificados pelo Brasil, bem como o compromisso universal com a agenda 2030 da ONU, tem-se como corolário imediato a adoção de políticas públicas, assim como a vinculação horizontal das obrigações assumidas, o que torna a Responsabilidade Civil integrante do núcleo essencial ao êxito pretendido pelo desafio assumido.

2. SIMBIOSE HISTÓRICA ENTRE O DIREITO SOCIAL DO TRABALHO E OS DIREITOS HUMANOS

Um histórico de lutas, abismos sociais e exploração econômica precedem o surgimento dos direitos sociais, neles incluídos o Direito do Trabalho e Direitos Humanos.

As atrocidades cometidas colocaram em xeque o próprio conceito de humanidade, motivo pelo qual despertou-se a consciência para a união entre os Estados e a criação de organismos internacionais (OIT e ONU), responsáveis pela busca da pacificação mundial e universalização dos direitos trabalhistas e direitos humanos.

Em conjunto, surge o constitucionalismo social, consagrando direitos trabalhistas imperativos, pautados numa principiologia protetiva, irrenunciável e de realização progressiva. Inicia-se a formalização do pensamento humano acerca da mínima dignidade.

Nesse cenário, a Declaração Universal dos Direitos Humanos – DUDH (1948), torna-se fonte de Tratados Internacionais firmados com o objetivo de universalizar e assegurar os direitos humanos, destacando-se dentre eles, a Declaração Americana de Direitos e Deveres do Homem (1948), o Pacto Internacional dos Direitos Civis e Políticos (1966), o Pacto Internacional dos Direitos Econômicos, Sociais e Culturais (1966), a Convenção Americana de Direitos Humanos – Pacto de San José da Costa Rica (1969), Protocolo San Salvador (1998), além das Comissões e Cortes Internacionais, todos compondo o Sistema de Proteção Global de Direitos Humanos.

Ressalta-se o relevo dos direitos sociais nos artigos XXII a XXVI da Declaração Universal dos Direitos Humanos, nos quais o princípio da solidariedade é consagrado como alicerce dos direitos econômicos e sociais.

Com o objetivo de efetiva e eficaz universalização, os pactos de direitos humanos possuem caráter cogente e vinculante, com mecanismos de monitoramento, elaboração de relatórios e instrumentos para eventuais denúncias.

Assim, os Direitos Humanos são frutos da consciência social. Entretanto, tendo em vista o cenário político e geopolítico, nascem tímidos e conservadores, buscando, sobretudo, ações imediatas capazes de frear os abusos e atrocidades.

A Declaração Universal dos Direitos Humanos possui axiomas valorativos que vinculam a sua interpretação, assim como se irradia por toda norma internacional. Nessa concepção, a corrente humanista lhe atribui os efeitos "hard law". E, sob a ótica de defender e universalizar padrões mínimos, reconhece-se a dignidade como fundamento de liberdade, justiça e paz mundial.

Buscou-se conferir uma resposta aos anseios trabalhistas e ao mesmo tempo propor uma releitura do capitalismo em sua busca desenfreada pelo lucro, consolidando a dignidade humana como fonte ética de todos os direitos.

Nesse cenário histórico, ante a necessária composição de interesses antagônicos, os direitos sociais surgem simplistas, sendo estabelecidos como garantias em progressão e conforme os níveis de desenvolvimento dos Estados.

Admite-se, assim, que os direitos sociais sejam garantias vocacionadas para o futuro, ao mesmo tempo em que protegidos pelo princípio da vedação do retrocesso social.

Os direitos sociais são uma expansão da necessária proteção, os quais obrigam o capitalismo a incluir demandas sociais trabalhistas, tendo em vista a dignificação do trabalho e a sua essencialidade para o desenvolvimento humano. Trata-se, portanto, de uma conquista social imprescindível para o alcance e manutenção de patamares mínimos capazes de conferir dignidade humana, o que por sua vez reforça a simbiose entre os direitos trabalhistas e os direitos humanos.

"Mauro Cappelletti afirma que a legislação com finalidade social (legislação de *welfare)* é muito diferente das normas com outros fins, pois o seu caráter se destina tipicamente a produzir transformações" (Cavalcanti, 2007 apud Cappelletti, 1999).

No Brasil, a Consolidação das Leis do Trabalho de 1943, influenciada, sobremaneira, pela legislação italiana, incorporou a intervenção estatal com o espírito protetivo. Todavia, sempre importante lembrar das diversas atualizações ao longo dos anos.

Em 1988, promulgou-se a Constituição Federal do Brasil, elegendo a dignidade humana como super princípio (CF. art. 1º, III), assegurando-se como fundamento o valor social do trabalho e a livre iniciativa (CF., art. 1º, IV), regendo-se em suas relações internacionais pela prevalência dos direitos humanos (CF., art. 4º, II), garantindo-se os direitos sociais trabalhistas como direitos fundamentais (CF, art. 7º), bem como a ordem econômica fundada na valorização do trabalho humano (CF., art. 170).

Contudo, a evolução das relações de trabalho questiona reiteradamente a existência de tamanha proteção, na medida em que a defesa do modelo liberal atribui ao Direito do Trabalho uma parcela significativa pelo suposto engessamento econômico.

"Contata-se que, passada uma (rápida) fase de maior ufanismo, a constitucionalização de direitos dos trabalhadores (pois é nessa seara que se registra maior ênfase quanto a uma revisão do texto constitucional) voltou a ser questionada, seja quanto à sua extensão (o número de direitos consagrados) seja quanto ao nível de regulamentação e vinculação dos órgãos infraconstitucionais, tudo a resultar em relativamente acirrada e duradoura controvérsia, inclusive no meio jurídico. Se isso, à evidencia, não evidencia algo necessariamente negativo, já que indispensável ao processo democrático-deliberativo, o fato é que não se pode deixar de registrar a preocupação que causaram e ainda causam alguns discursos que buscam minar a legitimidade do processo constituinte (não que este tenha sido isento de problemas), inclusive com o objetivo de, entre outras medidas, justificar a ampla revisão do texto constitucional, acompanhada da exclusão até mesmo de uma série de direitos fundamentais expressamente consagrados pelo Constituinte, como é o caso precisamente de pelo menos parte dos direitos dos trabalhadores (...)" (Sarlet, 2014).

A era dos direitos, enunciada por Bobbio, encontra-se assim, sob intensos ataques, sem que os seus direitos fundamentais tenham sido, sequer, atingidos a efetividade máxima.

"Resulta evidente que a mera previsão de direitos sociais e dos trabalhadores nos textos constitucionais, ainda que acompanhada de outras providencias, como a criação de um sistema jurídico-constitucional de garantias institucionais, procedimentais, ou mesmo de outra natureza, nunca foi o suficiente para, por si só, neutralizar as objeções da mais variada natureza ou mesmo impedir um maior ou menor déficit de efetividade dos direitos sociais, notadamente, no que diz respeito aos padrões de bem-estar social e econômico vigentes" (Sarlet, 2014).

É inegável a importância de um diálogo social, tripartite e diatópico, em que se efetive a transformação da realidade, evitando a redução do espectro normativo de proteção, tendo em vista que o ser humano é a finalidade da norma.

A relativização pressupõe cedência recíproca, não havendo margem para direitos fundamentais trabalhistas antagônicos. Até porque, a interpretação sistêmica envolvendo os direitos trabalhistas constitucionais bem como os direitos humanos não admite a redução pura de seus espectros, sendo imprescindível delimitar a manutenção do núcleo essencial desse direito, sob pena de sua extinção.

Numa sociedade plural, é natural a coexistência entre valores harmônicos em abstrato, por sua vez tensionados por conflitos reais, porém, qualquer flexibilização de um direito fundamental exige, repita-se, a proteção do respectivo espectro normativo.

A evolução da sociedade impõe uma constante releitura, cuja (re)construção encontra alicerce na história e o desafio da progressividade. Nesse sentido, em que pesem os ataques ao Direito do Trabalho e toda a Institucionalização envolvida, a alarmante realidade mundial acerca dos números da fome, somada à necessidade de desenvolvimento global sustentável, firmou-se o audacioso plano de ação com 17 objetivos e 169 metas, denominada Agenda 2030 da ONU.

Dentre os 17 objetivos da Agenda 2030, embora a relação de complementariedade integral, destacam-se para o presente estudo, aqueles diretamente ligados às relações trabalhistas, motivo pelo qual propõe-se uma releitura acerca dos efeitos da Responsabilidade Civil no Direito do Trabalho.

3. A RESPONSABILIDADE CIVIL TRABALHISTA: DO INADIMPLEMENTO DAS OBRIGAÇÕES À TEORIA DO RISCO. NEXO NORMATIVO E IMPUTAÇÃO OBJETIVA

A teoria da Responsabilidade Civil emerge como resposta à violação de direitos e ocorrência de danos decorrentes de condutas comissivas ou omissivas. Relacionada originariamente ao inadimplemento da obrigação e, em perspectiva evolutiva, à teoria do risco, ganhou notoriedade a partir da preservação constitucional dos direitos da personalidade (CF., art. 5º), razão pela qual autoriza o dever reparatório para todas as espécies inseridas no círculo concêntrico dos danos morais.

Para Maria Helena Diniz: "A responsabilidade civil é a aplicação de medidas que obriguem uma pessoa a reparar dano moral ou patrimonial causado a terceiros, em razão de ato por ela mesma praticado, por pessoa por quem ela responde, por alguma coisa a ela pertencente ou de simples imposição legal" (Diniz, 2007).

A conduta reprovável alcançada pela Responsabilidade Civil encontra-se devidamente descrita como ato ilícito, conforme artigos 186 e 187 do Código Civil, respectivamente: "aquele que, por ação ou omissão voluntária, negligência ou imprudência, violar direito e causar dano a outrem, ainda que exclusivamente moral, comete ato ilícito", e, "também comete ato ilícito o titular de um direito que, ao exercê-lo, excede manifestamente os limites impostos pelo seu fim econômico ou social, pela boa-fé ou pelos bons costumes".

Tratando-se o Direito Civil de fonte subsidiária e integrativa do Direito do Trabalho (CLT, art. 8º), a Responsabilidade Civil prevista na legislação comum, é plenamente compatível e acolhida nesta seara especializada.

Modernamente, a legislação pátria rechaça o dano decorrente do ato ilícito e impõe o dever de reparação conforme a curva da ilicitude e, em termos quantitativos, de acordo com a extensão do dano.

Assim, o Código Civil Constitucionalizado (2002), trouxe um novo espírito, "adotando a tutela do indivíduo como inspiração central. É o que ocorre, v.g., na tutela dos direitos de personalidade e nos novos paradigmas contratuais da boa-fé objetiva, do equilíbrio material dos contratantes, da função social do contrato e da onerosidade excessiva" (Supioni Junior, 2012).

Sob a ótica da responsabilidade pelo inadimplemento da obrigação e a devida reparação pelos danos causados e, em respaldo à dignidade do trabalhador, o Desembargador Valdo Florindo (a quem a presente obra rende singelas homenagens), já há mais de uma década, assim decidiu:

> Dano moral. Descaso com as verbas rescisórias. Ausência de homologação e liberação do FGTS e seguro-desemprego. O inadimplemento contratual na relação de emprego, por si só, não deve ensejar malferimento aos direitos da personalidade, senão quando se faça acompanhar de situação vexatória, constrangedora ou humilhante. Mas um mínimo substrato em direitos rescisórios há o trabalhador de receber em sua demissão imotivada, e que se afere ao menos pela homologação da rescisão contratual, para liberação das guias de levantamento do FGTS e do seguro-desemprego. O descumprimento desses direitos adquiridos, no momento mais crítico ao empregado, que é o de sua demissão imotivada, nenhum encargo ou custo representa à pessoa da empregadora, e assim sendo, sua sonegação manifesta perversa conotação de injustificável insensibilidade social. Nesse contexto, impõe-se ao trabalhador desnecessária circunstância de inequívoca apreensão e angústia à sua imediata subsistência digna e de seus familiares, em malferimento a direitos da personalidade, pelo sentimento de impotência e menoscabo a ensejar justa reparação por danos morais (RO 02233200701002008 (20101182044), 6ª Turma do TRT da 2ª Região/SP, Rel. Valdir Florindo. unânime, Doe 23.11.2010).

Insta uma breve consideração acerca da doutrina majoritária, a qual defende que o inadimplemento, por si só, não gera dano moral, salvo quando afronta direitos da personalidade e direitos fundamentais, como visto no v. acórdão acima transcrito.

Outrossim, o contexto histórico da Teoria da Responsabilidade Civil acompanha a evolução da sociedade e todos os âmbitos relacionais, desenvolvendo para tanto a teoria do risco, cuja perspectiva se amolda perfeitamente às relações trabalhistas.

Toda atividade humana pressupõe risco. No mesmo sentido, em toda atividade empresarial desenvolvida há exposição a risco, variando apenas o nível de exposição.

Risco, com efeito, não é um fenômeno natural, mas "a probabilidade ou chance de lesão"; logo, uma função matemática, não uma circunstância de fato (ao contrário do perigo, aferível fenomenologicamente, inclusive por intermédio de perícias técnicas). Nesse passo (...), não podemos sequer cogitar do Estado de Direito e de suas estruturas categoriais sem levar em consideração, nas equações do tráfico jurídico, o conceito de risco (que é "constante" como fator social, mas "variável" como medida)" (Feliciano, 2021).

E o que significa risco na seara laboral?

Para Feliciano, "os riscos – convém repetir – são inerentes a toda e qualquer atividade econômica; e, mais além, encontram-se em praticamente todas as atividades organizadas da sociedade pós-industrial". Sendo eles, "permitido, proibido, incrementado, diminuído, realizado" (Feliciano, 2021).

"A sociedade contemporânea não tem por escopo "enredomar" os bens jurídicos e eliminar todos os riscos que sobre eles se possam abater. Bem ao revés, a civilização contemporânea convive diuturnamente com toda sorte de perigos consentidos (...). Isso se percebe, com hialina clareza, no confronto dialético entre o desiderato constitucional de desenvolvimento econômico (CF, art. 21, IX) e o direito difuso ao meio ambiente ecologicamente equilibrado (CF, art. 225), de cuja síntese resulta o conceito de *desenvolvimento sustentável* (com ingentes reflexos no meio ambiente do trabalho, como nas demais dimensões do meio ambiente humano). A sociedade pós-industrial não é, portanto, uma sociedade de "preservação", mas uma sociedade de *interação*: suas estruturas são concebidas essencialmente para facilitar o intercâmbio de bens e serviços" (Feliciano, 2021).

"Se risco é probabilidade de dano e, na perspectiva do contrato de trabalho, à saúde do empregado, o conceito pode ser construído a partir de diversos enfoques (...)" (Brandão, 2010).

Assim, tem-se que a responsabilidade civil contemporânea reconhece a teoria do risco, bem como a sua inevitabilidade, inclusive nas relações de trabalho, e, com isso, busca mecanismos de controle e reparação, conforme níveis de risco e de dano.

Destaca-se, ademais, os recentes estudos que alargaram o conceito de risco, a partir da exposição do bem da vida. "Já no início do século XX, com L. Ennerccerus e outros autores, perceberam a necessidade de que se reconhecesse o dano como "causa" não apenas nas circunstâncias condicionantes que favorecem o dano, mas também aquelas que modificam o "círculo de riscos", ao qual está exposto o bem da vida" (Feliciano, 2021).

Nessa dinâmica, a teoria do risco é perfeitamente compatível com as modernas relações trabalhistas, expandindo-se por todas as atividades desenvolvidas e em todos os âmbitos de realização.

Entretanto, para a caraterização da Responsabilidade Civil, imprescindível a presença dos seguintes elementos: a conduta (ação ou omissão), o dolo e/ou culpa, o nexo de causalidade e o dano, bem como a sua extensão para fins quantitativos.

Quanto ao pressuposto da conduta, "saber se a conduta desviada é comissiva ou omissiva tem importância jurídica menor, pois o que mais importa saber, fundamentalmente, é se a atividade importou na defraudação das legítimas expectativas sociais que derivam das competências do agente, com a criação ou o incremento do risco proibido, aliada à constatação de que esse risco é indispensável para a explicação da lesão ao bem jurídico (resultado material ou jurídico)" (Feliciano, 2021).

No que tange ao elemento *nexo de causalidade,* a doutrina moderna defende a adoção da teoria do nexo normativo, pelo qual se autoriza, de forma nomológica-abstrata, determinar a responsabilidade jurídica do agente por comportamentos e resultados.

"Em perspectiva Luhmanniana, uma das funções primordiais do sistema jurídico é obter a "generalização congruente de expectativas comportamentais normativas". A "nova" teoria da imputação objetiva baseia-se, pois, nessa exata premissa, para partir dela o que pode ou não ser imputável ao sujeito (...) (entendendo-se por "nexo normativo", em todo o caso, o nexo nomológico-abstrato que permite determinar por quais comportamentos e/ou resultados a pessoa deve ser juridicamente responsável)" (Feliciano, 2021).

Com efeito, a imputação objetiva do resultado (nexo normativo) torna-se um vetor de ilicitudes e pretensas imunidades. Nessa perspectiva, é prudente a integração com o conceito funcional de meio ambiente do trabalho, alcançando sistematicamente todos os riscos envolvidos nas atividades laborais, tendo em vista a busca holística do equilíbrio ambiental.

Nada obstante, o risco da atividade pertence exclusivamente ao empregador, conforme princípio da alteridade. Nesse sentido: "O art. 2º, *caput,* da CLT escusa o empregado da responsabilidade jurídica derivada dos diversos riscos inerentes à atividade econômica à qual ele se integra, como também de riscos subjacentes à própria relação de emprego. Por outro lado, tanto o art. 2º consolidado como os artigos 7º, XXII e 225 da Constituição, ao lado de toda a normativa complementar pertinente – inclusive a convencional (e.g, a Convenção OIT 155), carreiam ao empregador integrais responsabilidades na dimensão institucional da relação de emprego. Assim, o empregador responde por todas as lesões que concretizam riscos à integridade dos trabalhadores e que poderiam ter sido por ele evitadas, mesmo que não os tenha criado. Tais responsabilidades delimitam-se pelos deveres acessórios (ou anexos) que competem ao empregador, por força do contrato individual de trabalho. (...) Pode-se, pois, afirmar, que, no exercício de suas atividades econômicas ou sociais, e na medida dos respectivos riscos (inerentes, criados e/ou incrementados), *o empregador tem o dever de adotar todas as medidas necessárias à tutela da integridade psicofísica e moral dos seus trabalhadores, de acordo com a legislação em vigor, as particularidades do trabalho prestado, a experiencia subministrada pela observância do que ordinariamente acontece e a evolução do estado da técnica"* (Feliciano, 2021).

Nesse contexto, o estudo da Responsabilidade Civil ao adotar a moderna teoria do risco, bem como o contemporâneo nexo normativo, remete, inexoravelmente, à objetividade, como regra geral.

4. RESPONSABILIDADE CIVIL OBJETIVA X SUBJETIVA: PONDERAÇÃO PRINCIPIOLÓGICA

Em que pese a evolução da pesquisa sobre o instituto em voga, o debate sobre a natureza da Responsabilidade Civil na seara trabalhista se intensifica e se prolonga, na medida em que há, segundo a doutrina, clara antinomia entre a aplicação objetiva (independe de dolo/culpa) e subjetiva (condicionada à comprovação do dolo/culpa).

A previsão infraconstitucional acerca da Responsabilidade Civil e o respectivo dever de reparação encontra-se no artigo 927 do Código Civil, pelo qual "Aquele que, por ato ilícito (arts. 186 e 187), causar dano a outrem, fica obrigado a repará-lo".

Grande destaque é dado ao parágrafo único do artigo 927 do Código Civil, haja vista a inexigibilidade de comprovação de culpa – Responsabilidade Objetiva: "Parágrafo único. Haverá obrigação de reparar o dano, independentemente de culpa, nos casos especificados em lei, ou quando a atividade normalmente desenvolvida pelo autor do dano implicar, por sua natureza, risco para os direitos de outrem".

A partir da previsão do artigo 186 do Código Civil, defende-se que a regra geral da responsabilidade civil é subjetiva, salvo quando a atividade desenvolvida pelo autor do dano implicar em risco (CC., art. 927, parágrafo único).

Embora a compatibilidade dos artigos civilistas com o Direito do Trabalho, bem como o caput do art. 7º da Constituição Federal, o regramento insculpido em seu inciso XXVIII, assegura aos trabalhadores, seguro contra acidentes de trabalho, a cargo do empregador, sem excluir a indenização a que este está obrigado, *quando incorrer em dolo ou culpa*.

E nesse aspecto a redação do inciso XXVIII do art. 7º da CF, é objeto de intensos debates doutrinários e jurisprudenciais, tendo em vista a atribuição da natureza subjetiva. Há, então, clara antinomia a ser solucionada.

Ocorre que, da simples leitura do caput do artigo 7º da Constituição Federal extraem-se os princípios da progressividade, vedação do retrocesso social, proteção e aplicação da norma mais favorável, os quais, notadamente, fundamentarão a interpretação.

"Os enunciados dos princípios expressos ou implícitos no texto constitucional apontam não apenas uma direção, um norte que deve ser considerado na apreciação do caso concreto, pois os princípios não são simples diretivas teóricas, mas sim proposições normativas; indicam o que deve ser e o que não pode ser" (Cavalcanti, 2007).

"Ainda, os princípios devem ser compreendidos como princípios concretos consagrados numa ordem jurídico-constitucional, como dimensão paradigmática, servindo como parâmetro para se legitimar a ordem constitucional positiva" (Cavalcanti, 2007).

"A julgar pelo teor do inciso XXVIII do artigo 7º da Constituição, (...), afirmar-se-ia que a responsabilidade do empregador será sempre subjetiva. Se por outro lado, partirmos do pressuposto de que os danos infligidos ao trabalhador decorrem do desequilíbrio do meio ambiente do trabalho – e da infração ao dever objetivo de cuidado e proteção do empregador –, concluiremos pela responsabilidade civil objetiva, ex vi do artigo 14, § 1º da Lei 6.938/81)" (Feliciano, 2021).

Nesse diapasão, a antinomia pode ser solucionada a partir da matriz principiológica dos Direitos Humanos e Direito do Trabalho, como destacado acima. É o que também ensina Guilherme Feliciano: "Antinomia aparente entre o caput do art. 7º e o inciso XXVIII, cuja solução encontra guarida no princípio constitucional da norma mais favorável, para a qual converge o princípio *pro homine*", largamente utilizado na interpretação e aplicação das fontes formais de direitos humanos. E, ante a hierarquia dinâmica das normas jurídico-laborais, constitucionalmente autorizada, afasta-se a regra do art. 7º, XXVIII, da Constituição, para aplicar a regra do art. 14, § 1º da Lei 6.938/81 ou ainda o art. 927, parágrafo único, 2ª parte, do Código Civil" (Feliciano, 2021).

Em sede de repercussão geral, o Supremo Tribunal Federal reconheceu no tema 932, a compatibilidade do artigo 927, parágrafo único do Código Civil, bem como a possibilidade de responsabilidade objetiva do empregador: "O artigo 927, parágrafo único, do Código Civil é compatível com o artigo 7º, XXVIII da Constituição Federal, sendo constitucional a responsabilização objetiva do empregador por danos decorrentes de acidentes de trabalho, nos casos especificados em lei, ou quando a atividade normalmente desenvolvida, por sua natureza, apresentar exposição habitual a risco especial, com potencialidade lesiva e implicar ao trabalhador ônus maior do que aos demais membros da coletividade".

Tecidas essas considerações, a partir do compromisso assumido com a Agenda 2030 da ONU, reforça-se a imprescindibilidade da releitura ampla da Teoria da Responsabilidade Civil aplicada no Direito do Trabalho, haja vista a inegável influência nas condutas institucionais.

5. IMPACTOS NA GOVERNANÇA INSTITUCIONAL

A globalização demanda a adoção de medidas comprometidas com vieses humanitários, ambientais, sustentáveis e em conformidade com a lei.

A nova ordem do mercado internacional não admite relações comerciais com atores sociais que ignoram e afrontam demasiadamente programas pautados no desenvolvimento sustentável, os quais por sua vez corroboram os objetivos da Agenda 2030 da ONU. Logo, as próprias regras de mercado exigem um novo modelo institucional com a implantação de uma governança eficiente e transparente.

"Dentro das ações positivas, sejam as obrigatórias ou voluntárias, como um plus ao já trazido pela legislação, deverão ser incluídas ações e políticas internas que protejam os trabalhadores de práticas discriminatórias, como assédio moral e sexual, acidentes de trabalho, entre outras. A responsabilidade social compreende a proteção ao ambiente interno (trabalhadores), ao externo (planeta) e à sociedade em geral. Não podemos olvidar ainda do meio ambiente cultural, que envolve as relações humanas" (Bramante, 2023).

"O termo responsabilidade social surge como um desdobramento da função social, está ligado ao objeto da empresa e consiste na integração voluntária de preocupações da própria sociedade com questões ambientais, sociais, éticas, pensando no futuro das próximas gerações" (Bramante, 2023).

"A sociedade, cada vez mais, avalia a forma como as empresas alcançam seus resultados e passa-se a criar uma dependência recíproca e positiva, a qual prestigia as boas práticas corporativas, que envolvem, de um lado, as empresas que aderem ao ESG+i, com diretrizes estratégicas de seus negócios, e, de outro, os *stakeholders*. Como resultado, surge a responsabilidade social corporativa, que tem como pilares a ética e a transparência. Atualmente, cada vez mais, as empresas precisam aderir ao ESG+i para a garantia da própria sobrevivência do seu negócio" (Bramante, 2023).

Ressalta-se que regras institucionais de compliance e governança são fundamentais para se estabelecer uma simbólica certificação, haja vista as práticas mercadológicas contemporâneas. Todavia, exige-se efetividade de tais políticas, sob pena de efeito nulo.

Isto porque, "O princípio da confiança não prevalece quando o dever de cuidado do agente consiste na proteção, vigilância e/ou controle das que se encontram sob a sua dependência. (...) a adoção do "*compliance*" não servirá como argumento para, "*de per se*", afastar o nexo de imputação normativa. Terá, se muito, um papel a cumprir na aferição da culpa do empregador ou de seus prepostos (na hipótese do art. 186 do CC), ou, para mais, no arbitramento do valor dos danos extrapatrimoniais" (Feliciano, 2021).

Nessa conjuntura, tampouco se tolera a imperícia organizacional relacionada à incompetência empresarial cujo desempenho das atividades represente qualquer probabilidade de dano por não garantir a mínima segurança para os trabalhadores, quando representar descumprimento dos deveres anexos ao contrato de trabalho ou ainda riscos sociais externos.

Com isso, a responsabilidade da empresa pelo ambiente de trabalho é expandida, pois na medida em que alargam as modalidades, a régua da extensão deve ser simétrica, evitando-se a abertura de espaços para mutações, mormente quando tendenciosas.

Entende-se por meio ambiente do trabalho um novo conceito funcional e não meramente espacial, pelo qual tem-se um sistema de condições que incidem sobre o homem em sua atividade laboral. "Assim, saúde e segurança são elementos necessários, mas não suficientes, do conceito meio ambiente do trabalho equilibrado. E, se é assim, há que definir. Para todos os efeitos, defino meio ambiente do trabalho como o sistema de condições, leis, influências e interações de ordem física, química, biológica e psicológica, que incidem sobre o homem em sua atividade laboral, que esteja ou não submetido ao poder hierárquico de outro. Trata-se, pois, de um *conceito funcional,* muito mais que espacial (Feliciano, 2021).

A relação de emprego experimentou, no curso do século XX, uma progressiva *caracterização comunitário-pessoal,* que aos poucos conferiu primazia ao binômio dever de lealdade vs. Dever de assistência (e já não ao velho sinalagma trabalho vs. remuneração). De outra parte, ante a atual configuração constitucional do Estado brasileiro, e à vista do eixo semântico de sustentação das ordens jurídicas contemporâneas (=dignidade da pessoa humana), inverteu-se o polo de proeminência lealdade/proteção, para que se reconheça ao *dever de proteção* a precedência axiológica e a indeterminação de conteúdos *"prima facie"* (Feliciano, 2021).

O Direito do Trabalho representa um esforço da humanidade para constitucionalizar e, gradativamente, ampliar o espectro de proteção, motivo pelo qual a Constituição Federal em seu art. 7º, admite a atualização de seus conceitos como instrumento de interpretação evolutiva.

O novo modelo exige que as empresas adotem políticas e medidas que efetivem a condição social de seus trabalhadores balizando-se por seu real poder econômico, capacidade de investimentos e não mais por meros parâmetros mínimos.

O espaço para debates sobre descumprimento de lei tornou-se obsoleto e secundário na medida em que o Direito possui uma construção em normas perfeitas e mais que perfeitas. Hodiernamente, o progresso, assim como o legado a ser deixado para as futuras gerações, tornaram-se protagonistas dos debates essenciais.

A evolução das relações institucionais exige governança, sob pena de retaliações anunciadas e ocultas, tendo em vista que a lógica atual de mercado não admite negociações públicas e privadas com instituições que descumpram a legislação internacional, as quais por sua vez, contribuem com a efetividade da agenda 2030. Logo, é forçoso reconhecer os impactos da agenda 2030 da ONU na Responsabilidade Civil.

6. A AGENDA 2030 DA ONU E OS IMPACTOS NA RESPONSABILIDADE CIVIL: CLÁUSULA GERAL E A INTERPRETAÇÃO EVOLUTIVA

Diante dos Pactos Internacionais firmados pelo Brasil, cujos direitos fundamentais encontram-se assegurados constitucionalmente com reflexos que se irradiam pelo ordenamento, vinculando horizontalmente entidades e sociedade, impera o princípio da solidariedade.

Sobre a eficácia horizontal dos direitos fundamentais, cabe trazer a lição extraída da obra de Alexy: "Da mesma forma que ocorre no caso da teoria de efeitos indiretos, a influência das normas de direitos fundamentais no direito privado decorre da ´sua característica como direito constitucional objetivo e vinculante'. A diferença reside no fato de que não se sustenta que os princípios objetivos produzam efeitos na relação cidadão/ cidadão por meio de uma influência na interpretação das normas de direito privado, mas porque deles 'fluem diretamente direitos subjetivos privados para os indivíduos'. Nesse sentido, os direitos fundamentais devem ter um efeito absoluto" (Alexy, 2006).

O plano de ação da Agenda 2030[1] da ONU abrange as 03 dimensões do desenvolvimento sustentável: social, ambiental e econômico. Dentre eles, ganham relevo no presente estudo:

Objetivo 1 – Erradicar a pobreza extrema e a fome

Objetivo 3 – Promover a igualdade de gênero e empoderar as mulheres

Objetivo 8 – Desenvolver uma parceria global para o desenvolvimento

Objetivo 9 – Indústria, inovação e infraestruturas

Objetivo 10 – Reduzir as desigualdades

Objetivo 12 – Padrões de consumo e produção responsáveis

Objetivo 16 – Paz, justiça e instituições eficazes

Objetivo 17 – Parcerias para a implementação dos objetivos

Diante de todo o contexto exposto, a Agenda 2030 da ONU integra o conjunto normativo internacional de regência, motivo pelo qual urge uma reflexão sobre os impactos na natureza da Responsabilidade Civil.

Como corolário imediato, internamente, vincula a implantação de medidas públicas e privadas para a concretização de seus objetivos e, minimamente, para redução dos riscos, sob pena da utopia prevalecer em detrimento da efetividade.

Nesse sentido, o Decreto 9.571/2018, pelo qual se estabelece Diretrizes Nacionais sobre as empresas e Direitos Humanos, com obrigações e mecanismos para acompanhamento, fiscalização e certificação, visando a implementação de empresas humanistas.

Com efeito, inegáveis os efeitos decorrentes da Agenda 2030 da ONU, cujos objetivos vão ao encontro dos preceitos da Declaração Americana: indivisibilidade dos direitos humanos, direito ao trabalho digno e justa remuneração, vida, integridade física, psíquica e moral. Além do dever de obediência à lei.

Ao mesmo tempo, é forçoso reconhecer que os objetivos traçados fortalecem a importância das instituições e respectivas relações de trabalho, pois o êxito dos objetivos onusiano está intrinsecamente relacionado.

Oportuno renovar o novo conceito de meio ambiente do trabalho, combinado com a moderna conceituação de poluição labor-ambiental, "como toda degradação da qualidade ambiental, em quaisquer espaços de trabalho (físicos ou virtuais), resultante de atividades humanas que, direta ou indiretamente, prejudiquem a saúde, segurança e o bem estar da população laboral (empregados, prestadores de serviços e demais colaboradores) e/ou criem condições adversas às respectivas atividades sociais e econômicas (*ut* art. 3º, III, "a" e "b", da Lei 6.938/1981, c.c art. 8º, § 1º, da CLT) (Feliciano, 2021).

---

1. Disponível em: https://portal.stf.jus.br/hotsites/agenda-2030/. Acesso em: 15 set. 2023.

Numa perspectiva progressista, a Agenda 2030 da ONU impõe esse desafio mundial e recupera o importante debate do *efeito cliquet*. A visão de que direitos sociais se delimitam à normas programáticas resta ultrapassada, e nesse sentido, já se admite a justiciabilidade em caso de descumprimento.

Reforça-se o parâmetro mínimo de proteção aos direitos humanos. Logo, evoluir tornou-se obrigação e um exercício de cidadania, e nesse aspecto, mecanismos precisam ser implantados para que o Brasil não seja, mais vez, retardatário na efetividade.

É sempre prudente lembrar que direitos de cidadania são também "direitos do cidadão-trabalhador, que os exerce como trabalhador-cidadão" (Rua, 2012 apud Palomeque, 1991).

O cerne axiológico da dignidade da pessoa humana possui expressão jurídica nos direitos fundamentais. Assim, diante das desigualdades ainda subsistentes e, crescentes, a desigualdade natural é objeto de normativa internacional, firmadas na AGENDA 2030 da ONU.

Com a evolução dos direitos humanos, a proteção não se delimita mais ao indivíduo em si considerado, tendo como destinatários os seres humanos em sua integralidade e completude.

Na visão do Direito como ideologia, e, sendo a ideologia uma forma específica de consciência social, tem-se na dignidade da pessoa humana e nos objetivos da Agenda 2030 a consciência real e a eclosão de novos paradigmas.

Outrossim, tamanha perspectiva enaltece a Responsabilidade Civil. E, nesse contexto, o alicerce para a reconfiguração da natureza dessa teoria se encontra na própria estrutura jurídica, haja vista a permissão conferida às cláusulas gerais.

A natureza objetiva da Responsabilidade Civil representa "**u**m importante passo na superação do dilema entre a necessidade da prova da culpa do agente causador do dano e o reconhecimento do dever de reparação" (Brandão, 2010).

Tratando-se de cláusula geral, permite interpretação capaz de acompanhar a evolução da sociedade. "**I**mpõe-se, em primeiro lugar, destacar que o citado parágrafo único do art. 927 do Diploma Civil trata de cláusula geral e pode ser compreendida como o uso intencional de uma *fattispecie* (tipificação completa e rigorosa), repita-se, caracterizada pela sua natureza vaga e incompleta; possui definição aberta, o que também pode ser exemplificado com as noções de boa-fé e da função social do contrato" (Brandão, 2010).

"Numa sociedade em transformação, marcada pela multiplicidade das relações sociais e pelo seu caráter mutável, em ambientes caracterizados pelos rápidos avanços proporcionados pela tecnologia, que tornam obsoleto amanhã o que hoje é novidade, não se pode pretender que seja possível ao legislador traçar toda a sua regulamentação por meio de normas caracterizadas pelo conteúdo preciso e definido, albergando valores que por elas são influenciados e também as influenciam. No campo específico da proteção à saúde, a cada dia são inseridas no processo de produção novas matérias-primas, tecnologias e modificados os processos de fabricação, que criam um ambiente propício para a inserção das cláusulas gerais no sistema jurídico, a fim de tornar possível a sua preservação efetiva, razão pela qual agiu acertadamente o legislador quando previu de forma genérica a regra da reparação. Remete, também de forma correta, à jurisprudência a tarefa de definir os seus limites e contornos, o que não se fará de forma livre, mas segundo os valores adotados no sistema jurídico, dentre os quais sobreleva destacar a dignidade da pessoa humana, o valor social do trabalho, a proteção ao meio ambiente do trabalho, a redução dos riscos do trabalho e o direito à plena reparação dos danos ocasionados à pessoa do empregado" (Brandão, 2010).

"Identifica, contudo, Caio Mário da Silva Pereira uma evolução na teoria da responsabilidade, consistente no seu alargamento, especialmente no que toca aos acidentes do trabalho e doenças profissionais, marchando no sentido de abranger indenização a novas eventualidades de origem não profissional, por já se considerar insuficiente a responsabilidade civil" (Brandão, 2010).

A abertura permitida pela cláusula geral de Responsabilidade Civil torna-se um canal para a atualização sem que se infirme a principiologia conceitual e a sua abrangência. Ocorre, justamente, o fenômeno da atualização com a manutenção das raízes e inspirações jurídicas.

Tornou-se imprescindível uma análise macro jurídico-social, com a extensão e desenvolvimento de mecanismos proporcionais à evolução, como um dever anexo.

Por sua vez, sob o aspecto prático, ao se fortalecer a responsabilidade objetiva, tem-se como via reflexa, impactos positivos na agenda 2030 da ONU, proporcionando que a economia nacional, assim como a sociedade se aproximem ao nível de dignidade almejado.

E, sob o aspecto teórico-científico, acolhendo-se os novos conceitos da teoria do risco, do dano, aliados à imputação objetiva ou nexo normativo, tem-se a Responsabilidade Objetiva como regra geral, deslocando-se a subjetividade apenas aos critérios reparatórios-quantitativos, de acordo com a extensão do dano.

Por outro lado, inegavelmente, admite-se a inexigibilidade do dever reparatório quando demonstradas as excludentes pautadas na culpa exclusiva da vítima ou de terceiros, bem como riscos gerais da vida. Assim, mediante a real necessidade de deslocamento da responsabilidade, admite-se, secundariamente, a subjetividade.

Apenas a título de reforço argumentativo, a legislação acidentária já reconhece a relação direta entre a atividade empresarial, o risco, a causa e o provável dano, e, elenca nexos técnicos presumidos, cuja metodologia (variável conforme a casuística) impacta nas alíquotas tributárias incidentes. A posteriori, faculta a comprovação das medidas preventivas como forma de redução dos índices.

Histórica ou hodiernamente, o espectro da liberdade pressupõe a maximização da responsabilidade.

"Riqueza e pobreza têm a mesma origem, a liberdade. O pobre poderia ser rico pela mesma virtude que fez a riqueza do rico. Assim, assegurar-se seria apenas uma atribuição de cada um. Querer descarregar sobre outro a sua responsabilidade, é abdicar de sua liberdade, renunciar a sua qualidade de homem, desejar a escravidão" (Maior, 2007).

Tendo em vista que a agenda 2030 da ONU passa a ser fonte das atividades humanas, sob pena de efeito nulo, o contraponto ao ilusionismo e a efetividade dos compromissos assumidos conduzem à reconfiguração dos efeitos da Responsabilidade Civil no Direito do Trabalho.

É preciso superar o paradigma de que direitos sociais são apenas poesias, pois, em verdade, são imprescindíveis para a construção de uma sociedade mais justa, igualitária e fraterna.

REFERÊNCIAS

AGENDA 2030 da ONU. Disponível em: https://portal.stf.jus.br/hotsites/agenda-2030/. Acesso em: 15 set. 2023.

ALEXY, Robert. *Teoria dos Direitos Fundamentais.* Trad. Vigilo Afonso da Silva. São Paulo: Malheiros, 2006.

ALMEIDA, Renato Rua. Os direitos laborais inespecíficos dos trabalhadores. In: ALMEIDA, Renato Rua (Coord.); SOBRAL, Jeana Silva. SUPIONI JUNIOR, Claudimir (Org.). *Direitos Laborais Inespecíficos.* São Paulo: LTr, 2012.

AMARAL, Júlio Ricardo de Paula. *Eficácia dos Direitos Fundamentais nas relações trabalhistas.* São Paulo: LTr. 2007.

BOBBIO, Norberto. *A era dos direitos.* Rio de Janeiro: Campus, 2004.

BONAVIDES, Paulo. *Curso de Direito Constitucional.* 11. ed. São Paulo: Malheiros, 2001.

BRAMANTE, Ivani Contini; CARLOTO, Selma; BRAMANTE, Simone. *ESG+i:* governança ambiental, social e corporativa. São Paulo: LTr Editora, 2023.

BRANDÃO, Claudio. A Responsabilidade Objetiva por danos decorrentes de acidentes do trabalho na jurisprudência dos tribunais: cinco anos depois. *Rev. TST,* Brasília, v. 76, n. 1, p. 78 a 98, jan./mar. 2010.

CANARIS, Claus-Wilhelm, 1937. *Direitos Fundamentais e direito privado.* 2. reimp. (monografias). Edições Almedina. 2012.

CAVALCANTI, Lygia Maria de Godoy Batista. A Dignidade da Pessoa Humana como norma principiológica de aplicação no direito do trabalho. In: DA SILVA, Alessandro. MAIOR, Jorge Luiz Souto. FELIPPE, Kenarik Boujikian. SEMER, Marcelo (Coord.). *Direitos Humanos:* essência do direito do trabalho. São Paulo: LTr, 2007.

COMPARATO, Fábio Konder. *Afirmação Histórica dos Direitos Humanos.* 7. ed. rev. e atual. São Paulo: Saraiva, 2010.

DINIZ, Maria Helena. *Curso de direito civil brasileiro:* responsabilidade civil. 21. ed. rev. e atual. São Paulo: Saraiva, 2007.

FELICIANO, Guilherme Guimarães. *Responsabilidade Civil no Meio Ambiente do Trabalho:* nexo causal, nexo normativo e teoria da imputação objetiva. São Paulo: Thomson Reuters Brasil, 2021.

MAIOR, Jorge Luiz Souto. Direito Social, direito do trabalho e direitos humanos. In: DA SILVA, Alessandro FELIPPE, Kenarik Boujikian. SEMER, Marcelo (Coord.). *Direitos Humanos:* essência do direito do trabalho. São Paulo: LTr, 2007.

MAZZUOLI, Valério de Oliveira. *Curso de Direitos Humanos.* 7. ed. Rio de Janeiro: Forense; São Paulo: Método, 2020.

RAMOS, André de Carvalho. *Curso de Direitos Humanos*. 4. ed. São Paulo: Saraiva, 2017.

RAMOS, André de Carvalho. *Processo Internacional dos Direitos Humanos*. 6. ed. São Paulo: Saraiva, 2019.

SARLET, Ingo Wolfagang. *A Eficácia dos Direitos Fundamentais*. 10. ed. rev., ampl. e atual. Porto Alegre: Livraria do Advogado, 2009.

SARLET, Ingo Wolfgang. MELLO FILHO, Luiz Phelippe Vieira de. FRAZÃO, Ana de Oliveira (Coord.). *Diálogos entre o direito do trabalho e o direito constitucional*: estudos em homenagem a Rosa Maria Weber. São Paulo: Saraiva, 2014.

SUPIONI JUNIOR, Claudimir. O contraditório e a ampla defesa na relação de emprego. In: ALMEIDA, Renato Rua (Coord.); SOBRAL, Jeana Silva. SUPIONI JUNIOR, Claudimir (Org.). *Direitos Laborais Inespecíficos*. São Paulo: LTr, 2012.

TRINDADE, Antônio Augusto Cançado. *A proteção internacional dos direitos humanos*: fundamentos jurídicos e instrumentos básicos. São Paulo: Saraiva, 1991.

6
OBRIGAÇÃO, COOBRIGADO, RESPONSABILIDADE PATRIMONIAL, RESPONSABILIDADE CIVIL, FIADOR E O STF (TEMA 1232)

Jorge Pinheiro Castelo

Livre-docente, Doutor, Mestre e Especialista (pós-graduação) pela Faculdade de Direito da Universidade São Paulo. Conselheiro e Presidente da Comissão de Direito do Trabalho da OAB/SP na gestão de 2019-2021, e sócio do Escritório Palermo e Castelo Advogados. Autor dos livros: "O Direito Processual do Trabalho na Moderna Teoria Geral do Processo"; "Tutela Antecipada na Teoria Geral do Processo", "Tutela Antecipada no Processo do Trabalho"; "O Direito Material e Processual do Trabalho e a Pós Modernidade: A CLT, o CDC e as repercussões do novo Código Civil; "Tratado de Direito Processual do Trabalho na Teoria Geral do Processo", "O Direito do Trabalho Líquido – O negociado sobre o legislado, a terceirização e o contrato de curto prazo na sociedade da modernidade líquida"; "Panorama Geral da Reforma Trabalhista: aspectos de direito material, v. I"; "Panorama Geral da Reforma Trabalhista: aspectos de Direito Processual, v. II; O Novo Recurso de Revista, todos publicados pela Editora LTr. Advogado.

Sumário: Introdução – 1ª parte: obrigação e responsabilidade – 1. Da distinção entre obrigação e responsabilidade – 2ª parte: responsabilidade patrimonial/executiva secundária – 1. A responsabilidade processual patrimonial ou executiva (secundária) automática decorrente da lei por sucessão (e/ou paralelismo) processual ao executado original – 3ª parte: da pura responsabilidade civil/coobrigação – 1. A pura responsabilidade material (civil) de terceiros (coobrigados) à sociedade por coobrigação ou responsabilidade solidária que exige apuração em ação autônoma (no processo de conhecimento) com amplo direito de defesa e contraditório (devido processo legal) – 4ª parte: da figura da responsabilidade civil prevista no 5º do Art. 513 do CPC/2015 – 1. Da distinção entre responsabilidade solidária (inclusive, do § 2º do Art. 2º da CLT e Art. 264 do CCB) e fiança (Art. 818 e 828 do CCB) – 2. Dos coobrigados/fiador responsáveis civis no plano material do §5º do Art. 513 do CPC – 5ª parte: dos responsáveis patrimoniais ou da execução secundária – 1. Da figura do sócio e do administrador = pessoas físicas que (re)presentam a sociedade; 1.1 Do sócio – Art. 997 do Código Civil; 1.2 Do administrador – pratica atos de gestão da sociedade (Art. 1.010/1.015 do Código Civil) – 2. Da responsabilidade (processual – automática) patrimonial e executiva secundária do sócio, acionista e/ou do administrador localizada em dispositivos legais fora do sistema da consolidação das leis trabalhistas; 2.1 Da responsabilidade patrimonial fixada pelo Código Civil; 2.2 Da responsabilidade patrimonial fixada pela Lei das S.A; 2.3 Da responsabilidade patrimonial fixada pelo CPC/2015 – 6ª parte: ainda dos responsáveis patrimoniais ou da execução secundária – 1. Da responsabilidade patrimonial (execução secundária) das empresas do grupo econômico trabalhista fixada pelo § 2º do art. 2º da CLT – 7ª parte: ARE 748.371 e ARE 1.160.361 – 8ª parte: ADPF 488/DF – 9ª parte/ ainda mais da questão específica do RE 1.387.795-MG e tema 1223 de repercussão geral do STF – Conclusão – Referências.

INTRODUÇÃO

Em 09.09.2022, o Plenário do Supremo Tribunal Federal, por maioria, reconheceu a repercussão geral da matéria constitucional que deu ensejo ao Tema 1.232 da gestão por temas de Repercussão Geral, fixado nos seguintes termos: "Possibilidade de inclusão no polo passivo da lide, na fase de execução trabalhista, de empresa integrante de grupo econômico que não participou do processo de conhecimento".

No dia 25.05.2023, por ordem do Ministro Dias Toffoli, no RE 1.387.795-MG, Tema 1232 da gestão por temas da repercussão geral no STF., foi determinada:

> a suspensão nacional do processamento de todas as execuções trabalhistas que versem sobre a questão controvertida no Tema 1.232 da Gestão por Temas da Repercussão Geral, até o julgamento definitivo deste recurso extraordinário.

No dia 04.07.2023, após o voto-vista do Ministro Gilmar Mendes que divergia da Ministra Rosa Weber (Presidente e Relatora – que julgava improcedente a ADPF 488-DF), e, julgava procedente a ADPF 488, o Ministro Dias Toffoli, pediu vista e suspendeu o julgamento.

O interessante é que todo esse movimento perante a Suprema Corte, decorreu do julgamento do ARE 1.160.361, em decisão monocrática proferida pelo Ministro Gilmar Mendes, deliberando-se o encaminhamento do processo ao Plenário do TST, para apreciação de possível negativa da aplicação do § 5º do art. 513 do CPC/2015, por conta do redirecionamento do cumprimento de sentença ter se dado em face de empresa pertencente ao grupo econômico da empresa condenada ("do empregador condenado").

Por que interessante? Simplesmente, pelo fato de que não há solidariedade ou responsabilidade solidária (respectivamente, quer seja como obrigação material e nem como responsabilidade patrimonial) de que trata o § 2º do art. 2º da CLT entre a obrigação do afiançado e do fiador para que se pudesse justificar qualquer paralelismo entre a responsabilidade solidária ou meramente patrimonial das empresas do grupo econômico com a figura do fiador e do afiançado.

A solidariedade passiva que deve ter origem na lei ou no contrato (constar do negócio jurídico), exprime uma interdependência (relação jurídica única) entre devedores, diferentemente da fiança que tem sua origem e vida própria. E a responsabilidade patrimonial executiva secundária é categoria de direito processual, através da qual, a lei estabelece a responsabilidade patrimonial de que pessoas físicas ou jurídicas que não são o devedor e executado originário.

A fiança é um contrato acessório no qual o fiador inclusive tem o benefício de ordem (art. 818 do Código Civil), salvo se o fiador se obrigou (inciso I do art. 828 do Código Civil) como devedor solidário, sendo que a figura da solidariedade (art. 264 do Código Civil) ocorre quando na mesma e única obrigação concorre mais de um credor ou devedor, cada um com direito, ou obrigado a dívida toda. – Não se trata, pois, a fiança nem de solidariedade e nem de responsabilidade patrimonial executiva secundária.

Não havendo razão sequer de se pretender aplicação subsidiária da norma e da regra da fiança no direito e no processo do trabalho, visto que, além de tratar de outra categoria jurídica, a norma do 2º do art. 2º da CLT estabelece, de forma autônoma, completa, específica e individualizada, claramente, a *responsabilidade* patrimonial (solidária) executiva secundária das empresas do grupo.

As decisões judiciais devem ser fundamentadas como a emanação de uma visão coerente e imparcial de equidade e justiça, posto que é esse o significado do império da lei (*Ronald Dworkin*).

Os juízes devem decidir com base em princípios e não com base na pessoal e particular visão econômica da sociedade, sob pena de estabelecer uma decisão que pertença ao *anticanon (Augustus Bonner)*.

A Suprema Corte não deveria impedir o redirecionamento da execução em face de empresas do grupo econômico, o que é feito na esfera trabalhista, sem controvérsia, desde sempre (*ressalvado o interregno que perdurou o enunciado 205 do Tribunal Superior do Trabalho*) e até a presente data, porque tal procedimento não se encaixaria naquilo que seria compatível com as ideias econômicas da Corte, sem que, efetivamente, estejam presentes conflitos de princípios e categorias jurídicas.

1ª PARTE: OBRIGAÇÃO E RESPONSABILIDADE

1. DA DISTINÇÃO ENTRE OBRIGAÇÃO E RESPONSABILIDADE

A obrigação é o contraposto negativo do direito subjetivo, assim, direito e obrigação são dois lados de uma relação jurídica de direito material.

"Débito, ou obrigação, é uma situação de desvantagem, consistente na mera expectativa, alimentada pelo direito, que o patrimônio do sujeito sai de algum bem para a satisfação de outro sujeito: é o contraposto negativo do direito subjetivo, o qual se define como situação jurídica de vantagem em relação a um bem".[1]

O obrigado é o devedor de uma relação jurídica de direito material. O devedor de uma obrigação decorrente de uma relação jurídica responde com seus bens pelo cumprimento e adimplemento dessa obrigação, "ex vi" do art. 391 do Código Civil ("*pelo inadimplemento das obrigações respondem todos os bens do devedor*") e art. 789 do CPC/2015.

Contudo, pode existir responsabilidade sem obrigação.[2]

---

1. DINAMARCO, Cândido Rangel. *Instituições de Direito Processual Civil*. São Paulo: Malheiros, 2004, v. IV, p. 325.
2. "Ocorre o primeiro desses fenômenos sempre que os bens de uma pessoa estejam expostos a serem apanhados em uma execução por obrigação que não é de seu proprietário ou possuidor, tome-se, por exemplo, a hipoteca oferecida por um sujeito em garantia de débito alheio, sem ser ele próprio devedor nem fiador, porque ali o ofertante da garantia não figura como sujeito da relação jurídica de direito material, não passando de mero responsável" (Dinamarco, op. cit., pg. 327).

Isto ocorre, sempre, que os bens de uma pessoa possam ser apanhados em uma execução por obrigação da qual ele não é o próprio devedor.[3]

A responsabilidade patrimonial ou executiva de bens de terceiros por obrigação de outra pessoa física ou jurídica (o devedor) tem que ter previsão legal expressa.[4]

No direito do trabalho a matéria relativa à responsabilidade patrimonial do grupo econômico se encontra positivada no § 2º do art. 2º da CLT, trata-se de natural responsabilidade patrimonial solidária executiva secundária, a exemplo do que ocorre com a responsabilidade patrimonial do sócio prevista no inciso II do art. 790 do CPC.

Registre-se que o § 2º do art. 2º da CLT estabelece, de forma autônoma, completa, específica e individualizada, claramente, a *responsabilidade* patrimonial (solidária) executiva secundária das empresas do grupo – figura de direito processual – e não a (co)obrigação solidária – instituto de direito material – em face da relação de emprego: "Sempre que uma ou mais empresas, tendo, embora, cada uma delas, personalidade jurídica própria, estiverem sob a direção, controle ou administração de outra, ou ainda quando, mesmo guardando cada uma sua autonomia, integrem grupo econômico, *serão responsáveis* solidariamente pelas obrigações decorrentes da relação de emprego".

Até pelo fato, de que as empresas que integram o grupo econômico são sócias no empreendimento maior que é o próprio grupo econômico, ou seja, soma-se o disposto no § 2º do art. 2º da CLT ao fixado no inciso II do art. 790 do CPC, viabilizando a responsabilidade patrimonial extraordinária sem necessidade de condenação da empresa do grupo econômico (associada) responsável patrimonial executiva secundária em sentença própria da fase de conhecimento, sem prejuízo que para garantir o direito de defesa e o contraditório seja instaurado o incidente de desconsideração da personalidade jurídica.

No âmbito trabalhista, o grupo econômico se caracteriza pela existência de uma direção, controle ou administração por uma sociedade de controle, ou seja, pela presença de sociedades controladoras e controladas coligadas (sócias no empreendimento maior que envolve o interesse integrado, a comunhão de interesses e atuação conjunta das empresas, por assim dizer, sócias). Tal qual numa sociedade em que há o grupo dominante e de controle, tal ocorre com o grupo econômico.

A existência do grupo econômico, como empregador único, no âmbito do direito individual do trabalho, dentre outras situações, permite a transferência de trabalhadores entre as diferentes sociedades coligadas sem que ocorra a duplicação de contratos/

---

3. "São variadas e dispersas as normas que estabelecem casos de responsabilidade sem obrigação, fazendo exceções à regra de que somente o patrimônio do próprio devedor responder por suas obrigações; no artigo 592 do Código de Processo Civil estão algumas dessas hipóteses, mas há mais. O estudo dos casos de responsabilidade sem obrigação principia pelos cinco incisos desse dispositivo e depois passa por outros setores do próprio Código de Processo Civil e vai além chegando ao Código Civil..." (Dinamarco, op. cit., p. 361).

4. "A obrigação, como categoria de direito material, é, portanto, uma situação jurídica visivelmente estática... Enquanto a obrigação é estática e por si própria não autoriza movimentos em favor da efetivação, a responsabilidade é eminentemente dinâmica" (Dinamarco, op. cit., p. 324-325).

empregos. Na esfera do direito coletivo do trabalho permite maior amplitude à Convenção Coletiva.

A responsabilidade patrimonial do grupo econômico trabalhista distingue-se de outras situações distintas que são geradoras de (co)obrigação e não de responsabilidade patrimonial, como é o caso da subempreitada, do trabalho temporário, da terceirização, e, particularmente, do fiador, posto que o grupo econômico trabalhista apresenta estrutura permanente de que emana o conceito de empregador único.

Essa estrutura permanente característica do grupo econômico trabalhista da qual emana o conceito de empregador único é que acarreta a responsabilidade patrimonial, executiva e secundária das empresas integrantes.

Destaque-se a própria segurança jurídica que envolve a entabulação dos contratos e os direitos advindos da prestação de serviços estão relacionados a confiança negocial subjacente que envolve a força patrimonial do grupo econômico.

Recusar a figura do grupo econômico trabalhista como empregador único – que assim, estabelece, além da responsabilidade patrimonial, a solidariedade ativa e passiva –, é recusar a garantia fundamental dos direitos do trabalhador, bem como, por consequência da recusa da unidade do vínculo empregatício, significa proibir que os serviços do trabalhador sejam prestados a mais de uma empresa do grupo econômico ou de ser transferidos entre elas.

No caso do empregador real único, tem-se débito e obrigação juntos, estando os devedores interdependentes na mesma relação jurídica (subjacente) única e obrigação, ou seja, há uma pluralidade de devedores na mesma relação obrigacional, podendo o credor exigir o pagamento da dívida de qualquer dos devedores que integram uma única unidade orgânica econômica organizada, o que, por efeito, estabelece a responsabilidade patrimonial solidária de todas as empresas do grupo juntamente com aquela empresa que formalmente se situa como a empregadora.

Interessante, destacar, por outro lado, que a recusa da figura do grupo econômico trabalhista como empregador único leva, com igual força e identidade, ao mesmo efeito da responsabilidade patrimonial secundária ou subsidiária.

Isto porque, a inexistência da figura do empregador único, traz como consequência, que não há uma única relação jurídica (subjacente) e única obrigação e um débito de todas as empresas interdependentes do grupo econômico, mas, que existe, apenas, a obrigação e o débito por parte da empregadora (real ou aparente), de forma, as demais empresas do grupo econômico efetivamente não passam de responsáveis patrimoniais executórias ou subsidiárias, figura estritamente processual. Noutros termos, não há obrigação/débito perante as pretensões do credor trabalhista em face da relação jurídica que este manteve com a empresa empregadora real ou aparente.

Nesse caso, ou seja, da inexistência do empregador único, não existe uma pluralidade de obrigados/devedores (em face das empresas integrantes do grupo econômico), mas, apenas, uma pluralidade de responsáveis patrimoniais executórios ou subsidiários, de maneira que o credor trabalhista só poderá dirigir-se em face das demais empresas do grupo econômico, em sede de execução, após ter se direcionado em face da empresa do grupo a cujo quadro pertence e que recebe pela sua prestação de serviços, de forma, as demais empresas do grupo econômico efetivamente não passam de responsáveis patrimoniais executórias ou subsidiárias, figura estritamente processual a ser adotada, apenas, na fase de cumprimento de sentença/execução.

2ª PARTE: RESPONSABILIDADE PATRIMONIAL/EXECUTIVA SECUNDÁRIA

1. A RESPONSABILIDADE PROCESSUAL PATRIMONIAL OU EXECUTIVA (SECUNDÁRIA) AUTOMÁTICA DECORRENTE DA LEI POR SUCESSÃO (E/OU PARALELISMO) PROCESSUAL AO EXECUTADO ORIGINAL

Como veremos a seguir, em diversas situações disciplinadas, a lei determina a automática responsabilidade patrimonial ou executiva secundária sobre pessoas físicas ou jurídicas que passam a ser legitimadas passivas, a despeito de que não eram os legitimados ordinários e primários, ou seja, que não são o devedor que tenha participado do processo de conhecimento, como ocorre, por exemplo, com o sócio, o administrador, os acionista de controle e de referência que são diretamente alcançados – na fase executiva – no seu patrimônio pessoal para garantir o resultado da prestação jurisdicional.

Noutras palavras, a lei estabelece para situações expressamente mencionadas a automática responsabilidade patrimonial ("*ope legis*") daquele que embora não seja o devedor, seja automaticamente (sem necessidade de dilação probatória e contraditórios próprios de uma ação autônoma) trazido ao processo na qualidade de responsável patrimonial pela dívida como forma de garantir o cumprimento da obrigação da pessoa jurídica (ou física) executada.[5]

Trata-se de mero ingresso na lide do responsável patrimonial em paralelo com a figura do devedor principal, ou até a possibilidade de mera substituição ou sucessão processual ao executado originário no que tange a responsabilidade executória.[6]

---

5. "Acima de todas essas regras e com caráter de generalidade total em relação às diversas espécies de sociedade, o art. 50 desse Código conduz à desconsideração da personalidade jurídica, com responsabilidade plena dos sócios 'em caso de abuso dessa personalidade, caracterizado pelo desvio de finalidade ou confusão patrimonial'" (Dinamarco, op. cit., p. 364).

6. "Sucessão, como conceito geral em direito, é o fenômeno jurídico pelo qual uma pessoa substitui a outra na titularidade de uma situação jurídica ativa ou passiva. Essa palavra indica a alteração subjetiva ocorrida na relação jurídica, de modo que o direito ou obrigação que tinha um titular passa a ter outro...Sucessor, portanto, é todo sujeito que passa a figurar em uma relação jurídica, por reconhecer que, pelo aspecto objetivo a relação jurídica permanece tal e qual, idêntica a si mesma e sendo, portanto, a mesma ficção de antes, cria uma ficção legal para considerar que o sucessor é mero continuador do sucedido, figurando na relação como se fosse ele próprio. Daí para atribuir ao sucessor na relação jurídica material as mesmas situações processuais do sucedido...a ordem jurídica abona, a sucessão no plano material tem por consequência imediata a sucessão nas titulares referentes ao processo. O sucessor sujeita-se aos efeitos da sentença, à autoridade da coisa julgada e, estando o processo em andamento ou ainda não havendo sido instaurado, ele recebe a legitimidade ativa ou passiva para nele figurar como parte, em nome próprio...em suma, também, perante a ordem processual prevalece aquela ficção, sendo

3ª PARTE: DA PURA RESPONSABILIDADE CIVIL/COOBRIGAÇÃO

1. A PURA RESPONSABILIDADE MATERIAL (CIVIL) DE TERCEIROS (COOBRIGADOS) À SOCIEDADE POR COOBRIGAÇÃO OU RESPONSABILIDADE SOLIDÁRIA QUE EXIGE APURAÇÃO EM AÇÃO AUTÔNOMA (NO PROCESSO DE CONHECIMENTO) COM AMPLO DIREITO DE DEFESA E CONTRADITÓRIO (DEVIDO PROCESSO LEGAL)

É importante destacar a distinção da responsabilidade patrimonial ou executiva (responder – forma verbal e instituto processual) de outra coisa que é a pura responsabilidade civil (responsáveis/coobrigados em face do credor – locução substantiva e instituto de direito material) consequente da prática de atos ilícitos, abuso, fraude e/ou danos causados por quem não (re)presenta a sociedade e que gera prejuízos a terceiros, ou, face a condição de coobrigado convencional.[7]

Na pura responsabilidade civil ou material o que se busca é a responsabilidade solidária daquele com a sociedade face a condição de coobrigado convencional, ou, por conta de ato ilícito, fraudulento que tenha causado danos a terceiros e não daquele que é indicado pela lei como responsável patrimonial ou executivo.

No caso da pura responsabilidade civil, o terceiro deverá ser chamado como parte legítima passiva de um processo de conhecimento, de forma que a final venha suportar a execução sobre seus bens como legitimado ordinário e primário, com seu nome constando do título executivo condenatório, sob pena de não se admitir a execução sobre seu patrimônio, uma vez que não se trata de hipótese de responsabilidade patrimonial ou executiva secundária.

Noutros termos, a responsabilidade patrimonial ou executiva se dá de forma automática por determinação legal, com apuração no plano meramente processual, com a sucessão processual e não para a fixar a pura responsabilidade civil solidária ou própria de terceiros que não fazem parte do liame jurídico (ainda que no plano teórico ou atrás da personalidade jurídica) que une credor e obrigado.

Assim, como já se viu acima, pode existir responsabilidade sem obrigação. Isto ocorre, sempre, que os bens de uma pessoa possam ser apanhados em uma execução por obrigação da qual ele não é o próprio devedor.

Todavia, a responsabilidade patrimonial de bens de ordinária/aparentemente terceiros (sócios, acionista majoritário, administradores, sucessores, grupo econômico etc.) por obrigação de outra pessoa física ou jurídica (o devedor) tem que ter previsão

---

o sucessor tratado como continuador do sucedido no processo e nas legitimidades para propor a demanda ou suportar a condição de demandado ad causam ativa ou passiva" (Dinamarco, op. cit., p. 123).

7. "Responsabilidade executiva ou responsabilidade patrimonial não se confunde com responsabilidade civil, que é categoria de direito privado e se situa no campo específico das obrigações, usa-se essa expressão para designar a obrigação de reparar os danos ao patrimônio alheio, causados por ato ilícito (CC, arts. 186 e 927), sendo o causador do dano um devedor e a vítima, um credor (situações jurídicas de direito material, não processual" (Dinamarco, op. cit., p. 327-328).

legal expressa (inciso II do art. 5º da CF c/c art. 2, § 2º, 10 e 448 da CLT c/c arts. 789/790 do CPC etc.).

Ocorre que a pura responsabilidade solidária e civil/material do terceiro à sociedade por dívida da pessoa jurídica que não é uma responsabilidade patrimonial ou executiva que decorre automaticamente de lei – como acontece no caso do sócio, acionista majoritário, administrador, sucessor, grupo econômico etc. – face a condição de coobrigado convencional, ou, por conta de eventual ato ilícito, abuso ou fraude que passe a vincular o mesmo perante a sociedade e ao credor desta, deverá ser apurada em ação própria e em processo de conhecimento.

Noutras palavras, a pura responsabilidade civil solidária de terceiro com a sociedade face a condição de coobrigado convencional, ou, por conta de eventual ato ilícito, abuso ou fraude que passe a vincular o mesmo perante a sociedade e ao credor, ou seja, por conta de ato próprio (e não como sócio, acionista ou administrador) é responsabilidade civil (do coobrigado) que é categoria que se situa no campo (das obrigações) do direito material e não se confunde com responsabilidade processual executiva (ou patrimonial/secundária).

Dessa forma, não decorrendo de lei e sendo excepcional, a pura responsabilidade civil (material) de terceiro à sociedade exige apuração específica, em processo de conhecimento, com contraditório e ampla defesa. Exige demonstração de que aquele (que não era o sócio, administrador ou acionista etc.) apresenta a condição de coobrigado convencional, ou, por conta de eventual ato ilícito, abuso ou fraude que passe a vincular o mesmo perante a sociedade e ao credor e agiu ilicitamente, e, mais que a pretensão contra a ele não esteja prescrita, posto que não se tratará de sucessão processual, mas, responsabilidade civil e material solidária com a sociedade.

De outra forma, quando se discutir a pura responsabilidade civil/material de um terceiro estranho à relação jurídica original que não se confunde e nem (re)presenta *"ope legis"* a pessoa jurídica, tal qual a diferença entre a situação de fraude à execução e fraude contra credores onde se faz necessária a apuração dessa responsabilidade face a condição de coobrigado convencional, ou, por conta de ato ilícito propriamente dito, não será possível se fixar tal responsabilidade por sucessão ou paralelismo no plano do processo de execução.

A apuração dessa responsabilidade civil/material solidária por ato próprio exigirá a verificação da situação anterior no plano material, ou seja, exigirá a apuração no plano material dessa responsabilidade extravagante por meio de ação própria autônoma, com amplo direito de defesa e contraditórios.

Não se poderá, assim, atribuir responsabilidade civil solidária sem que o terceiro estranho (ou sem vinculação direta e responsabilidade patrimonial executiva reconhecida por lei) à sociedade, seja desde o início incluído no processo de conhecimento, sem que se tenha um título executivo judicial contra ele, oriundo de ação autônoma ou condenação no processo de conhecimento, alcançá-lo na fase de execução sem que haja violação ao direito de propriedade, ao devido processo legal, ao amplo direito defesa e ao contraditório garantidos pelos incisos II, XXII, XXXVI, LIV e LV do art. 5º da CF.

Também, não se poderá apurar a responsabilidade puramente civil solidária de terceiro, simplesmente, em sede embargos à execução ou mesmo de embargos de terceiro ou de incidente de desconsideração da personalidade jurídica, no qual não há amplo direito de defesa e contraditório pleno adequados a fixação da pura responsabilidade civil e atingir seu patrimônio, já que tal determinação não encontraria amparo em texto de lei e ao contrário afrontaria, claramente, o disposto nos incisos II, XXII, XXXVI, LIV e LV do artigo 5º da CF.

Destaque-se a violação ao direito de propriedade (inciso XXII do art. 5º da CF), do devido processo legal (incisos LIV e LV do art. 5º da CF.) e até ao princípio da legalidade do inciso II do artigo 5º da CF face a exclusão expressa da responsabilidade patrimonial de terceiros à empresa executada, sem que seja garantido o direito à ampla produção da prova (violação ao devido processo legal, a ampla defesa e ao contraditório e aos incisos LIV e LV do art. 5º da CF).

Não se poderá declarar em sede de execução e/ou de embargos de terceiro ou incidente de desconsideração da personalidade jurídica, a responsabilidade civil de terceiro que seja puramente responsabilidade solidária de direito civil (e não responsabilidade patrimonial executiva ou processual) – que, além de não constar no título executivo judicial, não tem responsabilidade patrimonial (violação ao princípio constitucional da legalidade – inc. II do art. 5º da CF), sob pena de violação do direito de propriedade e de não ser privado de seus bens sem a observância do devido processo legal, do amplo direito de defesa e regular contraditório.

Em síntese, a atribuição de pura responsabilidade solidária civil a terceiro que não tem processualmente responsabilidade patrimonial executiva (decorrência automática de norma de mero direito processual) por dívida de alheia é determinação relacionada à situação de direito material específica ou pretensão material, ou seja, que exige ação autônoma e processo de conhecimento no qual se apure a pura responsabilidade civil solidária e se declare a existência de um vínculo jurídico (decorrente de um ato ilícito ou abusivo ou mesmo contratual obrigacional) e, portanto, obrigação ou pura responsabilidade civil diante de uma situação na qual a priori não existiria tal liame jurídico.[8]

---

8. "A legitimidade do credor e do devedor é legitimidade ordinária (e não extraordinária) pelo fato de serem eles próprios os titulares da relação material em busca de realização. E, pelo fato de esses sujeitos haverem participado do título executivo, quer judicial ou extrajudicial, ali figurando como titulares da relação jurídica, sua legitimidade não será ordinária, mas ordinária e primária. Legitimados ordinários primários são, portanto, exclusivamente, credor e devedor que, como tais figurem no título executivo, conforme indicação explícita dos arts. 566, inc. I e 568, inc. I, do Código de Processo Civil. Das regras presentes nos diversos incisos dos arts. 566 e 568 resulta ainda (a)(que o credor e o próprio devedor são também às vezes legitimados apesar de não figurarem no título executivo e (b) que não só credor e devedor são partes legítimas à execução, mas às vezes também outros sujeitos, tratar-se-á sempre de alguém que tenha alguma relação com o legitimado ordinário primário (credor ou devedor figurante no título executivo), seja como cessionário de direitos ou obrigações, seja como sub-rogado no direito exequendo, seja como substituto processual assim qualificado. Ter-se-ão nessas

Portanto, tal qual a situação de direito material de fraude contra credores[9] distinta da situação de direito processual como é a fraude à execução, exige-se que a pretensão material à pura responsabilidade solidária civil seja veiculada e discutida em processo de conhecimento através de ação própria e autônoma para a atribuição de tal responsabilidade civil.

Noutras palavras, a atribuição de pura responsabilidade civil solidária decorrente de pretensão material ou de situação de direito material – e não de responsabilidade patrimonial ou executiva/processual fixada "*ope legis*" – exige a propositura de ação própria, com respeito ao amplo direito de defesa e contraditório para que não se desrespeite o direito de propriedade alheio e se atribua responsabilidade patrimonial ou executiva/processual sem lei que a imponha.

4ª PARTE: DA FIGURA DA RESPONSABILIDADE CIVIL PREVISTA NO 5º DO ART. 513 DO CPC/2015

1. DA DISTINÇÃO ENTRE RESPONSABILIDADE SOLIDÁRIA (INCLUSIVE, DO § 2º DO ART. 2º DA CLT E ART. 264 DO CCB) E FIANÇA (ART. 818 E 828 DO CCB)

Repita-se o que foi dito, inicialmente, o interessante, nessa discussão, é que todo o movimento, em exame, que ocorre perante a Suprema Corte, decorreu do julgamento do ARE 1.160.361, em decisão monocrática proferida pelo Ministro Gilmar Mendes, deliberando-se o encaminhamento do processo ao Plenário do TST, para apreciação de possível negativa da aplicação do § 5º do art. 513 do CPC/2015, por conta do redirecionamento do cumprimento de sentença ter se dado em face de empresa pertencente ao grupo econômico da empresa condenada ("*do empregador condenado*").

Por que interessante? Simplesmente, pelo fato de que não há solidariedade ou responsabilidade solidária (respectivamente, quer seja como obrigação material e nem como responsabilidade patrimonial) de que trata o § 2º do art. 2º da CLT, entre a obrigação do afiançado e do fiador para que se pudesse justificar qualquer paralelismo entre a responsabilidade solidária ou meramente patrimonial das empresas do grupo econômico com a figura do fiador e do afiançado.

A fiança é um contrato acessório no qual o fiador inclusive tem o benefício de ordem (art. 818 do Código Civil), salvo se o fiador se obrigou (inciso I do art. 828 do Código Civil) como devedor solidário, sendo que a solidariedade (art. 264 do Código Civil)

---

hipóteses muito variadas, (a) a legitimidade ordinária independente e (b) a legitimidade extraordinária. São legitimados ordinários independentes as pessoas diretamente vinculadas por obrigações próprias e que portanto estão qualificadas para serem partes no processo executivo" (Dinamarco, op. cit., p. 119-120).

9. "O Código de Processo Civil, não incluindo os bens alienados em fraude contra credores entre os bens penhoráveis (art. 592, incs. I-V), não permite que eles sejam desde logo penhorados, como faz de modo explícito no tocante à fraude de execução (art. 592, inc. V)... essa medida é a sentença que julgar procedente a ação pauliana expressamente prevista no art. 161 do Código Civil" (Dinamarco, op. cit., p. 387).

ocorre quando na mesma e única obrigação concorre mais de um credor ou devedor, cada um com direito, ou obrigado a dívida toda.

A solidariedade passiva que deve ter origem na lei ou no contrato (constar do negócio jurídico), exprime uma interdependência (relação jurídica única) entre devedores, diferentemente da fiança que tem sua origem e vida própria.

No direito do trabalho a matéria relativa à responsabilidade patrimonial do grupo econômico se encontra positivada no § 2º do art. 2º da CLT, trata-se de natural responsabilidade patrimonial solidária executiva secundária, a exemplo do que ocorre com a responsabilidade patrimonial do sócio prevista no inciso II do art. 790 do CPC.

Registre-se que o § 2º do art. 2º da CLT estabelece, de forma autônoma, completa, específica e individualizada, claramente, a *responsabilidade* patrimonial (solidária) executiva secundária das empresas do grupo – figura de direito processual – e não a (co)obrigação solidária – instituto de direito material – em face da relação de emprego: "Sempre que uma ou mais empresas, tendo, embora, cada uma delas, personalidade jurídica própria, estiverem sob a direção, controle ou administração de outra, ou ainda quando, mesmo guardando cada uma sua autonomia, integrem grupo econômico, *serão responsáveis* solidariamente pelas obrigações decorrentes da relação de emprego".

Até pelo fato, de que as empresas que integram o grupo econômico são sócias no empreendimento maior que é o próprio grupo econômico, ou seja, soma-se o disposto no § 2º do art. 2º da CLT ao fixado no inciso II do art. 790 do CPC, viabilizando a responsabilidade patrimonial extraordinária sem necessidade de condenação da empresa do grupo econômico (associada) responsável patrimonial em sentença própria da fase de conhecimento, sem prejuízo que para garantir o direito de defesa e o contraditório seja instaurado o incidente de desconsideração da personalidade jurídica.

No âmbito trabalhista, o grupo econômico se caracteriza pela existência de uma direção, controle ou administração por uma sociedade de controle, ou seja, pela presença de sociedades controladoras e controladas coligadas (sócias no empreendimento maior que envolve o interesse integrado, a comunhão de interesses e atuação conjunta das empresas, por assim dizer, sócias). Tal qual numa sociedade em que há o grupo dominante e de controle, tal ocorre com o grupo econômico.

A existência do grupo econômico, como empregador único, no âmbito do direito individual do trabalho, dentre outras situações, permite a transferência de trabalhadores entre as diferentes sociedades coligadas sem que ocorra a duplicação de contratos/empregos. Na esfera do direito coletivo do trabalho permite maior amplitude à Convenção Coletiva.

A responsabilidade patrimonial do grupo econômico trabalhista distingue-se de outras situações distintas que são geradoras de (co)obrigação e não de responsabilidade patrimonial, como é o caso da subempreitada, do trabalho temporário, da terceirização, e, particularmente, do fiador, posto que o grupo econômico trabalhista apresenta estrutura permanente de que emana o conceito de empregador único.

2. DOS COOBRIGADOS//FIADOR RESPONSÁVEIS CIVIS NO PLANO MATERIAL DO §5º DO ART. 513 DO CPC

Dispõe o § 5º do art. 513 do CPC/2015: "§ 5º O cumprimento da sentença não poderá ser promovido em face do fiador, do coobrigado ou do corresponsável que não tiver participado da fase de conhecimento".

A fiança é um contrato acessório no qual o fiador inclusive tem o benefício de ordem (art. 818 do Código Civil), salvo se o fiador se obrigou (inciso I do art. 828 do Código Civil) como devedor solidário, sendo que a solidariedade (art. 264 do Código Civil) ocorre quando na mesma e única obrigação concorre mais de um credor ou devedor, cada um com direito, ou obrigado a dívida toda.

Na pura responsabilidade civil ou material do fiador o que se tem é a figura da responsabilidade convencional acessória e com o benefício de ordem do fiador com o obrigado pela obrigação material face a condição de coobrigado convencional, salvo se o fiador renunciar ao benefício de ordem e estabelecer outra relação obrigacional (não mais acessória) mas como devedor principal e solidário (art. 828, I, do CCB) – não se trata, pois, a fiança nem de solidariedade e nem de responsabilidade patrimonial executória secundária.

A responsabilidade civil convencional do fiador, como coobrigado (não se confunde com a responsabilidade executiva ou responsabilidade patrimonial) é categoria de direito material/privado e se situa no campo do direito material das obrigações (art. 818 e ss. do CCB) e não se confunde com a solidariedade (art. 264 do CCB) e nem tampouco com a responsabilidade patrimonial (categoria de direito processual) decorrente de lei.

Por isso, o § 5º do art. 513 do CPC/2015 estabelece que, em sede de responsabilidade civil, é de rigor a integração do fiador, do coobrigado ou do corresponsável ao processo já na fase de conhecimento, de modo a possibilitar que o cumprimento de sentença alcance aquele que figura como corresponsável civil (coobrigado e fiador).

Assim, se foi movida ação regulada pelo processo de conhecimento apenas contra o devedor, o credor não poderá executar a respectiva sentença também contra o fiador, que é coobrigado convencional, pois, ele não foi condenado. Se, executado o devedor, e, não havendo bens para satisfazer a execução, o credor terá que ingressar com nova ação de conhecimento contra o fiador, para então executá-lo. Se, porém, a ação já foi proposta contra ambos, o devedor e o fiador/coobrigado convencional, nesse caso, a execução poderá ser feita também contra o fiador/coobrigado (*Alcides de Mendonça Lima*).

Desse modo, se o fiador/coobrigado convencional é citado juntamente com o devedor principal desde o início da ação de conhecimento, ele poderá ser executado por força da sentença condenatória. Se, porém, isso não ocorreu, o fiador/coobrigado não poderá ser executado, embora haja título judicial contra o devedor principal, isto é, os bens do fiador/corresponsável (civil) convencional não respondem (*Alcides de Mendonça Lima*).

Contudo, e, diferentemente do fiador e dos demais coobrigados (civis) convencionais indicados na regra do §5º do art. 513 do CPC/2015, no âmbito do direito processual civil e das lides que tramitam na Justiça Comum, os responsáveis patrimoniais (figura de direito processual distinta da responsabilidade civil, e, portanto, distinta dos coobrigados convencionais ou por ato ilícito) indicados por lei tem responsabilidade executória secundária, independentemente de terem participado na relação processual da fase de conhecimento, e, suportam com seus bens as consequências da execução promovida contra o executado primário (*Liebman*).

Portanto, a regra do § 5º do art. 513 do CPC/2015 – que disciplina a reponsabilidade civil – não abrange o instituto processual da responsabilidade patrimonial ou responsabilidade executiva secundária, ou seja, os legitimados passivos supervenientes enumerados pela lei, inclusive quando atingidos pela desconsideração da personalidade jurídica (*Cruz e Tucci*).

5ª PARTE: DOS RESPONSÁVEIS PATRIMONIAIS OU DA EXECUÇÃO SECUNDÁRIA

1. DA FIGURA DO SÓCIO E DO ADMINISTRADOR = PESSOAS FÍSICAS QUE (RE)PRESENTAM A SOCIEDADE

1.1 Do sócio – Art. 997 do Código Civil

O sócio é aquele que é titular do capital social ou das quotas de uma sociedade empresária (art. 997 do Código Civil: "A sociedade constitui-se... III – capital da sociedade... IV – a quota de cada social no capital social...).

1.2 Do administrador – Pratica atos de gestão da sociedade (art. 1.010/1.015 do Código Civil)

A administração da sociedade compete aos sócios (art. 1010 e art. 1013 do Código Civil: "A administração da sociedade, nada dispondo o contrato social, compete separadamente a cada um dos sócios").

A administração da sociedade pode ser confiada a um sócio administrador ou a um administrador profissional (arts. 1010/1022 do Código Civil).

"A sociedade adquire direitos, assume obrigações e procede judicialmente por meio de administradores com poderes especiais, ou, não havendo, por intermédio de qualquer administrador" (art. 1022 do Código Civil).

Só os administradores podem praticar todos os atos pertinentes à gestão da sociedade (arts. 1.015 e 1.022 do Código Civil).

2. DA RESPONSABILIDADE (PROCESSUAL – AUTOMÁTICA) PATRIMONIAL E EXECUTIVA SECUNDÁRIA DO SÓCIO, ACIONISTA E/OU DO ADMINISTRADOR LOCALIZADA EM DISPOSITIVOS LEGAIS FORA DO SISTEMA DA CONSOLIDAÇÃO DAS LEIS TRABALHISTAS

2.1   Da responsabilidade patrimonial fixada pelo Código Civil

"A desconsideração da personalidade jurídica conduz à responsabilidade dos sócios nos casos em que a sociedade é manipulada como instrumento de fraude".[10-11]

Nos dispositivos abaixo fica clara a responsabilidade patrimonial ou executiva, porque é explicita a extensão e o alcance na fase executiva.

Impõe o art. 50 do Código Civil:

> Em caso de abuso da personalidade jurídica, caracterizado pelo desvio de finalidade ou pela confusão patrimonial, pode o juiz, a requerimento da parte, ou do Ministério Público quando lhe couber intervir no processo, desconsiderá-la *para que os efeitos de certas e determinadas relações de obrigações sejam estendidos aos bens* particulares de administradores ou de sócios da pessoa jurídica beneficiados direta ou indiretamente pelo abuso.

Fixa o art. 1024 do Código Civil: "Os bens particulares dos sócios não podem ser executados por dívidas da sociedade, senão depois de executados os bens sociais".

Determina o art. 1016 do Código Civil: "Os administradores *respondem* solidariamente perante a sociedade e terceiros prejudicados por culpa no desempenho de suas funções".

2.2   Da responsabilidade patrimonial fixada pela Lei das S.A

O acionista controlador e o administrador da sociedade anônima respondem pelos atos ilícitos que praticam (arts. 115, 117 e 158 da Lei 6.604/76).

Estabelece o art. 158 da lei das S.A:

> O administrador não é pessoalmente responsável pelas obrigações que contrair em nome da sociedade (...) porém, *responde* civilmente (...) quando proceder: II – com violação da lei ou estatuto (...) 2º Os administradores são solidariamente responsáveis pelos prejuízos que causados, em virtude do não cumprimento dos deveres impostos por lei para assegurar o funcionamento normal da companhia (...).

O art. 165 do mesmo diploma legal fixa que: "Os membros do conselho fiscal tem os mesmos deveres dos administradores e *respondem* pelos danos resultantes de omissão no cumprimento de seus deveres e de atos praticados com culpa ou dolo ou com violação da lei ou estatuto."

---

10.   Dinamarco, op. cit., p. 366.

11.   "Indo além dessas disposições bem particularizadas em setores específicos, os tribunais praticam a desconsideração da personalidade jurídica para responsabilizar sócios também em situações não previstas nas leis societárias e tributárias...Isso é feito exclusivamente diante de situações de fraude – porque o combate a esta é o objetivo único da disregard doctrine". Dinamarco, op. cit., p. 366.

E, mais, o art. 117 da lei das sociedades anônimas reza que: "O acionista controlador *responde* pelos danos causados por atos praticados com abuso de poder (...) § 3º O acionista controlador que exerce cargo de administrador ou fiscal tem também deveres e responsabilidades próprios do cargo".

2.3 Da responsabilidade patrimonial fixada pelo CPC/2015

Dispõe o artigo 789 do CPC: "O devedor *responde* com todos os seus bens presentes e futuros para o cumprimento de suas obrigações, salvo as restrições estabelecidas em lei".

Assim, a referência que se faz a bens presentes e futuros se diz com relação ao momento que a obrigação é constituída.

"Portanto, são bens presentes aqueles que naquele momento mais remoto (constituição da obrigação) já estivessem no patrimônio do devedor..."[12]

E o art. 790 do CPC ao tratar da responsabilidade patrimonial fixa que:

Ficam *sujeitos à execução* os bens:

I – do sucessor...

II – do sócio, nos termos da lei...

III – do devedor, quando em poder de terceiros;

IV – do cônjuge ou companheiro...

V – alienados ou gravados com ônus real em fraude à execução;

VI – cuja alienação ou gravação com ônus real tenha sido anulada em razão do reconhecimento, em ação autônoma, de fraude contra credores;

VII – do responsável, nos casos de desconsideração da personalidade jurídica.

"Ao estabelecer a responsabilidade dos bens do sócio nos termos da lei (...) assume aspecto puramente organizatório...no qual se incluirão todos os casos em que outras normas de direito instituam essa responsabilidade. Tais normas serão de três possíveis origens: a) norma contidas em leis societárias, b) normas vindas da legislação tributária, c) normas escritas ou não pertinentes à desconsideração da personalidade jurídica".[13]

6ª PARTE: AINDA DOS RESPONSÁVEIS PATRIMONIAIS OU DA EXECUÇÃO SECUNDÁRIA

1. DA RESPONSABILIDADE PATRIMONIAL (EXECUÇÃO SECUNDÁRIA) DAS EMPRESAS DO GRUPO ECONÔMICO TRABALHISTA FIXADA PELO § 2º DO ART. 2º DA CLT

No direito do trabalho a matéria relativa à responsabilidade patrimonial do grupo econômico se encontra positivada no conceito de empregador único que é o próprio

---

12. DINAMARCO, Cândido Rangel. *Instituições de Direito Processual Civil*. São Paulo: Ed. RT, 2004, v. IV, p. 128.

13. DINAMARCO, Cândido Rangel. Idem, p. 365.

grupo econômico ao qual integra a empresa obrigada ordinária e primária (§ 2º do art. 2º CLT).

No direito do trabalho a matéria relativa à responsabilidade patrimonial do grupo econômico se encontra positivada no § 2º do art. 2º da CLT, trata-se de natural responsabilidade patrimonial solidária executiva secundária, a exemplo do que ocorre com a responsabilidade patrimonial do sócio prevista no inciso II do art. 790 do CPC.

Registre-se que o § 2º do art. 2º da CLT estabelece, de forma autônoma, completa, específica e individualizada, claramente, a *responsabilidade* patrimonial (solidária) executiva secundária das empresas do grupo – figura de direito processual – e não a (co)obrigação solidária – instituto de direito material – em face da relação de emprego: "Sempre que uma ou mais empresas, tendo, embora, cada uma delas, personalidade jurídica própria, estiverem sob a direção, controle ou administração de outra, ou ainda quando, mesmo guardando cada uma sua autonomia, integrem grupo econômico, *serão responsáveis* solidariamente pelas obrigações decorrentes da relação de emprego".

Até pelo fato, de que as empresas que integram o grupo econômico são sócias no empreendimento maior que é o próprio grupo econômico, ou seja, soma-se o disposto no § 2º do art. 2º da CLT ao fixado no inciso II do art. 790 do CPC, viabilizando a responsabilidade patrimonial extraordinária sem necessidade de condenação da empresa do grupo econômico (associada) responsável patrimonial em sentença própria da fase de conhecimento, sem prejuízo que para garantir o direito de defesa e o contraditório seja instaurado o incidente de desconsideração da personalidade jurídica.

No âmbito trabalhista, o grupo econômico se caracteriza pela existência de uma direção, controle ou administração por uma sociedade de controle, ou seja, pela presença de sociedades controladoras e controladas coligadas (sócias no empreendimento maior que envolve o interesse integrado, a comunhão de interesses e atuação conjunta das empresas por assim dizer sócias). Assim como numa sociedade em que há o grupo dominante e de controle, tal ocorre com o grupo econômico.

A existência do grupo econômico, como empregador único, no âmbito do direito individual do trabalho, dentre outras situações, permite a transferência de trabalhadores entre as diferentes sociedades coligadas sem que ocorra a duplicação de contratos/empregos. Na esfera do direito coletivo do trabalho permite maior amplitude à Convenção Coletiva.

O grupo econômico trabalhista distingue-se de outras situações geradoras de corresponsabilidade, como é o caso da subempreitada, do trabalho temporário, da terceirização, da sucessão, e, particularmente, do fiador, posto que o grupo econômico trabalhista apresenta estrutura permanente de que emana o conceito de empregador único.

Essa estrutura permanente característica do grupo econômico trabalhista da qual emana o conceito de empregador único é que acarreta a solidariedade e a responsabilidade patrimonial, executiva e secundária das empresas integrantes.

Recusar a figura do grupo econômico trabalhista como empregador único – que assim, estabelece a solidariedade ativa e passiva –, é recusar a garantia fundamental dos direitos do trabalhador, bem como, por consequência da recusa da unidade do vínculo empregatício significa proibir que os serviços do trabalhador sejam prestados a mais de uma empresa do grupo econômico ou de ser transferidos entre elas.

No caso do empregador real único, tem-se débito e obrigação juntos, estando os devores interdependentes na mesma relação jurídica (subjacente) única e obrigação, ou seja, há uma pluralidade de devedores na mesma relação obrigacional, podendo o credor exigir o pagamento da dívida de qualquer dos devedores que integram uma única unidade orgânica econômica organizada, o que, por efeito, estabelece a responsabilidade patrimonial solidária de todas as empresas do grupo juntamente com aquela empresa que formalmente se situava como a empregadora.

Interessante, destacar, por outro lado, que a recusa da figura do grupo econômico trabalhista como empregador único leva, com igual força e identidade, ao mesmo efeito da responsabilidade patrimonial secundária ou subsidiária.

Isto porque, a inexistência da figura do empregador único, traz como consequência, que não há uma única relação jurídica (subjacente) e obrigação e um débito de todas as empresas interdependentes do grupo econômico, mas, que existe, apenas, a obrigação e o débito por parte da empregadora (real ou aparente), de forma, as demais empresas do grupo econômico efetivamente não passam de responsáveis patrimoniais executórias ou subsidiárias, figura estritamente processual. Noutros termos, não há obrigação/débito perante as pretensões do credor trabalhista em face da relação jurídica que este manteve com a empresa empregadora real ou aparente.

Nesse caso, ou seja, da inexistência do empregador único, não existe uma pluralidade de obrigados/devedores (em face das empresas integrantes do grupo econômico), mas, apenas, uma pluralidade de responsáveis patrimoniais executórios ou subsidiários, de maneira que o credor trabalhista só poderá dirigir-se em face das demais empresas do grupo econômico, em sede de execução, após ter se direcionado em face da empresa do grupo a cujo quadro pertence e que recebe pela sua prestação de serviços, de forma, as demais empresas do grupo econômico efetivamente não passam de responsáveis patrimoniais executórias ou subsidiárias, figura estritamente processual a ser adotada, apenas, na fase de cumprimento de sentença/execução.

A alteração da responsabilidade patrimonial (responsabilidade executiva secundária) de qualquer empresa do grupo econômico para a figura de uma (co)responsabilidade civil/material, a ser apurada na fase de conhecimento do processo, tratando as empresas do grupo como se terceiros fossem entre si, é incompatível com a própria noção e conceito do grupo econômico como empregador único, além de engessar e burocratizar a atividade econômica e a prestação de serviços.

Portanto, inexata a compreensão que a nova redação do § 2º do art. 2º da CLT fixada pela reforma trabalhista (Lei 13.467/2017) ao trazer a mesma redação da lei do trabalho rural (§ 2º do art. 3º da Lei 5.889/73) teria afastado o conceito de empregador único, posto que não é possível se afastar ou não enxergar a existência de uma estrutura permanente, que é a característica do grupo econômico trabalhista, da qual emana o conceito de empregador único e que acarreta a responsabilidade patrimonial, executiva e secundária das empresas integrantes.

Até porque, o entendimento contrário (numa miopia com relação a realidade e do elo subjacente), inclusive, só traria desvantagem aos empregadores, uma vez que estaria mantida a responsabilidade patrimonial das empresas integrantes do grupo econômico, como responsáveis secundárias, sem o benefício da múltipla utilização do contrato de trabalho entre as empresas do grupo.

De fato, ao se afastar a noção do grupo econômico como empregador único, condição da qual deriva automaticamente a responsabilidade patrimonial solidária das empregadas integrantes do grupo, para estabelecer entre elas o tratamento de (co) responsabilidade civil, *mutatis mutandis*, tal raciocínio impediria que o trabalhador prestasse serviços a mais de uma empresa do grupo econômico ou a transferência do trabalhador entre as empresas do grupo econômico, posto que estaria afastada a unicidade do vínculo empregatício com o empregador único/grupo econômico.

No entanto, como já foi dito, a inexistência da figura do empregador único, traz como consequência, que não há uma única relação jurídica (subjacente) e obrigação e um débito de todas as empresas interdependentes do grupo econômico, mas, que existe, apenas, a obrigação e o débito por parte da empregadora (real ou aparente), de forma, as demais empresas do grupo econômico efetivamente não passam de responsáveis patrimoniais executórias ou subsidiárias, figura estritamente processual.

Em diversas situações disciplinadas pelo ordenamento jurídico, a lei (art. 790 do CPC/2015, § 2º do art. 2º da CLT etc.) determina a automática responsabilidade patrimonial ou executiva (secundária) sobre pessoas física ou jurídica que passa a ser legitimada passiva, a despeito de que não eram os legitimados ordinários e primários, ou seja, que não são o devedor que tenha participado do processo de conhecimento, como ocorre, por exemplo, com o sócio, o administrador, o acionista majoritário, as empresas do grupo econômico, que são diretamente alcançados, na fase executiva, no seu patrimônio para garantir o resultado da prestação jurisdicional.

E a lei trabalhista (§ 2º do art. 2º da CLT) ao estabelecer a responsabilidade patrimonial das empresas do grupo econômico, considera que no conceito do empregador único apresenta-se a figura de uma empresa que tem naturalmente uma relação íntima com o legitimado ordinário primário, posto que a noção da solidariedade passiva e da responsabilidade executiva secundária integra como elemento indissociável a própria figura do grupo econômico.

No caso das empresas do grupo econômico, elas são naturalmente interdependentes e solidárias, trata-se de responsabilidade patrimonial executiva secundária, na forma do § 2º do art. 2º da CLT, cuja atuação é direta e ocorre sem necessidade de condenação do grupo ou de outra empresa integrante deste como responsável na própria sentença do processo de conhecimento, bastando, no cumprimento de sentença, a instauração do incidente de desconsideração da personalidade jurídica previsto no art. 134 do CPC/2015 e no art. 855-A da CLT.

A própria entabulação dos contratos e os direitos advindos da prestação de serviços estão relacionados a confiança negocial subjacente que envolve a força patrimonial do grupo econômico, no momento que os contratos são constituídos, com todos os bens presentes e futuros do grupo econômico.

7ª PARTE: ARE 748.371 E ARE 1.160.361

Conforme o disposto no Tema 660 do ementário de repercussão geral do STF, consagrado no ARE 748.371, de relatoria do Ministro Gilmar Mendes, não existe repercussão geral a autorizar o seguimento de recurso extraordinário na alegação de violação aos princípios do contraditório, da ampla defesa, dos limites da coisa julgada e do devido processo legal, cujo julgamento da causa é dependente de prévia análise da adequada aplicação das normas infraconstitucionais.

Entretanto, no julgamento do ARE 1.160.361, em decisão monocrática proferida pelo Ministro Gilmar Mendes, restou suplantado o óbice do Tema 660, com espeque na afronta à Súmula vinculante 10 do STF, deliberando-se o encaminhamento do processo ao Plenário do TST, para apreciação de possível negativa da aplicação do §5º do art. 513 do CPC/2015, por conta do redirecionamento do cumprimento de sentença ter se dado em face de empresa pertencente ao grupo econômico da empresa condenada ("*do empregador condenado*").

Da decisão monocrática proferida no ARE 1.160.361, extrai-se da mesma um certo estranhamento com um conceito específico do direito do trabalho de que o empregador (único) é o grupo econômico, na alusão "quanto à possibilidade de empresa pertencente a grupo econômico *responder* por débitos de empregador condenado", ou, "da viabilidade de promover-se execução em face de executado que não integrou a relação processual na fase de conhecimento, *apenas, pelo fato de integrar* o mesmo grupo econômico para fins laborais".

Simplesmente, pelo fato de que não há solidariedade ou responsabilidade solidária (respectivamente, quer seja como obrigação material e nem como responsabilidade patrimonial) de que trata o § 2º do art. 2º da CLT, entre a obrigação do afiançado e do fiador para que se pudesse justificar qualquer paralelismo entre a responsabilidade solidária ou meramente patrimonial das empresas do grupo econômico com a figura do fiador e do afiançado.

A fiança é um contrato acessório no qual o fiador inclusive tem o benefício de ordem (art. 818 do Código Civil), salvo se o fiador se obrigou (inciso I do art. 828 do Código Civil) como devedor solidário, sendo que a solidariedade (art. 264 do Código Civil) ocorre quando mesma e única obrigação concorre mais de um credor ou devedor, cada um com direito, ou obrigado a dívida toda. Não se trata, pois, a fiança de solidariedade e nem de responsabilidade patrimonial executiva secundária.

A solidariedade passiva que deve ter origem na lei ou no contrato (constar do negócio jurídico), exprime uma interdependência (relação jurídica única) entre devedores, diferentemente da fiança que tem sua origem e vida própria.

No direito do trabalho a matéria relativa à responsabilidade patrimonial do grupo econômico se encontra positivada no § 2º do art. 2º da CLT, trata-se de natural responsabilidade patrimonial solidária executiva secundária, a exemplo do que ocorre com a responsabilidade patrimonial do sócio prevista no inciso II do art. 790 do CPC.

Registre-se que o § 2º do art. 2º da CLT estabelece, de forma autônoma, completa, específica e individualizada, claramente, a *responsabilidade* patrimonial (solidária) executiva secundária das empresas do grupo – figura de direito processual – e não a (co)obrigação solidária – instituto de direito material – em face da relação de emprego: "Sempre que uma ou mais empresas, tendo, embora, cada uma delas, personalidade jurídica própria, estiverem sob a direção, controle ou administração de outra, ou ainda quando, mesmo guardando cada uma sua autonomia, integrem grupo econômico, *serão responsáveis* solidariamente pelas obrigações decorrentes da relação de emprego".

Na pura responsabilidade civil ou material do fiador o que se tem é a figura da responsabilidade convencional acessória e com o benefício de ordem do fiador com o obrigado pela obrigação material face a condição de coobrigado convencional, salvo se o fiador renunciar ao benefício de ordem e estabelecer outra relação obrigacional (não mais acessória) mas como devedor principal e solidário (art. 828, I, do CCB) – Insista-se, não se trata, pois, a fiança nem de solidariedade e nem de responsabilidade patrimonial executória secundária.

A responsabilidade civil convencional do fiador, como coobrigado (não se confunde com a responsabilidade executiva ou responsabilidade patrimonial) é categoria de direito material/privado e se situa no campo do direito material das obrigações (art. 818 e segs. do CCB) e não se confunde com a solidariedade (art. 264 do CCB) e nem tampouco com a responsabilidade patrimonial (categoria de direito processual) decorrente de lei.

Por isso, o § 5º do art. 513 do CPC/2015 estabelece que, em sede de responsabilidade civil, é de rigor a integração do fiador, do coobrigado ou do corresponsável ao processo já na fase de conhecimento, de modo a possibilitar que o cumprimento de sentença alcance aquele que figura como corresponsável civil (coobrigado e fiador).

Assim, se foi movida ação regulada pelo processo de conhecimento apenas contra o devedor, o credor não poderá executar a respectiva sentença também contra o fiador, que é coobrigado convencional, pois, ele não foi condenado. Se, executado o devedor e não havendo bens para satisfazer a execução, o credor terá que ingressar com nova ação de conhecimento contra o fiador, para então executá-lo. Se, porém, a ação já foi proposta contra ambos, o devedor e o fiador/coobrigado convencional ou por ato ilícito, nesse caso, a execução poderá ser feita também contra o fiador/coobrigado (*Alcides de Mendonça Lima*).

Desse modo, se o fiador/coobrigado convencional é citado juntamente com o devedor principal desde o início da ação de conhecimento ele poderá ser executado por força da sentença condenatória. Se, porém, isso não ocorreu, o fiador/coobrigado não poderá ser executado, embora haja título judicial contra o devedor principal, isto é, os bens do fiador/corresponsável (civil) convencional não respondem (*Alcides de Mendonça Lima*).

Contudo, e, diferentemente do fiador e dos demais coobrigados (civis) convencionais indicados na regra do § 5º do art. 513 do CPC/2015, no âmbito do direito processual civil e das lides que tramitam na Justiça Comum, os responsáveis patrimoniais (figura de direito processual distinta da responsabilidade civil, e, portanto, distinta dos coobrigados convencionais ou por ato ilícito) indicados por lei tem responsabilidade executória secundária, independentemente de terem participado na relação processual da fase de conhecimento, e, suportam com seus bens as consequências da execução promovida contra o executado primário (*Liebman*).

Portanto, a regra do § 5º do art. 513 do CPC/2015 – que disciplina a reponsabilidade civil – não abrange o instituto da responsabilidade patrimonial ou responsabilidade executiva secundária, ou seja, os legitimados passivos supervenientes enumerados pela lei, inclusive quando atingidos pela desconsideração da personalidade jurídica (*Cruz e Tucci*).

A desconsideração da personalidade jurídica autoriza e expõe à execução por obrigações da sociedade todo o patrimônio desse responsável secundário ou patrimonial, a despeito dele não ser um obrigado (não estar vinculado diretamente ao credor por relação de direito material) e, também, não estar incluído no título executivo. (*Dinamarco*)

8ª PARTE: ADPF 488/DF

Registre-se, ainda, que, para além do *obiter dictum* contido no julgamento do ARE 1.160.361, foi aforada a ADPF 488/DF, pela Confederação Nacional do Transporte, contra a possibilidade de se estabelecer o incidente de desconsideração da personalidade jurídica, na fase de execução (cumprimento de sentença), para se alcançar as empresas do grupo econômico, sob o fundamento da inobservância da exigência imposta pelo §5º do art. 513 do CPC/2015.

De início, houve o voto da Ministra Rosa Weber, no que foi acompanhada pelo Ministro Alexandre de Moraes, pelo não conhecimento da ADPF, por inexistir dissenso pretoriano ou o requisito da subsidiariedade a amparar a pretensão, nos seguintes termos:

> *Decisão*: Após os votos dos Ministros Rosa Weber (Relatora) e Alexandre de Moraes, que, forte nos arts. 1º, *caput* e parágrafo único, I; 3º, V; e 4º, § 1º, da Lei 9.882/1999, não conheciam desta arguição de descumprimento de preceito fundamental, pediu vista dos autos o Ministro Gilmar Mendes. Falou, pela requerente, a Dra. Adriana Mendonça Silva. Plenário, Sessão Virtual de 03.12.2021 a 13.12.2021.

O julgamento foi suspenso por pedido de vista do Ministro Gilmar Mendes. E, no dia 04.07.2023, foi apresentado o voto-vista do Ministro Gilmar Mendes que divergia da Ministra Rosa Weber (Presidente e Relatora – que julgava improcedente a ADPF), e, julgava procedente a ADPF:

Decisão: Após o voto-vista do Ministro Gilmar Mendes, que divergia da Ministra Rosa Weber (Presidente e Relatora) para conhecer da arguição e, no mérito, julgar parcialmente procedente o pedido, para declarar a incompatibilidade com a Constituição Federal das decisões judiciais proferidas pela Justiça do Trabalho que incluem, na fase de execução, sujeitos que não participaram da fase de conhecimento, ao argumento de que fazem parte do mesmo grupo econômico, a despeito da ausência de efetiva comprovação de fraude na sucessão e independentemente de sua prévia participação no processo de conhecimento ou em incidente de desconsideração da personalidade jurídica, pediu vista dos autos o Ministro Dias Toffoli. Plenário, Sessão Virtual de 23.06.2023 a 30.06.2023.

Após o voto-vista do Ministro Gilmar Mendes que divergia da Ministra Rosa Weber, o Ministro Dias Toffoli, pediu vista e suspendeu o julgamento.

Da decisão monocrática acima transcrita, proferida na ADPF 488/DF, extrai-se da mesma um certo estranhamento com um conceito específico do direito do trabalho do grupo econômico, na alusão à fraude e a sucessão, não se trata de hipótese de fraude, mas, de responsabilidade patrimonial e nem caso de sucessão pura, posto que a empresa do grupo econômico não assume o lugar da empresa executada no polo passivo por fraude, mas, apenas, passa a integrar juntamente (paralelismo) com a aquela o polo passivo da execução na qualidade de responsável patrimonial.

Aliás, se fosse caso de sucessão não haveria nenhuma restrição, visto que é hipótese expressamente prevista no inciso I do art. 790 do CPC que não está atrelada a fraude.

E, também, porque, na maioria das vezes, após a reforma trabalhista, o chamamento da empresa do grupo é feita através do incidente de desconsideração da personalidade jurídica.

Ou, a *contrario sensu*, da decisão acima, é possível se extrair que o alcance da empresa do grupo econômico através do incidente de desconsideração da personalidade jurídica, na fase de execução, não seria constitucional?!!

Por outro lado, se há incompatibilidade do instituto com a Constituição Federal, então, a Suprema Corte deverá declarar, de igual forma, a inconstitucionalidade ou incompatibilidade com a CF. do instituto da desconsideração reversa utilizada, rotineiramente, no âmbito da Justiça Comum para se alcançar empresa do grupo econômico, somente, na fase de cumprimento de sentença. Também seria inconstitucional?

Tal conclusão inviabilizará grande parte da satisfação das execuções da Justiça do Trabalho, inclusive, porque, no mais das vezes, o Juiz do Trabalho não admite na fase de conhecimento o chamamento das demais empresas do grupo econômico para se evitar o litisconsórcio multitudinário.

A própria segurança jurídica (restará afetada de maneira irremediável) que envolve a entabulação dos contratos e os direitos advindos da prestação de serviços estão relacionados a confiança negocial subjacente que envolve a força patrimonial do grupo econômico

Caso a Suprema Corte venha a deliberar desse modo, constitucionalizará uma posição que tornará muito difícil garantir o resultado útil de um processo trabalhista, consolidando a posição dos grupos econômicos que violaram direitos e garantias constitucionais fundamentais das pessoas advindos do trabalho.

9ª PARTE/ AINDA MAIS DA QUESTÃO ESPECÍFICA DO RE 1.387.795-MG E TEMA 1223 DE REPERCUSSÃO GERAL DO STF

Retornando, a decisão do dia 25.05.2023, por a ordem do Ministro Dias Toffoli, no RE 1.387.795-MG, Tema 1232 da gestão por temas da repercussão geral no STF., determinou-se "a suspensão nacional *do processamento de todas as execuções trabalhistas que versem sobre a questão controvertida no Tema 1.232 da Gestão por Temas da Repercussão Geral, até o julgamento definitivo deste recurso extraordinário*", pelos seguintes fundamentos:

> Decisão: Vistos. Trata-se de recurso extraordinário interposto por Rodovias das Colinas S.A., com fundamento no art. 102, inciso III, alínea "a", da Constituição Federal, contra acórdão mediante o qual o Tribunal Superior do Trabalho entendeu ser possível a inclusão de empresa integrante de grupo econômico em execução trabalhista, sem que ela tenha participado do processo de conhecimento. Em 09.09.2022, o Plenário do Supremo Tribunal Federal, por maioria, reconheceu a repercussão geral da matéria constitucional versada nestes autos(eDoc. 83),dando ensejo ao Tema 1.232 da Gestão por Temas da Repercussão Geral, fixado nos seguintes termos: "Possibilidade de inclusão no polo passivo da lide, na fase de execução trabalhista, de empresa integrante de grupo econômico que não participou do processo de conhecimento". Eis o inteiro teor da ementa:

> Recurso extraordinário. Representativo da controvérsia. Direito processual civil e trabalhista. Execução. Inclusão de empresa integrante do mesmo grupo econômico no polo passivo. Responsabilidade solidária. Empresa que não participou da fase de conhecimento. Procedimento previsto no artigo 513, § 5º, do Código de Processo Civil. Alegada ofensa à súmula vinculante 10 e aos princípios da ampla defesa e do contraditório. Multiplicidade de recursos extraordinários. Papel uniformizador questão constitucional. Manifestação pela existência de repercussão geral (RE 1.387.795 RG, Relator o Ministro Presidente, Tribunal Pleno, DJe de 13.09.2022).

> Por intermédio das Petições 64797/2022, 17254/2023 e 41232/2023, a empresa recorrente postula a suspensão nacional de todos os processos pendentes, individuais ou coletivos, em trâmite na justiça trabalhista, sobre a matéria em discussão nestes autos, por alegadas questões de segurança jurídica, estabilização da jurisprudência, isonomia, excepcional interesse social e economia processual (eDocs. 77,115e135). Assevera-se, em suma, que (i)" a matéria assentada no tema tem sido objeto de decisões divergentes nos órgãos da jurisdição trabalhista, reverberando no aumento de Reclamações Constitucionais no âmbito deste Pretório Excelso, cuja solução pela via concreta tem se demonstrado igualmente desuniforme"; e que (ii)" a manutenção da marcha processual implica dispêndio de tempo e dinheiro público para o deslinde das ações em curso, gerando impacto milionário aos já fadigados cofres públicos" (fls. 2 e 4, eDoc. 77). A d. Procuradoria-Geral da República manifestou-se pelo indeferimento do pedido de suspensão nacional e, subsidiariamente, pelo deferimento do pedido, com determinação de que a suspensão só ocorra após medidas de constrição patrimonial que evitem a dilapidação e garantam o crédito trabalhista(eDocs. 84 e 140). É o breve relato do necessário. Decido. Inicialmente, observo que o art. 1.035, § 5º, do CPC/2015 estabelece que, reconhecida a repercussão geral, o relator determinará a suspensão do processamento de todos os feitos sobre o mesmo tema. Essa redação, contudo, apenas confere ao relator a competência para analisar a necessidade adequação de se implementar tal medida excepcional em cada caso concreto. Com efeito, ao resolver questão

de ordem no RE 966.177/RS, o Plenário do Supremo Tribunal Federal decidiu que a suspensão de processamento prevista nessa referida norma processual "não consiste em consequência automática e necessária do reconhecimento da repercussão geral realizada com fulcro no caput do mesmo dispositivo, sendo da discricionariedade do relator do recurso extraordinário paradigma determiná-la ou modulá-la" (Relator o Ministro Luiz Fux, DJe de 1º.02.2019). Pois bem. No caso dos presentes autos, discute-se a possibilidade de inclusão no polo passivo da lide, na fase de execução trabalhista, de empresa integrante de grupo econômico que não tenha participado do processo de conhecimento (Tema 1.232 da Repercussão Geral). Convém ressaltar, de pronto, que o tema é objeto de discussão nas instâncias ordinárias da Justiça do Trabalho há mais de duas décadas, ocasionando, ainda hoje, acentuada insegurança jurídica. A par disso, não se pode olvidar que o deslinde da controvérsia por esta Suprema Corte terá repercussão direta no âmbito de incontáveis reclamações trabalhistas, acarretando relevantes consequências sociais e econômicas. Feito esse registro, anoto que as razões escritas trazidas ao processo pela requerente agitam relevantes fundamentos que chamam a atenção para a situação de dissenso jurisprudencial nas demandas trabalhistas múltiplas que veiculam matéria atinente ao tema, notadamente quanto à aplicação (ou não), na seara laboral, do art. 513, § 5º, do atual Código de Processo Civil - que prevê a impossibilidade de o cumprimento de sentença ser promovido em face do corresponsável que não tiver participado da fase de conhecimento. Esse cenário jurídico, em inúmeros casos de execução trabalhista, tem implicado constrição do patrimônio (não raras vezes de maneira vultosa) de empresa alheia ao processo de conhecimento que, a despeito de supostamente integrar grupo econômico, não tenha tido a oportunidade de ao menos se manifestar, previamente, acerca dos requisitos, específicos e precisos, que indicam compor (ou não) grupo econômico trabalhista (o que é proporcionado somente após a garantia do juízo, em embargos à execução). Esses argumentos, por si só, levam-me a concluir pela necessidade de se aplicar o disposto no art. 1.035, § 5º, do CPC, de modo a suspender o processamento de todas as execuções trabalhistas que tramitem no território nacional e versem sobre o assunto discutido nestes autos. Penso, dessa maneira, que se impede a multiplicação de decisões divergentes ao apreciar o mesmo assunto, consistindo, por assim dizer, em medida salutar à segurança jurídica. Não me parece prudente manter a atuação cíclica da máquina judiciária no tocante às demandas que veiculem matéria semelhante à dos presentes autos até que a Corte se pronuncie em definitivo sobre a questão. Ante o exposto, com fundamento no art. 1.035, § 5º, do Código de Processo Civil, determino a suspensão nacional do processamento de todas as execuções trabalhistas que versem sobre a questão controvertida no Tema 1.232 da Gestão por Temas da Repercussão Geral, até o julgamento definitivo deste recurso extraordinário. À Secretaria, para que adote as providências cabíveis, mormente quanto à cientificação dos órgãos do sistema judicial trabalhista pátrio. Ultimadas as diligências, retornem-me os autos conclusos para julgamento.

A responsabilidade patrimonial ou executiva de bens de terceiros por obrigação de outra pessoa física ou jurídica (o devedor) tem que ter previsão legal expressa.[14]

No direito do trabalho a matéria relativa à responsabilidade patrimonial do grupo econômico se encontra positivada no § 2º do art. 2º da CLT, trata-se de natural responsabilidade patrimonial solidária executiva secundária, a exemplo do que ocorre com a responsabilidade patrimonial do sócio prevista no inciso II do art. 790 do CPC.

Registre-se que o § 2º do art. 2º da CLT estabelece, de forma autônoma, completa, específica e individualizada, claramente, a *responsabilidade* patrimonial (solidária) executiva secundária das empresas do grupo – figura de direito processual – e não a

---

14. "A obrigação, como categoria de direito material, é, portanto, uma situação jurídica visivelmente estática... Enquanto a obrigação é estática e por si própria não autoriza movimentos em favor da efetivação, a responsabilidade é eminentemente dinâmica" (Dinamarco, op. cit., p. 324-325).

(co)obrigação solidária – instituto de direito material – em face da relação de emprego: "Sempre que uma ou mais empresas, tendo, embora, cada uma delas, personalidade jurídica própria, estiverem sob a direção, controle ou administração de outra, ou ainda quando, mesmo guardando cada uma sua autonomia, integrem grupo econômico, *serão responsáveis* solidariamente pelas obrigações decorrentes da relação de emprego".

Até pelo fato, de que as empresas que integram o grupo econômico são sócias no empreendimento maior que é o próprio grupo econômico, ou seja, soma-se o disposto no § 2º do art. 2º da CLT ao fixado no inciso II do art. 790 do CPC, viabilizando a responsabilidade patrimonial extraordinária sem necessidade de condenação da empresa do grupo econômico (associada) responsável patrimonial em sentença própria da fase de conhecimento, sem prejuízo que para garantir o direito de defesa e o contraditório seja instaurado o incidente de desconsideração da personalidade jurídica.

No âmbito trabalhista, o grupo econômico se caracteriza pela existência de uma direção, controle ou administração por uma sociedade de controle, ou seja, pela presença de sociedades controladoras e controladas coligadas (sócias no empreendimento maior que envolve o interesse integrado, a comunhão de interesses e atuação conjunta das empresas, por assim dizer, sócias). Tal qual numa sociedade em que há o grupo dominante e de controle, tal ocorre com o grupo econômico.

A existência do grupo econômico, como empregador único, no âmbito do direito individual do trabalho, dentre outras situações, permite a transferência de trabalhadores entre as diferentes sociedades coligadas sem que ocorra a duplicação de contratos/empregos. Na esfera do direito coletivo do trabalho permite maior amplitude à Convenção Coletiva

A responsabilidade patrimonial do grupo econômico trabalhista distingue-se de outras situações distintas que são geradoras de (co)obrigação e não de responsabilidade patrimonial, como é o caso da subempreitada, do trabalho temporário, da terceirização, e, particularmente, do fiador, posto que o grupo econômico trabalhista apresenta estrutura permanente de que emana o conceito de empregador único.

Essa estrutura permanente característica do grupo econômico trabalhista da qual emana o conceito de empregador único é que acarreta a responsabilidade patrimonial, executiva e secundária das empresas integrantes

Recusar a figura do grupo econômico trabalhista como empregador único – que assim, estabelece, além da responsabilidade patrimonial, a solidariedade ativa e passiva –, é recusar a garantia fundamental dos direitos do trabalhador, bem como, por consequência da recusa da unidade do vínculo empregatício, significa proibir que os serviços do trabalhador sejam prestados a mais de uma empresa do grupo econômico ou de ser transferidos entre elas.

No caso do empregador real único, tem-se débito e obrigação juntos, estando os devedores na mesma obrigação, ou seja, há uma pluralidade de devedores interdependentes na mesma relação e única relação jurídica (subjacente) obrigacional, podendo o credor exigir o pagamento da dívida de qualquer dos devedores que integram uma única unidade orgânica econômica organizada, o que, por efeito, estabelece a responsabilidade patrimonial solidária de todas as empresas do grupo juntamente com aquela empresa que formalmente se situa como a empregadora.

Interessante, destacar, por outro lado, que a recusa da figura do grupo econômico trabalhista como empregador único leva, com igual força e identidade, ao mesmo efeito da responsabilidade patrimonial secundária ou subsidiária.

Isto porque, a inexistência da figura do empregador único, traz como consequência, que não há uma única relação jurídica (subjacente) e uma única obrigação e um débito de todas as empresas interdependentes do grupo econômico, mas, que existe, apenas, a obrigação e o débito por parte da empregadora (real ou aparente), de forma, as demais empresas do grupo econômico efetivamente não passam de responsáveis patrimoniais executórias ou subsidiárias, figura estritamente processual. Noutros termos, não há obrigação/débito perante as pretensões do credor trabalhista em face da relação jurídica que este manteve com a empresa empregadora real ou aparente.

Nesse caso, ou seja, da inexistência do empregador único, não existe uma pluralidade de obrigados/devedores (em face das empresas integrantes do grupo econômico), mas, apenas, uma pluralidade de responsáveis patrimoniais executórios ou subsidiários, de maneira que o credor trabalhista só poderá dirigir-se em face das demais empresas do grupo econômico, em sede de execução, após ter se direcionado em face da empresa do grupo a cujo quadro pertence e que recebe pela sua prestação de serviços, de forma, as demais empresas do grupo econômico efetivamente não passam de responsáveis patrimoniais executórias ou subsidiárias, figura estritamente processual a ser adotada, apenas, na fase de cumprimento de sentença/execução.

No direito do trabalho a matéria relativa à responsabilidade patrimonial do grupo econômico se encontra positivada no conceito de empregador único que é o próprio grupo econômico ao qual integra a empresa obrigada ordinária e primária (§ 2º do art. 2º da CLT).

A alteração da responsabilidade patrimonial (responsabilidade executiva secundária) de qualquer empresa do grupo econômico para a figura de uma (co)responsabilidade civil/material, a ser apurada na fase de conhecimento do processo, tratando as empresas do grupo como se terceiros fossem entre si, é incompatível com a própria noção e conceito do grupo econômico como empregador único, além de engessar e burocratizar a atividade econômica e a prestação de serviços

Portanto, inexata a compreensão que a nova redação do § 2º do art. 2º da CLT fixada pela reforma trabalhista (Lei 13.467/2017) ao trazer a mesma redação da lei do trabalho rural (§ 2º do art. 3º da Lei 5.889/73) teria afastado o conceito de empregador único, posto que não é possível se afastar ou não enxergar a existência de uma estrutura permanente, que é a característica do grupo econômico trabalhista da qual emana o conceito de empregador único e que acarreta a responsabilidade patrimonial, executiva e secundária das empresas integrantes.

Até porque, o entendimento contrário (numa miopia com relação a realidade e do elo subjacente), inclusive, só traria desvantagem aos empregadores, uma vez que estaria mantida a responsabilidade patrimonial das empresas integrantes do grupo econômico, como responsáveis secundárias, sem o benefício da múltipla utilização do contrato de trabalho entre as empresas do grupo.

De fato, ao se afastar a noção do grupo econômico como empregador único, condição da qual deriva automaticamente a responsabilidade patrimonial solidária das empregadas integrantes do grupo, para estabelecer entre elas o tratamento de (co) responsabilidade civil, *mutatis mutandis*, tal raciocínio impediria que o trabalhador prestasse serviços a mais de uma empresa do grupo econômico ou a transferência do trabalhador entre as empresas do grupo econômico, posto que estaria afastada a unicidade do vínculo empregatício com o empregador único/grupo econômico.

No entanto, como já foi dito, a inexistência da figura do empregador único, traz como consequência, que não há uma única relação jurídica (subjacente) e uma única obrigação e um débito de todas as empresas interdependentes do grupo econômico, mas, que existe, apenas, a obrigação e o débito por parte da empregadora (real ou aparente), de forma, as demais empresas do grupo econômico efetivamente não passam de responsáveis patrimoniais executórias ou subsidiárias, figura estritamente processual.

Em diversas situações disciplinadas pelo ordenamento jurídico, a lei (art. 790 do CPC/2015, § 2º do art. 2º da CLT etc.) determina a automática responsabilidade patrimonial ou executiva (secundária) sobre pessoas física ou jurídica que passa a ser legitimada passiva, a despeito de que não eram os legitimados ordinários e primários, ou seja, que não são o devedor que tenha participado do processo de conhecimento, como ocorre, por exemplo, com o sócio, o administrador, o acionista majoritário, as empresas do grupo econômico, que são diretamente alcançados, na fase executiva, no seu patrimônio para garantir o resultado da prestação jurisdicional.

E a lei trabalhista (§ 2º do art. 2º da CLT) ao estabelecer a responsabilidade patrimonial das empresas do grupo econômico, considera que no conceito do empregador único apresenta-se a figura de uma empresa que tem naturalmente uma relação íntima com o legitimado ordinário primário, posto que a noção da solidariedade passiva e da responsabilidade executiva secundária integra como elemento indissociável a própria figura do grupo econômico.

No caso das empresas do grupo econômico, elas são naturalmente interdependentes e solidárias, trata-se de responsabilidade patrimonial executiva secundária, na forma do § 2º do art. 2º da CLT, cuja atuação é direta e ocorre sem necessidade de condenação do grupo ou de outra empresa integrante deste como responsável na própria sentença do processo de conhecimento, bastando, no cumprimento de sentença, a instauração do incidente de desconsideração da personalidade jurídica previsto no art. 134 do CPC/2015 e no art. 855-A da CLT.

A própria entabulação dos contratos e os direitos advindos da prestação de serviços estão relacionados a confiança negocial subjacente que envolve a força patrimonial do grupo econômico, no momento da constituição dos contratos, com todos os bens presentes e futuros do grupo econômico.

No caso em exame, é de fundamental importância a distinção de institutos e técnicas jurídicas: i) obrigação, ii) responsabilidade, iii) responsabilidade civil (material), iv) responsabilidade patrimonial, e, v) fiança.

A obrigação é o contraposto negativo do direito subjetivo, assim, direito e obrigação são dois lados de uma relação jurídica de direito material.

Obrigação é uma situação de desvantagem, alimentada pelo direito, é o contraposto negativo do direito subjetivo, o qual se define como situação jurídica de vantagem em relação a um bem. (*Dinamarco*)

O obrigado é o devedor de uma relação jurídica de direito material. O devedor de uma obrigação decorrente de uma relação jurídica responde com seus bens pelo cumprimento e adimplemento dessa obrigação (art. 391 do Código Civil e art. 789 do CPC/2015).

Contudo, pode existir responsabilidade sem obrigação. Isto ocorre, sempre, que os bens de uma pessoa possam ser apanhados em uma execução por obrigação da qual ele não é o próprio devedor.

A responsabilidade patrimonial ou executiva de bens de terceiros por obrigação de outra pessoa física ou jurídica, o devedor, tem que ter previsão legal expressa.

Noutras palavras, a lei estabelece para situações expressamente mencionadas a automática responsabilidade (*"ope legis"*) daquele que, embora, não seja o devedor, seja automaticamente trazido ao processo na qualidade de responsável patrimonial pela dívida como forma de garantir o cumprimento da obrigação da pessoa jurídica executada. Trata-se de obrigação ou responsabilidade puramente processual (*H. Theodoro Júnior*) ou bifronte.

Trata-se de mera substituição ou sucessão ou paralelismo processual ao executado originário, tanto é que não é possível àquele que ingressa na ação como sucessor face a desconsideração da personalidade jurídica arguir a prescrição que poderia existir se fosse contado do ingresso da sua pessoa, por se tratar de mera sucessão a prescrição já foi interrompida com a citação da pessoa jurídica obrigada.

É importante, pois, destacar a distinção da responsabilidade patrimonial ou executiva de outra coisa que é a pura responsabilidade civil consequente da prática de atos ilícitos, abuso, fraude e/ou danos causados ou pela assunção contratual de (co)responsabilidade civil por quem não (re)presenta a sociedade e que gera prejuízos a terceiros (*Dinamarco*).

Na pura responsabilidade civil ou material o que se busca é a responsabilidade solidária daquele com a sociedade por conta obrigação contratual ou de ato ilícito, fraudulento que tenha causado danos a terceiros e não daquele que é indicado pela lei como responsável patrimonial ou executivo.

No caso da pura responsabilidade civil, o terceiro deverá ser chamado como parte legítima passiva de um processo de conhecimento, de forma que a final venha suportar a execução sobre seus bens como legitimado ordinário e primário, com seu nome constando do título executivo condenatório, sob pena de não se admitir a execução sobre seu patrimônio, uma vez que não se trata de hipótese de responsabilidade patrimonial ou executiva, mas sim, de responsabilidade civil, tal qual ocorre na figura do fiador, do coobrigado ou do corresponsável prevista no § 5º do art. 513 do CPC/2015.

A fiança é um contrato acessório no qual o fiador inclusive tem o benefício de ordem (art. 818 do Código Civil), salvo se o fiador se obrigou (inciso I do art. 828 do Código Civil) como devedor solidário, sendo que a solidariedade (art. 264 do Código Civil) ocorre quando na mesma e única obrigação concorre mais de um credor ou devedor, cada um com direito, ou obrigado a dívida toda.

A solidariedade passiva que deve ter origem na lei ou no contrato (constar do negócio jurídico), exprime uma interdependência (relação jurídica única) entre devedores, diferentemente da fiança que tem sua origem e vida própria. Não se trata, pois, a fiança de solidariedade e nem de responsabilidade patrimonial executiva secundária.

Quando se discutir a pura responsabilidade civil/material de um terceiro estranho à relação jurídica original que não se confunde e nem (re)presenta *ope legis* a pessoa jurídica, tal qual a diferença entre a situação de fraude à execução e fraude contra credores onde se faz necessária a apuração dessa responsabilidade por conta de obrigação civil própria ou ato ilícito propriamente dito, não será possível se fixar tal responsabilidade por sucessão no plano do processo de execução.

A apuração dessa responsabilidade civil/material por ato próprio (seja de fiador, coobrigado ou corresponsável civil ou por ato ilícito próprio) exigirá a verificação da situação anterior no plano material, ou seja, exigirá a apuração no plano material dessa responsabilidade extravagante por meio de ação própria autônoma, com amplo direito de defesa e contraditórios.

Não se poderá, assim, atribuir responsabilidade civil solidária sem que o terceiro estranho (ou sem vinculação direta objetiva ou sem um liame subjetivo, e, responsabilidade patrimonial executiva reconhecida por lei) à sociedade, seja desde o início incluído no processo de conhecimento, sem que se tenha um título executivo judicial contra ele, oriundo de ação autônoma ou condenação no processo de conhecimento, ou, alcançá-lo na fase de execução sem que haja violação ao direito de propriedade, ao devido processo legal, ao amplo direito defesa e ao contraditório garantidos pelos incisos II, XXII, XXXVI, LIV e LV do art. 5º da CF.

No direito do trabalho a matéria relativa à responsabilidade patrimonial do grupo econômico se encontra positivada no § 2º do art. 2º da CLT, trata-se de natural responsabilidade patrimonial solidária executiva secundária, a exemplo do que ocorre com a responsabilidade patrimonial do sócio prevista no inciso II do art. 790 do CPC. Não se trata, pois, de fiança e, portanto, não haverá sequer se falar em aplicação subsidiária do § 5º do art. 513 do CPC.

Registre-se que o § 2º do art. 2º da CLT estabelece, de forma autônoma, completa, específica e individualizada, claramente, a *responsabilidade* patrimonial (solidária) executiva secundária das empresas do grupo – figura de direito processual – e não a (co)obrigação solidária – instituto de direito material – em face da relação de emprego: "Sempre que uma ou mais empresas, tendo, embora, cada uma delas, personalidade jurídica própria, estiverem sob a direção, controle ou administração de outra, ou ainda quando, mesmo guardando cada uma sua autonomia, integrem grupo econômico, *serão responsáveis* solidariamente pelas obrigações decorrentes da relação de emprego".

CONCLUSÃO

Em síntese, a atribuição de pura responsabilidade solidária civil a terceiro que não tem processualmente responsabilidade patrimonial executiva (decorrência automática de norma de mero direito processual) por dívida de alheia é determinação relacionada à situação de direito material específica ou pretensão material, ou seja, que exige ação autônoma e processo de conhecimento no qual se apure a pura responsabilidade civil solidária e se declare a existência de um vínculo jurídico (decorrente de uma coobrigação contratual ou de um ato ilícito ou abusivo) e, portanto, obrigação ou pura responsabilidade civil diante de uma situação na qual *a priori* não existiria tal liame jurídico.

Já a responsabilidade patrimonial ou executiva secundária se dá de forma automática por determinação legal, com apuração no plano meramente processual, com a sucessão e/ou paralelismo processual e não para a fixar a pura responsabilidade civil solidária ou própria de terceiros que não fazem parte do liame jurídico (ainda que no plano teórico ou atrás da personalidade jurídica) que une credor e obrigado.

Continuando, outra importante distinção é i) da desconsideração da personalidade jurídica e ii) da responsabilidade patrimonial.

A desconsideração da personalidade jurídica é técnica que estabelece a ineficácia relativa da própria pessoa jurídica frente a credores cujos direitos não foram satisfeitos mercê da autonomia patrimonial criada pelo contrato social.

A desconsideração da personalidade jurídica é direito potestativo sujeito a prazo decadencial que a lei não previu (art. 134 do CPC e art. 855-A da CLT), prevalecendo a regra geral da inesgotabilidade ou da perpetuidade, de forma que presentes os requisitos da responsabilização definido por cada ramo específico do direito (AResp. 1.226.675), poderá a desconsideração da personalidade jurídica, inclusive, em face do grupo econômico, ser realizada a qualquer tempo e fase do processo, seja de conhecimento, seja no cumprimento de sentença (Resp. 1.312.591).

A lei trabalhista (§ 2º do art. 2º da CLT) ao estabelecer a responsabilidade patrimonial das empresas do grupo econômico, considera que no conceito do empregador único apresenta-se a figura de uma empresa que tem naturalmente uma relação íntima com o legitimado ordinário primário, posto que a noção da solidariedade passiva e da responsabilidade executiva secundária integra como elemento indissociável a própria figura do grupo econômico.

No direito do trabalho a matéria relativa à responsabilidade patrimonial do grupo econômico se encontra positivada no § 2º do art. 2º da CLT, trata-se de natural responsabilidade patrimonial solidária executiva secundária, a exemplo do que ocorre com a responsabilidade patrimonial do sócio prevista no inciso II do art. 790 do CPC.

Registre-se que o § 2º do art. 2º da CLT estabelece, de forma autônoma, completa, específica e individualizada, claramente, a *responsabilidade* patrimonial (solidária) executiva secundária das empresas do grupo – figura de direito processual – e não a (co)obrigação solidária – instituto de direito material – em face da relação de emprego: "Sempre que uma ou mais empresas, tendo, embora, cada uma delas, personalidade jurídica própria, estiverem sob a direção, controle ou administração de outra, ou ainda quando, mesmo guardando cada uma sua autonomia, integrem grupo econômico, *serão responsáveis* solidariamente pelas obrigações decorrentes da relação de emprego".

No caso das empresas do grupo econômico, elas são naturalmente solidárias, trata-se de responsabilidade patrimonial executiva secundária, na forma do § 2º do art. 2º da CLT, cuja atuação é direta e ocorre sem necessidade de condenação do grupo ou de outra empresa integrante deste como responsável na própria sentença do processo de conhecimento, bastando, no cumprimento de sentença, a instauração do incidente de desconsideração da personalidade jurídica previsto no art. 134 do CPC/2015 e no art. 855-A da CLT.

A própria entabulação dos contratos e os direitos advindos da prestação de serviços estão relacionados a confiança negocial subjacente que envolve a força patrimonial do grupo econômico.

O tema da responsabilidade patrimonial liga-se à garantia constitucional do acesso à justiça e de direitos e garantias fundamentais da democracia, posto que sem bens para penhorar aqueles que tem direito ficariam numa situação de perpetua insatisfação do título judicial, em particular direitos e garantias fundamentais relacionados a centralidade do valor do trabalho e da dignidade da pessoa humana.

REFERÊNCIAS

CASTELO, Jorge Pinheiro. O *Direito Processual do Trabalho na Moderna Teoria Geral do Processo*. São Paulo: LTr, 1993.

CASTELO, Jorge Pinheiro. O *Direito Material e Processual do Trabalho e a Pós Modernidade*. São Paulo: LTr, 2003.

CRUZ E TUCCI, José Rogério. *Comentários ao CPC*. São Paulo: Ed. RT, 2016. v. VIII.

COCHRAM III, Augustus Bonner. *Lochner x Nova Iorque*. Curitiba: Juruá, 2021.

DINAMARCO, Cândido Rangel. *Instituições de Direito Processual Civil*. São Paulo: Malheiros, 2019. v. IV.

DWORKIN, Ronald. *Uma Questão de Princípio*. São Paulo: Martins Fontes, 2000.

LIEBMAN, Enrico Tulio. *Processo de Execução*. São Paulo: Saraiva, 1963.

LIMA, Alcides de Mendonça. *Comentários ao CPC*. Rio de Janeiro: Forense, 1985. v. IV.

MAGANO, Octavio Bueno. *Os Grupos de Empresas no Direito do Trabalho*. São Paulo: Ed. RT, 1979.

7
RESPONSABILIDADE CIVIL DO EMPREGADOR

José Augusto Rodrigues Jr.

Advogado, sócio do escritório Rodrigues Jr. Advogados.

Renato Munuera Belmonte

Advogado, sócio do escritório Rodrigues Jr. Advogados.

Os empregados, no geral, estão sempre inseridos na lógica cotidiana das atividades das empresas e, consequentemente, subordinam-se à dinâmica que lhes é natural, mas nem sempre são tratados com o nível de atenção que precisa ser dada, a não ser para algum ato de "caridade".

Dados externados pela Organização Internacional do Trabalho (OIT), demonstram que a cada 15 segundos um trabalhador morre em razão de acidente ou doença do trabalho. Pior, nos mesmos 15 segundos, 160 trabalhadores são vítimas de acidentes relacionados ao trabalho em razão de acidente ou doença do trabalho.

E, foi exatamente com base em tal premissa fática que surgiu a responsabilidade civil do empregador, até porque, não se pode olvidar que o Brasil figura no ranking mundial em quarto lugar em acidentes do trabalho, de acordo com a estatística oficial da Organização Mundial do Trabalho.

Sim, neste cenário preocupante, em que perdemos apenas para alguns países como, China, Indonésia e Índia, ainda vale refletir que mais de 50% dos trabalhadores brasileiros não têm carteira de trabalho assinada e seus infortúnios sequer entram nas estatísticas.

Nesse contexto, de 2002 a 2020, foram registrados no Brasil mais e 5,6 milhões de doenças e acidentes de trabalho, que geraram um gasto previdenciário de aproximadamente R$100 bilhões. Já no ano de 2022, apontam os dados a ocorrência de "612,9 mil acidentes e 2.538 óbitos registrados para pessoas com carteira assinada, a mortalidade no mercado de trabalho formal voltou a apresentar a maior taxa dos últimos dez anos: 7 notificações a cada 100 mil vínculos empregatícios, em média, conforme demonstram os relatórios do Ministério Público do Trabalho e da Organização Internacional do Trabalho" (OIT Brasília Notícias).[1]

---

1. Disponível em: https://www.ilo.org/brasilia/noticias/WCMS_874091/lang--pt/index.htm.

Trata-se, como se vê, de um grande problema econômico, além de, principalmente, ser um drama social essencialmente humano, especialmente em decorrência dos traumas emocionais, mutilações e mortes.

Demagogias à parte, o setor de saúde foi um dos que mais notificou sobre acidentes de trabalho. Entre as ocupações mais informadas nos registros estão: técnicos de enfermagem, faxineiros, auxiliares de escritório, vigilantes e alimentadores de linha de produção.

É exatamente nesta perspectiva que é possível franquear a ideia de que há no Brasil uma sensível carência de medidas de proteções coletivas e individuais em muitas empresas, além da ineficácia das políticas de prevenção e respectivos treinamentos.

O assustador cenário mantém-se mesmo em meio à evolução histórica das regras que englobam as discussões acerca da efetiva responsabilidade civil do empregador. Aliás, mantém-se mesmo diante da expressa previsão contida na Lei Maior do Brasil.

Segundo o artigo 7º, inciso 28 da Constituição Federal, é direito do trabalhador o seguro contra acidente do trabalho, a cargo do empregador, sem excluir a indenização, quando este incorrer em dolo ou culpa.

No mesmo sentido, no âmbito da moral e bons costumes, a Constituição Federal de 1988 exalta a dignidade da pessoa humana, dispondo, nesse sentido, que "são invioláveis a intimidade, a vida privada, a honra e a imagem das pessoas, assegurando o direito à indenização pelo dano material ou moral decorrente de sua violação" (art. 5º, X).

O dispositivo constitucional do artigo 7º, XXVIII, condiciona a existência de dolo ou culpa do empregador para embasar a pretensão do empregado, sinalizando para a adoção da teoria subjetiva.

O elemento culpa é o fator diferenciador entre a responsabilidade civil subjetiva e objetiva. É caracterizada a culpa, quando o agente age com negligência, imprudência ou imperícia. É necessário também que além da culpa haja a existência do dano e o nexo causal entre o ato praticado e o prejuízo causado.

Logo, em um acidente/doença de trabalho, a interpretação imediata que se faz é da não aplicabilidade da teoria do "risco integral ou objetiva", eis que o simples fato de o empregado estar a serviço em benefício de uma empresa, por si só, não vincula sua responsabilidade.

A responsabilidade civil surge em face do direito obrigacional, pela desobediência de uma regra estabelecida em um contrato, ou por deixar-se de observar um preceito normativo que regule a vida em sociedade. É subjetiva quando basear-se na culpa do agente, sendo necessário, para sua configuração, não só a culpa do agente, como também a existência do dano e o nexo causal entre o ato praticado e o prejuízo causado. É objetiva quando dispensa o elemento culpa, bastando para sua caracterização o dano e o nexo causal.

Além disto, não se pode alargar o quanto estabelecido no artigo 2º da CLT (risco do negócio) ao ponto de autorizar, sem qualquer limite, a aplicação da chamada "Teoria do Risco". Caso assim seja permitido, todo e qualquer empregador, até mesmo o doméstico, deve indenizar em caso de acidente típico. Ora, evidente que não foi esse o intuito do legislador.

Conforme estabelece o artigo 927, parágrafo único, do Código Civil, "haverá obrigação de reparar o dano, independentemente de culpa, nos casos especificados em lei, ou quando a atividade normalmente desenvolvida pelo autor do dano implicar, por sua natureza, riscos para os direitos de outrem".

Nota-se que, mencionando a atividade normalmente desenvolvida, deixa claro o texto legal que a indenização não decorre apenas do comportamento do sujeito, ou seja, não é necessário que haja qualquer ação ou omissão, como previsto no art. 186 do Código Civil, para gerar o direito, porquanto ele decorre tão somente do exercício da atividade de risco.

Por oportuno, cumpre realçar que, ao julgar o REXT 828.040, o Supremo Tribunal Federal apreciou a matéria e firmou tese jurídica neste sentido. Indubitável, portanto, não se pode tratar o risco de forma do comum. Merecem destaque os seguintes trechos:

> O art. 927, parágrafo único, do Código Civil é compatível com o art. 7º, XXVIII, da Constituição, sendo constitucional a responsabilização objetiva do empregador por danos decorrentes de acidente de trabalho, *nos casos especificados em lei ou quando a atividade, normalmente desenvolvida pelo autor do dano, por sua natureza, apresentar risco especial com potencialidade lesiva em implicar ao trabalhador ônus maior do que os demais membros da coletividade*. REXT 828.040 (Destacamos).

Nota-se que a parte final do texto foi incluída exatamente para evitar a ideia de banalização do conceito de risco, já que, uma coisa é a existência de risco, outra, muito diferente, seria o risco aleatório, podendo ocorrer em toda e qualquer atividade.

Trocando em miúdos, não se pode tratar o risco forma do comum, na medida em que todos os trabalhadores estão sujeitos aos acidentes pelo simples fato de saírem de suas casas. Merecem destaque os seguintes trechos:

> *Vários exemplos foram trazidos, inclusive pelo professor Estêvão Mallet, meu colega da Universidade de São Paulo, para diferenciar o que é uma 'atividade de risco' de 'um risco comum a toda atividade'. Essa questão, realmente, é muito importante.* Por exemplo: transportes; picadas de cobras, de aranhas; queimaduras de águas-vivas. Ou seja, o que é um risco geral a todos e o que é o risco individual do trabalhador pelo exercício de uma determinada atividade. REXT 828.040 (Destacamos).

> O novo Código Civil, no parágrafo único do art. 927, fez essa introdução com uma fórmula mais genérica do que a legislação específica para o meio ambiente, a legislação específica para o consumidor, a legislação específica para problemas com atividades nucleares. Continuou mantendo a regra: aquele que, por ato ilícito, doloso ou culposo, causar dano a outrem fica obrigado a repará-lo. *Mas trouxe uma janela para se evitar injustiças: haverá obrigação de reparar o dano, independentemente de culpa, nos casos especificados em lei, quando a lei já prevê atividade perigosa, quando a lei já prevê atividade com risco diferenciado ou quando a atividade normalmente desenvolvida pelo autor do dano implicar, por sua natureza.* REXT 828.040 (Destacamos).

> *A natureza que implica riscos maiores é a natureza da atividade, não é a natureza da ocorrência momentânea, não é a conduta que levou ao dano.* Um roubo a mão armada, por exemplo, a um templo budista, onde há um tiroteio. A atividade de um funcionário de um templo budista não é de risco. O que ocorreu gerou um risco excepcional, mas não decorrente da própria atividade desenvolvida. REXT 828.040 (Destacamos).

Nesses casos, o que pretendeu o Código Civil, não especificamente em relação a acidente do trabalho, mas em relação à responsabilidade civil como um todo, foi estabelecer uma relação de substituição do elemento subjetivo, culpa ou dolo, por outros elementos: *atividade habitual que gere uma situação de risco especial. Ou seja, determinada atividade gera um risco especial*, um risco fora do comum, um risco inerente à própria atividade, independentemente do que venha a ocorrer. *Analisa-se a atividade, não o eventus damni, mas, sim, a atividade regular e habitualmente exercida.* Essa previsão representou um grande avanço, seguindo a legislação italiana e portuguesa, no que diz respeito à responsabilidade civil. REXT 828.040 (Destacamos).

O atual Código Civil, em seu artigo 927, parágrafo único, parece pretender ampliar a responsabilidade objetiva quando declara a obrigação de indenizar, independentemente de culpa, nos casos especificados em lei, ou quando a "a atividade normalmente desenvolvida pelo autor do dano implicar, por sua natureza, risco para os direitos de outrem".

Entretanto, referido texto deve ser interpretado em harmonia com a norma constitucional que, no caso específico do acidente do trabalho, traça os parâmetros da responsabilidade subjetiva do empregador.

Aplica-se, também em responsabilidade civil, a teoria das causas e concausas, importada do Código Penal, em seus artigos 13, segunda parte, e parágrafo primeiro, primeira parte, do Código Penal brasileiro (Decreto-Lei 2848/40): ""(...) Considera-se causa a ação ou omissão sem a qual o resultado não teria ocorrido. § 1º A superveniência de causa relativamente independente exclui a imputação quando, por si só, produziu o resultado (...)".

Para que reste configurada a responsabilidade da empresa no pagamento dos danos causados ao trabalhador, a doutrina pacificou o entendimento de que há necessidade que estejam presentes três requisitos que, no caso, são decorrentes da interpretação de dispositivo constitucional (art. 7º, inciso XXVIII) e do Código Civil (arts. 186 c/c 927), quais sejam: a) ação ou omissão que se configurem como ilícita; b) ocorrência de dano; c) nexo de causalidade entre a ação ou omissão e o dano sofrido.

Isto porque, é cediço que a responsabilidade civil surge em face do direito obrigacional, quando há consequência de ordem material, causada perda financeira consequente de uma incapacidade do trabalhador.

Neste aspecto, o artigo 950 do Código Civil expressamente refere que somente "se da ofensa resultar defeito pelo qual *o ofendido não possa exercer o seu ofício* ou profissão, ou se lhe diminua a capacidade de trabalho, a indenização, além das despesas do tratamento e lucros cessantes até ao fim da convalescença, incluirá pensão correspondente à importância do trabalho para que se inabilitou, ou da depreciação que ele sofre" (destacamos)

Nesse mundo de ideias, há ainda casos em que existe o nexo concausal, tratado pelo artigo 21, inciso I, da Lei de Benefícios. Tal previsão introduz uma exceção à regra de nexo de causalidade entre as atividades desenvolvidas e a patologia existente, especialmente ao equiparar ao acidente de trabalho "o acidente ligado ao trabalho que, embora não tenha sido a causa única, haja contribuído diretamente para a morte do segurado, para a redução ou perda da sua capacidade para o trabalho, ou produzido lesão que exija atenção médica para a sua recuperação".

Sempre quando ocorre um acidente do trabalho, com a consequente inaptidão física do empregado, deve-se então considerar a interrupção do contrato de trabalho, sendo certo que, segundo a Lei 6.367/76, cabe à empresa pagar a remuneração do dia do acidente e dos quinze dias seguintes ao mesmo. A partir do 16º dia, o acidentado passa a perceber benefício previdenciário, chamado de auxílio-doença.

Há ainda outros efeitos do acidente no contrato de trabalho, a saber:

– No dia seguinte à cessação do auxílio-doença, fará jus à percepção d e auxílio-a-cidente (cujo valor mensal é d e 50 % do salário de benefício, nos termos d o art. 86, § 1º, d a Lei 8.213/91, com nova redação dada pela Lei 9.032/95), independentemente de qualquer remuneração do rendimento auferido;

– O recebimento de salário ou concessão de qualquer outro benefício não preju-dicará a continuidade do recebimento do auxílio-acidente;

– Computar-se-ão, na contagem do tempo de serviço, para efeito d e indenização e estabilidade, os períodos em que o empregado estiver afastado por motivo de acidente do trabalho;

– Durante o afastamento, são mantidos os recolhimentos do Fundo de Garantia do Tempo de Serviço; e

– Se o afastamento não ultrapassar seis meses, será computado para efeito de aquisição do direito a férias.

Assim é que, de uma maneira geral, no conjunto, o sistema jurídico assegura aos trabalhadores acidentados ou a seus familiares:

a) benefícios do INSS com o auxílio-doença acidentário, auxílio-acidente, aposen-tadoria por invalidez e pen s ã o por morte;

b) estabilidade provisória no emprego, de 12 meses após a alta do órgão oficial (art. 118, d a Lei 8.213/91), ou por prazo superior, nos termos dos diversos instrumentos normativos de trabalho existentes; e

c) indenização por dano material e/ou moral, em caso de dolo ou culpa do empre-gador (responsabilidade subjetiva).

Entretanto, deixando a discussão em comento um pouco de lado, vale revisitar os números externados inicialmente, para se ter em mente que é extremamente perigoso negligenciar no fornecimento de equipamentos de proteção individual ou coletiva.

Neste aspecto, a Portaria 3.214/78, na NR 6, assim diz sobre o EPI:

a) o tipo deve ser adequado à atividade do empregador;

b) deve haver treinamento sobre o uso adequado; e

c) uso obrigatório.

Não é por menos que muitas decisões judiciais têm reconhecido a responsabilidade subjetiva do empregador em várias hipóteses, como:

a) falta de fornecimento de EPI;

b) EPI inútil ou inovação tecnológica sem a devida apreciação do MTE ;

c) falta de fiscalização d e uso do EPI (artigos 154 e 1 5 7 d a CLT); e

d) falta de treinamento.

O empregador, tem como principal dever respeitar as normas de segurança e medicina do trabalho. Para tanto, não se pode alegar ignorância acerca dos respectivos regramentos, incluindo os deveres e as sanções decorrentes de cada ato não observado: tais como as multas previstas na Consolidação das Leis do Trabalho, a interdição de parte ou de todo o estabelecimento, ou quando existir uma obra, o impedimento da mesma, entre outras (Saad, 2015).[2]

As empresas têm por obrigação, cumprir e fazer cumprir as normas de segurança do ambiente de trabalho, bem como instruir e treinar os empregados quanto às precauções de acidentes de trabalho, adotando medidas determinadas pelo órgão regional competente, além de facilitar a fiscalização pela autoridade. Logo, o empregador poderá ser punido se tiver conhecimento das instruções pertinentes à segurança do trabalho e não obedecê-las (Martins, 2015).[3]

Decorrente de uma das mais antigas reivindicações do sindicalismo obreiro, oriundas das lutas sindicais do Século XVIII, a segurança e medicina do trabalho sedimentaram inúmeros regramentos objetivando a prevenção de doenças profissionais e melhoria das condições físicas e mentais do trabalhador no exercício de suas aptidões laborais, especialmente para promover um amplo sentido de justiça para ambas as partes contratantes, na forma da interpretação pelos princípios gerais de direito do trabalho.

Ao Estado cabe a promoção de atos fiscalizadores, utilizando-a como meio repressor das práticas abusivas do empregador que desconhece ou não cumpre sua obrigação contratual regulada por lei, nos termos dos artigos 156 e 160 da CLT:

> Artigo 156: Compete especialmente às Delegacias Regionais do Trabalho, nos limites de sua jurisdição:
>
> I – promover a fiscalização do cumprimento das normas de segurança e medicina do trabalho;
>
> II – adotar as medidas que se tornem exigíveis, em virtude das disposições deste Capítulo, determinando as obras e reparos que, em qualquer local de trabalho, se façam necessárias;
>
> III – impor as penalidades cabíveis por descumprimento das normas constantes deste Capítulo, nos termos do art. 201.
>
> Artigo 160: Nenhum estabelecimento poderá iniciar suas atividades sem prévia inspeção e aprovação das respectivas instalações pela autoridade regional competente em matéria de segurança e medicina do trabalho.
>
> § 1º Nova inspeção deverá ser feita quando ocorrer modificação substancial nas instalações, inclusive equipamentos, que a empresa fica obrigada a comunicar, prontamente, à Delegacia Regional do Trabalho.

---

2. SAAD, Eduardo Gabriel. *Consolidação das Leis do Trabalho*: comentada. 48. ed. atual., rev. e ampl. por José Eduardo Saad, Ana Maria Saad Castelo Branco. São Paulo: LTr, 2015.

3. MARTINS, Sergio Pinto. *Comentários à CLT*. 19 ed. São Paulo: Atlas, 2015.

§ 2º É facultado às empresas solicitar prévia aprovação, pela Delegacia Regional do Trabalho, dos projetos de construção e respectivas instalações.

Assim é que, na orbita dos deveres das empresas, a Consolidação das Leis do Trabalho prevê diversas obrigações, tal qual se verifica dos artigos 157, 162, 163 e 166, enquanto os deveres dos empregados estão previstos no artigo 158, da mesma norma.

Artigo 157: Cabe às empresas:

I – cumprir e fazer cumprir as normas de segurança e medicina do trabalho;

II – instruir os empregados, através de ordens de serviço, quanto às precauções a tomar no sentido de evitar acidentes do trabalho ou doenças ocupacionais;

III – adotar as medidas que lhes sejam determinadas pelo órgão regional competente.

IV – facilitar o exercício da fiscalização pela autoridade competente."

Artigo 162: As empresas, de acordo com normas a serem expedidas pelo Ministério do Trabalho, estarão obrigadas a manter serviços especializados em segurança e em medicina do trabalho.

Parágrafo único. As normas a que se refere este artigo estabelecerão:

a) classificação das empresas segundo o número de empregados e a natureza do risco de suas atividades;

b) o número mínimo de profissionais especializados exigido de cada empresa, segundo o grupo em que se classifique, na forma da alínea anterior;

c) a qualificação exigida para os profissionais em questão e o seu regime de trabalho;

d) as demais características e atribuições dos serviços especializados em segurança e em medicina do trabalho, nas empresas."

Artigo 163: Será obrigatória a constituição de Comissão Interna de Prevenção de Acidentes e de Assédio (Cipa), em conformidade com instruções expedidas pelo Ministério do Trabalho e Previdência, nos estabelecimentos ou nos locais de obra nelas especificadas.

Parágrafo único. O Ministério do Trabalho regulamentará as atribuições, a composição e o funcionamento das CIPA (s).

Artigo 166: A empresa é obrigada a fornecer aos empregados, gratuitamente, equipamento de proteção individual adequado ao risco e em perfeito estado de conservação e funcionamento, sempre que as medidas de ordem geral não ofereçam completa proteção contra os riscos de acidentes e danos à saúde dos empregados.

Artigo 158: Cabe aos empregados:

I – observar as normas de segurança e medicina do trabalho, inclusive as instruções de que trata o item II do artigo anterior;

II – colaborar com a empresa na aplicação dos dispositivos deste Capítulo.

Parágrafo único. Constitui ato faltoso do empregado a recusa injustificada:

a) à observância das instruções expedidas pelo empregador na forma do item II do artigo anterior;

b) ao uso dos equipamentos de proteção individual fornecidos pela empresa.

De mais a mais, considerando que o tema da responsabilidade civil esteja englobada pelo Direito Civil, passa a fazer parte do Direito do Trabalho quando envolve empregado e empregador, especialmente quando, em razão da ação ou omissão, venha a gerar outros prejuízos, que não os decorrentes de acidentes.

Consequentemente, o empregador passa a ser responsável por um ambiente isento de mitos e preconceitos, em face das conotações sexuais, éticas e religiosas, raça, entre outras sob pena de entranhar-se na temática do dano moral. Da mesma forma, no ambiente de trabalho não há espaço para influência cultural de princípios de origem religiosa, vinculados a valores imateriais ou espirituais, no avanço ou retrocesso das instituições jurídicas.

Apesar de que já na Declaração dos Objetivos da Organização Internacional do Trabalho, de 1944, foi firmado o princípio – até hoje não superado no contexto jurídico internacional – de que o trabalho não é mercadoria, ainda assim, de se ver que trata-se, de uma certa forma, de uma maneira de equiparar ao Direito do Consumidor, conferindo a mesma espécie de proteção ao empregado, certamente para não impedir sua normal evolução dogmática e legislativa no ordenamento jurídico brasileiro, mais especificamente dentro das relações trabalhistas.

Na perspectiva de tais preceitos, a Organização Internacional do Trabalho, em 1949, então adotou a Convenção 96, estabelecendo a necessidade de supressão das agências de colocação de mão de obra que possuíam finalidades meramente lucrativas.

A referida premissa é sempre encontrada dentro de um capitalismo socialmente responsável, eis que se perfaz, tanto na via da produção de bens e oferecimento de serviços, quanto na ótica do consumo, como faces da mesma moeda. Também não poderia ser tão diferente, pois o desrespeito às normas (trabalhistas ou consumeristas) sempre traz para o agressor uma vantagem econômica frente aos seus concorrentes, mas que, ao final, conduz a todos ao grande risco da instabilidade social.

Não é por menos que o desrespeito aos direitos trabalhistas já foi caracterizado como um crime contra a ordem econômica, conforme definia o artigo 20, inciso I, da Lei 8.884/94, punível na forma do artigo 23, I, da mesma lei, como uma maneira de frear as empresas que se beneficiavam economicamente da exploração do trabalho humano sem respeito ao retorno social necessariamente consequente.

Exatamente nessa esteira é que as empresas têm obrigações de natureza social, encontrando limites na exploração dos serviços prestados, especialmente em prol da preservação da dignidade humana do trabalhador, fixando a essência do modelo de sociedade que a humanidade resolveu seguir ao adotar, entre outros, os preceitos estabelecidos nos artigos 186[4] e 187[5] do Código Civil, enquadrando aquele que, ultrapassando os limites impostos pelo fim econômico ou social, e gera dano ou mesmo expõe o direito de outrem a um risco,[6] cometendo ato ilícito.

---

4. "Art. 186. Aquele que, por ação ou omissão voluntária, negligência ou imprudência, violar direito e causar dano a outrem, ainda que exclusivamente moral, comete ato ilícito."
5. "Art. 187. Também comete ato ilícito o titular de um direito que, ao exercê-lo, excede manifestamente os limites impostos pelo seu fim econômico ou social, pela boa-fé ou pelos bons costumes."
6. "Art. 927, parágrafo único: Haverá obrigação de reparar o dano, independentemente de culpa, nos casos especificados em lei, ou quando a atividade normalmente desenvolvida pelo autor do dano implicar, por sua natureza, risco para os direitos de outrem."

No aspecto da reparação, o tema em comento atrai a aplicação – atualmente não mais tão rara – de uma condenação que enseja a reparação de dano coletivo, mesmo que não seja possível verificar quantos e quais foram os prejudicados.

Esta prática traduz-se como *"dumping social"*, que prejudica a toda a sociedade. Tal fenômeno caracteriza-se pela agressão reiterada a direitos fundamentais dos trabalhadores por parte de grandes empresas, visando auferir maiores lucros, ensejando em uma concorrência desleal perante o mercado de consumo ao suprimir direitos trabalhistas básicos visando à obtenção de lucro rápido e fácil em detrimento do trabalho humano, o empregador deixa de cumprir com suas obrigações trabalhistas, por consequência, vencer a concorrência, obviamente, de maneira desleal e ilícita, como será demonstrado no decorrer do mesmo.

O *dumping* tem origem nas relações internacionais de comércio e possui caráter eminentemente econômico, mostrando-se como definição principal um dano social, difuso e coletivo. Trata-se da prática em que as empresas em busca de reduzir seus custos, utilizam meios de baratear o seu negócio, suprimindo os direitos básicos trabalhistas e previdenciários, constitucionalmente garantidos e, consequentemente vencer de forma desleal a concorrência (Barral, 2000).

Paulo Mont'Alverne Frota (2013. p. 206) conclui que o *dumping* é uma expressão que decorre do termo inglês *"dump"* que significa dispor, despejar ou esvaziar, usada principalmente no comércio internacional, a palavra *dump* é utilizada para designar a prática utilizada pelas empresas de inserir produtos no mercado abaixo do custo em decorrência da economia globalizada e da forte concorrência.

A partir dessas informações pode-se constatar que *dumping* social é um descumprimento reincidente aos direitos trabalhistas que atingem as esferas econômico-financeira, jurídica e social, capaz de gerar um dano à sociedade e constituir um ato ilícito (Souto Maior et al, 2014).

No ano de 2007, retratado pelo Jurisbrasil (2007), a 1ª Jornada de Direito Material e Processual na Justiça do Trabalho, reconhecida pelo Tribunal Superior do Trabalho (TST), Escola Nacional de Formação e Aperfeiçoamento de Magistrados do Trabalho (ENAMAT) e Associação Nacional dos Magistrados do Trabalho (ANMATRA) aprovou o Enunciado 4, validando a presença do *Dumping* Social na sociedade brasileira:

> *Dumping* social. Dano à sociedade. Indenização suplementar. As agressões reincidentes e inescusáveis aos direitos trabalhistas geram um dano à sociedade, pois com tal prática desconsidera-se, propositalmente, a estrutura do Estado social e do próprio modelo capitalista com a obtenção de vantagem indevida perante a concorrência. A prática, portanto, reflete o conhecido "dumping social", motivando a necessária reação do Judiciário trabalhista para corrigi-la. O dano à sociedade configura ato ilícito, por exercício abusivo do direito, já que extrapola limites econômicos e sociais, nos exatos termos dos arts. 186, 187 e 927 do Código Civil. Encontra-se no art. 404, parágrafo único do Código Civil, o fundamento de ordem positiva para impingir ao agressor contumaz uma indenização suplementar, como, aliás, já previam os arts. 652, d, e 832, parágrafo 1º, da CLT.

O que se pode concluir, lado outro, é que há realmente dificuldades no que concerne à reparabilidade do dano moral, especialmente em virtude da dificuldade ou mesmo impossibilidade de equivalência entre perda e reparação pecuniária, considerando que o patrimônio moral é um bem abstrato, fora do comércio.

A indenização por dano moral não apagará a dor moral mas vai, a o menos, diminuí-la, pela satisfação material que propicia.

Face aos grandes desafios sobre o tema, mais especificamente acerca da quantificação do dano moral, a novel legislação trabalhista, instituída pela Lei 13.467/2017, introduziu na CLT os artigos 223-A e 223-G, parágrafos 1º, incisos I, II, III e IV, 2º e 3º, que utilizam como parâmetro para a indenização o último salário contratual do empregado e classificam as ofensas com base na gravidade do dano causado (leve, média, grave ou gravíssima).

Entretanto, a celeuma ainda permanece em voga, pois mesmo diante do tabelamento das indenizações por danos morais, o Supremo Tribunal Federal (STF) decidiu em três Ações Diretas de Inconstitucionalidade[7] que, independente dos valores trazidos pela legislação celetista, ainda assim isso não impede a fixação de condenação em quantia superior, desde que devidamente motivada.

Para o Ministro Gilmar Mendes, a lei não pode prever valores máximos de dano moral, seja no âmbito das relações trabalhistas, seja no da responsabilidade civil em geral, pois o tabelamento pode até servir de parâmetro para balizar a condenação, mas jamais restringir o livre convencimento do juiz, que também deve levar em consideração os artigos 944 a 955 do Código Civil.

A atualidade do tema encontrou seu ápice em 18 de agosto de 2023, com a publicação da decisão proferida no Supremo Tribunal Federal, que julgou procedentes os pedidos para conferir interpretação conforme a Constituição, de modo a estabelecer que: 1) As redações conferidas aos artigos. 223-A e 223-B, da CLT, não excluem o direito à reparação por dano moral indireto, ou dano em ricochete no âmbito das relações de trabalho, a ser apreciado nos termos da legislação civil; 2) Os critérios de quantificação de reparação por dano extrapatrimonial previstos no art. 223-G, *caput* e § 1º, da CLT deverão ser observados pelo julgador como critérios orientativos de fundamentação da decisão judicial. É constitucional, porém, o arbitramento judicial do dano em valores superiores aos limites máximos dispostos nos incisos I a IV do § 1º do art. 223-G, quando consideradas as circunstâncias do caso concreto e os princípios da razoabilidade, da proporcionalidade e da igualdade.

Nunca é demais recordar, tal qual demonstram os números externados no início do presente artigo, que descumprir deliberadamente a legislação trabalhista representa até mesmo um descomprometimento com a própria sociedade brasileira, haja vista que os prejuízos morais e materiais refletem diretamente na economia do país.

---

7. ADI 6050, de autoria da Associação dos Magistrados da Justiça do Trabalho (Anamatra), ADI 6069, do Conselho Federal da Ordem dos Advogados do Brasil (OAB), e ADI 6082, da Confederação Nacional dos Trabalhadores na Indústria (CNTI).

Partindo-se do pressuposto de que a formação do direito do trabalho está ligada diretamente com o advento dos direitos humanos que foram consagrados a partir do final da 2ª Guerra Mundial, cabe a todos que compõem à sociedade que empregado e empregador respeitem as regras fundamentais, estabelecidas pelos direitos e deveres das partes, tal qual estabelecem os artigos celetistas supratranscritos, pois, do contrário, mais tarde, não terão o argumento da constitucionalidade para se proteger de alguma agressão aos direitos fundamentais.

Lembrando-se, em especial, que tais obrigacões necessitam ecoar aos quatro cantos de um país que, como visto, figura em quarto lugar no ranking mundial em acidentes do trabalho, de acordo com a estatística oficial da Organização Mundial do Trabalho (OIT).

REFERÊNCIAS

BARRAL, Welber. *Dumping e comércio internacional*: a regulamentação antidumping após a rodada Uruguai. Rio de Janeiro: Forense, 2000.

FROTA, Paulo Mont`Alverne. O dumping social e a atuação do juiz do trabalho no combate à concorrência empresarial desleal. *Revista LTr*, n. 78, v. 02, São Paulo, fev./2013, p. 206 apud VITAL, Tatiane Marques Santos. *Dumping social nas relações de trabalho e seus efeitos*. Trabalho de Conclusão de Curso de Direito. Gama: UNICEPLAC, 2021.

MARTINS, Sergio Pinto. *Comentários à CLT*. 19 ed. São Paulo: Atlas, 2015.

OIT Brasília Notícias. Disponível em: https://www.ilo.org/brasilia/noticias/WCMS_874091/lang--pt/index.htm.

SAAD, Eduardo Gabriel. *Consolidação das Leis do Trabalho*: comentada. 48. ed. atual., rev. e ampl. por José Eduardo Saad, Ana Maria Saad Castelo Branco. São Paulo: LTr, 2015.

SOUTO MAIOR, Jorge Luis. *O dano social e sua reparação*. São Paulo: LTr, 2007.

III – DIGNIDADE HUMANA, TRABALHO DECENTE E RESPONSABILIDADE CIVIL

III – DIGNIDADE HUMANA, TRABALHO DECENTE E RESPONSABILIDADE CIVIL

8
DIGNIDADE HUMANA E SUA RELAÇÃO COM ASPECTOS DO TRABALHO ESCRAVO NA CONTEMPORANEIDADE

Marco Antonio Marques da Silva

Professor Titular de Direito Processual Penal da PUC-SP. Professor Catedrático da Universidade Europeia-Campus Lisboa, Portugal. Professor Visitante da Universidade de Lisboa, Portugal. Conselheiro do Conselho Nacional de Educação (2018/2022). Desembargador do Tribunal de Justiça do Estado de São Paulo (aposentado). Advogado.

Natália Zambon Marques da Silva Mazza Melfi

Mestre em Direito das Relações Sociais e Econômicas pela PUC-SP. Pós-Graduada em Direito da Igualdade pela Universidade de Lisboa, Portugal. Professora Universitária. Advogada.

Sumário: 1. Introdução – 2. Dignidade da pessoa humana – 3. Trabalho escravo contemporâneo – 4. Iniciativas normativas e sua concretude – 5. Conclusão – Referências.

1. INTRODUÇÃO

Mundo digital, relações virtuais, mecanismos tecnológicos, inteligência artificial. A evolução humana caminha de forma setorizada, pois, a despeito das conquistas da tecnologia, parcela da sociedade ainda exerce práticas desumanas, a exemplo do tráfico de pessoas e trabalhos forçados, num considerável retrocesso social.

O antagonismo da era contemporânea, com a manutenção de práticas escravocratas e similares, escancara a frieza da raça humana e a seletividade na escolha do desenvolvimento do capital. Frequentes manchetes jornalísticas assolam os noticiários com denúncias do subjugo de pessoas a trabalho semelhante ao escravo, seja no meio rural, em plantações, carvoarias, minas; seja na região urbana, em tecelagens, construção civil e indústria.

A tragédia da vida real traz características como a negação radical da cidadania, a omissão do Estado e o descompromisso ético por parte daqueles que, em todos os níveis da sociedade civil e das autoridades, persistem em minimizar sua existência e se opõem ao seu combate (Roziers, 2003).

Admitir a existência e enfrentar o problema, identificar a origem e as formas pelas quais são executados esses crimes bárbaros e apontar caminhos para solucionar a questão é o que se busca nesta breve abordagem sobre o tema.

2. DIGNIDADE DA PESSOA HUMANA

A Constituição Federal de 1988, em seu art. 1º, estabelece:

A República Federativa do Brasil, formada pela união indissolúvel dos Estados e Municípios e do Distrito Federal, constitui-se em Estado Democrático de Direito e tem como fundamentos a soberania, a cidadania, a dignidade da pessoa humana, os valores sociais e da livre iniciativa e o pluralismo político.

O Estado Democrático de Direito, por se pautar na soberania popular, promove uma Constituição elaborada em conformidade com a vontade do povo, com eleições livres e periódicas, integrante de um sistema de garantias dos direitos humanos, e com a divisão de poderes independentes, harmônicos entre si e fiscalizados mutuamente: Executivo, Legislativo e Judiciário. Esta configuração de Estado Democrático almeja proteger bens jurídicos individuais e coletivos por meio da edição de normas e da incorporação de princípios em textos legais, e é vista, portanto, como uma ferramenta indispensável ao bloqueio da discriminação e do uso arbitrário da força.

Por serem os princípios sustentáculos do Estado Democrático de Direito, a operacionalização dos direitos deve resultar em situações justas e dignas, despontando a dignidade da pessoa humana como ponto central de toda a base legislativa brasileira. Os princípios, linhas mestras condutoras do enfoque jurídico e da hermenêutica, estabelecem, implícita ou explicitamente, o conteúdo social e cultural para o equilíbrio *da* e *na* comunidade continental brasileira, limitando a atuação estatal para preservar direitos e interesses individuais e coletivos.

A par da conceituação principiológica, são a dignidade da pessoa humana e o pluralismo político expoentes modificativos da análise dos fatos de interesse jurídico. Entretanto, apesar da baixa densidade normativa do *princípio da dignidade da pessoa humana*, sua alta densidade axiológica demanda análise valorativa apurada e abrangente. A força normativa deste postulado se une à imperatividade, de forma que seu respeito não é uma concessão ao Estado, mas vindouro da própria soberania popular conexa à noção de Estado Democrático de Direito.

Dada a dificuldade de conceituação e a relevância da sua observação e prática, Jorge Miranda a descreve como um metaprincípio:

Característica essencial da pessoa – como sujeito, e não como objecto, coisa ou instrumento – a dignidade é um princípio que coenvolve todos os princípios relativos aos direitos e também aos deveres das pessoas e à posição do Estado perante elas. Princípio axiológico fundamental e limite transcendente do poder constituinte, dir-se-ia mesmo um *metaprincípio* (Miranda, 2008, p. 170).

Conclui-se e sintetiza-se, pois, que a dignidade da pessoa humana é o reconhecimento constitucional dos limites da esfera de intervenção do Estado na vida do cidadão e, por isso, os direitos fundamentais, no âmbito do poder estatal, dela decorrem, determinando que a função judicial seja um fator relevante para se conhecer o alcance real destes direitos.

Conforme observa Marco Antonio Marques da Silva,

A dignidade humana está ligada a três premissas essenciais: a primeira refere-se ao homem individualmente considerado, sua pessoalidade e os direitos a ela inerentes, chamados de direitos da personalidade; a segunda, relacionada à inserção do homem na sociedade, atribuindo-lhe a condição de cidadão e seus desdobramentos; a terceira, ligada à questão econômica, reconhecendo a necessidade de promoção dos meios para a subsistência do indivíduo (Silva, 2008, p. 224).

O tripé da dignidade humana se assenta nos seguintes pilares: em primeiro lugar, o homem individualmente considerado, sua pessoalidade e os direitos a ela inerentes, chamados de direitos da personalidade; o segundo se relaciona à inserção do homem na sociedade, atribuindo-lhe a condição de cidadão e seus desdobramentos; por fim, o terceiro pilar, ligado à questão econômica, ao reconhecer a necessidade de promoção dos meios para a subsistência do indivíduo.

Ao se entender os pilares acima como uma união indissociável, depreende-se a dignidade da pessoa humana numa total intersecção com os direitos fundamentais, notadamente os expressos e os implícitos na Constituição Federal de 1988, desde os direitos pessoais (direito à vida, à integridade física e moral) até os direitos sociais (direito ao trabalho, à saúde, à habitação), passando pelos direitos dos trabalhadores (direito à segurança no emprego, liberdade sindical) – mas também à organização econômica (princípio da igualdade da riqueza e dos rendimentos) (Canotilho; Moreira, 1993, p. 58-59).

Essa vinculação ao sistema de direitos fundamentais se justifica na medida em que não é possível conceber dignidade sem o mínimo imprescindível ao pleno desenvolvimento da personalidade humana, isto é, existe um patamar mínimo civilizatório de observância obrigatória por toda a sociedade e Estado.

Muito se fala sobre direitos fundamentais, mas pouco se conceitua. Trata-se do conjunto de direitos e garantias relativos à existência humana reconhecidos pelo ordenamento jurídico interno de um Estado e a ele impondo deveres (elementos limitativos das Constituições), salvaguardando o indivíduo ou a coletividade.

Assim, aqueles são os direitos humanos incorporados, positivados, em regra, na ordem constitucional de um Estado, conforme sintetiza Silvio Beltramini Neto:

Em sendo a finalidade dos direitos humanos a salvaguarda jurídica do valor maior da dignidade da pessoa humana e dos demais valores que condicionam a sua preservação (liberdade, igualdade etc.), sua enunciação normativa dá-se, prioritariamente, na forma de princípios que são consagrados pelas constituições democráticas contemporâneas sob a alcunha de direitos fundamentais (Beltramini Neto, 2014, p. 42).

Epistemologicamente separados em dimensões, os direitos humanos, ao representarem os direitos fundamentais internacionalizados e deles sendo fonte e nascedouro, se atrelam à dignidade humana e combatem ao trabalho escravo, degradante e forçado. Isto porque, a sua primeira dimensão é composta pelas liberdades públicas – o núcleo dos direitos fundamentais – integrados pelos direitos individuais e políticos. Eles decorrem da natureza humana e são chamados de direitos negativos porque impõem a obrigação de não fazer ao Estado, de omissão, ou seja, de não praticar atos ou condutas tendentes a reduzi-los ou eliminá-los, e só permitem certa relativização quando, em situações excepcionais, confrontam-se com direitos de igual grandeza ou se inevitável for a sua disposição em prol da ordem social, como no caso de guerras ou outras causas extremadas.

A dimensão seguinte apresenta os direitos sociais e os econômicos, facilitadores da inserção efetiva do homem na comunidade "na medida em que apenas o reconhecimento de direitos fundamentais como à liberdade e à dignidade do ser humano são insuficientes para dar ao homem uma condição de vida digna em sociedade e de permitir-lhe inserir-se em seu tempo e em sua comunidade plenamente" (Martins, 1996, p. 126).

São direitos coletivos de cunho constitucional que primam, sobretudo, pela igualdade entre os indivíduos (igualdade de oportunidade) e que lutam por direitos sociais, econômicos (como a distribuição de renda), previdenciários, educacionais (gratuidade para todos), saúde e cultura. Como exemplos destas conquistas no âmbito trabalhista, é possível citar o direito às férias e ao 13º salário. Em sua maioria, eles estão contidos entre os arts. 6º a 11 da Constituição Federal de 1988.

Diversamente da primeira dimensão, a segunda almeja ações impositivas, políticas públicas a fim de garantir os direitos pleiteados. A terceira dimensão, por sua vez, assegura os direitos difusos e coletivos, enquanto a quarta está relacionada à proteção da biodireito. Atualmente já existem notícias de novas dimensões.

Dessa forma, as práticas desumanas de labor, por violarem a dignidade da pessoa humana, desrespeitam todas as dimensões dos direitos humanos, em especial as duas primeiras, já que suas práticas, no mínimo, aniquilam o direito à liberdade e suprimem os direitos sociais e econômicos.

Pelo princípio da dignidade da pessoa humana, todo ser humano deve ser reconhecido como membro da humanidade e tratado com respeito e consideração pelos seus pares, grupos, organizações sociais e pelo Estado.

O ditado de que *o trabalho dignifica o homem* é sempre atual. Por si só, o trabalho confere dignidade ao ser humano por inseri-lo na sociedade, torná-lo produtivo e sustentar a percepção sobre si mesmo, garantindo a autonomia financeira e moral dos indivíduos, ou, ao menos, lhes possibilitando um mínimo de sustento próprio.

O longo percurso histórico de afirmação dos direitos humanos, direitos fundamentais e trabalhistas, consagra a magnitude do que o 'trabalho' representa hoje: a dignificação do homem.

Como peça integrante da dignidade da pessoa humana, o trabalho é avaliado sob múltiplas óticas, dentre as quais: a) garantia ao trabalho; *ter trabalho* dignifica o homem; b) ser o trabalho decente, isto é, não basta ter trabalho, é preciso ser uma atividade decente a ponto de assegurar ao trabalhador e à sua família uma vida digna; e c) de proteção aos *direitos fundamentais* do trabalhador, segundo Carla Teresa Martins Romar (2009, p. 307).

Portanto, assegurar a todos o direito ao trabalho, pelo estabelecimento de mecanismos eficazes de inserção das pessoas no mercado de trabalho, condizentes com os valores inerentes à dignidade humana, é dever do Estado Democrático de Direito, que tem como postulado a efetivação da dignidade humana.

3. TRABALHO ESCRAVO CONTEMPORÂNEO

A escravidão contemporânea, verdadeiro crime contra a humanidade, se traduz como um instrumento de violência multifacetado. Ressalta-se a clareza das considerações trazidas por Evani Zambon Marques da Silva e Marco Antonio Marques da Silva:

> na atualidade, os fenômenos que envolvem a violência difusa adquirem novos contornos, passando a disseminar-se por toda a sociedade. Essa multiplicidade das formas de violência presentes nas sociedades contemporâneas – violência ecológica, exclusão social, violência entre os gêneros, racismos, violência na escola, violência familiar, violência infantil, violência sexual – configuram-se como um processo de dilaceramento da cidadania. Não podemos duvidar que a violência, qualquer que seja ela, é sempre um processo de aniquilação do outro, privando-o de sua vida e estimulando diferentes graus de sofrimento e dor (Silva; Silva, 2016, p. 282).

Impossível pensar em trabalho escravo sem avaliar o objetivo daquele que escraviza: dinheiro e poder. Imperiosa, portanto, a análise econômica trabalhista no contexto escravocrata contemporâneo e a escolha majoritária dos Estados pelo capitalismo, conforme sintetiza Natália Zambon Marques da Silva:

> A adoção do sistema capitalista de mercado como regente das relações econômicas de produção e de trabalho tem como máxima o acúmulo de riquezas conceituado como lucro, o qual, por sua vez, pode ser ampliado com a consequente redução de despesas. A diminuição dos gastos para maximizar o lucro capitalista foi extremamente intensificada com o fortalecimento do processo globalizacionista vez que, ao extinguir as barreiras comerciais entre as nações, houve o acirramento da concorrência entre os mercados e a disputa por novos consumidores (Silva, 2013).

A planetarização econômica modificou a segurança depositada pelo homem no trabalho por ele desempenhado. A exigência extrema dos empregadores por resultados transformou o prazer do trabalho em uma relação puramente insensível e substituível, deteriorando a qualidade em favor da quantidade.

A competitividade, fruto da concorrência, foi acentuada pela globalização e instigada pela disputa de mercados diante do rompimento de fronteiras. Isto só seria possível com a redução de custos, os quais são medidos pela força produtiva – entre elas, além da tecnologia, o valor da mão de obra de seus colaboradores. Logo, o valor do salário também ficou corroído (Silva, 2013).

Ainda que se negocie o valor da matéria-prima, do frete, das taxas fixas para a manutenção da atividade, há a ganância por titularizar o menor preço. No entanto, ao invés de se reduzir a margem de lucro do empresariado, optou-se criminosamente por escravizar empregados, submetê-los a trabalhos degradantes e jornadas exaustivas. Note-se que, não é somente a falta de liberdade ou o cerceamento do direito de ir e vir, elementos característicos do trabalho escravo, mas há o triste incremento das modalidades que precarizam o trabalhador.

Conceituar as formas de trabalho escravo nos tempos atuais, por mais frio que possa parecer, é necessário para dar suporte ao questionamento de que maneira e através de quais mecanismos o combate à prática se vislumbra com uma possibilidade eficaz.

Muitas vezes, o trabalho escravo é desacreditado pela lembrança do sentido clássico da escravidão, total negação da condição humana com a utilização de correntes ou grilhões. No dizer de Jairo Lins de Albuquerque Sento-Sé, "um objeto que possui um determinado valor econômico e que é parte integrante do patrimônio de seu senhor a ponto de poder ser negociado ou trocado por uma outra mercadoria que mereça a preferência daquele" (Sento-SÉ, out./dez. 1996, p. 23-29).

As formas recentes de labor escravizado não se valem de objetos metálicos presos aos corpos (na maioria dos casos), mas sim ardis, ameaças, fraudes e até punições ao bem-estar biológico, igualmente sujeitando seres humanos à degradação física e moral.

Explora-se a minoria e o desespero do indivíduo desempregado e sem meios de subsistência própria, através da promessa de uma melhor condição de vida. Entre os mais vulneráveis a essa prática estão as mulheres, os migrantes, as crianças, os pobres e as minorias étnicas ou sociais; no entanto, curiosamente, o perfil das pessoas efetivamente resgatadas no Brasil é homem, entre 18 e 34 anos e de raça parda, conforme Observatório da OIT no Brasil (OIT. Smartlab, s/d.)

Os setores econômicos mais frequentemente envolvidos nos resgates (OIT. Smartlab, s/d.) nos últimos 10 anos (2012-2022) foram o de criação de bovinos, construção de edifícios, produção florestal e cultivo do café. Ao analisar a década imediatamente anterior (2001-2011), nota-se a alteração dos setores de maior concentração de trabalhadores recém-saídos da situação de escravos contemporâneos: criação de bovinos, cultivo de cana-de-açúcar, produção florestal e fabricação de álcool.

A alternância das atividades com emprego de mão de obra precária, degradante e indigna segue as tendências econômicas nacionais de cada época. A primeira década dos anos 2000 foi marcada pela disseminação e pela aceitação do mercado aos veículos *flex* (veículo com capacidade de abastecer tanto a álcool, quanto a gasolina), o que justificaria a exploração em larga escala da cana-de-açúcar e a fabricação do álcool. Já a segunda década, a popularização de moradias pequenas, como os *studios* e dormitórios com menos de 50 metros quadrados, surge como solução alternativa aos espaços ociosos e à alta dos preços dos aluguéis, além de representarem uma opção segura aos investimentos financeiros. Assim, a construção civil vivenciou a demanda em larga escala.

Essas análises importam para se identificar os riscos específicos existentes em determinadas atividades econômicas e suas cadeias produtivas, além de intensificar a fiscalização *in loco*.

O Disque Direitos Humanos (*Disque 100*) é uma relevante ferramenta de disseminação de informações sobre direitos de grupos vulneráveis e de denúncias de violações de direitos humanos, que atende graves situações ocorridas recentemente ou ainda em curso. Esse mecanismo permite acionar os órgãos competentes e possibilitar a prisão em flagrante delito.

O serviço *Disque 100* ranqueou, de 2012 a 2019, os tipos mais comuns de denúncias informadas: trabalho escravo com jornada exaustiva (27%), trabalho escravo com condições degradantes de trabalho (24%), servidão por dívida (12%), trabalho escravo com impossibilidade de deixar o serviço ou local (11%). Há também notícias apuradas de tráfico para exploração sexual, tráfico para adoção nacional ou internacional e tráfico para remoção de órgãos, além de violações de outras naturezas (OIT. Smartlab, s/d).

Os postulantes ao emprego começam a buscar formas alternativas de se inserir no mercado de trabalho, acabam aceitando qualquer promessa de trabalho e, ludibriados, se sujeitam a trabalhos degradantes e/ou análogos à condição de escravo.

A escravidão contemporânea se manifesta na clandestinidade e é marcada pela ação de organizações criminosas, as quais, através do autoritarismo, da segregação social e do desrespeito aos direitos humanos, subjugam os trabalhadores não propriamente ao regime de escravidão clássico, mas a condições análogas.

Em qualquer delas a igualdade, a liberdade e a dignidade humana são violadas.

4. INICIATIVAS NORMATIVAS E SUA CONCRETUDE

Inúmeros são os instrumentos legais de controle e combate ao trabalho escravo, quer de ordem nacional, quer internacional, para além daqueles que tangenciam o tema num reforço legal e humanitário.

Destacam-se, por exemplo, os conteúdos: Constituição Federal de 1988: art. 5º, III e XLVII; e arts. 6 ao 11; Código Penal: arts. 149, 149-A, 198, 203, 204, 206 e 207; Lei 10.608/2002; Convenção da Organização Internacional do Trabalho 29 (promulgada pelo Brasil pelo Decreto 42.131/57); Declaração Universal dos Direitos dos Humanos de 1948; Convenção sobre a Escravatura da Liga das Nações, emendada pelo Protocolo concluído na sede da ONU em 1953, a qual o Brasil aderiu em 1965, por meio do Decreto Legislativo 66, promulgada pelo Decreto 58.563/1966; Convenção suplementar sobre Abolição da Escravidão, Tráfico de Escravos e Instituições e Práticas Análogas à Escravidão, de 1956, aprovada pelo Brasil através do Decreto Legislativo 66, promulgada pelo Decreto 58.563/1966; Convenção da Organização Internacional do Trabalho 105, promulgada pelo Brasil em 1966, através do Decreto Legislativo 58.822; Pacto Internacional sobre Direitos Civis e Políticos, de 1966, aprovado pelo Brasil em 1991, através do Decreto Legislativo 226, promulgado pelo Decreto 592/1992; Convenção Americana sobre Direitos Humanos – Pacto de São José da Costa Rica, de 1969, aprovado pelo Brasil através do Decreto Legislativo 27/1992, promulgada pelo Decreto 678/1992; Pacto Internacional sobre Direitos Econômicos, Sociais e Culturais, de 1996, aprovado pelo Brasil em 1991, através do Decreto Legislativo 226, promulgado pelo Decreto 591/1992.

Na visão de Marco Antonio Marques da Silva, não há dúvida de que os direitos existem legalmente e são reconhecidos em âmbito internacional, todavia, o problema contemporâneo refere-se à sua efetivação, que culmina na concretização da dignidade humana. Isso porque, para a maior parte da humanidade, direitos humanos é expressão sem conteúdo (Silva, 2008, p. 307).

Noutro giro, a elaboração de uma norma, sobretudo em relação a temas de conteúdo aberto, como é o caso da escravidão contemporânea, não terá a eficácia desejada sem a previsão ou o suporte para a instrumentalização dos imperativos.

Neste sentido, merece elogio a Lei 14.946/2013 do Estado de São Paulo, que impõe a cassação da inscrição no cadastro de contribuintes do Imposto sobre Circulação de Mercadorias e Serviços (ICMS) de qualquer empresa que use direta ou indiretamente trabalho escravo ou em condições análogas. A gravidade deste ofício de cassação se vislumbra à medida que a Inscrição Estadual (IE) é o número que identifica a empresa contribuinte perante a Secretaria da Fazenda (SEFAZ) do Estado no qual o registro foi realizado e permite ao estabelecimento emitir notas fiscais,[1] portanto, sua manutenção regular perante o Fisco.

No caso do Estado de São Paulo, a Inscrição Estadual ocorre no Cadastro de Contribuintes do ICMS do Estado de São Paulo (Cadesp) e é obrigatória para todo estabelecimento (seja filial, sucursal, agência, depósito, fábrica ou outro) no qual o contribuinte exerça a atividade econômica principal e/ou secundária sujeitas à Inscrição Estadual no Cadesp. Sucintamente, a cassação da Inscrição do ICMS torna a empresa irregular perante a Receita Federal.

O primeiro caso que resultou na cassação do funcionamento de uma empresa pautada pela reprimenda contida na Lei Estadual 14.946/2013, com a proibição da comercialização de seus produtos no Estado de São Paulo, envolveu a indústria têxtil M5 Indústria Comércio Ltda ("M. Officer"), nos autos do processo TRT/SP 00017795520145020054.

A alegação da defesa quanto ao desconhecimento das condições dos trabalhadores e imputada a responsabilidade pela confecção das roupas às empresas terceirizadas (as quais, por sua vez, *quarteirizavam* os serviços), foi considerada pelos magistrados "cegueira conivente" para mascarar o fato de a cadeia produtiva ser inteira destinada aos interesses da empresa M5 Indústria Comércio Ltda (princípio da *Ajenidad*).

---

1. "A nota fiscal surgiu no Brasil no início da década de 1970 com o objetivo de combater a sonegação fiscal. Inicialmente preenchida à mão, passou por inúmeras transformações até chegar à forma atual, a nota fiscal eletrônica.
   Emitir nota fiscal é obrigatório a todas as empresas com atividade econômica comercial e empresas cadastradas no regime do Simples Nacional. O empreendedor deve identificar qual o tipo de nota ideal para a empresa, como a Nota Fiscal Eletrônica de Produtos ou Mercadorias (NF-e), Nota Fiscal Eletrônica de Serviços (NFS-e (N) e Nota Fiscal ao Consumidor Eletrônica (NFC-e). A emissão da nota fiscal é a garantia de que a empresa está atuando legalmente e pagando corretamente os seus tributos. Ao emiti-la, a empresa aumenta também a confiança de seus clientes, pois esse documento lhes garante seus direitos, como a troca de produto ou reembolso de produtos" (SEBRAE, 2023, *online*).

A propósito, a teoria da "cegueira deliberada/conivente" é princípio emprestado do direito penal, o qual atribui a responsabilidade de um fato criminoso a alguém que tinha condições de saber da ilicitude da atividade, mas optou por fechar os olhos à descoberta, portanto, é tão culpável quanto se tivesse pleno conhecimento. Daí o motivo de ser conhecida também como "teoria do avestruz", em razão da atitude dos avestruzes em enfiar a cabeça debaixo da terra em situações adversas (Oliveira, jan. 2019, *online*).

A complexidade do tema traz desafios ainda maiores: paralelamente ao combate do trabalho escravo e a punição dos criminosos, existe a vida e a reinserção dos trabalhadores resgatados. Oriundos de grupos em situação de vulnerabilidade socioeconômica, o retorno abrupto à sociedade, sem assistência, iria empurrá-los ao mesmo cenário de desigualdade, pobreza e desemprego por eles já vivenciados, penalizados agora com o abalo psicológico e piora de quadro de saúde.

Dessa forma, é fundamental a promoção de ações que minimizem os efeitos excludentes da crise e que promovam a inclusão em trabalho decente para todas as vítimas, por meio do desenvolvimento de estratégias de assistência e facilitação do restabelecimento das vítimas na sociedade, assegurando-lhes colocação profissional com remuneração digna, para que não sejam obrigadas novamente a aceitar essa subjugação.

Imprescindível também a adoção de medidas atinentes à conscientização e à divulgação dessas práticas e suas consequências, já que a ignorância das vítimas é arma dada aos aliciadores e maus empregadores.

Entretanto, para que a ética democrática esteja verdadeiramente a serviço da sociedade, é preciso também reconhecer o ser humano como cidadão ativo, pleno de direitos e de garantias, que ultrapasse os textos legais para a realidade da vida diária (Silva, 2009, p. 232).

5. CONCLUSÃO

O desenvolvimento tecnológico e digital não impediu a continuidade da submissão de pessoas ao trabalho escravo, forçado, em condições análogas à escravidão, degradantes, com jornadas exaustivas, vítimas de uma realidade ainda persistente e atual.

Essa prática avilta direitos humanos, os quais são internacionalizados, e os direitos fundamentais, nacionalizados no Estado Democrático de Direito, indo de encontro à dignidade da pessoa humana, metaprincípio e grande norte jurídico.

A dignidade da pessoa humana está vinculada ao sistema de direitos fundamentais, entendido este como o conjunto de direitos e de garantias indispensáveis ao estabelecimento de condições mínimas de vida e desenvolvimento da personalidade humana.

Esse princípio supremo garante o sustentáculo do direito ao trabalho e parametriza situações nas quais, quando da desobediência ao seu escopo, escorrem para a violência da escravidão contemporânea. Isto porque, o homem sem trabalho, o trabalho sem a promoção de vida digna ao trabalhador e sua família (trabalho decente) e a ausência de proteção aos direitos fundamentais aviltam a dignidade do trabalhador enquanto pessoa e ser social, desvalorizando sua condição humana.

Assegurar a todos o direito ao trabalho, estabelecendo mecanismos eficazes de inserção das pessoas no mercado, condizentes com os valores inerentes à dignidade humana, é dever do Estado Democrático de Direito e da sociedade fiscalizadora.

Inúmeros são os exemplos normativos dedicados ao combate ao trabalho escravo e suas variáveis, mas que carecem de efetividade ao serem consideradas normas de conteúdo vazio. Dada a dificuldade da implementação de mecanismos eficazes de proteção ao trabalhador, são dignos de elogios a Lei Estadual Paulista 14.4946/2013 e o Disque Direitos Humanos.

A complexidade do tema torna a repreensão e a prevenção à prática criminosa insuficientes para responder satisfatoriamente à sociedade: é preciso reinserir os trabalhadores resgatados. Oriundos de grupos em situação de vulnerabilidade socioeconômica, com a saúde física e emocional comprometidas, é urgente a promoção de ações que minimizem os efeitos excludentes da crise e possibilitem a inclusão em trabalho decente para todas as vítimas, por meio do desenvolvimento de estratégias de assistência integrativa para o seu restabelecimento na sociedade, assegurando-lhes colocação profissional com remuneração, jornada e condições dignas, para não serem empurradas novamente ao abismo da escravidão.

REFERÊNCIAS

BELTRAMINI NETO, Silvio. *Direitos humanos*. Salvador: JusPodivm, 2014.

CANOTILHO, José Joaquim Gomes; MOREIRA, Vital. *Constituição da República Portuguesa anotada*. 3. ed. Coimbra: Coimbra, 1993.

COSTA, Álvaro Augusto Ribeiro. Trabalho escravo. *Anais da XVI Conferência Nacional da Ordem dos Advogados do Brasil*, 2003.

COSTA, José de Faria; SILVA, Marco Antonio Marques da. *Direito penal especial, processo penal e direitos fundamentais: visão luso-brasileira*. São Paulo: Quartier Latin, 2006.

GUERRA FILHO, Willis Santiago. Dignidade humana, princípio da proporcionalidade e teoria dos direitos fundamentais. In: MIRANDA, Jorge; SILVA, Marco Antonio Marques da (Coord.). *Tratado luso-brasileiro da dignidade humana*. 2. ed. São Paulo: Quartier Latin, 2009.

MARTINS, Ives Gandra da Silva; BASTOS, Celso Ribeiro. *Comentários à Constituição Brasileira*. São Paulo: Saraiva, 1996. v. 1.

MIRANDA, Jorge. A dignidade da pessoa humana e a unidade valorativa do sistema de direitos fundamentais. In: MIRANDA, Jorge; SILVA, Marco Antonio Marques da (Coord.). *Tratado luso-brasileiro da dignidade humana*. 2. ed. São Paulo: Quartier Latin, 2009.

MIRANDA, Jorge. *Manual de direito constitucional*. 4. ed. Coimbra: Coimbra, 2008. t. IV.

MORAES, Alexandre de. *Direitos humanos fundamentais*. São Paulo: Atlas, 2000.

OIT. SMARTLAB. *Observatório da Erradicação do Trabalho Escravo e do Tráfico de Pessoas*. Disponível em: https://smartlabbr.org/trabalhoescravo/localidade/0?dimensao=perfilCasosTrabalhoEscravo. Acesso em: 8 ago. 2023.

OLIVEIRA, Rososki Suzana. Aplicações da teoria da cegueira deliberada no direito penal brasileiro. *Canal Ciências Criminais*. 26 jan. 2019. Disponível em: https://canalcienciascriminais.com.br/aplicacao-teoria-da-cegueira-deliberada/. Acesso em: 7 ago. 2023.

ROMAR, Carla Teresa Martins. Direito do trabalho e dignidade da pessoa humana. In: MIRANDA, Jorge; SILVA, Marco Antonio Marques da (Coord.). *Tratado luso-brasileiro da dignidade humana*. 2. ed. São Paulo: Quartier Latin, 2009.

ROZIERS, Henri Burin. Trabalho escravo no Brasil hoje. *Anais da XVIII Conferência Nacional dos Advogados*, 2003.

SARLET, Ingo Wolfgang. *Dignidade da pessoa humana e direitos fundamentais na Constituição*. 6. ed. Porto Alegre: Livraria do Advogado, 2009.

SEBRAE. *A importância da emissão da nota fiscal*. Obrigatória para empreendedores de qualquer porte, a nota fiscal garante segurança tanto para empresas quanto para consumidores. 16 jan. 2023. Disponível em: https://sebrae.com.br/sites/PortalSebrae/artigos/a-importancia-da-emissao-da-nota-fiscal,857e-d6387eab5810VgnVCM1000001b00320aRCRD#:~:text=A%20emiss%C3%A3o%20da%20nota%20fiscal,produto%20ou%20reembolso%20de%20produtos. Acesso em: 26 jul. 2023.

SENTO-SÉ, Jairo Lins de Albuquerque. Trabalho forçado e a questão do menor na zona rural do Brasil. *Revista de Direito do Trabalho*, n. 96, ano 25, out./dez. 1996.

SILVA, Marco Antonio Marques da. Cidadania e democracia: instrumentos para a efetivação da dignidade humana. In: MIRANDA, Jorge; SILVA, Marco Antonio Marques da (Coord.). *Tratado luso-brasileiro da dignidade humana*. 2. ed. São Paulo: Quartier Latin, 2009.

SILVA, Marco Antonio Marques da. *Processo penal e garantias constitucionais*. São Paulo: Quartier Latin, 2006.

SILVA, Marco Antonio Marques da; SILVA, Evani Zambon Marques da. A tutela dos direitos humanos e violência de gênero. *Revista "Em Tempo"*, v. 15, Marília, 2016.

SILVA, Natália Zambon Marques da. *Cláusula de não concorrência no contrato de trabalho*. Dissertação (Mestrado em Direito). 2013. Pontifícia Universidade Católica de São Paulo (PUC-SP), São Paulo, 2013.

9
ASPECTOS DA RESPONSABILIDADE EMPRESARIAL EM CADEIAS PRODUTIVAS ESTRUTURADAS VIA TERCEIRIZAÇÃO EXTERNA NA PERSPECTIVA DO DIREITO FUNDAMENTAL AO TRABALHO DIGNO

Gabriela Neves Delgado

Pós-Doutorado em Sociologia do Trabalho pelo Instituto de Filosofia e Ciências Humanas da Universidade Estadual de Campinas (UNICAMP). Pós-Doutorado em Desigualdades Globais e Justiça Social: diálogos sul e norte pela Faculdade Latino-Americana de Ciências Sociais e seu Colégio Latino Americano de Estudos Mundiais (FLACSO). Doutora em Filosofia do Direito pela Universidade Federal de Minas Gerais (UFMG). Mestre em Direito do Trabalho pela Pontifícia Universidade Católica de Minas Gerais (PUC Minas). Professora Associada de Direito do Trabalho da Faculdade de Direito da UnB. Pesquisadora Coordenadora do Grupo de Pesquisa *Trabalho, Constituição e Cidadania* (UnB/CNPq). Advogada.

Sumário: 1. Introdução – 2. Aspectos da precarização do trabalho na terceirização externa – 3. Alternativas responsabilizatórias face aos impactos provocados pela terceirização externa; 3.1 Identificação de padrões regulatórios mínimos para a compreensão do tema; 3.2 Bases do direito do trabalho para fixação da responsabilidade trabalhista empresarial na terceirização externa – 4. Conclusão – Referências.

1. INTRODUÇÃO

A incorporação da terceirização no Brasil resultou de um processo periódico, gradual e intenso de inserção do modelo toyotista de organização e gestão do trabalho no país, movimento deflagrado ao final dos anos 1970, intensificado em 1990, e que se estende até a atualidade.[1]

O estudo da terceirização implica considerar as diversas particularidades de manifestação desse fenômeno.

A doutrina identifica duas modalidades de terceirização: a *terceirização de serviços*, que corresponde à terceirização para dentro da empresa-líder, ao lado da *terceirização de atividades*, correspondente àquele processo que ocorre para fora da empresa-líder.[2]

---

1. A respeito da cronologia da terceirização no Brasil, consultar: DRUCK, Maria da Graça. *Terceirização*: (des) fordizando a fábrica – um estudo do complexo petroquímico. Salvador – Ba: EDUFBA – Editora da Universidade Federal da Bahia; São Paulo: Boitempo Editorial, 1999.

2. Delgado, Gabriela Neves. *Terceirização*: paradoxo do direito do trabalho contemporâneo. São Paulo: LTr, 2003; DELGADO, Gabriela Neves; AMORIM, Helder Santos. *Os limites constitucionais da terceirização*. 2. ed. São Paulo: LTr, 2015; VIANA, Márcio Túlio. *Para entender a terceirização*. 3. ed. São Paulo: LTr, 2017.

Na *terceirização de serviços*, a empresa tomadora incorpora em seus quadros o trabalho de terceiros, vale dizer, empregados contratados pela empresa prestadora de serviços terceirizados. A empresa tomadora continua sendo responsável pela produção de bens e atividades, com a única ressalva de que utilizará mão de obra terceirizada.

A segunda forma, a *terceirização de atividades*, também designada de "externalização", consiste numa dinâmica que franqueia às empresas prestadoras de serviços terceirizados a realização de etapas do processo produtivo da empresa tomadora, para o seu interesse, mas fora da sua planta empresarial. Esta é a dinâmica comum das grandes cadeias produtivas empresariais, em que as empresas-líderes contratam o desenvolvimento de seus ciclos produtivos a diferentes empresas especializadas, que se interconectam e, por sua vez, subcontratam atividades a outras empresas, ensejando uma formação interempresarial em rede.

O presente artigo pretende apresentar reflexões sobre aspectos da responsabilidade trabalhista em cadeias produtivas estruturadas via terceirização externa, tomando por marco teórico a tese de Helder Santos Amorim[3] e a teoria do direito fundamental ao trabalho digno,[4] de modo a contribuir para a melhor contextualização do tema no caso brasileiro.

2. ASPECTOS DA PRECARIZAÇÃO DO TRABALHO NA TERCEIRIZAÇÃO EXTERNA

Estudar a terceirização não é tarefa fácil. Trata-se de tema altamente complexo, caracterizado como um dos mais "agudos conflitos de classe judicializados na atualidade brasileira".[5]

Terreno ainda mais arenoso é o da terceirização externa ou externalização, dinâmica interempresarial que se espraiou, "nas últimas décadas do século XX, por todos os setores da atividade econômica, tornando-se o principal instrumento da organização produtiva flexível utilizado pelas grandes corporações dos países centrais para descentralizar e fragmentar geograficamente suas cadeias produtivas, ao redor do mundo".[6]

A terceirização externa se estendeu vertiginosamente no setor de confecção e de produção automotora. Na indústria automobilística, por exemplo, é comum a incorporação do trabalho terceirizado em todas as etapas da cadeia produtiva que antecedem a

---

3. AMORIM, Helder Santos. *Terceirização Externa*: Responsabilidade da cadeia produtiva empresarial descentralizada pelo direito fundamental ao trabalho digno. Tese de doutorado defendida junto ao Programa de Pós-Graduação em Direito do Trabalho na Faculdade de Direito da Universidade de Brasília – UnB. Orientação: Profa. Dra. Gabriela Neves Delgado. Brasília, 2022. A íntegra da tese foi publicada pela Editora LTr, em 2023. A respeito, consultar: AMORIM, Helder Santos Amorim. *Terceirização Externa*: a responsabilidade da cadeia produtiva pelo direito fundamental ao trabalho digno. São Paulo: LTr, 2023.

4. DELGADO, Gabriela Neves. *Direito fundamental ao trabalho digno*. 2. ed. São Paulo: LTr, 2015.

5. DELGADO, Gabriela Neves; AMORIM, Helder Santos. *Os Limites Constitucionais da Terceirização*. São Paulo: LTr, 2014.

6. AMORIM, Helder Santos. *Terceirização Externa*: a responsabilidade da cadeia produtiva pelo direito fundamental ao trabalho digno. Op. cit., p. 25.

pré-finalização do processo, competindo às empresas tomadoras do trabalho terceirizado apenas gerenciá-lo e coordená-lo, bem como montar o produto final.

Segundo diagnóstico feito pela Organização Internacional do Trabalho (OIT), em sua 105ª Conferência Internacional (2016), que tratou do "trabalho digno nas cadeias de abastecimento mundiais", as empresas fornecedoras terceirizadas de grandes cadeias produtivas, em diversos setores econômicos, especialmente em seus níveis de subcontratação, tendem a precarizar as condições de trabalho.[7] Nelas, tem-se encontrado o uso reiterado de "trabalho informal, sem garantias sociais mínimas, jornadas exaustivas e condições aviltantes de remuneração e descanso, problemas relacionados à discriminação, à saúde e à segurança, ao cerceio da liberdade sindical, ao uso do trabalho infantil e do trabalho escravo, em violação sistemática de direitos humanos sociotrabalhistas".[8]

Sobre a dinâmica operativa precarizadora do trabalho nas cadeias produtivas, a OIT constatou que, em razão da sua superioridade econômica, a empresa-líder tende a exigir rígido controle produtivo sobre sua rede de fornecedores, impondo-lhe normas internas de caráter técnico, não raro sob a forma de código de ética socioambiental. Mas, em contrapartida, do ponto de vista sociotrabalhista, por meio do seu poder para impor custos reduzidos, alta qualidade e entregas rápidas, a empresa-líder tende a conduzir a empresa terceirizada a superexplorar o trabalho de seus empregados e a extrair vantagens dos seus próprios fornecedores subcontratados, fomentando processos de trabalho altamente precarizados.[9]

O diagnóstico da OIT no plano internacional, guardadas as proporções, retrata idêntica realidade presente em cadeias produtivas que operam no âmbito doméstico brasileiro. É o que também destaca Helder Amorim, com base em atuações desenvolvidas pelo Ministério Público do Trabalho:

> Nas últimas décadas, os órgãos de fiscalização trabalhistas reiteradamente flagraram a prática de condições extremamente precárias de trabalho, com violações de direitos humanos sociotrabalhistas, em empresas fornecedoras terceirizadas de grandes cadeias produtivas, em diversos setores econômicos, no Brasil.[10]

É preciso, portanto, articular parâmetros críticos de proteção justrabalhista para os trabalhadores que laboram, via terceirização externa, em grandes cadeias produtivas. Esta análise será a seguir desenvolvida, com foco nas alternativas responsabilizatórias face aos impactos provocados pela externalização, a partir dos marcos teóricos propostos.

---

7. ORGANIZAÇÃO Internacional do Trabalho (OIT) – Conferência Internacional do Trabalho. 105ª Sessão. Relatório IV. *Trabalho digno nas cadeias de abastecimento mundiais.* Genebra, OIT, 2016.
8. Idem, p. 26.
9. Idem. Ibidem.
10. AMORIM, Helder Santos. *Terceirização Externa*: a responsabilidade da cadeia produtiva pelo direito fundamental ao trabalho digno. Op. cit., p. 28.

3. ALTERNATIVAS RESPONSABILIZATÓRIAS FACE AOS IMPACTOS PROVOCADOS PELA TERCEIRIZAÇÃO EXTERNA

3.1 Identificação de padrões regulatórios mínimos para a compreensão do tema

Há um esforço crescente para se articular alternativas jurídicas face aos impactos provocados pela terceirização externa, enquanto mecanismo de superexploração de mão de obra nas cadeias produtivas.

Preliminarmente, é importante reforçar que as bases teóricas de qualquer teoria responsabilizatória face aos impactos provocados pela terceirização externa devem tomar por referência tanto o conceito de *trabalho decente*, construído e promovido pela OIT como importante paradigma internacional de promoção dos direitos humanos trabalhistas,[11] quanto a noção do *direito fundamental ao trabalho digno*, conceito matriz da Constituição Federal de 1988, resultante do nexo lógico entre o direito fundamental ao trabalho, os direitos decorrentes do trabalho e a dignidade da pessoa humana, fundamento nuclear do Estado Democrático de Direito.[12]

Nesse sentido, integram o direito fundamental ao trabalho digno todos os direitos indisponíveis trabalhistas previstos em instrumentos internacionais de direitos humanos ratificados pelo Brasil. Constitucionalmente articulados, eles se unem aos direitos fundamentais sociais trabalhistas elencados nos artigos 7º a 11 da Constituição, como um bloco de constitucionalidade (CR/1988, art. 5º, §§ 2º e 3º) que garante o patamar mínimo civilizatório indisponível de proteção ao trabalhador brasileiro.

Os direitos trabalhistas indisponíveis podem ser identificados, assim, em três grandes eixos jurídicos positivados pelo Direito do Trabalho brasileiro: o *primeiro eixo*, de amplitude universal, refere-se aos direitos trabalhistas estabelecidos no plano internacional, em tratados e convenções ratificados pelo Brasil; o *segundo eixo* está previsto na Constituição Federal, marco jurídico da institucionalização dos direitos humanos no país; o *terceiro eixo* está presente nas normas infraconstitucionais como, por exemplo, na Consolidação das Leis do Trabalho, que estabelece preceitos indisponíveis relativos à saúde e à segurança no trabalho, à identificação profissional, à proteção contra acidentes de trabalho, entre outros.[13]

Vale dizer que os eixos de proteção são necessariamente complementares e interdependentes. De toda forma, na eventual hipótese de concorrência entre diplomas normativos, aplicar-se-á o mais favorável ao trabalhador, aquele que possa lhe garantir as melhores condições de trabalho.[14]

---

11. Sobre o conceito de *trabalho decente*, consultar: BELTRAMELLI NETO, Silvio; RODRIGUES, Mônica Nogueira. Trabalho Decente: comportamento ético, política pública ou bem juridicamente tutelado? *Revista Brasileira de Políticas Públicas*, v. 11, p. 471-494, 2021, p. 478-483.
12. DELGADO, Gabriela Neves. *Direito fundamental ao trabalho digno*. 2. ed. São Paulo: LTr, 2015.
13. DELGADO, Gabriela Neves. *Direito fundamental ao trabalho digno*. 2. ed. São Paulo: LTr, 2015. p. 188-190.
14. DELGADO, Mauricio Godinho. *Curso de Direito do Trabalho*. 19. ed. São Paulo: LTr, 2020. p. 238-240.

No cenário internacional, os padrões regulatórios mínimos globais de respeito aos direitos humanos, pelas corporações, no plano das relações entre empresas e direitos humanos, encontram-se atualmente estruturados na *Declaração da OIT sobre os Princípios e Direitos Fundamentais do Trabalho*, de 1998, nos *Princípios Orientadores da ONU sobre Empresas e Direitos Humanos*, de 2011, e nas soluções propostas pela OIT, em sua 105ª Conferência Internacional, para o problema do trabalho precário nas cadeias globais de mercadorias, relacionadas aos mecanismos de governança pública e privada das cadeias produtivas.[15]

3.2 Bases do Direito do Trabalho para fixação da responsabilidade trabalhista empresarial na terceirização externa

No âmbito doméstico, especificamente no contexto do Direito do Trabalho, há circunstâncias em que a responsabilidade trabalhista empresarial na terceirização externa pode ser firmada por meio da figura do *grupo econômico*, cujo reconhecimento implica a imputação de responsabilidade solidária entre as empresas tomadora e prestadora (contratante e contratada), passando o grupo a figurar como *empregador único*, conforme tese jurisprudencial preponderante nos Tribunais Trabalhistas (CLT, art. 2º, § 2º; Lei 5.889/1973, art. 3º, § 2º).

Isso ocorre quando é possível comprovar a relação de propriedade de uma empresa sobre outra ou a dependência econômica da empresa prestadora, que se constitui com o objetivo de prestar serviços à tomadora (grupo econômico por direção, controle ou administração – CLT, art. 2º, § 2º), e quando, entre as empresas tomadora e prestadora haja "interesse integrado, a efetiva comunhão de interesses e a atuação conjunta das empresas" (grupo econômico por coordenação – CLT, art. 2º, § 3º).

Mas as situações podem ser mais complexas, especialmente quando não estiverem presentes os requisitos legais caracterizadores do grupo econômico entre a empresa tomadora, líder da cadeia produtiva, e suas empresas fornecedoras organizadas em rede, a ela conectadas, direta ou indiretamente, por meio de relações contratuais difusas e intermediadas. Nestes casos, a relação interempresarial estruturada em cadeia pode ser tão emaranhada, invariavelmente não linear, que mais se parece uma "teia de aranha", circunstância que dificulta enormemente a dinâmica da fiscalização trabalhista.

Aqui tem destaque a tese de Helder Amorim, que se lança ao desafio *inédito* de formular as bases de uma "teoria da responsabilidade dos agentes econômicos condutores das cadeias produtivas e, em particular, da empresa-líder, por afronta aos direitos humanos sociotrabalhistas dos trabalhadores terceirizados", oferecendo soluções de responsabilidade preventiva e reparatória. E o faz com respaldo na sólida estrutura

---

15. AMORIM, Helder Santos. *Terceirização Externa*: a responsabilidade da cadeia produtiva pelo direito fundamental ao trabalho digno. Op. cit., p. 29.

normativa internacional, constitucional e infraconstitucional em torno da matéria, no âmbito da jurisdição brasileira.[16]

O autor propõe uma "estrutura tridimensional de *responsabilidades em cadeia pelo direito fundamental ao trabalho digno, na cadeia produtiva empresarial descentralizada*", assim considerada a cadeia produtiva controlada por uma grande corporação, que utiliza a terceirização externa como método de organização de seus processos produtivos. Para ele, essa estrutura tridimensional de responsabilidades compreende as seguintes frentes de reparação, assim sistematizadas: a "responsabilidade trabalhista da empresa empregadora-fornecedora"; a "responsabilidade subsidiária da empresa contratante da fornecedora, que consiste em espécie de *garantia de cumprimento* dos direitos dos trabalhadores terceirizados"; e a "*responsabilidade civil-trabalhista objetiva direta* da empresa-líder pela observância dos direitos humanos sociotrabalhistas em toda a cadeia produtiva, seja essa empresa a contratante direta ou indireta da empresa fornecedora-empregadora".[17]

Conferindo enfoque central à *responsabilidade civil-trabalhista objetiva direta* da empresa-líder, que constitui a terceira camada de proteção jurídica aos direitos humanos fundamentais dos trabalhadores, Helder Amorim busca o fundamento dessa responsabilidade no *comando ou controle produtivo estratégico* que a empresa-líder exerce sobre sua *cadeia produtiva empresarial descentralizada*, composta pelas empresas que integram sua rede de fornecedores e prestadores de serviços.[18]

Para ele, o *controle produtivo estratégico* é exercido por meio de prerrogativas econômicas e contratuais próprias de quem detém poder econômico para definir aspectos como investimento, demanda, qualidade e quantidade, e para influenciar o preço do produto externalizado.[19]

Com base em estudos empíricos sobre a governança das cadeias globais de mercadorias, a tese busca demonstrar que da grande empresa-líder da cadeia produtiva, titular da marca, do produto e do mercado, emana uma cadeia de comando com as *decisões produtivas estratégicas* centrais sobre quanto investir na produção, o que produzir, quanto, quando e como produzir, qual preço se propõe a pagar e, o mais relevante, que empresas terão acesso à sua cadeia produtiva. São decisões que se iniciam na concessão de acesso à cadeia produtiva, projetam-se em cláusulas contratuais, mas que se exercem efetivamente nas entrelinhas do contrato, no campo do poder econômico da empresa contratante, tais como as decisões derivadas do poder de fiscalização do processo produtivo.[20]

---

16. AMORIM, Helder Santos. *Terceirização Externa*: a responsabilidade da cadeia produtiva pelo direito fundamental ao trabalho digno. Op. cit., p. 20.
17. Idem, p. 20, 30, 33, 278-285.
18. Idem, p. 282-283.
19. Idem, p. 80.
20. AMORIM, Helder Santos. *Terceirização Externa*: a responsabilidade da cadeia produtiva pelo direito fundamental ao trabalho digno. Op. cit., p. 184.

Dessa relação de comando deriva uma estrutura vertical de poder interempresa-rial, a que o autor denomina de *"hierarquia produtiva estratégica"*: embora as empresas fornecedoras possam guardar autonomia gerencial, administrativa, financeira e opera-cional, submetem-se, na execução dos contratos de terceirização, ao *controle produtivo estratégico* exercido pela empresa-líder. Esse controle estratégico condiciona o modo como as fornecedoras articulam os fatores de produção, no desenvolvimento de suas atividades, em especial, a contratação do trabalho.[21]

Assim, ao lançar mão da terceirização, contratualizando o processo produtivo em busca de máxima racionalização dos custos de produção, diz Helder Amorim, a empre-sa-líder tende a adotar decisões que *impactam* em variadas medidas as relações jurídicas produzidas pela rede de empresas fornecedoras, entre as quais, especialmente, as relações terceirizadas firmadas com seus empregados. As decisões produtivas estratégicas da empresa-líder ensejam a "criação de *riscos* ou *impactos negativos potenciais* aos direitos fundamentais dos trabalhadores terceirizados (*externalidades negativas*), desafiando sua correspondente responsabilidade". Em suma, afirma o autor, "o poder implica tomada de decisões econômicas, que criam riscos, que ensejam responsabilidades".[22]

Nesse esquadro, para Helder Amorim, sem prejuízo da responsabilidade trabalhis-ta da empresa prestadora-empregadora e da responsabilidade subsidiária da empresa diretamente contratante da empregadora, o risco criado pela atividade econômica da empresa-líder sobre os direitos dos trabalhadores terceirizados atrai para esta a *responsabilidade civil-trabalhista objetiva direta* pela satisfação dos direitos humanos fundamentais dos trabalhadores terceirizados, ainda que sua relação contratual com a empregadora seja reflexa ou indireta.[23]

A classificação da responsabilidade jurídica indicada pelo autor é explicada da seguinte forma: trata-se de responsabilidade *civil*, "porque visa a regular a prevenção e alocação das perdas que derivam das atividades humanas econômicas", com a proteção do patrimônio jurídico das vítimas dos atos ilícitos; *objetiva*, porque "tem fundamento nos *riscos* produzidos pela atividade econômica sobre os direitos dos trabalhadores terceirizados, independentemente de configuração de culpa do agente econômico res-ponsável" (Código Civil Brasileiro – CCB, art. 927, parágrafo único); *direta* ou *autônoma*, porque, "tendo causa própria e específica nos riscos desencadeados pela contratuali-zação terceirizada da cadeia produtiva, fruto de *ato próprio* da empresa-líder, projeta para esta *deveres específicos* de prevenção e reparação de danos, os quais independem de apuração de responsabilidades trabalhista e civil das empresas fornecedoras" (CCB, art. 966, *caput*).[24]

---

21. Idem, p. 185.
22. Idem, p. 329.
23. AMORIM, Helder Santos. *Terceirização Externa*: a responsabilidade da cadeia produtiva pelo direito funda-mental ao trabalho digno. Op. cit. p. 305.
24. Idem, p. 306.

Trata-se, por fim, de responsabilidade *civil-trabalhista*, em face "de sua vocação jurídico-funcional para conferir a maior efetividade possível à satisfação dos direitos fundamentais dos trabalhadores, quando a responsabilidade trabalhista não for capaz de garantir essa efetividade em sua fonte obrigacional primeira, que é a relação de emprego".[25]

Concatenando o tema da responsabilidade ao paradigma do direito fundamental ao trabalho digno, Helder Amorim explica que, na perspectiva teórica em estudo, a responsabilidade civil-trabalhista da empresa-líder encontra esteio constitucional, primeiro, no dever de *proteção estatal suficiente* ao direito fundamental ao trabalho digno (Constituição, arts. 1º, IV, 6º, 7º, 170 e 193):

> Esse dever de proteção enseja para o Estado a necessidade de imputar ao agente econômico central da cadeia produtiva, seja por atividade legislativa ou interpretação judicial, a responsabilidade de exercer seu comando produtivo estratégico com cautela preventiva, articulando sua capacidade de influência para ativar a *responsabilidade trabalhista* da empresa empregadora e a *responsabilidade subsidiária* das empresas fornecedoras-contratantes da terceirização pelos direitos dos trabalhadores terceirizados.[26]

A responsabilidade civil-trabalhista da empresa-líder, para a corrente teórica em análise, ainda encontra fundamento constitucional na *eficácia direta* do direito fundamental ao trabalho digno às relações de terceirização nas cadeias produtivas. Com arrimo em precedentes jurisprudenciais e em farta pesquisa doutrinária, a tese demonstra que no Direito brasileiro, a eficácia horizontal direta dos direitos fundamentais decorre da moldura axiológica delineada pela Constituição de 1988, "que erigiu os direitos sociais trabalhistas à categoria dos direitos fundamentais no paradigma do Estado Democrático de Direito, marcado pela promoção da justiça social (CR/1988, art. 3º, III) e que tem por objetivo da ordem econômica a busca do pleno emprego (art. 170, IV) para promover o trabalho como suporte de valor da dignidade da pessoa humana (art. 1º, III e IV)".[27]

Esses fundamentos constitucionais, por sua vez, recebem influxo da *Declaração da OIT sobre os Princípios e Direitos Fundamentais do Trabalho*, de 1998, e dos *Princípios Orientadores da ONU sobre Empresas e Direitos Humanos*, de 2011.

4. CONCLUSÃO

A teoria da responsabilidade é, seguramente, um dos instrumentos civilizatórios centrais para a correção do escorregadio rumo da terceirização externa nas cadeias produtivas, que tende a predominar no cenário internacional e no plano doméstico brasileiro.

Tomando o quadro de profunda precarização das condições de trabalho, com violações de direitos humanos trabalhistas nos estratos terceirizados das cadeias produtivas transnacionais, apresentado pela OIT, a proposta teórica de Helder Santos Amorim,

---

25. Idem, Ibidem.
26. AMORIM, Helder Santos. *Terceirização Externa*: a responsabilidade da cadeia produtiva pelo direito fundamental ao trabalho digno. Op. cit. p. 291.
27. Idem, p. 287-288.

ancorada em densa pesquisa sociológica e econômica sobre as relações de poder interempresarial nas cadeias produtivas empresariais descentralizadas, busca construir soluções interpretativas de responsabilização das empresas-líderes, agentes econômicos centrais das cadeias produtivas, à luz dos direitos humanos trabalhistas e de sua dimensão positivada no *direito fundamental ao trabalho digno*, a partir da Constituição de 1988.

A tese destaca o uso da terceirização externa como veículo de permanente desvalorização do trabalho terceirizado, no âmbito das cadeias globais de mercadorias, com altos níveis de subcontratação. Nesse sentido, propõe que, sob determinadas condições, o sistema jurídico brasileiro contempla a responsabilidade civil-trabalhista da empresa-líder da cadeia produtiva pelos direitos fundamentais dos trabalhadores terceirizados, que se caracteriza como uma responsabilidade objetiva e direta, independentemente de demonstração de culpa (CCB, art. 927, parágrafo único) e de prévia apuração de responsabilidade trabalhista da entidade empregadora.

Ainda com amparo teórico em Helder Amorim, é de se notar que essa responsabilidade possui dimensão prioritariamente preventiva, expressa no *dever de devida diligência* previsto nos Princípios Orientadores da ONU sobre Empresas e Direitos Humanos. No plano processual, o dever de diligência encontra veículo adequado na *tutela contra o ilícito*, prevista art. 497 do Código de Processo Civil, mecanismo processual voltado a garantir a efetividade das normas, em especial das normas de direitos fundamentais.

Inobservado o dever de prevenção, em violação aos direitos humanos fundamentais dos trabalhadores terceirizados, a responsabilidade da empresa-líder implica o dever de *reparação integral dos danos*, com fundamento constitucional no art. 5º, incisos V, X, XXII e XXIII, da Constituição, sob influxo do princípio fundamental de proteção da dignidade da pessoa humana, previsto no art. 1º, III, da Constituição.

Enfim, essa sólida contribuição doutrinária fornece subsídios concretos para a atuação profissional no campo justrabalhista direcionada à proteção dos trabalhadores que atuam em cadeias produtivas estruturadas via terceirização externa, realidade que, infelizmente, ainda carece de efetiva proteção jurídica no país.

REFERÊNCIAS

AMORIM, Helder Santos. *Terceirização Externa*: a responsabilidade da cadeia produtiva pelo direito fundamental ao trabalho digno. São Paulo: LTr, 2023.

AMORIM, Helder Santos. *Terceirização Externa*: a responsabilidade da cadeia produtiva empresarial descentralizada pelo direito fundamental ao trabalho digno. Tese de doutorado defendida junto ao Programa de Pós-Graduação em Direito do Trabalho na Faculdade de Direito da Universidade de Brasília – UnB. Orientação: Profa. Dra. Gabriela Neves Delgado. Brasília, 2022.

BELTRAMELLI NETO, Silvio; RODRIGUES, Mônica Nogueira. Trabalho Decente: comportamento ético, política pública ou bem juridicamente tutelado? *Revista Brasileira de Políticas Públicas*, v. 11, p. 471-494, 2021.

DELGADO, Gabriela Neves. *Terceirização*: paradoxo do direito do trabalho contemporâneo. São Paulo: LTr, 2003.

DELGADO, Gabriela Neves. *Direito fundamental ao trabalho digno*. 2. ed. São Paulo: LTr, 2015.

DELGADO, Gabriela Neves; AMORIM, Helder Santos. *Os limites constitucionais da terceirização*. 2. ed. São Paulo: LTr, 2015.

DELGADO, Mauricio Godinho. *Curso de Direito do Trabalho*. 19. ed. São Paulo: LTr, 2020.

DRUCK, Maria da Graça. *Terceirização*: (des)fordizando a fábrica – um estudo do complexo petroquímico. Salvador – Ba: EDUFBA – Editora da Universidade Federal da Bahia; São Paulo: Boitempo Editorial, 1999.

ORGANIZAÇÃO Internacional do Trabalho (OIT) – Conferência Internacional do Trabalho. 105ª Sessão. Relatório IV. *Trabalho digno nas cadeias de abastecimento mundiais*. Genebra, OIT, 2016.

VIANA, Márcio Túlio. *Para entender a terceirização*. 3. ed. São Paulo: LTr, 2017.

10
O SER E O TEMPO – BREVES REFLEXÕES ACERCA DA REDUÇÃO DA JORNADA DE TRABALHO E A RESPONSABILIDADE CIVIL

Marco Aurélio Fernandes Galduróz Filho

Doutorando em Direito do Trabalho pela Universidade de Buenos Aires (UBA). Mestre em Cultura e Segurança Jurídica, pela Universidade de Girona-ESP (UdG) e Gênova-ITA (UniGe). Professor de Filosofia do Direito, Direito do Trabalho e Processo do Trabalho. Advogado. E-mail: advocacia.galduroz@gmail.com

Ricardo Pereira de Freitas Guimarães

Doutor em direito do trabalho pela PUC-SP. Professor dos programas de mestrado e doutorado da FADISP, titular da cadeira 81 da Academia Brasileira de Direito do Trabalho e membro da Academia Paulista de Letras Jurídicas. Autor de inúmeros livros e artigos. Advogado.

> **Sumário:** 1.Introdução – 2. Arte, tempo e trabalho – 3. O ser e o tempo como reflexão no trabalho; 3.1 O ser; 3.2 Concepções do tempo – 4. A jornada de trabalho como elemento do ser no tempo; 4.1 Sociedade e a valoração do trabalho; 4.2 Jornada de trabalho na pós-modernidade – 5. Redução da jornada laboral – Reflexões; 5.1 Dados introdutórios; 5.2 Reflexões sob a concepção da redução da jornada – 6. Responsabilidade civil e a jornada laboral – 7. Conclusão – Referências.

1.INTRODUÇÃO

O tempo não pode ser desvinculado do ser, dependendo da sua percepção como termo ou elemento condicionante da existência.

Discute-se após a década de 70 e o novo liberalismo econômico, como dominante, acerca dos seus mecanismos de produção e o impacto na existência, especialmente quanto a redução do tempo disponível para atividades externas ao labor, partindo-se de uma premissa aqui desenvolvida da intratemporalidade como condicionante da existência.

Dessa feita, a discussão acerca das horas trabalhadas, neste modelo multitarefa, mesmo que de forma virtual, muitas vezes, nos traz vários questionamentos acerca da necessidade de uma rediscussão sobre o papel do tempo e a qualidade de vida, a sensação de bem-estar social ou, simplesmente, uma necessidade em termos existenciais.

Os mecanismos de produção se alteram no transcorrer dos anos, suscitando-se que já passamos pelo sistema taylorista/fordista, como dominante, depois percebemos a ascensão do *toyotismo* e vislumbramos os impactos de uma sociedade interconectada, não afastando as revoluções 3.0 e 4.0 nas relações de trabalho, ressaltando-se que a única condicionante de todos os meios de exploração do trabalho é o manejar do tempo.

As proteções temporais estão sempre no cerne da discussão do trabalho, com a vinculação do descanso, sob o viés de quanto tempo é possível exercitar uma atividade produtiva, períodos, jornadas, intervalos e paralisações, todas palavras que em sua essência buscam exatamente a preservação do ser.

Sendo assim, a pergunta fundante é se no contexto social atual a proteção do ser perpassa por uma necessidade de redução da jornada de trabalho e como esta proteção será eficiente, diante da gama de autosserviços e demandas que somos obrigados a cumprir ou, em verdade, se trata apenas de uma necessidade de autorregulação do capitalismo exercitado por grandes companhias, as quais determinam a capacidade do intervalo produtivo de cada um.

E na mesma frente, mas sob a perspectiva da responsabilidade civil, há previsão legal protetiva da exploração exponencial, mesmo quando dentro de uma limitação cronológica temporal, nos moldes da legislação?

Trabalharemos sob uma concepção introdutória artística, com a observação de um filme e uma série televisiva, assim como sob a perspectiva filosófica na concepção dialética do tempo em Heidegger, não se olvidando dos reflexos e propostas diretas no campo jurídico, com o objetivo de preservação do ser na intratemporalidade.

2.   ARTE, TEMPO E TRABALHO

Iniciamos a digressão através da menção de um filme, qual seja, Paraíso (Paradise – 2023) e da primeira temporada da série White Lotus (2021), fixando-se especialmente no campo crítico das relações de trabalho.

O objeto sempre se perfaz acerca de uma perspectiva laboral, ou seja, o tempo e a produção, como elementos fundantes de análise das obras artísticas aqui citadas.

Paraíso, nome dado a obra do diretor Boriz Kunz em português é um filme de ficção científica que detém como canal indutor uma primeira camada bastante interessante acerca da possibilidade de mercantilização do tempo de vida, ou seja, há a possibilidade de se vender um período de sua existência em favor de outra pessoa.

Nesse sentido, aquele que entrega o tempo deterá uma percepção de avanço da idade, quase que instantaneamente, enquanto o que recebe rejuvenescerá também na mesma velocidade, observando o retorno a um tempo de maior possibilidade produtiva.

O filme, como dito, não fica apenas na citada camada, passando por outras muito interessantes, especialmente na questão da crítica ao capitalismo acerca de quem deteria o controle do tempo dos seres, visto que logo no início o mercador responsável pela compra do tempo em nome de uma empresa privada está, aparentemente, em um assentamento de imigrantes, pessoas sem nenhuma perspectiva.

O filme se passa na Alemanha em um futuro não tão distópico, conforme a menção a situação dos imigrantes acima exposta, demonstrando propor a discussão da utilização do tempo e a condição de sua utilização para limitação do ser.

Outrossim, a oferta é feita às pessoas em condições de vulnerabilidade, sob premissa da possibilidade de mudança de vida da sua família, especialmente das outras gerações, ou seja, a proposta do sacrifício em nome de um bem maior.

A ideia é bastante impactante, visto que demonstra a ausência do controle do próprio tempo, em detrimento da maximização deste elemento na vida daqueles que fazem parte do entorno, situação premente na universalidade de pensamento ocidental, sob uma perspectiva da ausência de ganho sem a dor (Han, 2011).

Nesta senda, a alegoria é perfeita conquanto o que se dispõe como o tempo de trabalho, especificamente como elemento do binômio – hora trabalhada e hora remunerada – assim como uma perspectiva de uma sociedade autorreferencial no que se convencionou chamar de modelo neoliberal combinado com a pós-modernidade, como possibilidade de melhora da condição social, especialmente daqueles que estão no entorno do ser, através da produção do outro.

Essa interconexão de exploração, como predominante nas relações humanas, mas *supercapitalizada* neste modelo econômico que domina boa parte do mundo ocidental desde meados da década de 70 do século passado está vinculada especificamente ao custo do tempo.

A citada mercantilização de algo imaterial, como exposto no filme, traz uma sequência de debates, nos campos filosófico, sociológico, ético, biológico e, especialmente, no campo jurídico.

Outra camada de grande relevância do citado filme se dá acerca da possibilidade ou não de mercantilização deste bem imaterial, nesta concepção aristotélica do tempo como ciclo do ser em ordem cronológica.

O filme traz vários elementos indicativos de que a relação temporal não se desvincula do outro, não tratando daquilo como elemento individual, suscitando-se a indicação de uma base fenomenológica baseada nos conceitos de Husserl e Heidegger.

Mencionam-se as interconexões pessoais, dentro de uma típica obra de expressionismo alemão, mesmo que em um modelo atual, apresentando a desfiguração do real como forma de interpretar subjetivamente o mundo. Os traços expressionistas encontrados no filme, especialmente na sua premissa original, retratam a natureza como refém e reflexo das angústias e terrores do homem na questão de maior relevância na sociedade pós-moderna, qual seja, o tempo e quem ou como se conduz ele, assim como o que e como se produz no citado ínterim.

Já a série White Lotus, diferentemente do filme citado, não traz um elemento central na ficção, e sim uma gama ampla de críticas ao modelo econômico dominante. Em verdade, também está atrelada a condição e exploração do ser, utilizando o mecanismo tempo, como potencial indutor, e não, à primeira vista, redutor.

O primeiro episódio detém grande riqueza na perspectiva da relação laboral, uma vez que o gerente, protagonizado pelo ator australiano Murray Bartlett, insere-se nesta perspectiva de transmutação entre explorador e explorado do tempo, na realidade da sociedade pós-moderna.

O citado episódio inaugural da série traz o gerente como o condutor-indutor das relações com os clientes do hotel da rede "White Lotus", este muito luxuoso, situado em uma ilha paradisíaca no Havaí.

O gerente, como elemento da organização do trabalho, também é responsável direto pelas relações com seus subordinados, indicando de forma bastante conflituosa os mecanismos de exploração.

Indubitável que, em um primeiro momento, não há percepção de como ele mesmo é o explorado, na figura de uma ordem de subordinação estrutural, dentro de uma grande corporação, visto que não se apresenta, ao menos no início da série, qual seria o seu superior hierárquico direto.

Denota-se a crise de identificação no personagem, decorrente de uma subordinação impessoal, mas sim para um grande conglomerado empresarial, o qual traz um debate ético, especialmente quando o gerente não percebe que uma de suas funcionárias estava grávida.

O transcurso do episódio vai demonstrando como o tempo destinado a valoração de discussões micro existenciais dos hóspedes vai sugando o personagem representativo deste ideal de conexão temporal com a relação explorador/explorado, gerando a ausência de perspectiva da condição do ser daquela que estava grávida e necessitava do mínimo de atenção, reflexão, inclusive na parte final do citado episódio.

A justificativa para a ausência de informação pela funcionária é genial, sob uma perspectiva também estrutural machista, porquanto ela não contou que já estava grávida ao aceitar o emprego, exatamente sob uma ausência de preservação do tempo entre mãe e filho, no modelo estadunidense das relações laborais, uma vez que inexiste qualquer possibilidade de afastamento das atividades produtivas no período inicial, após o nascimento.

A riqueza instrumental sob a citada perspectiva do ser, tempo e relação laboral nas obras artísticas possui gamas interpretativas de uma profundidade pouco vista, suscitando o critério de discussão do qual partiremos em um segundo enquadramento, qual seja, o aspecto filosófico, estruturante da discussão efetiva do condicionamento laboral posterior.

3. O SER E O TEMPO COMO REFLEXÃO NO TRABALHO

3.1 O Ser

Indubitável que se permeia a humanidade, ao menos desde a concepção filosófica da Grécia antiga, a relação do ser e sua individualização ou não, vinculada ao tempo.

Salienta-se que partiremos de o pressuposto de elucubração contido na obra Ser e Tempo (Heidegger, 2015), assim como textos posteriores na questão de ponto de partida da crise do ser, baseado na circunscrição temporal, assim como nos elementos intertemporais que permeiam a existência, está que na concepção do autor precede a essência, conceito que ficou mais difundido na perspectiva existencialista-humanista (Sartre, 2014)

O trabalho, no modelo de organização capitalista, pode ser visto como angústia, sob a perspectiva *heideggeriana*, uma vez o termo deve ser utilizado para o enfrentamento do nada. Essa presunção pode ser avalizada por um aspecto sociocultural de necessidade de uma manutenção ativa, seja corpórea ou intelectual.

Partimos, portanto, de uma análise da concepção exposta na obra Ser e Tempo (op. cit.), sob uma perspectiva das relações laborais.

Podemos entender que aquele que trabalha é o ente, e não o ser? Ou o trabalho estaria no que se predica, no cerne da existência.

Neste ponto, devemos destacar a divisão fundamental acerca do ser, com a distância do ente.

A proposta de Heidegger quando discutimos o ser é recuperar a sua pergunta fundamental. Tal exteriorização advém dos sete parágrafos iniciais da obra norteadora desta concepção (op. cit.).

E aqui tratamos o ser na sua universalidade, ou seja, região superior do ente. Heidegger, de plano, condiciona que não podemos pensar o ser como uma universalidade genérica, visto que ser não é um gênero.

Nesta linha o filósofo alemão sustenta uma ideia da diferença ontológica, conquanto o ser não é o ente. Ente é tudo aquilo que é, a respeito de tudo que pode predicar o verbo ser.

Ser não é algo que é, mas sim distinto. É algo que faz ser. Salienta-se que essa diferença ontológica passou inadvertida por toda história da filosofia, salientando-se se tratar do grande descobrimento de Heidegger.

E se tratamos de um aspecto do ser sob esse preceito, como não vincular ao trabalho e seu utilitarismo, especialmente na sociedade pós-moderna. Estamos tratando de um predicado de qualificação, de uma *entificação* ou de uma implicação direta na essência?

Para definir algo, aqui mencionamos que isso se daria somente aos entes, porquanto quando definimos algo há um processo de "entificação".

Não se pode dizer ser é, pois não se pode convertê-lo em ente. Há uma vinculação, no entendimento, como um afastamento da lógica cartesiana, porquanto se entende que a razão é inimiga do ser e do pensar, afastando-se de um pensar binário.

E aqui incidimos em uma questão de fundamental relevância acerca do conflito entre o nada e do quanto necessitamos para viver.

A implicação direta é no tempo, ou seja, quanto tempo necessitamos para termos todas as utilidades desejadas e veja-se que Heidegger propõe o termo utilidade como a finalidade não lógica, porquanto inexiste um fim em si mesmo na utilidade ao tratamos de uma coisa.

O desenvolvimento racional, dentro de uma concepção niilista, com o alinhamento de crítica a Kierkgaard, traz o raciocínio de que não se pode formalizar, logicamente, o nada, ou seja, não se pode dizer nada é.

Tal situação ocorre no plano lógico e, também, no plano ontológico – preexistente. Se eu experimento o nada, dentro deste conceito, nada ocorre.

Heidegger, retoma a valorização da experiência no conceito de angústia (Kierkgaard, 2013), porquanto quando experimento a citada angústia eu me encontro, em um primeiro plano, com nada.

Registra-se, de plano, que a pontuação do nada se dá em um espectro totalmente distinto daquele ócio defendido pela concepção Aristotélica, com desenvolvedora do intelecto.

E, de plano, cabe o contraponto dialético desse mecanismo de abertura heideggeriana através do nada, na medida em que "Creio que você estaria de acordo sobre o princípio bastante geral que a ausência possui uma eficácia, com a condição, compreenda-se bem, de que esta não seja a ausência em geral, o nada, ou não importa qual outra "abertura" heideggeriana, mas uma ausência determinada, desempenhando um papel no lugar de sua ausência" (Mascaro & Morfino, 2020, p. 56-57, apud Althusser, 1966, p. 90).

E aqui temos um ponto fundante, qual seja, o ser é um conceito evidente por si mesmo. O ser está implícito em todo enunciado e em todo comportamento dos entes.

Avançando na concepção aqui exposta, parecendo um racionamento circular, mas em verdade dentro de uma concepção espiral hegeliana, a pergunta é pelo sentido do ser. O sentido tem um término fenomenológico, o qual gera uma ruptura de como o ser se dá, como o vivenciamos, como aparece, como fenômeno em si do ser, assim como se experimenta.

Nesse sentido: "Para ele, existir é interpretar-se. E interpretar-se é questionar-se. Porém no questionar-se está em jogo a questão do ser. Por isso, insiste Heidegger em dizer-nos que este ente que nós mesmos somos, o Dasein, é aquele que, em virtude de seu próprio ser, tem a possibilidade de colocar questões" (Nunes, 2002, p. 14).

Fundante o ser como fenômeno que se mostra e se materializa, suscitando-se as condições de possibilidade da demonstração do ser. Aqui a complementação não poderia ser mais adequada à reflexão proposta por este trabalho, quando Heidegger trabalha com o tempo.

O sentido é o horizonte onde se mostra o ser de modo originário. O ser somente pode ser descrito na sua forma de temporalizar-se.

Neste campo, o ser não é uma ideia que se subtrai do tempo e há uma nítida distinção da concepção de Platão na qual as ideias não estão sujeitas a temporalidade.

Não se pode deixar de mencionar o encontro exatamente com a capacidade de autorreferencialidade, humanista e moderna, assim como um ponto de clivagem entre o que são utensílios, objetos à mão, passíveis de serem utilizados e o que qualifica o ser, pois o que se perfaz para uso não depende de uma atitude teórica.

De plano, Heidegger desafia a concepção de Kant conquanto a coisa em si mesmo não poderia ser percebida, mas apenas uma representação dela, visto que ao dispor que o fenômeno tem de ser algo em si mesmo, não podendo ser figura de representação, suscitando-se, portanto, dentro do objeto de análise o trabalho e suas implicações.

Emmanuel Lévinas (op. cit.) traz um aclaramento de fundamental relevância a essa concepção ao dispor o ser como modalidade de verbo, não se deixando pensar de modo estático, como uma substância, ou seja, está diretamente ligado com o verbo acontecer.

A leitura óbvia é de que o acontecer traz a ideia de intratemporalidade exegese da concepção, porquanto se dará no tempo das coisas que são, trazendo impessoalidade com a exteriorização por algo anterior a toda a citada estrutura, visto que se usa a concepção daquilo que se dá.

Para aclarar a concepção, suscita-se a seguinte situação prática. Quando estamos em uma bicicleta sabemos para o que serve, ou seja, incorporamos nossos movimentos ao andar nela e expandimos a dimensão de nosso corpo, através do espaço que temos em conjunto com o objeto. A análise fundante se dá quando passamos entre dois objetos e estamos sobre a bicicleta, salientando-se que já temos a noção espacial incorporada, o que se chama da fenomenologia da percepção.

Então através da fenomenologia da percepção, dentro do sistema em que vivemos, este pós-moderno e autorreferencial, sob uma premissa global da necessidade do esforço contínuo e de que o ganho só se dá através de mais tempo de trabalho, gera-se uma prerrogativa de ser no mundo ou, melhor, quanto a estar no mundo.

O preceito *Heideggeriano* (op. cit.), uma vez que vivemos, em sua ótica, sob o domínio dos outros, dar-se-á através da personalização, a qual se forma de modo impróprio, sob a citada hierarquia dominante, gerando-se uma existência imprópria, sugerindo-se o alcance de uma existência própria, propondo-se a ruptura com o ser impróprio, a qual advém da angústia, porquanto não pensamos exclusivamente na finitude da vida, ou seja, ser para a morte.

Não se pode pensar como um fato, mas dentro da possibilidade que somos. Deixar de viver sob a existência imprópria, visto que a compreensão é fundante para o poder ser, uma vez que não estamos determinados. A existência prescinde a essência, visto que as coisas se apresentam com um sentido.

E o ponto é que se somos possibilidade não estamos determinados, mas o que nos determina e nos condiciona hoje é exatamente a necessidade, dentro de uma temporalidade, do maior acúmulo possível de utensílios, em um enquadramento de possibilidades elencadas por determinantes e condicionantes externas ao ser, com a finalidade de que essas aquisições sejam atingidas no menor tempo possível.

A premissa fundante é que inexiste o ser sem a percepção temporal.

3.2 Concepções do tempo

E a questão fundante aqui proposta é de quanto se precisa, no aspecto temporal, para que haja, efetivamente, um autoconhecimento e um desenvolvimento sob a citada perspectiva.

3.2 Concepções do tempo

O tempo, antes da concepção fenomenológica aqui utilizada, como apoio do ser, sempre esteve em discussão em várias frentes do conhecimento humano.

Para Platão, enquanto o espaço, no Timeu, é a base de toda a matéria, e uma estrutura que existe por si, o tempo seria uma característica da ordem visível das coisas, tendo sido criado junto com o universo e o movimento (Plat. *Tim e Cri.* 48e-51e). Assim, há uma associação a ideia de tempo à mudança.

Para Aristóteles, o tempo se denota pela mudança, em si, o que gera a consciência do tempo. Essa consciência viria justamente pela percepção do antes e do depois na mudança, compreendendo-se o tempo como o número do movimento com relação ao antes e depois, salientando que o tempo é contínuo e infinito.

Nos dizeres de Martins (2004): "Para Plotino, cujo pensamento influenciou Santo Agostinho e outros teólogos cristãos posteriores, há três tempos: o presente atual, que na verdade já pertence ao passado, o presente do passado, que se chama memória, e o presente do futuro, apenas imaginado por nossa esperança ou nosso medo. (Borges, 1980, p. 95)" (Martins, 2004, p. 66).

Mais uma vez nos valemos dos ensinamentos de Martins (2004), para o qual segundo o pensamento de Agostinho, "a medida do tempo teria como base a atividade da mente, e não o movimento dos astros ou a alma do mundo (como para Plotino). Afirma que as lembranças passadas deixam vestígios em nosso espírito e a memória evoca essas visões no presente. Da mesma forma, as visões futuras são prognósticos de coisas presentes que já existem, não existindo de fato. O nosso espírito mede os tempos, sendo capaz de realizar uma "distensão" em direção ao futuro (pela antecipação) e ao passado (pela memória)" (Martins, op. cit., p. 67).

Retomando Heidegger, é fundamental o entendimento de que: "Mas o Dasein só retrovém (passado) advindo (futuro) a si; e porque retrovém ao advir, é que gera o presente. Ai temos o movimento extático — o fora de si em si e para si mesmo da existência — que se chama de temporalidade. Cada um desses componentes é um êxtase, fundando um membro da estrutura do cuidado: o advir ao poder-ser, o retrovir ao ser lançado, o apresentar ao estar junto aos entes. Nesse movimento tríplice, ocorre um desclausuramento da subjetividade" (Nunes, op. cit., p. 23).

Desclausurar a subjetividade, sem dúvida, é a plenitude da existência, assim o ser é o passado sem deixar de ser presente. E no presente está comprimido o passado; como no passado antecipa-se o futuro.

Desta maneira, "O tempo originário é finito e assegura a gênese do ser do Dasein e da existência cotidiana. A temporalidade imprópria tende à infinitude. Ela se estende aos entes intramundanos através do "presente", como se deles se originasse. Chama-se, por esse motivo, intratemporal" (Nunes, op. cit., p. 24).

E a dominância pública do medidor converte a contagem numa sucessão de "agora" independentes e o tempo contado passa a ser um curso temporal objetivo.

No entanto, é preciso não esquecer que o intratemporal deriva da temporalidade. Mas ao derivar da temporalidade, o intratemporal modifica-lhe a ordenação dos êxtases, pondo na dianteira o presente em função das coisas ou objetos na direção dos quais se temporaliza. A primazia do presente se traduz no efeito de nivelação dos "agora", identificados ao instrumento medidor, digamos os ponteiros do relógio.

Nesse sentido: "A primeira implicação da temporalidade heideggeriana é o abalo na representação aristotélica do tempo, preponderante na moderna filosofia da história. A finitude, sobrelevando-se à infinitude do tempo linear, atingirá ainda – segunda implicação – a ideia hegeliana da história universal como saber reflexivo do desenvolvimento da humanidade. O conhecimento histórico, possibilitado pelo tempo, não pode sintetizar senão o processo que o historiador alcança discernir através da perspectiva de sua época e de sua sociedade" (Nunes, op. cit., p. 28).

4. A JORNADA DE TRABALHO COMO ELEMENTO DO SER NO TEMPO

4.1 Sociedade e a valoração do trabalho

Indubitável que a concepção de sociedade detém como mecanismo de valoração o trabalho.

Independentemente do regime econômico que se adote, assim como de qual finalidade se atinja, o trabalho sempre, teoricamente, desenvolve-se no tempo como uma necessidade de melhora do bem comum.

E aqui cabe, de plano, uma percepção de que diante da sociedade atual, objeto de uma gama múltipla de ofertas, há um aumento da necessidade de acumulação de bens, como uma perspectiva de melhora na condição de vida, gerando-se uma proporcionalidade, diria, em verdade, uma vinculação direta, entre a capacidade de aquisição e de disposição dos bens, com o sucesso pessoal e profissional.

Isto posto, temos a falsa simetria, qual seja, maior quantidade de trabalho desenvolvido e melhora na acumulação de possibilidades e poder de compra, com uma melhora na qualidade de vida.

Indubitável que, a discussão acerca do tempo e trabalho não está exatamente como uma discussão nova. Na filosofia clássica, especialmente para Aristóteles, o ócio não era algo que permitia ao homem continuar trabalhando, mas sim um fim em si mesmo (daí seu caráter autotélico), o que remeteria à meta e à causa de uma vida feliz. Isso faz do ócio um âmbito de autonomia, aqui diferenciado do trabalho, inclusive.

Heiddeger trouxe o conceito de divisão do tédio em contraposição a intratemporalidade, com a finalidade de fazer a distinção direta da sensação para a essência. Nesse sentido: "Há três espécies de tédio, sendo duas superficiais, que despontam de situações particulares, e uma terceira, dita profunda, que provém do fundo temporal do Dasein. A situação particular da primeira é a expectativa de um evento certo, de ocorrência incerta; procuro distrair-me para deter o tempo, com o que preencho o esvaziamento que me atinge. A situação da segunda é o esquecimento do tempo; esvazia-se-nos o eu. Do tédio profundo disse Leopardi que pode ser "a mais estéril das paixões humanas" e a mais fecunda. Os animais não o conhecem, ao contrário do homem. Os entes continuam aí mas sob o foco de uma "indiferenciação espantosa" O correlato do tédio é essa recusa da parte dos entes. O que o torna possível – o horizonte do tempo – é o que também possibilita o Dasein" (Nunes, op. cit., p. 19).

O ponto fundante é que diante dessa necessidade de uma sensação de acumulação de utilidades, utilizando-se a perspectiva das entificações de Heidegger, com um número indeterminado de objetos, diante do avanço tecnológico, bagunça-se o conceito de tempo destinado a outras atividades, desvinculadas diretamente da atividade laboral.

Não é só o tempo hoje, mas sim o tempo destinado ao exercício de uma atividade não utilitarista.

E aqui, como já explanado anteriormente, estamos no campo da fenomenologia, no qual a percepção já justifica a existência do fenômeno, ou seja, não há necessidade de identificar a causa. "Longe do plano contemplativo, o mundo que Heidegger focaliza preliminarmente, o mundo circundante, intercambia, na práxis cotidiana, as dimensões da vida ativa, o prático da ação, ao poético do produzir e do fabricar" (Nunes, op. cit., p. 16).

Nesse sentido, a perspectiva aqui adotada é deste preceito, quando desenvolvemos a questão da jornada de trabalho, em si, uma vez que há um consenso histórico onde o trabalho permeia a evolução, com variações acerca da forma de sua exploração, desde aquela sem contrapartidas, como o regime escravista, até aquelas onde haveria um regime de exploração do trabalho, conceitualmente, como mecanismo de igualdade.

Aliás, Althusser é bastante assertivo quanto a indicação do trabalho humano como sujeito, dialogando com a concepção de Heidegger, especialmente quando faz a menção dos três requisitos condicionantes do ser, na medida em que "Essência do Homem = trabalho (ou trabalho social) = criação do Homem pelo Homem = Homem Sujeito da História = História como processo tendo o Homem (ou o trabalho humano) como Sujeito" (Mascaro & Morfino, op. cit., p. 54).

Para tanto, sempre é necessário se discorrer acerca do tempo despendido em favor ou a favor do trabalho. Reitera-se, partindo de uma concepção fenomenológica, a qual a exploração da atividade de um pelo outro está intrínseco à humanidade, visto que o trabalho prescinde a essência, podendo maximizá-la, tratando-se de um fenômeno que se mostra e se materializa.

4.2 Jornada de trabalho na pós-modernidade

Partimos de um pressuposto de definição jurídica no sentido de que Direito é linguagem e se a linguagem é insuficiente para dizer não se pode negar a experiência forjada sem a linguagem. O nada ocorre, através do que se coloca no limite da linguagem.

Nas lições de Mocelin (2001): "A expressão "jornada de trabalho" refere-se ao tempo despendido com o trabalho remunerado executado pelo trabalhador para um empregador, mediante um contrato regular de prestação de serviço, que pode ser o tempo diário, semanal, mensal ou anual. Contudo, ao tratar sobre o tema da redução da jornada de trabalho, deve-se estar atento ao conceito de trabalho que está em jogo nesta expressão. Em geral, quando se trata da redução da jornada de trabalho, não se está falando no trabalho em seu sentido antropológico ou genérico, como práxis criativa, no sentido empregado por Marx em seus escritos de juventude" (Mocelin, 2001, p. 102).

Para se chegar a uma concepção moderna, faz-se necessário mencionar o conceito atrelado ao modernismo, movimento anterior ao atual pós-modernismo, no qual se discutia e já criticava sobre a racionalidade econômica que governaria as relações sociais após a revolução industrial, ou seja, a relação contratual, seja no seu elemento tácito ou explícito, o emprego ou a ocupação.

A concepção acima exposta dá-se inter partes, objeto desta análise, não se podendo deixar de interpretar o megacapitalismo das grandes corporações, como mecanismo de norte paralelo das relações: "A materialidade do Estado capitalista, seus antagonismos e conflitos com as classes burguesas e em face das lutas de classes mostram que, desde o século XIX até hoje, o encontro entre relações de produção, forças produtivas e estruturas e formas daí correspondentes não é necessariamente o mais completo ou eficiente. É verdade que, com o estabelecimento do modo de produção capitalista, a marcha da acumulação a tudo e todos domina, de tal sorte que a determinação e a coerção das formas se apresentam, mas tal processo é atravessado por contradições, antagonismos e lutas" (Mascaro & Morfino, p. 25).

Rafael Valim (2017) sustenta com correção que "Ainda que esse processo seja universal, seus efeitos são muito díspares entre os países do centro e da periferia. Como diz Wolfgang Streeck, o capital financeiro tende a incorporar uma espécie de "segunda soberania", infensa aos controles democráticos em todo lugar. Um de seus principais mecanismos é a dívida pública. Atender ao serviço da dívida passa a estar acima da noção de representação política. O "mercado" em abstrato passa a determinar, em grande medida, a política econômica antes privilégio do Estado soberano. A demanda pela "independência" do Banco Central nada mais é que a demanda por sua dependência ao capital financeiro internacional" (Valim, 2017, p. 4).

E, fundamental, a percepção das grandes corporações quanto a necessidade de sua responsabilidade, deixando de lado os requisitos clássicos aristotélicos ou a própria definição mais atualizada, através da análise econômica do direito, especialmente com a preconização de uma proclamada necessidade de resposta rápida à sociedade, nesta era de cobranças através de redes sociais, decorrentes da interconectividade.

Aliás, esse controle aparenta ser um dos únicos freios ao processo das *big techs* em detrimento do ser.

5. REDUÇÃO DA JORNADA LABORAL – REFLEXÕES

5.1 Dados introdutórios

Diante da concepção exposta, sob o viés da produtividade, precisamos discutir a sua vertente e seu objeto, dentro da citada concepção do ser, visto a necessária temporalidade para nossa existência, salientando a necessidade da experiência, com o máximo aproveitamento possível da vida, no aspecto cronológico.

Há que se salientar que a produtividade, *a priori*, não é atingida por uma redução da jornada laboral. Nesse sentido, pesquisa realizada pelo Instituto *Autonomy* (entre junho e dezembro de 2022) buscou reduzir a jornada de trabalho para uma semana de quatro dias trabalhados, ou seja, os funcionários das empresas que participaram do teste ganharam um dia a mais de folga na semana. Após o fim do estudo, foi revelado que 92% das empresas participantes decidiram manter a jornada de trabalho reduzida.[1]

A mesma pesquisa apontou ganhos no aspecto qualitativo, com vários ganhos na segurança do trabalho e na saúde dos trabalhadores. Tal pesquisa também revelou uma melhora na saúde mental dos funcionários, com redução de casos de estresse e *Burnout*, por exemplo, o que se alinha perfeitamente ao grande problema moderno nas relações pós-modernas, ou seja, a preservação da saúde mental.[2]

Ironicamente, a mesma pesquisa trouxe uma grande desvantagem para essa concepção da super exploração, porquanto suscita um aumento no custo da operação, diminuindo a competitividade frente àquelas que adotam o regime de jornada normal.

O Brasil também inicia experimentos na questão, através das empresas: "Soma, central de serviços compartilhados do grupo Dreamers (do qual fazem parte a agência Artplan e o Rock In Rio), as editoras Mol e Ab Aeterno, a Casa dos Parafusos e a Alimentare estão entre as companhias anunciadas nesta quarta (30) pela 4 Day Week,

---

1. CAPELA, Filipe. Pesquisa inglesa mostra que redução da jornada de trabalho não afeta produtividade. Jornal da USP, São Paulo, 24 mai. de 2023. Disponível em: https://jornal.usp.br/campus-ribeirao-preto/pesquisa-inglesa-mostra-que-reducao-da-jornada-de-trabalho-nao-afeta-produtividade/. Acesso em: 04 set. 2023.
2. Além do Brasil e Inglaterra, países como Espanha, França e Japão já debatem o tema. Na Espanha há uma proposta para reformular a dinâmica de trabalho tradicional e adotar uma semana de quatro dias trabalhados. Além desses, segundo a ONU, países como Holanda, Dinamarca e Alemanha já trabalham, em média, menos de 32 horas semanais (op. cit.).

organização que desde 2019 avalia novos modelos de trabalho e produtividade, e pela Reconnect Happiness at Work (parceira do projeto no Brasil), em São Paulo".[3]

Segundo a mesma matéria, oficialmente, 20 (vinte) companhias, que somam 400 (quatrocentos) funcionários estão confirmadas no projeto piloto.

A questão da redução da competitividade aposta poderia deter uma minoração de problemas com a fixação da nova jornada através de legislação.

Nesse sentido, em nossa América Latina, o Chile é pioneiro com a instituição da redução através de Lei aprovada aos 11 de abril de 2023.

No modelo, haverá um escalonamento de horas de redução até se chegar a 40 (quarenta) horas, em 2028, com a possibilidade de adoção de regime 4x3 ou a retirada progressiva das horas diárias trabalhadas, salientando que o regime atual é de 45 (quarenta e cinco) horas semanais trabalhadas.[4]

No Brasil, a discussão acerca da legislação também já detém no Congresso mais de uma proposta para reduzir a jornada de trabalho no País. A primeira é datada de 1998, salientando que a proposta exigia a redução da jornada de trabalho semanal para, no máximo, seis horas diárias e proibia a redução dos salários. Já a segunda, apresentada em 2019 pelo deputado Reginaldo Lopes (PT-MG), defende a redução da jornada de trabalho para, no máximo, 36 horas semanais.

5.2 Reflexões sob a concepção da redução da jornada

O ponto aqui é se a redução da jornada dá, efetivamente, sob uma premissa de melhora da qualidade de vida dos trabalhadores ou é, mais uma vez, uma necessidade do sistema no atual modelo capitalista de, não longe do tratado no filme Paraíso, reinventar-se, através do sujeito-objeto.

Nesse sentido, é preceito da citada redução a exigência da mesma produção em menos tempo, olvidando-se das atividades exteriores, uma vez que como dito, o volume de utensílios disponíveis e da tecnologia majora o dia utilitário do trabalhador, destinado a uma gama imensa de atividades.

Nesta senda, a acessibilidade tem efeito dúplice, por exemplo, antes tínhamos uma pessoa para nos fornecer ao menos ajuda na escolha do filme, nos serviços bancários, entre outros elementos, agora vivemos a era da necessidade de atenção e cumprimento pessoal dessas demandas – a era do autosserviço.

---

3. BRIGATTI, Fernanda. Veja as empresas que terão semana de quatro dias de trabalho no Brasil. *Folha de S.Paulo*, São Paulo, 30 ago. de 2023. Disponível em: https://folha.com/phefa9g0. Acesso em: 04 set. 2023.
4. GOBIERNO DEL CHILE. ¡*40 Horas será ley!*: Conozca los detalles del proyecto impulsado por el Gobierno y que fue despachado por el Congreso. Gobierno Del Chile, Chile, 12 abr. de 2023. Disponível em: https://www.gob.cl/noticias/40-horas-es-ley-conozca-los-detalles-del-proyecto-impulsado-por-el-gobierno/. Acesso em: 22 ago. 2023.

O volume de utensílios e necessidades colocadas à disposição do ser são inúmeros, sob o preceito do binômio aquisição-conquista, o que gera uma majoração das citadas atividades.

Se por um lado o desenvolvimento tecnológico do utensílio facilita a atividade em si, a gama das atividades aumenta exponencialmente com o tempo em um ciclo retro-alimentar dos citados utensílios.

O ponto fundante da redução da jornada é se o objetivo é de que se respeite um maior tempo de atividades de lazer, tornando macro a concepção do ser, especialmente pela maior disponibilidade, também, para o exercício da intratemporalidade na concep-ção *Heideggeriana* ou estamos diante de mais um "cavalo de troia", no sentido de uma percepção, apenas ilusória, da necessidade de se responder aparentemente o avanço do citado sistema, com a finalidade, em verdade, de sua manutenção com o nível de exploração em nítida majoração.

6. RESPONSABILIDADE CIVIL E A JORNADA LABORAL

Sob uma perspectiva de que a ausência de regulação jurídica sancionadora não pode ser esquiva para a inércia de eventuais medidas judiciais interpretativas, deve-se analisar se haveria hoje, sem legislação específica de redução de jornada, algum meca-nismo jurídico que possa minorar os efeitos da superexploração das atividades, mesmo dentro de uma limitação legal da jornada.

A resposta deve se encontrar no instituto da Responsabilidade Civil, mas está deve ser percebeida sob um viés distinto da atual aplicação em nossos ordenamentos.

Para tanto, trazemos uma concepção de Michel Foucault (2022) ao elencar a comunicação luhmanniana, através da palavra *autopoiesis,* que se refere a um sistema autopoiético, definido como rede de produção de componentes e estruturas. Como emissor da própria comunicação, opera, por isso mesmo, de forma autorreferencial. Implica autorganização: elementos produzidos no mesmo sistema. Decorre da auto--organização da natureza e da sua comunicação com o seu ambiente, como se fossem células do corpo autorregenerado (Foucault, 2022).

Foucault continua sua digressão de reinvenção, quando afirma que a *autopoiese* foi utilizada no campo do direito pela teoria dos sistemas para resolver o fundamental pro-blema de delimitar externamente o sistema, este normativo-ideológico, nos confrontos do seu ambiente, sem excluir a própria capacidade de introduzir ao seu interno mudan-ças que assegurem a sua sobrevivência. Em particular, a teoria dos sistemas considera o sistema jurídico apto a gerir as relações entre os próprios elementos com diversos níveis de complexidade do ambiente e da específica normatividade capaz de atingir níveis de generalizações superiores aos dos outros sistemas normativos.

Já tratei do tema em outros momentos, mas creio ser de grande necessidade a definição acima como canal indutor de uma implementação mais interconectada do Direito com uma maior velocidade das mudanças sociais.

Assim, há regulação no campo do ordenamento laboral do Brasil para a o dano extrapatrimonial, decorrente do atentado à existência – concebendo-se o dano existencial, aquele que gera a exploração da atividade utilitária direta do trabalhador, pelo empregador, em período longo do dia e da semana, superior aos limites legais.

A previsão legal se extrai de uma combinação de artigos constitucionais e infraconstitucionais, quais sejam: art. 6º, da CRFB/88;[5] arts. 186[6] e 927,[7] do Código Civil e art. 223-A até o art. 223-G,[8] da Consolidação das Leis do Trabalho.

---

5. Art. 6º São direitos sociais a educação, a saúde, a alimentação, o trabalho, a moradia, o transporte, o lazer, a segurança, a previdência social, a proteção à maternidade e à infância, a assistência aos desamparados, na forma desta Constituição (Redação dada pela Emenda Constitucional 90, de 2015).

Parágrafo único. Todo brasileiro em situação de vulnerabilidade social terá direito a uma renda básica familiar, garantida pelo poder público em programa permanente de transferência de renda, cujas normas e requisitos de acesso serão determinados em lei, observada a legislação fiscal e orçamentária (Incluído pela Emenda Constitucional 114, de 2021).

6. Art. 186. Aquele que, por ação ou omissão voluntária, negligência ou imprudência, violar direito e causar dano a outrem, ainda que exclusivamente moral, comete ato ilícito.

7. Art. 927. Aquele que, por ato ilícito (arts. 186 e 187), causar dano a outrem, fica obrigado a repará-lo.

Parágrafo único. Haverá obrigação de reparar o dano, independentemente de culpa, nos casos especificados em lei, ou quando a atividade normalmente desenvolvida pelo autor do dano implicar, por sua natureza, risco para os direitos de outrem.

8. Art. 223-A. Aplicam-se à reparação de danos de natureza extrapatrimonial decorrentes da relação de trabalho apenas os dispositivos deste Título. (Incluído pela Lei 13.467, de 2017) (Vide ADI 6050) (Vide ADI 6069) (Vide ADI 6082).

Art. 223-B. Causa dano de natureza extrapatrimonial a ação ou omissão que ofenda a esfera moral ou existencial da pessoa física ou jurídica, as quais são as titulares exclusivas do direito à reparação. (Incluído pela Lei 13.467, de 2017) (Vide ADI 6050) (Vide ADI 6069) (Vide ADI 6082).

Art. 223-C. A honra, a imagem, a intimidade, a liberdade de ação, a autoestima, a sexualidade, a saúde, o lazer e a integridade física são os bens juridicamente tutelados inerentes à pessoa física. (Incluído pela Lei 13.467, de 2017)Art. 223-C. A honra, a imagem, a intimidade, a liberdade de ação, a autoestima, a sexualidade, a saúde, o lazer e a integridade física são os bens juridicamente tutelados inerentes à pessoa física. (Incluído pela Lei 13.467, de 2017).

Art. 223-D. A imagem, a marca, o nome, o segredo empresarial e o sigilo da correspondência são bens juridicamente tutelados inerentes à pessoa jurídica. (Incluído pela Lei 13.467, de 2017).

Art. 223-E. São responsáveis pelo dano extrapatrimonial todos os que tenham colaborado para a ofensa ao bem jurídico tutelado, na proporção da ação ou da omissão. (Incluído pela Lei 13.467, de 2017).

Art. 223-F. A reparação por danos extrapatrimoniais pode ser pedida cumulativamente com a indenização por danos materiais decorrentes do mesmo ato lesivo. (Incluído pela Lei 13.467, de 2017)

§ 1º Se houver cumulação de pedidos, o juízo, ao proferir a decisão, discriminará os valores das indenizações a título de danos patrimoniais e das reparações por danos de natureza extrapatrimonial. (Incluído pela Lei 13.467, de 2017).

§ 2º A composição das perdas e danos, assim compreendidos os lucros cessantes e os danos emergentes, não interfere na avaliação dos danos extrapatrimoniais. (Incluído pela Lei 13.467, de 2017).

Art. 223-G. Ao apreciar o pedido, o juízo considerará: (Incluído pela Lei 13.467, de 2017) (Vide ADI 6050) (Vide ADI 6069) (Vide ADI 6082).

I – a natureza do bem jurídico tutelado; (Incluído pela Lei 13.467, de 2017).

II – a intensidade do sofrimento ou da humilhação; (Incluído pela Lei 13.467, de 2017).

III – a possibilidade de superação física ou psicológica; (Incluído pela Lei 13.467, de 2017).

IV – os reflexos pessoais e sociais da ação ou da omissão; (Incluído pela Lei 13.467, de 2017).

V – a extensão e a duração dos efeitos da ofensa; (Incluído pela Lei 13.467, de 2017).

VI – as condições em que ocorreu a ofensa ou o prejuízo moral; (Incluído pela Lei 13.467, de 2017).

VII – o grau de dolo ou culpa; (Incluído pela Lei 13.467, de 2017).

Sendo assim, a proteção, como dito, detém por base a violação do projeto de vida, com origem no Direito Civil Italiano (Almeida Neto, 2015).

A questão aqui tratada é, como dito, se é possível se configurar o citado dano extrapatrimonial, quando não houver a transposição da jornada de trabalho por si só, ou seja, inexistir trabalho por mais de oito horas diárias e quarenta e quatro horas semanais, por exemplo, limites previstos na lei brasileira (art. 7º, XIII, da CF[9]), assim como a possibilidade de majoração para um acréscimo de duas horas extras diárias, através do regramento previsto no artigo 59 da CLT.[10]

VIII – a ocorrência de retratação espontânea; (Incluído pela Lei 13.467, de 2017).

IX – o esforço efetivo para minimizar a ofensa; (Incluído pela Lei 13.467, de 2017).

X – o perdão, tácito ou expresso; (Incluído pela Lei 13.467, de 2017).

XI – a situação social e econômica das partes envolvidas; (Incluído pela Lei 13.467, de 2017).

XII – o grau de publicidade da ofensa. (Incluído pela Lei 13.467, de 2017).

§ 1º Se julgar procedente o pedido, o juízo fixará a indenização a ser paga, a cada um dos ofendidos, em um dos seguintes parâmetros, vedada a acumulação: (Incluído pela Lei 13.467, de 2017).

I – ofensa de natureza leve, até três vezes o último salário contratual do ofendido; (Incluído pela Lei 13.467, de 2017).

II – ofensa de natureza média, até cinco vezes o último salário contratual do ofendido; (Incluído pela Lei 13.467, de 2017).

III – ofensa de natureza grave, até vinte vezes o último salário contratual do ofendido; (Incluído pela Lei 13.467, de 2017).

IV – ofensa de natureza gravíssima, até cinquenta vezes o último salário contratual do ofendido. (Incluído pela Lei 13.467, de 2017).

§ 2º Se o ofendido for pessoa jurídica, a indenização será fixada com observância dos mesmos parâmetros estabelecidos no § 1º deste artigo, mas em relação ao salário contratual do ofensor. (Incluído pela Lei 13.467, de 2017).

§ 3º Na reincidência entre partes idênticas, o juízo poderá elevar ao dobro o valor da indenização. (Incluído pela Lei 13.467, de 2017).

9. Art. 7º São direitos dos trabalhadores urbanos e rurais, além de outros que visem à melhoria de sua condição social:

[...]

XIII – duração do trabalho normal não superior a oito horas diárias e quarenta e quatro semanais, facultada a compensação de horários e a redução da jornada, mediante acordo ou convenção coletiva de trabalho; (Vide Decreto-Lei 5.452, de 1943).

10. Art. 59. A duração diária do trabalho poderá ser acrescida de horas extras, em número não excedente de duas, por acordo individual, convenção coletiva ou acordo coletivo de trabalho. (Redação dada pela Lei 13.467, de 2017).

§ 1º A remuneração da hora extra será, pelo menos, 50% (cinquenta por cento) superior à da hora normal. (Redação dada pela Lei 13.467, de 2017).

§ 2º Poderá ser dispensado o acréscimo de salário se, por força de acordo ou convenção coletiva de trabalho, o excesso de horas em um dia for compensado pela correspondente diminuição em outro dia, de maneira que não exceda, no período máximo de um ano, à soma das jornadas semanais de trabalho previstas, nem seja ultrapassado o limite máximo de dez horas diárias. (Redação dada pela Medida Provisória 2.164-41, de 2001).

§ 3º Na hipótese de rescisão do contrato de trabalho sem que tenha havido a compensação integral da jornada extraordinária, na forma dos §§ 2º e 5º deste artigo, o trabalhador terá direito ao pagamento das horas extras não compensadas, calculadas sobre o valor da remuneração na data da rescisão. (Redação dada pela Lei 13.467, de 2017).

§ 5º O banco de horas de que trata o § 2º deste artigo poderá ser pactuado por acordo individual escrito, desde que a compensação ocorra no período máximo de seis meses. (Incluído pela Lei 13.467, de 2017).

§ 6º É lícito o regime de compensação de jornada estabelecido por acordo individual, tácito ou escrito, para a compensação no mesmo mês. (Incluído pela Lei 13.467, de 2017).

Através de toda narrativa disposta aqui, especialmente pelo conceito filosófico aportado, em conjunto com uma percepção de diminuição flagrante de horas líquidas diárias na pós-modernidade, seria possível, ao nosso sentir, através da concepção da *autopoiesis*, de se aplicar o conceito da Responsabilidade Civil em função do dano existencial, mesmo dentro do respeito da limitação da jornada, quando se demonstrar, efetivamente, que houve uma violação decorrente da ultra exploração neste período.

O ínterim temporal, conforme amplamente demonstrado não pode ser computado apenas cronologicamente, em uma visão puramente de transcurso de horas, minutos e segundos, mas sim sobre o aspecto da intratemporalidade, a qual será diretamente afetada, com uma exploração acima da normalidade, mesmo dentro do período preconizado como limite pela legislação.

Não se dispõe aqui, criar-se novos requisitos para a responsabilidade civil ou uma reinvenção do conceito, mas sim uma aplicação dentro do próprio sistema, através, sim de reinvenção do sistema de aplicação, quando se percebe que a *autopoiese* deve ser utilizada no campo do direito para resolver o fundamental problema de delimitar externamente o sistema, este no campo normativo-ideológico, nos confrontos do seu ambiente, sem excluir a própria capacidade de introduzir ao seu interno mudanças que assegurem a sua sobrevivência.

Em particular, a teoria dos sistemas considera o sistema jurídico apto a gerir as relações entre os próprios elementos com diversos níveis de complexidade do ambiente e da específica normatividade capaz de atingir níveis de generalizações superiores aos dos outros sistemas normativos.

Indubitável a necessidade de adoção, também, do conceito de "hiperciclo", denotando que os diversos componentes do sistema jurídico (procedimento jurídico, ato jurídico, norma jurídica, dogmática jurídica) operam de modo diferenciado, mas reciprocamente complementar. Somente a combinação desses componentes concorre para gerir solicitações provenientes do exterior do sistema.

É de fundamental relevância a menção de que aqui não estamos trazendo à baila nada que seja pós-positivista ou com uma indumentária de ativismo judicial, suscitando-se que se trabalha apenas no campo da hermenêutica, fruto da leitura, inclusive, proposta por Heidegger, nos exatos termos fundacionais deste trabalho.

Desta feita, há a possibilidade de aplicação da teoria da responsabilidade civil, mesmo dentro de uma jornada de trabalho limitada nos termos legais, através da *autopoeises*, como uma necessidade de estabelecimento e correção, visto que a atividade desenvolvida pode ser de máxima exploração, mesmo na já citada limitação temporal/cronológica normativa.

Aliás, indubitável que o entendimento em apreço também é integrativo a própria redução da jornada, em si, creio que especialmente nestes casos, onde a capacidade utilitária e produtiva deverá se perfazer em um tempo cronológico menor, suscitando-se a necessidade de manutenção da competitividade, a qual gera, sobremaneira, os riscos envolvidos na relação laboral per si.

7. CONCLUSÃO

Diante da explanação aqui exposta, como sempre a arte demonstra a sua leitura social apurada, consagrando-se através do filme Paraíso e da série White Lotus mecanismos de demonstração da exploração do tempo, em si, este não pertencente mais ao ser, consignando-se na leitura de Heidegger, como um predicado afastado do objeto.

Assim, a exposição aqui aposta se deu nos movimentos de redução de jornada como demonstração de uma necessária autorregulação do capitalismo, capitaneado pelas grandes companhias, as quais trazem esse norteador como causa primária de manutenção sistemática, visto que a sua produção, hoje consagrando os autosserviços, estes necessariamente consumidos, devem gerar a minoração do tempo livre do próprio trabalhador.

A mera discussão apenas da redução da jornada, por si só, nos afasta da concepção do ser e a necessária intratemporalidade percebida por ele, suscitando-se que sua possibilidade se dá só com oportunidade e tempo efetivamente livre, porquanto esse trânsito se torna impossível na conjuntura atual, utilitarista até no momento de um denominado tempo de lazer.

Desta feita, a redução da jornada de trabalho somente terá a efetividade, com a majoração do tempo livre, com uma mudança do sistema de ciclos auto produtivos, os quais demandariam uma revisitação do entendimento do tempo, como norteador do ser.

Outrossim, mesmo diante da minoração da jornada, constatou-se o alto risco de uma alta exploração da capacidade utilitária, visto que a produção deverá se perfazer em um tempo cronológico menor, suscitando-se a necessidade de manutenção da competitividade.

Sob este prisma, avalia-se a possibilidade de aplicação da teoria da responsabilidade civil, mesmo em um cenário de redução legal da jornada laboral, dentro de uma concepção da teoria dos sistemas, com a observância do dano extrapatrimonial aplicável e uma consequente indenização.

REFERÊNCIAS

ALMEIDA NETO, Amaro Alves de. *Dano Existencial*: a tutela da dignidade da pessoa humana. São Paulo: Ed. RT, 2005. v. 6. n. 24.

BRASIL. [Constituição (1988)]. Constituição da República Federativa do Brasil. Brasília, DF, set. de 2023. Disponível em: https://www.planalto.gov.br/ccivil_03/constituicao/constituicao.htm. Acesso em 08 set. de 2023.

BRASIL. Lei 10.406, de 10 de janeiro de 2002. Institui o Código Civil. Brasília, DF, set. de 2023. Disponível em: https://www.planalto.gov.br/ccivil_03/leis/2002/l10406compilada.htm. Acesso em 08 set. de 2023.

BRASIL. Decreto-lei 5.452, de 1º de maio de 1943. Aprova a Consolidação das Leis do Trabalho. Brasília, DF, set. de 2023. Disponível em: https://www.planalto.gov.br/ccivil_03/decreto-lei/del5452.htm. Acesso em 8 set. de 2023.

BRIGATTI, Fernanda. Veja as empresas que terão semana de quatro dias de trabalho no Brasil. *Folha de S.Paulo*, São Paulo, 30 ago. 2023. Disponível em: https://folha.com/phefa9g0. Acesso em 04 set. de 2023.

CAPELA, Filipe. Pesquisa inglesa mostra que redução da jornada de trabalho não afeta produtividade. *Jornal da USP*, São Paulo, 24 mai. de 2023. Disponível em: https://jornal.usp.br/campus-ribeirao-preto/pesquisa-inglesa-mostra-que-reducao-da-jornada-de-trabalho-nao-afeta-produtividade/. Acesso em: 04 set. 2023.

FOUCAULT, Michel. *Alternativas À Prisão*: Michel Foucault: um encontro com Jean-Paul Brodeur. Trad. Maria Ferreira. Petrópolis: Editora Vozes, 2022.

GOBIERNO DEL CHILE. ¡*40 Horas será ley!*: Conozca los detalles del proyecto impulsado por el Gobierno y que fue despachado por el Congreso. Gobierno Del Chile, Chile, 12 abr. de 2023. Disponível em: https://www.gob.cl/noticias/40-horas-es-ley-conozca-los-detalles-del-proyecto-impulsado-por-el-gobierno/. Acesso em: 22 ago. 2023.

HAN, Byung-Chul. *Topologia da Violência*. Trad. Enio Paulo Giachini. Petrópolis: Editora Vozes, 2017.

HEIDEGGER, Martin. *Ser e Tempo*. 10. ed. Trad. Marcia Sá Cavalcante. Petrópolis: Editora Vozes, 2015.

KIERKGAARD, Soren Aabye. *O Conceito de Angústia*: uma simples reflexão psicológico-demonstrativa direcionada ao problema dogmático do pecado hereditário de Vigilius. 3. ed. Trad. Alvaro Luiz Montenegro Valls. São Paulo: Editora Vozes, 2013.

LÉVINAS, Emmanuel. *Totalidade e Infinito*. 3. ed. Coimbra: Editora Almedina – Edições 70, 2008.

MARTINS, André Ferrer Pinto. *Concepções de Estudantes Acerca do Conceito de Tempo*: uma análise à luz da epistemologia de Gaston Bachelard, 2004. 217 f. Tese (Doutorado em Educação) – Faculdade de Educação, Universidade de São Paulo, São Paulo, 2004. Disponível em: https://www.teses.usp.br/teses/disponiveis/48/48134/tde-30112004-183841/pt-br.php. Acesso em: 02 set. 2023.

MASCARO, Alysson Leandro; MORFINO, Vittorio. *Althusser e o Materialismo Aleatório (Diálogos Livro 1)*. São Paulo: Editora Contracorrente, 2020.

MOCELIN, Daniel Gustavo. Redução da Jornada de Trabalho e Qualidade dos Empregos: entre o discurso, a teoria e a realidade. *Revista de Sociologia Política*, Curitiba, v. 19, n. 38, p. 101-119, fev. 2011.

NUNES, Benedito. *Heidegger & Ser e Tempo (PAP – Filosofia)*. Rio de Janeiro: Editora Zahar, 2002.

PARAÍSO. Direção: Boris Kunz. Produção: *Netflix*. Alemanha: Netflix, 2023. Streaming. Disponível em: https://www.netflix.com/br/title/81288179. Acesso em 09 set. de 2023.

PLATÃO. *Timeu e Critias ou A Atlântida*. Trad. Rodrigo Lopes. São Paulo: Editora Hemus, 1988.

SARTRE, Jean-Paul. *Existencialismo é Um Humanismo*. 4. ed. Trad. João Batista Kreuch. São Paulo: Editora Vozes, 2014.

THE WHITE LOTUS. Direção: Mike White. Produção: *HBO Entertainment*. Estados Unidos, 2021. 1ª Temporada. Streaming. Disponível em: https://www.hbomax.com/br/pt/series/urn:hbo:series:GYLD3_ArixL1sggEAAAHk. Acesso em: 09 set. 2023.

VALIM, Rafael. *Estado de Exceção*: a forma jurídica do Neoliberalismo. São Paulo: Editora Contracorrente, 2017.

IV – SAÚDE E SEGURANÇA DO TRABALHADOR E RESPONSABILIDADE CIVIL DO EMPREGADOR

IV – SAÚDE E SEGURANÇA DO TRABALHADOR E RESPONSABILIDADE CIVIL DO EMPREGADOR

11
RESPONSABILIDADE TRABALHISTA EM FACE DO ACIDENTE DO TRABALHO

Marcelo José Ladeira Mauad

Doutor e Mestre pela PUC/SP em Direito das Relações Sociais. Professor titular da disciplina de Direito Individual do Trabalho da Faculdade de Direito de São Bernardo do Campo, onde foi diretor por dois mandatos. Advogado militante. Coordenador do Departamento Jurídico do Sindicato dos Metalúrgicos do ABC. Autor de livros e artigos na área do Direito do Trabalho.

Sumário: 1. Introdução – 2. Responsabilidade civil – 3. Acidente do trabalho; 3.1 Definições legais; 3.2 Doença profissional e doença de trabalho; 3.3 Repercussões na esfera trabalhista; 3.4 Cumulatividade; 3. 5 Nexo de causalidade; 3.6 Teoria do risco; 3.6.1 Posição do STF sobre a conciliação da Constituição Federal com o Código Civil, em relação à responsabilidade civil decorrente do acidente do trabalho; 3.7 Danos material, extrapatrimonial e estético; 3.7.1 Dano material; 3.7.2 Dano extrapatrimonial (moral e existencial); 3.7.3 Dano estético; 3.8 Aplicação da prescrição – 4. Conclusões – Referências.

1. INTRODUÇÃO

É uma honra para mim participar de uma obra coletiva, ao lado de tantos(as) vultosos(as estudiosos(as) do Direito do Trabalho, em homenagem ao Desembargador Valdir Florindo, um dos mais notáveis juslaboralistas brasileiros.

Valdir Florindo reúne, a um só tempo, a experiência de cerca de quinze anos como um militante advogado trabalhista do ABC paulista, onde, entre outras atividades, coordenou, com competência ímpar, o Departamento Jurídico do Sindicato dos Metalúrgicos do ABC, e o brilhantismo com que conduz sua judicatura há mais de vinte anos no Tribunal Regional do Trabalho da Segunda Região.

Além de participar com um artigo, coube a mim, outrossim, contribuir na organização do livro, juntamente com o Prof. Gilberto Carlos Maistro Júnior.

Pois bem, vamos ao texto.

A temática sobre a qual passo a me debruçar versa a respeito da responsabilidade trabalhista em face do acidente do trabalho, uma das mais expressivas da atualidade pois envolve diretamente a concretização de princípios jurídicos de alto valor normativo, como a *dignidade humana*, os *valores sociais do trabalho* e o *direito a um meio ambiente saudável e equilibrado, nele incluído o do trabalho*, dentre outros preceitos constitucionais.

Nos últimos anos, tanto a *legislação* – sobretudo a Reforma Trabalhista de 2017 – quanto a *jurisprudência* dos tribunais superiores promoveram transformações significativas na compreensão da matéria perante o direito laboral.

MARCELO JOSÉ LADEIRA MAUAD

Este estudo pretende expor um panorama abrangente desta questão, com foco nas principais mudanças realizadas nos últimos tempos.

2. RESPONSABILIDADE CIVIL

Responsabilidade é a obrigação geral de responder pelas consequências dos próprios atos ou pelos de outros.[1] Em sua conotação jurídica envolve um dever jurídico, uma obrigação legal ou contratual de indenizar quando o agente violar direito e causar dano a outrem. Todos têm a obrigação de responder por seus próprios atos ou palavras, cuja indenização correspondente decorre, em regra, da ação ou omissão voluntária do agente, como será visto.

O Código Civil, Título IX, disciplina a Responsabilidade Civil e no caput do art. 927 preceitua: *Aquele que, por ato ilícito (arts. 186 e 187), causar dano a outrem, fica obrigado a repará-lo.*

Por sua vez, os arts. 186 e 187, do mesmo diploma civil, assentam que *aquele que, por ação ou omissão voluntária, negligência ou imprudência, violar direito e causar dano a outrem, ainda que exclusivamente moral, comete ato ilícito.* E também o comete o titular de um direito que, ao exercê-lo, excede manifestamente os limites impostos pelo seu fim econômico ou social, pela boa-fé ou pelos bons costumes. De sorte que o ato ilícito gera direito à indenização e outros reflexos (sobretudo na seara trabalhista), uma vez evidenciada a responsabilidade de seu autor.

É inegável, mesmo com as novas diretrizes estabelecidas pelo Código Civil de 2002, que sempre que não se identificar disposição legal expressa consagrando a *responsabilidade objetiva*, aplica-se a *responsabilidade subjetiva*, como sistema subsidiário, uma espécie de princípio geral de direito civil. O autor do dano pode não responder objetivamente por falta de previsão legal específica, mas, subjetivamente, se causar dano a outrem, terá de responder, mediante a apuração de dolo (intencional) ou culpa (negligência ou imprudência ou imperícia).

Neste estudo, procuramos expor um panorama sobre o tema com foco no Direito do Trabalho.

3. ACIDENTE DO TRABALHO

O acidente do trabalho é uma das questões de maior proeminência no vasto campo das relações de trabalho (aqui procuraremos nos concentrar nas *relações de emprego*). Esta temática ganha relevância a contar do apogeu do desenvolvimento econômico oriundo da Revolução Industrial a partir do final do século XVIII.

O Papa Leão XIII, na Encíclica *Rerum Novarum*, preocupou-se com a necessidade de haver uma relação mais harmônica entre patrões e trabalhadores, consignando

---

1. *Grande Enciclopédia Larousse Cultural*. Editora Nova Cultural, 1998, p. 5.015.

a respeito dessas duas classes: *Elas têm imperiosa necessidade uma da outra; não pode haver capital sem trabalho, nem trabalho sem capital.*[2]

No Brasil, desde a Constituição Federal de 1934, observa-se a preocupação do Estado com medidas de proteção ao trabalhador em face de acidentes do trabalho.

Como já salientado, para o Direito, todo aquele que causa dano a outrem é obrigado a repará-lo. O dano não gera malefícios apenas à vítima, mas a toda a sociedade, de modo que sua reparação é um imperativo para o ofendido e medida necessária ao bem comum.

De sorte que os acidentes do trabalho não causam repercussões apenas de ordem jurídica, mas também econômica e social. Nos casos menos graves, em que o empregado tenha que se ausentar por período inferior a quinze dias, o empregador deixa de contar com seus profissionais temporariamente afastados em decorrência do acidente e tem que arcar com os custos econômicos. O acidente, outrossim, repercutirá nos custos do empregador na medida em que gera reflexos também no cálculo do Fator Acidentário de Prevenção – FAP da empresa, nos termos do art. 10 da Lei 10.666/2003, com isto majorando o SAT-Seguro de Acidente de Trabalho.[3]

De igual modo, os acidentes de trabalho geram altos custos ao Estado. Incumbe ao *Instituto Nacional do Seguro Social* – INSS – administrar a prestação de benefícios acidentários. São bilhões de reais gastos todos os anos com o pagamento destes benefícios.[4]

Trata-se, pois, de tema de extrema importância para o Direito Social e gera reflexos em diferentes campos, como no Direito Previdenciário (benefícios acidentários) e Direito do Trabalho (indenizações por danos extrapatrimoniais – morais e existenciais –, estéticos e materiais; estabilidade no emprego etc.). Há, ainda, outras esferas a serem consideradas, como o Direito Penal, o Direito Civil e o Direito Tributário, mas isto evidentemente extrapola os limites da presente abordagem, direcionada ao Direito laboral.

3.1 Definições legais

O acidente do trabalho, via de regra, acontece por culpa do empregador (o Direito admite, porém, a possibilidade de o empregado ser o responsável pelo sinistro), mesmo que não evidenciada de forma direta a violação legal ou regulamentar, tendo em conta

---

2. Disponível em: https://www.vatican.va/content/leo-xiii/pt/encyclicals/documents/hf_l-xiii_enc_15051891_rerum-novarum.html. Acesso em: 30 nov. 2023.
3. O valor do SAT (Conforme a Lei 6.367/1976 e Decreto 61.784/1967) é definido levando em conta os riscos da atividade exercida pela empresa. Conforme a *Classificação Nacional de Atividades Econômicas* (CNAE), é calculado com base na remuneração paga aos empregados. Considerando-se o grau do risco no qual o empregador se enquadra, aplicam-se as seguintes alíquotas: a) leve: alíquota de 1%; b) médio: alíquota de 2%; c) grave: alíquota de 3%. Além disto, considera-se também o Fator Acidentário de Prevenção (FAP), criado pelo Decreto 3.048/99. Trata-se de um multiplicador aplicado à alíquota que varia entre 0,5 e 2 conforme o desempenho da empresa em relação à segurança, considerando a atividade exercida. Este pode aumentar ou reduzir o SAT básico, a refletir diretamente nos custos da empresa. Por exemplo, ao adotar todos os cuidados para reduzir os acidentes, é possível conseguir um FAP menor que 1, diminuindo o valor básico do seguro.
4. Disponível em: https://www.tst.jus.br/web/trabalhoseguro/o-que-e-acidente-de-trabalho. Acesso em: 30 nov. 2023.

que as normas de saúde, medicina, higiene e segurança trabalho – ainda que bastante minuciosas – não são suficientes para abarcar todas as incontáveis possibilidades de condutas do empregado e do empregador na execução do contrato de trabalho. Dessa forma, revela-se impossível ao Direito regrar todos os comportamentos no âmbito da prestação.

Extraem-se o conceito e os principais contornos jurídicos do acidente de trabalho de duas leis:

a) Lei 6.367/1976 (ainda aplicável no que tange ao *seguro de acidentes do trabalho* a cargo do INSS), que assim dispõe em seu art. 2º: *Acidente do trabalho é aquele que ocorrer pelo exercício do trabalho a serviço da empresa, provocando lesão corporal ou perturbação funcional que cause a morte, ou perda, ou redução, permanente ou temporária, da capacidade para o trabalho.*

b) Lei 8.213/1991 (lei previdenciária), cujo *caput* do art. 19 dispõe: *Acidente do trabalho é o que ocorre pelo exercício do trabalho a serviço de empresa ou de empregador doméstico ou pelo exercício do trabalho dos segurados referidos no inciso VII do art. 11 desta Lei, provocando lesão corporal ou perturbação funcional que cause a morte ou a perda ou redução, permanente ou temporária, da capacidade para o trabalho.*

Tais definições referem-se, não apenas ao chamado *acidente típico* ou *tipo* – evento único (acontecimento repentino e inesperado) ocorrido no ambiente e no horário do trabalho, que agride a integridade física ou psíquica do trabalhador – mas também às doenças *profissional* e do *trabalho.*

De tanto se infere que o acidente do trabalho, no plano do Direito do Trabalho, é o evento que ocorre pelo exercício do trabalho de empregado a serviço de empresa ou de empregador doméstico, provocando lesão corporal ou perturbação funcional, que cause a morte ou a perda ou redução, permanente ou temporária, da capacidade para o trabalho.

De outra banda, a Lei 6.367/1976 trata do *seguro obrigatório contra acidente de trabalho* administrado pelo INSS e não da obrigação de o empregador indenizar[5] conforme o art. 7º, XXVIII, CF. Do ponto de vista das definições, prevalecem os contornos estabelecidos pela lei previdenciária (mais recente), bastante amplos para incluir outras circunstâncias as quais, de igual modo, atingem a seara trabalhista.[6]

3.2 Doença profissional e doença de trabalho

O art. 20, da Lei 8.213/1991, distingue a *doença profissional* da *doença do trabalho,* a saber: *Art. 20. Consideram-se acidente do trabalho, nos termos do artigo anterior, as seguintes entidades mórbidas: I – doença profissional, assim entendida a produzida ou*

---

5. TST/AIRR-191800-79.2008.5.02.0318, 2ª Turma, Relator Ministro Jose Roberto Freire Pimenta, DEJT 20.11.2020.
6. Decreto-lei 4.657 de 04 de setembro de 1942 – LINDB – Lei de Introdução às Normas do Direito Brasileiro: Art. 2º, § 1º: *A lei posterior revoga a anterior quando expressamente o declare, quando seja com ela incompatível ou quando regule inteiramente a matéria de que tratava a lei anterior.*

desencadeada pelo exercício do trabalho peculiar a determinada atividade e constante da respectiva relação elaborada pelo Ministério do Trabalho e da Previdência Social; II – doença do trabalho, assim entendida a adquirida ou desencadeada em função de condições especiais em que o trabalho é realizado e com ele se relacione diretamente, constante da relação mencionada no inciso I.

Portanto, *doença profissional* e *doença do trabalho* não são a mesma coisa, eis que substancial a diferença entre tais institutos.

A *doença profissional* é provocada pelo exercício do trabalho típico de determinada atividade e constante da correspondente relação elaborada pela Previdência Social. Neste caso, a atividade profissional do empregado é condição imprescindível ao desenvolvimento da moléstia pois o trabalho é causa necessária. Há relação direta de causa e efeito, pois com a supressão do agente a doença não existiria (como no caso da *Silicose*, doença pulmonar que acomete especificamente trabalhadores da mineração). Além disto, são doenças que normalmente não se manifestam de forma súbita, mas vão se alojando pouco a pouco no organismo, até causarem a incapacidade.

Já a *doença do trabalho* é contraída em função de condições especiais em que o trabalho é realizado e com ele se relacionem diretamente. O trabalho acaba por convergir para a doença, afigurando-se como importante fator de risco, mas não necessariamente determinante. É uma moléstia comum, que pode atingir qualquer pessoa, mas é provocada por condições especiais em que o trabalho é realizado (um exemplo recente é o da Covid-19, quando acometidos os profissionais da saúde em meio à pandemia[7]). Outra informação relevante é que, para ser caracterizada como ocupacional, a doença precisa ter sido contraída em razão da atividade profissional do empregado, mediante a comprovação do nexo de causalidade.[8]

A aludida *Lista de Doenças Relacionadas ao Trabalho* (LDRT), a que alude o art. 20, da Lei 8.213/1991, é, na verdade, editada pelo Ministério da Saúde. Revela-se uma importante referência legal de cunho exemplificativo, isto é, sem afastar outras mais que possam ser também diagnosticadas em cada caso. Como veremos, a comprovação da relação entre a doença e atividade ocupacional (nexo de causalidade) depende de investigação técnica e análise feita por especialistas em saúde do trabalho.[9]

Por outro lado, a lei *não* considera como *doença do trabalho* (art. 20, § 1º, Lei 8.213/1991): a) a doença degenerativa; b) a inerente a grupo etário; c) a que não produza incapacidade laborativa; d) a doença endêmica adquirida por segurado habitante de

---

7. STF – ADI 6342 e outras.
8. O INSS, p.ex., poderá considerar presumido o nexo causal se entender que, em razão da atividade profissional do trabalhador e do ramo da atividade empresarial do empregador, ficar evidenciado o chamado Nexo Técnico Epidemiológico Previdenciário (NTEP). Aqui, porém, a presunção é relativa – e não absoluta – de que a motivação determinante da inaptidão laboral decorre da atividade exercida pelo trabalhador na empresa.
9. *Ministério da Saúde atualiza lista de doenças relacionadas ao trabalho após 24 anos* – Portaria GM/MS 1.999, de 27 de novembro de 2023 – Lista de Doenças Relacionadas ao Trabalho (LDRT) – https://www.gov.br/saude/pt-br/assuntos/noticias/2023/novembro/ministerio-da-saude-atualiza-lista-de-doencas-relacionadas-ao-trabalho-apos-24-anos.

região em que ela se desenvolva, salvo comprovação de que é resultante de exposição ou contato direto determinado pela natureza do trabalho.

O parágrafo 2º do mesmo dispositivo citado é de especial relevo ao admitir: *Em caso excepcional, constatando-se que a doença não incluída na relação prevista nos incisos I e II deste artigo resultou das condições especiais em que o trabalho é executado e com ele se relaciona diretamente, a Previdência Social deve considerá-la acidente do trabalho.* Este preceito também é muito utilizado pelo Direito do Trabalho para identificar o acidente do trabalho e, a partir daí, desencadearem-se as consequências em termos de indenizações por danos materiais ou extrapatrimoniais etc. e as garantias de emprego por força de lei (art. 118, da Lei 8.213/1991) ou das normas coletivas (convenções e acordos coletivos de trabalho).

Já o art. 21, da indigitada lei previdenciária, *equipara também ao acidente do trabalho: I – o acidente ligado ao trabalho que, embora não tenha sido a causa única, haja contribuído diretamente para a morte do segurado, para redução ou perda da sua capacidade para o trabalho, ou produzido lesão que exija atenção médica para a sua recuperação; II – o acidente sofrido pelo segurado no local e no horário do trabalho, em consequência de: a) ato de agressão, sabotagem ou terrorismo praticado por terceiro ou companheiro de trabalho; b) ofensa física intencional, inclusive de terceiro, por motivo de disputa relacionada ao trabalho; c) ato de imprudência, de negligência ou de imperícia de terceiro ou de companheiro de trabalho; d) ato de pessoa privada do uso da razão; e) desabamento, inundação, incêndio e outros casos fortuitos ou decorrentes de força maior; III – a doença proveniente de contaminação acidental do empregado no exercício de sua atividade; IV – o acidente sofrido pelo segurado ainda que fora do local e horário de trabalho: a) na execução de ordem ou na realização de serviço sob a autoridade da empresa; b) na prestação espontânea de qualquer serviço à empresa para lhe evitar prejuízo ou proporcionar proveito; c) em viagem a serviço da empresa, inclusive para estudo quando financiada por esta dentro de seus planos para melhor capacitação da mão de obra, independentemente do meio de locomoção utilizado, inclusive veículo de propriedade do segurado; d) no percurso da residência para o local de trabalho ou deste para aquela, qualquer que seja o meio de locomoção, inclusive veículo de propriedade do segurado. Por fim, acrescenta: § 1º Nos períodos destinados a refeição ou descanso, ou por ocasião da satisfação de outras necessidades fisiológicas, no local do trabalho ou durante este, o empregado é considerado no exercício do trabalho. § 2º Não é considerada agravação ou complicação de acidente do trabalho a lesão que, resultante de acidente de outra origem, se associe ou se superponha às consequências do anterior.*

Note que a amplitude conceitual do tema é bastante abrangente na esfera previdenciária e, de igual modo, isto repercute no âmbito do direito laboral.

3.3 Repercussões na esfera trabalhista

Como visto, o acidente do trabalho inclui o *acidente tipo*, a *doença do trabalho* e a *doença profissional*. A doença do trabalho, já o dissemos, está relacionada ao ambiente profissional e às circunstâncias especiais em que o serviço é realizado, enquanto a doença profissional é desencadeada pela atividade profissional e seus riscos inerentes.

O parágrafo 2º, do art. 20, da Lei 8.213/1991, é de especial relevo ao acrescentar uma figura jurídica a mais para a caracterização do chamado acidente do trabalho, genericamente considerado, uma vez que, em caso excepcional, constatando-se que a *doença não incluída na relação prevista nos incisos I e II deste artigo* resultou das condições especiais em que o trabalho é executado e com ele se relaciona diretamente, a Previdência Social deve de igual modo considerá-la acidente do trabalho.

Como já comentado, também este conceito é bastante aplicado na esfera trabalhista, para identificar o acidente do trabalho e, consequentemente, determinar o pagamento de eventuais indenizações por danos materiais, estéticos e extrapatrimoniais, além de implicar em garantia de emprego prevista na lei e/ou em normas coletivas.

Com efeito, uma das principais consequências trabalhistas do acidente de trabalho é que os empregados afastados para a Previdência Social, por mais de 15 dias para tratamento, passarão a ter estabilidade de um ano a contar da alta médica e retorno ao trabalho[10] (art. 118, da Lei 8.213/1991) e direito ao depósito de FGTS pelo empregador, durante o período de licença (exegese do art. 4º, § 1º, CLT). No plano trabalhista, prevalece na jurisprudência, a posição consolidada na *Súmula 378*, sobre a estabilidade provisória diante do acidente do trabalho, a saber:

---

10. *3. Estabilidade provisória. Insurge-se o reclamante à decisão de primeiro grau que indeferiu o seu pedido de reconhecimento da estabilidade acidentária. Sustenta que a doença contraída em face da atividade laboral lhe dá direito à estabilidade provisória prevista no art. 118 da Lei 8.213/91. Dessa forma, requer a reintegração ao emprego, garantindo sua permanência pelo prazo mínimo de 12 (doze) meses. Sucessivamente, postula a indenização equivalente à sua estabilidade provisória, com integrações e reflexos. Ao exame. O fundamento jurídico do pedido do autor está calcado no artigo 118 da Lei 8.213, de 24.07.91, segundo o qual: "O segurado que sofreu acidente do trabalho tem garantida, pelo prazo mínimo de doze meses, a manutenção do seu contrato de trabalho na empresa, após a cessação do auxílio-doença acidentário, independentemente de percepção de auxílio acidente". Impende assinalar que não há necessidade de o empregado perceber auxílio-doença acidentário para fazer jus à estabilidade prevista no art. 118 da Lei 8.213/91, bastando que sofra o acidente do trabalho ou doença a ele equiparada, a teor do art. 20 da Lei 8.213/91. No mesmo sentido, a Súmula 378, item II, dispõe: II – São pressupostos para a concessão da estabilidade o afastamento superior a 15 dias e a consequente percepção do auxílio-doença acidentário, salvo se constatada, após a despedida, doença profissional que guarde relação de causalidade com a execução do contrato de emprego. (Primeira parte – ex-OJ 230 – Inserida em 20.06.2001). No que concerne ao primeiro item – acidente do trabalho, consoante apreciado anteriormente, a hipótese de doença ocupacional equiparável a acidente de trabalho restou devidamente caracterizada pela relação de concausa entre a lesão de que acometida o reclamante e o trabalho desenvolvido na reclamada, contribuindo para o seu agravamento bem como pelo ato culposo desta última. Desse modo, configurado o suporte fático previsto em abstrato nas hipóteses dos incisos I e II e no § 2º do artigo 20 da Lei 8.213/91, tem-se a ocorrência de acidente de trabalho definido na equiparação feita pela legislação previdenciária. Dessa forma, restando comprovado nos autos que o autor sofria de doença ocupacional antes de ser despedido, com relação de concausa entre a atividade e a doença acometida, tem direito à estabilidade prevista no artigo 118 da Lei 8.213/91. No entanto, considerando que foi despedido em 23/05/2011, gozando da estabilidade provisória até 23.05.2012, e já tendo sido ultrapassado o referido prazo quando da prolação deste acórdão, faz jus o reclamante à indenização substitutiva correspondente aos salários e demais vantagens a que fazia jus no período de vigência do contrato, entre a data da despedida e o final do período de estabilidade, em valores que serão apurados em liquidação, rejeitando-se os reflexos postulados na inicial, por se tratar de verba indenizatória, bem como não especificadas na peça vestibular, em quais verbas pretendia os referidos reflexos. (Recurso provido parcialmente (TST/RR-430-06.2012.5.04.0030, 3ª Turma, Relator Ministro Mauricio Godinho Delgado, DEJT 09.03.2018).*

Art. 118 da LEI 8.213/1991. (inserido o item III) – Res. 185/2012 – DEJT divulgado em 25, 26 e 27.09.2012 I – É constitucional o artigo 118 da Lei 8.213/1991 que assegura o direito à estabilidade provisória por período de 12 meses após a cessação do auxílio-doença ao empregado acidentado. (ex-OJ 105 da SBDI-I – inserida em 01.10.1997) II – São pressupostos para a concessão da estabilidade o afastamento superior a 15 dias e a consequente percepção do auxílio-doença acidentário, salvo se constatada, após a despedida, doença profissional que guarde relação de causalidade com a execução do contrato de emprego. (primeira parte – ex-OJ 230 da SBDI-I – inserida em 20.06.2001). III – O empregado submetido a contrato de trabalho por tempo determinado goza da garantia provisória de emprego decorrente de acidente de trabalho prevista no art. 118 da Lei 8.213/91.

Outra consequência é que, uma vez comprovado o nexo de causalidade, insista-se, as empresas empregadoras também passam a estar sujeitas à indenização por danos materiais, extrapatrimoniais e estéticos.

A jurisprudência trabalhista aponta os elementos essenciais para apuração da indenização do acidente do trabalho, como se visualiza a seguir:

A indenização resultante de acidente do trabalho e/ou doença profissional ou ocupacional supõe a presença de três requisitos: a) ocorrência do fato deflagrador do dano ou do próprio dano, que se constata pelo fato da doença ou do acidente, os quais, por si sós, agridem o patrimônio moral e emocional da pessoa trabalhadora (nesse sentido, o dano moral, em tais casos, verifica-se pela própria circunstância da ocorrência do malefício físico ou psíquico); b) nexo causal ou concausal, que se evidencia pelo fato de o malefício ter ocorrido em face das condições laborativas; c) culpa empresarial, excetuadas as hipóteses de responsabilidade objetiva.[11]

É certo que tais requisitos, no julgado, estão diretamente relacionados ao dano extrapatrimonial, mas, *mutatis mutandis*, também podem se estender aos danos material e estético.

Aludidos pressupostos, portanto, são imprescindíveis para que se reconheça o direito à indenização e demais benefícios ao empregado. Sem eles falece a pretensão do trabalhador.

3.4 Cumulatividade

Prosseguindo, é pacífico o entendimento a admitir a indenização trabalhista cumulativamente com a acidentária (está a cargo do INSS). Antes mesmo de a matéria ser transferida para a esfera trabalhista (Emenda Constitucional 45/2004), o STF já havia se pronunciado a respeito, mediante a *Súmula 229: A indenização acidentária não exclui a do Direito comum, em caso de dolo ou culpa grave do empregador.*

Hoje, qualquer que seja o grau de culpa, terá o empregador de arcar com o dever indenizatório, sem qualquer compensação com a reparação concedida pela Previdência Social.[12]

---

11. TST/Ag-AIRR-21088-48.2016.5.04.0406, 3ª Turma, Relator Ministro Mauricio Godinho Delgado, DEJT 1º.10.2021.

12. *Indenização por dano material decorrente de acidente de trabalho. Aposentadoria por invalidez. Cumulação da pensão com o benefício previdenciário. Os proventos de aposentadoria por invalidez são de natureza previdenciária*

A Constituição da República, em seu art. 7º, inciso XXVIII, prevê o ressarcimento dos danos decorrentes do sinistro laboral, possibilitando a indenização acidentária e a de direito trabalhista cumulativamente: *Art. 7º: São direitos dos Trabalhadores urbanos e rurais, além de outros que visem a melhoria de sua condição social: (...) Inciso XXVIII – seguro contra acidentes de trabalho, a cargo do empregador, sem excluir a indenização a que está obrigado, quando incorrer em dolo ou culpa. (...).*

Já o STJ afastou qualquer dúvida sobre a possibilidade de serem cumuladas as indenizações por danos patrimonial e moral, como se deflui da Súmula 37: *são acumuláveis as indenizações por dano material e dano moral oriundos do mesmo fato.* Na mesma direção, o art. 223-F, CLT, a prever que *a reparação por danos extrapatrimoniais pode ser pedida cumulativamente com a indenização por danos materiais decorrentes do mesmo ato lesivo.*[13] O mesmo critério é reconhecido, de igual modo, em relação ao dano estético, não contemplado nos danos extrapatrimoniais, como será examinado à frente.

3.5 Nexo de causalidade

Outro elemento importante nesta equação é a apuração do chamado *nexo de causalidade*, considerado o vínculo fático que liga o efeito à sua causa, ou seja, é a comprovação de que o acidente de trabalho ou as moléstias ocupacionais foram a causa da incapacidade para o trabalho (parcial ou total, temporária ou definitiva) ou morte do empregado.

De acordo com o art. 337 do decreto previdenciário (3.048/1999), o acidente do trabalho será caracterizado tecnicamente pela perícia médica (neste caso, do INSS[14]), mediante a identificação do *nexo entre o trabalho e o agravo*, apontando as seguintes conclusões: o acidente e a lesão; a doença e o trabalho; e *causa mortis* e o acidente e todas as demais repercussões do infortúnio na vida do trabalhador.

Vale dizer que, em eventuais ações trabalhistas, a perícia também se revela imprescindível para aferir, do ponto de vista médico, a existência do acidente e todas as suas repercussões (art. 479 do CPC/2015).

Para a jurisprudência trabalhista, *o nexo causal é a relação que se estabelece entre a execução do serviço (causa) e o acidente do trabalho ou a doença ocupacional (efeito), devendo ser criteriosamente investigado, visto que, se o acidente ou a doença não estiverem*

---

e têm por objetivo assistir o empregado em face de sua incapacidade para o trabalho. A indenização por dano material, deferida na forma de pensão, tem alicerce na legislação civil (art. 950 do Código Civil) e objetiva criar para o empregador a obrigação de reparar o dano civil causado ao empregado. Constatada, pois, a natureza jurídica diversa, a percepção cumulativa dos proventos de aposentadoria por invalidez com a pensão não configura bis in idem. Recurso conhecido e não provido. (RR-184200-37.2006.5.15.0052, 6ª Turma, Relator Ministro Augusto Cesar Leite de Carvalho, DEJT 12.06.2015).

13. TST/Processo: RR – 523-56.2012.5.04.0292 Data de Julgamento: 26.08.2015, Relator Ministro: Luiz Philippe Vieira de Mello Filho, 7ª Turma, Data de Publicação: DEJT 28.08.2015.

14. No plano previdenciário, uma vez reconhecidos pela perícia médica do INSS a incapacidade para o trabalho e o nexo entre o trabalho e o agravo, serão devidas as prestações acidentárias a que o segurado tenha direito.

interligados à atividade desenvolvida pelo trabalhador, desnecessário se tornará avaliar a dimensão dos danos e, por conseguinte, a culpa do empregador.[15]

Aduz-se, outrossim, a importância das chamadas *concausalidades*, reconhecidas desde a edição do Decreto 7.036/44 (já revogado), atualmente prevista, expressamente, na indigitada lei previdenciária (art. 21, I, da Lei 8.213/91). Para tanto, equiparam-se também o acidente ligado ao trabalho que, embora não tenha sido a causa única, haja contribuído diretamente para a morte do segurado, para redução ou perda da sua capacidade para o trabalho, ou produzido lesão que exija atenção médica para a sua recuperação. Nesta toada, quando as condições de trabalho contribuírem para a redução ou perda da capacidade laborativa do empregado, ou produzirem lesão que exija atenção médica para a sua recuperação, deve ser assegurada ao segurado (trabalhador) a indenização pelos danos sofridos. E note-se, ademais, que a concausa não requer que as atividades deem origem à doença, mas apenas que contribuam para o seu agravamento.[16]

3.6 Teoria do risco

A prevenção dos riscos ambientais e/ou eliminação de riscos laborais, mediante adoção de medidas coletivas e individuais, é imprescindível para que o empregador evite danos ao meio ambiente do trabalho e à saúde do trabalhador.

A proteção ao meio ambiente, nele incluído o do trabalho é bastante ampla em nossa ordem jurídica, a começar pela *Constituição Federal*, cujas normas abaixo asseguram proteção bastante abrangente aos trabalhadores, a saber:

a) Art. 1º, III e IV, assegura entre os fundamentos do Estado Democrático de Direito a *dignidade da pessoa humana* e os *valores sociais do trabalho.*

b) Art. 6º arrola, entre os direitos sociais, a *saúde.*

c) Art. 7º, inciso XXII, garante a *redução dos riscos inerentes ao trabalho*, por meio de normas de saúde, higiene e segurança; e o inciso XXVIII prevê o seguro contra acidentes de trabalho, a cargo do empregador, sem excluir a *indenização a que este está obrigado, quando incorrer em dolo ou culpa;*

d) Art. 170, VI, insere o *meio ambiente* (incluído o do trabalho), como princípio da ordem econômica.

e) Art. 196 assenta que *a saúde é direito de todos e dever do Estado*, garantido mediante *políticas sociais e econômicas que visem à redução do risco de doença e de outros agravos* e ao acesso universal e igualitário às ações e serviços para sua promoção, proteção e recuperação.

f) Art. 200, VIII, ao fixar as atribuições do sistema único de saúde, nos termos da lei, prevê *colaborar na proteção do meio ambiente, nele compreendido o do trabalho.*

g) Art. 225, *caput*, assegura que todos têm direito ao meio ambiente ecologicamente equilibrado, bem de uso comum do povo e essencial à sadia qualidade de vida, impondo-se ao Poder Público e à coletividade o dever de defendê-lo e preservá-lo para as presentes e futuras gerações.

No plano *infraconstitucional*, a CLT, em seus arts. 154 a 201, dispõe sobre os órgãos de segurança e medicina do trabalho das empresas, equipamentos de proteção individual,

---

15. TST/RR-10600-36.2015.5.03.0070, 4ª Turma, Relator Ministro Alexandre Luiz Ramos, DEJT 1º.10.2021.
16. RR-1221-15.2011.5.15.0026, 7ª Turma, Relator Ministro Evandro Pereira Valadão Lopes, DEJT 10.11.2023.

iluminação, conforto térmico, instalações elétricas, máquinas e equipamentos, atividades insalubres ou perigosas. O art. 155, I, particularmente, atribui ao Ministério do Trabalho, como órgão de âmbito nacional, a competência em matéria de segurança e medicina do trabalho, conferindo-lhe o poder de estabelecer normas sobre medicina e segurança do trabalho. Já o art. 200 fixa que cabe ao Ministério do Trabalho estabelecer disposições complementares às normas de que trata o capítulo, tendo em vista as peculiaridades de cada atividade ou setor de trabalho, com destaque especial para as medidas de prevenção de acidentes e os equipamentos de proteção individual em obras de construção, demolição ou reparos; depósitos, armazenagem e manuseio de combustíveis, inflamáveis e explosivos, bem como trânsito e permanência nas áreas respectivas; dentre outros.

Não obstante esta robusta normatização, é consabido que os acidentes do trabalho (incluídas as moléstias ocupacionais), ainda que perfeitamente previsíveis e preveníveis, são, porém, imprevistos quanto ao momento e grau de agravo para a vítima.

Daí poder-se inferir, ademais, a importância da chamada *responsabilidade objetiva*, cuja compreensão se dá a partir da incidência da *teoria do risco*, prevista no art. 927, parágrafo único, do Código Civil, a pressupor que o dever indenizatório prescindiria de culpa do empregador.

O STF dirimiu de vez as dúvidas existentes sobre a aplicação da *responsabilidade objetiva* diante do acidente do trabalho, como se passa a expor.

3.6.1 Posição do STF sobre a conciliação da Constituição Federal com o Código Civil, em relação à responsabilidade civil decorrente do acidente do trabalho

Como regra geral, assenta o art. 7°, *caput* e inciso XXVIII, CF, dentre outros direitos que visam à melhoria da condição social do trabalhador, o *seguro contra acidentes de trabalho, a cargo do empregador, sem excluir a indenização a que este está obrigado, quando incorrer em dolo ou culpa.*

O seguro a que alude a norma está relacionado, notadamente, à matéria previdenciária, o que escapa aos propósitos da presente análise.

O importante, neste momento, é que a *regra geral* prevista na Constituição da República, ao disciplinar a questão, determina a aplicação *da responsabilidade subjetiva do empregador quando se tratar de responsabilidade civil por acidente de trabalho.*

Questão desafiadora é a que analisa se é possível conciliar o art. 7°, XXVIII, CF, com o art. 927, parágrafo único, do Código Civil, cujos termos são: *Art. 927. Aquele que, por ato ilícito (arts. 186 e 187), causar dano a outrem, fica obrigado a repará-lo. Parágrafo único. Haverá obrigação de reparar o dano, independentemente de culpa, nos casos especificados em lei, ou quando a atividade normalmente desenvolvida pelo autor do dano implicar, por sua natureza, risco para os direitos de outrem.*

Intenso foi o debate havido entre os juristas e também no âmbito dos tribunais, ao longo das últimas décadas sobre esta questão.

174 MARCELO JOSÉ LADEIRA MAUAD

Hoje, prevalece a posição que responde assertivamente: sim, é possível conciliar, juridicamente, a aplicação do art. 7º, XXVIII, CF, com o art. 927, parágrafo único, do Código Civil.

Com efeito, coube ao STF dirimir de vez esta controvérsia, ao fixar a seguinte tese com repercussão geral (Recurso Extraordinário (RE) 828040) – *Tema 932*, a saber:

> O artigo 927, parágrafo único, do Código Civil é compatível com o artigo 7º, XXVIII, da Constituição Federal, sendo constitucional a responsabilização objetiva do empregador por danos decorrentes de acidentes de trabalho, nos casos especificados em lei, ou quando a atividade normalmente desenvolvida, por sua natureza, apresentar exposição habitual a risco especial, com potencialidade lesiva e implicar ao trabalhador ônus maior do que aos demais membros da coletividade.

Dessarte, o STF analisou a questão da *responsabilidade objetiva* do empregador em acidentes de trabalho, sob o prisma da excepcionalidade, cujo enquadramento acontece tão somente quando os danos ao trabalhador enquadrarem-se nos casos especificados em lei, ou quando a atividade normalmente desenvolvida, por sua natureza, apresentar exposição habitual a risco especial, com potencialidade lesiva e implicar ao trabalhador ônus maior do que aquele que recai sobre os demais membros da coletividade.

De sorte que, *nas demais situações de danos provocados aos empregados decorrentes de acidentes do trabalho*, aplica-se a regra geral da *responsabilidade subjetiva*, cujos requisitos necessários ao seu reconhecimento, como já explicitado, são: *o dano, a culpa patronal e o nexo causal com as atividades laborais*.

Para bem ilustrar o posicionamento desta matéria na jurisprudência, vale sublinhar que o TST vem entendendo que certas atividades enquadram-se como de risco acentuado e especial. Nestas circunstâncias, os danos decorrem da própria situação gravosa a que foi submetido o empregado. É o clássico exemplo, especificamente, do denominado dano moral *in re ipsa*, que dispensa comprovação de existência e extensão, sendo presumível em razão do evento danoso. Alguns exemplos:

> a) Atividade *bancária* exercida por gerentes e outros profissionais. Não se pode negar que os empregados que desenvolvem estas atividades estão mais sujeitos a riscos de assaltos.[17]
>
> b) Atividade exercida por *coletor de lixo urbano*. Em sua dinâmica cotidiana, tais trabalhadores precisam transitar por vias públicas em meio a outros veículos, dependuram-se no caminhão em movimento, recolhem resíduos sólidos lançados no baú para posterior compactação na prensa de metal.[18]
>
> c) Labor na *construção civil*, contando com profissionais como pedreiros etc. As estatísticas apontam para uma das áreas com maiores índices de acidentes de trabalho, por vezes fatais.[19]

Portanto, a regra geral está na aplicação da *responsabilidade subjetiva* capaz de ensejar a reparação por danos, quando comprovados o evento danoso (redução da capacidade laborativa decorrente de acidente de trabalho), a conduta dolosa ou culposa

---

17. TST/RR-10600-36.2015.5.03.0070, 4ª Turma, Relator Ministro Alexandre Luiz Ramos, DEJT 1º.10.2021.
18. TST-RR-495700-37.2008.5.09.0662, Relator Ministro Walmir Oliveira da Costa, 1ª Turma, DEJT 09.10.2015.
19. RR-184200-37.2006.5.15.0052, 6ª Turma, Relator Ministro Augusto Cesar Leite de Carvalho, DEJT 12.06.2015.

da empregadora e o nexo de causalidade entre o dano sofrido e a atividade laboral na qual se ativa o empregado.

A *exceção*, por outro lado, situa-se na aplicação da *responsabilidade objetiva*, à luz do entendimento consolidado pelo STF (tese com repercussão geral – Recurso Extraordinário (RE) 828040 – *Tema 932*) de que o art. 927, parágrafo único, do Código Civil é compatível com o art. 7º, XXVIII, da Constituição Federal, sendo constitucional a responsabilização objetiva do empregador por danos decorrentes de acidentes de trabalho, nos casos especificados em lei, ou quando a atividade normalmente desenvolvida, por sua natureza, apresentar exposição habitual a risco especial, com potencialidade lesiva e implicar ao trabalhador ônus maior do que aos demais membros da coletividade.

3.7 Danos material, extrapatrimonial e estético

Como vimos, os pressupostos da responsabilidade civil são, em apertada síntese, a ação ou omissão do agente, mediante culpa ou dolo (salvo nos casos em que incide a responsabilidade objetiva), a acarretar dano a outrem, numa relação de causa e efeito.

A Constituição Federal, em seu art. 5º, V, estabelece que é assegurado o direito de resposta, proporcional ao agravo, além da indenização por dano material, moral ou à imagem". Já o Inciso X, de seu turno, assenta: são invioláveis a intimidade, a vida privada, a honra e a imagem das pessoas, assegurado o direito a indenização pelo dano material ou moral decorrente de sua violação".

Nesta senda, Maurício Godinho Delgado, em notável julgado sobre o tema, aponta que *tanto a higidez física como a mental, inclusive emocional, do ser humano são bens fundamentais de sua vida, privada e pública, de sua intimidade, de sua autoestima e afirmação social e, nesta medida, também de sua honra.*[20] E prossegue: *são bens, portanto, inquestionavelmente tutelados, regra geral, pela Constituição (art. 5º, V e X). Assim, agredidos em face de circunstâncias laborativas, passam a merecer tutela ainda mais forte e específica da Constituição da República, que se agrega à genérica anterior (art. 7º, XXVIII, CF/88).*[21] Por fim, arremata: *É do empregador, evidentemente, a responsabilidade pelas indenizações por dano moral, material ou estético decorrentes de lesões vinculadas à infortunística do trabalho, sem prejuízo do pagamento pelo INSS do seguro social.*[22]

A Reforma Trabalhista incluiu tópico específico na CLT (Título II-A – Do dano extrapatrimonial), quais sejam, os arts. 223-A a 223-G, a determinar que se aplicam à reparação de danos de natureza extrapatrimonial decorrentes da relação de trabalho apenas os dispositivos deste Título.

O art. 223-F, CLT, como já comentado, preceitua que *a reparação por danos extrapatrimoniais pode ser pedida cumulativamente com a indenização por danos materiais*

---

20. RRAg-100090-27.2017.5.01.0047, 3ª Turma, Relator Ministro Mauricio Godinho Delgado, DEJT 07.12.2023.
21. Idem.
22. Idem.

decorrentes do mesmo ato lesivo.[23] Decorre do entendimento consolidado da jurisprudência (Súmula 37 do STJ). De modo que são indenizações de naturezas distintas e, dessarte, cumuláveis.

Já o parágrafo 1º, do mesmo dispositivo, assenta que, se houver cumulação de pedidos, o juízo, ao proferir a decisão, discriminará os valores das indenizações a título de danos patrimoniais e das reparações por danos de natureza extrapatrimonial. Os valores, dessarte, devem ser estabelecidos separadamente, com a respectiva fundamentação, até mesmo porque todas as decisões judiciais devem ser motivadas e fundamentadas (art. 93, IX, CF).

Que fique bem vincado: no plano trabalhista, pode-se inferir que o dano, usualmente, é dividido em extrapatrimonial (moral ou existencial), material e estético, o que se passa a examinar.

3.7.1 Dano material

O *dano material* implica a perda ou prejuízo que fere diretamente um bem de natureza patrimonial, seja diminuindo o valor, restringindo a utilidade, ou até mesmo anulando-a. Assim, no caso do trabalhador vítima de acidente de trabalho, as despesas médicas e hospitalares, além dos custos com medicamentos, a perda de renda e outros prejuízos relacionados ao infortúnio podem ser assim enquadrados. Levam-se em conta, de igual, os lucros cessantes e os danos emergentes.

Inclui, ainda, a *pensão mensal vitalícia*, nos termos do art. 950 do Código Civil, tendo como termo final a convalescença ou falecimento do lesionado.[24] A jurisprudência dominante no âmbito do TST é no sentido de que, muito embora a lei faculte ao reclamante postular o pagamento da pensão mensal de uma única vez, na forma em que previsto no parágrafo único do artigo 950 do Código Civil, tal prerrogativa não retira o poder discricionário do magistrado, que, em atenção aos princípios da persuasão racional *eiura novit curia* (artigos 126 e 131 do CPC), e observadas, outrossim, as particularidades do caso concreto, tem a possibilidade de fixá-la de forma parcelada.[25]

E o art. 223-F, parágrafo 2º, CLT, insista-se, estabelece que a composição das perdas e danos, assim compreendidos os lucros cessantes e os danos emergentes, não interfere na avaliação dos danos extrapatrimoniais.

---

23. TST/Processo: RR – 523-56.2012.5.04.0292 Data de Julgamento: 26.08.2015, Relator Ministro: Luiz Philippe Vieira de Mello Filho, 7ª Turma, Data de Publicação: DEJT 28.08.2015.

24. Dano material. Pensão mensal. Limitação por idade. Impossibilidade. Art. 950 do Código Civil. Esta Corte entende que a pensão mensal vitalícia, nos termos do art. 950 do Código Civil, deve apresentar como termo final a convalescença ou falecimento do lesionado, e não há limite de 65 anos, como sustenta a reclamada. Incide no caso o óbice do art. 896, § 4º, da CLT e da Súmula 333 do TST. Registre-se que o Regional não poderia ter limitado o pagamento da pensão mensal aos 75 anos de idade do reclamante, devendo ela ser vitalícia. Contudo, não tendo o autor se insurgido quanto à limitação e considerando o princípio da non reformatio in pejus, deve ser mantido o acórdão recorrido. Recurso de revista não conhecido (RR-184200-37.2006.5.15.0052, 6ª Turma, Relator Ministro Augusto Cesar Leite de Carvalho, DEJT 12.06.2015).

25. Ag-E-ED-RR – 86300-35.2006.5.17.0008, Relator Ministro: Guilherme Augusto Caputo Bastos, Data de Julgamento: 02.12.2021, Subseção I Especializada em Dissídios Individuais, Data de Publicação: DEJT 10.12.2021.

3.7.2 Dano extrapatrimonial (moral e existencial)

Já o *dano extrapatrimonial* refere-se à ofensa ou violação de direito que não atinge os bens patrimoniais propriamente ditos, mas os de ordem moral ou psíquica, direitos da personalidade. Envolve, portanto, sobremodo a honra e a dignidade das pessoas.

No plano trabalhista, decorre da relação de emprego e o valor da indenização levará em conta o sofrimento experimentado pela vítima e sua extensão e consequências.

Tanto a pessoa natural quanto a pessoa jurídica podem ser vítimas do dano moral (Súmula 227 – STJ). De modo que não só o empregado assim como o empregador podem ser agentes ou vítimas do dano extrapatrimonial.

Como já sublinhado, os arts. 223-A a 223-G foram introduzidos na CLT pela Reforma Trabalhista, com o evidente intuito de estabelecer contornos e limites, próprios do Direito do Trabalho, para sua aplicação aos casos concretos.

Assim é que o dano extrapatrimonial divide-se em dano moral e dano existencial, consoante o disposto no art. 223-B, CLT: *Causa dano de natureza extrapatrimonial a ação ou omissão que ofenda a esfera moral ou existencial da pessoa física ou jurídica, as quais são as titulares exclusivas do direito à reparação.*

Podem ser assim definidos:

Dano moral é "aquele decorrente de lesão à honra, à dor-sentimento ou física, aquele que afeta a paz interior do ser humano, enfim, ofensa que cause um mal, com fortes abalos na personalidade do indivíduo. Pode-se dizer com segurança que seu caráter é extrapatrimonial, contudo é inegável seu reflexo sobre o patrimônio. A verdade é que podemos ser lesados no que somos e não tão somente no que temos".[26]

Insta advertir, no entanto, que o dano moral não se confunde com o mero estresse ou simples transtorno que as pessoas são submetidas no dia a dia ao exercer suas atividades profissionais.

b) *Dano existencial* é um conceito jurídico relativamente recente, oriundo do Direito Civil italiano, resultado do aprimoramento da teoria da responsabilidade civil. Trata-se de uma forma de proteção à pessoa, a transcender os limites classicamente colocados para a noção de dano moral.

Pode ser definido como representativo das violações de direitos e limites inerentes ao contrato de trabalho que implicam, além de danos materiais e/ou danos morais ao trabalhador, igualmente danos ao seu projeto de vida ou à chamada vida de relações.[27]

---

26. FLORINDO, Valdir. *Dano moral e o Direito do Trabalho*. 2. ed. São Paulo. LTr. 1996, p. 34.
27. LORA, Ilse Marcelina Bernardi. O Dano Existencial no Direito do Trabalho. *Revista Eletrônica* – Tribunal Regional do Trabalho do Paraná, v. 2, p. 10-25, 2013.
Disponível em: http://www.mflip.com.br/pub/escolajudicial/?numero=22.

Normalmente está relacionado à prática de jornadas extensas e exaustivas por parte do empregado, as quais subtraem horas preciosas de convívio com a família ou os amigos, ou mesmo usufruindo do justo descanso a que faz jus qualquer trabalhador.[28]

De sorte que o dano de natureza existencial é um não mais poder fazer, um dever de mudar a rotina que frustra projeto de vida da pessoa, prejudicando seu bem estar e sua felicidade.[29]

Prosseguindo, a mesma norma do art. 223-B, CLT, procura restringir o âmbito dos eventuais ofendidos no campo trabalhista, ao prever a pessoa física ou jurídica titulares exclusivos do direito à reparação. Nítido, pois, o intuito de limitar o direito aos contratantes, empregado e empregador, vítimas diretas dos danos, de modo a excluir cônjuge, descendentes e ascendentes (sobretudo do empregado), os quais ficam excluídos da esfera trabalhista e, se o caso, deverão procurar a tutela do direito civil no âmbito da Justiça Comum, por força do art. 5º, XXXV, CF (princípio da inafastabilidade da prestação jurisdicional).

Com efeito, a honra, a imagem, a intimidade, a liberdade de ação, a autoestima, a sexualidade, a saúde, o lazer e a integridade física estão entre os bens juridicamente tutelados inerentes à pessoa natural. É a expressa dicção do art. 223-C, CLT, a enumerar, de forma exemplificativa, a esfera de tutela dos bens jurídicos de direitos de personalidade a envolver a pessoa natural, normalmente o trabalhador. Acrescentem-se, ademais, os valores inatos ao ser humano, como a própria vida e a intelectualidade, além de outros tantos. Todos esses fatores fisiológicos, psicológicos e emocionais são essenciais para garantir qualidade mínima de vida ao ser humano trabalhador e compõem os direitos da personalidade.

Especificamente na CLT, podem ser encontrados exemplos de direitos da personalidade do trabalhador, como o parágrafo 4º do art. 29, a vedar ao empregador efetuar anotações desabonadoras à conduta do empregado em sua Carteira de Trabalho e Previdência Social, por estarem em jogo sobretudo os direitos à honra e à imagem; sem falar da dificuldade que pode acarretar ao trabalhador para a obtenção de novo emprego. Outra

---

28. Os direitos da personalidade também podem ser encontrados na Constituição da República, a exemplo do art. 5º, *caput*, e incisos I, III, IV, V, VI, VII, VIII, IX e X. O Código Civil, de seu turno, dedicou um capítulo específico à proteção da personalidade (Capítulo II, arts. 11 a 21), a saber: intransmissibilidade dos direitos da personalidade (art. 11); inafastabilidade do controle judicial de lesão ou ameaça a direito da personalidade (art. 12); proteção dos direitos físicos da personalidade, como o direito à vida, o direito ao corpo e às partes do corpo (art. 13 a 15); direito ao nome e ao sobrenome, bem como sua utilização por terceiros (art. 16 a 19); proteção à honra, à boa fama e à respeitabilidade (art. 20); e proteção à vida privada (art. 21). A Declaração Universal dos Direitos Humanos, de 10 de dezembro de 1948, também assegura importantes direitos da personalidade, como se constata, p.ex., no art. 12: Ninguém será sujeito à interferência na sua vida privada, na sua família, no seu lar ou na sua correspondência, nem a ataque à sua honra e reputação. Todo ser humano tem direito à proteção da lei contra tais interferências ou ataques. Já as Convenções da Organização Internacional Trabalho números 100 e 111, ratificadas pelo Brasil, de igual modo, merecem registro, pois versam sobre a discriminação em matéria de emprego.
29. ZAINAGHI, Domingos Sávio (Coord.); MACHADO, Costa (Org.). RIJO, Dulce Maria Soler Gomes (autora do comentário ao art. 223-E, CLT). *CLT Comentada*. 11. ed. Barueri-SP: Manole, 2020, p. 182.

hipótese é o inciso VI, do art. 373-A, a dispor sobre a violação ao direito à intimidade mediante as revistas íntimas nas empregadas ou funcionárias.

Dulce Maria Soler Gomes Rijo, a propósito, adverte que a dignidade humana, como cláusula geral de proteção e promoção da pessoa humana, não pode restar adstrita a um rol taxativo de direitos da personalidade. Diz:

> Há restrição aos bens jurídicos tutelados. São direitos da personalidade aqueles de natureza extrapatrimonial que dizem respeito às peculiaridades definidoras de uma pessoa. Os direitos da personalidade têm como finalidade a valorização da dignidade do ser humano. Os direitos de personalidade, como prerrogativas do sujeito, são direitos absolutos, intransmissíveis, irrenunciáveis, indisponíveis e de difícil estimação pecuniária. São os direitos que transcendem o ordenamento jurídico positivo, porque ínsitos na própria natureza do homem, como ente dotado de personalidade. Intimamente ligados ao homem, para sua proteção jurídica, sendo intangíveis. A dignidade da pessoa humana é uma cláusula geral de proteção e promoção da pessoa humana, não se podendo entender como um rol taxativo de direitos da personalidade.[30]

Por outro lado, a imagem, a marca, o nome, o segredo empresarial e o sigilo da correspondência são bens juridicamente tutelados inerentes à pessoa jurídica (art. 223-D), necessariamente a figura do empregador. Como já enfatizado, a pessoa jurídica pode sofrer o dano moral (Súmula 227 do STJ), de modo que este rol não taxativo visa protegê-la contra danos e ofensas por parte do empregado.

O art. 223-E, CLT, de sua parte, prevê que são responsáveis pelo dano extrapatrimonial todos os que tenham colaborado para a ofensa ao bem jurídico tutelado, na proporção da ação ou da omissão. Significa que, não somente o empregador, mas também seus prepostos (como gerentes, chefes, supervisores, empregados etc.), que tenham contribuído para a prática ilícita, podem ser chamados a responder pelo dano proporcionalmente à sua atuação comissiva ou omissiva. Há, pois, um partilhamento a ser realizado de maneira equitativa entre os agentes, corresponsáveis pela lesão.

O art. 223-G, CLT, por sua vez, é um dos mais polêmicos da Reforma Trabalhista. Em sua primeira parte, estabelece as balizas para que se possa aferir o montante das indenizações a serem fixadas. Além disto, determina que, ao apreciar o pedido formulado, o juízo considerará parâmetros como: *I – a natureza do bem jurídico tutelado; II – a intensidade do sofrimento ou da humilhação; III – a possibilidade de superação física ou psicológica; IV – os reflexos pessoais e sociais da ação ou da omissão; V – a extensão e a duração dos efeitos da ofensa; VI – as condições em que ocorreu a ofensa ou o prejuízo moral; VII – o grau de dolo ou culpa; VIII – a ocorrência de retratação espontânea; IX – o esforço efetivo para minimizar a ofensa; X – o perdão, tácito ou expresso; XI – a situação social e econômica das partes envolvidas; XII – o grau de publicidade da ofensa.*

---

30. ZAINAGHI, Domingos Sávio (Coord.); MACHADO, Costa (Org.); RIJO, Dulce Maria Soler Gomes (autora do comentário ao art. 223-E, CLT). *CLT Comentada*. 11. ed. Barueri-SP: Manole, 2020, p. 182.

A controvérsia situa-se especificamente nos parágrafos 1º a 3º do mesmo artigo, cujo texto estabelece uma espécie de tabelamento para a fixação de valor teto de indenização dos danos extrapatrimoniais devidos à vítima.

A matéria acabou sendo questionada perante o Supremo Tribunal Federal (STF), que admitiu a possibilidade de as indenizações por danos morais trabalhistas ultrapassarem o limite de valor estabelecido pela Reforma Trabalhista na CLT. O julgamento fixou que os valores previstos na CLT devem servir à Justiça do Trabalho somente como *critérios orientativos*, não mais como teto de valores para pagamento. Veja-se:

> Decisão: O Tribunal, por maioria, conheceu das ADI 6.050, 6.069 e 6.082 e julgou parcialmente procedentes os pedidos para conferir interpretação conforme a Constituição, de modo a estabelecer que: 1) As redações conferidas aos art. 223-A e 223-B, da CLT, não excluem o direito à reparação por dano moral indireto ou dano em ricochete no âmbito das relações de trabalho, a ser apreciado nos termos da legislação civil; 2) Os critérios de quantificação de reparação por dano extrapatrimonial previstos no art. 223-G, caput e § 1º, da CLT deverão ser observados pelo julgador como critérios orientativos de fundamentação da decisão judicial. É constitucional, porém, o arbitramento judicial do dano em valores superiores aos limites máximos dispostos nos incisos I a IV do § 1º do art. 223-G, quando consideradas as circunstâncias do caso concreto e os princípios da razoabilidade, da proporcionalidade e da igualdade. Tudo nos termos do voto do Relator, vencidos os Ministros Edson Fachin e Rosa Weber (Presidente), que julgavam procedente o pedido das ações. Plenário, Sessão Virtual de 16.6.2023 a 23.6.2023.[31]

O fato é que a aplicação de tais parágrafos - ao estabelecer, inicialmente, tetos de valores na gradação de danos (leve, média, grave e gravíssima), vinculados ao último salário da vítima – para determinar o *quantum debeatur* a cada trabalhador lesado – subtrairia do magistrado a liberdade para considerar a gravidade e a repercussão da ofensa, bem como do dano provocado na vítima, além de outros ingredientes pessoais em cada caso.

De sorte que a decisão prolatada pelo STF, ao estabelecer interpretação conforme a Constituição aos aludidos parágrafos 1º a 3º do art. 223-G, da CLT, resolve de vez a controvérsia, ao dispor que são meros *critérios orientativos* a serem considerados com ampla liberdade pelo julgador.

Demais disto, a teor do art. 944 do Código Civil, o valor da indenização mede-se pela extensão do dano, isto é, pela gravidade das repercussões causadas pelo fato constitutivo da pretensão indenizatória. Deve-se observar, outrossim, a regra disposta no art. 953, parágrafo único, do mesmo diploma civil, segundo a qual não sendo possível provar o prejuízo material, caberá ao juiz fixar equitativamente, o valor da indenização na conformidade das circunstâncias do caso.[32]

---

31. ADIns propostas pela Anamatra – Associação dos Magistrados da Justiça do Trabalho (ADIn 6.050), pelo Conselho Federal da OAB (ADIn 6.069) e pela CNTI – Confederação Nacional dos Trabalhadores na Indústria (ADIn 6.082). Ver também link: https://www.migalhas.com.br/quentes/388828/stf-indenizacao-por-danos--morais-pode-superar-teto-da-clt.

32. AIRR – 99-53.2021.5.23.0006. Relator: Hugo Carlos Scheuermann. Publicação: 18.12.2023.

Tanto o TST como o STJ adotam o entendimento de que o valor das indenizações deve estar lastreado nos limites da proporcionalidade e da razoabilidade e não deve ser exorbitante ou irrisório.[33]

3.7.3 Dano estético

O *dano estético* configura um *terceiro gênero indenizável*, segundo sólida jurisprudência do TST e do STJ, para além dos danos materiais e extrapatrimoniais.

O dano estético difere do dano moral propriamente dito, *porquanto tem sua matriz no aspecto visual, causando à vítima alteração morfológica de seu corpo oriunda de ato ilícito, não se confundindo com o Dano Moral, em virtude deste tipo de dano ser examinado sob o aspecto psicofísico, proveniente da violação de direitos do patrimônio imaterial.*[34]

O dano estético deformante à integridade física constitui a mais grave e mais violenta das lesões à pessoa, pois além de gerar sofrimento pela transformação física, também acarreta abalo psíquico, pois compromete a aparência, a imagem e o modo pelo qual os outros veem o trabalhador, atraindo toda sorte de preconceitos e gerando, consequentemente, um sentimento de inferioridade.[35]

Para Tereza Ancona Lopez[36] constitui qualquer modificação duradoura ou permanente na aparência externa de uma pessoa, modificação esta que lhe acarreta um afeamento e lhe causa humilhações e desgostos. Representa lesão à integridade física que repercute na aparência da vítima e, consequentemente, também importa lesão à personalidade.

Ademais, enquadra-se no conceito de dano estético qualquer alteração morfológica do acidentado como, por exemplo, a perda de algum membro, uma cicatriz ou qualquer mudança corporal que cause repulsa, afeamento ou apenas desperte a atenção por ser diferente.[37]

De sorte que, diante de um acidente de trabalho, *a vítima pode sofrer os danos material, extrapatrimonial e também o chamado dano estético.* Possuem naturezas distintas e são cumuláveis. Nesta senda, a jurisprudência do TST é pacífica no sentido de que o dano estético é autônomo em relação ao dano moral porque possuem causas distintas, podendo ambos serem cumulados (Súmula 387, STJ: *É lícita a cumulação das indenizações de dano estético e dano moral*). A reparação por danos estéticos busca compensar os reflexos visíveis na imagem, no corpo e na integridade física do ofendido enquanto os danos morais servem para compensar o abalo psicológico decorrente do dano.[38]

---

33. Ag-AIRR-440-82.2014.5.09.0663, 7ª Turma, Relator Ministro Alexandre de Souza Agra Belmonte, DEJT 03.11.2023.
34. AIRR – 99-53.2021.5.23.0006. Relator: Hugo Carlos Scheuermann. Publicação: 18.12.2023.
35. TST/RRAg-596-77.2018.5.08.0010, 8ª Turma, Relatora Ministra Dora Maria da Costa, DEJT 23.08.2021.
36. LOPEZ, Tereza Ancona. *O Dano Estético.* 3. ed. São Paulo: Ed. RT, p. 46.
37. OLIVEIRA, Sebastião Geraldo de. *Indenizações por acidente do trabalho ou doença ocupacional.* 3. ed.
38. *"Indenização por danos morais e estéticos. Valor da condenação. Possibilidade de cumulação dos pedidos. A jurisprudência do TST é no sentido de que a mudança do valor da condenação a título de danos morais somente é*

3.8 Aplicação da prescrição

A aplicação da prescrição trabalhista nos casos que envolvem o acidente do trabalho, durante muito tempo, ensejou considerável debate na jurisprudência. Neste caso, a prescrição quinquenal tem como início (*actio nata*) o momento da ciência inequívoca das lesões suportadas pelo empregado.

Pode-se dizer que, ao cabo, passou a prevalecer este entendimento, a saber:

> I – Agravo da equatorial alagoas distribuidora de energia. Agravo de instrumento em recurso de revista. Prescrição. Marco inicial. Indenização por danos decorrentes de doença profissional equiparada a acidente do trabalho. A compreensão do TST sobre a matéria, em conformidade com o entendimento consubstanciado na Súmula/STJ 278, é a de que a prescrição das pretensões de reparações por danos materiais e/ou morais decorrentes de acidentes do trabalho começa a fluir a partir da ciência inequívoca das lesões suportadas pelo empregado. O refinamento promovido pela reiterada jurisprudência desta Corte indica que, via de regra, é somente com a alta previdenciária ou com a concessão da aposentadoria por invalidez é que se pode avaliar a real extensão dos danos sofridos pelo trabalhador em decorrência de doença ocupacional. Isso porque se presume que seja nesse momento que o empregado tenha condições de avaliar as efetivas consequências do infortúnio para sua aptidão laboral ou para as competências normais da vida cotidiana. No caso dos autos, a autora teve ciência inequívoca de suas lesões apenas em março de 2017, data da sua aposentadoria por invalidez. Fixada a actio nata em data posterior ao início da vigência da EC 45/2004 e considerando que a reclamação trabalhista fora ajuizada em 14.06.2018, não há esgotamento de prazo fatal a ser declarado, tendo em conta a farta jurisprudência deste Tribunal, de que a espécie de prescrição a ser aplicada em hipóteses como esta é a disciplinada pelo artigo 7º, XXIX, da Constituição Federal. Não se constata, pois, a alegada ofensa ao artigo 206, § 1º, II, *b*, do Código Civil. Agravo conhecido e desprovido.[39] (...)

Este entendimento tem como origem a Súmula 278 do STJ, cujo conteúdo é: *O termo inicial do prazo prescricional, na ação de indenização, é a data em que o segurado teve ciência inequívoca da incapacidade laboral.*

Portanto, à luz da jurisprudência consagrada no âmbito do TST, tendo em conta, ainda, a Súmula/STJ 278, a prescrição das pretensões de reparações por danos materiais e/ou morais decorrentes de acidentes do trabalho começa a fluir a partir da ciência inequívoca das lesões suportadas pelo empregado.

Via de regra, é somente com a alta previdenciária ou com a concessão da aposentadoria por invalidez que se pode avaliar a real extensão dos danos sofridos pelo traba-

---

possível quando o montante fixado na origem se mostra fora dos padrões da proporcionalidade e da razoabilidade. Tal circunstância não se verifica na hipótese dos autos, em que o TRT, considerando a extensão do dano, manteve a sentença que arbitrou a condenação no valor de R$ 10.000,00 (dez mil reais). Quanto ao valor dos danos estéticos, também não se verifica desproporcionalidade entre o dano sofrido (deformidade permanente decorrente de lesão na face) e o quantum arbitrado pelo TRT em R$ 10.000,00 (dez mil reais). Ademais, a jurisprudência do TST é pacífica no sentido de que o dano estético é autônomo em relação ao dano moral porque possuem causas distintas, podendo ambos ser cumulados. A reparação por danos estéticos busca compensar os reflexos visíveis na imagem, no corpo e na integridade física do ofendido enquanto os danos morais servem para compensar o abalo psicológico decorrente do dano. Precedentes. Óbice da Súmula 333 do TST. Recurso de revista não conhecido" (RR – 280-62.2011.5.04.0611, Ac. 2ª Turma, Relatora Ministra Maria Helena Mallmann, in DEJT 03.07.2017).

39. TST/Ag-AIRR-21088-48.2016.5.04.0406, 3ª Turma, Relator Ministro Mauricio Godinho Delgado, DEJT 1º.10.2021.

lhador em decorrência de doença ocupacional. Presume-se que, nestes momentos, o empregado tem condições de avaliar as efetivas consequências do infortúnio para sua aptidão laboral ou para as competências normais da vida cotidiana.

4. CONCLUSÕES

A temática da responsabilidade trabalhista em face do acidente do trabalho é bastante abrangente. Procurou-se aqui estabelecer um panorama sobre os principais tópicos a envolver esta matéria de alta relevância também para o Direito do Trabalho.

É inegável a profunda transformação pela qual o tema vem sendo submetido, nos últimos anos, tanto na legislação aplicável, quanto na jurisprudência, nesta a incluir-se sobremodo as posições assumidas pelo Supremo Tribunal Federal e Tribunal Superior do Trabalho.

É certo que a Reforma Trabalhista de 2017 adotou um ponto de inflexão na longa trajetória de evolução do direito laboral ao longo das últimas décadas. Todavia, a Constituição da República, ao assentar importantes princípios relacionados ao direito social, tem como relevo a concretização do princípio da dignidade da pessoa humana e dos valores sociais do trabalho. Os operadores do Direito devem buscar a melhor compreensão sobre a matéria, que assegure, da maneira mais efetiva possível, a observância destes valores constitucionais.

Ao adotar interpretação das normas conforme a Constituição Federal, a jurisprudência cumpre bem o seu papel de observância da ordem jurídica, a partir do foco luminoso do texto constitucional. Com isto, operam-se as mudanças na legislação em consonância com o sistema jurídico vigente, em homenagem ao princípio da segurança jurídica.

Por outro lado, a sociedade precisa se envolver mais no debate sobre este histórico e complexo problema nacional. O Direito, isoladamente, é incapaz de dar conta disto. Exige-se o envolvimento de empregadores, trabalhadores, poderes públicos e, numa palavra, toda a comunidade. O país não alcançará patamares mais elevados de desenvolvimento humano sem que esta questão seja equacionada.

REFERÊNCIAS

FLORINDO, Valdir. *Dano moral e o Direito do Trabalho*. 2. ed. São Paulo. LTr. 1996.

GRANDE ENCICLOPÉDIA LAROUSSE CULTURAL, Editora Nova Cultural, 1998.

LINK:https://www.vatican.va/content/leo-xiii/pt/encyclicals/documents/hf_l-xiii_enc_15051891_rerum--novarum.html, extraído em 30 de novembro de 2023.

LINK: https://www.tst.jus.br/web/trabalhoseguro/o-que-e-acidente-de-trabalho, extraído em: 30 nov. 2023.

LINK: http://www.mflip.com.br/pub/escolajudicial/?numero=22.

LISTA de DOENÇAS RELACIONADAS AO TRABALHO (LDRT) – https://www.gov.br/saude/pt-br/assuntos/noticias/2023/novembro/ministerio-da-saude-atualiza-lista-de-doencas-relacionadas-ao--trabalho-apos-24-anos.

LOPEZ, Tereza Ancona. *O Dano Estético*: responsabilidade civil. 3. ed. São Paulo: Ed. RT, 2004.

LORA, Ilse Marcelina Bernardi. O Dano Existencial no Direito do Trabalho. *Revista Eletrônica* – Tribunal Regional do Trabalho do Paraná, v. 2, 2013.

OLIVEIRA, Sebastião Geraldo de. *Indenizações por acidente do trabalho ou doença ocupacional*. 3. ed. São Paulo: LTR, 2007.

ZAINAGHI, Domingos Sávio (Coord.); MACHADO, Costa (Org.). RIJO, Dulce Maria Soler Gomes (autora do comentário ao art. 223-E, CLT). *CLT Comentada*. 11. ed. Barueri-SP: Manole, 2020.

12
RESPONSABILIDADE OBJETIVA DO EMPREGADOR E O TEMA 932 DO STF

Otavio Pinto e Silva

Professor Associado do Departamento de Direito do Trabalho e Seguridade Social da Faculdade de Direito da Universidade de São Paulo (USP). Membro da Academia Paulista de Direito do Trabalho. Advogado em São Paulo.

Sumário: 1. Introdução – 2. Acidente de trabalho – 3. Danos morais e materiais decorrentes de acidentes do trabalho: responsabilidade civil do empregador – 4. O STF e a questão da responsabilidade objetiva: risco da atividade e o Tema 932 de repercussão geral – 5. Competência da justiça do trabalho – 6. Conclusão – Referências.

1. INTRODUÇÃO

Foi com muita alegria que recebi o convite para participar dessa obra coletiva em homenagem ao Desembargador Valdir Florindo, concebida com o objetivo de refletir sobre temas ligados à Responsabilidade Civil no Direito do Trabalho.

Valdir Florindo representa com dignidade a Advocacia Trabalhista no âmbito do Tribunal Regional do Trabalho da 2ª Região, preenchendo uma das vagas do quinto constitucional. E eu tenho a honra de ser seu colega na Academia Paulista de Direito do Trabalho, onde ele ocupa a cadeira número 36, tendo como patrono João Pereira da Silva (enquanto eu ocupo a cadeira número 9, cujo patrono é o querido professor e advogado Pedro Vidal Neto).

Assumi então o compromisso de escrever algumas reflexões sobre a responsabilidade objetiva do empregador, tendo em vista os parâmetros fixados pelo Supremo Tribunal Federal com a adoção da tese consubstanciada no Tema 932 de repercussão geral.

Sendo assim, vejamos inicialmente o conceito legal de acidente de trabalho, para em seguida abordar a responsabilidade civil do empregador pela reparação de danos morais e materiais dele decorrente e finalizar com a análise da jurisprudência da Corte Suprema, envolvendo ainda a competência da Justiça do Trabalho para julgar essas ações.

2. ACIDENTE DE TRABALHO

Uma questão prática que repercute com intensidade no quotidiano das empresas, trabalhadores e sindicatos é exatamente a que envolve a responsabilidade civil do empregador quanto ao acidente de trabalho envolvendo os seus empregados.

Conforme dispõe o art. 19 da Lei 8.213/91, "acidente de trabalho é o que ocorre pelo exercício do trabalho a serviço da empresa ou pelo exercício do trabalho dos segurados referidos no inciso VII do art. 11 desta lei, provocando lesão corporal ou perturbação funcional que cause a morte ou a perda ou redução, permanente ou temporária, da capacidade para o trabalho".

Ao lado da conceituação acima, de acidente de trabalho típico, por expressa determinação legal, as doenças profissionais e/ou ocupacionais equiparam-se a acidentes de trabalho. Os incisos do art. 20 da Lei 8.213/91 as definem:

a) *doença profissional*, assim entendida a produzida ou desencadeada pelo exercício do trabalho peculiar a determinada atividade e constante da respectiva relação elaborada pelo Ministério do Trabalho e da Previdência Social; Ex. doenças respiratórias; DORT.

b) *doença do trabalho*, assim entendida a adquirida ou desencadeada em função de condições especiais em que o trabalho é realizado e com ele se relacione diretamente, constante da relação mencionada no inciso I. Ex. perda auditiva; doença na coluna.

Como se revela inviável listar todas as hipóteses dessas doenças, o § 2º do mencionado artigo da Lei 8.213/91 estabelece que, "em caso excepcional, constatando-se que a doença não incluída na relação prevista nos incisos I e II deste artigo resultou das condições especiais em que o trabalho é executado e com ele se relaciona diretamente, a Previdência Social deve considerá-la acidente do trabalho".

Sebastião Geraldo de Oliveira pondera que "a norma jurídica, por si só, não muda as condições do ambiente de trabalho, porque o empregador está atento, prioritariamente, ao resultado econômico do empreendimento, e a inspeção do trabalho não atende satisfatoriamente ao volume de estabelecimentos a serem fiscalizados" (Oliveira, 1998).

Com efeito, a legislação brasileira é vasta, mas não consegue impedir a repetição de problemas que afetam a vida e a saúde dos trabalhadores.

O art. 21 da Lei 8.213/91 equipara ainda a acidente de trabalho:

I – o acidente ligado ao trabalho que, embora não tenha sido a causa única, haja contribuído diretamente para a morte do segurado, para redução ou perda da sua capacidade para o trabalho, ou produzido lesão que exija atenção médica para a sua recuperação;

II – o acidente sofrido pelo segurado no local e no horário do trabalho, em consequência de:

a) ato de agressão, sabotagem ou terrorismo praticado por terceiro ou companheiro de trabalho;

b) ofensa física intencional, inclusive de terceiro, por motivo de disputa relacionada ao trabalho;

c) ato de imprudência, de negligência ou de imperícia de terceiro ou de companheiro de trabalho;

d) ato de pessoa privada do uso da razão;

e) desabamento, inundação, incêndio e outros casos fortuitos ou decorrentes de força maior;

III – a doença proveniente de contaminação acidental do empregado no exercício de sua atividade;

IV – o acidente sofrido pelo segurado ainda que fora do local e horário de trabalho:

a) na execução de ordem ou na realização de serviço sob a autoridade da empresa;

b) na prestação espontânea de qualquer serviço à empresa para lhe evitar prejuízo ou proporcionar proveito;

c) em viagem a serviço da empresa, inclusive para estudo quando financiada por esta dentro de seus planos para melhor capacitação da mão de obra, independentemente do meio de locomoção utilizado, inclusive veículo de propriedade do segurado;

d) no percurso da residência para o local de trabalho ou deste para aquela, qualquer que seja o meio de locomoção, inclusive veículo de propriedade do segurado.

Observe-se também que, de acordo com o § 1º do referido art. 21 da Lei 8.213/91, nos períodos destinados a refeição ou descanso, ou por ocasião da satisfação de outras necessidades fisiológicas, no local do trabalho ou durante este, o empregado é considerado no exercício do trabalho.

O que se percebe a partir de todas essas normas legais, assim, é que os acidentes causam sérias repercussões de ordem jurídica e econômica. Nos acidentes menos graves, em que o empregado tenha que se ausentar por período inferior a quinze dias, o empregador deixa de contar com a mão de obra temporariamente afastada em decorrência do acidente e tem que arcar com os custos econômicos da relação de emprego.

O acidente repercute ao empregador também no cálculo do Fator Acidentário de Prevenção – FAP da empresa, nos termos do art. 10 da Lei 10.666/2003.

Os acidentes de trabalho geram custos ainda para o Estado. Incumbe ao Instituto Nacional do Seguro Social – INSS administrar a prestação de benefícios, tais como auxílio-doença acidentário, auxílio-acidente, habilitação e reabilitação profissional e pessoal, aposentadoria por invalidez e pensão por morte.

No período de 2012 a 2022, o Brasil registrou:[1]

- 6.774.543 Notificações de Acidentes de Trabalho (AEAT/CAT-INSS)
- 25.492 Acidentes de Trabalho com Mortes (AEAT/CAT-INSS)
- 2.293.297 Afastamentos por Acidente de Trabalho (AEAT/CAT-INSS)

Esses dados são assustadores e demonstram a fundamental importância da definição de critérios jurídicos que possam aferir a responsabilidade do empregador pelas consequências dos acidentes: afinal, conforme se depreende da leitura dos artigos 927, 186 e 187 do Código Civil, aquele que por ato ilícito causar dano a outrem fica obrigado a repará-lo.

Lembre-se que o artigo 2º da CLT estabelece o conceito de empregador como a empresa individual ou coletiva, que, assumindo os riscos da atividade econômica, admite, assalaria e dirige a prestação pessoal de serviço.

Desde 1905, Evaristo de Moraes já defendia a aplicação da teoria objetivista para os casos de acidentes de trabalho, chamando-a então de teoria do risco profissional (Moraes, 1971).

---

1. Fonte: Observatório de Segurança e Saúde no Trabalho (SmartLab). Disponível em: https://smartlabbr.org/. Acesso em: 04 set. 2023.

Desse modo, a questão da responsabilidade civil do empregador está diretamente ligada aos riscos da atividade econômica por ele desenvolvida. Senão, vejamos.

3. DANOS MORAIS E MATERIAIS DECORRENTES DE ACIDENTES DO TRABALHO: RESPONSABILIDADE CIVIL DO EMPREGADOR

A teoria clássica no direito civil aponta a culpa como o fundamento da responsabilidade: assim, diz-se que a responsabilidade é "subjetiva" quando se baseia na ideia de culpa do agente.

Vale dizer, em princípio o pressuposto necessário do dano indenizável reside na prova da culpa do agente (de modo que a responsabilidade do autor do dano se configura se ele agiu com dolo ou culpa).

Assim, se levada em conta apenas a teoria da responsabilidade subjetiva, a responsabilização do agente decorreria da demonstração da prática de ato ilícito, da sua culpa ou dolo, do nexo de causalidade e da existência de prejuízo para a vítima. Estando ausente qualquer um dos elementos, seria possível sustentar a não caracterização da responsabilidade.

Mas é preciso levar em conta que as constantes e profundas modificações nos meios de produção levaram à necessidade de nova disciplina para a responsabilidade civil, de modo que passaram a ser sistematizadas outras teorias a respeito, partindo dos pressupostos de que todo dano é indenizável e deve ser reparado por quem a ele se liga por um nexo de causalidade, independentemente de culpa (Silva, 2003).

A base dessas teorias é a ideia do risco: toda pessoa (jurídica ou natural) que exerce uma atividade cria um risco de dano para terceiros, devendo ser obrigada a repará-lo, ainda que sua conduta seja isenta de culpa.

Teorias para explicação desse risco:

a) risco-proveito: é reparável o dano causado a outrem em consequência de uma atividade realizada em benefício do responsável. Quem aufere lucros pondo em risco a vida, a integridade física e os bens de terceiros deve ser onerado no pagamento de indenização

b) risco-criado: é o risco a que se subordina todo aquele que, sem indagação de culpa, se dispuser a suportá-lo, pelo simples fato de expor outrem a sofrer um dano. Mais ampla que a anterior, essa teoria engloba todo e qualquer caso, ainda que não se possa falar em proveito que tenha sido usufruído pelo beneficiário.

A lei então pode impor a certas pessoas, e em determinadas situações, a reparação de um dano cometido sem culpa, o que se passou a chamar de responsabilidade "objetiva" ou "legal": bastam a existência do dano e o nexo de causalidade.

Conforme exposto por Miguel Reale, "as duas formas de responsabilidade se conjugam e se dinamizam. Deve ser reconhecida, penso eu, a responsabilidade subjetiva como norma, pois o indivíduo deve ser responsabilizado, em princípio, por sua ação ou omissão, culposa ou dolosa. Mas isto não exclui que, atendendo à estrutura dos negócios, se leve em conta a responsabilidade objetiva. Este é um ponto fundamental. O conceito de estrutura não é privilégio do estruturalismo, que é um dos tantos modismos filosóficos do nosso tempo (Reale, 2003).

Para essa conjugação, portanto, necessário se faz o balanceamento prudente de motivos e valores, levando em consideração:

a) a participação culposa da vítima;

b) a natureza da participação da vítima no evento que gera o dano;

c) o fato de terem sido ou não tomadas as cautelas necessárias, fundadas em critérios de ordem técnica.

Ora, há expressa previsão no artigo 7º, inciso XXVIII, da Constituição Federal, acerca do direito dos trabalhadores urbanos e rurais ao "seguro contra acidentes de trabalho, a cargo do empregador, sem excluir a indenização a que este está obrigado, quando incorrer em dolo ou culpa".

Essa norma já suscitava debates acerca de seu alcance, no tocante à responsabilidade civil do empregador, antes mesmo da entrada em vigor do Código Civil de 2002. Mas o texto do artigo 927 do Código Civil veio prever, com todas as letras, que "aquele que, por ato ilícito (artigos 186 e 187), causar dano a outrem, fica obrigado a repará-lo", completando ainda, no parágrafo único, que "haverá obrigação de reparar o dano, independentemente de culpa, nos casos especificados em lei, ou quando a atividade normalmente desenvolvida pelo autor do dano implicar, por sua natureza, risco para os direitos de outrem".

Observe-se que o artigo 186 do Código Civil aperfeiçoou o conceito de ato ilícito ao se referir a *violação de direito e dano*: "Aquele que, por ação ou omissão voluntária, negligência ou imprudência, violar direito e causar dano a outrem, ainda que exclusivamente moral, comete ato ilícito".

Sendo assim, a obrigação de indenizar decorre da existência de violação de direito *e* dano, concomitantemente.

Enéas de Oliveira Matos observa que "a responsabilidade por culpa continua sendo a regra geral do nosso sistema de responsabilidade civil, cabendo tão somente a objetiva para os casos expressamente determinados em lei, ou que a jurisprudência assim determinar cabíveis, por aplicação do artigo 927, parágrafo único, do novo código, que estipula a sobredita cláusula geral de responsabilidade objetiva para casos de desempenho de atividade de risco" (Matos, 2008).

Mas novamente se recorre à lição de Miguel Reale, quando explica que a estrutura social da relação de trabalho implica o risco de dano por parte do empregador, devido a elementos como, por exemplo, a automação: "se aquele que atua na vida jurídica desencadeia uma estrutura social que, por sua própria natureza, é capaz de pôr em risco os interesses os direitos alheios, a sua responsabilidade passa ser objetiva e não mais apenas subjetiva" (Reale, 1986).

A interpretação dos preceitos legais à luz da Constituição acabou então sendo levada à apreciação do Supremo Tribunal Federal que, por meio do Tema 932 de repercussão geral, fixou a tese que analisaremos a seguir.

4. O STF E A QUESTÃO DA RESPONSABILIDADE OBJETIVA: RISCO DA ATIVIDADE E O TEMA 932 DE REPERCUSSÃO GERAL

A doutrina trabalhista analisava a questão da responsabilidade por dano moral trabalhista sustentando que, em regra, seria de natureza subjetiva, fundada na culpa. Mas antes da análise do STF a respeito já se admitia que, mesmo diante de fatos não imputáveis ao empregador, determinadas sequelas ou traumas psíquicos poderiam ensejar a reparação por responsabilidade objetiva, como por exemplo nos casos em que o empregador promove atividade de risco, ou naqueles em que o empregado trabalha em condições de periculosidade (Belmonte, 2009).

Inegavelmente a responsabilidade objetiva encontrou grande incidência na análise dos casos pela Justiça do Trabalho, sob o argumento de que "a criação do risco, mesmo independente de culpa ou dolo, implica responsabilidade pelo dano pessoal ou patrimonial de que o empregado seja vítima" (Oliveira, 2010).

No Leading Case RE 828040, que teve como relator o Ministro Alexandre de Moraes, acabou sendo aprovado o Tema 932 de repercussão geral do STF, para tratar da possibilidade de responsabilização objetiva do empregador por danos decorrentes de acidentes de trabalho.

Vejamos como se deu esse debate em nossa mais alta Corte.

No referido Recurso Extraordinário discutiu-se, à luz dos artigos 7º, inc. XXVIII, 37, § 6º, 59 e 97 da Constituição Federal a aplicação da teoria do risco, prevista no art. 927, parágrafo único, do Código Civil, aos danos decorrentes de acidentes de trabalho.

Tratava-se de Recurso Extraordinário interposto contra acórdão proferido pelo Tribunal Superior do Trabalho (TST), que, valendo-se da teoria do risco, a partir do disposto no artigo 927, parágrafo único do Código Civil, reconheceu o direito do empregado que desenvolve atividade de risco a ser indenizado pelo seu empregador, por danos morais e materiais decorrente de acidente de trabalho.

Em 03.09.2009, o Supermercado Comper sofreu um assalto, sendo que os criminosos buscavam subtrair o malote de dinheiro que seria transportado em carro-forte. O autor da reclamatória trabalhista, Marcos da Costa Santos, trabalhava na condição de vigilante, contratado pela empresa Protege S/A – Proteção e Transporte de Valores, parte recorrente no caso julgado pelo STF.

Após troca de disparos entre os criminosos e o autor e seus colegas, o roubo foi frustrado. Embora não atingido pelos projéteis, o reclamante Marcos da Costa Santos alegou que passou a experimentar graves consequências psíquicas, decorrentes do episódio traumático que vivenciou, as quais o incapacitaram para o trabalho.

Na petição inicial, o autor detalhou os graves danos que o evento lhe trouxe e sustentou que a Protege e o Supermercado deveriam ser responsabilizados, sob o argumento de que o insuficiente aparato de segurança oferecido pelas empresas na operação de transporte de valores estimulou e facilitou a ação dos criminosos.

Assim, pediu três formas de reparação:

i) pagamento de indenização por danos morais;

ii) pagamento de pensão, até a idade de 65 anos;

iii) custeio de todo e qualquer tratamento de saúde associado ao trauma decorrente do fato.

A sentença acolheu em parte todos os pedidos, estabelecendo a responsabilidade direta da Protege e subsidiária do Supermercado (por ostentar a condição de mero tomador do serviço de segurança).

O Tribunal Regional do Trabalho da 24ª Região excluiu por completo a responsabilidade do Supermercado e reduziu o valor das indenizações. Já o TST restaurou a responsabilidade subsidiária do Supermercado e elevou o valor da pensão.

Submetido o Recurso Extraordinário da Protege ao exame do STF, o Tribunal entendeu que a questão importante e que, realmente, tinha repercussão geral e deveria ser definida era se o artigo 927, parágrafo único, do Código Civil, poderia ou não ser utilizado pela Justiça do Trabalho, reconhecendo-se consequentemente a responsabilidade civil objetiva do empregador.

Em seu voto, o Ministro Relator Alexandre de Moraes sustentou incialmente que a indagação em debate se dirigia à compatibilidade ou não do citado artigo 927, parágrafo único, do Código Civil com o artigo 7º, inciso XXVIII, da Constituição, ao permitir hipótese de responsabilização objetiva do empregador por danos decorrentes de acidentes de trabalho, nos casos especificados em lei ou quando a atividade normalmente desenvolvida pelo autor implicar, por sua natureza, outros riscos, extraordinários e especiais.

Observou que duas principais teses foram levantadas, uma pela compatibilidade, outra pela não aplicabilidade, mais intensamente pela dificuldade de definição de o que seria, exatamente, a natureza diferenciada que implicaria um risco extraordinário.

Citou exemplos que foram trazidos nos debates para diferenciar o que é uma "atividade de risco" de "um risco comum a toda atividade": transportes; picadas de cobras, de aranhas; queimaduras de águas-vivas. Ou seja, o que é um risco geral a todos e o que é o risco individual do trabalhador pelo exercício de uma determinada atividade.

Prosseguiu então o relator em seu voto esclarecendo que a regra do Direito Civil brasileiro, com base no Direito romano, é a responsabilidade civil subjetiva. Essa é a regra, conforme os artigos 185, 186 e o 927, *caput*, do Código Civil.

Explicou então que a chamada "responsabilidade aquiliana" exige dolo ou culpa; porém, paulatinamente, foram se desenvolvendo hipóteses no sentido de, excepcionalmente, se afastar a necessidade da comprovação do dano do nexo causal e da culpa ou dolo. Algumas hipóteses de responsabilidade objetiva, em virtude das inúmeras injustiças ocorridas e da impossibilidade de se responsabilizar determinadas ocorrências.

Salientou que as hipóteses excepcionais de responsabilidade objetiva não vieram para punir o eventual responsável pelo dano, pois a teoria da responsabilidade objetiva não surgiu como algo sancionatório, mas sim para se responsabilizar.

Vale dizer, essa possibilidade surgiu como algo para se buscar fazer justiça às vítimas; surgiu como um direito reparatório às vítimas e em algumas situações em que na verificação da responsabilidade, o dolo ou a culpa deveriam ceder a algo maior, à necessidade de justiça plena de se indenizar as vítimas. Assim se fez com acidentes nucleares, com acidentes relacionados ao meio ambiente e – de forma pioneira pelo Brasil o mundo – também pelo Código de Defesa do Consumidor, em algumas hipóteses. Nunca para apenar alguém, mas, sim, para proteger. A ideia, portanto, seria protetiva.

O Ministro Alexandre entendeu ser muito importante verificar a evolução para hipóteses excepcionais de responsabilidade objetiva, cuja ideia principal é protetiva, porque se encaixava exatamente na hipótese em discussão no caso concreto que o STF analisava: não pretendia punir alguém, mas, sim, minorar ou afastar uma proteção extremamente falha, que existe em algumas hipóteses, pela necessidade até então existente da comprovação de dolo ou culpa.

Em sua visão, o Código Civil de 2002 trouxe uma janela para se evitar injustiças: haverá obrigação de reparar o dano, independentemente de culpa, nos casos especificados em lei, quando a lei já prevê atividade perigosa, quando a lei já prevê atividade com risco diferenciado ou quando a atividade normalmente desenvolvida pelo autor do dano implicar esse risco, por sua natureza.

A natureza que implica riscos maiores é a da atividade, não é a natureza da ocorrência momentânea, não é a conduta que levou ao dano. Exemplificou então com um tiroteio em razão de um roubo a mão armada a um templo budista: a atividade dos empregados do templo budista ordinariamente não é de risco, no caso então seria um risco excepcional, mas não decorrente da própria atividade desenvolvida.

Prosseguindo seu voto, o relator argumentou que no caso dos autos o trabalhador andava armado, com colete à prova de balas, dentro de um carro forte, e tinha o dever de transportar valores. O risco era inerente à sua atividade.

Nesses casos, o que se pretendeu com o Código Civil (não especificamente em relação a acidente do trabalho, mas em relação à responsabilidade civil como um todo), foi estabelecer uma relação de substituição do elemento subjetivo, culpa ou dolo, por outros elementos: atividade habitual que gere uma situação de risco especial. Ou seja, determinada atividade gera um risco especial, um risco fora do comum, um risco inerente à própria atividade, independentemente do que venha a ocorrer.

Dessa forma, nesses casos se deveria analisar a atividade, não o *"eventus damni"*, mas, sim, a atividade regular e habitualmente exercida, previsão legal que representou um grande avanço, seguindo a legislação italiana e portuguesa, no que diz respeito à responsabilidade civil.

Fundamentou então que seria absolutamente incoerente, que no ramo do Direito Civil se entendesse não se tratar de matéria constitucional e se pudesse disciplinar livremente as hipóteses de responsabilidade objetiva ou subjetiva, e na questão dos direitos sociais, onde o legislador constituinte estabeleceu um "plus", a partir da previsão de uma proteção mínima, não se pudesse estabelecer uma interpretação favorável ao trabalhador em sede de proteção.

Ou seja, o voto do relator expressou o entendimento de que no caso do Direito do Trabalho, na proteção dos direitos sociais, o constituinte quis estabelecer o mínimo protetivo, não o máximo, um piso de proteção em relação a questão da responsabilidade civil, como se estivesse dizendo: "Olha, de toda a responsabilidade civil, que é matéria do Direito Civil, no caso dos trabalhadores, para que não haja nenhuma discussão, além do seguro contra acidentes de trabalho agora, também é garantido, no mínimo, a indenização quando ocorrer dolo ou culpa".

O que a Constituição estabeleceu foi um piso protetivo indenizatório na hipótese de acidentes do trabalho, o que encerrou a discussão sobre a possibilidade de acumulação do recebimento do seguro com a indenização dolosa ou culposa: menos do que aquilo o trabalhador não terá; mais, depende, como toda a disciplina da responsabilidade civil, do legislador civil, até porque o artigo 7º da Constituição prevê os direitos dos trabalhadores urbanos e rurais "além de outros que visem à melhoria de sua condição social".

Concluiu então ser absolutamente compatível o inciso XXVIII do artigo 7º da Constituição com o parágrafo único do artigo 927 do Código Civil, em matéria de responsabilização civil do empregador por acidentes do trabalho.

Mas ponderou que não se poderia permitir abusos, e esse seria o risco de se aplicar a exceção como regra. O parágrafo único é exceção e traz os requisitos para sua exata aplicação, enquanto o caput do artigo 927 é a regra, seja no Direito Civil, seja no Direito do Trabalho, na questão da indenização por acidentes no trabalho.

Vale dizer, não é qualquer resultado danoso que pode ser considerado consequência de um risco habitual ocorrido na atividade: é necessário verificar no caso concreto se a atividade pressupõe o risco como inerente ao seu próprio exercício habitual.

O risco do trabalhador deve ser maior e inerente à própria atividade. Apenas, neste caso, se justificaria a substituição do elemento subjetivo culpa ou dolo pela responsabilidade objetiva do risco, aplicando-se a teoria do risco criado (jamais a teoria do risco integral).

O STF, por maioria, acolheu então a proposta do Ministro relator e em 12/03/2020 foi fixada a seguinte tese: "O artigo 927, parágrafo único, do Código Civil é compatível com o artigo 7º, XXVIII, da Constituição Federal, sendo constitucional a responsabilização objetiva do empregador por danos decorrentes de acidentes de trabalho, nos casos especificados em lei, ou quando a atividade normalmente desenvolvida, por sua natureza, apresentar exposição habitual a risco especial, com potencialidade lesiva e implicar ao trabalhador ônus maior do que aos demais membros da coletividade".

Fica evidente, por todo o exposto, que é cabível a invocação da responsabilidade objetiva do empregador pelo pagamento de indenização por acidente de trabalho, mas sua definição depende de elementos que devem ser apurados em cada caso concreto.

Anderson Schreiber entende não haver dúvida de que "a indefinição quanto às atividades abrangidas pelo artigo 927 tem gerado, na doutrina e na jurisprudência, uma continuada perplexidade. Ainda hoje, discute-se o sentido da referência legal às atividades que, "normalmente desenvolvidas", implicam "risco para os direitos de outrem". Contesta-se, habitualmente, que qualquer atividade humana importa, em alguma proporção, risco aos direitos alheios. A crítica demonstra apenas que o legislador pretendeu, obviamente, se referir às atividades que tragam risco elevado, risco provável, verdadeiro perigo de dano. Algumas tentativas de especificação da cláusula geral têm conduzido a equívocos. Parte da doutrina tem, por exemplo, sustentado afigurar-se imprescindível, para incidência do parágrafo único do artigo 927, a constatação de proveitos econômicos auferidos por quem desempenha atividade lesiva. Assim, afirma-se que maior será o risco da atividade conforme o proveito visado. Tal entendimento contraria a literalidade do dispositivo, que, ao aludir apenas ao risco, sem cogitar do seu aproveitamento pelo responsável, sugere fortemente a adoção da teoria do risco-criado, e não da teoria do risco-proveito" (Schreiber, 2020).

Registre-se, ainda, que diante da repercussão negativa que os acidentes de trabalho podem trazer para a vida em sociedade, cabe também falar em danos para a coletividade: a doutrina trata do tema, valendo aqui fazer a referência a Antonio Junqueira de Azevedo quando assevera que "a responsabilidade civil deve impor indenização por danos individuais *e por danos sociais*. Os danos individuais são os patrimoniais, avaliáveis em dinheiro – danos emergentes e lucros cessantes –, e os morais, caracterizados por exclusão e arbitrados como compensação para a dor, para lesões de direito de personalidade e para danos patrimoniais de quantificação precisa impossível. Os danos sociais, por sua vez, são lesões à sociedade, no seu nível de vida, tanto por rebaixamento de seu patrimônio moral – principalmente a respeito da segurança – quanto por diminuição de sua qualidade de vida. Os danos sociais são causa, pois, de *indenização punitiva* por dolo ou culpa grave, especialmente repetimos, se atos que reduzem as condições coletivas de segurança, e de *indenização dissuasória*, se atos em geral de pessoa jurídica, que trazem uma diminuição do índice de qualidade de vida da população" (Azevedo, 2009).

5. COMPETÊNCIA DA JUSTIÇA DO TRABALHO

Por fim, para completar essas breves considerações, cabe ainda lembrar a questão da competência da Justiça do Trabalho para processar e julgar, nos termos do artigo 114, inciso VI, da Constituição Federal, "as ações de indenização por dano moral ou patrimonial, decorrentes da relação de trabalho".

Ora, havia quem sustentasse que não seria atribuição da Justiça do Trabalho aplicar normas que não estavam previstas na legislação trabalhista, mas apenas na Constituição e no Código Civil: para afastar esse entendimento, então, houve a aprovação da Emenda Constitucional número 45, de 2004, que veio expressamente inserir a competência no texto constitucional.

Com isso, o STF tratou de pacificar o entendimento por meio da Súmula Vinculante 22, prevendo que "a Justiça do Trabalho é competente para processar e julgar as ações de indenização por danos morais e patrimoniais decorrentes de acidente de trabalho propostas por empregado contra empregador, inclusive aquelas que ainda não possuíam sentença de mérito em primeiro grau quando da promulgação da Emenda Constitucional 45/2004".

Posteriormente, no Leading Case: RE 600091, que teve como relator o Ministro Dias Toffoli, foi aprovado ainda o Tema 242 de Repercussão Geral do STF, esclarecendo a questão também quanto aos chamados danos em ricochete, quando então foi fixada a seguinte tese: "Compete à Justiça do Trabalho processar e julgar as ações de indenização por danos morais e patrimoniais decorrentes de acidentes de trabalho propostas por empregado contra empregador, inclusive as propostas pelos sucessores do trabalhador falecido, salvo quando a sentença de mérito for anterior à promulgação da EC 45/04, hipótese em que, até o trânsito em julgado e a sua execução, a competência continuará a ser da Justiça Comum".

Fora de questão, então, diante desse quadro, qualquer discussão acerca de onde devem tramitar as ações em face do empregador sobre pagamento de indenização ao trabalhador (ou sua família) por danos decorrentes de acidentes de trabalho. O tema está pacificado, com o reconhecimento da competência da Justiça do Trabalho.

E é muito bom que assim seja, pois como o próprio Desembargador Valdir Florindo teve a oportunidade de dizer, em seu discurso de abertura da 7ª edição do Congresso Internacional de Direito do Trabalho, promovido pela Academia Brasileira de Direito do Trabalho,[2] a Justiça do Trabalho "tem legitimidade para reforçar a importante permanência dos direitos fundamentais sociais do trabalhador, neste novo cenário de transformações do mercado de trabalho, de maneira a equilibrar minimamente as forças frente ao capital, fundamento da existência do próprio Direito do Trabalho" (Florindo, 2017).

6. CONCLUSÃO

Podemos concluir esse breve estudo em homenagem ao Desembargador Valdir Florindo reconhecendo a grande importância do entendimento cristalizado pelo STF, ao aprovar o Tema 932 de repercussão geral.

Infelizmente o Brasil ainda convive com números alarmantes de acidentes de trabalho, embora tenhamos uma legislação bastante expressiva no que se refere à proteção do

---

2. Congresso realizado nos dias 28 e 29 de setembro de 2017, em São Paulo, pouco antes da entrada em vigor da chamada "Reforma Trabalhista" – Lei 13.467/17.

trabalhador contra os riscos existentes no meio ambiente de trabalho, com numerosas normas de medicina e segurança do trabalho.

A questão da responsabilidade objetiva do empregador pela reparação de danos decorrentes de acidentes de trabalho, assim, pode ser uma importante ferramenta para buscar reduzir os números de acidentes, em especial nos casos previstos em lei (como os do artigo 193 da CLT, que indica as atividades ou operações perigosas) ou naqueles em que a atividade normalmente desenvolvida, por sua natureza, apresentar exposição habitual a risco especial, com potencialidade lesiva e implicar ao trabalhador ônus maior do que aos demais membros da coletividade.

REFERÊNCIAS

AZEVEDO, Antônio Junqueira de. Por uma nova categoria de dano na responsabilidade civil: o dano social. *Novos estudos e pareceres de direito privado*. São Paulo: Saraiva, 2009.

BELMONTE, Alexandre Agra. *Curso de responsabilidade trabalhista*: danos morais e patrimoniais nas relações de trabalho. São Paulo: LTR, 2008.

FLORINDO, Valdir. Discurso de abertura da 7ª edição do Congresso Internacional de Direito do Trabalho, promovido pela Academia Brasileira de Direito do Trabalho. São Paulo: 2017. Disponível em: https://andt.org.br/wp-content/uploads/2021/04/Abertura-do-VII-Congresso-Internacional-28.09.2017-Valdir-Florindo.pdf. Acesso em: 05 maio 2023.

MATOS, Enéas de Oliveira. *Dano moral e dano estético*. Rio de Janeiro: Renovar, 2008.

MORAES, Evaristo de. *Apontamentos de direito operário*. 2. ed. São Paulo: LTr/Edusp, 1971.

OLIVEIRA, Paulo Eduardo Vieira de. *O dano pessoal no direito do trabalho*. São Paulo: LTr, 2010.

OLIVEIRA, Sebastião Geraldo de. *Proteção jurídica à saúde do trabalhador*. São Paulo: LTr, 1998.

REALE, Miguel. *Emendas absurdas ao Código Civil*. São Paulo: 2003. Disponível em: https://www.miguelreale.com.br/artigos/absncc.htm. Acesso em: 04 set. 2023.

REALE, Miguel. *O projeto de Código Civil*: situação atual e problemas fundamentais. São Paulo: Saraiva, 1986.

SCHREIBER, Anderson et al. *Código Civil comentado*: doutrina e jurisprudência Rio de Janeiro: Forense, 2020.

SILVA, Otavio Pinto e. Direito das obrigações no novo Código Civil e repercussões no Direito do Trabalho. *Revista do TRT da 15ª Região*, Campinas, 2003.

13
RESPONSABILIDADE CIVIL DO EMPREGADOR NAS RELAÇÕES DE TRABALHO – ACIDENTES DO TRABALHO E DOENÇAS OCUPACIONAIS: CONSEQUÊNCIAS E RESPONSABILIDADE CIVIL DO EMPREGADOR

Yone Frediani

Doutora em Direito do Trabalho PUC/SP. Mestre em Direito das Relações do Estado PUC/SP. Mestre em Diretos Fundamentais/UNIFIEO. Especialista em Direito do Trabalho e Direito Sindical italiano e em Direito Comunitário do Trabalho pela Universidade de Modena e Reggio Emilia, Itália. Professora de Direito e Processo do Trabalho nos cursos de Graduação (03/2004 – 09/203) e Pós-Graduação da FAAP/ Ribeirão Preto (2009-2014) – Fundação Armando Álvares Penteado. Professora Visitante da Universidade de Modena e Reggio Emilia, Itália (2012-2014) e da Universidad Tecnologica del Peru. Membro del Collegio dei Docenti del Corso di dottorato in «Diritto comparato, privato, processuale civile e dell'impresa» presso L'Università degli Studi di Milano – UNIMI. Membro da Academia Brasileira de Direito do Trabalho cadeira n. 54. Membro do Conselho Superior de Relações do Trabalho da Federação das Indústrias de São Paulo – FIESP. Membro da Asociación Iberoamericana de Derecho del Trabajo y de la Seguridad Social. Autora de inúmeros artigos e livros nas áreas do Direito Individual, Coletivo e Processual do Trabalho. Desembargadora aposentada do Tribunal Regional do Trabalho da 2ª Região. Advogada militante, OAB/SP 37.334; sócia fundadora de Frediani e Borba Sociedade de Advogados. http://lattes.cnpq.br/7174303848823798.

Sumário: 1. Noções introdutórias – 2. O meio ambiente do trabalho e a segurança do trabalhador – 3. Responsabilidade do empregador pela reparação dos acidentes do trabalho e doenças ocupacionais – 4. Conclusões – Referências.

Com muita alegria recebi o convite para participar da oportuna e merecida homenagem ora prestada ao Desembargador Valdir Florindo, do Tribunal Regional do Trabalho de São Paulo da 2ª Região, atual Presidente da Seção Especializada em Dissídios Coletivos e Presidente Honorário da Academia Brasileira de Direito do Trabalho – Ocupante da cadeira de n. 93.

1. NOÇÕES INTRODUTÓRIAS

A Revolução Industrial e as novas formas de trabalho e de produção que foram adotadas à época, multiplicaram as ocorrências dos acidentes de trabalho, impulsionados pela nova matriz tecnológica que introduziu a máquina a vapor e cuja utilização provocou inúmeras modificações nos padrões de fabricação de bens e, consequentemente, nas formas de execução da prestação de serviços até então conhecidos, sujeitando os trabalhadores de maneira geral, a graves acidentes do trabalho que provocaram incapacidades laborais temporárias ou permanentes, mutilações e mortes.

Estima-se, ainda como motivadoras de tais ocorrências as jornadas excessivas de trabalho, a ausência de condições mínimas e adequadas para execução de qualquer trabalho e de sistemas que visassem a preservação da saúde e a prevenção de riscos em relação aos acidentes do trabalhado posto que à época não constituíam prioridades de interesse no meio empresarial.

As condições de trabalho sob as condições acima expostas foram responsáveis pelo surgimento inúmeros movimentos de trabalhadores em busca, não só melhores salários, mas de melhores condições de trabalho, circunstância que motivou o lento e progressivo estabelecimento de condições mínimas de segurança para exercício de qualquer trabalho.

A Constituição Federal de 1988, nos arts. 6º,[1] 7º,[2] XXII,[3] XXIII,[4] XXVIII[5] e 196,[6] assegurou a existência de mecanismos destinados a assegurar aos trabalhadores os direitos à proteção da saúde do trabalhador e do meio ambiente de trabalho através de normas de saúde, higiene e segurança, lembrando-se que na conformidade do disposto no art. 1º,[7] III[8] e IV,[9] do mesmo diploma legal, constituem fundamentos da República a dignidade da pessoa humana e o valor social do trabalho.

Suplementando as disposições constitucionais, a Consolidação das Leis do Trabalho – CLT, em seu Capítulo V, trata da Segurança e Medicina do Trabalho, criando um sistema de ações interligadas que visam, não só a preservação de ambiente laboral sadio, como também a adoção de medidas preventivas tendo por objetivo a integridade física do trabalhador.

Importante enfatizar que as normas da CLT foram complementadas pela Portaria 3214/78, que regulamentou as diversas ações obrigatórias a serem observadas pelas empresas por meio de Normas Regulamentadoras que disciplinam situações práticas e concretas existentes no ambiente do trabalho, criando um conjunto de regras voltadas à saúde e segurança no trabalho, cuja obrigatoriedade de cumprimento não se refere apenas ao empregador, mas também ao trabalhador com a finalidade de proteger-se das adversidades porventura existente em seu local de trabalho.

---

1. Art. 6º São direitos sociais a educação, a saúde, a alimentação, o trabalho, a moradia, o transporte, o lazer, a segurança, a previdência social, a proteção à maternidade e à infância, a assistência aos desamparados, na forma desta Constituição.
2. Art. 7º São direitos dos trabalhadores urbanos e rurais, além de outros que visem à melhoria de sua condição social.
3. XXII – redução dos riscos inerentes ao trabalho, por meio de normas de saúde, higiene e segurança.
4. XXIII – adicional de remuneração para as atividades penosas, insalubres ou perigosas, na forma da lei.
5. XXVIII – seguro contra acidentes de trabalho, a cargo do empregador, sem excluir a indenização a que este está obrigado, quando incorrer em dolo ou culpa.
6. Art. 196. A saúde é direito de todos e dever do Estado, garantido mediante políticas sociais e econômicas que visem à redução do risco de doença e de outros agravos e ao acesso universal e igualitário às ações e serviços para sua promoção, proteção e recuperação.
7. Art. 1º A República Federativa do Brasil, formada pela união indissolúvel dos Estados e Municípios e do Distrito Federal, constitui-se em Estado Democrático de Direito e tem como fundamentos:
8. III – a dignidade da pessoa humana.
9. IV – os valores sociais do trabalho e da livre-iniciativa.

Sinteticamente, de acordo com o grau de risco e número de empregados, as empresas estão obrigadas a manter serviços especializados em segurança e medicina do trabalho, com integração de profissionais da área, como é o caso de engenheiro de segurança do trabalho, médico do trabalho, enfermeiro do trabalho, auxiliar de enfermagem do trabalho e técnico de segurança do trabalho que atuarão em sintonia com as Comissões Internas de Prevenção de Acidentes – CIPAS, cuja missão primordial é a prevenção de infortúnios no ambiente de trabalho.

Ressalte-se que as questões acidentárias no mundo do trabalho tomaram grande e graves proporções ao longo do tempo em virtude do que, a Organização Internacional do Trabalho – OIT, instituiu, a partir de 2001, o dia 28 de abril como Dia Mundial pela Saúde e Segurança do Trabalho, tendo o Brasil, a partir do exercício de 2003, incorporado referida data em seu calendário.

Verifica-se, pois, ser imprescindível a conscientização de empregadores e trabalhadores, de que são responsáveis pela garantia de um meio ambiente do trabalho saudável e seguro, na medida em que este guarda relação direta com os inúmeros aspectos da segurança e medicina do trabalho.

2. O MEIO AMBIENTE DO TRABALHO E A SEGURANÇA DO TRABALHADOR

Dentre os diversos princípios que norteiam o direito ambiental e, por conseguinte, o meio ambiente do trabalho, destacam-se :

a) princípio da prevenção, evitando-se todo e qualquer perigo de dano;

b) princípio do poluidor-pagador, por meio do qual, ocorrendo o dano, sua reparação dever ser integral;

c) princípio da participação, competindo aos órgãos públicos e à toda a coletividade, a defesa e preservação do meio ambiente.

Portanto, compete ao empregador, a integral observância das normas de segurança e higiene do trabalho, não somente em relação à manutenção e preservação do meio ambiente do trabalho seguro, com o objetivo de que, dentro das peculiaridades de cada segmento ou ramo de atividade, a ocorrência dos acidentes e das moléstias profissionais sejam cada vez mais minimizadas ou eliminadas, se possível for.

Entretanto, não seria demais lembrar que, as principais normas destinadas à segurança e saúde do trabalhador demandam imediata, urgente e permanente atualização diante dos inúmeros avanços e diversidades nos processos produtivos, bem como das novas modalidades pelas quais a prestação de serviços é executada na atualidade.

Lamentavelmente, o Brasil ocupa posição de destaque na esfera internacional em face do número alarmante de acidentes no trabalho, ressaltando-se que as regras contidas na CLT e nas NR's, a partir do art. 164,[10] tratam dos órgãos de segurança e me-

---

10. Art. 162. As empresas, de acordo com normas a serem expedidas pelo Ministério do Trabalho, estarão obrigadas a manter serviços especializados em segurança e em medicina do trabalho.

dicina do trabalho nas empresas, levando em consideração o grau de risco e o número de trabalhadores existentes no local, a saber : Serviço Especializado em Engenharia de Segurança e Medicina do Trabalho (SESMT), Comissão Interna de Prevenção de Acidentes (CIPA), Equipamentos de Proteção Individual, Programa de Controle Médico de Saúde Ocupacional (PCMSO), Programa de Prevenção de Riscos Ambientais (PPRA) e Perfil Profissiográfico.

Como se verifica, os programas destinados à proteção do trabalhador e prevenção dos riscos em relação a acidentes e doenças ocupacionais é muito abrangente; porém, não obstante a obrigatoriedade de implementação dos mesmos nas empresas, não se revelam suficientes à diminuição ou eliminação dos riscos existentes no ambiente de trabalho.

3. RESPONSABILIDADE DO EMPREGADOR PELA REPARAÇÃO DOS ACIDENTES DO TRABALHO E DOENÇAS OCUPACIONAIS

A ideia da responsabilidade civil originária do Direito Romano, foi aperfeiçoada pelo Direito Francês ao estabelecer princípios gerais sobre o tema com o aparecimento das teorias aquiliana ou extracontratual, contratual, do risco profissional e da autoridade e, finalmente, a teoria do risco social, cuja importância reside na evolução dos sistemas de seguridade social e na responsabilidade coletiva pelos riscos dos acidentes de trabalho, que passam a ser considerados riscos sociais a cargo de toda a coletividade.

A teoria do risco social, baseada na solidariedade informa o sistema de seguridade social, sob a responsabilidade da sociedade que através dos empregados e empregadores respondem pelo custeio do sistema como forma de proteção e que não se dirige, apenas, aos casos de acidentes de trabalho, mas, de desemprego, invalidez, velhice, morte etc.

Posteriormente, com a criação do seguro obrigatório, a teoria do risco perdeu sua importância diante do entendimento de que, a contratação do seguro obrigatório por parte do empregador seria suficiente para garantir ao trabalhador e sua família o ressarcimento de eventuais prejuízos decorrentes do acidente de trabalho, sendo necessário enfatizar que à época, a cumulação de ações de indenização acidentária com a de responsabilidade civil não era admitia.

Durante longo período, a Justiça Comum estadual seguiu admitindo a simples culpa para responsabilização do empregador, até o advento da nova Lei Maior de 1988 que, por força do disposto no art. 7º, XXVIII, culminou por garantir aos trabalhadores urbanos e rurais o direito ao "seguro contra acidente de trabalho, a cargo do empregador, sem excluir a indenização a que este está obrigado, quando incorrer em dolo ou culpa".

Nesse contexto, acabou prevalecendo a teoria da responsabilidade subjetiva do empregador, valendo dizer que, somente em caso de culpa ou dolo é que o empregador poderia ser responsabilizado pelos danos decorrentes do acidente de trabalho.

Porém, com a promulgação do novo Código Civil, em 2002, a questão voltou a ser discutida diante da regra inscrita no parágrafo único do art. 927,[11] admitindo-se a aplicação da teoria objetiva para a reparação do dano nos casos disciplinados em lei ou nos casos em que a atividade desenvolvida normalmente pelo autor do dano implicasse, por sua própria natureza, risco para os direitos de outras pessoas.

Merece ser destacado desde logo, que a atividade empresarial não pode ser classificada como sendo de risco para toda e qualquer espécie de dano. Ao contrário, por força da observação e análise das maneiras pelas quais o trabalho é executado, é que será possível estabelecer a relação existente entre uma determinada função, combinada com o meio ambiente de trabalho da empresa e um dano específico daí decorrente para o trabalhador. Nesses casos, o afastamento de eventual responsabilidade civil de natureza objetiva, exige que o empregador prove a ausência de nexo causal entre a doença e o labor, afastando-se, assim, o elemento culpa.

Portanto, é imperioso concluir que, nas hipóteses de doenças ocupacionais – profissionais e do trabalho – decorrentes dos danos provocados ao meio ambiente do trabalho por total negligência ou descaso empresarial, a responsabilidade pelos prejuízos causados à saúde do trabalhador é objetiva, impondo-se ao empregador o pagamento de indenização ao obreiro na proporção das lesões sofridas.

Necessário lembrar que, a doutrina e a jurisprudência reconhecem como fatores excludentes da responsabilidade objetiva do empregador: a autolesão; a culpa exclusiva da vítima; o caso fortuito e a força maior.

A hipótese da autolesão provocada pela vítima para simular um acidente de trabalho para obter vantagens econômicas indevidas, sequer poderá ser considerada como acidente; uma vez provada a veracidade de tais circunstâncias pelo empregador e demonstrada cabalmente a existência do dolo do trabalhador, a consequência será a exclusão de qualquer responsabilidade patronal.

Da mesma maneira, a culpa exclusiva da vítima também deverá ser suficiente e detalhadamente demonstrada pelo empregador que, não concorreu direta ou indiretamente de qualquer forma para a ocorrência do evento, inexistindo, assim, nexo causal.

Considera-se como culpa exclusiva da vítima o ato inseguro do empregado no desempenho de suas funções, quando deixa de observar as regras básicas de segurança, não utiliza equipamentos de proteção etc.

As hipóteses de força maior e do caso fortuito ensejam a comprovação de que o empregador não concorreu de qualquer forma para a ocorrência do evento; caso contrário, deverá responder pelos danos sofridos pelo trabalhador.

---

11. Art. 927. Aquele que, por ato ilícito (arts. 186 e 187), causar dano a outrem, fica obrigado a repará-lo. Parágrafo único. Haverá obrigação de reparar o dano, independentemente de culpa, nos casos especificados em lei, ou quando a atividade normalmente desenvolvida pelo autor do dano implicar, por sua natureza, risco para os direitos de outrem.

Nessa linha de raciocínio, verifica-se que a jurisprudência civil sempre foi muito rica a respeito das inúmeras hipóteses e circunstâncias que impuseram ao empregador a responsabilidade de indenizar seus empregados.

Porém, com o advento da Emenda Constitucional 45/2004, que ampliou a competência da Justiça do Trabalho na conformidade do disposto no art. 114, VI[12] da CF/1988, as lides versando sobre indenizações decorrentes de acidentes do trabalho ou doenças ocupacionais passaram a ser apreciadas perante o Judiciário Especializado.

Como é sabido, acidente do trabalho típico é considerado todo o evento que, em virtude do trabalho realizado, provoca lesão corporal ou redução da capacidade laboral de forma temporária ou permanente.

Paralelamente ao acidente típico, previu o legislador, o denominado acidente por equiparação, consistente no acidente sofrido pelo trabalhador no trajeto de casa para o trabalho ou vice-versa, as doenças ocupacionais provocadas pelo exercício de atividade peculiar e as doenças do trabalho, adquiridas em razão das condições especiais em que o trabalho é executado.

Uma vez ocorrido o acidente ou desencadeada a doença ocupacional, ou seja, a doença não degenerativa, poderá o trabalhador, após buscar os benefícios previstos e concedidos pelo INSS, pleitear o pagamento de indenização de natureza civil pela empresa em face dos danos sofridos.[13]

---

12. VI as ações de indenização por dano moral ou patrimonial, decorrentes da relação de trabalho.

13. "Agravo interno em agravo de instrumento em recurso de revista – Procedimento sumaríssimo – Prescrição – Acidente do trabalho – Ciência inequívoca – Alta previdenciária. 1. O presente recurso encontra-se sujeito ao procedimento sumaríssimo, o qual, segundo o disposto no art. 896, § 9º, da CLT, somente pode ser admitido por violação direta de dispositivo constitucional ou contrariedade a súmula jurisprudencial uniforme do TST ou a súmula vinculante do STF. 2. Embora tormentosa a questão relativa à data a ser considerada para se definir o início da fluência do prazo prescricional, em se tratando de acidente de trabalho típico ou atípico, o Supremo Tribunal Federal e o Superior Tribunal de Justiça consagraram entendimentos consubstanciados nas respectivas Súmulas 230 e 278, de que o termo inicial do prazo é a data em que o empregado teve ciência inequívoca da incapacidade laboral. 3. Nesse passo, a jurisprudência oriunda desta Corte é no sentido de que a contagem do prazo prescricional se dá a partir da ciência inequívoca dos efeitos gerados por acidente de trabalho ou doença ocupacional que, em casos similares ao descrito no presente feito, é a data do término do auxílio-doença e da concessão da alta médica pelo órgão previdenciário oficial ou da conversão do auxílio-doença em aposentadoria por invalidez. Precedentes. Agravo interno desprovido. Acidente do trabalho – Responsabilidade civil – Dano moral – Demonstração de culpa do empregador. 1. O Tribunal Regional asseverou que o acidente do trabalho sofrido pelo reclamante lhe provocou fratura no 4º metatarso esquerdo, fratura da falange proximal do 5º dedo do pé esquerdo e luxação metatarsofalangeana do 5º dedo do pé esquerdo, com afastamento do trabalho para gozo de benefício previdenciário acidentário no período de 27.11.2015 a 19.02.2016. 2. A demonstração do abalo emocional não é materialmente comprovável, sendo perfeitamente dedutível in re ipsa em hipóteses como a dos autos. 3. O Tribunal Regional também afastou a hipótese de culpa exclusiva do reclamante ou mesmo de culpa concorrente, deixando consignado que a reclamada agiu com culpa, tendo em vista que não demonstrou nos autos ter cumprido com seu dever geral de orientação e de fiscalização quanto à execução segura das tarefas desempenhadas pelo reclamante. 4. Nesse contexto, somente com o revolvimento do acervo fático-probatório dos autos seria possível apreciar a tese recursal calcada nas premissas de que não houve comprovação de diferenças salariais ou de que não teria ocorrido alteração prejudicial do contrato de trabalho. O recurso de revista, como cediço, não se presta a rediscutir os fatos e provas dos autos, conforme diretriz traçada na Súmula 126 do TST. Agravo interno desprovido. Dano moral – *Quantum* indenizatório. 1. Em relação ao quantum indenizatório do dano moral, esta Corte, apenas excepcionalmente, altera o valor fixado na origem, quando ele se afigura irrisório ou exorbitante, em contravenção aos princípios da razoabilidade e da proporcionalidade. 2. No caso em exame,

Dentre as diversas modalidades de danos passíveis de indenização destacam-se : danos materiais, morais e estéticos, cuja indenização cumulativa ou não, poderá ser pleiteada pela vítima ou seus sucessores em face do empregador.

Merece ser ressaltado que, mesmo estando o dano estético compreendido no gênero dano moral, a doutrina e a jurisprudência evoluíram no sentido de deferir indenizações distintas quando tais danos forem passíveis de apuração em separado, com causas inconfundíveis, surgindo, dessa forma, o entendimento jurisprudencial dominante consubstanciado através da Súmula 387 do Colendo Superior Tribunal de Justiça.[14]

Regra geral, pode-se afirmar que o dano estético está vinculado ao sofrimento pela deformação que sofre o trabalhador por meio de sequelas permanentes, facilmente percebidas, enquanto o dano moral está ligado ao sofrimento íntimo e interior, bem como todas as demais consequências provocadas pelo acidente.

Assim sendo, o dano estético materializa-se no aspecto exterior da vítima, enquanto o dano moral reside nas entranhas ocultas da mesma; o dano estético é ostensivo, porque todos podem ver; o dano moral, encontra-se encoberto e poucos podem percebê-lo; o dano estético, é revelado pela deformidade do corpo; o dano moral aninha-se na alma da vítima.

A comprovação dos danos materiais em juízo não oferece maiores dificuldades, eis que podem ser facilmente comprovados, por meio de recibos, notas fiscais de reembolso de medicamentos, tratamentos realizados etc.

De igual forma, a comprovação do dano estético também poderá ser facilmente demonstrada por meio dos aspectos exteriores provocados na vítima em razão do acidente ou sequelas decorrentes da doença ocupacional que, normalmente correspondem a cicatrizes, deformidades ou defeitos que comprometem ou provocam a alteração da harmonia física da vítima, citando-se como exemplos a perda de algum membro, uma cicatriz ou qualquer mudança corporal que cause repulsa ou desperte a atenção de terceiro.

Porém, o dano moral é aquele que apresenta maiores dificuldades de ser demonstrado satisfatoriamente pelo interessado, na medida em que corresponde a aspectos de natureza eminentemente interior.

---

o Tribunal Regional asseverou que o acidente do trabalho sofrido pelo reclamante lhe provocou fratura no 4º metatarso esquerdo, fratura da falange proximal do 5º dedo do pé esquerdo e luxação metatarsofalangeana do 5º dedo do pé esquerdo, com afastamento do trabalho para gozo de benefício previdenciário acidentário no período de 27.11.2015 a 19.02.2016. Consignou, ademais, que a reclamada agiu com culpa, tendo em vista que não demonstrou nos autos ter cumprido com seu dever geral de orientação e de fiscalização quanto à execução segura das tarefas desempenhadas pelo reclamante. 3. Desse modo, considerando as consequências do acidente do trabalho sobre a pessoa do reclamante e à míngua de outros elementos mais concretos para aferição do valor cabível para a indenização, segundo os princípios de proporcionalidade e razoabilidade (como, por exemplo, a capacidade econômica da reclamada), conclui-se que o valor de R$ 16.000,00 (dezesseis mil reais) não se afigura, de forma alguma, exorbitante, tendo em vista, inclusive, o caráter pedagógico da medida. 3. Desse modo, não se há de falar em violação do art. 5º, X, da Constituição Federal. Agravo interno desprovido" (Ag-AIRR-40-68.2021.5.11.0016, 2ª Turma, Relatora Desembargadora Convocada Margareth Rodrigues Costa, DEJT 1º.09.2023).

14. É lícita a cumulação das indenizações de dano estético e dano moral.

No caso de acidente do trabalho gravíssimo, do qual tenha resultado o óbito do trabalhador, o cálculo da indenização deve ser feito tomando-se como base o art. 948[15] do Código Civil; se porventura a vítima sobreviveu ao acidente, a indenização será calculada considerando-se as disposições dos arts. 949[16] e 950 e seu parágrafo único,[17] ambos do Código Civil.

Na hipótese de invalidez permanente plena, além da aposentadoria devida ao segurado pela Previdência Social, poderá o trabalhador postular o recebimento de pensão vitalícia, em face do princípio da reparação integral, além da indenização por danos materiais, morais e estéticos porventura sofridos, caso em que a prestação mensal vitalícia poderá corresponder ao percentual de 100% do último salário percebido, fixado na conformidade das conclusões do laudo pericial produzido.

De igual forma, a incapacidade parcial irreversível, além das prestações pagas pelo órgão oficial de previdência, poderá o segurado pretender, indenização por danos materiais, morais e estéticos, bem como, pensão vitalícia correspondente ao percentual de redução permanente sofrido pelo trabalhador em razão do acidente sofrido ou da doença ocupacional.

Merece destaque que, a condenação da empresa ao pagamento de pensão mensal vitalícia leva em consideração a expectativa de vida da vítima na data do acidente de trabalho ou da doença ocupacional a ele equiparado, com base na Tabela de Expectativa de Sobrevida do cidadão brasileiro do IBGE, em virtude do surpreendente aumento do índice de vida da população brasileira.

Não raras vezes, os magistrados optam pela condenação da empresa ao pagamento da pensão vitalícia em única parcela, normalmente fixada com aplicação de percentual redutor.[18]

---

15. Art. 948. No caso de homicídio, a indenização consiste, sem excluir outras reparações:

I – no pagamento das despesas com o tratamento da vítima, seu funeral e o luto da família;

II – na prestação de alimentos às pessoas a quem o morto os devia, levando-se em conta a duração provável da vida da vítima.

16. Art. 949. No caso de lesão ou outra ofensa à saúde, o ofensor indenizará o ofendido das despesas do tratamento e dos lucros cessantes até ao fim da convalescença, além de algum outro prejuízo que o ofendido prove haver sofrido.

17. Art. 950. Se da ofensa resultar defeito pelo qual o ofendido não possa exercer o seu ofício ou profissão, ou se lhe diminua a capacidade de trabalho, a indenização, além das despesas do tratamento e lucros cessantes até ao fim da convalescença, incluirá pensão correspondente à importância do trabalho para que se inabilitou, ou da depreciação que ele sofreu. Parágrafo único. O prejudicado, se preferir, poderá exigir que a indenização seja arbitrada e paga de uma só vez.

18. "I – Agravo de instrumento em recurso de revista da reclamada (Peccin S.A.) interposto sob a égide da Lei 13.467/17 – Indenização por dano material – Pensão mensal vitalícia – Pagamento da indenização em parcela única – Aplicação de redutor – Transcendência política – Vislumbrada possível ofensa ao artigo 950, parágrafo único, do Código Civil, dá-se provimento ao Agravo de Instrumento, no tema, para determinar o processamento do Recurso de Revista. Agravo de Instrumento conhecido e provido. II – Recurso de revista da reclamada (Peccin S.A.) interposto sob a égide da Lei 13.467/17 – Indenização por dano material – Pensão mensal vitalícia – Pagamento da indenização em parcela única – Aplicação de redutor – Transcendência política. Nos termos da jurisprudência desta Corte, diante da determinação de pagamento da pensão vitalícia em parcela única, faz-se necessária a aplicação de fator redutor. Trata-se de medida atuarial justificada diante da antecipação de todos

4. CONCLUSÕES

Em face das considerações supra, dúvidas não pairam quanto a necessidade e obrigatoriedade de o empregador investir na segurança e na saúde de seus empregados, resultando inquestionável, a obrigação de observar e cumprir as normas relativas à segurança e saúde do trabalhador contidas na Portaria 3214/78, zelando para a eliminação de possíveis acidentes do trabalho e doenças ocupacionais, sem se descuidar dos necessários treinamentos de capacitação de seus empregados quando do fornecimento dos equipamentos de proteção individual.

Se, no cotidiano, forem observadas todas as diretrizes aplicáveis à espécie, por certo, a médio prazo, os empregadores, sentirão os reflexos positivos decorrentes da adoção das medidas de proteção à vida e à saúde de seus empregados, em relação à almejada eliminação de acidentes do trabalho e doenças ocupacionais, com consequente aumento de produtividade e eficiência apresentada por seus trabalhadores.

Saliente-se, ainda que a adoção das medidas apontadas refletirá, também, na redução das ações versando sobre pagamento de indenizações com fulcro nos danos corporais sofridos, com a preservação do bem maior, a integridade física e mental de seus empregados, na medida em que a aplicação e correta interpretação do Direito do Trabalho, aponta para a necessidade da proteção integral da pessoa humana exposta aos riscos da prestação de serviço.

Com efeito, na atualidade, constitui consenso nos principais organismos internacionais sobre a necessidade de alteração do paradigma nas questões que envolvem segurança e saúde ocupacional, priorizando-se a proteção do que é verdadeiramente fundamental: a vida e a saúde do trabalhador.

Em momento algum poder-se-á falar em trabalho digno ou decente sem garantia das condições de segurança e saúde na prestação dos serviços, por meio da existência de um meio ambiente de trabalho seguro e saudável, postulado de conotação universal.

REFERÊNCIAS

BELTRAN, Ari Possidonio. *O novo Código Civil e a responsabilidade civil do empregador*. São Paulo: Revista LTR, jan. 2003.

CAIRO JÚNIOR, José. *O Acidente do trabalho e a responsabilidade civil do empregador*. São Paulo: LTR, 2003.

DINIZ, Maria Helena. *Código Civil Anotado*. São Paulo: Saraiva, 2003.

FELICIANO, Guilherme Guimarães; MELO, Raimundo Simão de. *Meio Ambiente do trabalho em tempos de Pandemia*. São Paulo: Lacier, 2021.

FREDIANI, Yone. Saúde e Segurança no Trabalho – Sistemas de Proteção ao Meio Ambiente do Trabalho. In: FELICIANO, Guilherme Guimarães e MELO, Raimundo Simão de (Org.). *Meio Ambiente do trabalho em tempos de Pandemia*. São Paulo: Lacier, 2021.

---

os pagamentos devidos, evitando-se o enriquecimento sem causa e a oneração excessiva do devedor. Recurso de Revista conhecido e provido" (RR-20006-51.2018.5.04.0522, 4ª Turma, Relatora Ministra Maria Cristina Irigoyen Peduzzi, DEJT 1º.09.2023).

FREDIANI, Yone. Acidentes do trabalho e doenças ocupacionais: consequências e responsabilidade civil do empregador. In: DEVONALD, Silvia Regina Pondé; NAHAS, Thereza Christina (Org.). São Paulo : LTR 2015.

MELO, Raimundo Simão de. *Direito Ambiental do Trabalho e Saúde do Trabalhador*. São Paulo: LTr, 2006.

SANTOS, Enoque Ribeiro dos. *Responsabilidade Objetiva e Subjetiva do Empregador* – em face do Novo Código Civil. São Paulo: LTr, 2007.

SILVA, José Antônio Ribeiro de Oliveira. *Acidente do Trabalho* – responsabilidade objetiva do empregador. São Paulo: Ltr, 2008.

OLIVEIRA, Sebastião Geraldo de. *Indenizações por acidente do trabalho ou doença ocupacional*. São Paulo: Ltr, 2008.

14
DILEMAS DA RESPONSABILIDADE OBJETIVA EM SAÚDE OCUPACIONAL

Homero Batista Mateus da Silva

Professor da Faculdade de Direito do Largo de São Francisco e Autor de diversas obras trabalhistas, como a coleção Direito do Trabalho Aplicado e o Manual de Direito do Trabalho. Desembargador do Tribunal Regional do Trabalho da 2ª Região. E-mail: homero.silva@usp.br.

Denise Vital e Silva

Doutora em Direito Político e Econômico pela Universidade Presbiteriana Mackenzie, com Pós-Doutorado concluído em Direito do Trabalho e da Seguridade Social pela Faculdade de Direito do Largo de São Francisco. Professora, Advogada e Autora de diversas obras científicas. E-mail: denise@liguorivital.com.br.

Sumário: 1. Introdução – 2. A dicotomia das responsabilidades subjetiva e objetiva em acidentes de trabalho – 3. A prevenção à saúde do trabalhador – 4. Os múltiplos significados dos limites de tolerância – 5. Os agentes químicos com aferição quantitativa – 6. Os limites de tolerância e as sensibilidades individuais – 7. Conclusão – Referências

1. INTRODUÇÃO

Não fosse suficiente a combinação dos arts. 7.ª, XXVIII, da Constituição Federal brasileira de 1988,[1] e 927, do Código Civil de 2002,[2] pode-se afirmar a existência de uma cláusula implícita de incolumidade física e moral ou psíquica nos contratos de trabalho, que, dentro de seu trato sucessivo e graus elevados de pessoalidade e subordinação, pressupõe que uma parte preste os serviços e a outra parte contrapreste a remuneração na forma da lei – mas sem que haja lesão às esferas físicas e morais ou psíquicas de uns e outros.

Seja no âmbito dos dispositivos legais indicados, seja no campo dos arts. 37, § 6º, e 225, ambos da Lei Maior, certa é a responsabilidade do empregador quando da ocorrência de danos (físicos e morais ou psíquicos) ao trabalhador. E a despeito das opiniões de quem sustente que o Direito do Trabalho deveria, inclusive, prescindir dos cânones do Direito Civil para o estabelecimento da responsabilidade do empregador, a jurisprudência predominante, apreciando o assunto sob o aspecto do meio ambiente

---

1. CONSTITUIÇÃO DA REPÚBLICA FEDERATIVA DO BRASIL DE 1988. Para maiores informações, acesse: https://www.planalto.gov.br/ccivil_03/constituicao/constituicao.htm.
2. CÓDIGO CIVIL. Lei 10.406, de 10 de janeiro de 2002. Para maiores informações, acesse: https://www.planalto.gov.br/ccivil_03/leis/2002/l10406compilada.htm.

de trabalho, trata da matéria à luz da legislação vigente, concentrando sim seus esforços na distinção entre as hipóteses de responsabilidade subjetiva do empregador – com a necessidade da comprovação de sua culpa ou intenção deliberada de prejudicar o trabalhador – e de responsabilidade objetiva do empregador – que prescinde da prova da intenção ou da desatenção do empregador.

Para além da dicotomia entre as responsabilidades subjetiva e objetiva do empregador, há muita discussão sobre o alcance de suas responsabilidades. E dentro do recorte deste estudo, muitos são os dilemas vinculados particularmente à responsabilidade objetiva do empregador em saúde ocupacional. Se já não é simples a prova da ligação entre a doença e o trabalho, dada a complexidade de funcionamento do organismo humano, as adversidades no gerenciamento de riscos ocupacionais são ainda maiores, exigindo muitas vezes do empregador a adoção de medidas de enfrentamento que devem ser tomadas em ambientes – até com metade dos limites de tolerância –, a fim de evitar, ao mesmo tempo, que a degradação se concretize e que os agravos à saúde cheguem mais cedo ao indivíduos com hipersensibilidade. E nesta linha, o presente capítulo ressalta a importância do debate quanto à responsabilidade civil do empregador em saúde ocupacional e sua associação com a polêmica dos limites de tolerância – completamente defasados –, com a falta de atualização dos índices dos agentes químicos e com o objeto da hipersensibilidade de alguns indivíduos.

2. A DICOTOMIA DAS RESPONSABILIDADES SUBJETIVA E OBJETIVA EM ACIDENTES DE TRABALHO

Uma vez que a Constituição brasileira de 1988 faz referência à necessidade de comprovação de culpa ou de dolo do empregador em caso de acidentes de trabalho, prevalece o debate sobre a abrangência de suas responsabilidades, inclusive no que tange à existência de alguns graus de responsabilidade objetiva das organizações. Parte-se sempre do art. 7º, XXVIII, da Lei Maior, que prevê seguro obrigatório contra acidentes de trabalho, o que normalmente é solucionado pelo meio do custeio previdenciário: "São direitos dos trabalhadores urbanos e rurais, além de outros que visem à melhoria de sua condição social: (...) seguro contra acidentes de trabalho, a cargo do empregador, sem excluir a indenização a que este está obrigado, quando incorrer em dolo ou culpa".

O sistema do seguro obrigatório brasileiro foi desenhado para que uma autarquia federal, o Instituto Nacional da Seguridade Social, arque com o pagamento das diversas formas de prestação em caso de acidentes ou doenças, sendo as mais conhecidas o auxílio-doença, do tipo acidentário ou meramente previdenciário, bem assim o auxílio-acidente em caso de convalidação de sequelas após a alta médica e, ainda, a aposentadoria por invalidez, na hipótese de inexistência de alta médica depois de certos prazos de postergação do auxílio-doença. O custeio destas prestações é socializado, por meio de contribuições dos empregados, dos empregadores, da União e da sociedade em geral. Ao afirmar, porém, que o custeio do sistema de seguro obrigatório não impede a responsabilização do empregador em caso de acidentes ou doenças, o dispositivo constitucional fez surgirem várias linhas de pensamento. Em primeiro lugar, a norma constitucional deixa claro que o empregador pode ser acionado separadamente, a fim de concorrer, também, com uma indenização pecuniária adicional, que normalmente se denomina de indenização por danos morais, em caso de provocação de sofrimento intenso ao trabalhador, e por danos materiais, em caso de expansão excessiva dos gastos normais de um empregado com medicamentos, fisioterapia, cirurgias e demais procedimentos para o contorno da enfermidade adquirida em serviço. Admite-se, ainda, a existência de um terceiro gênero, denominado dano estético, embora ainda à procura de consenso doutrinário, por não ser tranquila sua distinção no campo moral e no campo material, mas com defensores convictos de que a lesão na aparência do trabalhador deva efetivamente ser compensada de forma separada em relação à lesão à intimidade. Em segundo lugar, reflete-se sobre as formas de comprovação de culpa ou de dolo por parte do empregador, para que o empregado faça *jus* a essa indenização complementar.

Em rápidas palavras, é como se o inciso XXVIII (do art. 7º da Constituição) tivesse duas partes, sendo a primeira destinada ao seguro obrigatório com direito a uma indenização sem maior questionamento, paga ao empregado de forma objetiva, ou seja, sendo suficiente que ele apresente a enfermidade, ao passo que a segunda parte requer a comprovação de má conduta do empregador na condução da atividade empresarial, com ou sem intenção de prejudicar o empregado.

A culpa do empregador pode ser encontrada em diversas hipóteses, como a negligência na manutenção de máquinas e equipamentos, a imprudência de exigir que um empregado novato e destreinado assuma pesadas responsabilidades ou a exigência de excesso de horas extras perante uma atividade repetitiva, bem assim a imperícia de exigir que um empregado desqualificado conduza um veículo ou uma empilhadeira, desprovido de habilitação. Em todas estas hipóteses, ocorre a responsabilidade subjetiva do empregador, que deve ser apenado com o pagamento de indenização pelos prejuízos causados ao empregado. O dolo, a seu turno, é situação mais fácil de compreender, embora muito mais difícil de acreditar possa ser possível um empregador deliberadamente atirar um empregado contra as engrenagens de uma máquina ou expô-lo a um perigo iminente, a ponto de lhe provocar uma mutilação ou a morte.

A interpretação do art. 7º, XXVIII, da Constituição Federal de 1988, mostra-se bastante razoável em prol da responsabilidade subjetiva do empregador, para fins de indenização por danos morais e materiais, tanto pela via da interpretação gramatical, porque fala expressamente em culpa e dolo, como pela via da interpretação teleológica, pois a finalidade da norma foi claramente bifurcar o sistema, fazendo coexistirem as duas formas da reparação civil, aquela do seguro obrigatório para todos e aquela da indenização complementar apenas para os que sofreram com a negligência ou com os maus-tratos deliberados do empregador.

Há problemas, todavia, na aplicação prática desse sistema bifurcado. E o primeiro problema, já notado nos primórdios da Constituição de 1988, é a atribuição de um fardo excessivamente pesado para o empregado em termos de ônus da prova. Como o anteriormente exposto, se já não é fácil a prova da correlação entre a doença e o trabalho, ainda mais peculiar será a prova de que o empregador (a) deixou de lubrificar a máquina com a periodicidade indicada pelo fabricante, (b) usou peças de segunda mão em sua última reparação, (c) não atendeu às normas técnicas da engenharia, (d) promoveu treinamento insuficiente para os empregados, (e) exigiu o atingimento de metas em tempo irreal e assim sucessivamente. O empregador, em tese, detém mais aptidão para fazer prova da lisura de seu comportamento do que o empregado de fazer a prova da não adequação do procedimento do empregador.

Caminhava-se nesse rumo dos estudos quando entrou em vigor o Código Civil de 2002 trazendo a conhecida afirmação do art. 927: "Aquele que, por ato ilícito (arts. 186 e 187), causar dano a outrem, fica obrigado a repará-lo. Parágrafo único. Haverá obrigação de reparar o dano, independentemente de culpa, nos casos especificados em lei, ou quando a atividade normalmente desenvolvida pelo autor do dano implicar, por sua natureza, risco para os direitos de outrem". Para os defensores da responsabilidade objetiva do empregador, o art. 927, parágrafo único, não poderia ter vindo em melhor hora, e parece ter apresentado uma solução equilibrada: mantém a responsabilidade subjetiva para a generalidade dos empregadores, conforme era o desejo da Constituição Federal de 1988, mas cria dificuldades adicionais para os empregadores dedicados a atividades particularmente arriscadas, atribuindo-lhes a responsabilidade objetiva – em suma, gerando presunção favorável ao empregado. Ou seja, "(...) sob a influência da evolução social surgiu a par da teoria romana da responsabilidade civil fundada na culpa, a teoria da responsabilidade objetiva que no campo da indústria recebe o nome de teoria do risco profissional, expressão que, como explica Cunha Gonçalves, se refere à profissão do patrão e ao risco inerente à sua atividade, e não à profissão do trabalhador, que não deve suportar o respectivo risco" (Saad, 1993).

Sem dúvida, é possível conciliar o art. 7º, XXVIII, da Lei Maior, com o art. 927, parágrafo único, do Código Civil de 2002. A uma, porque o próprio *caput* do art. 7º da Lei Maior evoca a existência de outras vantagens que visem à melhoria das condições dos trabalhadores, dentro do espírito da conquista de normas mais favoráveis e de condições mais benéficas aos empregados. A duas, porque o princípio da igualdade reclama que os desiguais sejam tratados diferentemente, de modo que atividade empresarial com risco exacerbado justifica atenção maior no campo da saúde do trabalho, maior responsabilidade técnica pelo empreendedor e, assim, alteração no sentido do ônus da prova, donde a plausibilidade de se considerar a responsabilidade no plano objetivo e não meramente no plano subjetivo. Observa-se aqui, e com reflexos na esfera trabalhista, que "(...) a responsabilidade civil desvincula-se da ideia de punição-sanção em favor da reparação da vítima injustamente lesada, optando o ordenamento por dar prioridade aos princípios do equilíbrio, da igualdade e da solidariedade em detrimento do objetivo anterior de sancionar culpados. Afasta-se, por igual, da ideologia liberal, comprometida essencialmente com a garantia da liberdade de iniciativa e com o desenvolvimento das atividades empresariais" (Moraes, 2006).

Claro que algumas atividades dispensam maior comentário, como a manipulação de artefatos nucleares ou a indústria pesada da siderurgia. No entanto, outras atividades aparentemente menos gravosas para a saúde do empregado, como as funções de secretaria, escrituração, vendas ou serviços, podem se revelar inusitadamente agressivas a depender da organização e dos métodos usados pelo empregador. *Vide*, a título exemplificativo, o quanto segue: "A Terceira Turma do Tribunal Superior do Trabalho condenou a Telefônica Brasil S.A. por cobrar metas de um vendedor fora do horário de trabalho por meio do aplicativo WhatsApp. Para a Turma, a conduta da empresa extrapolou os limites aceitáveis no exercício do poder diretivo do empregador. *Pressão* (...), o vendedor afirmou que sofria assédio moral da Telefônica, com pressões excessivas por resultados e ameaças de demissão se não atingisse as metas. A situação, conforme alegou, afetou sua vida privada, sua imagem pessoal e sua integridade psicológica. *WhatsApp* As testemunhas (...) afirmaram que os empregados sofriam cobranças durante e depois do expediente pelo WhatsApp e que os números de cada vendedor eram expostos tanto nas mensagens pelo aplicativo quanto no mural da empresa. Segundo uma depoente, se alguém não respondesse às mensagens enviadas fora do horário de trabalho, o gerente perguntava o motivo. *Metas* O juízo da 48ª Vara do Trabalho de Belo Horizonte (MG) julgou improcedente o pedido de indenização. (...) Ao manter a sentença, o Tribunal Regional do Trabalho da 3ª Região (MG) registrou que o WhatsApp 'está cada vez mais presente no cotidiano das pessoas, inclusive em ambientes corporativos'. (...) *Invasão* Para o (...) ministro Alexandre Agra Belmonte, 'há o uso e há o abuso', e, no exercício do direito, há uma limitação. 'Se não era para responder, por que enviar a mensagem por WhatsApp? Mandou a mensagem para qual finalidade? Se não era para responder, deixasse para o dia seguinte. Para que mandar mensagem fora do horário de trabalho?', questionou. Para o ministro, a conduta invade a privacidade da pessoa, 'que tem outras coisas para fazer e vai ficar se preocupando com situações de trabalho fora do seu horário'. *Limites* (...), condutas como essa 'fazem com que a pessoa fique aflita, agoniada e queira resolver naquele mesmo instante situações de trabalho' e extrapolam os limites aceitáveis no exercício do poder diretivo do trabalho dos empregados pelo empregador, 'gerando ao trabalhador apreensão, insegurança e angústia'. (...), a Justiça do Trabalho, em todos esses anos que vem julgando essas questões, 'humaniza as relações de trabalho ao impor os limites necessários'. (...), uma vez evidenciado na decisão do TRT que havia cobrança de metas fora do horário de trabalho, 'a conclusão não pode ser a de que não há reparação por dano moral'. Por unanimidade, a Turma deu provimento ao recurso (...). Processo: RR-10377-55.2017.5.03.0186".[3] (*Grifos originários*)

De toda sorte, a compatibilidade do art. 927 do Código Civil de 2002 com as relações laborais foi sufragada pela jurisprudência da Corte Constitucional – Tema 932 do

---

3. TRIBUNAL SUPERIOR DO TRABALHO. *Cobrança de metas por whatsapp fora do expediente extrapola poder do empregador*. Disponível em: https://www.tst.jus.br/-/cobranca-de-metas-por-whatsapp-fora-do-expedien-te-extrapola-poder-do-empregador. Acesso em: 2 ago. 2023.

repertório de Repercussão Geral do Supremo Tribunal Federal ("Possibilidade de responsabilização objetiva do empregador por danos decorrentes de acidentes de trabalho").[4]

Ademais aos artigos referidos – e até pelas argumentações possíveis quanto à existência de uma cláusula implícita de incolumidade física e moral ou psíquica nos contratos de trabalho, segundo a qual o empregador se compromete a "devolver" o empregado intacto ao final da prestação de serviços, tal como o encontrou quando da celebração do contrato, e, consequentemente, nem se discutindo a questão sobre culpa ou dolo do empregador –, dois outros dispositivos da Constituição Federal de 1988 devem ser lembrados quando se estuda a responsabilidade do empregador em caso de lesão física ou mental ou psíquica do empregado, quais sejam, o art. 37, § 6º e o art. 225.

De um lado, o art. 37, § 6º, dispõe que "A administração pública direta e indireta de qualquer dos Poderes da União, dos Estados, do Distrito Federal e dos Municípios obedecerá aos princípios de legalidade, impessoalidade, moralidade, publicidade e eficiência e, também, ao seguinte: (...) As pessoas jurídicas de direito público e as de direito privado prestadoras de serviços públicos responderão pelos danos que seus agentes, nessa qualidade, causarem a terceiros, assegurando o direito de regresso contra o responsável nos casos de dolo ou culpa". Este sistema – primeiro paga, depois aciona regressivamente o causador do dano – é clássico exemplo de responsabilidade objetiva, ou seja, prescinde da comprovação de culpa ou dolo por parte da administração, sendo suficiente que se comprove o dano. E embora o dispositivo seja preferencialmente estudado pelo Direito Administrativo, não se deve esquecer que a administração pública, tanto direta quanto indireta, também contrata trabalhadores sob a forma de empregados, de sorte que sua aplicabilidade num eventual processo trabalhista é irretocável. Empregados públicos estão, por assim dizer, em vantagem sobre os empregados privados no tocante à produção de provas processuais em torno dos acidentes e demais lesões ocupacionais, porque para os primeiros é suficiente a demonstração do sinistro e dos danos, enquanto para os últimos se faz necessário demonstrar, simultaneamente, a culpa ou o dolo do empregador a causar a lesão. Essa bipartição não deixa de ser intrigante – se era realmente o cenário desejado pela sociedade – e provoca situações inusitadas. Suponha-se, por hipótese, que uma máquina de cortar grama fira, com gravidade e com sequelas, ao mesmo tempo duas pessoas, sendo um servidor público da secretaria ligada ao verde, meio ambiente e conservação de áreas públicas, e o outro um jardineiro contratado em regime de terceirização. A indenização para o servidor público será mais facilmente obtida, porque para ele basta a demonstração do acidente e da lesão – talvez até mesmo por prova documental singela, como laudos, afastamento previdenciário e/ou perícia – ao passo que a indenização para o jardineiro dito terceirizado dependerá de se agregar ao

---

4. SUPREMO TRIBUNAL FEDERAL. Tema 932 – Possibilidade de responsabilização objetiva do empregador por danos decorrentes de acidentes de trabalho. Para maiores informações, acesse: https://portal.stf.jus.br/jurisprudenciaRepercussao/verAndamentoProcesso.asp?incidente=4608798&numeroProcesso=828040&classeProcesso=RE&numeroTema=932#:~:text=Tema%20932%20%2D%20Possibilidade%20de%20responsabiliza%C3%A7%C3%A3o,H%C3%A1%20Repercuss%C3%A3o%3F&text=Descri%C3%A7%C3%A3o%3A,-discute%2C%20%C3%A0%20luz%20dos%20arts.

conjunto de provas a demonstração, digamos, de que a máquina não teve manutenção adequada (negligência), ou de que ele não recebera treinamento apropriado para operar o maquinário (imperícia) ou, ainda, de que a cadência do trabalho ou a exigência de metas abusivas levou à aceleração de um trabalho arriscado (imprudência). Estas provas não são facilmente realizadas e o empregado, aliás, nem ao menos tem aptidão para a maioria delas, por não deter o conhecimento técnico dos equipamentos ou dos ciclos produtivos. Neste caso, melhor seria que a aptidão recaísse sobre o empregador, inclusive para provar que não foi negligente, munindo-se de documentos acerca da manutenção, do treinamento e da forma como o trabalho foi desenvolvido. A harmonização das responsabilidades ainda carece de desenvolvimento jurisprudencial.

Há que ser citado, também, o disposto no art. 225 da Lei Maior, com ênfase ao seu § 3º: "Todos têm direito ao meio ambiente ecologicamente equilibrado, bem de uso comum do povo e essencial à sadia qualidade de vida, impondo-se ao Poder Público e à coletividade o dever de defendê-lo e preservá-lo para as presentes e futuras gerações. (...) As condutas e atividades consideradas lesivas ao meio ambiente sujeitarão os infratores, pessoas físicas ou jurídicas, a sanções penais e administrativas, independentemente da obrigação de reparar os danos causados". Inclusive, "O trabalhador precisa de proteção diante de humilhações e perseguições advindas dos assediadores. As empresas também precisam de proteção e, por isso, devem incluir em suas prioridades a concreta preo- cupação com o meio ambiente de trabalho, com o efetivo combate ao assédio moral, com programas de responsabilidade social e ambiental, prevenindo danos de atos cujas consequências já são conhecidas e, com isso, sua própria sustentabilidade. A sociedade, da mesma forma, necessita dessa proteção, pois o prejuízo imposto ao trabalhador e ao ambiente laboral causa dano à ordem social" (Florindo, 2013).

Com uma preocupação maiúscula quanto ao meio ambiente equilibrado, a ex- pressão "independentemente da obrigação de reparar os danos causados", novamente, é interpretada como chave para se declarar a responsabilidade objetiva, ou seja, os infratores são desde logo responsáveis – primeira parte do dispositivo – ainda que não tenham agido com desídia. Não é tarefa fácil a interpretação do art. 225 – meio ambiente ecologicamente equilibrado, sanções penais, sanções administrativas são sempre temas complexos –, mas é evidente sua força no sistema constitucional e proporcionou um con- senso em torno da responsabilidade objetiva em caso das lesões coletivas – derramamento de mercúrio, dispersão de poluentes, mortes em série, contato com elementos cancerí- genos – o que impacta diretamente o Direito do Trabalho. Ora, se há responsabilidade objetiva para fins civis, penais e administrativos, não haveria sentido algum em se exigir do trabalhador comprovação de culpa ou dolo do empregador quando da ocorrência de lesão em massa. Como o art. 225 refere ao "meio ambiente ecologicamente equilibrado, bem de uso comum do povo e essencial à sadia qualidade de vida, impondo-se ao Poder Público e à coletividade o dever de defendê-lo e preservá-lo para as presentes e futuras gerações", não houve avanço para sua utilização, também, para os acidentes individuais, prevalecendo sua aplicação para a responsabilidade objetiva nas lesões coletivas. "As novas formas de organização do trabalho têm sido responsáveis pela massificação dos sinistros laborais. O acidente de trabalho não atinge apenas a vítima: projeta-se em sua família e tem reverberações emocionais e econômicas na sociedade como um todo. Nesses casos, doutrina e jurisprudência têm debatido qual das espécies de responsabilidade civil deveria ser aplicada ao empregador: a subjetivação da responsabilidade ou o enfoque dos sinistros laborais à luz da teoria do risco. No caso dos acidentes em massa, a evolução do regime de responsabilidade civil possibilitou o reconhecimento do dano moral coletivo, haja vista que as tragédias trabalhistas agridem não somente os trabalhadores envolvidos, mas o ordenamento jurídico como um todo, provocando revolta e consternação na sociedade. Dessa forma, investigar os lastros legais e teóricos da responsabilidade civil é fundamental para descobrir quais soluções ela pode oferecer na perspectiva reparatória dos acidentes coletivos" (Andrade, 2019).

Afora os incisos e o parágrafo único do art. 7º, a Constituição brasileira também dispõe de algumas referências ao equilíbrio necessário no ambiente, laboral inclusive, em alguns outros dispositivos: quando descreve as funções institucionais do Ministério Público, no art. 129, III; ao se referir aos princípios gerais da atividade econômica e da justiça social, no art. 170, VI; ao estabelecer as atribuições do sistema único de saúde, falando de meio ambiente do trabalho, no art. 200, VIII.

3. A PREVENÇÃO À SAÚDE DO TRABALHADOR

O mesmo art. 7º da Lei Maior, agora em seu inciso XXII, assim determina: "São direitos dos trabalhadores urbanos e rurais, (...): (...) redução dos riscos inerentes ao trabalho, por meio de normas de saúde, higiene e segurança". E em termos também já referidos, diversos são os dilemas ligados à responsabilidade objetiva do empregador em matéria de saúde ocupacional, até porque são muitos, igualmente, os obstáculos no gerenciamento de riscos ocupacionais. Trazendo, contudo, o princípio da prevenção à saúde do trabalhador, o art. 7º, XXII, da Constituição brasileira, obriga o empregador à prática de medidas que reduzam tais riscos ocupacionais, fomentando, ao mesmo tempo, um meio ambiente de trabalho equilibrado.

Nessa toada, "(...) o primeiro propósito da lei é a redução máxima, ou seja, a eliminação do agente prejudicial. Quando isto for impossível tecnicamente o empregador terá que, pelo menos, reduzir a intensidade do agente prejudicial para território das agressões toleráveis. A lei é concebida diante da realidade da experiência humana e não deve ser interpretada de modo a levar ao absurdo. É impossível assegurar pureza absoluta do ar respirável, dentro ou fora do ambiente do trabalho. O ruído contínuo, por exemplo, está presente em qualquer ambiente e não poderá ser totalmente eliminado, (...). Para encontrar o ponto de equilíbrio, o art. 4º da Convenção 155 da OIT estabeleceu: 'reduzir ao mínimo, na medida que for razoável, as causas dos riscos inerentes ao meio ambiente de trabalho'" (Oliveira, 1996). Ainda, pode-se "dizer que há uma redução desejável (eliminação) e uma redução aceitável dos riscos (neutralização) (...). A redução aceitável indica a limitação do agente agressor a níveis toleráveis pela saúde humana" (Oliveira, 1996). No setor da indústria, a ideia é que haja a redução máxima (total) do risco, eliminando-se o seu agente causador, quando isto for possível tecnicamente ao empregador. Diante de eventual impossibilidade, a redução do risco e, via de consequência, do grau de nocividade do ambiente será limitada aos chamados níveis toleráveis para a saúde humana.

4. OS MÚLTIPLOS SIGNIFICADOS DOS LIMITES DE TOLERÂNCIA

Em conformidade com o que dispõe a Norma Regulamentadora 15 (Portaria SEPRT 1.359, de 09 de dezembro de 2019)[5] – sem prejuízo das alterações posteriores advindas da Portaria MTP, 427, de 07 de outubro de 2021 e da Portaria MTP, 806, de 13 de abril de 2022) –, em seu item 15.1.5, "Entende-se por 'Limite de Tolerância', (...), a concentração ou intensidade máxima ou mínima, relacionada com a natureza e o tempo de exposição ao agente, que não causará dano à saúde do trabalhador, durante a sua vida laboral".

A Norma Regulamentadora 15 tem seu alicerce sobre três ordens de fontes de perigo: as ordens físicas, as químicas e as biológicas. E não é difícil compreender a distinção destas esferas. Agentes físicos são formas de energia, como os ruídos contínuos e de impacto, as vibrações de corpo interior ou de membros, as pressões anormais, todas as formas de radiação e, ainda, as temperaturas extremas, que produzam o frio e o calor em excesso, tudo capaz de causar lesão ou agravo à saúde devido à intensidade ou forma como se propagam. Agentes químicos são todas as substâncias químicas que, sozinhas ou combinadas, são capazes de causar lesão ou agravo à saúde do trabalhador. Podem ser agentes usados como matéria-prima ou simplesmente gerados como subprodutos da atividade desempenhada, pois em ambos os casos os agravos podem ocorrer em função de sua natureza, concentração e exposição. Podem se apresentar no estado sólido ou líquido, mas também gasoso, como as névoas e poeiras tóxicas. Agentes biológicos podem ser definidos como microrganismos, como fungos e parasitas, mas também os materiais originados destes organismos, os quais igualmente têm potencial de acarretar lesão ou prejuízo à saúde, por sua natureza ou forma de exposição.

Dado o constante estado de evolução das ciências e a necessidade de aprimoramento das técnicas de mensuração e controle, esses agentes necessitam de constantes ajustes, o que recomenda a atualização periódica de qualquer tabela, catalogação ou normativa sobre os limites de concentração e a forma de manejo. A atualização bienal se mostra a mais recomendada, embora seja fato notório o lapso bem maior que o legislador leva para fazer algumas adaptações.

5. OS AGENTES QUÍMICOS COM AFERIÇÃO QUANTITATIVA

Destacando-se os agentes químicos, o enfrentamento dos níveis de toxicidade destes é feito de maneira diversificada. Alguns agentes químicos são mais facilmente

---

5. MINISTÉRIO DO TRABALHO E EMPREGO. NORMA REGULAMENTADORA 15. Para maiores informações, acesse: https://www.gov.br/trabalho-e-emprego/pt-br/acesso-a-informacao/participacao-social/conselhos-e-orgaos-colegiados/comissao-tripartite-partitaria-permanente/arquivos/normas-regulamentadoras/nr-15-atualizada-2022.pdf.

mensuráveis do que outros, o que, de plano, impôs bifurcação nas normativas de saúde ocupacional, enfileirando-se, de um lado, aqueles passíveis de terem os limites de tolerância testados e aferidos no local de trabalho, e, de outro lado, aqueles que necessitam de vistoria técnica abrangente, capaz de analisar todo percurso da matéria primeira ou dos subprodutos químicos do processo produtivo. Daí porque se diz que a Norma Regulamentadora 15 possui aferição quantitativa e qualitativa relativamente aos agentes químicos. O Anexo 11[6] da Norma Regulamentadora 15 trata dos agentes químicos cuja insalubridade é caracterizada por limite de tolerância e inspeção no local de trabalho, ou seja, embora a vistoria de um profissional habilitado seja essencial para a configuração, existem tabelas de limites de tolerância que devem ser observados quanto ao volume dos produtos e ao tempo em que o trabalhador a eles esteve sujeito. É um anexo quantitativo, portanto. O Anexo 13[7] da Norma Regulamentadora 15 prossegue no tema dos agentes químicos, mas, agora, sujeito apenas ao crivo da perícia, sem necessidade de quantificação dos materiais. Prioriza a descrição das atividades (por exemplo, expressões como "vulcanização de borracha" e "pintura a pistola") em detrimento da dosagem dos produtos, por se considerarem igualmente insalubres baixas ou altas quantidades. É um anexo qualitativo. Os anexos dos produtos químicos principiam com a lembrança de que os ambientes em que eles são encontrados não deveriam permitir qualquer prorrogação de jornada, para além do padrão mundial de 8 horas, que foi utilizado para as pesquisas e ensaios feitos para a fixação dos limites de tolerância.

Trata-se de assunto presente no art. 60 da Consolidação das Leis do Trabalho,[8] segundo o qual: "Nas atividades insalubres, assim consideradas as constantes dos quadros mencionados no capítulo 'Da Segurança e da Medicina do Trabalho', ou que neles venham a ser incluídas por ato do Ministro do Trabalho, Indústria e Comércio, quaisquer prorrogações só poderão ser acordadas mediante licença prévia das autoridades competentes em matéria de higiene do trabalho, as quais, para esse efeito, procederão aos necessários exames locais e à verificação dos métodos e processos de trabalho, quer diretamente, quer por intermédio de autoridades sanitárias federais, estaduais e municipais, com quem entrarão em entendimento para tal fim. Parágrafo único. Excetuam-se da exigência de licença prévia as jornadas de doze horas de trabalho por trinta e seis horas ininterruptas de descanso (...)" – ponto este objeto de múltiplas controvérsias sobre exceções que poderiam ser abertas para entidades sindicais ou ajustes individuais entre empregados e empregadores, mas que encontra razão de ser precisamente no campo científico da fixação dos parâmetros de exposição máxima. As pesquisas mundiais

---

6. MINISTÉRIO DO TRABALHO E EMPREGO. NORMA REGULAMENTADORA 15. Anexo 11. Para maiores informações, acesse: https://www.gov.br/trabalho-e-emprego/pt-br/acesso-a-informacao/participacao-social/conselhos-e-orgaos-colegiados/comissao-tripartite-partitaria-permanente/arquivos/normas-regulamentadoras/nr-15-anexo-11.pdf.

7. MINISTÉRIO DO TRABALHO E EMPREGO. NORMA REGULAMENTADORA 15. ANEXO 13. Para maiores informações, acesse: https://www.gov.br/trabalho-e-emprego/pt-br/acesso-a-informacao/participacao-social/conselhos-e-orgaos-colegiados/comissao-tripartite-partitaria-permanente/arquivos/normas-regulamentadoras/nr-15-anexo-13.pdf.

8. CONSOLIDAÇÃO DAS LEIS DO TRABALHO. Para maiores informações, acesse: https://www.planalto.gov.br/ccivil_03/decreto-lei/del5452.htm.

teriam todas de ser refeitas e repensadas, se houvesse de ser estabelecidos os limites de tolerância para jornadas de 10 ou de 12 horas. Não foi assim que os órgãos de saúde ocupacional caminharam mundialmente: ao revés, os testes são feitos sob o padrão da carga convencional de oito horas. Por exemplo, se o módulo brasileiro de 44 horas semanais precisar ser dividido por apenas cinco dias, de 8h48min de jornada, folgando-se no sábado, a autorização trabalhista pode recomendar que o trabalho seja executado parcialmente no ambiente ruidoso e parcialmente no ambiente silencioso, em rodízio, ou, ainda, que o empregado obtenha novos equipamentos de combate à umidade ou aos elementos tóxicos, entre outras soluções. Desta forma, o art. 60 da Consolidação das Leis do Trabalho segue sendo aplicável às hipóteses de insalubridade prorrogada. E idêntico sentido de responsabilidade se espera da entidade sindical, caso seja firmado um acordo coletivo de compensação de jornada em ambiente insalubre, instrumento controvertido no plano doutrinário, justamente por desprezar o art. 60.

Retornando ao apontado Anexo 11, a norma enfrenta os agentes químicos por limite de tolerância, explicando tratar-se de produtos passíveis de absorção pelo trabalhador por via respiratória. Considerando, todavia, que alguns dos elementos químicos também são sujeitos à absorção pela via cutânea, há de ser efetuado um trabalho conjunto de fornecimento de luvas e de outros equipamentos para a proteção das partes do corpo mais suscetíveis ao respingo ou ao contato em geral. A jurisprudência, nesta vertente, assim decide: "agravo. Agravo de instrumento. Recurso de revista. Reclamada. Rito sumaríssimo. Lei 13.467/2017. Adicional de insalubridade em grau máximo. Contato manual com o agente insalubre: fenol. Anexo 11 da NR 15 da portaria 3.214/78 do MTE. Matéria probatória no caso concreto. 1 – Na decisão monocrática ficou prejudicada a análise da transcendência da causa quanto ao tema em epígrafe, e foi negado provimento ao agravo de instrumento. 2 – Os argumentos da parte não conseguem desconstituir os fundamentos da decisão agravada. 3 – Deve ser mantida a decisão monocrática na qual foi aplicado o óbice da Súmula 126 do TST. 4 – Com efeito, o TRT, soberano na análise do conjunto fático-probatório, com base na prova dos autos, laudo pericial, concluiu que resultou caracterizada insalubridade em grau máximo, ante a exposição do reclamante ao agente fenol por via cutânea, registrando que 'é direito fundamental dos trabalhadores a redução dos riscos inerentes ao trabalho, artigo 7º, XXII, da CF/88. Isso quer dizer que ainda que reste atividade insalubre após o fornecimento dos equipamentos de proteção, com o consequente dever de pagar o adicional, deve o empregador, ainda assim, manter o fornecimento dos EPIs, isso para minimizar os efeitos dos agentes insalubres sobre a saúde do empregado'. Registrou também a Corte Regional que 'Laudo conclusivo, elaborado pela versão das partes. Nele consta atividade insalubre em grau máximo, por todo o período contratual, pelo contato com o agente químico fenol – Absorção pela Pele, conforme anexo 11 da NR-15, e, também, em grau máximo, em razão da fabricação de compostos de chumbo, carbonato, arseniato, cromato mínio, litargírio e outros, nos termos do Anexo 13 da NR-15 .(...) Que o fenol se transforma de líquido para sólido quando da composição da resina fenólica isso não há dúvidas. O problema é o efeito residual, deste composto e desta transformação em razão de que em parte ela se dispersa no ar. Note-se que mesmo em quantidade pequena, ou até, se me permitem, pequeníssima (entre 0,6 e 1%...), não há ambiente seguro e suficientemente livre da resina fenólica que contém o fenol'. Destacou que 'o fenol é corrosivo e tóxico tanto por inalação quanto no contato com a pele... A resina fenólica libera o fenol que mesmo em quantidade pequena não deixa de ser 'fenol', portanto tóxico. Pode ele causar, além, das moléstias alegadas pelo perito, arritmia cardíaca, colapso cardiovascular, edema pulmonar entre outros. Pode trazer, igualmente, tumores malignos... Não há dados concretos sobre a segurança no manuseio desta substância'. Nesse contexto, consignou que 'procede o pedido de pagamento do adicional de insalubridade em grau máximo 40 % sobre o salário mínimo nacional, conforme Súmula Vinculante 04 do STF, (...)' (TST – Ag: 205019020205040404, Relator: Katia Magalhaes Arruda, Data de Julgamento: 18.05.2022, 6ª Turma, Data de Publicação: 20.05.2022)".[9]

O Anexo 11 da Norma Regulamentadora 15 carrega o peso da desatualização. Porque elaborado em 1978, deixou de acompanhar os avanços das pesquisas das últimas três décadas. "Os limites de tolerância lá descritos foram retirados dos estudos da ACGIH de 1977, (...). (...) apesar de a ACGIH já estabelecer em 1978 limites de exposição ocupacional para cerca de 500 substâncias, optaram por regular de forma expressa limites de tolerância para apenas 150 substâncias, pois eram aquelas que seriam passíveis de análise pelos laboratórios brasileiros na época, uma vez que podiam ser avaliados por meio de tubos colorimétricos das marcas disponíveis para importação no Brasil" (Wakahara, 2020). Se houvesse uma revisão, a maioria dos agentes químicos sofreria alteração em seus valores e tempo de exposição. Quando os limites de tolerância da norma brasileira são comparados com os limites da *American Conference of Governmental Industrial Higyenists*,[10] que é a conferência americana citada pela Norma Regulamentadora 9,[11] são constatadas defasagens em cerca de 55% dos elementos químicos, em alguns casos à razão de 100% de permissividade maior na legislação brasileira do que na estrangeira.

Na elaboração do conjunto de normas regulamentadoras em 1978, que governam o sistema de saúde e segurança do trabalho no Brasil, algumas diretrizes foram levadas em consideração quando do enfrentamento dos elementos químicos: para aqueles agentes que fossem passíveis de mensuração fácil e acessível, priorizou-se sua inserção no Anexo 11, que ficou, portanto, essencialmente quantitativo; agentes químicos de difícil mensuração ou de mensuração inacessível à época foram deslocados para os Anexos

---

9. TRIBUNAL SUPERIOR DO TRABALHO. Ag 205019020205040404. Disponível em: https://www.jusbrasil.com.br/jurisprudencia/tst/1507286725/inteiro-teor-1507286944. Acesso em: 3 ago. 2023.

10. AMERICAN CONFERENCE OF GOVERNMENTAL INDUSTRIAL HIGYENISTS (ACGIH). Para maiores informações, acesse: https://www.acgih.org/.

11. MINISTÉRIO DO TRABALHO E EMPREGO. NORMA REGULAMENTADORA 9. Para maiores informações, acesse: https://www.gov.br/trabalho-e-emprego/pt-br/acesso-a-informacao/participacao-social/conselhos-e-orgaos-colegiados/comissao-tripartite-partitaria-permanente/arquivos/normas-regulamentadoras/nr-09-atualizada-2021-com-anexos-vibra-e-calor.pdf.

12[12] (poeiras de sílica, manganês e asbesto) e 13 (diversos componentes químicos, como cádmio, chumbo e fósforo, e diversas atividades econômicas); a mensuração tinha de ser feita em qualquer parte do território nacional, pois do contrário não seria honrada a dimensão da lei trabalhista unificada; foi facilitada a importação de equipamentos de mensuração da concentração química, de modo a não inviabilizar a eficácia das normas de higiene ocupacional e, inclusive, a Fundação Jorge Duprat Figueiredo de Segurança e Medicina do Trabalho (Fundacentro)[13] montou um sistema de empréstimo de tubos colorímetros como forma de agilizar o mapeamento das empresas; pressupõe-se a colheita de, pelo menos, dez amostras a cada vinte minutos, no ambiente de trabalho, de modo a não se tomar um fragmento não representativo do local. Alguns elementos químicos, como o acetileno e o argônio, não requerem a fixação de limite de tolerância, haja vista seu potencial menos agressivo ao ambiente de trabalho. No entanto, sua menor toxicidade não pode justificar evidentemente que, no local de trabalho, eles sejam abundantes, a ponto de deslocar quantidades maciças de oxigênio: "Recurso ordinário. Acórdão 7ª Turma. Acidente de trabalho. Morte de trabalhador. Ação indenizatória ajuizada pelos irmãos. Dano moral. A princípio, as atividades de risco acentuado desenvolvidas pelas Rés seriam suficientes para atrair a responsabilidade objetiva de ambas as empresas, com amparo no art. 927, parágrafo único, do Código Civil. De todo modo, ainda que se considere que a responsabilidade civil do empregador é subjetiva, os Autores obtiveram êxito em comprovar que o acidente de trabalho foi causado pela conduta culposa das Rés. E o dano moral causado aos Autores, evidentemente, é inquestionável e irreparável. A súbita perda de um irmão, de maneira trágica, acarreta imensurável sofrimento, em razão do presumido vínculo de afetividade que liga os componentes do núcleo familiar mais próximo da vítima. (...) Os peritos criminais apuraram que a CSN deixou de verificar, adequadamente, os sistemas de controle de injeção de gases dentro do ambiente onde estavam os falecidos trabalhadores, o que propiciou um vazamento de gases pesados (nitrogênio e/ou argônio), que deslocaram o oxigênio do local, provocando a imediata asfixia das vítimas. (...) O laudo frisa, ainda, que os trabalhadores foram rapidamente asfixiados pela ausência de oxigênio, perdendo a consciência de imediato, razão pela qual sequer puderam pedir socorro. (...) (Processo: 0000563-50.2010.5.01.0079)".[14] Assim, para tais elementos foi desenvolvido outro conceito, que não a estipulação de um patamar máximo de presença no ar. Trata-se do conceito de asfixiante simples, que deve apenas respeitar a quantidade mínima de 18% de oxigênio no ambiente de trabalho, abaixo da qual há risco iminente de asfixia. Eles podem, portanto, asfixiar pelo oxigênio que arrastam e não pela baixa toxicidade a eles inerente.

---

12. MINISTÉRIO DO TRABALHO E EMPREGO. NORMA REGULAMENTADORA 15. Anexo 12. Para maiores informações, acesse: https://www.gov.br/trabalho-e-emprego/pt-br/acesso-a-informacao/participacao-social/conselhos-e-orgaos-colegiados/comissao-tripartite-partitaria-permanente/arquivos/normas-regulamentadoras/nr-15-anexo-12.pdf.
13. Fundação Jorge Duprat Figueiredo de Segurança e Medicina do Trabalho (Fundacentro). Para maiores informações, acesse: https://www.gov.br/fundacentro/pt-br.
14. TRIBUNAL REGIONAL DO TRABALHO DA 1ª REGIÃO. Processo: 0000563-50.2010.5.01.0079 – Recurso Ordinário. Disponível em: https://www.trt1.jus.br/documents/21078/14055113/morte_por_asfixia_501250f40a24.pdf/edbd6068-6760-40f2-a6f4-1ef1d94fc840. Acesso em: 4 ago. 2023.

Conclui o Anexo 11 da Norma Regulamentadora 15 uma extensa tabela com os agentes químicos, valor teto, indicação de absorção pela pele, concentração em partes por milhão e em miligramas por metro cúbico e o grau de insalubridade a ser considerado em caso de sua caracterização, podendo haver grau mínimo, médio e máximo, organizados os elementos em ordem alfabética, desde o acetaldeído até o xileno. Que a tabela necessita de revisão periódica não resta a menor dúvida. No entanto, a revisão periódica também será insuficiente para o futuro próximo, dados os avanços científicos envolvidos na miniaturização dos elementos químicos. Desde que o ser humano conseguiu desenvolver microscópios mais poderosos e passou a se dedicar ao estudo da fragmentação sem limites da matéria, passou-se a conviver com comportamentos imprevistos dos elementos químicos – o chamado efeito quântico – muito além daquilo que a química da década de 1970, por exemplo, ensinava. Usa-se a expressão nanopartícula para representar a divisão de um metro em um bilhão de partes menores (1/1.000.000.000 do m) – que significa, em outras palavras, a divisão do milímetro por um milhão de partes menores (1/1.000.000 do mm). Assim, quando fragmentado à proporção bilionesimal, o elemento ouro aparece sob a cor azul, o elemento alumínio entra em combustão com o oxigênio, matérias opacas se tornam translúcidas e o rígido se torna flexível. Essas partículas bilionésimas sempre existiram na natureza, como na explosão de um vulcão, ou foram incidentalmente geradas pelo ser humano, como na combustão do veículo. A novidade reside no fato de que, agora, se pode manufaturar uma nanopartícula deliberadamente, como forma de se obterem processos produtivos mais econômicos, mais céleres ou mais eficazes, como na indústria petrolífera, no tratamento de doenças até então incuráveis ou no incremento da nutrição. A diferença entre as nanopartículas encontradas na erupção do vulcão ou de subprodutos de obras humanas está no fato de que, agora, elas são engenheiradas.

Isso representa o uso da inteligência humana para a prosperidade. No entanto, o volume de recursos investido no avanço da nanotecnologia é inversamente proporcional ao volume investido em pesquisas sobre os efeitos do contato desses elementos químicos nanofragmentados sobre o organismo do ser humano, seja ele o consumidor final dos produtos, seja ele o trabalhador envolvido na cadeia produtiva. Cerca de um quinto de toda a matéria-prima utilizada em todos os ciclos produtivos contém, na abertura da década de 2020, algum elemento químico nanofragmentado, afirma a Organização Internacional do Trabalho, mas nem por isto se está preparado para tal enfrentamento, nem os testes de toxicidade atuais são eficazes, nem os limites de tolerância serão – como não são – apropriados para essa nova fronteira do conhecimento humano. Para não dizer que o direito é omisso e o caso é sem solução, um novo olhar sobre a negociação coletiva poderia alcançar a complexidade da situação e atender a urgência que as circunstâncias reclamam.

Quanto ao Anexo 13 da Norma Regulamentadora 15, como já dito, esta tem natureza qualitativa e prescinde da mensuração dos níveis de concentração dos elementos químicos: é suficiente que a perícia constate as condições de trabalho com alguns agentes para emitir parecer sobre a maior ou menor hostilidade do ambiente. Assim, em vez de lidar com limites de tolerância e níveis de toxicidade, o Anexo 13 separa os produtos por atividades e operações em que servem como matéria-prima, desde que já não tenham sido relacionados no Anexo 11 – aquele que elaborou tabela contendo valores e dosagens, especialmente quanto à via respiratória – e no Anexo 12 – o trecho dedicado ao asbesto, à sílica e ao manganês. O Anexo 13 dispõe de dez grupos de produtos, cada qual descrito em um local de trabalho: arsênico, carvão, chumbo, cromo, fósforo, hidrocarbonetos (derivados do petróleo, por exemplo), mercúrio, silicatos, substâncias cancerígenas e operações diversas (como tintas de alumínio e galvanoplastia). Para cada grupo, a norma separa o grau de insalubridade de acordo com a forma de execução de atividade.

Essa tomada de decisão da portaria ministerial, de destacar alguns produtos químicos para aferição *in loco*, deixando de lado a mensuração dos níveis de concentração, decorre do fato de que nem todos eles possuíam patamares internacionalmente reconhecidos como válidos, à época, e nem todos eram facilmente mensuráveis, com simples coletas de amostras e mistura com reagentes. Como já explicado, as normas tinham de se pautar pela universalidade de aplicação e uniformidade de temas, de sorte que algum procedimento especialmente custoso ou complexo era incompatível com o ideal de acessibilidade dos temas e dos parâmetros concebidos pela reestruturação da saúde ocupacional brasileira na década de 1970. Separar os agentes químicos em lista de elementos mensuráveis e lista de elementos associados ao *modus operandi* no local de trabalho foi a solução encontrada para emprestar a máxima abrangência ao corpo das normas. Sirva o carvão como exemplo: não sendo ele um agente mensurável de imediato, a normativa estabelece que o trabalho diretamente na extração em mina de carvão gera o adicional de insalubridade em grau máximo; o trabalho de locomoção deste material representa adicional de insalubridade em grau médio; e, no ambiente externo, a atividade de classificação e peneira desse material leva ao adicional de insalubridade em grau mínimo. E desta forma é a jurisprudência: "Portuários avulsos receberão insalubridade por contato habitual com pó de carvão (...) A Oitava Turma do Tribunal Superior do Trabalho não admitiu recurso das Usinas Siderúrgicas de Minas Gerais S/A. (Usiminas) contra condenação ao pagamento do adicional de insalubridade em grau máximo a trabalhadores portuários avulsos que exerceram atividades com pó de carvão. Ficou demonstrado que todas as vezes em que prestaram serviços à empresa os trabalhadores tiveram contato com o agente insalubre. A reclamação trabalhista foi ajuizada por quatro estivadores do Porto de Santos que trabalhavam nas dependências do porto operadas pela Usiminas. O pedido de pagamento do adicional foi julgado improcedente pela 2ª Vara do Trabalho de Cubatão, mas o Tribunal Regional do Trabalho da 2ª Região (SP) reformou a sentença neste ponto, não acolhendo a conclusão do laudo pericial no sentido de que o contato com agente insalubre se dava de maneira eventual. De acordo com o laudo, o contato com o pó de carvão ocorria nove vezes ao ano – e os estivadores trabalhavam no cais da Usiminas também nove vezes por ano. Assim, o TRT concluiu que todas as vezes em que prestaram serviços à empresa houve o contato com o agente insalubre, 'e de forma totalmente irregular, porque não eram fornecidos equipamentos de proteção individual'. Segundo o Regional, o caráter intermitente das atividades não exclui o recebimento do adicional de insalubridade, nos termos *da Súmula 47* do TST. A Usiminas insistiu, no recurso ao TST, que a exposição ao carvão se dava em caráter eventual. Mas no entendimento do relator, ministro Hugo Carlos Scheuermann, diante da conclusão do TRT, no sentido do contato habitual e sem EPIs, não houve ofensa aos dispositivos de lei e à jurisprudência, ao contrário do alegado pela empresa. A decisão pelo não conhecimento do recurso foi unânime (Processo RR-22300-82.2009.5.02.0252)".[15]

Nesse teor de agentes químicos com aferição qualitativa, as questões controvertidas mais recorrentes – mas que não serão aqui tratadas e, sim, apenas citadas –, são quanto ao uso de solventes para lubrificação e limpeza de máquinas, à extensão da norma para o operador de televendas com fone de ouvido e à extensão ou não do adicional de insalubridade por contato com o cimento também para o pedreiro e servente de pedreiro no âmbito da construção civil. Assim, apesar de outras considerações que poderiam ser traçadas acerca dos agentes físicos, dos agentes biológicos e dos agentes químicos com aferição qualitativa, este artigo verte para aqueles com aferição quantitativa, denotando-se, frente ao exposto, a dificuldade em se estabelecer o critério para a fixação dos limites de tolerância em atividades de trabalho. Em outras palavras, averiguar no caso concreto o que vem a ser agente nocivo ou saudável, pois os próprios critérios normativos não podem precisar se após um período não causariam alguma lesão à saúde do trabalhador.

6.   OS LIMITES DE TOLERÂNCIA E AS SENSIBILIDADES INDIVIDUAIS

Atente-se, nessa sequência, que o próprio sistema contém algumas válvulas de escape, que permitem concluir que, mesmo com o emprego dos limites de tolerância para a formatação do acervo conceitual da Norma Regulamentadora 15, os indicadores estão mais para presunção relativa do que para presunção absoluta de salubridade do local de trabalho. Explica-se: se os limites fossem realmente seguros e acima de dúvidas, talvez fosse despicienda a realização de exames médicos periódicos para aferição dos mesmos agravos que foram tratados dentro de padrões de segurança. Por exemplo, não haveria necessidade de realização de audiometria em trabalhadores sujeitos à exposição sonora de menos de 85 decibéis, que é o índice de segurança indicado na referida Norma. E não haveria razão para submeter os empregados da metalurgia e da siderurgia aos exames de sangue, se os indicadores de concentração de agentes químicos estivessem abaixo dos patamares contidos nos anexos correspondentes. Se as próprias normas regulamentadoras dispõem sobre a urgência dos exames médicos periódicos, é porque o sistema admite: (a) a vulnerabilidade dos limites de tolerância, (b) a possibilidade de superação histórica pelas pesquisas supervenientes e (c) a existência de contingentes humanos não sujeitos aos mesmos padrões de reação e de defesa imunológica, a que chamamos de pessoas hipersensíveis ou hipersusceptíveis. Em contrapartida, existem

---

15. TRIBUNAL SUPERIOR DO TRABALHO. *Portuários avulsos receberão insalubridade por contato habitual com pó de carvão.* Disponível em: https://www.tst.jus.br/-/portuarios-avulsos-receberao-insalubridade-por-contato-habitual-com-po-de-carvao. Acesso em: 7 ago. 2023.

pessoas que apresentam maiores graus de resistência aos agravos à saúde, a que chamamos de hipossensíveis ou hipossuceptíveis.

"Hipersensibilidade se refere às reações excessivas, indesejáveis (danosas, desconfortáveis e às vezes fatais) produzidas pelo sistema imune normal. Reações de hipersensibilidade requerem um estado pré-sensibilizado (imune) do hospedeiro. Reações de hipersensibilidade podem ser divididas em (...) tipos: (...), baseados nos mecanismos envolvidos e tempo levado para a reação" (Ghaffar). Podendo ocorrer nos campos físico e/ou psíquico, algumas demandas versam sobre hipersensibilidade, envolvendo a exposição do trabalhador a agente químico e discutindo, Consequentemente, a responsabilidade do empregador. Como exemplo, *vide* a jurisprudência: "agravo em recurso de revista com agravo de instrumento. JVR Serviços de limpeza Eireli. Doença ocupacional – indenizações por danos morais e materiais. Estabilidade acidentária. Inobservância do Art. 896, § 1º-A, I e III, e § 8º, da CLT. (...) Foi determinada a realização de perícia (...), tendo sido comprovado que a autora foi vítima de doença ocupacional (dermatite de contato por irritante primário). Salientou o perito que: Discussão / conclusão. A dermatite de contato por irritante primário é uma dermatite não alérgica, provocada pela sensibilização do paciente no decorrer de exposição de tempo variável. No presente caso, a exposição a produtos químicos aos quais a reclamante foi submetida pode ter provocado o quadro anafilático. A reclamante está inapta de forma total e permanente para o trabalho como auxiliar de limpeza ou outros que a exponha a produtos químicos. Não existe modo de saber desde quando a reclamante iniciou o processo de sensibilização que culminou no quadro atual tendo em vista que já trabalhara como agente de limpeza. Portanto, posso afirmar que existe nexo concausal importante entre a deflagração / piora da dermatite + rouquidão + choques anafiláticos da reclamante e o trabalho que desempenhou na reclamada (...) (Kátia Magalhães Arruda Ministra Relatora Tribunal Superior do Trabalho TST: Ag-RRAg 0012020-76.2017.5.15.0101)".[16]

A hipersensibilidade pode ser alcançada pelo monitoramento constante, a que se refere o Programa de Controle Médico de Saúde Ocupacional (PCMSO) da Norma Regulamentadora 7,[17] mas também é uma das razões de ser do conceito de nível de ação – nível a partir do qual medidas de atenção devem ser tomadas, conquanto o ambiente ainda não possa ser considerado degradado; o nível de ação, em geral, corresponde à metade do limite de tolerância. "A nova estruturação da NR-09 prevê, no corpo da norma, a sistemática de avaliação e controle dos agentes ambientais e, nos seus anexos, as medidas para cada agente específico, (...). De forma a preencher a lacuna normativa, enquanto da construção (...) (de) demais anexos, foi inserida na norma disposição provisória, similar a que fora prevista na versão de 1994, estabelecendo a definição de nível de

---

16. TRIBUNAL SUPERIOR DO TRABALHO. Ag-RRAg – 12020-76.2017.5.15.0101. Disponível em: https://jurisprudencia.tst.jus.br/#23cf0b66163c1ec61c562ea5c011528e. Acesso em: 3 ago. 2023.

17. MINISTÉRIO DO TRABALHO E EMPREGO. NORMA REGULAMENTADORA 7. Para maiores informações, acesse: https://www.gov.br/trabalho-e-emprego/pt-br/acesso-a-informacao/participacao-social/conselhos-e-orgaos-colegiados/comissao-tripartite-partitaria-permanente/arquivos/normas-regulamentadoras/nr-07-atualizada-2022-1.pdf.

ação e de aplicação subsidiária dos critérios e limites de tolerância constantes na NR-12 e seus anexos e, na sua ausência, daqueles previstos pela (...) (ACGIH)" (Ministério do Trabalho e Emprego, 2023).[18] Consoante, assim, a Norma Regulamentadora 9 – com sua última atualização pela Portaria SEPRT 6.735, de 10 de março de 2020 –, em seu item 9.6.1, "Enquanto não forem estabelecidos os Anexos a esta Norma, devem ser adotados para fins de medidas de prevenção: (...); b) como nível de ação para agentes químicos, a metade dos limites de tolerância; (...)". Sendo certo também, pelo item 9.6.1.2, que "Considera-se nível de ação, o valor acima do qual devem ser implementadas ações de controle sistemático de forma a minimizar a probabilidade de que as exposições ocupacionais ultrapassem os limites de exposição".

O nível de ação é um bem juridicamente tutelável, ou seja, há ação exercitável perante a Justiça do Trabalho, para exigir que medidas de enfrentamento sejam tomadas em ambientes com metade dos limites de tolerância, no intuito de se prevenir e evitar, ao mesmo tempo, que a degradação se materialize e que os danos à saúde cheguem de pronto aos indivíduos com hipersensibilidade. Analise-se: "Agravo. Agravo de instrumento em recurso de revista. *Processo sob a égide das Leis 13.015/2014 e 13.467/2017.* 1. preliminar de nulidade do julgado por negativa de prestação jurisdicional. não configuração. 2. adicional de insalubridade. matéria fática. *Súmula 126/TST.* Nos termos do art. 191 da CLT, a eliminação ou a neutralização da insalubridade ocorrerá com a adoção de medidas que conservem o ambiente de trabalho dentro de limites de tolerância e com a utilização de equipamentos de proteção individual pelo empregado que diminuam a intensidade do agente agressivo a limites de tolerância aceitáveis. *No caso autos*, o Tribunal Regional, com alicerce no conjunto fático probatório dos autos, mormente os documentos ambientais, constatou que não foi entregue, ao Reclamante, o EPI adequado para neutralização do agente insalubre ruído. Com efeito, nos termos da Súmula 80/TST, '*a eliminação da insalubridade mediante fornecimento de aparelhos protetores aprovados pelo órgão competente do Poder Executivo exclui a percepção do respectivo adiciona (...)*'. Contudo, conforme se infere da decisão recorrida, não foram entregues os EPIs adequados de modo a elidir o agente insalubre. Logo, não há falar em contrariedade à Súmula 80 do TST. Ressalte-se que, segundo o art. 479 do CPC/2015, o Juiz não está adstrito ao laudo pericial. Todavia, *na hipótese em exame*, a prova técnica foi infirmada pelos demais elementos probatórios constantes nos autos – sobretudo a prova documental –, tendo sido demonstrado que os protetores auriculares fornecidos não foram adequados para a neutralização do agente ruído nos níveis existentes no ambiente laboral. Assim sendo, a decisão agravada foi proferida em estrita observância às normas processuais (art. 557, *caput*, do CPC/1973; arts. 14 e 932, III e IV, "a", do CPC/2015), razão pela qual é insuscetível de reforma ou reconsideração. *Agravo desprovido.* Vistos, relatados e discutidos estes autos de Agravo em Agravo de Instrumento em Recurso de

---

18. MINISTÉRIO DO TRABALHO E EMPREGO. *Norma Regulamentadora 9 (NR-9).* Disponível em: https://www.gov.br/trabalho-e-emprego/pt-br/acesso-a-informacao/participacao-social/conselhos-e-orgaos-colegiados/comissao-tripartite-partitaria-permanente/normas-regulamentadora/normas-regulamentadoras-vigentes/norma-regulamentadora-no-9-nr-9. Acesso em: 8 ago. 2023.

Revista *TST-Ag-AIRR-375-11.2020.5.08.0015*, em que é Agravante *Navport Navegação e Serviços Portuários LTDA. e Agravado Alessandro da Silva. (...) Processo sob a égide das Leis 13.015/2014 e 13.467/2017.* É o relatório. *(...) Do adicional de insalubridade e reflexos.* Inconformada com a sentença que julgou procedente o pedido de adicional de insalubridade e reflexos, recorre ordinariamente a reclamada requerendo a reforma da decisão e a improcedência do pedido. Defende que o laudo pericial produzido nos autos do Processo 0000358-84.2020.5.08.0011, utilizado como prova emprestada, concluiu pela inexistência de insalubridade quanto à função exercida pelo demandante, isto é, motorista carreteiro categoria. E assevera que apresentou os documentos ambientais, tais como PPRA, PCMSO e LTCAT, com o fito de demonstrar que o ambiente de trabalho do reclamante era salubre ou que eram tomadas medidas hábeis a neutralizar eventuais riscos ocupacionais. Salienta que, em relação ao ruído, sempre forneceu ao reclamante protetores auriculares do tipo concha. Ressalta, por fim, que 'em que pese o LTCAT juntado pela recorrente constar o valor de 86 dB(a) apurado na dosimetria do ruído, a utilização correta do equipamento de proteção neutraliza a ação do agente, razão pela qual há a diminuição de 21 dB(a), ou seja, subtraindo de 86 dB(a), já que no laudo é indicado a utilização do EPI para neutralizar a ação do ruído, temos o valor de 65 dB(a), isto é, o nível de ação abaixo do permitido por lei, portanto, o ambiente em que o reclamante laborou é salubre, devendo o laudo pericial ser considerado válido', *(...) Passo à análise. Ao reexaminar a prova pericial produzida nos autos do Processo 0000358-84.2020.5.08.0011, aqui utilizado como prova emprestada, verifico que o i. perito constatou o seguinte (...): (...). Por fim, este Perito reconheceu que a reclamante, representada na ocasião das diligências por paradigmas indicados pela reclamada, labutou em condição que não se pode comprovar insalubridade e periculosidade, consubstanciado na NR-15, em seus anexos de números 01, 03, 11, 13 e 14 e na NR-16 e seus anexos. Além disso, foi comprovado que havia exigência de uso e fiscalização no bom trato e uso correto dos equipamentos de proteção individual, especialmente da máscara de proteção respiratória, óculos de segurança e luvas de proteção, corroborada por ações da empresa Hydro Albrás/Alunorte, a qual procura proporcionar uma política de prevenção a acidentes e/ou doenças do trabalho, seja por seus empregados diretos, seja por seus terceirizados (que é o caso da própria NAVPORT). O reclamante impugnou o laudo pericial, quanto ao agente ruído, sob o argumento de que o LTACT 2017 (...) identifica 'labor com exposição acima do permissivo legal'. De fato, consta do LTCAT 2017 que havia exposição ao agente ruído em 86,7 dB, quando o limite previsto na NR-15 é de 92 dB. Há indicação de utilização de protetor auricular do tipo concha como meio de neutralizar o agente insalubre. A proteção auricular indicada nos documentos ambientais apresentados pela reclamada é do tipo 'abafador de ruídos com CA 15.624 ou 27971', conforme previsto nos PPRA 2016/2017 (...). As fichas de fornecimento de EPI's do reclamante não registram o recebimento dos EPI's exigidos no PPRA, isto é, abafador de ruídos com CA 15.624 ou 27971, daí porque se conclui que não havia a neutralização do agente insalubre – ruído. Por conseguinte, é devido a adicional de insalubridade em grau médio (20%) e reflexos, por toda a contratualidade, por exposição ao agente de risco ruído, conforme decidiu a instância de origem. (...) Pelo* exposto, *nego provimento* ao agravo. (...) Mauricio Godinho Delgado Ministro Relator (Processo: Ag-AIRR-375-11.202.5.08.0015)".[19] (Grifos originários).

São legitimados a essa ação de exigência de obrigações de fazer os trabalhadores, as entidades sindicais e o Ministério Público do Trabalho.

Dado, todavia, que essa ação não deságua em ferramentas de monetização e até mesmo inibe que um dia possa haver adicional de insalubridade, é natural que caia no esquecimento ou que gere divergências entre os legitimados sobre a melhor forma de atuação judicial em torno de ambientes insalubres.

7. CONCLUSÃO

No âmbito da responsabilidade civil do empregador em saúde ocupacional, o que se percebe é que não há consenso sobre o papel desempenhado pelos limites de tolerância. Limite absolutamente seguro não existe. Sempre poderá haver problemas relacionados com as pessoas mais sensíveis a algum componente químico, assim como poderá haver revisão científica que descubra potencial agressivo em elementos químicos que se julgavam inofensivos. Os limites deveriam servir apenas de parâmetro genérico para tomadas de decisão e não como uma espécie de tábua de salvação ou como se fosse um selo de qualidade de ambiente infenso a qualquer contaminação. A ideia de que o limite corresponda a uma blindagem produz vários equívocos na disciplina da saúde ocupacional e é fonte constante de tensão entre os profissionais das ciências biológicas e o mundo do direito.

Sem uma visão ampliada do limite de tolerância, corre-se o risco involuntário de se abandonarem as medidas de precaução e de prevenção, sob o singelo argumento de que o ambiente está com concentração tóxica em níveis seguros. É como uma dieta que abusa dos produtos dietéticos, os quais, na verdade, contêm apenas alguma redução percentual de determinados componentes e não representam uma autorização para sua ingestão irrestrita. Neste sentido, o uso do dietético será ainda mais perverso do que se houvesse sido usado o produto regular, de modo mais comedido, por exemplo. Há propostas inclusive no sentido de se abolir puramente o limite de tolerância, a fim de se evitar qualquer mau entendimento a seu respeito: em seu lugar seria construído um conceito de limite negociado ou limite possível. Este limite negociado/possível poderia advir de entendimentos com as entidades sindicais, por exemplo, ou por meio de perícias multidisciplinares a serem convocadas pelo próprio empregador, ampliando-se o espectro e os agentes envolvidos no processo, inclusive com a presença de autoridades da fiscalização trabalhista.

Não é esse o sistema brasileiro, todavia, que se apega razoavelmente ao conceito de tolerância fixada por lei, em caráter vinculante e como uma espécie de tipificação do que é degradado e do que não é degradado no ambiente laboral.

---

19. TRIBUNAL SUPERIOR DO TRABALHO. Ag-AIRR-375-11.202.5.08.0015). Disponível em: https://jurisprudencia-backend.tst.jus.br/rest/documentos/e7f6fd0ba907643cb20407c41e720a3a. Acesso em: 9 ago. 2023.

Daí dizer-se que um novo olhar sobre a negociação coletiva poderia alcançar a complexidade da circunstância e atender a urgência que as situações exigem. Soluções emergenciais de precaução e de prevenção, enquanto não se conhecem, por exemplo, os princípios e as singularidades das chamadas nanopartículas, abrangem medidas paliativas, porém significativas, como a revalorização do direito à informação, a melhoria da rotulagem dos produtos, inclusive das matérias-primas, e a proporcionalidade entre os investimentos em novos produtos e os investimentos em pesquisas de efeitos colaterais, novos limites de tolerância, acompanhamento da saúde ocupacional por períodos de latência mais prolongados e novas formas de barreiras físicas.

REFERÊNCIAS

ANDRADE, Otávio Morato de. Acidentes de trabalho em massa: responsabilidade civil do empregador na reparação do dano moral coletivo. *Revista do Tribunal Regional do Trabalho da 3ª Região*, v. 65, n. 100 jul./dez. 2019. Disponível em: https://hdl.handle.net/20.500.12178/169498. Acesso em: 31 jul. 2023.

BARROSO, Luís Roberto. *Interpretação e aplicação da Constituição*. 6. ed. São Paulo: Saraiva, 2004.

BELTRAN, Ari Possidonio. *O Direito do trabalho e os direitos fundamentais*. São Paulo: LTr, 2002.

BELTRAN, Ari Possidonio. *Os impactos da integração econômica no direito do trabalho*. São Paulo: LTr, 1998.

BITTAR, Carlos Alberto. *Os direitos da personalidade*. São Paulo: Forense, 1989.

CANOTILHO, José Joaquim Gomes. *Direito constitucional e teoria da Constituição*. 4. ed. Coimbra: Almedina, 2001.

CARMO, Júlio Bernardo do. *O dano moral e sua reparação no âmbito do direito civil e do trabalho*. Belo Horizonte: RTM, 1996.

CATALDI, José Gianela. *O stress no meio ambiente de trabalho*. São Paulo: LTr, 2002.

DIAS, José de Aguiar. *Da responsabilidade civil*. 7. ed. Rio de Janeiro: Forense, 1983. v. 1.

FLORINDO, Valdir. Ambiente de trabalho + prevenção = - assédio moral. *Rev. TST*, Brasília, v. 79, n. 4, p. 259, out./dez. 2013.

GHAFFAR, Abdul. *Imunologia* – Capítulo dezessete reações de hipersensibilidade. Disponível em: http://pathmicro.med.sc.edu/Portuguese/immuno-port-chapter17.htm. Trad. PhD Myres Hopkins. Disponível em: https://www.fcav.unesp.br/Home/departamentos/patologia/HELIOJOSEMONTASSIER/ed-13-reacoes-de-hipersensibilidade.pdf. Acesso em: 31 jul. 2023.

LOPEZ, Teresa Ancora. *Princípio da precaução e evolução da responsabilidade civil*. São Paulo, 2008.

MACHADO, Sidnei. *O direito à proteção ao meio ambiente de trabalho no Brasil*. São Paulo: LTr, 2001.

MANRICH, Nelson. *Inspeção do Trabalho*. São Paulo: LTr, 1991.

MARIANO, Vicente Pedro. *Doenças ocupacionais*. São Paulo: LTr, 2003.

MORAES, Maria Celina Bodin de. *Risco, solidariedade e responsabilidade objetiva*. São Paulo: Ed. RT, 1995. v. 854.

NOGUEIRA, Diogo Pupo. Introdução à segurança, higiene e medicina do trabalho: histórico. Fundacentro. *Centro de engenharia do trabalho*. São Paulo: Fundacentro, 1979. v. 1.

OLIVEIRA, Paulo Eduardo Vieira de. *O dano pessoal no direito do trabalho*. São Paulo: LTr, 2002.

OLIVEIRA, Sebastião Geraldo. *Proteção jurídica à saúde do trabalhador*. São Paulo: LTr, 1996.

OLIVEIRA, Sebastião Geraldo. *Indenizações por acidente do trabalho ou doença ocupacional*. 2. ed. São Paulo: LTr., 2006.

OLIVEIRA, Sebastião Geraldo de. *Proteção jurídica à saúde do trabalhador*. 3 ed. São Paulo: LTr, 2001.

PADILHA, Norma Sueli. *Do meio ambiente do trabalho equilibrado*. São Paulo: LTr, 2002.

PEREIRA, Caio Mário da Silva. *Responsabilidade civil*. 8. ed. Rio de Janeiro: Forense, 1996.

PINTO, José Augusto Rodrigues. Viagem em torno da Segurança e da Saúde no Trabalho. *Revista LTr* 68, p. 788-795, jul. 2004.

PIOVESAN, Flávia. *Direitos humanos e o direito constitucional internacional*. 5. ed. São Paulo: Max Limond, 2002.

PLÁ RODRIGUES, Américo. *Princípios de direito do trabalho*. São Paulo: LTr, 1997.

REALE, Miguel. *Temas de direito positivo*. São Paulo: Ed. RT, 1992.

REALE, Miguel. *Lições preliminares de direito*. 27. ed. São Paulo: Saraiva, 2002.

ROCHA, Júlio César de Sá da. *Direito ambiental do trabalho*. São Paulo: LTr, 2002.

ROMITA, Arion Sayão. *Os direitos sociais na Constituição e outros estudos*. São Paulo: LTr, 1991.

SAAD, Teresinha Lorena Pohlmann. *Responsabilidade civil da empresa nos acidentes do trabalho*. São Paulo: LTr, 1993.

SADY, João José. *Direito do meio ambiente de trabalho*. São Paulo: LTr, 2000.

SOUTO MAIOR, Jorge Luiz, *O direito do trabalho como instrumento de justiça social*. São Paulo: LTr, 2000.

STOCO, Rui. *Tratado de responsabilidade civil*. São Paulo: Ed. RT, 2004.

SÜSSEKIND, Arnaldo; MARANHÃO, Délio; VIANNA, Segadas. *Instituições de direito do trabalho*. 14. ed. São Paulo: LTr, 1993.

WAKAHARA, Roberto. *Aplicação dos limites de exposição ocupacional a agentes insalubre da ACGIH (American Conference of Governmental Industrial Higyenists) no direito brasileiro*. Disponível em: https://juslaboris.tst.jus.br/bitstream/handle/20.500.12178/182670/2020_wakahara_roberto_aplica-cao_limites.pdf?sequence=1&isAllowed=y. Rev. do Trib. Reg. Trab. 10ª Região, Brasília, v. 24, n. 2, 2020.

15
PROTEÇÃO DOS DADOS RELATIVOS À SAÚDE DO EMPREGADO E A RESPONSABILIDADE CIVIL DO EMPREGADOR

Gustavo Magalhães de Paula Gonçalves Domingues

Doutor, Mestre e Graduado pela Faculdade de Direito da Universidade de São Paulo. Procurador do Trabalho do Ministério Público do Trabalho – PRT da 2ª Região.

Ricardo Nino Ballarini

Especialista em Direito e Processo do Trabalho (Universidade Anhanguera-UNIDERP–MS). Desembargador do Trabalho no Tribunal Regional do Trabalho da 2ª Região. Ex-Procurador do Trabalho do Ministério Público do Trabalho – PRT da 2ª Região.

A Constituição Federal de 1988, em linha com o sistema internacional de proteção dos direitos humanos,[1] preceitua, nos incisos X e LXXIX, respectivamente, do seu art. 5º, que são "invioláveis a intimidade, a vida privada, a honra e a imagem das pessoas, assegurado o direito a indenização pelo dano material ou moral decorrente de sua violação", bem como que "é assegurado, nos termos da lei, o direito à proteção dos dados pessoais, inclusive nos meios digitais".

A concretização de tais direitos fundamentais, no âmbito das relações de emprego, se reveste de primordial importância, na medida em que o desenrolar do vínculo empregatício[2] apresenta diversas situações em que se faz necessária a preservação de tais atributos da personalidade do empregado.

No que tange ao tema específico do presente trabalho, cumpre ressaltar que os dados relativos à saúde do empregado se situam na esfera mais íntima da pessoa humana, motivo pelo qual devem receber o mais alto grau de proteção jurídica.

---

1. A Declaração Universal dos Direitos Humanos, adotada em 10.12.1948 no âmbito da Assembleia Geral das Nações Unidas, dispõe em seu art. 12: "*Ninguém será sujeito à interferência na sua vida privada, na sua família, no seu lar ou na sua correspondência, nem a ataque à sua honra e reputação. Todo ser humano tem direito à proteção da lei contra tais interferências ou ataques.*" Por seu turno, o Pacto Internacional sobre Direitos Civis e Políticos, adotado em 16.12.1966 no âmbito da Assembleia Geral das Nações Unidas, prevê em seu art. 17: "*1º Ninguém poderá ser objeto de ingerências arbitrárias ou ilegais em sua vida privada, em sua família, em seu domicílio ou em sua correspondência, nem de ofensas ilegais às suas honra e reputação. 2º Toda pessoa terá direito à proteção da lei contra essas ingerências ou ofensas*". No Brasil, o PIDCP foi aprovado por meio do Decreto Legislativo 226, de 12 de dezembro de 1991; depositada a Carta de Adesão ao Pacto em 24 de janeiro de 1992, entrada em vigor, para o Brasil, em 24 de abril de 1992, na forma de seu artigo 49, parágrafo 2; e promulgado pelo Decreto 592, de 6 de julho de 1992.
2. Compreendendo em tal expressão as fases pré-contratual, contratual e pós-contratual.

Os dados pessoais sensíveis "estão sob a tutela constitucional da inviolabilidade da intimidade", por se enquadrarem dentre as "expressões ou manifestações reservadas da autonomia pessoal e da personalidade mais recôndita do trabalhador" (Feliciano, 2023, p. 77-78).

Em tal seara protetiva, o ordenamento jurídico brasileiro recebeu importante aporte com a edição da Lei 13.709/2018 – Lei Geral de Proteção de Dados Pessoais (LGPD), a qual, segundo seu artigo 1º, "dispõe sobre o tratamento de dados pessoais, inclusive nos meios digitais, por pessoa natural ou por pessoa jurídica de direito público ou privado, com o objetivo de proteger os direitos fundamentais de liberdade e de privacidade e o livre desenvolvimento da personalidade da pessoa natural".

Nesse diapasão, um dos expressos fundamentos da disciplina da proteção de dados pessoais, sobre o qual se erige o novo estatuto legal, é justamente *a inviolabilidade da intimidade*" (art. 2º, inciso IV), sendo que a disciplina legal dos direitos do titular de dados pessoais consigna expressamente a garantia do direito fundamental de intimidade (art. 17).

Por seu turno, o art. 5º, inciso II, da LGPD, enquadra dentre os dados pessoais sensíveis aqueles referentes à saúde e à genética.

Em sintonia com tal dever de proteção, houve a recente edição da Lei 14.289/2022, a qual, segundo seu artigo 1º, "dispõe sobre a obrigatoriedade de preservação do sigilo sobre a condição de pessoa que vive com infecção pelos vírus da imunodeficiência humana (HIV) e das hepatites crônicas (HBV e HCV) e de pessoa com hanseníase e com tuberculose, nos casos que estabelece".

Consoante expõe Garcia (2022):

> Trata-se de diploma legal que tem como objetivo assegurar o sigilo das mencionadas situações sobre a saúde da pessoa, em respeito à privacidade e à intimidade (artigo 5º, inciso X, da Constituição da República), evitando-se, ainda, a discriminação (artigo 3º, inciso IV, e artigo 5º, inciso XLI, da Constituição Federal de 1988).

Por seu turno, o art. 2º da legislação em tela expressamente consigna que a vedação de divulgação, pelos agentes públicos ou privados, de informações que permitam a identificação da pessoa que viva com tais condições de saúde, compreende os serviços de saúde (inciso I) e os locais de trabalho (III).

Assim sendo, tal disciplina normativa incide no âmbito das relações de trabalho, mostrando-se aplicável não apenas às condições de saúde expressamente previstas na lei em comento, na medida em que: i. a Lei 13.709/2018 – Lei Geral de Proteção de Dados Pessoais (LGPD) protege os dados pessoais de saúde e genéticos em sentido amplo, como já exposto; ii. a ordem constitucional brasileira contempla "amplo, consistente e efetivo sistema antidiscriminatório (Preambulo, art. 1º, III, art. 3º, IV, art. 5.º, *caput* e XLI e art. 7º, XXX, CF) que veda as distinções arbitrárias, impertinentes, desproporcionais e atentatórias ao ordenamento jurídico, ainda que não expressamente positivadas" (Domingues, 2009, p. 118).

Em concretização dos direitos fundamentais dos trabalhadores à redução dos riscos inerentes ao trabalho, por meio de normas de saúde, higiene e segurança (arts. 7º, XXII, CF), bem como à proteção e promoção do meio ambiente do trabalho sadio e seguro (arts. 6º, 196, 200, II e VIII c/c 225, CF), a Consolidação das Leis do Trabalho, ao disciplinar as medidas preventivas de medicina do trabalho, estabelece, por meio de seu art. 168, *caput*, a obrigatoriedade de "exame[s] médico[s], por conta do empregador, nas condições estabelecidas neste artigo e nas instruções complementares a serem expedidas pelo Ministério do Trabalho", os quais deverão ser realizados na admissão (inciso I), na demissão (inciso II) e periodicamente (inciso III), sem prejuízo de que "outros exames complementares poderão ser exigidos, a critério médico, para apuração da capacidade ou aptidão física e mental do empregado para a função que deva exercer" (§ 2º).

No que tange à gestão e o necessário sigilo dos dados pessoais de saúde dos trabalhadores, os §§ 5º e 6º do dispositivo legal em questão estabelecem:

§ 5º O resultado dos exames médicos, inclusive o exame complementar, *será comunicado ao trabalhador, observados os preceitos da ética médica.*

§ 6º Serão exigidos exames toxicológicos, previamente à admissão e por ocasião do desligamento, quando se tratar de motorista profissional, *assegurados o direito à contraprova em caso de resultado positivo e a confidencialidade dos resultados dos respectivos exames.* [destacamos]

Diante de tal quadro normativo, se extrai que apenas ao médico do trabalho, por força de seu ofício,[3] e ao trabalhador, titular dos dados pessoais sensíveis, é concedido acesso aos exames médicos realizados no curso do contrato de trabalho.

Em sintonia com as anteriores previsões da CLT, a já mencionada Lei 14.289/2022 reforça o dever legal de preservação do sigilo das condições de saúde, pelos serviços de saúde, públicos ou privados (art. 3º, §§ 1º e 3º), ressaltando que tal obrigatoriedade "recai sobre todos os profissionais de saúde e os trabalhadores da área de saúde" (§ 2º).

Por seu turno, a LGPD, admite a hipótese de tratamento de dados pessoais sensíveis "para a tutela da saúde, *exclusivamente,* em procedimento realizado por profissionais de saúde, serviços de saúde ou autoridade sanitária [destacamos]" (art. 2º, inciso II, alínea f).

Na interpretação de tal previsão normativa, acompanhamos o entendimento de que "há necessidade de que o objetivo seja apenas para a tutela da saúde, não se permitindo o desvirtuamento pelos profissionais e entidades do que preceituado" (Ferreira, 2022, p. 270).

Portanto, é expressamente vedado o compartilhamento de dados de saúde dos empregados com o empregador, prepostos, colegas ou quaisquer terceiros, consoante a lição de Oliveira (2006, p. 181):

---

3. No mesmo sentido é o item 7.6.1 da Norma Regulamentadora 7, do Ministério do Trabalho e Emprego, ao consignar que: "Os dados dos exames clínicos e complementares deverão ser registrados em prontuário médico individual *sob a responsabilidade do médico responsável pelo PCMSO, ou do médico responsável pelo exame,* quando a organização estiver dispensada de PCMSO". [destacamos]

[...] após realizado o exame (seja ele admissional, periódico, demissional ou outro, dentro da empresa), o médico não poderá revelar a ninguém (inclusive empregador, departamento de pessoal etc.), o resultado dos mesmos, limitando-se a afirmar se o candidato ou empregado está ou não apto para a função a que se destina.

Verifica-se que a garantia legal do sigilo dos dados pessoais de saúde dos trabalhadores já foi objeto de pronunciamento judicial, no âmbito das ações civis públicas 0001624-78.2017.5.10.0004 e 0000571-49.2019.5.10.0018, ajuizadas pelo Ministério Público do Trabalho em face do Conselho Federal de Medicina, consoante acórdão do Tribunal Regional do Trabalho da 10ª Região, transitado em julgado, assim ementado:

> *Controle jurisdicional. Atos administrativos que autorizam o médico do trabalho a repassar à previdência social informações constantes de prontuários médicos de empregados, sem a prévia autorização desses. Parecer 003/2017 c/c inciso VIII do artigo 9º, § 1º da Resolução 2.183/2018, ambos editados pelo Conselho Federal de Medicina.* O exame de ato administrativo pelo Poder Judiciário limita-se ao controle de legalidade, seja pela desconformidade jurídica dos seus elementos constitutivos, seja pela ofensa aos princípios da razoabilidade e da proporcionalidade, ou mesmo quando a motivação do ato esteja em desacordo com a realidade fática (teoria dos motivos determinantes). Pois bem. O debate central sub judice identifica-se pelo conflito normativo entre dois relevantes direitos fundamentais: o direito de intimidade do trabalhador (CRFB, art. 5º, X) e o direito de defesa do empregador (CRFB, art. 5º, LV) via médico do trabalho, sendo oportuno invocar, como critério de julgamento, o postulado da proporcionalidade (adequação, necessidade e proporcionalidade em sentido estrito). Não se olvida que a possibilidade do médico do trabalho lançar mão do prontuário do trabalhador é procedimento adequado para densificar o direito de defesa do empregador contra a aplicação do NTEP. A par disso, o prisma da necessidade traz-nos uma conclusão diversa. Com efeito, pergunta-se: tal medida é realmente necessária? Não existem outros meios suficientes para a defesa patronal, cuja utilização não macule a intimidade do trabalhador, de maneira que ambos os interesses possam conviver harmonicamente? A resposta é positiva. Vê-se que o empregador pode servir-se de relevantes meios probatórios para aferir a inexistência de nexo causal entre o trabalho e o agravo, notadamente: apontar o cumprimento das normas de segurança no trabalho, indicar excludentes do nexo (ex.: força maior), entre outros meios atípicos. Não fosse suficiente, a contestação do nexo estabelecido pela perícia médica previdenciária pode ser robustecida pelo conhecimento técnico e científico do médico do trabalho, o qual pode fazer uso de uma série de documentos previstos no art. 9º da Resolução 2.183/2018. Nesse sentido, é plenamente possível o exercício do direito defesa sem o uso do prontuário obreiro, isto é, sem conflito com o direito de intimidade do trabalhador, de maneira a harmonizar ambos os interesses. Ademais, à luz de um juízo de perdas e ganhos, tem-se que o direito de defesa patronal está sendo exercido de forma excessiva de modo a prejudicar o âmbito de proteção do direito à intimidade obreiro. Noutras palavras, a invasão da intimidade do empregado, para fins de defesa do empregador, desequilibra sobremaneira a balança social das relações entre capital e trabalho. É que o empregador passa a dispor de maior vantagem processual do que o empregado, com meios de prova não disponíveis ao obreiro, em manifesta irrazoabilidade. À vista disso, conquanto haja a preservação do sigilo entre os médicos comunicantes, entendo que os atos administrativos que autorizam o médico do trabalho a repassar à Previdência Social informações constantes de prontuários médicos de empregados, sem a prévia autorização desses, não tem amparo no ordenamento jurídico, sendo, portanto, ilegais. *Recurso ordinário conhecido e desprovido.*[4]

---

4. TRT 10, 1ª Turma, Relator: Grijalbo Fernandes Coutinho, Data de julgamento: 15.07.2020, Data de publicação: 21.07.2020.

Diante de tal quadro, mostra-se imprescindível a garantia de independência dos profissionais responsáveis pela gestão de saúde ocupacional nas organizações, em concretização do que preceitua o art. 10 da Convenção 161 da Organização Internacional do Trabalho, relativa aos Serviços de Saúde do Trabalho:[5]

Artigo 10

O pessoal prestador de serviços de saúde no trabalho deverá gozar de independência profissional completa com relação ao empregador, aos trabalhadores e aos seus representantes, quando estes existirem, no que tange às funções estabelecidas no Artigo 5.

Tópico igualmente importante na matéria diz respeito à possibilidade de consentimento do empregado quanto ao tratamento de seus dados pessoais de saúde, pelo empregador.

Observa-se que a LGPD estabelece permissão de tratamento de dados pessoais sensíveis "quando o titular ou seu responsável legal consentir, de forma específica e destacada, para finalidades específicas" (art. 11, inciso I).

Seria tal previsão legal aplicável à relação de emprego?

Para a abordagem de tal questão é preciso repisar, inicialmente, as premissas materiais de tal regime de vinculação jurídica, que conduzem à disciplina legal especial do direito do trabalho.

Nesse sentido, a doutrina civilista portuguesa de Leitão (2018, p. 28), ao discorrer sobre a "disciplina contratual rígida em certos contratos", trata especificamente da natureza especial e distintiva do contrato de trabalho:

Essa imposição justifica-se em razão da maior relevância de certos contratos para a satisfação das necessidades sociais elementares, que coloca uma das partes na dependência económica de sua celebração, levando a que ela seja forçada mesmo a aceitar condições iníquas se a sua recusa impedir a celebração do contrato. É o que acontece, por exemplo, no contrato de trabalho, em que o trabalhador depende da celebração desse contrato para prover à sua subsistência e à de seu agregado familiar [...].

Por seu turno, em matéria de garantia do direito fundamental à proteção de dados pessoais, no âmbito do vínculo empregatício, Feliciano (2023, p. 267) constata que:

Os empregados *hipersubordinam-se,* confiando aos empregadores, porque não têm quaisquer opções, algo que, a rigor, deveria ser absolutamente alheio ao contrato individual de trabalho (mas que passa a integrá-lo, até mesmo em razão do advento das legislações de proteção de dados, por intermédio dos chamados deveres patronais acessórios).

---

5. Concluída em Genebra, em 7 de junho de 1985; aprovada pelo Decreto Legislativo 86, de 14 de dezembro de 1989; depositada a Carta de Ratificação da Convenção em 18 de maio de 1990; entrada em vigor, para o Brasil, em 18 de maio de 1991, na forma de seu artigo 18, item 3; e promulgada em 22 de maio de 1991, cujo texto integral consta do Anexo XLIII do Decreto 10.088, de 05.11.2019, que consolida atos normativos editados pelo Poder Executivo Federal que dispõem sobre a promulgação de convenções e recomendações da Organização Internacional do Trabalho – OIT ratificadas pela República Federativa do Brasil.

A relação de emprego se notabiliza pela assimetria de poder entre as partes contratantes e a consequente vulnerabilidade da posição jurídica do trabalhador.[6]

Assim sendo, em tal contexto particular é que deverá ser aferido o consentimento para o tratamento de dados pessoais, conceituado, nos termos do art. 5º, XII, da LGPD, como a "manifestação livre, informada e inequívoca pela qual o titular concorda com o tratamento de seus dados pessoais para uma finalidade determinada".

Desse modo, entendemos que o consentimento do empregado, para o respectivo tratamento de seus dados pessoais de saúde, pelo empregador, encontra óbice na natureza específica da vinculação jurídica estabelecida pelo contrato de trabalho, que se distingue dos negócios jurídicos em que há equivalência de autonomia de vontade entre as partes contratantes.

Tal cenário vulnera a manifestação livre, informada e inequívoca do trabalhador.

Ademais, referido tratamento pelo empregador, fora das estritas hipóteses de gestão da saúde ocupacional – que, como já exposto, é de responsabilidade exclusiva do médico do trabalho –, caracteriza, por si mesmo, violação aos princípios da finalidade, da adequação e da necessidade, plasmados no art. 6º, incisos I, II e III, da LGPD.[7]

Por oportuno, cumpre destacar que a vedação de tratamento de dados pessoais de saúde dos empregados, no âmbito da relação de emprego, para fins alheios à gestão de saúde ocupacional conduzida pelo médico do trabalho, igualmente se aplica a quaisquer iniciativas patronais no sentido da colheita de tais dados pessoais sensíveis, como é o caso, exemplificativamente, de aplicativos de monitoramento das condições de saúde do trabalhador.

Sobre tal tópico, ponderam Brasil e Cardoso (2019, p. 2105):

> [...] é preciso observar que sua utilização pode também representar um risco aos empregados, na medida em que permite que o empregador mapeie diversos dados sensíveis de seus empregados, os quais podem acabar por ser utilizados não apenas para aprimorar questões relacionadas ao bem estar, mas também gerar situações de discriminação em razão de dados relacionados a saúde, como a verificação de perfis com maior risco de incidência de doenças, obesidade, transtornos mentais, dentre outras situações que expõem vulnerabilidades dos indivíduos e podem culminar em práticas abusivas na relação de emprego.

---

6. Não se podendo olvidar, na espécie, o reconhecimento jurisprudencial da possibilidade de dispensa imotivada do empregado.

7. "Art. 6º As atividades de tratamento de dados pessoais deverão observar a boa-fé e os seguintes princípios:

    I – finalidade: realização do tratamento para propósitos legítimos, específicos, explícitos e informados ao titular, sem possibilidade de tratamento posterior de forma incompatível com essas finalidades;

    II – adequação: compatibilidade do tratamento com as finalidades informadas ao titular, de acordo com o contexto do tratamento;

    III – necessidade: limitação do tratamento ao mínimo necessário para a realização de suas finalidades, com abrangência dos dados pertinentes, proporcionais e não excessivos em relação às finalidades do tratamento de dados;

    [...]".

E arrematam tais autores (2019, p. 1205) que "a partir do momento em que sua utilização passa servir também como banco de dados em uma relação de emprego, verifica-se que mesmo o cumprimento de tais requisitos [fixados pela LGPD] não se revela suficiente para garantir a validade do consentimento prestado, em razão da assimetria das partes em tal espécie de contrato".

Considerando todo o exposto, concluímos que, no âmbito da relação de emprego,[8] o tratamento de dados pessoais de saúde dos empregados fora da estrita hipótese de gestão da saúde ocupacional, em cumprimento de obrigação legal patronal e sob a responsabilidade exclusiva do médico do trabalho, mostra-se prática ilícita, ensejando a responsabilização civil do empregador.

Antes de discorrermos acerca de tal responsabilização civil do empregador que viola os dados médicos do empregado – objeto deste artigo –, importante destacar que a prevenção ao dano deve ser buscada com absoluta prioridade mediante a proteção do sigilo das informações médicas do empregado, conforme se depreende dos incisos X, XXXV e LXXXIX do art. 5º, e XXII do art. 7º, e *caput* do art. 225, todos da Carta Magna.

No plano infraconstitucional, a legislação igualmente tutela a prevenção ao evento danoso como, por exemplo, nos arts. 300 do CPC; 84 do CDC; 4º da Lei 7.347/85; e 168 e 169 da CLT.

Da mesma forma, o art. 6º, incisos VII e VIII, da LGPD, consagra o princípio da segurança e da prevenção, respectivamente, dispondo que incumbe aos agentes de tratamento de dados pessoais a "utilização de medidas técnicas e administrativas aptas a *proteger os dados pessoais de acessos não autorizados* e de situações acidentais ou ilícitas de destruição, perda, alteração, comunicação ou difusão" e a "adoção de medidas para *prevenir a ocorrência de danos em virtude do tratamento de dados pessoais* [destacamos]".

Ao discorrer sobre o princípio da segurança insculpido no art. 6, VII, da LGPD, Feliciano (2023, p. 234) adverte para a responsabilidade do controlador e do operador para proteger o acesso indevido aos dados pessoais dos trabalhadores. Vejamos:

> os agentes de tratamento de dados pessoais – e em especial os controladores – passam a ter, à luz de expressa dicção legal, responsabilidade ampliada pela segurança informacional, recaindo-lhes sobre os ombros o dever de adotar medidas técnicas e administrativas bastantes, de acordo com o atual estado da técnica, para impedir acessos não autorizados a dados pessoais.

Por sua vez, o princípio da prevenção expresso na LGPD obriga a adoção de todas as medidas e cautelas possíveis para evitar quaisquer danos ao trabalhador em virtude do tratamento de seus dados pessoais. Cuida-se de "instrumento de proteção que obriga a empresa a descobrir, de forma antecipada, riscos específicos aos direitos fundamentais do trabalhador" (Matos, 2022, p. 30). Da maneira semelhante, Feliciano (2023, p. 239) sustenta que o princípio da prevenção impõe o

---

8. Sem prejuízo do reconhecimento da proteção jurídica aos dados pessoais sensíveis de saúde no âmbito das relações de trabalho em sentido amplo, matéria não abordada em virtude da delimitação temática do presente artigo.

[...] dever de todo agente de tratamento – e, em particular, de todo empregador/controlador – providenciar para que o tratamento de dados pessoais não engendre danos patrimoniais e/ou extrapatrimoniais para os respectivos titulares – e, em particular, para os respectivos empregados titulares de dados [...]

De toda forma, em se verificando que o empregador teve acesso ao prontuário e resultados de exames médicos realizados pelo empregado, incidirá a sua responsabilidade civil com o ressarcimento dos danos provocados (material e moral), sem prejuízo de eventual responsabilização administrativa e/ou criminal, conforme o caso.

Feitas tais breves considerações, podemos afirmar que a responsabilidade civil compreende a pretensão de ressarcimento de um dano ou prejuízo por parte daquele que sofreu as consequências do evento. Cardoso (2022) sustenta que a responsabilidade civil compreende as normas jurídicas sobre a definição da pessoa que deve reparar um dano causado a outrem em virtude de uma ação ou omissão contrária às normas legais.

Por sua vez, Dallegrave Neto (2007, p. 78) concebe a responsabilidade civil como "*a* sistematização de regras e princípios que objetivam a reparação do dano patrimonial e a compensação do dano extrapatrimonial causados diretamente por agente – ou por fato de coisas ou pessoas que dele dependam – que agiu de forma ilícita ou assumiu o risco da atividade causadora da lesão".

No Código Civil (Lei 10.406/2002), a principal regra sobre responsabilidade civil está no *caput* do art. 927 ao dispor: "Aquele que, por ato ilícito (arts. 186 e 187), causar dano a outrem, fica obrigado a repará-lo." Por sua vez, o art. 186 do diploma legal prescreve que "Aquele que, por ação ou omissão voluntária, negligência ou imprudência, violar direito e causar dano a outrem, ainda que exclusivamente moral, comete ato ilícito".

Da leitura dos dispositivos acima, extraímos os pressupostos gerais da responsabilidade civil, quais sejam, (a) conduta humana – ação ou omissão do agente, (b) o dano ou prejuízo experimentado pela vítima, e (c) relação de causalidade entre o ato e o dano (Melo: 2008, p. 193; e Gagliano: 2023, p. 95).

Quando o empregador tem acesso ao prontuário médico do empregado, extrai cópia do documento ou, de alguma maneira, coleta informações do seu conteúdo, verifica-se um ato positivo que viola a intimidade do obreiro, sendo irrelevante que a conduta tenha sido praticada por outro empregado ou preposto, em razão da responsabilidade objetiva prevista no art. 932, III, do Código Civil.

O mesmo raciocínio se aplica caso o conhecimento dos dados médicos tenha ocorrido a partir de omissão do empregador que deixou de observar o sigilo médico das informações.

Sobre o tema, escreve Rodrigues, que "o ato causador do dano impõe-lhe o dever de reparar não só quando há, de sua parte, infringência a um dever legal, portanto ato praticado contra o direito, como também quando do seu ato, embora sem infringir a Lei, foge da finalidade social a que ela se destina" (apud Melo, 2008, p. 14).

Observa-se na conduta do empregador acima descrita o ato ilícito, fundamento da reparação do dano, consoante preleciona Venosa (2003, p. 22):

O ato de vontade, contudo, no campo da responsabilidade deve revestir-se de ilicitude. Melhor diremos que na ilicitude há, geralmente, uma cadeia de atos ilícitos, uma conduta culposa. Raramente, a ilicitude ocorrerá com um único ato. O ato ilícito traduz-se em um comportamento voluntário que transgride um dever.

Com relação ao dano ou prejuízo provocado, Pereira (2002, p. 37) afirma que o dano é o elemento ou o requisito essencial na etiologia da responsabilidade civil, sendo que o seu conceito abrange qualquer lesão a um bem tutelado pelo Direito, que tanto pode ser patrimonial, moral, estético ou outros, conforme preleciona Oliveira (2014, p. 241).

Especialmente quanto ao dano moral, podemos afirmar que consiste na lesão de direitos cujo conteúdo não é pecuniário, nem comercialmente redutível a dinheiro. Dito de outra forma, o dano moral "*é aquele que lesiona a esfera personalíssima da pessoa (seus direitos da personalidade), violando, por exemplo, sua intimidade, vida privada, honra e imagem, bens jurídicos tutelados constitucionalmente*" (Gagliano: 2023, p. 199).

Caso o empregador tenha acesso ao prontuário e aos resultados dos exames médicos dos trabalhadores-pacientes (dados pessoais sensíveis) restará caracterizada a violação dos direitos da personalidade dos obreiros (intimidade e privacidade), ensejando a respectiva indenização por dano moral presumido (dano *in re ipsa).*

A possibilidade de indenização por dano moral puro vem sendo admitida de longa data pela jurisprudência, conforme exemplifica Moraes (2007, p. 115):

Exclusividade da indenização por danos morais: O Supremo Tribunal Federal entendeu pela viabilidade da indenização pelo dano puramente moral (STF – 1ªT. – RExtr. 105.157/SP – rel. Min. Octávio Gallotti, *Diário da Justiça,* Seção I, 18 out. 1983, p. 18.459). No mesmo sentido: STJ – "Dano moral puro Caracterização. Sobrevindo, em razão de ato ilícito, perturbação nas relações psíquicas, na tranquilidade, nos sentimentos e nos afetos de uma pessoa, configura-se o dano moral, passível de indenização" (4ª T. – REsp 8.768-0/SP. Reg. 910003774-5 – rel. Min. Barros Monteiro – *Ementário STJ,* 05/122). No mesmo sentido: REsp 20.369-0 – RJ. rel. Min. Nilson Novaes, 3ªT. Unânime. DJ 23.11.1992 – *Ementário STJ,* 07/166; REsp 28.104-4 – SP. rel. Min. Dias Trindade. 3ª Turma. Unânime. DJ 23.11.1992 – *Ementário STJ,* 07/580.

No mesmo sentido, o Tribunal Superior do Trabalho também reconhece que o "dano moral é uma modalidade de dano in re ipsa, na qual a simples comprovação dos fatos autoriza a presunção de abalo moral e psicológico". Embora o aresto ora colacionado se refira ao cancelamento do plano de saúde, sua fundamentação amolda-se ao tema deste artigo. Vejamos:

Agravo. Agravo de instrumento. Recurso de revista. Leis 13.015/2014 e 13.467/2017. Sumaríssimo. [...] Dano moral. supressão do plano de saúde. O TST tem jurisprudência reiterada no sentido de que a supressão do plano de saúde do empregado aposentado gera reparação civil. *No caso, a conduta ilícita da empresa, que retirou o benefício do reclamante, é incontroversa, sendo, em decorrência disso, devida a indenização compensatória. Com efeito, o dano moral é uma modalidade de dano in re ipsa, na qual a simples comprovação dos fatos autoriza a presunção de abalo moral e psicológico.* Precedentes.

Óbice da Súmula 333/TST. Agravo não provido. [destacamos] (Ag-AIRR-100046-62.2018.5.01.0341, 2ª Turma, Relatora Ministra Maria Helena Mallmann, DEJT 26.05.2023).

Ainda, para além desse fato, se também houver outros prejuízos (patrimoniais ou extrapatrimoniais) suportados pelo empregado resultantes da violação dos seus dados médicos, a indenização por dano moral poderá ser majorada e cumulada com a reparação de danos materiais ocorridos como, por exemplo, na hipótese de dispensa discriminatória ou de não progressão funcional.

Em reforço a tal argumentação, impende observar que a Lei 13.709/18 (LGPD), consentânea com a evolução da tutela dos direitos da personalidade, reforça a possibilidade de indenização por dano moral e patrimonial decorrente da violação à legislação de proteção de dados pessoais (art. 42).

Nesse sentido, preciso e contundente é o escólio de Fachin (2001, p. 51), ao afirmar que:

> A pessoa, e não o patrimônio, é o centro do sistema jurídico, de modo que se possibilite a mais ampla tutela da pessoa, em uma perspectiva solidarista que se afasta do individualismo que condena o homem à abstração. Nessa esteira, não há, pois, direito subjetivo arbitrário, mas sempre limitado pela dimensão coexistencial do ser humano. O patrimônio, conforme se apreende do exposto por Sessarego, não só deixa de ser o centro do Direito, mas também a propriedade sobre os bens é funcionalizada ao homem, em sua dimensão coexistencial

Por sua vez, resta evidenciada a relação de causa e efeito entre a conduta praticada pelo empregador e o dano resultante da violação da intimidade do empregado. Segundo afirma Melo (2008, p. 195), "esta relação é o liame que deve existir entre o ato ou fato ilícito e o dano produzido, razão pela qual é indispensável que se demonstre que sem esse fato o prejuízo não poderia ter acontecido".

Assim, o dano moral decorrente da violação da intimidade do empregado ocorre a partir do momento em que o empregador toma conhecimento ou coleta informações do prontuário ou dos resultados dos exames médicos do empregado.

Quanto à excludente de responsabilidade civil do empregador seria possível pensar, em tese, na culpa exclusiva da vítima quando, por exemplo, o empregado voluntariamente disponibiliza ao empregador seu prontuário médico ou na hipótese de consentimento. Todavia, tal circunstância deve ser interpretada com restrição, conforme já mencionado acima, presumindo-se o vício do consentimento eventualmente dado pelo empregado em razão da assimetria existente na relação de trabalho.

Da mesma forma, seria possível, ao menos em tese, arguir a existência de força maior, hipótese em que incumbiria ao empregador demonstrar a excludente que romperia o nexo causal e fulminaria qualquer pretensão indenizatória.

E qual a modalidade de responsabilidade a ser adotada, subjetiva ou objetiva?

Parte da doutrina entende que na responsabilidade decorrente de ato ilícito (art. 186 do CC), regra geral, está inserida a ideia de culpa e a necessidade de indagação do elemento anímico do empregador (dolo ou culpa em sentido estrito) (Gagliano: 2023, p. 378).

Todavia, o avanço tecnológico permitiu o desenvolvimento da denominada teoria do risco que, de acordo com Gagliano (2023, p. 407), "serviria de base à responsabilidade objetiva, e cujos reflexos seriam sentidos por grande parte das leis especiais reguladoras da atividade econômica".

Ainda segundo o autor, todo esse contexto histórico foi sintetizado com notável acuidade por J. J. Calmon de Passos:

> Os proveitos e vantagens do mundo tecnológico são postos num dos pratos da balança. No outro, a necessidade de o vitimado em benefício de todos poder responsabilizar alguém, em que pese o coletivo da culpa. O desafio é como equilibrá-los. Nessas circunstâncias, fala-se em responsabilidade objetiva e elabora-se a teoria do risco, dando-se ênfase à mera relação de causalidade, abstraindo-se, inclusive, tanto da ilicitude do ato quanto da existência de culpa (apud Gagliano, 2023, p. 407).

De maneira semelhante, Melo sustenta que "em certos negócios, como o de transporte ou de trabalho e outros que impliquem a existência de riscos inerentes à atividade, impõe-se seja reconhecida a responsabilidade objetiva de quem tira proveito desta atividade ou visa com ela a obter algum resultado do seu interesse" (2008, p. 191).

Dessa maneira, seria possível compreender que a conduta praticada pelo empregador traz consigo o potencial de tirar proveito econômico ou vantagem do fato causador do dano, o que atrairia a responsabilidade objetiva pela teoria do risco-proveito (Dallegrave Neto, 2007, p. 93; e Gagliano, 2023, p. 415).

Vale destacar que a Lei 13.709/2018 (LGPD), ao dispor especificamente "sobre o tratamento de dados pessoais, inclusive nos meios digitais, por pessoa natural ou por pessoa jurídica de direito público ou privado, com o objetivo de proteger os direitos fundamentais de liberdade e de privacidade e o livre desenvolvimento da personalidade da pessoa natural", trouxe regras que disciplinam a responsabilidade patrimonial e extrapatrimonial dos agentes de tratamento de dados e não fez qualquer menção quanto à existência (ou não) de culpa do agente (dolo ou culpa em sentido estrito) (arts. 42 a 45).

Assim, compartilhamos do entendimento preconizado por Pinheiro e Bomfim ao sustentarem que "considerando que a LGPD (lei especial) não trouxe a culpa como elemento necessário para configuração de responsabilidade, defendemos que, em tese, é possível a aplicação da responsabilidade objetiva" (2022, p. 76).

O art. 45 da LGPD traz uma exceção estabelecendo que "As hipóteses de violação do direito do titular no âmbito das relações de consumo permanecem sujeitas às regras de responsabilidade previstas na legislação pertinente". Dessa maneira, a responsabilidade civil do fornecedor de produtos ou serviços decorrente da violação de dados pessoais nas relações de consumo será objetiva (arts. 12 e 14, do CDC).

Assim, com base em interpretação sistemática e teleológica do preceito constitucional previsto no *caput do* art. 7º da Constituição Federal e considerando a compatibilidade principiológica com o direito do consumidor, entendemos que a responsabilidade objetiva do empregador deve ser aplicada nas hipótese de violação dos dados relativos à saúde do empregado, os quais se situam na esfera mais íntima da pessoa humana e devem receber o mais alto grau de proteção jurídica.

CONCLUSÕES

A ordem jurídica protege os dados relativos à saúde do empregado que se situam na esfera mais íntima da pessoa humana e são categorizados como dados pessoais sensíveis e que, por isso, devem receber o mais alto grau de proteção jurídica.

Por sua vez, a redução dos riscos inerentes ao trabalho e a preservação da saúde e segurança do trabalhador exigem do empregador o gerenciamento da saúde e dos riscos ocupacionais objetivando a proteção e a promoção do meio ambiente do trabalho sadio e seguro. Por consequência, deverá o empregador implementar medidas preventivas, tais como aquelas estabelecidas nas normas regulamentares expedidas pelo Ministério do Trabalho e Emprego.

Contudo, tal circunstância não autoriza o compartilhamento de dados de saúde dos empregados com o empregador, prepostos, colegas ou quaisquer terceiros. No caso, o empregador será informado apenas se o trabalhador está apto ou não para realizar determinada função, de maneira que assegurar o sigilo das condições de saúde do trabalhador, notadamente do seu prontuário médico e dos resultados dos exames médicos por ele realizados.

Dessa maneira, qualquer iniciativa do empregador no sentido da colheita de dados pessoais da saúde do empregado – ressaltando-se os apontados óbices de consentimento do trabalhador no âmbito da relação de emprego –, caracteriza ato ilícito e enseja a responsabilização civil objetiva do empregador, com o ressarcimento dos danos materiais e morais provocados.

Ademais, entendemos que a modalidade de responsabilidade civil do empregador pela violação dos dados de saúde do empregado a ser aplicada é a objetiva, com base em interpretação sistemática e teleológica do preceito constitucional previsto no *caput* do art. 7º da Constituição Federal e considerando a compatibilidade principiológica com o direito do consumidor.

REFERÊNCIAS

BIONI, Bruno; DIAS, Daniel. Responsabilidade civil na proteção de dados pessoais: construindo pontes entre a Lei Geral de Proteção de Dados Pessoais e o Código de Defesa do Consumidor. *Civilistica.com*. Rio de Janeiro, a. 9, n. 3, 2020. Disponível em: http://civilistica.com/responsabilidade-civil-na-prote-cao-de-dados-pessoais/. Acesso em: 05 ago. 2023.

BODIN DE MORAES, Maria Celina. LGPD: um novo regime de responsabilização civil dito "proativo". Editorial à *Civilistica.com*. Rio de Janeiro: a. 8, n. 3, 2019. Disponível em: http://civilistica.com/lgpd--um-novo-regime/. Acesso em: 10 ago. 2023.

BRASIL, Natalia Marques Abramides; CARDOSO, Jair Aparecido. A proteção dos dados pessoais sensíveis na relação de trabalho. *Seminário Internacional de Pesquisa (Re)pensando o Trabalho Contemporâneo:*

o futuro do trabalho, Anais..., Franca, FCHS/UNESP, 2019, p. 1197-1207. Disponível em: https://www. franca.unesp.br/Home/Departamentos31/direitoprivado/anaisdeeventos/01-anais_ivrepensan-do_2019_final.pdf. Acesso em: 02 set. 2023.

DALLEGRAVE NETO, José Affonso. *Responsabilidade civil no direito do trabalho*. 2. ed. São Paulo: LTr, 2007.

DOMINGUES, Gustavo Magalhães de Paula Gonçalves. *Proteção da relação de emprego contra despedimento discriminatório da pessoa portadora do HIV e/ou doente de AIDS*. 128f. Dissertação (Mestrado em Direito) - Faculdade de Direito, Universidade de São Paulo, São Paulo, 2009. Disponível em: https://teses. usp.br/teses/disponiveis/2/2138/tde-30042013-152451/publico/Versao_Integral_Gustavo_Domingues. pdf. Acesso em: 04 set. 2023.

FACHIN, Luiz Edson. *Estatuto Jurídico do Patrimônio Mínimo*. Rio de Janeiro: Renovar, 2001.

FELICIANO, Guilherme Guimarães. *Proteção de dados pessoais e os impactos nas relações de trabalho*: princípios, aplicações e crítica. São Paulo: Thomson Reuters Brasil, 2023.

FERREIRA, Juliana Bortoncello. A violação à LGPD a partir da exigência de documentos indevidos e discriminatórios pelo empregador. In: ARAÚJO, Adriana Reis de. ANDRAUS, Thiago Milanez. BRUCH. Thaís Fideles Alves. CARELLI, Rodrigo de Lacerda. (Coord.). *O uso de dados pessoais e inteligência artificial na relação de trabalho*: proteção, discriminação, violência e assédio digital. Brasília: Ministério Público do Trabalho, 2022.

GAGLIANO, Pablo Stolze, e PAMPLONA FILHO, Rodolfo. *Novo Curso de Direito Civil*: Responsabilidade Civil. 21. ed. São Paulo: SaraivaJur, 2023. v. 3.

GARCIA, Gustavo Filipe Barbosa. Preservação do sigilo sobre doenças e condições de saúde: a Lei 14.289/2022. *Revista Eletrônica Consultor Jurídico*. 08 jan. 2022. Disponível em: https://www.conjur. com.br/2022-jan-08/garcia-preservacao-sigilo-doencas-condicoes-saude. Acesso em: 30 ago. 2023.

LEITÃO, Luís Manuel Teles de Menezes. *Direito das obrigações*. 15. ed. Coimbra: Almedina, 2018. v. I – Introdução. Da constituição das obrigações.

MATOS, Larissa. Princípios da Lei Geral de Proteção de Dados. In: MIZIARA, Raphael; MOLLICONE, Bianca; PESSOA, André. *Reflexos da LGPD no direito e no processo do trabalho*. 2. ed., rev., atual. e ampl. São Paulo: Thomson Reuters. 2022.

MELO, Raimundo Simão de. *Direito ambiental do trabalho e a saúde do trabalhador*: responsabilidades legais, dano material, dano moral, dano estético, indenização pela perda de uma chance, prescrição. 3. ed. São Paulo: LTr, 2008.

MORAES, Alexandre de. *Direitos humanos fundamentais*: teoria geral, comentários aos arts. 1º a 5º da Constituição da República Federativa do Brasil, doutrina e jurisprudência. 8. ed. São Paulo: Atlas, 2007.

OLIVEIRA, Paulo Eduardo Vieira de. A privacidade da pessoa humana no ambiente de trabalho. *Revista do Departamento de Direito do Trabalho e da Seguridade Social da Faculdade de Direito da USP*. São Paulo, ano 1, n. 1, p. 163-186, jan./jun. 2006.

OLIVEIRA, Sebastião Geraldo de. *Indenizações por acidente do trabalho ou doença ocupacional*. 8. ed. rev., ampl. e atual. São Paulo: LTr, 2014.

PEREIRA, Caio Mário da Silva. *Responsabilidade civil*. 9. ed. 8. tir. Rio de Janeiro: Forense, 2002.

VENOSA, Sílvio de Salvo. *Responsabilidade Civil*. 3. ed. São Paulo: Atlas, 2003.

16
A SAÚDE MENTAL DO TRABALHADOR NO MEIO AMBIENTE DE TRABALHO

Dulce Maria Soler Gomes Rijo

Mestrado em Direito Político e Econômico pela Universidade Presbiteriana Mackenzie (2001). Graduação em Direito pela Faculdade de Direito de São Bernardo do Campo (1991). Pós-graduanda na Universidade de Lisboa (IDT) no Curso Direito do Trabalho (Novo Código do Trabalho Português). Foi professora de Pós-Graduação em Direito do Trabalho e Processo do Trabalho na Universidade Presbiteriana Mackenzie-SP; professora convidada da Faculdade de Direito de São Bernardo do Campo de pós-graduação em direito do trabalho e processo do trabalho; professora convidada de pós-graduação em direito do trabalho e processo do trabalho na Faculdade de Direito de Sorocaba. Magistrada Titular da 2ª Vara do Trabalho de Santo André. Juíza Convocada na Vaga da 17ª Turma, cadeira 3 e SDI-6, cadeira 7 do Tribunal Regional do Trabalho da 2ª Região. Coautora da CLT Interpretada Artigo por Artigo, Parágrafo por Parágrafo da Editora Manole; Coautora da CLT Comparada e Comentada pelos Magistrados do TRT da 2ª Região Editora LTR; Coautora do Livro Julgamento com Perspectiva de Gênero, Editora Lacier.

Sumário: 1. Introdução – 2. A dignidade da pessoa humana como princípio do estado democrático – 3. Saúde mental do trabalhador como direito humano fundamental – 4. Violação à saúde mental do trabalhador no ambiente de trabalho – 5. A responsabilidade social da empresa – 6. Considerações finais – Referências.

1. INTRODUÇÃO

A evolução do direito do trabalho em relação ao princípio constitucional da dignidade da pessoa humana demonstra o valor que o trabalho proporciona na vida dos indivíduos como seres sociais. O trabalho confere ao indivíduo o valor de uma presença social perante a sociedade.

O trabalho decente é considerado fundamental para a superação da pobreza e a redução de desigualdades, visando assegurar o direito intrínseco do trabalhador à sua remuneração adequada e seu exercício em condições de liberdade, equidade e segurança, o necessário para garantir uma vida digna.

Desde os primórdios da humanidade o trabalho era evidenciado como instrumento do processo produtivo. Com a evolução passou-se a inseri-lo como mecanismo de construção da cidadania. Nos dias atuais há uma luta constante para melhoria de direitos e evolução, no conceito de valor do trabalho e dignidade da pessoa humana, já que está diretamente ligada a imperiosa necessidade de trabalho. A partir da difícil relação entre o capital e o trabalho surgiu a legislação trabalhista. Somente com seu desenvolvimento foi possível regular a exploração da força humana pelo sistema capitalista, que sempre fez uso irrestrito da mão de obra do mais vulnerável com o intuito exclusivo de obter riqueza. Entretanto, o capitalismo e a concorrência no mundo globalizado acentuaram a diferença que existe entre o detentor dos meios de produção e os que dispõem da energia física e mental para assegurar recursos indispensáveis à subsistência própria e da família, demandando dos Estados de Direito e de seus respectivos poderes, ações afirmativas em defesa do valor humano e do trabalho.

O trabalho decente deve ser um direito fundamental do trabalhador, devendo ser assegurado o valor da dignidade humana e seus devidos direitos trabalhistas. O direito fundamental à saúde está intrinsecamente ligado à dignidade da pessoa humana e ao próprio direito à vida, gozando, por isso, de especial proteção na ordem jurídica, inclusive perante outros direitos fundamentais.

2. A DIGNIDADE DA PESSOA HUMANA COMO PRINCÍPIO DO ESTADO DEMOCRÁTICO

O princípio da dignidade da pessoa humana consta do texto constitucional de todo o Estado Democrático de Direito, sendo a sua base central e passou a ter mais valor e maior reconhecimento após a segunda grande guerra mundial em razão do homem ter sido tratado como coisa, além de massacrado, passando a fazer parte integrante do discurso político na defesa do homem e uma meta a ser alcançada como princípio fundamental de valor inestimável e obrigação do estado democrático, garantindo-se aos indivíduos a proteção a direitos mínimos e fundamentais.

Em 1945 surge a Organização das Nações Unidas e após a Declaração Universal dos Direitos Humanos a qual ratificou a proteção dos direitos do homem. Na América foi aprovada na Convenção Americana dos Direitos Humanos (Pacto de San José da Costa Rica) em 1965, buscando, da mesma forma, a proteção dos direitos do homem na América. Depreende-se, portanto, que a dignidade humana foi ganhando valor e os Tribunais passam a aplicá-la de forma contundente e, ainda, a cobrar a sua efetividade.

O princípio da dignidade humana tem uma dupla dimensão: valores absolutos e valores relativos. Como valor absoluto pode mencionar-se o homem como ser único, individual e inviolável sendo a sua dignidade absoluta e irrenunciável. Como valor relativo quando a dignidade pode ser diminuída, como no caso da liberdade ser tolhida pelo Estado quando necessário.

Ao Estado incumbe manter a paz e proporcionar o desenvolvimento de seus cidadãos, mas sempre proporcionando o devido respeito à dignidade humana. Assim, a dignidade da pessoa humana, além de reger as relações entre partes, também regula as atividades do Estado em função de seus habitantes.

A dignidade da pessoa humana é elo base para os direitos fundamentais e para a efetividade dos direitos sociais, uma vez que o indivíduo deve ser o núcleo central de importância e preocupação do Estado Democrático de direito, que deve reconhecer os direitos humanos e efetivá-los, seja na proteção a vida, a saúde, a segurança, a liberdade, bem como, seja efetivando os direitos sociais, para que o homem possa viver dignamente e comunitariamente realizado.

No Estado Democrático de Direito, a dignidade da pessoa humana ao mesmo tempo que se torna uma obrigação do estado em efetivar os direitos fundamentais, também se torna uma espécie de direito limitador, uma vez que o estado para realizá-los e efetivá--los, obriga-se a promover uma construção normativa e legislativa com fim de realizar todos os direitos fundamentais.

Para Ingo Wolfgang Sarlet (2009, p. 67) dignidade da pessoa humana é: "A qualidade intrínseca e distintiva reconhecida em cada ser humano que o faz merecedor do mesmo respeito e consideração por parte do Estado e da comunidade, implicando, neste sentido, um complexo de direitos e deveres fundamentais que assegurem a pessoa tanto contra todo e qualquer ato de cunho degradante e desumano, como venham a lhe garantir as condições existenciais mínimas para uma vida saudável, além de propiciar e promover sua participação ativa e corresponsável nos destinos da própria existência e da vida em comunhão com os demais seres humanos, mediante o devido respeito aos demais seres que integram a rede da vida".

A pessoa humana é revestida em sua essência de humanidade, ou seja, de dignidade de condição humana, motivo pelo qual deve ser considerada em primeiro lugar. Afirma Maurício Godinho Delgado (2015, p. 43): "O conceito inovador de Estado Democrático de Direito funda-se em um inquebrantável tripé conceitual: pessoa humana, com sua dignidade; sociedade política, concebida como democrática e inclusiva; sociedade civil, também concebida como democrática e inclusiva".

O trabalho e a saúde são inerentes à pessoa humana e reconhecidos como direitos sociais fundamentais.

3. SAÚDE MENTAL DO TRABALHADOR COMO DIREITO HUMANO FUNDAMENTAL

A saúde é um direito humano básico estando vinculado com o direito à vida. O comprometimento da vida humana sem saúde é inegável. O empregado pode ficar incapacitado para o trabalho de forma temporária ou permanente ou, de forma mais grave, perder a própria vida. O trabalhador sem saúde tem a capacidade laboral também comprometida.

A Organização Mundial da Saúde – OMS definiu, em 1947, que "a saúde é um estado de bem-estar físico, mental e social total e não exclusivamente a ausência de doença".

Na Declaração de Alma-Ata reitera que a saúde é um: "estado de completo bem-estar físico, mental e social, e não simplesmente a ausência de doença ou enfermidade – é um direito humano fundamental, e que a consecução do mais alto nível possível de saúde é a mais importante meta social mundial, cuja realização requer a ação de muitos outros setores sociais e econômicos, além do setor da saúde".

A Declaração de Alma-Ata, fruto da Conferência Internacional Sobre Cuidados Primários de Saúde, ocorrida em Alma-Ata, na antiga União das Repúblicas Socialistas Soviéticas (URSS), em 1978 prevê:" I) A Conferência enfatiza que a saúde – estado de completo bem-estar físico, mental e social, e não simplesmente a ausência de doença ou enfermidade – é um direito humano fundamental, e que a consecução do mais alto nível possível de saúde é a mais importante meta social mundial, cuja realização requer a ação de muitos outros setores sociais e econômicos, além do setor saúde". (Conferência Internacional sobre Cuidados Primários de Saúde, 1978, não paginado).

A Constituição Federal de 1988 prevê no artigo 6º que a saúde é um direito social, fazendo parte integrante do capítulo dos direitos e garantias fundamentais e assegura o direito dos trabalhadores à "redução dos riscos inerentes ao trabalho, por meio de normas de saúde, higiene e segurança" (Brasil, 1988).

Entenda-se que a qualidade de vida do trabalhador compreende o equilíbrio entre os fenômenos físico, psíquico e social. Não se pode tratar a saúde mental dissociada do ser humano, uma vez que o ser humano é formado da junção de corpo e mente. Prevê o art. 196 da Constituição Federal de 1988: "A saúde é direito de todos e dever do Estado, garantido mediante políticas sociais e econômicas que visem à redução do risco de doenças e de outros agravos e o acesso universal igualitário às ações e serviços para sua promoção, proteção e recuperação" (Brasil, 1988).

A Lei que dispõe sobre as condições para a promoção, proteção e recuperação da saúde, a organização e o funcionamento dos serviços correspondentes e dá outras providências (Lei 8.080/1990) define a saúde como um direito fundamental do ser humano e acrescenta que o Estado deve prover as condições indispensáveis ao seu pleno exercício.

A Convenção 155 da Organização Internacional do Trabalho (OIT) preceitua, no seu artigo 3º, que: "o termo saúde, com relação ao trabalho, abrange não só a ausência de afecções ou de doenças, mas também os elementos físicos e mentais que afetam a saúde e estão diretamente relacionados com a segurança e a higiene no trabalho".

A saúde do trabalhador é um direito humano básico diretamente relacionado à vida, com fundamento na teoria do mínimo existencial, respeitando a dignidade essencial, tratando-se de um bem social juridicamente tutelado a nível constitucional tanto em sua dimensão física quanto na psíquica e entender diferente será afronta à valorização do trabalho.

O ambiente profissional que impera nos dias atuais é o da competição e os efeitos advindos da globalização contemporânea, a corrida pelos resultados e a estipulação de metas de produção cada vez maiores exigem dos trabalhadores níveis exagerados de rendimento.

A saúde mental não se consubstancia na mera ausência de enfermidades psíquicas, mas alcança a higidez do bem-estar a nível mental, cognitivo ou psicológico de um indivíduo.

Importante ressaltar que a preocupação com a saúde mental do trabalhador levou à aprovação da Convenção Internacional 190 da Organização Internacional do Trabalho (OIT) tratando de assédio moral no trabalho.

É responsabilidade do empregador garantir a saúde mental do trabalhador por meio de um ambiente de trabalho equilibrado. Tanto assim é que o artigo 225 da Constituição Federal assim prevê: "todos têm direito ao meio ambiente ecologicamente equilibrado, bem como de uso comum do povo e essencial à sadia qualidade de vida, impondo-se ao Poder Público e à coletividade o dever de defendê-lo e preservá-lo para as presentes e futuras gerações" (Brasil, 1988).

Raimundo Simão Melo (2013, p. 131-152) define o meio ambiente do trabalho como sendo: "o local onde as pessoas desempenham suas atividades laborais, sejam remuneradas ou não, cujo equilíbrio está baseado na salubridade do meio e na ausência de agentes que comprometam a incolumidade físico-psíquica dos trabalhadores, independentemente da condição que ostentem".

Não há dúvida de que o ambiente de trabalho e a proteção à saúde do trabalhador não podem ser dissociados, sendo de alta relevância a qualidade de vida como parte integrante do meio ambiente do trabalho e entender que este também cuida das condições de saúde e vida no trabalho, considerando que influencia nas relações biológicas, psicológicas e sociais a que o trabalhador está submetido.

A proteção à saúde do trabalhador e um direito fundamental e foi incorporado na Constituição Federal de 1988 elevando o direito ao meio ambiente de trabalho saudável a um nível de direito fundamental assegurando o trabalho digno e decente ao trabalhador.

O direito ao meio ambiente do trabalho está diretamente relacionado à própria questão da dignidade da pessoa humana, uma vez que o trabalhador, quando do exercício de sua atividade profissional, deve estar amparado jurídica e faticamente de condições de saúde psíquicas, físicas e mentais que lhe permitam trabalhar dignamente.

No que tange aos aspectos de saúde e segurança do trabalhador, observa-se a preocupação da Organização Internacional do Trabalho, desde o primeiro momento, em zelar pelo efetivo cumprimento e implementação do direito fundamental ao meio ambiente de trabalho, para garantir a preservação da saúde mental e física de todos os trabalhadores, submetendo-os a condições laborais dignas.

O direito fundamental ao meio ambiente do trabalho não se restringe à dimensão física e territorial em que o empregado exerce suas atividades profissionais. O resguardo da saúde psíquica do empregado demonstra-se tão importante quanto a proteção de sua saúde física.

No contexto nacional e internacional, observa-se o adoecimento mental de diversos empregados, em função das condições trabalhistas impostas, das responsabilidades excessivas que lhe são incumbidas, pressão por resultados e sobrecarga de trabalho imposta. Tudo isso gera prejuízos diretos à incolumidade física e psíquica dos trabalhadores, o que, em grande parte dos casos, decorre de condutas excessivas, abusivas e desrespeitosas à legislação trabalhista por parte do legislador. A situação de adoecimento mental dos empregados é passível, portanto, de ter origem em condutas desarrazoadas, de ofensa direta ao direito fundamental ao meio ambiente do trabalho por parte do empregador, as quais podem gerar a responsabilização civil deste.

A incolumidade psíquica do empregado passou a ser afetada pelas condições degradantes de trabalho e ofensa ao meio ambiente do trabalho. "Assim, além do desgaste físico, há ainda os diversos impactos na saúde mental do trabalhador, que correspondem tanto ao desgaste mental literal – orgânico, que envolve, por exemplo, danos corporais, biológicos e neurológicos devido à exposição a substâncias neurotóxicas – como à fadiga mental e física, que envolve alterações psicológicas e fisiológicas transitórias e cumulativas; e, por fim, desgastes que afetam a subjetividade e a identidade do trabalhador, mediante a corrosão de seus valores e de seu caráter" (Silva et al., 2016, p. 3).

As situações de adoecimento mental do empregado, também denominado desgaste mental abrangem diversas situações fáticas em que, por razão do trabalho, do desrespeito ao direito ao meio ambiente de trabalho saudável por parte da empresa e do empregador, o empregado resta prejudicado em sua incolumidade psíquica, sofrendo danos, temporários ou permanentes em suas faculdades mentais.

Toda situação causada pelo empregador que resulte em desrespeito ao direito fundamental ao meio ambiente do trabalho, gerando, assim, o desgaste mental do empregado, pode levar à responsabilização civil do empregador, o qual terá o dever jurídico de ressarcir os danos efetivamente ocorridos à saúde psíquica do empregado. "A influência das características atuais do trabalho sobre a saúde mental dos trabalhadores pode decorrer de inúmeros fatores e situações, entre os quais, a exposição a agentes tóxicos, a altos níveis de ruído, a situações de risco à integridade física, como, por exemplo, trabalho com compostos explosivos ou sujeitos a assaltos e sequestros, a formas de organização do trabalho e políticas de gerenciamento que desconsideram os limites físicos e psíquicos do trabalhador, impondo-lhe frequentemente a anulação de sua subjetividade para que a produção 304 não seja prejudicada e as metas estabelecidas sejam cumpridas" (Silva et al., 2010, p. 187).

As condições dignas de trabalho devem ser pensadas com base no princípio ubiquidade assegurando a preservação da integridade física e psíquica dos trabalhadores. Neste sentido André Sousa Pereira (2019a, p. 140): "Ubiquidade diz respeito que é onipresente. Assim, enquanto preceito principiológico, tem-se que o direito ao meio ambiente equilibrado, faz-se necessário em todo e qualquer lugar, atribuindo responsabilidade pela adequação e manutenção da ambiência a todos e a cada um simultaneamente. O lastro da temporalidade e universalidade está na forte relação de dependência existente entre o meio ambiente e o direito à vida, e vida com qualidade. Por esta razão e a exemplo, "o direito de propriedade fica sujeito a exigência constitucional de cumprimento da sua função socioambiental".

Outro princípio não menos importante diz respeito ao desenvolvimento sustentável, impondo a Constituição Federal a redução de riscos inerentes ao trabalho por meio de normas de saúde, higiene e segurança (artigo 7º, inciso XXII). O meio ambiente ecologicamente saudável e equilibrado não pode dissociar-se do trabalho decente.

A preservação do meio ambiente exige comprometimento do Estado, das associações, dos trabalhadores e empregadores devendo ser fomentada a educação ambiental. Diz Fábio Freitas Minardi (2010, p. 86): "o princípio da participação, na esfera do meio ambiente do trabalho, exige a atuação quadripartite (empregados, empregadores, sindicatos e Estado), todos voltados para a conscientização da sociedade em zelar pelo meio ambiente do trabalho equilibrado e seguro".

O princípio da prevenção manifesta-se a fim de assegurar uma medida previa a fim de prevenir e coibir os possíveis danos. Em razão disso, o empregador tem o dever de proteger a saúde e as condições ambientais de trabalho do trabalhador, tais como a higiene, a segurança, a medicina e o bem-estar físico, mental e social.

Edis Milare (1999, p. 134) afirma: "O princípio da prevenção e basilar em Direito Ambiental, concernindo a prioridade que deve ser dada as medidas que evitem o nascimento de atentados ao ambiente, de molde a reduzir ou a eliminar as causas de ações suscetíveis de alterar a sua qualidade".

Os riscos ambientais e os resultantes danos a qualidade de vida à saúde e à segurança dos trabalhadores são uma realidade presente na vida socioeconômica brasileira, fazendo-se necessária a adesão de ações a prevenir os riscos ambientais e laborais no qual os trabalhadores estão submetidos.

Pensando em princípio da precaução vislumbra-se o Poder Público e a iniciativa privada na implementação de medidas com o objetivo de eliminar ou reduzir os riscos no meio ambiente de trabalho. Nesse sentido, dispõe André Sousa Pereira (2019b, p. 144): "Mais abrangente que o preceito anterior, pela precaução objetiva-se a tutela do meio ambiente diante de situação em que se verifica a incerteza cientifica do efeito danoso, prescrevendo obrigação em se adotar medidas de cuidado quando há risco de dano ambiental grave. Estabelece-se clara restrição ao direito de liberdade da pessoa (o que inclui a sua expressão pela livre iniciativa), face ao risco de ocorrência de dano severo ao meio ambiente, o que, em última análise, objetiva a proteção da própria vida humana, proposito presente desde o nascedouro das ideias elementares do direito ambiental".

4. VIOLAÇÃO À SAÚDE MENTAL DO TRABALHADOR NO AMBIENTE DE TRABALHO

São diversas as manifestações de violação à proteção à saúde mental do trabalhador consubstanciadas em abusos cometidos pelo empregador e citam-se como exemplos: a) a síndrome de burnout; política de resultados e metas abusivas; e c) violência e assédio moral no trabalho.

Na maioria das vezes os transtornos mentais decorrentes do ambiente de trabalho são doenças invisíveis e a respeito diz Barbosa Branco (2011, p. 107) [...] "as dificuldade de ver, medir ou sentir a doença de forma concreta, a aceitação de que grande parte das alterações psíquicas envolve processos crônicos, cumulativos e multicausais; além do fato de ser mais fácil para o chefe, os colegas, ou mesmo para os familiares, enxergarem que o trabalhador tem problemas circulatórios (hipertensão arterial), digestivos (úlcera gástrica) do que problemas mentais (episódios depressivos, alcoolismo, ansiedade generalizada, reações ao estresse). Esse processo de invisibilidade acomete muitas vezes o próprio doente, fazendo-o não 'enxergar' e, consequentemente, não aceitar-se doente".

A síndrome de burnout revela uma condição de cansaço emocional, mental e físico que se associa à atividade laboral. Destaca Rubia Zanotelli de Alvarenga (2013, p. 75) que: "a síndrome de *burnout* compreende uma espécie de exaustão emocional ou estresse, que pode ser considerada como doença do trabalho, capaz de acarretar a incapacidade temporária ou definitiva para a prestação de serviços".

A síndrome de burnout não pode dissociar-se do meio ambiente de trabalho no qual o trabalhador está inserido, sendo obrigação do empregador zelar pela saúde de seus empregados devendo atentar de forma primordial para os que exercem atividades extenuantes e estressantes.

A política de metas e resultados de produtividade abusiva com o objetivo de maximizar lucros é responsável pelos transtornos mentais que se apresentam em sociedade. Afirma a psicanalista Kátia Macedo (2019, p. 2215-224) [...] "a intensa competitividade e o uso expressivo de novas tecnologias, além da cobrança de metas cada vez mais difíceis de serem alcançadas, acabam se tornando fatores de risco para o surgimento das doenças mentais. Além disso, o uso da tecnologia acaba destruindo as barreiras entre trabalho e vida pessoal, o que torna o trabalhador constantemente conectado ao trabalho".

A violência e assédio moral e sua eliminação é o objetivo da Convenção 190 da Organização Internacional do Trabalho (OIT) e, conforma afirmam Claiz Maria Pereira Gunça dos Santos e Rodolfo Pamplona Filho (2019, p. 2) "A violência e o assédio nas relações laborais violam os direitos humanos, ameaçam a igualdade de oportunidades e são incompatíveis com o trabalho decente. Comprometem o meio ambiente do trabalho, afetando a organização do labor, o desenvolvimento sustentável, as relações pessoais, a produtividade e a qualidade dos serviços, além de impedir que as pessoas em especial as mulheres, tenham acesso ao mercado de trabalho, permaneçam e progridam profissionalmente".

O direito a um ambiente de trabalho saudável e equilibrado é direito fundamental cabendo ao empregador o dever de cumprir e fazer cumprir as normas de segurança e medicina do trabalho, reduzindo os riscos inerentes ao trabalho, inclusive, os psicossociais.

Observa Rúbia Zanotelli de Alvarenga (2009, p. 262): "é dever do empregador respeitar a dignidade humana do trabalhador, por via da preservação de um meio ambiente do trabalho sadio e equilibrado. O trabalho a ser executado pelo trabalhador deve ser digno em todos os sentidos, ou melhor, não só no plano material, mas também no aspecto imaterial, de modo a assegurar-lhe um meio ambiente do trabalho sempre sadio e equilibrado".

Entre as obrigações assumidas pelo empregador em razão do contrato de trabalho figura o respeito à integridade física e psíquica do empregado. Deve preservar a saúde e dignidade do trabalhador, propiciando melhores condições de trabalho, um ambiente de trabalho hígido e protegido contribuindo para a efetividade de um estado de bem-estar mental ao trabalhador.

Segundo os ensinamentos de Gabriela Neves Delgado (1999, p. 61): "De toda forma, ao mesmo tempo em que o trabalho auxilia a emancipação e a construção da identidade social e coletiva do homem, pode também destruir sua existência, caso não existam condições mínimas para o seu exercício com dignidade".

Há necessidade de uma postura ativa do empregador e um bom relacionamento interpessoal das organizações e ter consciência que o direito fundamental ao meio ambiente do trabalho não se restringe à dimensão física em que o empregado exerce as suas atividades, devendo atentar-se para o resguardo da saúde psíquica do empregado. "A influência das características atuais do trabalho sobre a saúde mental dos trabalhadores pode decorrer de inúmeros fatores e situações, entre os quais, a exposição a agentes tóxicos, a altos níveis de ruído, a situações de risco à integridade física, como, por exemplo, trabalho com compostos explosivos ou sujeitos a assaltos e sequestros, a formas de organização do trabalho e políticas de gerenciamento que desconsideram os limites físicos e psíquicos do trabalhador, impondo-lhe frequentemente a anulação de sua subjetividade para que a produção não seja prejudicada e as metas estabelecidas sejam cumpridas" (Silva et al 2010, p. 187).

Dentre as obrigações decorrentes do contrato de trabalho, está o dever do empregador em manter condições de trabalho que preservem a incolumidade psíquica do empregado, de modo que as situações de desgaste mental sejam evitadas, uma vez que se trata de direito fundamental ao meio ambiente do trabalho e à saúde psicológica do empregado. "Relativamente ao direito ao meio ambiente de trabalho, esse direito é dotado de um conteúdo essencial, identificado nas condições mínimas que devem ser atendidas para a sua satisfação, já que componente do rol de necessidades básicas do ser humano. O direito à saúde do trabalhador tem um conteúdo essencial bastante extenso, configurando um direito individual subjetivo à sua proteção" (Silva, 2007, p. 120).

A valorização do trabalhador e o reconhecimento do trabalho como valor social exige uma nova cultura empresarial de tal forma a promover a saúde ao trabalhador.

De acordo com artigo 12 do Pacto Internacional sobre Direitos Econômicos, Sociais e Culturais, o qual foi adotado pelo Brasil por meio do Decreto 592, de 6 de Julho de 1992. as pessoas possuem o direito de usufruir de uma saúde física e mental na sua plenitude: "1. Os Estados Partes do presente Pacto reconhecem o direito de toda pessoa de desfrutar o mais elevado nível possível de saúde física e mental. 2. As medidas que os Estados Partes do presente Pacto deverão adotar com o fim de assegurar o pleno exercício desse direito incluirão as medidas que se façam necessárias para assegurar: [...] b) A melhoria de todos os aspectos de higiene do trabalho e do meio ambiente; c) A prevenção e o tratamento das doenças epidêmicas, endêmicas, profissionais e outras, bem como a luta contra essas doenças; d) A criação de condições que assegurem a todos assistência medica e serviços médicos em caso de enfermidade".

A existência de normas trabalhistas acerca da saúde e segurança do trabalho é indiscutível, no entanto, a nova dinâmica regente das relações trabalhistas colocou os direitos trabalhistas em segundo plano, transformando os trabalhadores em geradores de lucro. Alterou-se a forma de se desenvolver das relações trabalhistas o que gerou reflexos diretos na saúde mental e física. A incolumidade psíquica do empregado passou a ser afetada pelas condições degradantes de trabalho e ofensa ao meio ambiente do trabalho. "Na era da globalização, a fragmentação das atividades laborais, aliada à competitividade no mercado de trabalho e o medo do desemprego, induz o trabalhador a submeter-se a péssimas condições laborais, baixos salários, assédio moral e sexual, discriminação, carga horária excessiva e acúmulo de funções para atingir metas propostas pelas empresas. Esses são fatores que contribuem para o surgimento de sintomas ansiosos e depressivos nos trabalhadores" (Fernandes et al., 2018, p. 278).

Há que repensar a forma de gestão das organizações, devendo ser adotada uma política gestora mais humanizada, que contemple não só as ambições financeiras, mas a pessoa humana do trabalhador. A invisibilidade das doenças mentais decorrentes do trabalho não pode ser motivo para afastar a valorização do trabalho tal como afirma Sebastião Geraldo de Oliveira (2011, p. 138) "O florescimento do direito à saúde do trabalhador é consequência desse enfoque mais dignificante do trabalho. A lei reflete o senso moral da sociedade e evolui em harmonia com as mudanças dos valores sociais, numa incessante e renovada procura da Justiça. O aprimoramento ético influencia, de imediato, no comportamento social, na produção legislativa, na interpretação das leis, tudo para não divorciar o mundo do Direito da realidade fática que lhe dá sustentação".

A proteção constitucional do meio ambiente de trabalho tem como objetivo primordial a tutela da dignidade do trabalhador e a humanização do trabalho, havendo necessidade de medidas contínuas de integração entre a organização do trabalho e a saúde mental dos trabalhadores.

5. A RESPONSABILIDADE SOCIAL DA EMPRESA

A responsabilidade social da empresa exige uma conduta ética sempre vinculada à melhoria da qualidade de vida dos trabalhadores. O empregador deve zelar por ambiente de trabalho sadio, ou seja, a preocupação com a eficácia organizacional sem descuidar da saúde e bem-estar dos trabalhadores, objetivando a qualidade de vida no trabalho.

Se a atividade profissional é exercida em ambiente que afronta os direitos personalíssimos e o princípio da dignidade humana o adoecimento mental pode ser inevitável.

A humanização do trabalho não pode ser deixada em nível secundário, havendo necessidade de investir em ações que aumentem o bem-estar do trabalhador, devendo reunir condições dignas minimizando as situações de pressão e de estresse e aplicando as normas de segurança e saúde do trabalho, sabendo que o bem-estar de qualquer trabalhador se estende à esfera psíquica.

A responsabilidade social da empresa não se encontra apenas e tão somente no cumprimento dos dispositivos legais e normativos de cunho social. Há que conscientizar que o trabalho enseja a importância do trabalhador na atividade econômica, sendo parte indispensável à produção.

A Organização Internacional do Trabalho em matéria de saúde e segurança no trabalho sempre demonstrou como objetivo primordial zelar pelo cumprimento e implementação do direito fundamental ao meio ambiente de trabalho garantindo a saúde mental e física do trabalhador. A respeito de condições laborais dignas: "Ressalte-se que para a OIT a segurança e saúde no trabalho são um direito humano e uma prioridade no ambiente do trabalho e revelam sua missão principal e permanente, principalmente diante da justificada preocupação com os índices históricos alarmantes de acidentes do trabalho, razão pela qual a OIT promove a uniformização internacional das normas de proteção ao trabalhador no ambiente de trabalho (Padilha, 2013, p. 175).

Há necessidade de uma nova concepção gerencial consubstanciada na valorização social e humana e aliada, por óbvio ao fator econômico com equilíbrio.

A Consolidação das Leis do Trabalho (CLT), prevê expressamente no art. 157, incisos I e II, da CLT que é dever do empregador propiciar condições dignas de trabalho: "Art. 157. Cabe às empresas: I – cumprir e fazer cumprir as normas de segurança e medicina do trabalho; II – instruir os empregados, através de ordens de serviço, quanto às precauções a tomar no sentido de evitar acidentes do trabalho ou doenças ocupacionais".

Conclui-se, portanto, que é obrigação do empregador zelar por um ambiente laboral sadio, coibindo práticas que geram danos e, como afirma Luis Roberto Antonik (2016, p. 221) "É no relacionamento diário com os funcionários da empresa que as atitudes mais importantes do líder se manifestam. Ele trata seus colaboradores com justiça e equidade e os estimula a alcançar resultados. O bom líder deve estimular que o colaborador se levante pela manhã e se sinta feliz em ir para o trabalho".

No mesmo sentido dizem Guilherme Guimarães Feliciano e Paulo Roberto Lemgruber Ebert (2018, p. 268) "Em tal contexto de quantofrenia e de cobrança por dedicação integral à persecução das metas cada vez mais arrojadas – em prejuízo à própria recomposição psicofísica, ao direito ao lazer e à vida pessoal – não é difícil antever que o ambiente laboral a circundar aqueles obreiros será marcado por intensa pressão psicológica a redundar, como visto, na institucionalização sutil ou severa da violência como forma de gestão. Diante de tal entorno, o indivíduo tende a reagir com a manifestação de sintomas de estresse que, em se agravando, resultarão no aparecimento de doenças de cunho psicossomático, tais como a agorafobia, o burnout, a depressão, dentre outras (...)".

Não pode existir discrepância entre o previsto no ordenamento jurídico e a realidade do funcionamento do ambiente de trabalho, tendo o empregador a responsabilidade social: preservando o meio ambiente de trabalho visando sempre o trabalho digno e decente.

6. CONSIDERAÇÕES FINAIS

A dignidade da pessoa humana não deve ser vista como algo solto e de pouca praticidade, e sim como o alicerce de todo o conceito jurídico nacional. Desta forma, deve-se entender que a atual interpretação do Direito do Trabalho, abarcada pelo Constitucionalismo, deve obrigatoriamente atender às necessidades do princípio estruturante da dignidade da pessoa humana. A verdadeira dignidade se encontra em impedir o adoecimento no trabalho, não apenas reparar danos e responsabilizar culpados.

A Constituição Federal de 1988 elevou o meio ambiente do trabalho saudável e equilibrado a direito fundamental do trabalhador com o objetivo de proteger a sua saúde como elemento integrante dos direitos fundamentais que constituem a dignidade da pessoa humana do trabalhador. A saúde mental do trabalhador é um direito humano fundamental que concretiza a dignidade humana e é responsabilidade do empregador manter o ambiente de trabalho saudável. O trabalho decente àquele realizado em um ambiente equilibrado, dotado de higidez e salubridade, apto a preservar a saúde e a segurança do trabalhador, assegurando-lhe qualidade de vida.

A saúde mental interfere no trabalho, da mesma forma que o trabalho interfere na saúde mental e o Direito à Saúde Mental do trabalhador precisa ser efetivo, sendo inegável a necessidade de se proteger a saúde mental dentro do meio ambiente de trabalho afastando organizações competitivas e adoecidas.

Há que se adotar uma nova perspectiva: entender que prevenção não é custo e sim um investimento. A reparação do dano já ocorrido caracteriza, na realidade, prejuízo. Garantir condições de trabalho decente confere seriedade e reduz os conflitos, intensificando a atuação preventiva para evitar a ocorrência da lesão. A adoção de medidas meramente reparatórias deve ser substituída pelos princípios da precaução e prevenção.

A cultura de prevenção à saúde mental do trabalhador tem como consequência a valorização por parte do empregador do bem-estar e, por consequência o sucesso profissional criando a positividade na produtividade e na satisfação.

A qualidade de vida no trabalho não se refere apenas às condições adequadas e às boas relações socioprofissionais, sendo necessário o reconhecimento do trabalho e o crescimento profissional. O equilíbrio das necessidades biológicas, psicológicas, sociais e organizacionais é de necessidade indiscutível exigindo ação conjunta envolvendo Estado, empregadores e trabalhadores.

O trabalho humano e a ordem econômica devem conviver em harmonia, buscando o desenvolvimento do equilíbrio real, objetivando atingir o ideal de justiça social de valorização do trabalho humano.

REFERÊNCIAS

ALVARENGA, Rúbia Zanotelli. *Direitos da personalidade do trabalhador e poder empregatício*. São Paulo: LTr, 2009.

ALVARENGA, Rubia Zanotelli. Assédio moral organizacional. In: ALVARENGA, Rubia Zanotelli; TEIXEIRA, Erica Fernandes (Org.). *Novidades em direito e processo do trabalho*. São Paulo: LTr, 2013.

ANTONIK, Luis R. *Compliance, Ética, Responsabilidade Social e Empresarial*. Rio de Janeiro: Editora Alta Books, 2016. E-book. ISBN 9786555206708. Disponível em: https://integrada.minhabiblioteca.com. br/#/books/9786555206708/. Acesso em: 15 ago. 2023.

BARBOSA-BRANCO, Anadergh; ALBUQUERQUE-OLIVEIRA, Paulo Rogerio; MATEUS, Marcia. Epidemiologia das licenças do trabalho por doenças mentais no Brasil. In: FERREIRA, Januário Justino; PENIDO, Lais de Oliveira (Org.). *Saúde mental no trabalho*: coletânea do fórum de saúde e segurança no trabalho do Estado de Goiás. Goiânia: Gráfica, 2013.

BRASIL. [Constituição (1988)]. Constituição da República Federativa do Brasil. 1988 Disponível em: https:// www.planalto.gov.br/ccivil_03/constituicao/constituicao.htm Acesso em: 20 ago. 2023.

BRASIL. Decreto-Lei 5.452, de 01 de maio de 1943. Aprova a Consolidação das Leis do Trabalho. Brasília, DF: 1943. Disponível em: http://www.planalto.gov.br/ccivil_03/decreto-lei/del5452.htm . Acesso em: 20 ago. 2023.

BRASIL. Lei 8.080, de 19 de setembro de 1990. Dispõe sobre as condições para a promoção, proteção e recuperação da saúde, a organização e o funcionamento dos serviços correspondentes e dá outras providências. Brasília, 1990. Disponível em: https://www.planalto.gov.br/ccivil_03/leis/l8080.htm Acesso em: 20 ago. 2023.

BRASIL. Decreto 591, de 06 de julho de 1992. Atos Internacionais. Pacto Internacional sobre Direitos Econômicos, Sociais e Culturais. Brasília, DF: 1992. Disponível em: http://www.planalto.gov.br/ccivil_03/ decreto/1990-1994/d0591.htm. Acesso em: 19 ago. 2023.

BRASIL. Decreto 592, de 6 de julho de 1992. Disponível em: http://www.planalto.gov.br/ccivil_03/decreto/1990-1994/d0592.htm. Acesso em: 21 ago. 2023.

DELGADO, Mauricio Godinho; DELGADO, Gabriela Neves. *Constituição da República e direitos fundamentais*: dignidade da pessoa humana, justiça social e direito do trabalho. 3. ed. São Paulo: LTr, 2015.

FELICIANO, Guilherme Guimarães e EBERT, Paulo Roberto Lemgruber. *Direito ambiental do trabalho*: apontamentos para uma teoria geral. São Paulo: Editora LTr, 2018. E-book. ISBN9788536196930Disponível:https://app.vlex.com/#/search/jurisdiction:BR+content_type:4/bem+estar+organizacional/ p3/WW/vid/736798545. Acesso em: 30 ago. 2023.

FERNANDES, Márcia Astrês. SILVA, Dinara Raquel Araújo. IBIAPINA, Aline Raquel de Sousa. SILVA, Joyce Soares e. Adoecimento mental e as relações com o trabalho: Estudo com trabalhadores portadores de transtorno mental. *Revista Brasileira de Medicina do Trabalho*, Piauí, v. 16, n. 3, p. 277-286, mar. 2018. Disponível em: http://www.rbmt.org.br/details/361/pt-BR/adoecimento-mental-e-as-relacoes-com--o-trabalho--estudo-com-trabalhadores-portadores-de-transtorno-mental. Acesso em: 15 ago. 2023.

MELO, Raimundo Simão. Meio Ambiente do Trabalho e Atividades de Risco: Prevenção e Responsabilidades. *Revista do Tribunal Regional do Trabalho do Paraná*. 23 ed. out. 2013.

MINARDI, Fabio Freitas. *Meio ambiente do trabalho*. Curitiba: Juruá, 2010.

MILARE, Edis. Direito do ambiente: um direito adulto. *Revista de Direito Ambiental*, São Paulo, ano 4, n. 15, jul./set. 1999.

OLIVEIRA, Sebastião Geraldo de Oliveira. *Proteção Jurídica à Saúde do Trabalhador*. 6. ed. rev. e atual. São Paulo: LTR, 2011.

ORGANIZAÇÃO DAS NAÇÕES UNIDAS. Assembleia Geral. Declaração Universal dos Direitos Humanos. Paris, 1948. Disponível em: https://www.unicef.org/brazil/declaracaouniversal-dos-direitos-humanos. Acesso em: 15 ago. 2023.

ORGANIZAÇÃO INTERNACIONAL DO TRABALHO. Convenção 155: Segurança e Saúde dos Trabalhadores. Genebra: OIT, 1981. Disponível em: https://www.ilo.org/brasilia/convencoes/WCMS_236163/ lang--pt/index.htm. Acesso em: 15 ago. 2023.

ORGANIZAÇÃO PANAMERICANA DE SAÚDE(OPAS). Declaração de Alma-Ata. Conferência Internacional sobre cuidados primários de saúde; 6-12 de setembro 1978; Alma-Ata; URSS. Disponível em: http://www.opas.org.br/coletiva/uploadArq/Alma-Ata.pdf http. Acesso em: 25 ago. 2023.

PADILHA, Norma Sueli. Meio Ambiente do Trabalho: Um direito fundamental do trabalhador e a superação da monetização do risco. *Revista TST*, Brasília, v. 79, n. 4, p. 173-182, out./dez. 2013.

PEREIRA, André Sousa. *Meio ambiente do trabalho e o direito à saúde mental do trabalhador*. São Paulo: LTr, 2019.

SANTOS, C. M. P. G.; PAMPLONA FILHO, R. Convenção 190 da OIT: violência e assédio no mundo do trabalho. *Revista da Academia Brasileira de Direito do Trabalho*. v. 1, n. 2, 2019.

SARLET, Ingo Wolfgang. *Dignidade da pessoa humana e direitos fundamentais na Constituição Federal de 1988*. 7. ed. Porto Alegre: Livraria do Advogado, 2009.

SILVA, Edith Seligmann. BERNARDO, Márcia Hespanhol. MAENO, Maria. KATO, Mina. O mundo contemporâneo do trabalho e a saúde mental do trabalhador. *Revista bras. saúde ocup*. São Paulo, v. 35, n. 122, p. 187-191, jul./dez. 2010. Disponível em: http://www.scielo.br/scielo.php?script=sci_arttext&pid=S0303-76572010000200002. Acesso em: 20 ago. 2023.

SILVA, José Antônio Ribeiro de Oliveira. A saúde do trabalhador como um direito humano. *Revista do TRT da 15ª Região*, Campinas, SP, n. 31, p. 109-137, jul./dez. 2007. Disponível em: https://juslaboris.tst.jus.br/bitstream/handle/20.500.12178/105309/2007_silva_jose_saude_trabalhador.pdf?sequence=1&isAllowed=y. Acesso em: 20 ago. 2023.

SILVA, Mariana Pereira da. BERNARDO, Márcia Hespanhol. SOUZA, Heloísa Aparecida. Relação entre saúde mental e trabalho: a concepção de sindicalistas e possíveis formas de enfrentamento. *Revista bras. saúde ocup*., Campinas, São Paulo, v. 41, n. 23, p. 1-12, dez. 2016. Disponível em: 76572016000100214&script=sci_abstract&tlng=pt. Acesso em: 25 ago. 2023.

17
A PRESUNÇÃO DA CULPA EM DECORRÊNCIA DO ACIDENTE DE TRABALHO

Thiago Trindade Abreu da Silva Menegaldo

Especialista em direito material e processual do trabalho pela Escola Paulista de Direito – EPD. Professor convidado em diversos cursos de pós-graduação. Diplomado em Técnico de Segurança do Trabalho. Diretor Tesoureiro da 39ª subseção – OAB São Bernardo do Campo-SP (2022/2024). Advogado trabalhista. Sócio fundador do escritório Geromes & Menegaldo Sociedade de Advogados.

Sumário: 1. Introdução – 2. A culpa como pressuposto de indenização – 3. Breves apontamentos sobre responsabilidade civil objetiva – 4. Da presunção da culpa – 5. Conclusão – Referências.

1. INTRODUÇÃO

Infortúnios laborais, como acidentes de trabalho e doenças ocupacionais, apesar de um grande esforço na normatização e na legislação aplicada, bem como nas Convenções da Organização Internacional do Trabalho – OIT ratificadas pelo Brasil, que visam estabelecer condições a fim de evitar as suas ocorrências, ainda possuem índices alarmantes em nosso país.

Uma simples pesquisa jurisprudencial nos repositórios oficiais, encontramos diversas discussões técnicas acerca de infinidades de aspectos controvertidos quando a temática é "acidente de trabalho".

Naturalmente que nos bancos da academia, estudando a tão conhecida pirâmide de Kelsen, partimos das nossas pesquisas da Carta Maior, como uma introdução basilar dos direitos e deveres básicos dos cidadãos. Um tema tão relevante como esse não poderia ficar de fora da nossa Lei Maior e não ficou.

Buscaremos neste pequeno estudo, realizar alguns apontamentos acerca das consequências oriundas dos acidentes e doenças ocupacionais, no que tange as suas reparações na esfera cível, mas ainda com o foco sobre a temática, relacionada a um dos critérios balizadores que propiciam a condição de indenização aos vitimados, a *culpa presumida*, a teor da responsabilidade civil subjetiva.

O artigo 7º da Constituição Federal, traz questões imprescindíveis relacionadas aos acidentes de trabalho, devida pelos empregadores ou daqueles que de uma certa maneira concorreram para sua ocorrência, quando mencionou no inciso XXVIII, a obrigação de indenizar quando incorrerem em *dolo ou culpa*.

Raras serão as condições em que o elemento *"dolo"* restará latente na ocorrência do acidente de trabalho, contudo, o que normalmente se perquiri na defesa dos interesses dos vitimados ou do empregador é a *culpa*.

Numa visão nitidamente simplicista, sobrelevando apenas o elemento "culpa", deve-se demonstrá-la a do empregador pela ocorrência do acidente de trabalho, para que haja o dever de indenizar o empregado acidentado, mas jamais se divorciando por óbvio dos requisitos: o ato ilícito, o dano e o liame causal e a própria culpa.

A legislação infraconstitucional, especialmente o Código Civil, no *parágrafo único* do artigo 927 traz, a exceção, a figura da *responsabilidade civil objetiva*, que em síntese, permite o reconhecimento da reparação à vítima, sem que haja a necessidade da demonstração da culpa, o dever de indenizar.

Em termos processuais, torna-se mais "simples" a busca pela reparação do dano, na figura da responsabilidade civil objetiva, pois basta a ocorrência do evento causador do dano e o nexo causal para que subsista o dever de indenizar, independente da culpa.

Noutro giro, grandes embates processuais se instauram, pois numa visão também estática quanto ao ônus da prova, deverá haver a demonstração da culpa do causador do dano, para que esta seja reparada aos prejuízos sofridos em decorrência do acidente de trabalho.

Eis aqui muitas dificuldades, pois o empregado, que na sua maioria, é hipossuficiente, e aqui nos referimos não apenas quanto ao quesito financeiro, mas técnico e a dificuldade na produção da prova, no que tange as diversas formas e obrigações inerentes ao empregador, no sentido de evitar acidentes de trabalho e o desencadeamento das condições a ele equiparado, como por exemplo as doenças ocupacionais.

Neste ponto é que se destina os nossos apontamentos, que sem a pretensão de exaurir, mas de possibilitar uma visão dinâmica e reconhecida pela doutrina e pela jurisprudência, dentre as modalidades da culpa, a condição de sua presunção e os desdobramentos deste fenômeno nas lides que envolvem as reparações em decorrência dos acidentes de trabalho.

Por muito anos nos dedicamos ao exercício da função de técnico de segurança do trabalho, buscando a fiel aplicação de normas que, em tese, sugerem um meio ambiente de trabalho mais seguro e livre de riscos.

Atualmente vemos a importância da aplicação dessas regras que outrora nos impunha apenas uma visão prevencionista, mas hoje, como operador de direito e entusiasta com o tema, a articulação dessas regras dentro de um litígio, como forma de buscar a justa reparação daqueles que investem na prevenção e daqueles que, por sua falta, foram vítimas.

Essas regras nos conduzem ao núcleo do nosso estudo: a presunção da culpa em decorrência do acidente de trabalho.

2. A CULPA COMO PRESSUPOSTO DE INDENIZAÇÃO

Diversos são os questionamentos que surgem acerca de indenizações em decorrência de acidentes de trabalhos e as situações a ela equiparadas.

A primeira análise que o operador do direito deve realizar, relaciona-se com o enquadramento da situação infortunística, nas hipóteses previstas na Lei 8.213/91, nos artigos 19 e seguintes.

Isso se faz necessários para que a situação fática em análise do caso concreto, se vislumbre na ocorrência ou não do acidente de trabalho ou doença ocupacional.

A lei previdenciária reconhece determinadas situações que são enquadradas dentro do conceito previdenciário, muito embora denominadas como "acidente de trabalho", e que por sua vez, haverá a concessão do benefício previdenciário acidentário, mas que não merecerão nenhum reparo por parte do empregador, quando analisamos dentro da temática "responsabilidade civil".

Noutro giro, mesmo com a expressa menção na Constituição Federal, que sinaliza no sentido de que a concessão do benefício não exime o empregador de eventual indenização, ainda atualmente, há quem tenha aquela ideia de que o seguro contra acidentes de trabalho, o Seguro Acidente do Trabalho – SAT, serve para suprir os reparos causados pela ocorrência do acidente. Enganam-se!

Nas palavras do Professor Sebastião Geraldo Oliveira, comentando sobre este ponto, indicou:

O entendimento que prevaleceu por muito tempo, no século passado, era que ao acidentado ou aos seus dependentes só restava o direito de auferir os limitados benefícios garantidos pelas leis da infortunística. No entanto, as prestações decorrentes do seguro de acidente do trabalho são de caráter marcadamente alimentar, pois asseguram tão somente a sobrevivência da vítima ou da sua família. Não têm como objetivo a reparação do dano causado, de acordo com o princípio secular da *restitutio in integrum*, adotado reiteradamente no campo da responsabilidade civil (Oliveira, 2023, p. 25).

Em contrapartida, nem sempre os danos causados pelo acidente de trabalho são indenizáveis. A este respeito, pode subsistir uma grave lesão, ou até mesmo a morte do trabalhador, ainda que ele esteja no local e no horário de trabalho e que não venha a ensejar a reparação, pois a causa, por exemplo, foi em decorrência de *caso fortuito* ou *decorrente de força maior*, ou seja, uma excludente de responsabilidade civil, mas que a teor, e apenas a título de exemplo o enquadramento da situação prevista na letra "e" do inciso II do artigo 21 da Lei 8.213/91,[1] é considerado acidente de trabalho.

Desta forma, não basta haver "apenas" o enquadramento dentro da lei previdenciária para que surja o dever de indenizar, mas uma situação que viole o direito de personalidade do empregado.

Nesse sentido, o inciso XXVIII do artigo 7º da Constituição Federal de 1988, na sua parte final assim indica: "Art. 7º (...). XXVII – seguro contra acidentes de trabalho, a cargo do empregador, sem excluir a indenização a que este está obrigado, quando incorrer em dolo ou culpa".

---

1. Art. 21. Equiparam-se também ao acidente do trabalho, para efeitos desta Lei: (...), II – o acidente sofrido pelo segurado no local e no horário do trabalho, em consequência de: (...) e) desabamento, inundação, incêndio e outros casos fortuitos ou decorrentes de força maior.

Reforça esse entendimento a própria Lei 8.213/91 que no seu artigo 121 estabelece:

Art. 121. O pagamento de prestações pela Previdência Social em decorrência dos casos previstos nos incisos I e II do *caput* do art. 120 desta Lei não exclui a responsabilidade civil da empresa, no caso do inciso I, ou do responsável pela violência doméstica e familiar, no caso do inciso II.

Veja que a lei indica que o pagamento de prestações a serem pagas pela Previdência Social, não excluirá eventual responsabilidade civil da empresa. Logo concluímos que essa "responsabilidade civil" não é automática e dependerá das circunstâncias em que o acidente de trabalho ou as situações à ele equiparadas tenham ocorrido, para que se busque a reparação sob a ótica da responsabilidade civil em face do empregador.

A base da responsabilidade civil está prevista nos artigos 186 e 927 do Código Civil:

Art. 186. Aquele que, por ação ou omissão voluntária, negligência ou imprudência, violar direito e causar dano a outrem, ainda que exclusivamente moral, comete ato ilícito.

(...)

Art. 927. Aquele que, por ato ilícito (arts. 186 e 187), causar dano a outrem, fica obrigado a repará-lo.

Parágrafo único. Haverá obrigação de reparar o dano, independentemente de culpa, nos casos especificados em lei, ou quando a atividade normalmente desenvolvida pelo autor do dano implicar, por sua natureza, risco para os direitos de outrem.

Francisco Ferreira Jorge Neto destaca os requisitos da responsabilidade civil, a luz da teoria subjetiva, e dá seus conceitos:

31.6. Requisitos da Responsabilidade Civil

Os requisitos da responsabilidade civil são: a) o ato ou omissão violadora do direito de outrem; b) o dano; c) o nexo causal; d) a culpa *lato sensu* (teoria subjetiva).

31.6.1. Ato Comissivo e Omissivo (Ação ou Conduta Antijurídica)

O ato humano pode ser lícito ou ilícito, comissivo ou omissivo, voluntário e objetivamente imputável, do próprio agente ou de terceiro, ou o fato do animal ou coisa inanimada que cause dano a outrem.

O ato humano, quando antijurídico, é um dos elementos da responsabilidade civil.

31.6.2. Nexo Causal

O nexo de causalidade juntamente com o ato e o dano, também é um elemento objetivo da responsabilidade civil (Cavalcante, Jorge Neto, 2008, p. 803).

É necessário, portanto, a demonstração da prática de ato ilícito, decorrente de dolo ou culpa, assim como o dano sofrido pelo empregado e o nexo de causalidade entre eles, ou seja, quatro elementos imprescindíveis, pela teoria subjetiva, para que reparações sejam reconhecidas.

Nesta mesma discussão, não é incomum operadores do direito indagarem sobre eventual responsabilidade civil quando da ocorrência do *acidente de trajeto*, condição essa expressamente prevista no artigo 21, inciso IV, letra "d" da Lei 8.213/91.

Art. 21. Equiparam-se também ao acidente do trabalho, para efeitos desta Lei:

(...)

IV – o acidente sofrido pelo segurado ainda que fora do local e horário de trabalho:

(...)

d) no percurso da residência para o local de trabalho ou deste para aquela, qualquer que seja o meio de locomoção, inclusive veículo de propriedade do segurado.

Cito esse exemplo por sua recorrência nos bancos acadêmicos, trazendo a hipotética situação fática: Imaginemos que um empregado (na lei previdenciária, intitulado como segurado) saia da sua casa, de bicicleta, e no trajeto (considerando o nexo topográfico e o nexo cronológico) venha a ser atropelado por um veículo que seguia na contramão, causando-lhe graves sequelas.

A situação acima relatada é um típico acidente de trajeto, equiparado a acidente de trabalho, cujo enquadramento está expressamente previsto na lei previdenciária, como vimos acima.

Mas indaga-se: Considerando o elemento *culpa* (artigo 7º, inciso XXVIII da CF/88), qual seria então a responsabilidade do seu empregador?

Naturalmente que nenhuma, no campo da responsabilidade civil *em face do empregador*. Certamente, diante do caso concreto, tal responsabilidade poderá recair sobre quem deu causa ao acidente.

Exemplificando a nossa fala, o recente julgado do Tribunal Regional do Trabalho da 3ª Região:

Acidente de trajeto. Inexistência de culpa da ré. Ausência de responsabilidade da empregadora. A responsabilidade civil é um dever de recomposição ou de compensação material por lesão a um bem juridicamente tutelado. Via de regra, no Direito do Trabalho, é adotada responsabilidade subjetiva do empregador, o que impõe perquirir acerca da culpa da ré pelo acidente sofrido pelo obreiro a fim de configurar a obrigação de reparação. No presente caso, não evidenciada a culpa da reclamada, não há como lhe impor a obrigação de reparação aos danos sofridos pelo obreiro (TRT da 3ª Região; PJe: 0010013-22.2023.5.03.0009 (ROT); Disponibilização: 10.08.2023; Órgão Julgador: Decima Turma; Relator(a)/Redator(a): Ana Maria Amorim Rebouças).

Sem adentrar ao mérito quanto aos desdobramentos das ditas reparações, que podem ser morais (ou extrapatrimoniais, de acordo com o Título II-A da CLT) ou materiais como dispõe os artigos 186 e 927 do Código Civil, o fato é: na esfera da responsabilidade civil subjetiva, o elemento "culpa" decorrente da prática do ato ilícito, a presença dos requisitos supramencionados, tornam-se elementar para o dever de indenizar.

3. BREVES APONTAMENTOS SOBRE RESPONSABILIDADE CIVIL OBJETIVA

Ainda no campo das reparações em decorrência do acidente de trabalho, temos a figura da responsabilidade civil objetiva, expressa no *parágrafo único* do artigo 927 do Código Civil: "Haverá obrigação de reparar o dano, independentemente de culpa, nos casos especificados em lei, ou quando a atividade normalmente desenvolvida pelo autor do dano implicar, por sua natureza, risco para os direitos de outrem".

Muito se discutiu na doutrina e na jurisprudência sobre a compatibilidade da responsabilidade civil objetiva na seara trabalhista, mormente porque, a previsão expressa na Constituição Federal, como vimos, decorre dos pressupostos *dolo ou culpa* (teoria subjetiva).

Observa-se que o *parágrafo único* do artigo 927 do Código Civil relativiza a existência da culpa como pressuposto para reconhecer a obrigação de indenizar.

Indaga-se: Estaríamos então diante de uma incompatibilidade entre o texto da Constituição Federal (artigo 7º, inciso XXVIII) e a redação dada ao *parágrafo único* do artigo 927 do Código Civil, especialmente nas indenizações provenientes do acidente de trabalho?

A resposta, a fim de acalentar grandes entraves jurídicos, veio em março de 2020, quando o STF, ao analisar a temática, no Recurso Extraordinário (RE) 828.040, com repercussão geral reconhecida, fixou a seguinte tese:

> O artigo 927, parágrafo único, do Código Civil é compatível com o artigo 7º, XXVIII, da Constituição Federal, sendo constitucional a responsabilização objetiva do empregador por danos decorrentes de acidentes de trabalho, nos casos especificados em lei, ou quando a atividade normalmente desenvolvida, por sua natureza, apresentar exposição habitual a risco especial, com potencialidade lesiva e implicar ao trabalhador ônus maior do que aos demais membros da coletividade.

Oportuna a transcrição do julgado:

> Direito constitucional. Direito do trabalho. Recurso extraordinário. Repercussão geral reconhecida. Tema 932. Efetiva proteção aos direitos sociais. Possibilidade de responsabilização objetiva do empregador por danos decorrentes de acidentes de trabalho. Compatibilidade do art. 7º, XXVIII da Constituição Federal com o art. 927, parágrafo único, do Código Civil. Aplicabilidade pela justiça do trabalho. 1. A responsabilidade civil subjetiva é a regra no Direito brasileiro, exigindo-se a comprovação de dolo ou culpa. Possibilidade, entretanto, de previsões excepcionais de responsabilidade objetiva pelo legislador ordinário em face da necessidade de justiça plena de se indenizar as vítimas em situações perigosas e de risco como acidentes nucleares e desastres ambientais. 2. O legislador constituinte estabeleceu um mínimo protetivo ao trabalhador no art. 7º, XXVIII, do texto constitucional, que não impede sua ampliação razoável por meio de legislação ordinária. Rol exemplificativo de direitos sociais nos artigos 6º e 7º da Constituição Federal. 3. Plena compatibilidade do art. 927, parágrafo único, do Código Civil com o art. 7º, XXVIII, da Constituição Federal, ao permitir hipótese excepcional de responsabilização objetiva do empregador por danos decorrentes de acidentes de trabalho, nos casos especificados em lei ou quando a atividade normalmente desenvolvida pelo autor implicar, por sua natureza, outros riscos, extraordinários e especiais. Possibilidade de aplicação pela Justiça do Trabalho. 4. Recurso Extraordinário desprovido. Tema 932. Tese de repercussão geral: 'O artigo 927, parágrafo único, do Código Civil é compatível com o artigo 7º, XXVIII, da Constituição Federal, sendo constitucional a responsabilização objetiva do empregador por danos decorrentes de acidentes de trabalho, nos casos especificados em lei, ou quando a atividade normalmente desenvolvida, por sua natureza, apresentar exposição habitual a risco especial, com potencialidade lesiva e implicar ao trabalhador ônus maior do que aos demais membros da coletividade' (STF – Tribunal Pleno – RE 828040 – Rel. Min. Alexandre de Moraes – DJe 26.06.2020).

Diante do direcionamento do Superior Tribunal Federal, foram apaziguadas essas indagações, contudo, ressalvando que apenas em casos específicos, a teoria objetiva irá imperar.

Tarefa difícil atribuída aos operadores do direito, pois não há um rol taxativo de quais atividades são essas, que destacam um risco acentuado, capaz de atrair a aplicação da teoria da responsabilidade civil objetiva.

Na prática, a primeira análise que fazemos é se a responsabilidade a ser atribuída ao autor do dano é de caráter subjetiva ou objetiva e se objetiva, quais são as condições para isso.

Gustavo Filipe Barbosa Garcia, nesta linha destaca em sua obra:

A Constituição Federal de 1988, no art. 7°, inciso XXVIII, segunda parte, ao versar sobre o acidente de trabalho, assegura o direito à indenização a que está obrigado o empregador, "quando incorrer em dolo ou culpa". O benefício previdenciário acidentário, previsto na lei de seguridade social, é que se rege pela responsabilidade objetiva, fundada no risco social (art. 7°, inciso XXVIII, primeira parte, da CF/1988).

Apesar dessa previsão, cabe analisar os casos em que a atividade desenvolvida pelo empregador é prevista em lei como hipótese de responsabilidade objetiva, ou mesmo quando a atividade normalmente desenvolvida pelo empregador implique, por sua natureza, risco para os direitos de outrem (art. 927, parágrafo único, do Código Civil de 2002).

Nessas hipóteses, ocorrendo lesões patrimoniais e/ou morais ao empregado, decorrentes de acidente do trabalho ou doença profissional, é necessário saber se a responsabilidade do empregador é subjetiva ou objetiva.

Nos casos em questão, evoluindo na compreensão da matéria, o correto é entender que prevalece a nova disposição, mais favorável, do Código Civil em vigor, ao prever a responsabilidade objetiva nos casos previstos em lei, ou quando a atividade desenvolvida seja de risco (Garcia, 2020, p. 109).

Como o próprio texto legal indica, a responsabilidade civil objetiva ensejará a reparação, *independente de culpa, nos casos especificados em lei, ou quando a atividade normalmente desenvolvida pelo autor do dano implicar, por sua natureza, risco para os direitos de outrem.*

Frise-se que apenas em hipóteses específicas, onde a atividade implica *um risco muito acentuado*, é que se permite a aplicação da responsabilidade civil objetiva.

Nesta linha, pedimos a vênia para transcrever trecho do acórdão[2] sob a relatoria do brilhante Professor e Desembargador do Tribunal Regional do Trabalho da 2ª Região, Dr. Valdir Florindo, do qual rendemos as nossas singelas homenagens, onde faz alusão ao risco acentuado:

Discute-se se tal responsabilidade é objetiva, derivada do simples risco da atividade, ou se é subjetiva, vinculada à comprovação de dolo ou culpa do empregador.

Pois bem.

Dispõe-se o artigo 7°, XXVIII, da Constituição Federal que:

"Art. 7° São direitos dos trabalhadores urbanos e rurais, além de outros que visem à melhoria de sua condição social:

---

2. TRT da 2ª Região; Processo: 1001205-47.2015.5.02.0614; Data: 14.12.2016; Órgão Julgador: Gabinete da Vice--Presidência Judicial – Tribunal Pleno; Relator(a): Valdir Florindo.

(...)

XXVIII – seguro contra acidentes de trabalho, a cargo do empregador, sem excluir a indenização a que este está obrigado, quando incorrer em dolo ou culpa".

Assim, o direito do empregado de ser indenizado pela empresa, quando sofrer acidente do trabalho, depende da comprovação de dano de ordem moral e/ou material, gerado por conduta omissiva ou comissiva, dolosa ou culposa do empregador.

Assunto que tem se propagado nos dias de hoje, é saber-se o alcance da responsabilidade pelo dever de reparar. Perante o direito do trabalho, a responsabilidade do empregador, pela reparação de dano, no seu sentido mais abrangente, derivante do acidente do trabalho sofrido pelo empregado, é subjetiva, conforme prescreve o artigo 7º, XXVIII, da Constituição Federal de 1988.

No entanto, no plano do direito civil, aqui de aplicação supletória, pode-se considerar também algumas situações em que se considera recomendável a aplicação da Responsabilidade Objetiva, *especialmente quando a atividade desenvolvida pelo autor do dano causar ao trabalhador um risco muito acentuado do que aquele imposto aos demais cidadãos*, conforme previsto no parágrafo único do artigo 927 do Código Civil Brasileiro.

(...)

Destarte, independentemente de a reclamada ter culpa ou não no assalto que importou em lesão, não cabe ao empregado assumir o risco do negócio, ainda mais se considerando que o referido infortúnio ocorreu quando ele prestava serviços para a ré.

Desse modo, a atividade de normal da empresa oferece risco acentuado à integridade física de seus empregados (motoristas e cobradores), porquanto dentro dos ônibus, estão sempre em contato com quantias de dinheiro, despertando o interesse de bandidos. (grifamos).

De toda sorte, não só a jurisprudência, mas a doutrina tem se esforçado em dar parâmetros que possam subsidiar o enquadramento da teoria objetiva.

Sem a pretensão de exaurir, mas contribuir com essa apuração de risco, destacamos alguns critérios defendidos em algumas doutrinas e decisões do Poder Judiciário.

Um deles é o grau de risco correspondente a atividade preponderante do empregador, conforme o anexo I da Norma Regulamentadora 4, aprovada pela portaria 3.214/78 do Ministério do Trabalho e Emprego.

A respeito do grau de risco, a Engenheira de Segurança do Trabalho e Professora, Mara Queiroga Camisassa, em sua obra indica:

O grau de risco corresponde a um valor numérico entre 1 a 4 em ordem crescente do risco, e está associado ao risco à saúde e à integridade física dos empregados em função da atividade executada pela empresa.

O Grau de Risco 1 está relacionado a atividade de risco reduzido, tais como administração pública, seguros previdência complementar, planos de saúde, atividades imobiliárias entre outros.

O Grau de Risco 4 está relacionado a atividade de risco elevado, como indústria extrativa (minerais, petróleo, gás), fabricação de explosivos, fabricação de cimento, algumas atividades da metalurgia e siderurgia entre outras.

Cada atividade econômica está associada a um e somente um grau de risco, conforme disposto no Anexo I da NR4 (Camisassa, 2023, p. 79 e 80).

A PRESUNÇÃO DA CULPA EM DECORRÊNCIA DO ACIDENTE DE TRABALHO

Como se nota, a gradação parte do número 1 (um), sendo esse o grau de risco mais leve e o grau de risco 4 (quatro) sendo este último o mais acentuado.

Para ter acesso ao grau de risco que o empregador está enquadrado, basta realizar a consulta, do cartão do CNPJ – Cadastro Nacional de Pessoa Jurídica, junto ao *site* www.fazenda.gov.br.

No cartão, localiza-se o código do CNAE – Classificação Nacional da Atividade Econômica, correspondente a uma sequência de 7 (sete) números, cujo objetivo é a padronização desta classificação em todo território nacional.

Conhecido o aludido código, basta pesquisar o grau de risco no Anexo I da NR 04.

Veja que este critério é adotado inclusive em algumas decisões judiciais, para que se estabeleça a tipo de responsabilidade (objetiva).

Neste sentido:

> Indenização. Acidente de trabalho. Atividade de risco. Responsabilidade objetiva. De modo geral, a indenização por acidente do trabalho ampara-se na responsabilidade subjetiva, exigindo-se a concomitante presença do dano, da culpa do empregador e do nexo de causalidade do evento com o trabalho, nos termos dos artigos 186 e 927, caput, do Código Civil. O parágrafo único do art. 927 do Código Civil, contudo, consagrando a teoria do risco, prevê, excepcionalmente, a aplicação da responsabilidade objetiva, impondo o dever de reparar o dano, independentemente de culpa, "nos casos especificados em lei, ou quando a atividade normalmente desenvolvida pelo autor do dano implicar, por sua natureza, risco para os direitos de outrem". No caso, mostra-se aplicável a responsabilidade objetiva, pois o neto dos reclamantes laborava em área de mineração, na Mina Córrego do Feijão, onde ocorreu o notório e lamentável rompimento de barragem de rejeitos, em razão do qual faleceram este e muitos outros trabalhadores, *sendo certo que a atividade relativa à extração de minerais metálicos enquadra-se no grau de risco 4 – grau máximo – da Norma Regulamentadora 4 do Ministério do Trabalho* (TRT da 3.ª Região; PJe: 0010064-90.2021.5.03.0142 (ROT); Disponibilização: 14.02.2022; Órgão Julgador: Quinta Turma; Relator(a)/Redator(a): Paulo Mauricio R. Pires).

Outro critério, apontado pela doutrina, a fim de mensurar o risco é o Fator Acidentário de Prevenção – FAP, introduzido no nosso ordenamento jurídico em 2003, pela Lei 10.666/03 e regulamentado em 2007 pelo Decreto 6.042/207, que alterou o já existente Decreto 3.048/98, seguido ainda de outras alterações pelos Decretos 6.957/09, 7.126/2010 e por fim 10.410/20.

Nesta regulamentação, em apertada síntese, serve com supedâneo para a fixação da alíquota correspondente ao FAP, de modo que, o que se sobreleva, são os índices de frequência, gravidade e custo dos afastamentos decorrentes das incapacidades laborativas de cada empresa, em comparação com os mesmos índices da respectiva atividade econômica, ou seja, quanto maior o número de ocorrências, maior será a alíquota, podendo achegar a 100% de majoração, ou em 50% de redução.

A jurisprudência por sua vez, elenca algumas atividades que atraem a responsabilidade civil objetiva. Alguns julgados compilados é fruto de pesquisa do Eminente Desembargador e Doutrinador, Sebastião Geraldo de Oliveira junto ao repositório oficial do Tribunal Superior do Trabalho e publicada em sua renomada obra, de onde as retiramos e sintetizamos:

– Motoristas de caminhão e seus ajudantes (transporte de carga), corte de cana--de-açúcar, transporte de valores de carro forte, coleta de lixo com caminhão em vias públicas, vendedor externo que utiliza motocicleta, estivador, atividades em mina de subsolo, trabalho com veículos automotores da empresa, vigilante, transporte de carga com alta incidência de assalto, auxiliar de viagem (cobrador de ônibus), operador de máquina de laminação na siderurgia, torneiro mecânico, carteiro, assalto bancário, construção civil, entre outros.

Com o reconhecimento da responsabilidade civil objetiva, não há o que se falar na demonstração do elemento culpa, bastando apenas que demonstre a existência do fato lesivo; ocorrência de um prejuízo efetivo e nexo de causalidade entre o dano alegado, logo, em matéria de defesa, teria a empresa o encargo probatório no sentido de demonstrar hipóteses de excludentes de responsabilidade civil, a fim de afastar eventual condenação.

4. DA PRESUNÇÃO DA CULPA

Até aqui, concluímos que a regra geral quanto a responsabilidade civil em decorrência do acidente de trabalho é subjetiva, sendo a exceção, a teoria objetiva, justamente por depender de condições específicas para a sua aceitação. Isso justifica o tópico anterior, que sem a intenção de exaurir o assunto, mas trazer um introito a fim de concatenar o raciocínio acerca da *culpa presumida*.

Portanto, quando a hipótese da responsabilidade civil objetiva for descartada, sob a análise do caso concreto, ou ainda restar dúvidas quanto ao reconhecimento desta, seja direta ou subsidiariamente, imperioso pensar na responsabilidade civil subjetiva.

No tópico anterior, vimos que a responsabilidade civil objetiva não prescinde do elemento "culpa" para que haja o dever de indenizar.

Neste ponto chamamos a atenção, pois nem sempre o nexo causal entre o acidente ou a doença ocupacional entre as lides são incontroversos, mormente no último caso, pois as doenças ocupacionais, geralmente, não eclodem de maneira súbita, como nos casos do acidente típico. Elas se instalam de maneira paulatina e são diagnosticadas quando da realização de exames médicos, ou após a incapacidade do trabalhador.

Assim, o nexo causal, é fator primordial, independentemente do tipo de responsabilidade que vamos adotar (subjetiva ou objetiva) e neste ponto, sendo incontroversa a ocorrência do acidente, os próximos passos, são os desdobramentos quanto a existência de culpa ou dolo (se subjetiva), dispensando-a se objetiva.

A PRESUNÇÃO DA CULPA EM DECORRÊNCIA DO ACIDENTE DE TRABALHO **267**

Partindo, portanto, do prisma constitucional (artigo 7º inciso XXVIII), de que a responsabilidade civil é subjetiva e apenas, como exceção, teremos a responsabilidade civil objetiva, temos então, para que haja o dever de indenizar, a prova do elemento "culpa".

Neste contexto, é que chamamos a atenção para a *"presunção da culpa"* e os impactos no que tange ao ônus da prova.

Numa visão estática, o inciso I do artigo 373 do CPC, indica que incumbe ao autor o fato constitutivo do seu direito. Desta forma poderíamos pensar que é do Reclamante ônus relacionado a culpa da empresa quando da ocorrência do acidente de trabalho ou da doença ocupacional.

Contudo, cabe ressaltar que o §1º do artigo 373 menciona ainda a hipótese de inversão do ônus da prova, também conhecida como a "distribuição dinâmica do ônus da prova". Vejamos:

> Art. 373 (CPC)
>
> (...)
>
> § 1º Nos casos previstos em lei ou diante de peculiaridades da causa relacionadas à impossibilidade ou à excessiva dificuldade de cumprir o encargo nos termos do caput ou à maior facilidade de obtenção da prova do fato contrário, poderá o juiz atribuir o ônus da prova de modo diverso, desde que o faça por decisão fundamentada, caso em que deverá dar à parte a oportunidade de se desincumbir do ônus que lhe foi atribuído.

Na ocasião da vigência do Código de Processo Civil, dada a partir de 18 de março de 2016, o Pleno do Tribunal Superior do Trabalho, aprovou a Instrução Normativa 39/2016, que dispôs sobre as normas do novo Código de Processo Civil (CPC) aplicáveis e inaplicáveis ao processo do trabalho. O artigo 3º da referida IN 39/2016, previu expressamente quais preceitos do Código de Processo Civil aplicáveis ao Processo do Trabalho, dentre eles, a distribuição dinâmica do ônus prova (inciso VII, artigo 3º da IN 39/2016).

Muitos questionamentos surgiram acerca da Instrução Normativa 39/2016, em especial quanto a sua constitucionalidade, no que tange a possibilidade do Tribunal Superior do Trabalho editar tais regras.

Tais entraves restaram pacificados, quando da Reforma Trabalhista instituída pela Lei 13.467/17 (vigente a partir de 11 de novembro de 2017).

Isso porque, a Reforma Trabalhista trouxe para o texto da CLT a possibilidade da inversão do ônus da prova, em texto muito semelhante ao CPC, a partir do § 1º do artigo 818, vejamos:

> Art. 818 (CLT)
>
> (...)
>
> § 1º Nos casos previstos em lei ou diante de peculiaridades da causa relacionadas à impossibilidade ou à excessiva dificuldade de cumprir o encargo nos termos deste artigo ou à maior facilidade de obtenção da prova do fato contrário, poderá o juízo atribuir o ônus da prova de modo diverso, desde

que o faça por decisão fundamentada, caso em que deverá dar à parte a oportunidade de se desincumbir do ônus que lhe foi atribuído.

§ 2º A decisão referida no § 1º deste artigo deverá ser proferida antes da abertura da instrução e, a requerimento da parte, implicará o adiamento da audiência e possibilitará provar os fatos por qualquer meio em direito admitido.

§ 3º A decisão referida no § 1º deste artigo não pode gerar situação em que a desincumbência do encargo pela parte seja impossível ou excessivamente difícil.

Seja no CPC, seja na CLT, veja que a possiblidade de inversão do ônus da prova, em síntese, relaciona-se à impossibilidade ou à excessiva dificuldade de cumprir o encargo probatório, ou ainda a maior facilidade de produção da prova do fato contrário à parte, que até então, não teria o ônus.

É justamente essa dificuldade que é enfrentada por aqueles que sofrem acidente de trabalho ou são acometidos de doenças ocupacionais, pois não dispõe de condições de assim o fazê-lo, vendo a possibilidade da indenização pelo infortúnio se esvair.

Diante dessa problemática, indaga-se: Existe a possibilidade de inversão do ônus da prova, frente aos casos que envolvem acidente de trabalho e as situações à ele equiparadas?

Nossa resposta é sim!

A Constituição Federal, dentre outros direitos assegurados aos trabalhadores urbanos e rurais, destacou a observância de normas relacionadas a saúde, higiene e segurança do trabalhador, (art. 7º inciso XXII), normas essas de imposição obrigatória aos empregadores:

"XXII – redução dos riscos inerentes ao trabalho, por meio de normas de saúde, higiene e segurança".

Ainda sobre o prisma constitucional, o Brasil ratificou diversas Convenções da Organização Internacional do Trabalho, dentre as quais destacamos a Convenção 155 que trata de proteção contra radiações, Convenção 134 que trata sobre prevenção de acidentes marítimos, Convenção 136 que trata sobre o benzeno, Convenção 139 que trata sobre substâncias ou produtos cancerígenos, Convenção 148, destinada a prevenção de contaminação do ar, ruído e vibrações, Convenção 159, sobre reabilitação profissional e emprego de pessoas deficientes, Convenção 162 pertinente ao uso de asbestos, Convenção 167, sobre segurança e saúde na indústria da construção civil, Convenção 170 sobre produtos químicos, Convenção 171 sobre o trabalho noturno, Convenção 174 sobre prevenção de acidente industriais maiores, Convenção 176 sobre segurança e saúde em minas.

Destacamos ainda a Convenção 155 que trata de forma genérica, mas abrangente a segurança e saúde dos trabalhadores.

Outro critério que há tempos se adotou é o do enquadramento da doença como de cunho ocupacional, a teor do artigo 21-A da Lei 8.213/91 que trata sobre o NTEP – Nexo Técnico Epidemiológico Previdenciário.

Em obra publicada muito antes do CPC de 2015 e a Reforma Trabalhista (Lei 13.467/17), o Professor Raimundo Simão de Melo já mencionava sobre o NTEP e a culpa presumida:

> Trata-se de presunção relativa, cabendo à empresa (diante da inversão do ônus da prova), demonstrar que o trabalhador não adoeceu como resultado do seu trabalho. Não se desincumbindo desse ônus, o INSS reconhecerá o evento como acidentário e, em razão disso, fica difícil negar o nexo de causalidade numa ação de indenização perante a Justiça do Trabalho (Melo, 2008, p. 297).

A CLT, em matéria de meio ambiente do trabalho, não tratou especificamente do tema "meio ambiente do trabalho", todavia nos seus artigos 154 a 201, estabeleceu uma série de regras pertinentes à temática.

Sem exaurir, mas como complemento essas regras, a CLT, em seu artigo 200, rogou competência ao Ministério do Trabalho, para estabelecer disposições complementares, em razão da especificidade de cada atividade ou setor de trabalho:

> Art. 200. Cabe ao Ministério do Trabalho estabelecer disposições complementares às normas de que trata este Capítulo, tendo em vista as peculiaridades de cada atividade ou setor de trabalho, especialmente sobre:
>
> I – medidas de prevenção de acidentes e os equipamentos de proteção individual em obras de construção, demolição ou reparos;
>
> II – depósitos, armazenagem e manuseio de combustíveis, inflamáveis e explosivos, bem como trânsito e permanência nas áreas respectivas;
>
> III – trabalho em escavações, túneis, galerias, minas e pedreiras, sobretudo quanto à prevenção de explosões, incêndios, desmoronamentos e soterramentos, eliminação de poeiras, gases etc. e facilidades de rápida saída dos empregados;
>
> IV – proteção contra incêndio em geral e as medidas preventivas adequadas, com exigências ao especial revestimento de portas e paredes, construção de paredes contrafogo, diques e outros anteparos, assim como garantia geral de fácil circulação, corredores de acesso e saídas amplas e protegidas, com suficiente sinalização;
>
> V – proteção contra insolação, calor, frio, umidade e ventos, sobretudo no trabalho a céu aberto, com provisão, quanto a este, de água potável, alojamento profilaxia de endemias;
>
> VI – proteção do trabalhador exposto a substâncias químicas nocivas, radiações ionizantes e não ionizantes, ruídos, vibrações e trepidações ou pressões anormais ao ambiente de trabalho, com especificação das medidas cabíveis para eliminação ou atenuação desses efeitos limites máximos quanto ao tempo de exposição, à intensidade da ação ou de seus efeitos sobre o organismo do trabalhador, exames médicos obrigatórios, limites de idade controle permanente dos locais de trabalho e das demais exigências que se façam necessárias;
>
> VII – higiene nos locais de trabalho, com discriminação das exigências, instalações sanitárias, com separação de sexos, chuveiros, lavatórios, vestiários e armários individuais, refeitórios ou condições de conforto por ocasião das refeições, fornecimento de água potável, condições de limpeza dos locais de trabalho e modo de sua execução, tratamento de resíduos industriais;
>
> VIII – emprego das cores nos locais de trabalho, inclusive nas sinalizações de perigo.
>
> Parágrafo único. Tratando-se de radiações ionizantes e explosivos, as normas a que se referem este artigo serão expedidas de acordo com as resoluções a respeito adotadas pelo órgão técnico.

Em junho de 1978, a portaria 3.214/78 do Ministério do Trabalho, aprovou as Normas Regulamentadoras – NR que à época contava com 28 NR´s. Atualmente, são 38 Normas Regulamentadoras. São elas:

NR 01 – Disposições Gerais e Gerenciamento de Riscos Ocupacionais	NR 02 – Inspeção Prévia *(Revogada)*
NR 03 – Embargos e Interdição	NR 04 – Serviços Especializados em Segurança e Medicina do Trabalho
NR 05 – Comissão Interna de Prevenção de Acidentes – CIPA	NR 06 – Equipamentos de Proteção Individual – EPI
NR 07 – Programa de Controle Médico de Saúde Ocupacional	NR 08 – Edificações
NR 09 – Avaliação e Controle das Exposições Ocupacionais a Agentes Físicos, Químicos e Biológicos	NR 10 – Segurança em Instalações e Serviços de Eletricidade
NR 11 – Transporte, Movimentação, Armazenagem e Manuseio de Materiais	NR 12 – Segurança no Trabalho em Máquinas e Equipamentos
NR 13 – Caldeiras, Vasos de Pressão e Tubulações e Tanques Metálicos de Armazenamento	NR 14 – Fornos
NR 15 – Atividades e Operações Insalubres	NR 16 – Atividades e Operações Perigosas
NR 17 – Ergonomia	NR 18 – Segurança e Saúde no Trabalho na Indústria da Construção
NR 19 – Explosivos	NR 20 – Segurança e Saúde no Trabalho com Inflamáveis e Combustíveis
NR 21 – Trabalho a Céu Aberto	NR 22 – Segurança e Saúde no Trabalho na Mineração
NR 23 – Proteção Contra Incêndio	NR 24 – Condições Sanitárias e de Conforto no Local de Trabalho
NR 25 – Resíduos Industriais	NR 26 – Sinalização de Segurança
NR 27 – Registro Profissional do Técnico de Segurança do Trabalho *(Revogada)*	NR 28 – Fiscalizações e Penalidades
NR 29 – Norma Regulamentadora de Segurança e Saúde no Trabalho Portuário	NR 30 – Segurança e Saúde no Trabalho Aquaviário
NR 31 – Segurança e Saúde no Trabalho na Agricultura, Pecuária, Silvicultura, Exploração Florestal e Aquicultura	NR 32 – Segurança e Saúde no Trabalho em Serviços de Saúde
NR 33 – Segurança e Saúde no Trabalho nos Trabalhos em Espaço Confinado	NR 34 – Condições e Meio Ambiente de Trabalho na Indústria da Construção, Reparação e Desmonte Naval
NR 35 – Trabalho em Altura	NR 36 – Segurança e Saúde no Trabalho em Empresas de Abate e Processamento de Carnes e Derivados
NR 37 – Segurança e Saúde em Plataformas de Petróleo	NR 38 – Segurança e Saúde no Trabalho nas Atividades de Limpeza Urbana e Manejo de Resíduos Sólidos

Quanto a criação das Normas Regulamentadoras, assim mencionou a Professora Mara Queiroga Camisassa:

Em 1978, o Ministério do Trabalho regulamentou a Lei 6.514/1977 com a publicação da Portaria 3.214, que aprovou as Normas Regulamentadoras (NRs) 1 a 28 de "Segurança e Medicina no Trabalho", materialmente recepcionadas pela Constituição Federal, promulgada em 1988. Além de cumprir a delegação normativa expressa na CLT, a publicação das NRs também efetiva direito fundamental insculpido no art. 7., XXII, da nossa Carta Magna, que garante aos trabalhadores urbanos e rurais a redução dos riscos inerentes ao trabalho, por meio de normas de saúde, higiene e segurança.

A delegação normativa de matérias que envolvem conhecimento técnico e científico, tal como prevista no art. 200 da CLT e na Constituição Federal, tem sido usual no mundo todo. Sobre esse assunto, o administrativista José dos Santos Carvalho Filho ensina:

Modernamente, contudo, em virtude da crescente complexidade das atividades técnicas da Administração, passou a aceitar-se nos sistemas normativos, originariamente na França, o fenômeno da deslegalização, pelo qual a competência para regular certas matérias se transfere da lei (ou ato análogo) para outras fontes normativas por autorização do próprio legislador: a normatização sai do domínio da lei (*domaine de la loi*) para o domínio de ato regulamentar (*domai-ine de lordonnance*). O fundamento não é difícil de conceber: incapaz de criar a regulamentação sobre algumas matérias de alta complexidade técnica, o próprio Legislativo delega ao órgão ou à pessoa administrativa a função específica de instituí-la, valendo-se de especialistas e técnicos que melhor podem dispor sobre tais assuntos (Camisassa, 2023, p. 5 e 6).

Por fim, nas lições do saudoso Desembargador Sebastião Geraldo de Oliveira, quanto a eficácia jurídica das Normas Regulamentadoras, assim explica:

Essas normas regulamentadoras têm eficácia jurídica equiparada à da lei ordinária, por expressa delegação normativa do art. 200 da CLT, além de diversas delegações específicas também previstas no mesmo diploma legal. A CLT traçou o núcleo dos mandamentos, as ideias básicas, e delegou competência ao Ministério do Trabalho para completar e disciplinar os preceitos normativos, o que tem sido chamado doutrinariamente de discricionariedade técnica, deslegalização, competência normativa secundária ou delegação normativa (Oliveira, 2023, p. 256).

Neste caminho, entendemos que as normas regulamentadoras, tendo sua eficácia jurídica equiparada a lei ordinária, torna-se mandamental seu fiel cumprimento, de modo que na investigação de um acidente de trabalho ou situação a ele equiparada, vislumbrando-se o descumprimento de qualquer norma regulamentadora, estará, pois, diante da culpa contra a legalidade.

Isso porque, a culpa pode ser derivada da violação de uma norma prevista em lei ou regulamento. Havendo a violação de normas de segurança e medicina do trabalho, sejam elas relacionadas as Convenções da OIT, Leis, Normas Regulamentadoras, Códigos de Obras, Convenções Coletivas de Trabalho entre outros, cria-se em desfavor do empregador a presunção da culpa.

Neste sentido, Rui Stocco:

Tem-se ainda preconizado a aplicação da teoria chamada "culpa contra a legalidade", destacando-se, entre os autores nacionais, Martinho Garcez Neto (Prática da Responsabilidade Civil. São Paulo: Jur. e Univ., 1971, p. 50-51, 58 e 125) e Wilson Melo da Silva (*Da Responsabilidade Civil Automobilística*. 4. ed. São Paulo: Saraiva, 1983, p. 61 e ss.)

Por ela entende-se que o fato do desrespeito ou da violação de uma determinação regulamentar implicaria, de per si, independente do mais, uma verdadeira culpa, sem necessidade da demonstração, quanto a ela, de qualquer imprevisão, imprudência etc. por parte do agente.

Portanto, a culpa do agente nasce quando o dever de cuidado resultar de texto expresso de lei ou regulamento (ex.: obediência a regulamentos de trânsito), ou com o dever de obediência a certas regras técnicas no desempenho de profissões ou atividades regulamentadas. De sorte que tão só a infração da norma regulamentar já faz exsurgir a responsabilidade civil do agente, criando em seu desfavor a presunção de ter agido culposamente, cabendo-lhe exclusivamente o ônus da prova.

Quer dizer que o só fato da transgressão de uma norma regulamentar materializaria, tout court, uma culpa, de sorte que a só infração ou descumprimento da norma regulamentar constitui, por si só, fator determinante da responsabilidade, impondo-se advertir que o agente que pratica um ato proibido por norma regulamentar incorre, desde logo, pelo só fato da desobediência, em culpa, dispensada qual quer outra indagação acerca desse elemento subjetivo (Stoco, 2011, p. 161).

Com relação especialmente aos acidentes de trabalho, nos ensina Sebastião Geraldo de Oliveira.

Na questão da segurança e saúde ocupacional, o empregador tem obrigação de adotar a diligência necessária para evitar os acidentes e as doenças relacionadas com o trabalho, devendo considerar todas as hipóteses razoavelmente previsíveis de danos ou ofensas à saúde do trabalhador.

(...)

Na investigação da possível culpa do reclamado, relacionada com o acidente de trabalho ou doença ocupacional, o primeiro passo é verificar se houve descumprimento das normas legais ou regulamentares que estabelecem os deveres do empregador à segurança, higiene, saúde ocupacional e meio ambiente do trabalho. A simples violação de alguma dessas normas, havendo dano e nexo causal, cria a presunção de culpa do empregador pelo acidente do trabalho ocorrido, uma vez que o descumprimento da conduta normativa prescrita já representa a confirmação da sua negligência, a ilicitude objetiva ou a culpa contra a legalidade (Oliveira, 2023, p. 242 e 244).

Os Tribunais Regionais do Trabalho assim reconheceram:

Acidente de trabalho. Responsabilidade do empregador. Demonstrada a ocorrência de acidente do trabalho típico, a culpa do empregador é presumida, em face da imposição ao trabalhador de risco à sua integridade decorrente do trabalho prestado em favor daquele (TRT da 4ª Região, 6ª Turma, 0020306-96.2020.5.04.0601 ROT, em 20.10.2022, Desembargadora Beatriz Renck).

Acidente de trabalho. Indenização por danos morais. A indenização a título de dano moral pressupõe a existência de um ato ilícito praticado pela ré, de um prejuízo suportado pelo ofendido e de nexo de causalidade entre a conduta injurídica e o dano experimentado, a teor dos artigos 186 e 927 do CC e 7º, XXVIII, da CRFB. A responsabilidade da empregadora é subjetiva, mas, uma vez constatado o acidente de trabalho, tem-se que o dever de proporcionar um meio ambiente seguro de trabalho para o empregado atrai à empregadora o ônus de provar que implementou todas as condições para que o trabalho se desenvolvesse com segurança. É hipótese bastante distinta, portanto, em que a doutrina entende aplicar-se a teoria da culpa presumida. Não se descarta o elemento culpa na responsabilidade civil, mas esta é presumida em desfavor da empregadora quando demonstrado o acidente de trabalho. (TRT da 3.ª Região; PJe: 0010593-07.2022.5.03.0100 (ROT); Disponibilização: 16/05/2023; Órgão Julgador: Decima Primeira Turma; Relator(a)/Redator(a): Convocada Angela C. Rogedo Ribeiro).

Ainda nessa linha de raciocínio, como presunção da culpa, muito se discutiu, a época do enfretamento da pandemia, se a COVID-19 era ou não doença ocupacional.

Inicialmente pensávamos que a COVID-19 estava apenas à exceção do que já preconizava a alínea "d" do § 1º do artigo 20, da Lei 8.213/91 que assim dispõe:

Art. 20 (Lei 8.213/91)

(...)

§ 1º Não são consideradas como doença do trabalho:

(...)

d) a doença endêmica adquirida por segurado habitante de região em que ela se desenvolva, salvo comprovação de que é resultante de exposição ou contato direto determinado pela natureza do trabalho.

Veja que a exceção, para que a doença endêmica, e neste caso, também com a possibilidade da doença pandêmica, ser considerada como de cunho ocupacional, era justamente o contato direto (exposição) com o vírus em razão da natureza do trabalho.

A exceção se explicava, face as inúmeras possibilidades que o empregado tinha de ser contaminado pelo vírus, inviabilizando o nexo de causalidade entre o acometimento da doença versus local de trabalho.

Neste sentido, foi editada a Medida Provisória 927 que em seu artigo 29 estabelecia o seguinte: "Art. 29. Os casos de contaminação pelo coronavírus (Covid-19) não serão considerados ocupacionais, exceto mediante comprovação do nexo causal".

A respeito deste artigo, dentre outros da MP 927, foram discutidas nas ADI's 6.342, 6.344, 6.346, 6.348, 6.352, 6.354 e 6.375 sua constitucionalidade.

Na decisão na ADI 6.342 do STF constou:

A norma em questão, como se vê, excluiu, como regra, a contaminação pelo coronavírus da lista de doenças ocupacionais, transferindo o ônus da comprovação ao empregado, isto é, cabe ao trabalhador demonstrar que contraiu a doença durante o exercício laboral, denodando o caráter subjetivo da responsabilidade patronal.

E concluiu:

Assim, o texto do artigo 29 da MP 927/2020, ao praticamente excluir a contaminação por coronavírus como doença ocupacional, tendo em vista que transfere aos trabalhadores o ônus de comprovação, destoa, em uma primeira análise, de preceitos constitucionais que asseguram direitos contra acidentes de trabalho (artigo 7º, XXVIII, da CF).

Sobre o tema, em artigo publicado na internet pelo Professor Raimundo Simão de Melo, assim mencionou:

O que se vê de forma simples e clara (ao contrário de certas confusões que alguns têm feito, *data venia*) é que o STF, ao suspender a eficácia do mencionado artigo 29 da MP 927, não disse que Covid-19 é doença do trabalho. Também não disse que não é, exatamente porque deve ser analisado cada caso concreto, com as suas peculiaridades, como nas demais doenças supostamente decorrentes do trabalho.

Assim, deve ser analisado em cada situação se a atividade da vítima é de risco ou não. Devem ser analisados o nexo causal e o nexo concausal.

Para auxiliar o julgador na sua decisão será muito importante e necessária a realização de boa perícia técnica sobre o ambiente e condições de trabalho da vítima, para saber se a empresa cumpriu ou não a sua parte, qual seja, a adoção de medidas coletivas e individuais de prevenção e precaução para evitar a contaminação pelo novo coronavírus.

Para reflexão a partir da decisão do STF, cabe exemplificar (e apenas exemplificar) as situações que envolvam trabalhadores do setor da saúde, que atuam na linha de frente, no tratamento das vítimas da Covid-19 e trabalhadores que atuam em outras atividades normais. Na primeira situação a atividade é de risco; na segunda, não. Na primeira presume-se o nexo causal; na segunda não. Mas numa como noutra situação caberá examinar o caso levando em conta todos os elementos probantes, suas peculiaridades e se o empregador cumpriu ou não sua obrigação no tocante à prevenção e precaução em relação aos riscos de contaminação pelo novo coronavírus.

É isso, salvo melhor juízo, para se prosseguir discutindo e refletindo a respeito de tema tão caro e com tamanha repercussão nas relações de trabalho (Melo, 2020, trecho extraído da Internet).

Veja que na linha de raciocínio do Professor Raimundo Simão de Melo, destaca-se o cumprimento ou não do empregador no tocante a prevenção e precaução quanto a disseminação do vírus.

À época, no que diz a respeito da COVID-19, diversas normas foram editadas com a finalidade de tornar os ambientes de trabalho com menores probabilidades (prevenção) de disseminação do vírus, das quais dentre elas, destacamos, a título de exemplo, a Portaria Conjunta da Secretaria Especial de Previdência e Trabalho do Ministério da Economia e do Ministério da Saúde 20, de 18 de junho de 2020.

Em se tratando da temática "presunção de culpa", mormente da amplitude das possibilidades de contágio, além de critérios como o grau de risco da atividade exercida pelo empregado, o cumprimento das regras sanitárias para o enfrentamento da pandemia, tornou-se fator imperioso para presunção do nexo causal.

Isso quer dizer que, a não demonstração de cumprimento de tais regras, poderiam acarretar a presunção de que a doença tivesse sido adquirida no ambiente de trabalho, possibilitando claramente a inversão do ônus da prova.

Seguindo esse mesmo raciocínio, é que chamamos a atenção para todo o arcabouço de normas jurídicas que de uma certa forma, trazem em seu bojo, medidas preventivas quanto a acidentes de trabalho ou doenças ocupacionais, a serem cumpridas pelo empregador.

Salienta-se ainda, que não basta que o empregador cumpra as normas de segurança e medicina do trabalho.

O trabalhador, ao ser admitido, comparece ao emprego com uma série de bens jurídicos (vida, saúde, capacidade de trabalho), os quais devem ser objeto de proteção pelo empregador, por intermédio de medidas de segurança e saúde no trabalho. Nesse sentido é a ordem constitucional (artigo 7º, XXII).

Todo empregador deve assegurar, face ao seu poder diretivo (art. 2º, CLT), maiores controles e principalmente, fiscalização quanto ao meio ambiente do trabalho. O artigo 157 da CLT indica que não basta cumprir as normas, mas fazer cumprir:

Art. 157. Cabe às empresas:

I – cumprir e *fazer cumprir* as normas de segurança e medicina do trabalho;

II – instruir os empregados, através de ordens de serviço, quanto às precauções a tomar no sentido de evitar acidentes do trabalho ou doenças ocupacionais (grifos acrescidos).

Por analogia, veja que a própria súmula 289 do TST indica que não basta o simples fornecimento do EPI para se eximir do pagamento do adicional de insalubridade, cabendo-lhe tomar diversas medidas, dentre as quais ao uso efetivo do equipamento pelo empregado, ou seja, *fiscalizar* fazendo cumprir as normas de segurança e medicina do trabalho.

É muito comum nas demandas judiciais, empregadores instruírem suas contestações com Programa de Programa de Prevenção de Riscos Ambientais – PPRA, Programa de Gerenciamento de Risco – PGR, Programa de Controle Médico de Saúde Ocupacional – PCMSO, Fichas de Equipamento de Proteção Individual – EPI, evidências de treinamentos, avaliações ergonômicas, sem, contudo, demonstrarem que exerciam de fato a fiscalização com relação as normas de segurança e medicina do trabalho.

Isso atrai, indubitavelmente, a responsabilidade pelo evento danoso, se inexistente a fiscalização, por parte do empregador, o fiel cumprimento das normas pelos seus empregados.

Sendo assim, não basta que o empregador demonstre o cumprimento das diversas obrigações legais, mas que também zele pelo cumprimento delas, exercendo seu poder diretivo, através da fiscalização de seus empregados no cumprimento destas.

Neste sentido:

Ementa: acidente do trabalho. Consequências danosas provocadas por ausência de equipamentos de proteção individual. Culpa patronal por ausência de fiscalização. A efetiva fiscalização do uso de EPIs é obrigação imposta ao empregador pela legislação de regência, em especial os itens 6.4 e 6.6.1, alínea "f", da NR-6 da Portaria 3214/78, do MTE. Se o superior hierárquico constata que o trabalhador está trabalhando sem os equipamentos fornecidos e apenas o alerta quanto à necessidade do uso, sem exigir a imediata utilização dos itens de proteção, não cumpre com eficácia o papel fiscalizador que a lei lhe atribui, concorrendo culposamente para as consequências danosas do acidente ocorrido minutos após a constatação da falta. O dever de indenizar se impõe. Recurso provido (TRT da 3ª Região; Processo: 0001159-07.2015.5.03.0078 RO; Data de Publicação: 10.03.2016; Órgão Julgador: Decima Primeira Turma; Relator: Convocado Antonio Carlos R. Filho; Revisor: Convocado Jose Nilton Ferreira Pandelot).

Desta forma, a apresentação da prova documental relacionada ao acidente de trabalho é tão imprescindível quanto a demonstração da fiscalização.

Ademais, sugerimos que haja pedido expresso na petição inicial, ou ainda que o advogado se valha das tutelas disciplinadas nos artigos 294 a 311 do CPC, medidas essas que se justificam, face a ocorrência do acidente ou doença ocupacional, para que se tenha provas tanto documentais como testemunhais, acerca das condições que poderiam ou não ter evitado o infortúnio.

Daí a importância do advogado em suas articulações, conhecer as normativas, de preferência fundamento-as, ainda que de forma indiciosa, e requerer dentro do processo a sua exibição.

Não se trata, portanto, de mero pedido desfundado ou sem causa, mas sim, para a elementar apuração fática.

Neste sentido Manoel Antônio Teixeira Filho:

> Não basta, entretanto, que alguém venha a juízo e manifeste intenção de ver exibidos determinados documentos, ou coisas móveis, ou escrituração contábil; é imprescindível, acima de tudo, que a pretensão do requerente esteja fundada em um interesse jurídico na exibição, pois essa espécie de ação não está livre de obediência à regra cardeal enunciada no art. 17 do CPC. *O interesse, no caso, reside na necessidade (ou, quando menos, na utilidade) que a parte possui de, por intermédio da exibição, constituir ou assegurar certo meio de prova, embora possa, em alguns casos, valer-se dessa ação simplesmente para tomar conhecimento da coisa que se encontra em poder de outrem, terceiro ou não* (destaque nosso) (Teixeira Filho, 2015 p. 545).

A omissão do empregador em trazer ao processo os documentos solicitados na petição inicial, podem revelar a ocultação/confissão de informações que são imprescindíveis ao deslinde da controvérsia quanto as causas do acidente ou da doença.

A título meramente exemplificativo, imaginemos que um empregado sofra um grave acidente de trabalho, caindo de altura superior a 2 metros do nível do solo. A Norma Regulamentadora 35, trata de segurança nos trabalhos em altura e determina, dentre outras obrigações, capacitação específica para quem realizava esta atividade (item 35.4.2 da NR 35).

Poderá o advogado requerer expressamente a exibição do comprovante de treinamento de capacitação deste empregado, cujo dever legal encontra-se expresso na norma supramencionada, expedida pelo Ministério do Trabalho e Emprego.

A recusa injustificada da empresa em apresentar os documentos indicados em quadro específico na petição inicial, pertinentes a ocorrência do acidente não deverá ser admitida em juízo, a teor do que preconiza o inciso I do art. 399 do CPC.

No exemplo citado acima, a versão fática sobre eventual falta de treinamento ou mesmo o não cumprimento de algum dos requisitos para a capacitação deste empregado, poderá ser considerada autêntica, ante as consequências trazidas pelo *caput* art. 400 do CPC, corroborando com a presunção da culpa.

Por fim, outro aspecto importante, e seguindo ainda na linha da presunção da culpa, temos o dever geral de cautela, que consiste, ainda que sem um apontamento de infração específica de texto de norma jurídica, ter a presunção da culpa em seu desfavor, dada a condição fática que se apresente o infortúnio, se dele resultar a inobservância da adoção de medidas acautelatórias, diante de situações potencialmente lesivas com a finalidade de evitá-lo, detectáveis a teor de conhecimento médio de quem tem o dever de assegurar condições salubres do meio ambiente do trabalho.

5. CONCLUSÃO

Como vimos, no Brasil, temos diversas normas jurídicas criadas para conter acidentes de trabalho ou doenças ocupacionais.

A PRESUNÇÃO DA CULPA EM DECORRÊNCIA DO ACIDENTE DE TRABALHO

Longe de serem as mais eficazes, mas trazem de uma certa maneira, condições básicas a serem cumpridas, cuja finalidade é a redução/eliminação dos riscos de acidentes e de doenças nos ambientes laborais.

Dentro dos aspectos abordados, vimos que a teoria objetiva dispensa o requisito "culpa", imputando ao autor do dano, basicamente, arguir em sua defesa as hipóteses de excludentes de responsabilidade civil, pois, o risco acentuado da atividade submete o empregado a um nível de proteção maior, no que diz respeito a possibilidade de ser indenizado.

Veja que a teoria objetiva é a exceção à regra instituída pelo inciso XXVIII do artigo 7º da Constituição Federal, que remete a indenização à demonstração do dolo e culpa, adotando portanto, a teoria subjetiva.

Naturalmente que, como exceção, a teoria objetiva possui hipóteses específicas e naturalmente muito mais limitadas, pois acobertam apenas aqueles empregados expostos a riscos mais acentuados.

Quanto a teoria subjetiva, como regra geral, e neste ponto muito mais abrangente, sempre prescindirá, para que se estabeleça de fato a responsabilidade civil do empregador no que tange ao dever de indenizar, a demonstração inequívoca do dolo ou da culpa.

Nessa discussão, sempre visando a justa reparação e considerando a obrigatoriedade do empregador em cumprir e fazer cumprir as normas de segurança e medicina do trabalho, por imposição legal, em determinados casos em que ocorrer acidentes de trabalho ou doenças ocupacionais, haverá a possibilidade da inversão do ônus da prova, fundada na *presunção da culpa,* quando os indícios apontarem pela *culpa contra a legalidade* ou a inobservância do *dever geral de cautela.*

Nos arriscamos a dizer que é "quase um meio termo" entre a responsabilidade civil objetiva e subjetiva, pois em que pese essa última haja a necessidade da prova do dolo ou da culpa, direcionará ao causador do dano, o encargo probatório no que se refere ao cumprimento de normas referentes a medicina e segurança do trabalho.

É natural que as condições que levaram a ocorrência do acidente de trabalho, possa haver diversas causas, inclusive a concorrência entre os agentes (empregado/empregador), assim como a culpa exclusiva da vítima, condições essas, que diminuem ou afastam valores relacionados as indenizações pela infortunística.

Contudo, é elementar o conhecimento a legislação esparsa, sobre normas regulamentadoras, convenções da OIT ratificadas pelo Brasil, dentre outras regulamentações, em matéria de segurança e saúde ocupacional, para que desde logo sejam articuladas, seja em sede da petição inicial, contestação, formulação de quesitos técnicos ou razões recursais, a fim de direcionar o julgador, mormente sobre condições que possam ou não inverter o ônus da prova, afastando injustas decisões, que afastam as condenações ou as determinam, sem que se atentem a essas questões.

REFERÊNCIAS

CAMISASSA, Mara Queiroga. *Segurança e saúde no trabalho*: NRS 1 a 38 comentadas e descomplicadas. 9. ed. Rio de Janeiro: Método, 2023.

GARCIA, Gustavo Filipe Barbosa. *Acidentes do trabalho* – Doenças ocupacionais e nexo técnico epidemiológico. 8. ed. Salvador: JusPodivm, 2020.

JORGE NETO, Francisco Ferreira; CAVALCANTE, Jouberto de Quadros Pessoa. *Direito to trabalho*. 4. ed. Rio de Janeiro: Lumen Juris. 2008. t. I.

MELO, Raimundo Simão de. *Direito ambiental do trabalho e a saúde do trabalhador*. 3. ed. São Paulo: LTr. 2008.

MELO, Raimundo Simão de. *Covi-19 pode ser considerada doença do trabalho?* Disponível em: https://www.conjur.com.br/2021-ago-20/reflexoes-trabalhistas-covid-19-considerada-doenca-trabalho. Acesso em: 30 ago. 2023.

OLIVEIRA, Sebastião Geraldo de. *Indenizações por acidente do trabalho ou doença ocupacional*. 14. ed. São Paulo. JusPodivm, 2023.

STOCO, Rui. *Tratado de responsabilidade civil* – Doutrina e jurisprudência. 8. ed. São Paulo: Ed. RT, 2011.

TEIXEIRA FILHO, Manoel Antônio. *Comentários ao novo Código de Processo Civil sob a perspectiva do processo do trabalho*: (Lei 13.105, 16 de março de 2015). São Paulo: LTr, 2015.

18
INFORTUNÍSTICA NA TERCEIRIZAÇÃO: A RESPONSABILIDADE CIVIL DO TOMADOR DE SERVIÇOS NAS HIPÓTESES DE ACIDENTES DE TRABALHO E DE DOENÇAS PROFISSIONAIS

Erotilde Ribeiro dos Santos Minharro

Pós-doutoranda pela Universidade de Bologna. Doutora e mestra em Direito do Trabalho e Direito da Seguridade Social pela USP. Professora titular de Direito Processual do Trabalho e de *Compliance* da FDSBC (09750-650) – São Bernardo do Campo – São Paulo – Brasil. Juíza do trabalho. Pesquisadora do NTADT da USP/Ocupa a Cadeira 07 da Academia Brasileira de Direito da Seguridade Social. erotilde.minharro@direitosbc.br; ORCID https://orcid.org/0000-0003-2638-0147; http://lattes.cnpq.br/0904545583278950.

Sumário: 1. Introdução – 2. O atual cenário da terceirização no direito do trabalho brasileiro – 3. Acidentes de trabalho e doenças profissionais: conceituação e regulamentação – 4. A responsabilidade civil na terceirização – 5. Jurisprudência relativa à responsabilidade do tomador de serviços – 6. Conclusões – Referências.

1. INTRODUÇÃO

A crescente tendência de terceirização nas relações de trabalho no Brasil, impulsionada pela busca por eficiência operacional e redução de custos, tem suscitado complexas questões jurídicas, especialmente no que tange à responsabilidade civil do tomador de serviços em casos de acidentes de trabalho e de doenças profissionais. Este fenômeno, não apenas reflete uma transformação na dinâmica laboral, mas também desafia os contornos tradicionais da responsabilidade civil e do direito do trabalho e coloca em evidência a necessidade de uma análise criteriosa das normativas aplicáveis e das interpretações jurisprudenciais atuais.

O presente artigo visa a explorar a intersecção entre a terceirização laboral e a infortunística, área dedicada ao estudo dos acidentes e doenças relacionados ao trabalho, com o objetivo de desvendar as nuances da responsabilidade civil do tomador de serviços nestes contextos. Abordaremos inicialmente a evolução legislativa e doutrinária pertinente à terceirização no Brasil, destacando como as recentes mudanças na legislação impactaram a alocação de responsabilidades entre empresas contratantes e contratadas.

Em seguida, aprofundaremos na análise dos conceitos de acidente de trabalho e doença profissional sob a óptica da legislação previdenciária e trabalhista, para investigar como estas definições se aplicam no âmbito da terceirização. Será dada especial atenção ao debate sobre a responsabilidade objetiva e subjetiva do tomador de serviços, com exame dos critérios utilizados pelos tribunais para determinar a existência de vínculo de causalidade entre a atuação do tomador de serviços e o evento danoso.

Por fim, o artigo se debruçará sobre as implicações práticas da responsabilidade civil do tomador de serviços, considerando tanto a perspectiva de reparação de danos quanto as medidas preventivas e de mitigação. Por meio de uma análise crítica da jurisprudência e da doutrina, buscar-se-á fornecer uma visão abrangente das tendências atuais e dos desafios futuros na gestão dos riscos laborais associados à terceirização, contribuindo assim para o debate acadêmico e prático sobre a adequada proteção dos trabalhadores terceirizados no Brasil.

A metodologia adotada na elaboração deste artigo jurídico segue uma abordagem qualitativa, fundamentada em uma análise doutrinária, legislativa e jurisprudencial, com o objetivo de compreender as nuances da responsabilidade civil do tomador de serviços em casos de acidentes de trabalho e doenças profissionais no contexto da terceirização laboral. Esta metodologia permite uma investigação aprofundada dos princípios, normas e interpretações jurídicas que regem a matéria, bem como uma análise crítica das implicações práticas desses dispositivos legais.

2. O ATUAL CENÁRIO DA TERCEIRIZAÇÃO NO DIREITO DO TRABALHO BRASILEIRO

O cenário atual da terceirização no direito do trabalho brasileiro é marcado por uma abordagem mais ampla e flexível, ante as mudanças legislativas introduzidas pela Reforma Trabalhista de 2017 (Lei 13.467/2017)[1] e pela Lei 13.429/2017[2] (que alterou diversos artigos da Lei sobre Trabalho Temporário nas Empresas Urbanas). Estas legislações definiram de forma mais clara os contornos da terceirização, a principal modificação – a meu ver – está na expressa permissão para que haja terceirização em atividades-fim da tomadora de serviços. Esta novel redação dada à norma jurídica em comento encerra a clássica divisão que até então vigorava com espeque na Súmula 331, do C. TST, entre possibilidade de se terceirizar as atividades-meio das empresas, tidas como terceirização lícita e, impossibilidade de se terceirizar as atividades-fim das tomadoras contratantes, tidas como terceirização ilícita.

A discussão sobre a terceirização de atividades-fim nas empresas ganhou destaque com a Lei 9.472/1997.[3] Essa lei, especialmente em seu artigo 94, II, abriu espaço para

---

1. BRASIL. Lei 13.467/2017. Altera dispositivos da Lei 6.019, de 3 de janeiro de 1974, que dispõe sobre o trabalho temporário nas empresas urbanas e dá outras providências; e dispõe sobre as relações de trabalho na empresa de prestação de serviços a terceiros. Disponível em: https://www.planalto.gov.br/ccivil_03/_ato2015-2018/2017/lei/l13429.htm . Acesso em: 27 mar. 2024.

2. BRASIL. Lei 13.429/2017. Altera a Consolidação das Leis do Trabalho (CLT), aprovada pelo Decreto-Lei 5.452, de 1º de maio de 1943, e as Leis 6.019, de 3 de janeiro de 1974, 8.036, de 11 de maio de 1990, e 8.212, de 24 de julho de 1991, a fim de adequar a legislação às novas relações de trabalho. Disponível em: https://www.planalto.gov.br/ccivil_03/_ato2015-2018/2017/lei/l13467.htm. Acesso em: 27 mar. 2024.

3. BRASIL. Lei 9.472, de 16 de julho de 1997. Dispõe sobre a organização dos serviços de telecomunicações, a criação e funcionamento de um órgão regulador e outros aspectos institucionais, nos termos da Emenda Constitucional 8, de 1995. Disponível em: https://www.planalto.gov.br/ccivil_03/leis/l9472.htm. Acesso em: 27 mar. 2024.

que concessionárias de telecomunicações terceirizem não apenas serviços auxiliares ou complementares, mas também atividades essenciais ao seu funcionamento. Essa disposição legal evidencia um reconhecimento da terceirização em atividades centrais das empresas, marcando um momento significativo na evolução da legislação trabalhista no Brasil e acirrou acalorados debates sobre o tema.

A Lei 6.019/1974, com as alterações normativas ocorridas no ano de 2017, estabelece em seu art. 4º – A que a terceirização é a transferência feita pela contratante da execução de quaisquer de suas atividades, inclusive de sua atividade principal, para pessoa jurídica de direito privado prestadora de serviços que possua capacidade econômica compatível com a execução. Importante ressaltar que a terceirização não deve gerar intermediação de mão de obra, sendo vedada a formação de vínculo de emprego direto entre a tomadora dos serviços e os trabalhadores ou sócios da prestadora de serviços.

A ideia de terceirização das atividades-fim do tomador de serviços deixou de ser mera exceção para setores produtivos específicos e passou a ser aplicada genericamente no mercado de trabalho.

Assim, os poucos riscos que existem de caracterização direta do vínculo de emprego entre trabalhador terceirizado e empresa tomadora de serviços no panorama atual, está no fato de que a empresa contratante dos trabalhos terceirizados deve evitar dar ordens diretas e exigir pessoalidade na prestação de serviços.

Este entendimento decorre dos parágrafos 1º e 2º, do art. 4º-A, da Lei 6.019/1974,[4] alterada pela Lei 13.429/2017, que estabelecem que a empresa prestadora de serviços contrata, remunera e dirige o trabalho realizado por seus trabalhadores, ou subcontrata outras empresas para realização desses serviços. E, se seguidos corretamente os parâmetros legais, não se configurará o vínculo empregatício entre os trabalhadores, ou sócios das empresas prestadoras de serviços, qualquer que seja o seu ramo, e a empresa contratante.

A jurisprudência trilhou caminho semelhante quando o Supremo Tribunal Federal (STF) decidiu pela constitucionalidade da terceirização de todas as etapas do processo produtivo das empresas, incluindo as atividades-fim. A decisão foi tomada por maioria de votos (7 a 4) nos julgamentos da ADPF 324 e do RE 958.252. Prevaleceu o entendimento de que as restrições impostas à terceirização violavam princípios como a livre iniciativa e a segurança jurídica. Como tese de repercussão geral, Tema 725, ficou estabelecido que é lícita a terceirização ou qualquer outra forma de divisão do trabalho entre pessoas jurídicas distintas, independentemente do objeto social das empresas envolvidas, mantendo-se a responsabilidade subsidiária da empresa contratante.[5]

---

4. BRASIL. Lei 6.019, de 3 de janeiro de 1974. Dispõe sobre o Trabalho Temporário nas empresas urbanas e dá outras providências. Disponível em: https://www.planalto.gov.br/ccivil_03/leis/l6019.htm. Acesso em: 27 mar. 2024.

5. BRASIL. Supremo Tribunal Federal. Disponível em: https://portal.stf.jus.br/processos/detalhe.asp?incidente=4620584. Acesso em: 27 mar. 2024.

A flexibilização e a desregulamentação também têm sido temas relevantes na discussão sobre a modernização e a precarização das relações de trabalho no Brasil. Enquanto a flexibilização refere-se à atenuação do rigor das normas jurídicas, permitindo maior negociação entre empregado e empregador, a desregulamentação caracteriza-se pela ausência do Estado no contrato de trabalho, o que é criticado por suprimir normas protetivas aos trabalhadores.

A terceirização é vista como uma forma de flexibilização das relações trabalhistas, o que possibilita às empresas adaptarem-se às necessidades do mercado e às crises econômicas mediante a contratação de serviços externos.

Além disso, a terceirização deve atender a certos requisitos legais, como a comprovação de inscrição no Cadastro Nacional da Pessoa Jurídica (CNPJ) e o registro na Junta Comercial, além de possuir um capital social compatível com o número de empregados. A empresa tomadora, por sua vez, é responsável por escolher uma prestadora de serviços que cumpra estas exigências legais e, se fizer uma escolha inadequada, deve responder civilmente pela má escolha, ante as regras da culpa *in eligendo*.

Contudo, a terceirização ainda é objeto de debates críticos, especialmente quanto à possibilidade de fraude aos direitos trabalhistas. A intermediação de mão de obra de forma ilegal constitui fraude e a depender do caso concreto pode levar à responsabilização da empresa tomadora dos serviços.

3. ACIDENTES DE TRABALHO E DOENÇAS PROFISSIONAIS: CONCEITUAÇÃO E REGULAMENTAÇÃO

A definição legal de acidente de trabalho, conforme a legislação brasileira, especificamente na Lei 8.213/1991,[6] abrange o acidente que ocorre pelo exercício do trabalho a serviço da empresa ou durante o trajeto entre a residência e o local de trabalho, que resulte em lesão corporal, perturbação funcional ou doença que cause a morte, a perda ou redução, permanente ou temporária, da capacidade para o trabalho.

A *doença profissional* é aquela diretamente relacionada às atividades desempenhadas pelo trabalhador, sendo identificada como resultante de exposição a riscos específicos de determinadas profissões.

A *doença do trabalho*, por outro lado, é aquela adquirida ou desencadeada em função de condições especiais em que o trabalho é realizado, não sendo exclusiva de nenhuma profissão em particular, mas sim relacionada às condições do ambiente de trabalho.

A principal diferença doença profissional e doença do trabalho reside na especificidade e na relação direta da doença profissional com a profissão exercida, enquanto a doença do trabalho tem uma ligação mais geral com as condições laborais.

---

6. BRASIL. Lei 8.213, de 24 de julho de 1991. Dispõe sobre os Planos de Benefícios da Previdência Social e dá outras providências. Disponível em: https://www.planalto.gov.br/ccivil_03/leis/L8213compilado.htm. Acesso em: 27 mar. 2024.

Tanto a doença profissional quanto a doença do trabalho equiparam-se aos acidentes de trabalho para fins legais.

Os artigos 157 e 158 da CLT fixam obrigações específicas tanto para empregadores quanto para empregados no que diz respeito à segurança e medicina do trabalho. Para as empresas, destaca-se a importância de cumprir e fazer cumprir as normativas pertinentes, instruir os trabalhadores sobre precauções contra acidentes de trabalho ou doenças ocupacionais, atender às determinações dos órgãos competentes e facilitar a fiscalização. Aos empregados, cabe a responsabilidade de seguir as normas de segurança e colaborar com a empresa na implementação dessas diretrizes. A lei também prevê que o descumprimento dessas obrigações pode configurar ato faltoso por parte do empregado, que pode até mesmo ser dispensado por justa causa, o que ressalta ainda mais a seriedade do compromisso com a segurança no ambiente de trabalho. O trabalhador deve sair da sua unidade produtiva com a mesma higidez física e mental que entrou.

Nas situações de terceirização, as obrigações estabelecidas nos artigos 157 e 158 da CLT também se aplicam, tanto para a empresa contratante quanto para a empresa de terceirização. A contratante deve assegurar que a prestadora de serviços cumpra as normas de segurança e saúde do trabalho dos trabalhadores que se encontram em suas dependências, enquanto a empresa terceirizada é responsável por instruir seus empregados e adotar as medidas de segurança necessárias. Ambas devem colaborar para garantir um ambiente de trabalho seguro, cumprindo as regulamentações aplicáveis.

Se tais normas fossem efetivamente cumpridas, muitos infortúnios seriam evitados.

4. A RESPONSABILIDADE CIVIL NA TERCEIRIZAÇÃO

A responsabilidade civil do tomador de serviços na esfera da terceirização encontra fundamento em um grande espectro normativo, cuja essência visa a assegurar a proteção e segurança do trabalhador terceirizado.

A Lei 6.019/1974, atualizada pelas Leis 13.429/2017 e 13.467/2017, estabelece diretrizes gerais sobre a terceirização, complementadas por disposições específicas contidas na legislação trabalhista, civil e em tratados internacionais ratificados pelo Brasil.

Os artigos 4º-C e 5º-A delineiam obrigações diretas às empresas contratantes, enfatizando a importância da igualdade de condições de trabalho (meio-ambiente laboral) entre trabalhadores terceirizado e os trabalhadores com vínculo direto com as tomadoras de serviço.

Nos termos dos referidos dispositivos legais tem-se que os empregados de empresas de terceirização devem receber, nas dependências da tomadora de serviços, condições de trabalho equivalentes às oferecidas aos empregados diretos das empresas contratantes, incluindo acesso a serviços médicos, ambulatoriais e treinamentos específicos necessários para a função exercida. Mencionados cuidados absolutamente necessários para reduzir o número de acidentes de trabalho, doenças profissionais e doenças do trabalho.

Além disso, os dispositivos legais retrocitados, fixam que o contratante tem o dever de assegurar um ambiente de trabalho seguro e saudável, estendendo certos benefícios, como serviço de transporte, atendimento médico-ambulatorial e alimentação, aos trabalhadores terceirizados.

No que tange às normas internacionais de regência, convém ressaltar a importância da Convenção 155 da OIT, sancionada no Brasil pelo Decreto 1.254/94. A Convenção em comento exige dos países signatários a implantação e revisão periódica de políticas nacionais focadas na segurança, saúde dos trabalhadores e qualidade do ambiente de trabalho. O artigo 17 desta Convenção especifica a obrigação mútua das empresas de cooperarem na implementação de medidas de segurança quando compartilharem o mesmo espaço de trabalho, incluindo a provisão de equipamentos de proteção individual e a garantia de operações seguras para minimizar riscos de acidentes e doenças ocupacionais.

A Lei 6.019/1974, em seu art. 5º-A, § 3º declara que:

> É responsabilidade da contratante garantir as condições de segurança, higiene e salubridade dos trabalhadores, quando o trabalho for realizado em suas dependências ou local previamente convencionado em contrato.

E, logo adiante, no § 5º, garante que a empresa contratante é subsidiariamente responsável pelas obrigações trabalhistas referentes ao período em que ocorrer a prestação de serviços, inclusive no que pertine ao recolhimento das contribuições previdenciárias, que observará o disposto no art. 31 da Lei no 8.212, de 24 de julho de 1991.

Note-se que o art. 5º-A, § 3º não especifica o tipo de responsabilidade a ser aplicada ao tomador de serviços por acidentes de trabalho e/ou doenças ocupacionais.

Ademais, a responsabilidade solidária não se presume. decorre da lei ou da vontade das partes. Ocorre que há lei, dentro do arcabouço legislativo de proteção ao trabalhador terceirizado que imputa este tipo de responsabilidade ao tomador de serviços.

Trata-se ao art. 942, do Código Civil, segundo o qual, os bens do responsável pela ofensa ou violação do direito de outrem ficam sujeitos à reparação do dano causado; e, se a ofensa tiver mais de um autor, todos responderão solidariamente pela reparação. Por fim, no seu parágrafo único, vaticina que são solidariamente responsáveis com os autores os coautores de atos ilícitos e as pessoas designadas no art. 932 do Código Civil.

Como se vê, o art. 942 do Código Civil é fundamental para a terceirização trabalhista, pois estabelece a responsabilidade solidária dos causadores de um dano.

Isso significa que, em casos de acidentes de trabalho ou violações de direitos dos trabalhadores terceirizados, tanto a empresa terceirizada quanto a contratante podem ser responsabilizadas conjuntamente pela reparação dos danos. Esse dispositivo legal ressalta a importância de uma gestão de riscos eficaz e o cumprimento das normas de segurança e saúde no trabalho, protegendo os direitos dos trabalhadores.

Assim, a jurisprudência e a doutrina têm evoluído no sentido de reafirmar a necessidade de um ambiente de trabalho seguro e saudável, consolidando o papel da compliance e do due diligence como ferramentas essenciais na prevenção de riscos trabalhistas, garantindo não só a proteção legal dos trabalhadores, mas também promovendo uma cultura de responsabilidade integral entre as partes envolvidas na terceirização.

Fausto Siqueira Gaia, destaca que "a responsabilidade pela adoção das medidas de segurança no ambiente de trabalho não pertence exclusivamente ao empregador mas também àquele que se beneficia da utilização da força de trabalho terceirizada".[7]

Diz ele ainda, que:

> o dever de fiscalização por parte dos tomadores de serviços deve transcender o aspecto patrimonial envolvido na terceirização, ou seja, o adimplemento de obrigações trabalhistas típicas, em razão da força normativa dos princípios fundamentais da dignidade da pessoa humana e da proteção ao trabalhador, e da própria natureza jurídica metaindividual que assumem alguns direitos trabalhistas, como é o caso do direito à garantia ao meio ambiente de trabalho saudável (Gaia, 31.01.2018).[8]

Um ponto crucial que surge após reconhecer a solidariedade entre contratante e contratado em casos de reparação por danos devido a acidentes de trabalho ou doenças ocupacionais é a decisão sobre qual fundamento de responsabilidade civil aplicar, seja ela subjetiva, exigindo prova de culpa, ou objetiva, baseada no risco da atividade.

Louis Josserand, ao se deparar com inúmeros casos de acidentes de trabalho causados por máquinas em que se atribuía o ocorrido a obra do acaso, desígnios de Deus ou mero azar, começou a delinear os primeiros passos da culpa objetiva ao se sentir incomodado pela ausência de responsabilidade daqueles que colocavam as máquinas em funcionamento para a produção de bens. Dizia ele:

> (...) quando um acidente sobrevém, em que à vítima nada se pode censurar, por haver desempenhado um papel passivo e inerte, sentimos instintivamente que lhe é devida uma reparação; precisamos que ela a obtenha, sem o que nos sentimos presos de um mal-estar moral, de um sentimento de revolta; vai-se a paz de nossa alma (Louis Josserand).[9]

Saleilles e Josserand, por meio de suas obras pioneiras em 1897, foram fundamentais na evolução da teoria do risco, inicialmente proposta na Alemanha, mas refinada pela doutrina francesa. Eles argumentaram que a abordagem clássica de responsabilidade não era adequada para certas situações, promovendo a responsabilidade objetiva base-

---

7. GAIA, Fausto Siqueira. Acidente de trabalho e responsabilidade do tomador de serviços: a necessidade de uma compreensão dialogada. *Revista Terceirização antes e depois da reforma trabalhista*, p. 87-105. Disponível em: https://juslaboris.tst.jus.br/bitstream/handle/20.500.12178/149652/2018_gaia_fausto_acidente_trabalho. pdf?sequence=1&isAllowed=y. Acesso em: 27 mar. 2024.

8. GAIA, Fausto Siqueira. Acidente de trabalho e responsabilidade do tomador de serviços: a necessidade de uma compreensão dialogada. *Revista Terceirização antes e depois da reforma trabalhista*, p. 87-105. Disponível em: https://juslaboris.tst.jus.br/bitstream/handle/20.500.12178/149652/2018_gaia_fausto_acidente_trabalho. pdf?sequence=1&isAllowed=y. Acesso em: 27 mar. 2024.

9. JOSSERAND, Louis. Conferência pronunciada na Faculdade de Coimbra. (Evolução da responsabilidade civil. Revista Forense, n. 456, p. 550.) apud SOUZA, Wendell Barbosa de. Evolução da responsabilidade civil. In: GUERRA, Alexandre Dartanhan de Mello; BENACCHIO, Marcelo (Org.). *A perspectiva histórica da responsabilidade civil*. Disponível em: http://www.mpsp.mp.br/portal/page/portal/Escola_Superior/Biblioteca/Biblioteca_Virtual/Livros_Digitais/EPM%203255_Responsabilidade%20civil_%202015.pdf. Acesso em: 27 mar. 2024.

ada em legislação francesa específica. Saleilles foi além de Josserand, defendendo uma interpretação mais abrangente do conceito de culpa no artigo 1.382 do Código Civil Francês, focando no ato danoso sem considerar a intenção do agente.[10]

Mais de cem anos depois, o Brasil adota a teoria do risco criado, para casos especificados em lei ou quando a atividade desenvolvida pelo autor do dano implicar em risco inerente. Senão vejamos:

> Art. 927. Aquele que, por ato ilícito (arts. 186 e 187), causar dano a outrem, fica obrigado a repará-lo.
>
> Parágrafo único. Haverá obrigação de reparar o dano, independentemente de culpa, nos casos especificados em lei, ou quando a atividade normalmente desenvolvida pelo autor do dano implicar, por sua natureza, risco para os direitos de outrem.

Portanto, a responsabilidade civil do tomador de serviços só será objetiva se as atividades do empregador direto ou da empresa contratante forem de risco inerente.

5. JURISPRUDÊNCIA RELATIVA À RESPONSABILIDADE DO TOMADOR DE SERVIÇOS

A depender do tipo de empresa, aplica-se o parágrafo único do art. 927, do código civil que consagra a responsabilidade objetiva. Em outras palavras, se for empresa de atividade de risco inerente a responsabilidade é objetiva. Caso contrário, a responsabilidade é subjetiva. Como se verá a seguir, o TST já decidiu que, em caso de acidente de trabalho envolvendo empregado terceirizado, as empresas contratante e contratada devem responder solidariamente pelos danos morais e materiais, baseando-se no caput do artigo 927 e no art. 942, ambos do Código Civil. A decisão ressalta o dever de cautela da empresa tomadora de serviços na escolha e fiscalização da prestadora. Neste caso específico, foi utilizada a responsabilidade civil subjetiva, onde foi necessária a prova da negligência na manutenção de um ambiente seguro e no fornecimento de equipamentos de proteção individual que resultou na responsabilização solidária das empresas envolvidas. A saber:

> Recurso de revista – Indenização por danos morais e materiais decorrentes de acidente de trabalho – Empregado terceirizado – Responsabilidade solidária da empresa tomadora de serviços. A exegese dos arts. 927, *caput*, e 942 do Código Civil autoriza a conclusão de que, demonstrada a culpa das empresas envolvidas no contrato de terceirização de serviços, estas devem responder solidariamente pela reparação civil dos danos sofridos pelo trabalhador em decorrência de acidente de trabalho. *Não há dúvidas de que a empresa tomadora de serviços, no caso de terceirização, tem o dever de cautela, seja na eleição da empresa prestadora de serviços, seja na fiscalização de suas atividades, eis que elege e celebra contrato com terceiro que intermedia, em seu proveito, a mão de obra necessária ao desenvolvimento de suas atividades econômicas. No caso concreto, a recorrente era tomadora de serviços do reclamante, que lhe prestava serviços mediante empresa interposta (a primeira-reclamada), nas suas dependências, quando sofreu acidente de trabalho. Porque configurada a culpa de ambas as reclamadas pelo dano*

---

10. SOUZA, Wendell Barbosa de. Evolução da responsabilidade civil. In: GUERRA, Alexandre Dartanhan de Mello; BENACCHIO, Marcelo (Org.). *A perspectiva histórica da responsabilidade civil.* p. 171 Disponível em: http://www.mpsp.mp.br/portal/page/portal/Escola_Superior/Biblioteca/Biblioteca_Virtual/Livros_Digitais/EPM%203255_Responsabilidade%20civil_%202015.pdf. Acesso em: 27 mar. 2024.

suportado pelo reclamante, já que foi constatada pelo Tribunal Regional a negligência na manutenção de um ambiente de trabalho seguro e no fornecimento de equipamentos de proteção individual, emerge a coparticipação das reclamadas no infortúnio que vitimou o trabalhador, a autorizar a responsabilização solidária da segunda-reclamada. Precedentes. Recurso de revista não conhecido.

(TST – RR: 3696000620055150135 369600-06.2005.5.15.0135, Relator: Luiz Philippe Vieira de Mello Filho, Data de Julgamento: 11.10.2011, 1ª Turma, Data de Publicação: DEJT 21.10.2011).

No caso supra perquiriu-se a culpa dos agentes, por tratar-se de atividades comuns não sujeitas ao risco inerente.

A jurisprudência dominante reforça a responsabilidade solidária do empregador e do tomador de serviços em casos de acidentes de trabalho, indo além da mera questão de inadimplemento de verbas trabalhistas. Evidencia-se a aplicabilidade da responsabilidade objetiva, principalmente em atividades de risco, estabelecendo a culpa presumida do empregador e justificando a indenização por danos morais e materiais. Este entendimento alinha-se aos artigos 927, parágrafo único, e 942 do Código Civil, ampliando a proteção ao trabalhador e impondo maior diligência às empresas envolvidas. Exemplo desta situação pode ser encontrado no acórdão abaixo transcrito:

Ordinário da parte autora. Da reparação civil decorrente de acidente de trabalho. Da responsabilidade solidária do empregador e do tomador de serviços. Da inaplicabilidade da Súmula 331 do TST. Nos casos envolvendo indenizações por danos morais e materiais decorrentes de acidente de trabalho, o entendimento do C. TST é no sentido de que deve ser aplicada a responsabilidade solidária da tomadora dos serviços, por aplicação dos artigos 932, III, e 942, parágrafo único, do Código Civil. Isso porque o entendimento constante da Súmula 331, IV, do C. TST trata da responsabilidade da tomadora de serviços quanto ao inadimplemento de verbas trabalhistas em sentido estrito, *o que não é o caso dos autos, que se refere à responsabilidade civil solidária decorrente de acidente de trabalho. Recurso ordinário a que se dá provimento, para reconhecer a responsabilidade solidária das reclamadas pela reparação civil decorrente do acidente de trabalho que vitimou fatalmente o ex-empregado.* Indenização por dano moral. Acidente por eletroplessão. Acidente de trabalho típico. *Aplicabilidade da responsabilidade objetiva prevista no artigo 927, parágrafo único, do código civil. A atividade laboral desempenhada pelo ex-empregado era de risco, constatada a relação existente entre tal atividade e o dano causado, aplica-se a responsabilidade objetiva ao empregador que explora atividade de risco, presumindo-se a culpa nessa hipótese, restando inegável o direito à reparação civil por danos morais e materiais, nos termos do parágrafo único do artigo 927 do Código Civil. Recursos ordinários das Rés a que se negam provimento.* Art. 932. São também responsáveis pela reparação civil:

I – (...)

II – (...)

III – o empregador ou comitente, por seus empregados, serviçais e prepostos, no exercício do trabalho que lhes competir, ou em razão dele;

Reparação indenizatória. Acidente do trabalho. Tomador de serviço. Responsabilidade solidária configurada.

A responsabilidade solidária do tomador de serviços, no caso de reparação indenizatória decorrente de acidente do trabalho, advém da comprovação *da sua conduta culposa* pelo ato ilícito e tem por *fundamento o art. 942 do Código Civil.*

(TRT-2 10002591620205020383 SP, Relator: Benedito Valentini, 12ª Turma – Cadeira 4, Data de Publicação: 21.09.2021).

Forçoso reconhecer que a jurisprudência atual consolida a noção de responsabilidade solidária entre empregadores e tomadores de serviços nos casos de acidentes de trabalho, e a responsabilidade objetiva quando se tratar de atividade de risco inerente.

6. CONCLUSÕES

O elemento-chave para a tendência de responsabilidade solidária do tomador de serviço diante da terceirização é a proteção ao trabalhador terceirizado.

Há um movimento crescente nos tribunais brasileiros em direção à responsabilização mais ampla do tomador de serviços, especialmente em casos onde a fiscalização e o cumprimento das normas de saúde e segurança do trabalho são negligenciados. A partir de 2017, a própria legislação abriu espaço para esta interpretação. A responsabilidade solidária (devidamente prevista em lei) é vista como uma ferramenta eficaz para assegurar a efetivação dos direitos relativamente à segurança e saúde dos trabalhadores terceirizados.

A Lei 13.429/2017, que regulamenta a terceirização, e a reforma trabalhista implementada pela Lei 13.467/2017, embora tenham ampliado as possibilidades de terceirização (deixando clara a terceirização para atividade-fim), também trouxeram à tona discussões sobre a necessidade de garantir proteção adequada aos trabalhadores terceirizados. A tendência de responsabilização solidária se insere nesse contexto como uma interpretação voltada à garantia a um meio ambiente saudável, salvaguardando a vida e a integridade física do trabalhador.

O aumento da terceirização no mercado de trabalho brasileiro e as consequências sociais e econômicas associadas a práticas abusivas ou à falta de proteção adequada ao trabalhador terceirizado pressionam por uma interpretação jurídica que favoreça a responsabilização ampla dos envolvidos, inclusive dos tomadores de serviços.

A tendência de responsabilização solidária do tomador de serviços nos casos de acidentes de trabalho e doenças ocupacionais reflete um esforço do ordenamento jurídico brasileiro em equilibrar as dinâmicas econômicas da terceirização com a proteção dos direitos dos trabalhadores. Ademais, se se tratarem de empresas de risco inerente (seja a empregadora direta, seja a tomadora de serviços) a responsabilidade será objetiva, independentemente da prova da culpa dos envolvidos.

Este movimento jurisprudencial e legislativo busca assegurar que os benefícios da flexibilização do mercado de trabalho não sejam alcançados às custas da saúde e segurança do trabalhador, promovendo um ambiente de trabalho mais seguro e justo para todos os envolvidos.

REFERÊNCIAS

BRASIL. Lei 13.467/2017. Altera dispositivos da Lei 6.019, de 3 de janeiro de 1974, que dispõe sobre o trabalho temporário nas empresas urbanas e dá outras providências; e dispõe sobre as relações de trabalho na empresa de prestação de serviços a terceiros. Disponível em: https://www.planalto.gov.br/ccivil_03/_ato2015-2018/2017/lei/l13429.htm. Acesso em: 27 mar. 2024.

BRASIL. Lei 13.429/2017. Altera a Consolidação das Leis do Trabalho (CLT), aprovada pelo Decreto-Lei 5.452, de 1º de maio de 1943, e as Leis 6.019, de 3 de janeiro de 1974, 8.036, de 11 de maio de 1990, e 8.212, de 24 de julho de 1991, a fim de adequar a legislação às novas relações de trabalho. Disponível em: https://www.planalto.gov.br/ccivil_03/_ato2015-2018/2017/lei/l13467.htm. Acesso em: 27 mar. 2024.

BRASIL. Lei 9.472, de 16 de julho de 1997. Dispõe sobre a organização dos serviços de telecomunicações, a criação e funcionamento de um órgão regulador e outros aspectos institucionais, nos termos da Emenda Constitucional 8, de 1995. Disponível em: https://www.planalto.gov.br/ccivil_03/leis/l9472. htm. Acesso em: 27 mar. 2024.

BRASIL. Lei 6.019, de 3 de janeiro de 1974. Dispõe sobre o Trabalho Temporário nas empresas urbanas e dá outras providências. Disponível em: https://www.planalto.gov.br/ccivil_03/leis/l6019.htm. Acesso em: 27 mar. 2024.

BRASIL. Supremo Tribunal Federal. Disponível em: https://portal.stf.jus.br/processos/detalhe.asp?incidente=4620584. Acesso em 27 mar. 2024.

BRASIL. Lei 8.213, de 24 de julho de 1991. Dispõe sobre os Planos de Benefícios da Previdência Social e dá outras providências. Disponível em: https://www.planalto.gov.br/ccivil_03/leis/L8213compilado.htm. Acesso em: 27 mar. 2024.

GAIA, Fausto Siqueira. Acidente de trabalho e responsabilidade do tomador de serviços: a necessidade de uma compreensão dialogada. *Revista Terceirização antes e depois da reforma trabalhista*, p. 87-105. Disponível em: https://juslaboris.tst.jus.br/bitstream/handle/20.500.12178/149652/2018_gaia_fausto_acidente_trabalho.pdf?sequence=1&isAllowed=y. Acesso em: 27 mar. 2024.

JOSSERAND, Louis. Conferência pronunciada na Faculdade de Coimbra. Evolução da responsabilidade civil. *Revista Forense*, n. 456, p. 550 apud SOUZA, Wendell Barbosa de. Evolução da responsabilidade civil. In: GUERRA, Alexandre Dartanhan de Mello; BENACCHIO, Marcelo (Org.). *A perspectiva histórica da responsabilidade civil*. Disponível em: http://www.mpsp.mp.br/portal/page/portal/Escola_Superior/ Biblioteca/Biblioteca_Virtual/Livros_Digitais/EPM%203255_Responsabilidade%20civil_%202015. pdf. Acesso em: 27 mar. 2024.

SOUZA, Wendell Barbosa de. Evolução da responsabilidade civil. In: GUERRA, Alexandre Dartanhan de Mello; BENACCHIO, Marcelo (Org.). *A perspectiva histórica da responsabilidade civil*. p. 171 Disponível em: http://www.mpsp.mp.br/portal/page/portal/Escola_Superior/Biblioteca/Biblioteca_Virtual/ Livros_Digitais/EPM%203255_Responsabilidade%20civil_%202015.pdf. Acesso em: 27 mar. 2024.

V – RESPONSABILIDADE CIVIL POR DANOS EXTRAPATRIMONIAIS NAS RELAÇÕES DE TRABALHO

19
DISCIPLINA E IMPORTÂNCIA DA RESPONSABILIDADE CIVIL POR DANO EXTRAPATRIMONIAL NAS RELAÇÕES TRABALHISTAS

Rodolfo Pamplona Filho

Doutorado em Direito pela Pontifícia Universidade Católica de São Paulo (2000). Mestrado em Direito pela Pontifícia Universidade Católica de São Paulo (1997). Mestrado em Direito Social pela UCLM – Universidad de Castilla-La Mancha (2012). Graduado em Direito pela Universidade Federal da Bahia (1994). Professor Titular do Curso de Direito e do Mestrado em Direito, Governança e Políticas Públicas da UNIFACS – Universidade Salvador e Professor Associado IV da Graduação e Pós-Graduação *Stricto Sensu* (Mestrado e Doutorado) da UFBA – Universidade Federal da Bahia. Líder do Grupo de Pesquisa CPJ – Centro de Pesquisas Jurídicas no Curso de Direito da UNIFACS – Universidade Salvador (com orientandos de graduação, PIBIC e mestrado), desde 2000, e do Grupo de Pesquisa Direitos Fundamentais e Reflexos nas Relações Sociais no Curso de Direito da UFBA – Universidade Federal da Bahia (com orientandos de graduação, PIBIC, mestrado e doutorado), desde 2007. Coordenador dos Cursos de Pós-Graduação On-line em Direito e Processo do Trabalho e em Direito Contratual do CERS, desde 2016. Membro da Academia Brasileira de Direito do Trabalho (tendo exercido sua Presidência, Vice-Presidência, Secretaria Geral e Coordenação Regional da Bahia, sendo, atualmente, Presidente Honorário da instituição), Academia de Letras Jurídicas da Bahia (tendo exercido a sua Presidência, por três mandatos, depois de ter exercido sua Secretaria Geral por três gestões anteriores), Instituto Baiano de Direito do Trabalho (tendo exercido a sua Presidência), Academia Brasileira de Direito Civil (ABDC), Instituto Brasileiro de Direito Civil (IBDCivil), Instituto Brasileiro de Direito de Família (IBDFam) e Instituto Brasileiro de Direito Contratual (IBDCont). Apresentador do Talk-Show "Papeando com Pamplona". Poeta. Juiz do Trabalho concursado, com posse e exercício em 10.07.1995, sendo, atualmente, Titular da 32ª Vara do Trabalho de Salvador/BA, desde 26.06.2015.

Site: www.rodolfopamplonafilho.com.br Instagram: @rpamplonafilho E-mail: rpf@rodolfopamplonafilho.com.br.

Epifanio A. Nunes

Mestre em Direito, Governança e Políticas Públicas pela Universidade Salvador (UNIFACS). Pós-graduado em Direito Público e Privado pelo Centro Universitário (UniFTC); Graduado em Direito pelo Centro Universitário (UniFTC). Graduado em Comunicação Social com Habilitação em Relações Públicas pela Universidade do Estado da Bahia (UNEB). Foi consultor em Políticas Públicas do Programa Nacional de Segurança Pública com Cidadania para a proteção de Jovens em Território Vulnerável (PROTEJO – PRONASCI). Consultor Jurídico. Professor. E-mail: epifanioanunes1@gmail.com.

Sumário: 1. Introdução – 2. Dano extrapatrimonial – 3. Dano extrapatrimonial e pessoa jurídica – 4. Delimitação e abrangência do dano extrapatrimonial trabalhista – 5. Conceito de dano extrapatrimonial e os titulares do direito à reparação – 6. Bens juridicamente tutelados: conteúdo taxativo ou exemplificativo? – 7. Legitimidade passiva dos danos extrapatrimoniais trabalhistas: quem pode ser responsabilizado?; 7.1 Da omissão acerca da responsabilidade objetiva; 7.2 O litisconsórcio facultativo e a denunciação da lide; 7.3 Responsabilidade extrapatrimonial em relações triangulares de trabalho – 8. Possibilidade de cumulação dos danos patrimoniais e extrapatrimoniais – 9. Critérios de fixação da indenização trabalhista por dano extrapatrimonial – 10. Conclusões – Referências.

1. INTRODUÇÃO

A relação entre empregador e subordinado ocupa um papel central no estudo do Direito do Trabalho. Isto porque não há uma relação com tal "eletricidade social" tendo em vista o seu alcance na proteção do trabalhador, juridicamente dependente da relação de emprego.

Por tal razão, o sistema normativo destina ao polo hipossuficiente uma proteção maior na relação jurídica de direito material trabalhista, concretizando, no plano ideal, o princípio da isonomia, desigualando os desiguais na medida em que se desigualem.

Devido a esse alcance protetivo, durante o contrato de trabalho, as relações intersubjetivas entre o empregado e o empregador podem gerar danos conflitivos, inerentes à responsabilidade civil. E quando se fala da responsabilidade civil nas relações trabalhistas a questão torna-se ainda mais complexa, pelo fato de não ser possível aplicar isoladamente as regras de Direito Civil das regras inerentes às relações de emprego e vice-versa.

O reconhecimento da competência da Justiça do Trabalho para reparação de danos morais e materiais ocorreu de forma gradual, sendo o marco histórico a Emenda Constitucional 45 de 2004, que pacificou a competência especializada, inclusive para danos decorrentes de acidente de trabalho.[1]

Com o advento da Lei 13.467 de 2017, também conhecida como a "lei da reforma trabalhista", os danos não materiais – que antes eram tratados como dano moral, dano estético e congêneres[2] – passam a integrar os "danos extrapatrimoniais", dos quais, segundo o novel instituto, podem ser vitimados o empregador e o empregado. De fato, a mencionada norma alterou a Consolidação das Leis do Trabalho (CLT – Decreto-Lei 5.452 de 1943) acrescentando um título próprio (Título II-A), tratando exclusivamente do dano extrapatrimonial, com a inclusão dos artigos 223-A a 223-G.

O Título II-A traz um novo regramento normativo acerca da responsabilidade civil do empregador e do empregado diante da ocorrência dos danos morais no âmbito das relações regidas pela CLT, cujo ponto polêmico foi a "tarifação da indenização do dano moral", contendo a imposição de critérios e de limites pecuniários para a indenização de cada caso em específico.

---

1. PAMPLONA FILHO, Rodolfo. A nova competência da Justiça do trabalho: uma contribuição para a compreensão dos limites do novo art. 114 da Constituição Federal de 1988. *Revista Ltr*: legislação do trabalho, São Paulo, v. 70, n. 1, p. 38-49, jan. 2006.
2. O dano imaterial ou extrapatrimonial não se restringe ao dano moral. Há, ainda, os danos à personalidade, à imagem, à integridade psicofísica, à saúde, à existência, à dignidade sexual, dentre tantos outros. Percebe-se que, dada a abstração dos danos imateriais, torna-se impossível exauri-los, sobretudo porque novos danos – cujo conteúdo seja não pecuniário, nem comercialmente redutível a dinheiro – são gerados ou percebidos ao longo do tempo.

No que pese o avanço trazido em relação à tutela dos danos morais na Relação de Emprego – tema o qual um dos autores já desenvolve trabalhos desde o ano de 1997[3] – a norma contém pontos polêmicos que serão enfrentados neste estudo.

Afinal, uma norma com restrições ao poder decisório jurisdicional, como não poderia deixar de ser, gera debates acadêmicos, doutrinários e jurisprudenciais: questiona-se a constitucionalidade da norma diante da aparente colisão com os direitos fundamentais grafados na Constituição Federal de 1988, como o direito de reparação integral do dano, o livre convencimento motivado do magistrado, a razoabilidade e a proporcionalidade, a proibição do retrocesso social, a proteção do trabalho, a igualdade e, sobretudo, a dignidade da pessoa humana.

Antes da reforma trabalhista de 2017, os danos morais decorrentes da relação de emprego eram apurados a partir das normas do direito comum (fontes subsidiárias).[4] A partir da vigência do Título II-A, os danos morais decorrentes das relações laborais seriam regulados exclusivamente com base nos artigos 223-A a 223-G.

Mas, estariam as fontes subsidiárias excluídas a partir da reforma trabalhista?

O desafio deste estudo é o de desbravar as nuances e os detalhes inerentes à responsabilidade civil por dano extrapatrimonial decorrente das relações trabalhistas. Contudo, antes de enfrentarmos a análise dos artigos do Título II-A, cabe trazer alguns conceitos importantes para a compreensão do tema. É o que veremos a seguir.

2. DANO EXTRAPATRIMONIAL

Consiste o dano moral na lesão de direitos, cujo conteúdo não é pecuniário, nem comercialmente redutível a dinheiro. Em outras palavras, podemos afirmar que o dano moral é aquele que lesiona a esfera personalíssima da pessoa (seus direitos da personalidade), violando, por exemplo, sua intimidade, vida privada, honra e imagem, bens jurídicos tutelados constitucionalmente.[5]

Percebe-se a partir do conceito trazido a importância de sua apreensão, já que a lesão ora discutida ocorre em direitos – repita-se! – cujo conteúdo não é pecuniário, nem comercialmente redutível a dinheiro, restando afastada qualquer relação ao efeito patrimonial do dano moral ocorrido, pois muitos dos debates sobre a matéria (neste caso, bastante infrutíferos) residem na busca de uma quantificação do dano moral com base nos seus reflexos materiais.[6]

---

3. Rodolfo Pamplona Filho é autor de diversas obras com este tema, cujo início se deu em 1997 com a defesa da Dissertação de Mestrado *"O Dano Moral na Relação de Emprego"*, lembrando que só no ano de 2004, com a Emenda Constitucional 45, a indenização por dano moral ou patrimonial decorrente da relação de trabalho foi incluída na Constituição Federal (inciso VI do artigo 114).

4. Antes da reforma, o direito comum como fonte subsidiária era previsto no parágrafo único do artigo 8º da CLT. Após a reforma, a redação foi em parte mantida no § 1º do mesmo artigo: "§ 1º O direito comum será fonte subsidiária do direito do trabalho".

5. STOLZE, Pablo; PAMPLONA FILHO, Rodolfo. *Manual de direito civil* – volume único. 4. ed. São Paulo: Saraiva Educação, 2020, p. 1401.

6. Ibidem, Loc. cit.

Apenas por uma questão de rigor acadêmico, consideramos salutar distinguir o dano moral direto, o dano moral indireto e o dano moral em ricochete (ou dano reflexo).

O dano moral direto se refere a uma lesão específica de um direito extrapatrimonial, como os direitos da personalidade.

Já o dano moral indireto ocorre quando há uma lesão específica a um bem ou interesse de natureza patrimonial, mas que, de modo reflexo, produz um prejuízo na esfera extrapatrimonial, como é o caso, por exemplo, do furto de um bem com valor afetivo ou, no âmbito do direito do trabalho, o rebaixamento funcional ilícito do empregado, que, além do prejuízo financeiro, traz efeitos morais lesivos ao trabalhador.

Enquanto no dano moral tem-se uma violação a um direito da personalidade de um sujeito, em função de um dano material por ele mesmo sofrido; no dano moral em ricochete (ou dano reflexo) tem-se um dano moral sofrido por um sujeito, em função de um dano (material ou moral, pouco importa) de que foi vítima outro indivíduo, ligado a ele.[7]

Percebe-se que o chamado dano em Ricochete – que será discutido quando da análise do artigo 223-B – é uma especial categoria de dano, que, a despeito de não serem suportados pelos próprios sujeitos da relação jurídica principal, atingem pessoas próximas, e são perfeitamente indenizáveis, por derivarem diretamente da atuação ilícita do infrator.[8]

O novo Título II-A da CLT adotou a nomenclatura *danos extrapatrimoniais*, quando trata do dano moral decorrente das relações de trabalho.

A partir da leitura dos artigos 223-A ao 223-E, é possível extrair o conceito do dano de natureza extrapatrimonial decorrente das relações de trabalho conforme quis o legislador reformista: é a ação ou omissão danosa, decorrente da relação de trabalho, perpetrada contra pessoa física ou jurídica que tenha sido atingida em sua esfera moral ou existencial, contemplando *a honra, a imagem, a intimidade, a liberdade de ação, a autoestima, a sexualidade, a saúde, o lazer e a integridade física, em relação às pessoas físicas; e, a imagem, a marca, o nome, o segredo empresarial e o sigilo da correspondência em relação à pessoa jurídica.*[9]

De logo manifestamos nossa discordância desse conceito, extraído da norma reformista. Afinal, conforme será visto adiante, o legislador não foi feliz ao tentar restringir em um rol taxativo (*numerus clausus*) os acontecimentos passíveis de indenização extrapatrimonial decorrentes das relações de trabalho. E mesmo se a restrição partisse de um rol exemplificativo (*numerus apertus*), já seria questionável.

Expliquemos melhor.

---

7. STOLZE, Pablo; PAMPLONA FILHO, Rodolfo. Op. cit., p. 1403.
8. Ibidem. Loc. cit.
9. PAMPLONA FILHO, Rodolfo; SOUZA, Tercio Roberto Peixoto. *Curso de direito processual do trabalho.* 2. ed. São Paulo: Saraiva Educação, 2020, p. 240.

Quando se tenta delimitar o plano de existência dos eventos danosos referentes à responsabilidade civil, tende-se a dizer menos do que se deveria. Isto porque, as hipóteses de ocorrência dos comportamentos lesivos (ações ou omissões) das pessoas é, em si, incalculável e só pode ser verificável por meio da atuação jurisdicional difusa e diante do caso 'in concreto'.[10]

O fato é que as variantes dano à pessoa, dano existencial, dano estético, dano extrapatrimonial, dano moral etc., possuem como denominador comum a proteção da pessoa humana e de toda a sua dignidade existencial constitucionalmente assegurada como princípio fundamental do Estado Democrático de Direito.

De acordo com Mauricio Godinho Delgado,

> Segundo a literalidade da nova Lei, não cabe mais falar em dano moral, dano estético e correlatos: simplesmente despontam os *danos extrapatrimoniais*, quer de trabalhadores, quer de empresas, que se tornam bastante similares e equivalentes, aparentemente desvestidos da força cons titucional inspiradora deflagrada em 1988 em benefício da pessoa humana.[11]

Para Luiz Carlos Amorim Robortella, a expressão "dano extrapatrimonial" define melhor o fenômeno jurídico do que a expressão "dano moral", que, segundo ele, "não consegue abarcar toda a gama de situações de fato, parecendo vincular-se mais a sofrimentos, dores, angústias, que são apenas uma das formas pelas quais se manifesta".[12]

Inobstante as respeitáveis opiniões divergentes, entendemos que o termo "dano não material" melhor reflete as lesões do patrimônio imaterial, justamente em contraponto ao termo "dano material", como duas faces da mesma moeda, que seria o "patrimônio jurídico" da pessoa, física ou jurídica.[13]

Entretanto, considerando a adoção da expressão "dano extrapatrimonial" no Título II-A da CLT, para fins didáticos, doravante usaremos o termo "dano extrapatrimonial" como antônimo de "dano material".

3. DANO EXTRAPATRIMONIAL E PESSOA JURÍDICA

Superada essa questão, cabe perguntar: pode a pessoa jurídica ser vítima do dano extrapatrimonial?

Havia, até bem pouco tempo, acesa polêmica acerca da possibilidade de pleito de indenização por danos morais no que diz respeito à pessoa jurídica. Por longos anos, considerou-se que os danos morais se limitavam às "dores da alma", sentimentos que

---

10. STOLZE, Pablo; PAMPLONA FILHO, Rodolfo. Op. cit., p. 1499.
11. DELGADO, Mauricio Godinho. *Curso de direito do trabalho*. 18. ed. São Paulo: LTr, 2019, p. 730.
12. ROBORTELLA, Luiz Carlos Amorim. Responsabilidade civil do empregador perante o novo Código civil. *Revista do Tribunal Regional do Trabalho da 15ª Região*. Campinas, n. 22, p. 133-147, 2003.
13. STOLZE, Pablo; PAMPLONA FILHO, Rodolfo. Op. cit., p. 1401. Luciano Martinez prefere a expressão "dano ao patrimônio imaterial" porque, segundo o autor, é "mais técnica e adequada, ou mesmo a "dano moral" por sua popularidade e difusão". In: MARTINEZ, Luciano. *Curso de direito do trabalho*. 11. ed. São Paulo: Saraiva Educação, 2020, p. 422.

a pessoa jurídica jamais poderia ter, pois esta é uma criação do direito, e não um ser orgânico, dotado de espírito e emoções.[14]

Divergências a parte, se é certo que uma pessoa jurídica jamais terá uma vida privada, mais evidente ainda é que ela pode e deve zelar pelo seu nome e imagem perante o público-alvo, sob pena de perder largos espaços na acirrada concorrência de mercado, afinal, uma propaganda negativa de determinado produto, por exemplo, pode destruir toda a reputação de uma empresa, da mesma forma que informações falsas sobre eventual instabilidade financeira da pessoa jurídica podem acabar por levá-la a uma indesejável perda de credibilidade, com fortes reflexos patrimoniais.[15]

O fato é que a legislação jamais excluiu expressamente as pessoas jurídicas da proteção aos interesses extrapatrimoniais, entre os quais se incluem os direitos da personalidade. A própria Constituição Federal de 1988 ao preceituar em seu art. 5º, X, que "são invioláveis a intimidade, a vida privada, a honra e a imagem das pessoas, assegurado o direito a indenização pelo dano material ou moral decorrente de sua violação", não fez qualquer acepção de pessoas, não podendo ser o dispositivo constitucional interpretado de forma restritiva, notadamente quando se trata de direitos e garantias fundamentais.[16]

Da mesma forma, ao assegurar "o direito de resposta, proporcional ao agravo, além da indenização por dano material, moral ou à imagem" (art. 5º, V), o texto constitucional não apresentou qualquer restrição, devendo o direito abranger a todos, indistintamente.

Sem demérito de reconhecer que a teoria dos direitos da personalidade tenha sido construída a partir de uma concepção antropocêntrica do direito, consideramos inadmissível a posição que limita a possibilidade de sua aplicação à pessoa natural.

Essa tese, inclusive, já havia sido consagrada jurisprudencialmente por Súmula do Superior Tribunal de Justiça de 227, segundo a qual "A pessoa jurídica pode sofrer dano moral". Posteriormente o Código Civil em seu artigo 52 pôs fim à polêmica, estabelecendo expressamente que a proteção dos direitos da personalidade aplica-se às pessoas jurídicas.

Finalmente, a Lei 13.467/2017 trouxe expressamente a possibilidade de reparação dos danos extrapatrimoniais causados não só ao empregado, mas também à empresa (artigo 223-B).

Os danos materiais e os danos extrapatrimoniais trabalhistas podem ser cumulados. Também podem decorrer do mesmo fato ou de eventos diferentes, tendo em vista a distinção dos bens tutelados. Assim, a indenização por danos extrapatrimoniais ocorrerá sem prejuízo das indenizações por danos materiais, decorrentes, por exemplo, de lesões acidentárias.

Feitas estas ponderações, analisaremos, a seguir, os artigos contidos no Título II-A da CLT.

---

14. STOLZE, Pablo; PAMPLONA FILHO, Rodolfo. Op. cit., p. 1409.
15. Ibidem, Loc. cit.
16. Ibidem, Loc. cit.

4. DELIMITAÇÃO E ABRANGÊNCIA DO DANO EXTRAPATRIMONIAL TRABALHISTA

> Art. 223-A. Aplicam-se à reparação de danos de natureza extrapatrimonial decorrentes da relação de trabalho apenas os dispositivos deste Título.

De acordo com a redação do artigo 223-A 'apenas' o dispositivo do Título II-A deve ser aplicado à reparação do dano extrapatrimonial decorrente das relações de trabalho.

A celeuma em relação a esse artigo decorreu da palavra "apenas", porque, em tese, estaria o magistrado limitado a reparar os danos extrapatrimoniais nas relações laborais exclusivamente com base no Título II-A da CLT. É dizer: haveria um impedimento de aplicação secundária ou assessoria de outras normas fora do referido título.

Esse é, por exemplo, o entendimento de Augusto César Leite de Carvalho, para quem o artigo 223-A da CLT tenta excluir a proteção contina na Constituição Federal de 1988, no Código Civil e no direito comparado, ao limitar a tutela da proteção do trabalhador.[17]

Enoque Ribeiro dos Santos lembra que o Código Napoleônico de 1804 tentou enquadrar todos os fatos sociais da época às normas ali contidas, sendo que o caminhar evolutivo da sociedade demonstrou que fatos sociais dinâmicos diante de leis estáticas criam situações não albergadas pelo direito preexistente na norma cristalizada, sobretudo diante de fenômenos como a globalização, a virtualização, a cibernética e a inteligência artificial, restando impossível na contemporaneidade a delimitação das situações de ocorrência dos danos extrapatrimoniais trabalhistas.[18]

Para Marcus Aurélio Lopes,

> A lei nitidamente busca concentrar toda a disciplina jurídica do dano extrapatrimonial e por isso a palavra "apenas" tem o sentido de excluir outras regras jurídicas incidentes sobre fatos que se pretendam fundamento de prejuízos extrapatrimoniais. [...] estabelecer que os fatos que ensejam indenização extrapatrimonial se aplicam *apenas* as disposições da CLT significa que o ordenamento trabalhista supre de forma suficiente, sob o ângulo legal, a disciplina da causa e dos efeitos da responsabilidade por danos extrapatrimoniais decorrentes do contrato de trabalho. [...] A lei expressamente exclui outras regras da incidência sobre danos extrapatrimoniais o que se caracteriza como um comando direto e positivo sobre o fato. [...] No caso do dano extrapatrimonial trabalhista *há* disciplina jurídica expressa afirmando que apenas a CLT é fonte de direitos. Há, portanto, *limitação na aplicação da lei*, já que está excluída a incidência do Código Civil e outras leis esparsas sobre responsabilidade extrapatrimonial.[19] (Grifamos)

---

17. CARVALHO, Augusto César Leite de. *Princípios do Direito do Trabalho sob a Perspectiva dos Direitos Humanos*. São Paulo: LTr, 2018, p. 21.
18. SANTOS, Enoque Ribeiro dos. O Dano Extrapatrimonial na Lei 13.467/2017, da Reforma Trabalhista, após o advento da Medida Provisória 808/2017. *Revista Síntese Trabalhista e Previdenciária*, São Paulo, v. 29, n. 344, p. 9-20, fev. 2018.
19. COELHO, Luciano Augusto de Toledo. LOPES, Marcus Aurélio. Breves comentários ao novo regime do dano extrapatrimonial na justiça do trabalho. *IX Amatra*, 13 nov. 2017. Disponível em: http://www.amatra9.org.br/breves-comentarios-ao-novo-regime-do-dano-extrapatrimonial-na-justica-do-trabalho-luciano-coelho-e--marcus-aurelio-lopes/. Acesso em: 02 ago. 2023.

Conforme o enunciado 18 da 2ª Jornada de Direito Material e Processual do Trabalho de 2017:

> Aplicação exclusiva dos novos dispositivos do Título II-A da CLT à reparação de danos extrapatrimoniais decorrentes das relações de trabalho: inconstitucionalidade. A esfera moral das pessoas humanas é conteúdo do valor dignidade humana (art. 1.º, III, da CF) e, como tal, não pode sofrer restrição à reparação ampla e integral quando violada, sendo dever do Estado a respectiva tutela na ocorrência de ilicitudes causadoras de danos extrapatrimoniais nas relações laborais. Devem ser aplicadas todas as normas existentes no ordenamento jurídico que possam imprimir, no caso concreto, a máxima efetividade constitucional ao princípio da dignidade da pessoa humana (art. 5.º, V e X, da CF). A interpretação literal do art. 223-A da CLT resultaria em tratamento discriminatório injusto às pessoas inseridas na relação laboral, com inconstitucionalidade por ofensa aos arts. 1.º, III; 3.º, IV; 5.º, *caput* e incisos V e X e 7.º, *caput*, todos da Constituição Federal.[20]

É de se notar que, em se adotando essa linha interpretativa, haveria uma antinomia entre os artigos 223-A – que restringe a aplicação apenas dos dispositivos do Título II-A da CLT acerca da reparação de danos de natureza extrapatrimonial decorrentes da relação de trabalho – e o artigo 8º da CLT, principalmente em seu § 1º – segundo o qual o direito comum é a fonte subsidiária do direito do trabalho.

E a fonte subsidiária tradicionalmente adotada quando ocorrem lacunas na legislação trabalhista, é o Direito Civil. Esse entendimento é consagrado, não só pelo próprio texto da CLT, mas também do ponto de vista doutrinário e jurisprudencial. Eis que, numa interpretação literal do artigo 223-A da CLT, o artigo 927 do Código Civil, por exemplo, não poderia ser usado nos casos previstos no Título II-A da CLT, subvertendo e maculando a histórica subsidiariedade do direito civil em relação ao Direito do Trabalho.

Luciano Augusto de Toledo Coelho explica que a interpretação literal do artigo 223-A e seguintes resultaria em situações teratológicas, citando o seguinte exemplo:

> [...] um acidente com um motorista, no qual fosse perdida valiosa carga, o dono da carga poderia exigir da empresa transportadora uma indenização por danos morais sem qualquer limitação, utilizando-se o regime civil, enquanto que o motorista, credor de parcela alimentar e crédito privilegiado, caso lesionado no acidente, estaria restrito ao regime do Título II-A da nova lei. A responsabilidade objetiva deixaria, por exemplo, de existir, por exemplo, na seara trabalhista, existindo, todavia, na seara civil. Ora, o regime de responsabilidade é um só.[21]

Ademais, a restrição conflitaria com o papel integrador da norma ao dispor de mecanismos na sanação das eventuais omissões normativas, cujos mecanismos estão sempre orientados no sentido de que nenhum interesse de classe ou particular prevaleça sobre o interesse público. Também, haveria a limitação indevida do papel constitucio-

---

20. BRASIL. Associação Nacional dos Magistrados da Justiça do Trabalho. Enunciado 18. 2ª Jornada de Direito Material e Processual do Trabalho. Enunciados aprovados. Brasília/DF: CONAMAT, 2018. Disponível em: https://www.anamatra.org.br/attachments/article/27175/livreto_RT_Jornada_19_Conamat_site.pdf. Acesso em: 16 jul. 2023.
21. COELHO, Luciano Augusto de Toledo. LOPES, Marcus Aurélio. Op. cit.

nalmente assegurado ao Poder Judiciário, além de uma restrição indevida da atividade pacificadora dos conflitos sociais, conferida a esse mesmo poder.[22]

De acordo com o Conselho Federal da Ordem dos Advogados do Brasil, o artigo 223-A violaria o princípio constitucional da isonomia previsto no caput do artigo 5º da Constituição Federal; afastaria a aplicação do artigo 944 do Código Civil, que relaciona a indenização à extensão do dano; desconsideraria a proteção constitucional conferida às relações de trabalho (artigo 7º) e ao meio ambiente (artigo 225).[23]

A Procuradoria-Geral da República, em parecer juntado à Ação Direita de Inconstitucionalidade 5870, entendeu que o legislador ordinário promoveu "o isolamento disciplinar dos direitos fundamentais de personalidade na órbita das relações de trabalho, para submeter-lhes à referida restrição reparatória".[24]

A restrição gerada com termo "apenas" deixou clara a necessidade de se interpretar o artigo 223-A conforme a Constituição Federal, sob pena de manifesta inconstitucionalidade.

E foi nesse sentido o voto conjunto do Ministro Gilmar Ferreira Mendes nas Ações Direitas de Inconstitucionalidade de números 5.870, 6.050. 6.069 e 6.082, cuja tese foi aprovada por voto da maioria dos ministros em Plenário Virtual do Supremo Tribunal Federal em julgamento finalizado em 23 de junho de 2023. Segundo o entendimento sedimentado em sede de controle concentrado de constitucionalidade, a disciplina legislativa em nenhum momento afastou a aplicação dos princípios constitucionais inerentes às relações trabalhistas do regramento dos danos extrapatrimoniais ou de qualquer outra dimensão das relações jurídicas regidas pela CLT, de forma que, ao apreciar cada caso concreto, deverá o magistrado interpretar o ordenamento jurídico como um todo integrado, ainda que a norma prevista no artigo 223-A circunscreva expressamente o tratamento da reparação extrapatrimonial às disposições do Título II-A.[25]

Assim, ficou decidido que, na ausência de contrariedade expressa ao regime da CLT, os parâmetros fixados no Código Civil poderão ser aplicados supletivamente às relações trabalhistas; e eventuais omissões normativas poderão ser suprimidas mediante a aplicação da analogia, dos costumes e dos princípios gerais de direito, nos termos do artigo 4º do Decreto-Lei 4.657/1942.[26]

É de se notar que a interpretação ao dispositivo adota o princípio da unicidade do direito como forma de solução hermenêutica para a problemática do artigo 223-A, afinal, o Direito é, de fato, um só: um sistema único de normas hierarquicamente siste-

---

22. PAMPLONA FILHO, Rodolfo; SOUZA, Tercio Roberto Peixoto. Op. cit., p. 63-65.
23. BRASIL. Supremo Tribunal Federal. Ação Direta de Inconstitucionalidade 6069 Distrito Federal. Relator: Min. Gilmar Mendes. Brasília, DF, 27 de outubro de 2021. Disponível em: https://portal.stf.jus.br/processos/detalhe. asp?incidente=5626228. Acesso em: 03 ago. 2023.
24. Ibidem.
25. Ibidem
26. Ibidem.

matizadas, disponíveis ao julgador responsável por subsumir o caso concreto à norma legal em abstrato.[27]

O entendimento do Pretório Excelso converge, a propósito, com o de Mauricio Godinho Delgado, para quem a interpretação das regras contidas no Título II-A da CLT não pode ser, naturalmente, meramente literalista: deve observar os métodos cinéticos de interpretação jurídica, como o método teleológico, o sistemático e o lógico-racional, possibilitando a harmonização dos preceitos inseridos com o conjunto jurídico mais amplo, previsto na Constituição Federal de 1988, nas normas norma supralegais de Direitos Humanos e nos demais diplomas normativos que tratam da matéria, quer seja do Direito do Trabalho (a exemplo das Leis 9.029/1995 e 9.799/1999), quer seja de normas situadas fora do Direito do Trabalho, como é o caso do Código Civil.[28]

Do todo, restou evidente a atecnia da Lei 13.467 referente à tentativa de restrição da atuação do poder decisório jurisdicional trabalhista.

5. CONCEITO DE DANO EXTRAPATRIMONIAL E OS TITULARES DO DIREITO À REPARAÇÃO

> Art. 223-B. Causa dano de natureza extrapatrimonial a ação ou omissão que ofenda a esfera moral ou existencial da pessoa física ou jurídica, as quais são as titulares exclusivas do direito à reparação.

O artigo 223-B conceitua o dano *extrapatrimonial* decorrente das relações de trabalho e restringe a legitimidade da propositura de ação à pessoa da vítima, que pode ser pessoa física ou pessoa jurídica.

Vale dizer: o mencionado artigo deixa claro que a vítima é a única titular da reparação do dano *extrapatrimonial trabalhista. Segundo essa interpretação restritiva, estariam excluídos o* dano moral em ricochete ou por via reflexa, já que o dispositivo prevê que o trabalhador ou o empregador são os titulares exclusivos do direito à indenização. Assim, terceiros, alheios a relação de trabalho, estariam impossibilitados de buscar em juízo o ressarcimento de indenização por danos indiretos, geados por ação ou omissão danosa ao empregado. Noutros termos, segundo essa interpretação literal da norma, a viúva e os filhos do empregado não seriam considerados titulares do direito ao ressarcimento decorrente da morte por acidente de trabalho.

Trata-se de evidente restrição que conflita com vários dispositivos constitucionais e leis ordinárias. Ofende, por exemplo, o artigo 943 da lei civilista, que estabelece que o direito de exigir reparação e a obrigação de prestá-la transmitem-se com a herança. Ofende, também, o artigo 948 do Código Civil, segundo o qual haverá indenização no caso de homicídio, consistindo no pagamento das despesas com o tratamento da vítima, seu funeral e o luto da família; bem como a prestação de alimentos às pessoas a quem o morto os devia, levando-se em conta a duração provável da vida da vítima. É o

---

27. SOUTO, Cláudio. *Introdução ao Direito como Ciência Social*. Rio de Janeiro: Tempo Brasileiro, 1971, p. 150.
28. DELGADO, Mauricio Godinho. Op. cit., p. 786-787.

caso, por exemplo, do pai de família que vem a perecer por descuido de um segurança de banco inábil, em uma troca de tiros. Note-se que, a despeito de o dano haver sido sofrido diretamente pelo sujeito que pereceu, os seus filhos, alimentandos, sofreram os seus reflexos, por conta da ausência do sustento paterno.[29]

Antes da promulgação da reforma trabalhista a Corte Suprema já havia pacificado o entendimento de que compete à Justiça do Trabalho julgar os danos reflexos ou em ricochete, provenientes do mesmo fato gerador, sendo as vítimas também titulares do direito à reparação dos danos extrapatrimoniais por elas sofridos, decorrentes das relações de trabalho.

Essa discussão ganhou relevância por conta da tragédia ocorrida em 25 de janeiro de 2019 na Mina do Córrego do Feijão em Brumadinho, em Minas Gerais, quando uma das barragens da empresa Vale S.A. rompeu, vitimando cerca de duzentos e cinquenta pessoas – trabalhadores, terceirizados e demais vítimas.

O evento danoso resultou na Ação Civil Pública de número 0010261-67.2019.5.03.0028, movida pelo Ministério Público do Trabalho e pela Procuradoria Regional do Trabalho da 3ª Região, tendo o processo terminado em acordo homologado, ensejando a reparação dos danos morais e patrimoniais dos familiares das vítimas, além de outros direitos trabalhistas de natureza individual e homogênea dos sobreviventes e dos familiares, tais como estabilidade no emprego; auxílio-creche; atendimento médico, auxílio-educação, dentre outros; e a compensação por dano moral coletivo ou danos extrapatrimoniais sociais.[30]

O fato é que, para não incorrer em inconstitucionalidade, o artigo 223-B da CLT deve ser objeto interpretação conforme a Constituição. E foi neste sentido que o Pretório Excelso interpretou o mencionado artigo sem excluir a aplicação supletiva de outras normas.

Adotou a Corte Suprema a interpretação conforme à Constituição ao artigo 223-B da CLT, afastando qualquer interpretação que impossibilite o exercício de pretensão de reparação do dano extrapatrimonial na Justiça do Trabalho nos casos do dano em ricochete ou dano reflexo.[31]

6. BENS JURIDICAMENTE TUTELADOS: CONTEÚDO TAXATIVO OU EXEMPLIFICATIVO?

Art. 223-C. A honra, a imagem, a intimidade, a liberdade de ação, a autoestima, a sexualidade, a saúde, o lazer e a integridade física são os bens juridicamente tutelados inerentes à pessoa física.

Art. 223-D. A imagem, a marca, o nome, o segredo empresarial e o sigilo da correspondência são bens juridicamente tutelados inerentes à pessoa jurídica.

---

29. STOLZE, Pablo; PAMPLONA FILHO, Rodolfo. Op. cit., p. 1388.
30. BRASIL. Supremo Tribunal Federal. Ação Direta de Inconstitucionalidade 6069. Op. cit.
31. Ibidem.

Os artigos 223-C e 223-D trazem, respectivamente, um rol bens juridicamente tutelados inerentes à pessoa física e à pessoa jurídica.

O artigo 223-D fez constar expressamente o reconhecimento de que a pessoa jurídica pode ser vitimada de dano extrapatrimonial. O mencionado artigo põe fim à discussão sobre a possibilidade de a pessoa jurídica ser vítima de dano moral, ainda que essa possibilidade já estivesse previsão na Súmula 227 do Superior Tribunal de Justiça, segundo a qual "A pessoa jurídica pode sofrer dano moral".

Novamente, a se considerar o rol dos direitos tutelados como taxativos, a inconstitucionalidade restaria evidente, afinal ter-se-ia a exclusão de outros bens jurídicos pétreos, constitucionalmente sedimentados.

Foi nesse sentido que o Conselho Federal da OAB aduziu, por exemplo, que o artigo 223-C exclui outros bens juridicamente tutelados, como é o caso da idade, da etnia, da nacionalidade e da crença religiosa, previstos na Constituição Federal de 1988.[32]

Entendemos que não pode o magistrado trabalhista, diante do caso concreto, restringir a apreciação dos danos tão somente às hipóteses contidas nos artigos 223-C e 223-D, devendo estes serem tomados apenas de forma exemplificativa. Afinal, uma interpretação literal e restritiva aos bens juridicamente tutelados, excluindo aqueles presentes na Carta Federal de 1988, ensejaria flagrante inconstitucionalidade.

É este, a propósito, o entendimento da 2ª Jornada de Direito Material e Processual do Trabalho, evento promovido pela Associação Nacional dos Magistrados da Justiça do Trabalho (Anamatra):

> É de natureza exemplificativa a enumeração dos direitos personalíssimos dos trabalhadores constante do novo artigo 223-C da CLT, considerando a plenitude da tutela jurídica à dignidade da pessoa humana, como assegurada pela Constituição Federal (artigos 1º, III; 3º, IV, 5º, *caput*, e § 2º).[33]

No mesmo sentido, entende Maurício Godinho Delgado:

> [...] o rol de "bens juridicamente tutelados inerentes à pessoa natural" fixado no art. 223-C da Consolidação não é, de forma alguma, exaustivo, porém apenas exemplificativo. É que os elencos de fatores antidiscriminatórios são, regra geral, meramente ilustrativos, por força da própria Constituição de 1988 (art. 3º, IV, *in fine*, CF). A interpretação literalista conduziria à absurda conclusão de que o art. 223-C não respeitaria o fator "deficiência", embora seja expressamente enfatizado pela Lei 13.146/2015 (*Estatuto da Pessoa com Deficiência*, art. 1º) e pela *Convenção sobre os Direitos das Pessoas com Deficiência e seu Protocolo Facultativo*, da ONU, ratificada pelo Brasil pelo Decreto Legislativo 186/2008 – e que ostenta *status de emenda constitucional* (art. 5º, § 3º, CF).[34]

Ao julgar o tema, o plenário do Supremo Tribunal Federal firmou a tese vinculante de que não foi a intenção do legislador ordinário conferir qualquer conteúdo norma-

---

32. Apud BRASIL. Supremo Tribunal Federal. Ação Direta de Inconstitucionalidade. Op. cit.
33. FELICIANO, Guilherme Guimarães; MIZIARA, Raphael. *Enunciados da 2ª jornada de direito material e processual do trabalho organizados por assunto*. Disponível em: https://drive.google.com/file/d/1oZL9_JohYj-NInVvehEzYDp-bl0fcF6i6/view. Acesso em: 05 out. 2023.
34. DELGADO, Mauricio Godinho. Op. cit., p. 787.

tivo taxativo, mas apenas exemplificativo. A orientação é a de que seja adotada uma interpretação sistêmica, própria do Direito Constitucional contemporâneo, ao invés da interpretação gramatical.

Gilmar Mendes lembra que o próprio artigo 5º, inciso X, da Constituição Federal, usado como parâmetro de controle para a impugnação do artigo 223-C, ao tratar do direito fundamental à inviolabilidade da intimidade, faz menção a apenas dois bens jurídicos: a "honra" e a "imagem" das pessoas. Por isso, se fosse adotada a interpretação gramatical ao artigo 223-C da CLT, estaríamos, segundo o Ministro, diante de um "verdadeiro paradoxo hermenêutico".[35]

7. LEGITIMIDADE PASSIVA DOS DANOS EXTRAPATRIMONIAIS TRABALHISTAS: QUEM PODE SER RESPONSABILIZADO?

> Art. 223-E. São responsáveis pelo dano extrapatrimonial todos os que tenham colaborado para a ofensa ao bem jurídico tutelado, na proporção da ação ou da omissão.

O artigo trata da autoria e da coautoria dos danos extrapatrimoniais decorrentes da relação de trabalho. Vale dizer: *o dispositivo em comento não trata das reparações por dano patrimonial, não havendo que se falar, a partir desse dispositivo, dos danos materiais sofridos pelos trabalhadores.*

De acordo com o dispositivo, todos os que tenham colaborado para a ofensa a dano extrapatrimonial decorrente das relações de trabalho têm o dever de repará-lo na proporção da ação ou da omissão de cada um dos agentes.

É importante frisar que a solidariedade decorre da lei ou do contrato: não poderá ser presumida.[36]

O artigo 223-E prevê a responsabilidade solidária ou subsidiária dos agentes, devendo o magistrado observar os princípios da razoabilidade e da proporcionalidade com o fim de aferir equitativamente a dosimetria referente à indenização imposta a cada um dos corresponsáveis pelo dano *extrapatrimonial*.[37] O dispositivo admite, inclusive, o reconhecimento de *culpa concorrente* e até mesmo a possibilidade de *culpa exclusiva* da vítima.[38]

7.1 Da omissão acerca da responsabilidade objetiva

Percebe-se que a norma foi omissa com relação à responsabilidade objetiva prevista no Código Civil, artigo 927, parágrafo único, segundo o qual a obrigação de reparar

---

35. BRASIL. Supremo Tribunal Federal. Ação Direta de Inconstitucionalidade 6050/DF. Op. cit.
36. GUNTHER, Luiz Eduardo; FERREIRA, Leonardo Sanches; ZAGONEL, Marina. Dano moral coletivo e dano extrapatrimonial trabalhista: incertezas na tutela coletiva do trabalhador. *Revista eletrônica [do] Tribunal Regional do Trabalho da 9ª Região*, Curitiba, v. 8, n. 76, p. 62-75, mar. 2019.
37. SANTOS, Enoque Ribeiro dos. Op. cit.
38. GUNTHER, Luiz Eduardo; FERREIRA, Leonardo Sanches; ZAGONEL, Marina. Op. cit.

o dano independe de culpa nos casos previstos em lei; ou nos casos cuja natureza da atividade desenvolvida pelo autor do dano seja de risco habitual.

Mesmo diante da omissão do novel instituto, o fato é que, inegavelmente, a responsabilidade civil do empregador por ato causado por empregado, no exercício do trabalho que lhes competir, ou em razão dele, deixou de ser uma hipótese de responsabilidade civil subjetiva, com presunção de culpa (Súmula 341 do Supremo Tribunal Federal), para se transformar em uma hipótese legal de responsabilidade civil objetiva. A ideia de culpa, na modalidade *in eligendo*, tomou-se legalmente irrelevante para se aferir a responsabilização civil do empregador, propugnando-se pela mais ampla ressarcibilidade da vítima, o que se mostra perfeitamente compatível com a vocação de que o empregador deve responder pelos riscos econômicos da atividade exercida.[39]

Serão de responsabilidade do empregador as indenizações por danos decorrentes do exercício do trabalho ou em razão dele, como é o caso dos acidentes do trabalho e das doenças ocupacionais, conforme o Código Civil, artigo 932, inciso III. Vale lembrar, aliás, que tal responsabilidade também é objetiva, a teor do artigo 933 do mesmo diploma.[40]

O mencionado, artigo 932, inciso III do Código Civil não deixa margem a dúvidas de que o empregador responde pelos atos dos seus subordinados durante o exercício do trabalho que lhes competir ou em razão dele. Noutros termos, não importa quem seja o sujeito vitimado pela conduta do empregado, pouco importando que seja outro empregado vitimado ou um terceiro ao ambiente laboral (fornecedor, cliente, transeunte etc.).[41]

No mesmo sentido, o Supremo Tribunal Federal em 12.03.2020 sacramentou de vez a questão: julgou o Recurso Extraordinário 828.040 que discutia a possibilidade de responsabilização objetiva do empregador por danos decorrentes de acidentes de trabalho.

Neste julgamento, o Pretório Excelso firmou a tese de repercussão geral, Tema 932, declarando a constitucionalidade da responsabilização objetiva do empregador por danos decorrentes de acidentes de trabalho nos casos previstos em lei, ou quando a atividade, por sua natureza, apresentar exposição habitual a risco especial, com potencialidade lesiva e implicar ao trabalhador ônus maior do que aos demais membros da coletividade. Declarou a Corte Suprema a possibilidade de cumular a aplicação do artigo 927, parágrafo único do Código Civil com o artigo 7º, inciso XXVIII da Constituição Federal na Justiça do Trabalho.[42]

E essa responsabilidade não se altera com o advento do artigo 223-E da CLT, de forma que o empregador continua sendo o responsável pelos danos de natureza extrapatrimonial causados por seus subordinados durante o exercício do trabalho que

---

39. PAMPLONA FILHO, Rodolfo. Responsabilidade civil nas relações de trabalho e o novo Código Civil brasileiro. *Revista de direito do trabalho*, São Paulo, v. 29, n. 111, p. 158-176, jul./set. 2003.
40. STOLZE, Pablo; PAMPLONA FILHO, Rodolfo. Op. cit., p. 1031.
41. PAMPLONA FILHO, Rodolfo. Responsabilidade civil nas relações de trabalho e o novo Código Civil brasileiro. Op. cit.
42. BRASIL. Supremo Tribunal Federal. Recurso Extraordinário 828.040/DF. Relator: Ministro Alexandre de Moraes, 2020. Disponível em: https://redir.stf.jus.br/paginadorpub/paginador.jsp? Acesso em: 03 ago. 2023.

lhes competir ou em razão dele. E isso decorre naturalmente da assunção dos riscos do empreendimento prevista no artigo 2º da CLT, bem como da subsidiariedade do direito comum como fonte do direito do trabalho (art. 8º, § 1º, CLT), sendo plenamente aplicável o aludido artigo 932, inciso III do Código Civil.

No mesmo sentido, Sebastião Geraldo de Oliveira também entende que o empregador continua sendo o responsável civil pelas ações e omissões de seus gestores ou prepostos e traz os motivos:

> Em primeiro lugar, porque a redação do dispositivo não foi taxativa no sentido da exclusão da responsabilidade. Uma mudança tão radical em tema de tamanha importância não poderia deixar qualquer margem a dúvidas. Em segundo, porque os riscos do empreendimento sempre foram do empregador (art. 2º da CLT) e não dos que atuam em seu nome e em seu benefício. Em terceiro, porque a Súmula 341 do STF há mais de meio século já fixou entendimento no sentido de que o patrão responde pelos atos de seus empregados ou prepostos, tanto que o Código Civil atual consagrou expressamente o princípio no art. 932, III. Em quarto, porque a própria CLT aponta no artigo 157 que cabe ao empregador cumprir e fazer cumprir as normas de segurança e naturalmente responder quando tais normas não são observadas. Em quinto, porque prevê o § 1º do artigo 19 da Lei 8.213/91 que: "A empresa é responsável pela adoção e uso das medidas coletivas e individuais de proteção e segurança da saúde do trabalhador" e esse dispositivo não foi revogado. Por último, a norma não afastou a solidariedade dos coautores da ofensa extrapatrimonial, conforme bem assentado no Código Civil: Art. 942. Os bens do responsável pela ofensa ou violação do direito de outrem ficam sujeitos à reparação do dano causado; e, se a ofensa tiver mais de um autor, todos responderão solidariamente pela reparação. Parágrafo único. São solidariamente responsáveis com os autores os coautores e as pessoas designadas no art. 932.[43]

Caso o acidente seja provocado por seu empregado ou preposto poderá o empregador ajuizar ação regressiva, nos termos do artigo 934 do Código Civil, visando o reembolso da indenização; poderá, ainda, promover o desconto nos salários. Contudo, a norma deve ser interpretada em consonância com o artigo 462 da Consolidação das Leis do Trabalho, que dispõe, *in verbis:*

> Art. 462. Ao empregador é vedado efetuar qualquer desconto nos salários do empregado, salvo quando este resultar de adiantamentos, de dispositivos de lei ou de contrato coletivo.
>
> § 1º Em caso de dano causado pelo empregado, o desconto será lícito, desde que esta possibilidade tenha sido acordada ou na ocorrência de dolo do empregado.

Assim, para que o empregador possa descontar valores referentes a danos causados *culposamente* pelo empregado, será necessária a pactuação específica, seja prévia, seja quando da ocorrência do evento danoso, o que é dispensável, por medida da mais lídima justiça, no caso de *dolo.*[44]

É óbvio que tal avença poderá ser objeto de controle judicial, em caso de ocorrência de qualquer vício que leve à invalidade do negócio jurídico, como, por exemplo, a

---

43. OLIVEIRA, Sebastião Geraldo de. O dano extrapatrimonial trabalhista após a Lei 13.467/2017. *Revista eletrônica [do] Tribunal Regional do Trabalho da 9ª Região*, Curitiba, v. 8, n. 76, p. 17-52, mar. 2019.
44. PAMPLONA FILHO, Rodolfo. Responsabilidade civil nas relações de trabalho e o novo Código Civil brasileiro. Op. cit.

coação psicológica para a obtenção de tal documento. Da mesma forma, o elemento anímico deverá ser comprovado pelo empregador, evitando abusos que importariam na transferência do risco da atividade econômica para o empregado.

Mais importante, porém, é o fato de que essa regra compatibiliza o caráter tuitivo que deve disciplinar toda norma trabalhista com a rígida regra de direito de que a ninguém se deve lesar, não se chancelando, pela via estatal, a irresponsabilidade de trabalhadores, enquanto cidadãos, pelos atos danosos eventualmente praticados.

E se o dano causado pelo empregado seja justamente o resultado patrimonial de um ato praticado pelo empregado, lesando direitos de terceiros, pelo qual o empregador teve de responder objetivamente? É o que enfrentaremos no próximo tópico.

7.2   O Litisconsórcio facultativo e a denunciação da lide

O empregador responde objetivamente pelos danos causados pelo empregado e não há óbice para que a pretensão indenizatória seja direcionada em face do emprega-do, fulcrada na ideia de responsabilidade civil subjetiva, ou, melhor ainda, diretamente contra os dois sujeitos, propugnando por uma solução integral da lide.

Trata-se de uma medida de economia processual, pois permite verificar, desde já, todos os campos de responsabilização em uma única lide, evitando sentenças contra-ditórias.

E se a pretensão for deduzida somente contra o empregador, caberia a intervenção de terceiros conhecida por denunciação da lide?

A denunciação da lide, conforme ensina Manoel Antônio Teixeira Filho,

> [...] traduz a ação incidental, ajuizada pelo autor ou pelo réu, em caráter obrigatório, perante terceiro, com o objetivo de fazer com que este seja condenado a ressarcir os prejuízos que o denunciante vier a sofrer, em decorrência da sentença, pela evicção, ou para evitar posterior exercício da ação regressiva, que lhe assegura a norma legal ou disposição do contrato.[45]

Esta forma de intervenção de terceiros está prevista no artigo 125, inciso II do Có-digo de Processo Civil, sendo admissível a denunciação da lide promovida por qualquer das partes àquele que estiver obrigado, por lei ou pelo contrato, a indenizar, em ação regressiva, o prejuízo de quem for vencido no processo.

Assim sendo, consideramos não somente possível a formação do litisconsórcio passivo, mas, principalmente, recomendável o eventual deferimento da denunciação da lide, garantindo-se, assim, uma resolução integral da demanda e possibilitando uma maior celeridade na efetiva solução do litígio e uma economia processual no sentido macro da expressão.

---

45.   TEIXEIRA FILHO, Manoel Antônio. *Litisconsórcio, Assistência e Intervenção de Terceiros no Processo do Trabalho*. 2. ed. São Paulo: LTr, 1993, p. 196.

DISCIPLINA E IMPORTÂNCIA DA RC POR DANO EXTRAPATRIMONIAL NAS RELAÇÕES TRABALHISTAS

Até mesmo se tal ação foi ajuizada na Justiça do Trabalho, não haverá motivo razoável para se afastar a intervenção de terceiros quando o dano decorrer da relação de emprego (artigo 114, VI da Constituição Federal e artigo 223-A da CLT).

7.3 Responsabilidade extrapatrimonial em relações triangulares de trabalho

A relação triangular de trabalho é um fenômeno recente, caracterizado pela existência de uma relação jurídica que ultrapassa a linearidade da clássica fórmula bilateral empregado-empregador.

No caso, uma empresa é contratada para executar de determinadas atividades laborativas em favor da empresa contratante, assumindo em seu lugar o pagamento dos salários dos trabalhadores, desconcentrando as atividades da empresa contratante. Noutras palavras, haverá uma dúplice relação jurídica, em que um sujeito contrata os serviços de outro, em um pacto de natureza civil, e este último contrata empregados, que trabalham em atividades relacionadas com o tomador de serviços.[46] Nesse conceito se enquadram os serviços temporários ou terceirizados.

Trata-se de modelo de excelência empresarial e administrativa, com a possibilidade de redução de custos de mão de obra, especialização dos serviços prestados, ampliação da competitividade e da produtividade.[47]

Ao ler o artigo 223-E da CLT, o já mencionado artigo 932, III do Código Civil e o § 3º do artigo 5º-A da Lei 13.429/2017,[48] resta evidente que o tomador responde pelos danos extrapatrimoniais causados aos trabalhadores.

No caso, aquele que se beneficiou do serviço deverá arcar, direta ou indiretamente, com todas as obrigações decorrentes da sua prestação. A ideia dessa responsabilização se baseia em uma culpa *in eligendo* do tomador de serviços, na escolha do prestador, bem como *in vigilando* da atividade exercida, aplicando-se analogicamente outras disposições da legislação trabalhista, como, por exemplo, o artigo 455 da Consolidação das Leis do Trabalho.[49]

Assim, por exemplo, se um determinado restaurante terceiriza o serviço de manobrista de seus clientes, deve responder, juntamente com o empregador do manobrista pelos danos causados ao consumidor no exercício dessa função.

---

46. PAMPLONA FILHO, Rodolfo. *Responsabilidade civil nas relações de trabalho e o novo Código Civil brasileiro.* Op. cit.

47. Ibidem. Op. cit.

48. Lei 13.429/2017, artigo 5º-A, § 3º: "É responsabilidade da contratante garantir as condições de segurança, higiene e salubridade dos trabalhadores, quando o trabalho for realizado em suas dependências ou local previamente convencionado em contrato".

49. CLT, artigo 455. "Nos contratos de subempreitada responderá o subempreiteiro pelas obrigações derivadas do contrato de trabalho que celebrar, cabendo, todavia, aos empregados, o direito de reclamação contra o empreiteiro principal pelo inadimplemento daquelas obrigações por parte do primeiro. Parágrafo único. Ao empreiteiro principal fica ressalvada, nos termos da lei civil, ação regressiva contra o subempreiteiro e a retenção de importâncias a estes devidas, para a garantia das obrigações previstas neste artigo".

Cabe frisar que a empresa contratante responde subsidiariamente pelas obrigações trabalhistas referentes ao período em que ocorrer a prestação de serviços (§ 5º do artigo 5º-A da Lei 13.429/2017), o que se estende às hipóteses de dano extrapatrimonial.

Cada pessoa jurídica responderá na exata proporção de sua participação para a ocorrência do evento danoso, conforme o já comentado artigo 223-E; e aquele que suportou inicialmente a indenização terá direito de regresso contra a pessoa por quem se responsabilizou, nos termos do artigo 934 do Código Civil.

Não se trata de uma novidade no sistema, mas, sim, da consagração da ideia de que se deve propugnar sempre pela mais ampla reparabilidade dos danos causados, não permitindo que aqueles que usufruem dos benefícios da atividade não respondam, também, pelos danos causados por ela.

8. POSSIBILIDADE DE CUMULAÇÃO DOS DANOS PATRIMONIAIS E EXTRAPATRIMONIAIS

> Art. 223-F. A reparação por danos extrapatrimoniais pode ser pedida cumulativamente com a indenização por danos materiais decorrentes do mesmo ato lesivo.
>
> § 1º Se houver cumulação de pedidos, o juízo, ao proferir a decisão, discriminará os valores das indenizações a título de danos patrimoniais e das reparações por danos de natureza extrapatrimonial.
>
> § 2º A composição das perdas e danos, assim compreendidos os lucros cessantes e os danos emergentes, não interfere na avaliação dos danos extrapatrimoniais.

Prevê o dispositivo a possibilidade de cumular as reparações por *danos extrapatrimoniais* (decorrentes da indenização por dano moral ou dano estético) *e danos materiais* (danos emergentes e lucros cessantes) decorrentes do mesmo fato lesivo.[50] Trata-se de regra prevista anteriormente na Súmula número 37 do STJ, segundo a qual "São cumuláveis as indenizações por dano material e dano moral oriundos do mesmo fato".

De acordo com o §1º, quando o pedido de reparação por *danos extrapatrimoniais for cumulado com o pedido de* danos materiais, deverá o juízo discriminar os valores referentes a cada uma das indenizações, o que impossibilita, neste caso, a fixação de um valor unitário. Conforme Sebastião Geraldo de Oliveira, "esse preceito legal está fundamentado no fato de que, para os danos materiais, a fonte normativa continuará sendo o Código Civil; contudo, para os danos extrapatrimoniais, será aplicável no novo Título II-A da CLT".[51]

Por fim, o parágrafo 2º apenas deixa claro que os danos materiais (lucros cessantes e os danos emergentes) não interferem na avaliação dos danos patrimoniais, justamente por conta da natureza jurídica diversa das indenizações, que termina por justificar, em si, a cumulação dos pedidos.

---

50. SANTOS, Enoque Ribeiro dos. Op. cit.
51. OLIVEIRA, Sebastião Geraldo de. Op. cit.

9. CRITÉRIOS DE FIXAÇÃO DA INDENIZAÇÃO TRABALHISTA POR DANO EXTRAPATRIMONIAL

Art. 223-G. Ao apreciar o pedido, o juízo considerará:

I – a natureza do bem jurídico tutelado;

II – a intensidade do sofrimento ou da humilhação;

III – a possibilidade de superação física ou psicológica;

IV – os reflexos pessoais e sociais da ação ou da omissão;

V – a extensão e a duração dos efeitos da ofensa;

VI – as condições em que ocorreu a ofensa ou o prejuízo moral;

VII – o grau de dolo ou culpa;

VIII – a ocorrência de retratação espontânea;

IX – o esforço efetivo para minimizar a ofensa;

X – o perdão, tácito ou expresso;

XI – a situação social e econômica das partes envolvidas;

XII – o grau de publicidade da ofensa.

A partir da leitura dos 12 incisos percebe-se a intenção do legislador reformista de indicar as provas e os fatos relevantes que deverão ser observados pelo magistrado no momento de formação do juízo de equidade para fixar o valor da indenização extrapatrimonial.

Contudo, inobstante a existência das diretrizes constantes do novel artigo, dada a imaterialidade do bem juridicamente tutelado e diante da infinitude de situações indenizáveis, possíveis de acontecer, decorrentes da relação de trabalho, entendemos não ser possível a existência de diretrizes taxativas, mas tão somente exemplificativas. Por exemplo: ainda que a norma preveja a possibilidade de se elevar o valor da indenização ao dobro quando houver reincidência entre partes idênticas (§ 3º, artigo 223-G), não fez constar no rol das considerações um dos objetivos da indenização que é o seu caráter inibitório ou preventivo da reincidência de novas ações ou omissões lesivas.[52]

Artigo 223-G [...]

§ 1º Se julgar procedente o pedido, o juízo fixará a indenização a ser paga, a cada um dos ofendidos, em um dos seguintes parâmetros, vedada a acumulação:

I – ofensa de natureza leve, até três vezes o último salário contratual do ofendido;

II – ofensa de natureza média, até cinco vezes o último salário contratual do ofendido;

III – ofensa de natureza grave, até vinte vezes o último salário contratual do ofendido;

IV – ofensa de natureza gravíssima, até cinquenta vezes o último salário contratual do ofendido.

§ 2º Se o ofendido for pessoa jurídica, a indenização será fixada com observância dos mesmos parâmetros estabelecidos no § 1º deste artigo, mas em relação ao salário contratual do ofensor.

§ 3º Na reincidência entre partes idênticas, o juízo poderá elevar ao dobro o valor da indenização.

---

52. OLIVEIRA, Sebastião Geraldo de. Op. cit.

Percebe-se que o objetivo do legislador reformista foi o de fixar limites para as indenizações decorrentes de danos morais se utilizando de critérios objetivos com o fito de evitar decisões judiciais em situações semelhantes com valores díspares, ao mesmo tempo em que estabeleceu uma gradação de valores com base na classificação da ofensa conforme a sua gravidade.

Eis que a partir deste limite, passou-se a questionar a constitucionalidade dos incisos do § 1º do artigo 223-G, diante do princípio da supremacia formal e material da Constituição Federal de 1988 sobre as leis e demais atos normativos.

No que toca à reparação por danos extrapatrimoniais, entendemos que deve-se primar pela ampla e total reparação, tendo como substrato balizador os princípios da razoabilidade e proporcionalidade em prol do equilíbrio na fixação dos valores indenizatórios, alcançando não só as funções reparatória e sancionatória, mas também a função pedagógica, tudo para, de alguma forma, amenizar a dor sofrida pela vítima bem como para dissuadir o agente de novamente praticar atos deste jaez.

Assim, deve o magistrado, revestido de arbítrio e de prudência, emitir o juízo valorativo do dano moral, sentenciando a indenização na exata medida da reprovabilidade da conduta ilícita; duração e intensidade do sofrimento da vítima; condições sociais do ofendido; capacidade econômica do causador do dano; além de circunstâncias outras que se façam presentes.[53]

É a partir desse entender que não pode o legislador ordinário violar o princípio da isonomia (art. 5º, caput, da Constituição Federal de 1988) estabelecendo limitações indenizatórias por danos extrapatrimoniais voltadas exclusivamente às relações de trabalho, quando em outros ramos do Direito inexiste normas limitantes, devido à evidente impossibilidade de se mensurar, em normas abstratas, todos os acontecimentos concretos, passíveis de indenização.

Noutras palavras, não se pode engessar a liberdade do magistrado de analisar e mensurar o evento danoso, tolhendo-lhe o alcance de suas decisões na reparação do dano extrapatrimonial prejudicando a justa e integral reparação, contrariando o *princípio da reparação integral previsto nos incisos V e X do artigo 5º, bem como o inciso XXVIII do artigo 7º da Constituição Federal de 1988*:

Artigo 5º [...]

V – é assegurado o direito de resposta, *proporcional* ao agravo, além da indenização por dano material, moral ou à imagem;

[...]

X – são invioláveis a intimidade, a vida privada, a honra e a imagem das pessoas, assegurado o direito a indenização pelo dano material ou moral decorrente de sua violação;

[...]

---

53. CAVALIERI FILHO, Sérgio. *Programa de responsabilidade civil*. 12. ed. São Paulo: Atlas, 2014, p. 155.

Art. 7º São direitos dos trabalhadores urbanos e rurais, além de outros que visem à melhoria de sua condição social:

[...]

XXVIII – seguro contra acidentes de trabalho, a cargo do empregador, sem excluir a indenização a que este está obrigado, quando incorrer em dolo ou culpa;

Conforme bem lembra Maurício Godinho Delgado, a *Constituição Federal de 1988 em seu artigo 5º, V, ao mencionar expressamente a noção de proporcionalidade, inegavelmente afastou o critério de tarifação da indenização por dano extrapatrimonial.*[54]

Maria do Perpétuo Socorro Wanderley de Castro também lembra que inexiste no artigo 5º, X, da Constituição da República qualquer previsão de regramento ou de qualquer hipótese de delimitação de valores pecuniários destinados à reparação por danos extrapatrimoniais, de forma que o magistrado deve tomar por referência os princípios da razoabilidade e da proporcionalidade, sob pena de se incorrer em inconstitucionalidade.[55]

Nesta senda, assim decidiu o Tribunal Regional do Trabalho da 2ª região:

Incidente de arguição de inconstitucionalidade. Controle difuso e incidental de constitucionalidade. Tarifação da indenização por danos extrapatrimoniais prevista nos incisos I a IV do § 1º do art. 223-G da CLT, Introduzido pela Lei 13.467/17. Incompatibilidade material com a Constituição Federal. Inconstitucionalidade. A limitação da reparação por danos extrapatrimoniais nas relações de trabalho viola os princípios constitucionais da dignidade da pessoa humana (art. 1º, III da CF/88), da isonomia (art. 5º, *caput* da CF/88) e da reparação integral (art. 5º, V e X e art. 7º, XXVIII, ambos da CF/88), impondo-se, em respeito ao princípio da supremacia da Constituição Federal, a declaração em controle difuso e incidental de inconstitucionalidade dos incisos I a IV do parágrafo 1º do artigo 223-G da CLT, introduzido pela Lei 13.467/17, por incompatibilidade material com o texto constitucional.[56]

Diante destes questionamentos, as Ações Declaratórias de Inconstitucionalidade de números 6069, 6050, 6082, 5870 foram protocolizadas, todas com o tema da tarifação da indenização por danos morais, tendo como ponto em comum, dentre outros, as alegações de ofensa aos princípios constitucionais referentes à reparação integral do dano, do livre convencimento motivado do magistrado, da razoabilidade e da proporcionalidade, da proibição do retrocesso social e da proteção do trabalho.[57]

---

54. DELGADO, Mauricio Godinho; DELGADO, Gabriela Neves. *A reforma trabalhista no Brasil*: com os comentários à Lei 13.467/2017. São Paulo: LTr, 2017, p. 146.

55. CASTRO, Maria do Perpétuo Socorro Wanderley de. A tarifação da indenização do dano moral: prefixação do quantum reparatório, apud MIESSA, Élisson (Org.). *A reforma trabalhista e seus impactos*. Salvador: JusPodivm, 2017, p. 472.

56. BRASIL. TRT da 2ª Região; Processo: 1004752-21.2020.5.02.0000; Data: 05.11.2021; Órgão Julgador: Tribunal Pleno – Cadeira 73 – Tribunal Pleno – Judicial; Relator(a): Jomar Luz de Vassimon Freitas – Acórdão publicado em 16.11.2021.

57. O chamado "tabelamento do dano moral" (ou extrapatrimonial) chegou ao Supremo Tribunal Federal, por meio de três ADIs (Ações Diretas de Inconstitucionalidade): ADI 6069, do Conselho Federal da Ordem dos Advogados do Brasil (OAB); ADI 6050, de autoria da Associação dos Magistrados da Justiça do Trabalho (ANAMATRA) e a ADI de número 6082, da Confederação Nacional dos Trabalhadores na Indústria (CNTI). A ADI 5870 foi julgada por unanimidade extinta sem resolução do mérito, em razão da prejudicialidade por perda superveniente de objeto, nos termos do voto do Relator.

O Ministro Gilmar Mendes julgou as ações de forma conjunta, tendo o plenário do Supremo Tribunal federal firmado a seguinte tese vinculante com relação ao valor da reparação por danos extrapatrimoniais na esfera trabalhista:

> O Tribunal, por maioria, conheceu das ADIs 6.050, 6.069 e 6.082 e julgou parcialmente procedentes os pedidos para conferir interpretação conforme a Constituição, de modo a estabelecer que: 1) As redações conferidas aos arts. 223-A e 223-B, da CLT, não excluem o direito à reparação por dano moral indireto ou dano em ricochete no âmbito das relações de trabalho, a ser apreciado nos termos da legislação civil; 2) Os critérios de quantificação de reparação por dano extrapatrimonial previstos no art. 223-G, caput e § 1º, da CLT deverão ser observados pelo julgador como critérios orientativos de fundamentação da decisão judicial. *É constitucional, porém, o arbitramento judicial do dano em valores superiores aos limites máximos dispostos nos incisos I a IV do § 1º do art. 223-G, quando consideradas as circunstâncias do caso concreto e os princípios da razoabilidade, da proporcionalidade e da igualdade.* Tudo nos termos do voto do Relator, vencidos os Ministros Edson Fachin e Rosa Weber (Presidente), que julgavam procedente o pedido das ações. Plenário, Sessão Virtual de 16.6.2023 a 23.6.2023. (Ação Direta de Inconstitucionalidade Origem: Distrito Federal. Relator: Min. Gilmar Mendes). (Grifamos).

Portanto, a partir do entendimento exarado pelo Pretório Excelso, a *quantificação da reparação por dano extrapatrimonial serve como um critério de orientação e de fundamentação da decisão judicial, o que não impede o arbitramento do dano em valores acima dos limites máximos trazidos nos incisos I a IV do § 1º do artigo 223-G, de acordo com as circunstâncias do caso concreto e conforme os princípios da razoabilidade, da proporcionalidade e da igualdade.*

10. CONCLUSÕES

Estas são as nossas reflexões sobre a responsabilidade civil por dano extrapatrimonial nas relações trabalhistas.

A título de sistematização doutrinária, podemos assim compreender o tema:

O dano extrapatrimonial é a lesão aos direitos de conteúdo não pecuniário, nem comercialmente redutível a dinheiro, restando afastada qualquer relação ao efeito patrimonial do dano moral ocorrido. Em outras palavras, o dano extrapatrimonial ocorre quando a ofensa atinge a esfera personalíssima da pessoa, a exemplo da honra, da imagem, da intimidade e da vida privada, dentre outros bens imateriais.

A Lei 13.467 de 2017, dentre outras modificações na norma, incluiu na CLT um título próprio (Título II-A), inserindo os artigos 223-A a 223-G com o objetivo específico de tratar dos danos não materiais, reunidos sob a denominação de "danos extrapatrimoniais", dos quais podem ser vitimados o empregador e o empregado. Antes da mencionada norma, os danos morais decorrentes da relação de emprego eram apurados a partir do direito comum (fontes subsidiárias), em especial o Código Civil.

A norma trouxe restrições ao poder decisório jurisdicional ensejando o questionamento acerca da constitucionalidade do novo regramento tendo em vista os princípios da reparação integral do dano, do livre convencimento motivado do magistrado, da razoabilidade e da proporcionalidade, da proibição do retrocesso social, da proteção do trabalho, da igualdade e, sobretudo, da dignidade da pessoa humana.

O artigo 223-A gerou grande celeuma ao constar em sua redação que 'apenas' o dispositivo do Título II-A da CLT deve ser aplicado à reparação do dano extrapatrimonial decorrente das relações de trabalho, o que dispensaria o Direito Civil como fonte subsidiária. Diante da controvérsia, o Supremo Tribunal Federal entendeu que o magistrado, ao apreciar cada caso concreto, deverá interpretar o ordenamento jurídico como um todo integrado não estando restrito ao Título II-A da CLT.

O artigo 223-B conceitua o dano *extrapatrimonial* decorrente das relações de trabalho e restringe a legitimidade da propositura de ação à pessoa da vítima, que pode ser pessoa física ou pessoa jurídica, o que gerou discussões acerca dos danos reflexos ou em ricochete, tendo a Corte Suprema adotado interpretação conforme a Constituição, afastando qualquer interpretação que impossibilite a pretensão de reparação do dano extrapatrimonial na Justiça do Trabalho.

Os artigos 223-C e 223-D trazem um rol bens juridicamente tutelados inerentes à pessoa física e à pessoa jurídica. Questionava-se se seriam taxativos ou exemplificativos, tendo o plenário do Supremo Tribunal Federal decidido serem exemplificativos.

O artigo 223-E trata da autoria e da coautoria dos danos extrapatrimoniais decorrentes da relação de trabalho. Todos os que tenham colaborado para a ofensa a dano extrapatrimonial decorrente das relações de trabalho têm o dever de repará-lo na proporção da ação ou da omissão de cada um dos agentes.

Muito embora a lei tenha sido omissa acerca da responsabilidade objetiva do empregador por danos decorrentes do exercício do trabalho, o Supremo Tribunal Federal firmou a tese de repercussão geral, Tema 932, declarando a constitucionalidade da responsabilização objetiva do empregador por danos decorrentes de acidentes de trabalho nos casos previstos em lei, ou quando a natureza da atividade apresentar exposição habitual a risco com potencialidade lesiva.

De acordo com o artigo 223-F, é possível cumular as reparações por *danos extrapatrimoniais e danos materiais* decorrentes do mesmo fato lesivo.

Consta do artigo 223-G uma lista de 12 incisos com as diretrizes que deverão ser observados pelo magistrado no momento de formação do juízo de equidade para fixar o valor da indenização extrapatrimonial. O mencionado artigo também fixa limites para as indenizações decorrentes de danos extrapatrimoniais, o que gerou questionamentos acerca constitucionalidade dessa limitação e tabelamento, tendo o Pretório Excelso decidido que a *quantificação da reparação por danos extrapatrimoniais serve tão-somente como um critério de orientação e de fundamentação da decisão judicial,* o que não impede *o arbitramento do dano em valores acima dos limites máximos trazidos nos incisos I a IV do § 1º do artigo 223-G, de acordo com as circunstâncias do caso concreto e conforme os princípios da razoabilidade, da proporcionalidade e da igualdade.*

Diante das dúvidas, críticas e incertezas, restou claro que o legislador reformista não foi feliz com as inovações trazidas com os artigos do Título II-A, sobretudo porque, a considerar a literalidade dos dispositivos, restariam alguns deles eivados de inconstitucionalidade, o que levou o Pretório Excelso, depois de provocado, a realizar um verdadeiro "malabarismo hermenêutico" para não declará-los inconstitucionais, adotando uma interpretação conforme a constituição dos trechos polêmicos, ainda que a literalidade de alguns deles padeça de flagrante inconstitucionalidade por ofensa a princípios pétreos.

Finalizamos o trabalho com um questionamento para a reflexão: se mesmo alguns juristas e entidades entendem pela inconstitucionalidade de trechos do Título II-A – o que ensejou, inclusive, a interpretação conforme a constituição pelo STF –, como explicar ao homem médio – o verdadeiro interessado – que a literalidade do texto não significa exatamente o que foi lido?

REFERÊNCIAS

BRASIL. Associação Nacional dos Magistrados da Justiça do Trabalho. Enunciado 18. *2ª Jornada de 2ª Jornada de Direito Material e Processual do Trabalho.* Enunciados aprovados. Brasília/DF: CONAMAT, 2018. Disponível em: https://www.anamatra.org.br/attachments/article/27175/livreto_RT_Jornada_19_Conamat_site.pdf. Acesso em: 16 jul. 2023.

BRASIL. Supremo Tribunal Federal. Ação Direta de Inconstitucionalidade 6069 Distrito Federal. Relator: Min. Gilmar Mendes. Brasília, DF, 27 de outubro de 2021. Disponível em: https://portal.stf.jus.br/processos/detalhe.asp?incidente=5626228. Acesso em: 03 ago. 2023.

BRASIL. Supremo Tribunal Federal. Recurso Extraordinário 828.040/DF. Relator: Ministro Alexandre de Moraes, 2020. Disponível em: https://redir.stf.jus.br/paginadorpub/paginador.jsp?. Acesso em: 03 ago. 2023.

BRASIL. Tribunal Regional do Trabalho da 2ª Região; Processo: 1004752-21.2020.5.02.0000; Data: 05.11.2021; Órgão Julgador: Tribunal Pleno – Cadeira 73 – Tribunal Pleno – Judicial; Relator(a): Jomar Luz de Vassimon Freitas – Acórdão publicado em 16.11.2021.

CARVALHO, Augusto César Leite de. *Princípios do Direito do Trabalho sob a Perspectiva dos Direitos Humanos.* São Paulo: LTr, 2018.

CASTRO, Maria do Perpétuo Socorro Wanderley de. *A tarifação da indenização do dano moral*: prefixação do quantum reparatório, apud MIESSA, Élisson (Org.). *A reforma trabalhista e seus impactos.* Salvador: JusPodivm, 2017.

CAVALIERI FILHO, Sérgio. *Programa de responsabilidade civil.* 12. ed. São Paulo: Atlas, 2014.

COELHO, Luciano Augusto de Toledo. LOPES, Marcus Aurélio. Breves comentários ao novo regime do dano extrapatrimonial na justiça do trabalho. *IX Amatra*, 13 nov. 2017. Disponível em: http://www.amatra9.org.br/breves-comentarios-ao-novo-regime-do-dano-extrapatrimonial-na-justica-do-trabalho-luciano-coelho-e-marcus-aurelio-lopes/. Acesso em: 02 ago. 2023.

DELGADO, Mauricio Godinho. *Curso de direito do trabalho.* 18. ed. São Paulo: LTr, 2019.

DELGADO, Mauricio Godinho; DELGADO, Gabriela Neves. *A reforma trabalhista no Brasil*: com os comentários à Lei 13.467/2017. São Paulo: LTr, 2017.

FELICIANO, Guilherme Guimarães; MIZIARA, Raphael. *Enunciados da 2ª jornada de direito material e processual do trabalho organizados por assunto.* Disponível em: https://drive.google.com/file/d/1o-ZL9_JohYjNInVvehEzYDp-bl0fcF6i6/view. Acesso em: 05 out. 2023.

GUNTHER, Luiz Eduardo; FERREIRA, Leonardo Sanches; ZAGONEL, Marina. Dano moral coletivo e dano extrapatrimonial trabalhista: incertezas na tutela coletiva do trabalhador. *Revista eletrônica [do] Tribunal Regional do Trabalho da 9ª Região*, Curitiba, v. 8, n. 76, p. 62-75, mar. 2019.

MARTINEZ, Luciano. *Curso de direito do trabalho*. 11. ed. São Paulo: Saraiva Educação, 2020.

OLIVEIRA, Sebastião Geraldo de. O dano extrapatrimonial trabalhista após a Lei 13.467/2017. *Revista eletrônica [do] Tribunal Regional do Trabalho da 9ª Região*, Curitiba, v. 8, n. 76, p. 17-52, mar. 2019.

PAMPLONA FILHO, Rodolfo. Responsabilidade civil nas relações de trabalho e o novo Código civil brasileiro. *Revista de direito do trabalho*, São Paulo, v. 29, n. 111, p. 158-176, jul./set. 2003.

PAMPLONA FILHO, Rodolfo; SOUZA, Tercio Roberto Peixoto. *Curso de direito processual do trabalho*. 2. ed. São Paulo: Saraiva Educação, 2020.

ROBORTELLA, Luiz Carlos Amorim. Responsabilidade civil do empregador perante o novo Código Civil. *Revista do Tribunal Regional do Trabalho da 15ª Região*. Campinas, n. 22, p. 133-147, 2003.

SANTOS, Enoque Ribeiro dos. O Dano Extrapatrimonial na Lei 13.467/2017, da Reforma Trabalhista, após o advento da Medida Provisória 808/2017. *Revista Síntese Trabalhista e Previdenciária*, São Paulo, v. 29, n. 344, p. 9-20, fev. 2018.

SOUTO, Cláudio. *Introdução ao Direito como Ciência Social*. Rio de Janeiro: Tempo Brasileiro, 1971.

STOLZE, Pablo; PAMPLONA FILHO, Rodolfo. *Manual de direito civil* – volume único. 4. ed. São Paulo: Saraiva Educação, 2020.

TEIXEIRA FILHO, Manoel Antônio. Litisconsórcio, Assistência e Intervenção de Terceiros no Processo do Trabalho. 2. ed. São Paulo: LTr, 1993.

20
O DANO MORAL TRABALHISTA NAS LENTES DO STF

José Affonso Dallegrave Neto

Pós-Doutor em Direito pela Universidade de Lisboa (FDUNL). Doutor e Mestre em Direito das Relações Sociais pela UFPR. Especialista em Ciências Humanas: História, Sociologia e Filosofia pela PUC-RS; membro da ABDT – Academia Brasileira de Direito do Trabalho e da JUTRA – Associação Luso-Brasileira de Juristas do Trabalho. Advogado.

Sumário: 1. Introdução – 2. Dano material: emergente e lucro cessante – 3. O catálogo proeminente dos direitos existenciais – 4. Conceito de dano moral – 5. Fixação do valor do dano moral – 6. Arbitramento, teto e tabelamento – 7. Dano moral sofrido pelo empregador – 8. O tema à luz do sistema jurídico – 9. Dano moral dos familiares da vítima – 10. A decisão do STF acerca do dano em ricochete – 11. Conclusão – Referências.

1. INTRODUÇÃO

No dia 26 de junho de 2023, o Supremo Tribunal Federal julgou quatro Ações Diretas de Inconstitucionalidades (ADIn 5870, 6050, 6069 e 6082) relativas ao capítulo de "Dano Extrapatrimonial" trazido pela Reforma Trabalhista (Lei 13.467/17). Trata-se de decisão com repercussão geral dentro do chamado *controle concentrado de constitucionalidade*. Vale dizer: aludido julgado da Excelsa Corte tanto em ADIn quanto em ADPF (Arguição de Descumprimento de Preceito Fundamental) e ADC (Ação Declaratória de Constitucionalidade) possuem efeito vinculante e eficácia *erga omnes* para todos os órgãos do Judiciário e da Administração Pública.

Se antes da Constituição Federal de 1988, a legitimidade era exclusiva do Procurador Geral, após ela, nos termos do art. 103, são legitimados para arguir essa via concentrada o Presidente da República; a Mesa do Senado Federal; a mesa da Câmara dos Deputados; a Mesa da Assembleia Legislativa ou da Câmara Legislativa do Distrito Federal; o Governador de Estado ou do Distrito Federa; o Procurador Geral da República; o Conselho Federal da Ordem dos Advogados do Brasil; Partidos políticos com representação no Congresso Nacional; Confederações Sindicais ou entidades de classe de âmbito nacional. Assim, na atenta observação de Gilmar Ferreira Mendes, o sistema concentrado nada mais é do que um instrumento de correção da via difusa, sobretudo porque confere maior prestígio à via de controle abstrato por parte do STF e sua competência exclusiva na função de guardião da Constituição (art. 102). Ademais, dentro do sistema de fiscalização da constitucionalidade de normas, a via concentrada é de maior presteza, objetividade e celeridade processual.

Por outro lado, o chamado *controle difuso de constitucionalidade* é mais democrático, eis que incidental a qualquer caso concreto, de qualquer instância do Judiciário, seja ela monocrática ou colegiada, podendo ser arguida tanto pelas partes quanto Ministério Público ou terceiro interveniente no processo. Nesta via difusa, a norma não será declarada inconstitucional em abstrato, mas apenas de modo indireto como fundamento da decisão judicial específica daquela pretensão concreta e com efeitos inter partes.[1]

Para melhor compreensão da aludida decisão do STF acerca do dano extrapatrimonial trabalhista, cabe sublinhar a existência de técnicas de decisão utilizadas pela Excelsa Corte, quando do sistema de fiscalização da constitucionalidade da norma (*in concreto* ou *in abstrato*).[2] No caso particular, conforme será demonstrado, o julgado prevalecente de lavra do Ministro Gilmar Mendes adotou a *interpretação conforme a Constituição*. Nesta técnica não há declaração de inconstitucionalidade propriamente dita, mas apenas a eliminação de hipóteses incompatíveis com o texto constitucional. Na observação de Bastos, nestes casos, apesar da ADI ser julgada improcedente, a norma em debate permanece somente com a interpretação que se harmoniza com o texto constitucional conforme as lentes do Tribunal.[3] Assim constou da Ementa do julgado em comento:

> Ações diretas de inconstitucionalidade. 2. Reforma Trabalhista. Artigos 223-A e 223-G, §§ 1º e 2º, da CLT, na redação dada pela Lei 13.467/2017. Parâmetros para a fixação do quantum indenizatório dos danos extrapatrimoniais. 3. Ações conhecidas e julgadas parcialmente procedentes para conferir interpretação conforme a Constituição, de modo a estabelecer que: 3.1. As redações conferidas aos art. 223-A e 223-B, da CLT, não excluem o direito à reparação por dano moral indireto ou dano em ricochete no âmbito das relações de trabalho, a ser apreciado nos termos da legislação civil; 3.2. Os critérios de quantificação de reparação por dano extrapatrimonial, previstos no art. 223-G, caput e §1º, da CLT deverão ser observados pelo julgador como critérios orientativos de fundamentação da decisão judicial. É constitucional, porém, o arbitramento judicial do dano em valores superiores aos limites máximos dispostos nos incisos I a IV do § 1º do art. 223-G, quando consideradas as circunstâncias do caso concreto e os princípios da razoabilidade, da proporcionalidade e da igualdade (STF; ADI 6.082; DF; Tribunal Pleno; Rel. Min. Gilmar Mendes; Julg. 26.06.2023; DJE 18.08.2023).

Afim de tornar mais didática a exposição, e considerando que a referida decisão do STF enfrentou diretamente os artigos 223-A e 223-G, e de modo indireto os artigos 223-B, 223-C e 223-D, todos da CLT, iremos comentar a nova jurisprudência da Excelsa Corte de modo incidental sobre cada ponto a seguir destacado.

---

1. Registre-se a ressalva de mutação do art. 52, X, da CF, proposto pelo Ministro Barroso, quando das decisões do próprio Pleno do STF, ao julgar arguição incidental de constitucionalidade em recurso extraordinário com repercussão geral, devendo-se atribuir efeito vinculante e eficácia *erga omnes* ("processo de abstratização do controle difuso com o objetivo de maior integridade à teoria dos precedentes" observa). Neste sentido: STF plenário ADIn 3406/RJ e 3470/RJ.

2. Neste tema, cabe também registrar a possibilidade de modulação de efeitos nos termos do artigo 27 da Lei 9869/99, *verbis*: "Ao declarar a inconstitucionalidade de lei ou ato normativo, e tendo em vista razões de segurança jurídica ou de excepcional interesse social, poderá o Supremo Tribunal Federal, por maioria de dois terços de seus membros, restringir os efeitos daquela declaração ou decidir que ela só tenha eficácia a partir de seu trânsito em julgado ou de outro momento que venha a ser fixado". Outra técnica existente é a declaração de inconstitucionalidade sem redução de texto, ocasião em que o Tribunal poderá considerar inconstitucional uma hipótese de aplicação da lei, sem que haja alteração alguma no texto normativo.

3. BASTOS, Celso Ribeiro. *Hermenêutica e interpretação constitucional*. São Paulo: Celso Bastos, 1999, p. 177.

2. DANO MATERIAL: EMERGENTE E LUCRO CESSANTE

Pode-se conceituar dano como lesão a interesses juridicamente tuteláveis; é a ofensa ao patrimônio material ou imaterial de alguém. Sergio Cavalieri Filho define o dano como sendo "a subtração ou diminuição de um bem jurídico, qualquer que seja sua natureza, quer se trate de um bem patrimonial, quer se trate de um bem integrante da própria personalidade da vítima, como a sua honra, a imagem, a liberdade etc."[4]

O dano constitui a essência da responsabilidade civil, sobretudo nos casos de responsabilidade objetiva em que se dispensa a própria investigação da culpa do agente (Tema 932 do STF).[5] Sem dano pode até existir responsabilidade penal, mas jamais civil. A indenização, quando dissociada do dano, é locupletamento indevido.

Segundo Gagliano e Pamplona Filho, para que o dano seja indenizável é necessário preencher três requisitos: a) violação de um interesse material ou moral de uma pessoa física ou jurídica; b) certeza do dano, não sendo possível compensar a vítima por um suposto dano abstrato; c) subsistência do dano no momento de sua exigibilidade em juízo.[6]

Quando o dano repercute sobre o patrimônio da vítima, entendido como aquele suscetível de aferição em dinheiro, denominar-se-á dano material ou patrimonial. Ao contrário, quando a implicação do dano violar direito geral de personalidade, atingindo interesse imaterial, dir-se-á dano moral ou extrapatrimonial. Luciano Martinez adverte acerca da impropriedade desta classificação (patrimonial/extrapatrimonial), a qual parte de perspectiva estreita e meramente contábil do conceito de patrimônio:

> Sustenta-se isto porque o dano imaterial é, em verdade, um dano ao patrimônio intangível do sujeito lesado. Apesar de inserido no plano meramente sensível e, por isso, intocável, o objeto violado é um patrimônio, etimologicamente identificado como tudo aquilo que é adquirido em ação (*monium* significa ação) intergeracional, de pai (*patri* – provém de *pater*, raiz da palavra pai) para filho. Aliás, o texto constitucional reconhece a existência de patrimônio imaterial em seu art. 216, seguindo a linha conceitual da Unesco.[7]

---

4. CAVALIERI FILHO, Sérgio. *Programa de responsabilidade civil*. 8. ed. São Paulo: Atlas, 2008. p. 71.
5. Eis a tese extraída do Tema 932 do STF: "O artigo 927, parágrafo único, do Código Civil é compatível com o artigo 7º, XXVIII, da Constituição Federal, sendo constitucional a responsabilização objetiva do empregador por danos decorrentes de acidentes de trabalho, nos casos especificados em lei, ou quando a atividade normalmente desenvolvida, por sua natureza, apresentar exposição habitual a risco especial, com potencialidade lesiva e implicar ao trabalhador ônus maior do que aos demais membros da coletividade".
6. GAGLIANO, Pablo Stolze; PAMPLONA FILHO, Rodolfo. *Novo curso de direito civil*: responsabilidade civil. 4. ed. São Paulo: Saraiva, 2006. p. 39-40.
7. MARTINEZ, Luciano. O dano moral social no âmbito trabalhista. *Revista da Academia Nacional de Direito do Trabalho*, São Paulo: LTr, n. 17, ano XVII, p. 56, 2009. Reza o aludido art. 216 da CF: Constituem patrimônio cultural brasileiro os bens de natureza material e imaterial, tomados individualmente ou em conjunto, portadores de referência à identidade, à ação, à memória dos diferentes grupos formadores da sociedade brasileira, nos quais se incluem: I – as formas de expressão; II – os modos de criar, fazer e viver; III – as criações científicas, artísticas e tecnológicas; IV – as obras, objetos, documentos, edificações e demais espaços destinados às manifestações artístico-culturais; V – os conjuntos urbanos e sítios de valor histórico, paisagístico, artístico, arqueológico, paleontológico, ecológico e científico.

Além dessa questão onomástica, impende registrar outras distinções. O dano material encerra perdas e danos que alcançam os danos emergentes e os lucros cessantes (art. 402 e 403 do CC e art. 223-F, § 2º, da CLT), exigindo-se assim a prova concreta do prejuízo sofrido pela vítima.

> Indenização por danos materiais emergentes. Exigência de comprovação prévia das despesas efetuadas. O dano material emergente se define pela perda visível, pela diminuição patrimonial quantificável, por aquilo que efetivamente o ofendido perdeu, motivo por que a indenização dessa natureza requer a existência de comprovação prévia dos valores despendidos. Recurso provido parcialmente para deferir o ressarcimento apenas em relação às despesas com consultas médicas comprovadas nos autos (TRT 7ª R.; ROT 0000347-42.2021.5.07.0013; Rel. Des. Emmanuel Teófilo Furtado; DEJTCE 30.08.2023; p. 253).

O valor do dano moral, por sua vez, deverá ser arbitrado pelo juiz. E assim o faz, nomeadamente, visando a compensação financeira da vítima[8] e a punição patrimonial do agente, sendo desnecessária a prova da dor ou do prejuízo em concreto, o qual é presumido da própria violação à personalidade da vítima, conforme já decide há anos o STJ:

> Dispensa-se a prova do prejuízo para demonstrar a ofensa ao moral humano, já que o dano moral, tido como lesão à personalidade, ao âmago e à honra da pessoa, por sua vez é de difícil constatação, haja vista os reflexos atingirem parte muito própria do indivíduo – o seu interior. De qualquer forma, a indenização não surge somente nos casos de prejuízo, mas também pela violação de um direito (STJ, Resp 85.019, 4ª Turma, Rel. Min. Sálvio de Figueiredo Teixeira, DJ 18.12.1998).

A propósito, transcreva perspicaz observação de Maria Celina Bodin de Moraes acerca da presunção de que a ofensa à personalidade implica inevitável dano moral:

> Em consequência, depois de restar superada a máxima segundo a qual *não há responsabilidade sem culpa*, tendo-se encontrado na teoria do risco um novo e diverso fundamento da responsabilidade, desmentido se vê hoje, também, o axioma segundo o qual não haveria responsabilidade sem a prova do dano, substituída que foi a comprovação antes exigida pela presunção *hominis* de que a lesão a qualquer dos aspectos que compõem a dignidade humana gera dano moral.[9]

O dano material enseja, por sua natureza, uma precisão matemática e integral do prejuízo econômico da vítima (*restitutio in integrum*), ao contrário do dano moral, que encerra função mais compensatória e menos reparatória. Sobre o assunto, João Casillo faz interessante observação:

> O princípio da *restitutio in integrum* aplica-se de maneira mais apropriada ao dano patrimonial, pois no dano não patrimonial em verdade há mais uma compensação do que efetivamente uma restituição

---

8. Nas lições de Clayton Reis, "o dinheiro é uma forma de proporcionar meios para que a vítima possa minorar o seu sofrimento, por meio da aquisição de bens ou utilizando-o em programas de lazer". *Dano moral*. 4. ed. Rio de Janeiro: Forense, 1998. p. 89.

9. MORAES, Maria Celina Bodin de. *Danos à pessoa humana:* uma leitura civil-constitucional dos danos morais. Rio de Janeiro: Renovar, 2003. p. 159-160.

ao *status quo ante*. Mesmo assim, esta compensação visaria, pelo menos em tese, a restituir à pessoa ofendida o seu estado de espírito anterior ao dano.[10]

Conforme mencionado, o dano material alcança tanto o dano atual quanto o futuro. Aquele é conhecido como dano emergente, constituindo-se tudo aquilo que se perdeu e que seja suscetível de liquidação, aplicando-se a teoria da diferença (*differenztheorie*) entre o patrimônio anterior e posterior à inexecução contratual *ou* ao fato gerador. O *damnum emergens* assim como o lucro cessante estão contemplados no art. 402 do Código Civil.[11] Observa-se da parte final deste dispositivo a definição de *lucrum cessans* como a perda do ganho esperável, a frustração da expectativa de lucro, a diminuição potencial do patrimônio do ofendido, apurado segundo um juízo razoável de probabilidade, de acordo com o normal desenrolar dos fatos.[12]

Conforme lembra Hans Fischer, enquanto o dano positivo ou emergente tem uma base firme, pois se refere sempre a fatos passados, o lucro cessante é dominado pela incerteza que resulta de se operar com entidades imaginárias, sendo seguro apenas verificar que tais resultados não iriam se verificar "se não fosse a interposição do acontecimento danoso".[13] Com efeito, o lucro cessante ao envolver um prejuízo diferido, pode se manifestar sob dupla forma: continuação do dano atual *ou* dano futuro propriamente dito. Assim, por exemplo, em um acidente de trabalho os gastos com a permanência do tratamento médico ou fisioterápico são danos futuros continuados, enquanto o prejuízo oriundo do período em que a vítima estará impedida de trabalhar implicará dano futuro propriamente dito.[14]

Consigne-se que a Lei 13.467/17 introduziu novos dispositivos à CLT (artigos 223-A a 223-G), alcunhado "Título II-A – *Do Dano Extrapatrimonial*". Apesar deste rótulo, observa-se que a Reforma Trabalhista também trouxe regramento atinente ao "dano patrimonial", conforme se observa de seu art. 223-F, § 1º e 2º ao contemplar a acumulação da indenização por dano material e moral, além de esclarecer, a exemplo do que já havia feito o Código Civil, que a composição das perdas e danos compreendem os lucros cessantes e os danos emergentes.[15]

---

10. CASILLO, João. *Dano à pessoa e sua indenização*. 2. ed. São Paulo: Ed. RT, 1994. p. 84. O jurista paranaense lembra que a expressão remonta ao antigo direito romano: *restitutio in integrum in genere sic solet definiri: Ut sit pristini status amisi recuperatio* (a integral restituição assim pode ser definida: que seja a recuperação do estado primitivo perdido).

11. Art. 402 do Código Civil: "Salvo as exceções expressamente previstas em lei, as perdas e danos devidas ao credor abrangem, além do que ele efetivamente perdeu, o que razoavelmente deixou de lucrar".

12. CAVALIERI FILHO, Sérgio. *Programa de responsabilidade civil*. 2. ed. São Paulo: Malheiros, p. 72.

13. FISCHER, Hans Albrecht. *A reparação dos danos no direito civil*. Trad. António de Arruda Ferrer Correia. São Paulo: Saraiva, 1938. p. 49.

14. SEVERO, Sérgio. *Os danos extrapatrimoniais*. São Paulo: Saraiva, 1996. p. 11. Boa parcela da doutrina inclui o dano decorrente da "perda de uma chance" como uma espécie de dano material; outros o consideram como um tertium genus que se soma ao dano material e moral.

15. Reza o aludido art. 223-F da CLT: *A reparação por danos extrapatrimoniais pode ser pedida cumulativamente com a indenização por danos materiais decorrentes do mesmo ato lesivo. § 1º Se houver cumulação de pedidos, o juízo, ao proferir a decisão, discriminará os valores das indenizações a título de danos patrimoniais e das reparações por danos de natureza extrapatrimonial. § 2º A composição das perdas e danos, assim compreendidos os lucros cessantes e os danos emergentes, não interfere na avaliação dos danos extrapatrimoniais.*

3. O CATÁLOGO PROEMINENTE DOS DIREITOS EXISTENCIAIS

Até pouco tempo atrás, persistia certa dúvida acerca do cabimento da reparação do dano moral no campo da responsabilidade civil contratual.[16] Não obstante o art. 1.059 do Código Civil de 1916 fazer menção apenas ao dano emergente e ao lucro cessante, deixando de se reportar ao dano moral, o Código Civil de 2002, em seu art. 186, fez questão de contemplar expressamente o direito à tal reparação, assim constando: "aquele que, por ação ou omissão voluntária, negligência ou imprudência, violar direito e causar dano a outrem, *ainda que exclusivamente moral*, comete ato ilícito".

É bem verdade que aludido dispositivo do diploma civil em vigor se reporta aos *atos ilícitos*, dando a entender que se refere apenas à responsabilidade extracontratual. Contudo, para melhor compreensão desse quadro, é preciso registrar que, a partir da Carta Constitucional de 1988, novo paradigma surgiu para estudar o direito privado. Trata-se do *direito civil-constitucional*, ou seja, o direito civil esquadrinhado e interpretado à luz dos novos valores solidários e princípios existenciais estampados na Constituição Federal.

Nessa nova esteira, o constituinte brasileiro, dada a importância do tema e o exemplo do modelo alemão, trouxe regra que desenha verdadeira cláusula geral de proteção à personalidade, qual seja, o art. 1º, III, que assegura a dignidade da pessoa humana como fundamento de todo Estado Democrático de Direito.[17] Assim, toda a ordem jurídica deve ser interpretada à luz do princípio da máxima efetividade dos direitos de personalidade, igualmente plasmados no art. 5º, V e X, da Carta, *verbis*:

> V – É assegurado o direito da resposta, proporcional ao agravo, além da indenização por dano material, moral ou à imagem;
>
> X – São invioláveis a intimidade, a vida privada, a honra e a imagem das pessoas, assegurado o direito a indenização pelo dano material ou moral decorrente de sua violação.

Cumpre registrar que os quatro valores tutelados nesse inciso X (intimidade, vida privada, honra e imagem) nem de longe são tidos como *numerus clausus*. Conforme observa Paulo Netto Lôbo, a orientação majoritária é a "da tipicidade aberta", ou seja, os tipos previstos na Constituição e na legislação civil são apenas enunciativos, "não esgotando as situações suscetíveis de tutela jurídica à personalidade".[18] Nas lições de Meirelles, nas situações existenciais não existe dualidade entre sujeito e objeto, porque ambos representam a categoria do *ser*; momento em que que titularidade e realização

---

16. Conforme registra Sérgio Cavalieri Filho, "numa primeira fase negava-se ressarcibilidade ao dano moral, sob fundamento de ser ele inestimável. Chegava-se, mesmo, ao extremo de considerar imoral estabelecer um preço para a dor. Aos poucos, entretanto, foi sendo evidenciado que esses argumentos tinham por fundamento um sofisma, por isso que não se trata de *pretium doloris*, mas de simples compensação, ainda que pequena, pela tristeza injustamente infligida à vítima". Op. cit., p. 75.

17. Em igual sentido é a Constituição da República de Portugal. Art. 26º, 2, da CRP: "A lei estabelecerá garantias efectivas contra a obtenção e utilização abusivas, ou contrárias à dignidade humana, de informações relativas às pessoas e famílias".

18. LÔBO, Paulo Luiz Netto. Danos morais e direitos da personalidade. In: LEITE, Eduardo de Oliveira (Coord.). *Grandes temas da atualidade*: dano moral. Rio de Janeiro: Forense, 2002. p. 353.

"coincidem com a existência mesma do valor", atraindo, por isso, tutela jurídica aberta e proeminente.[19]

Acerca deste tema, registre-se que o próprio STF, ao enfrentar o pedido de inconstitucionalidade arguido pelo Conselho Federal da OAB, na ADI 6069, esclareceu que o art. 223-C, ao apontar os bens jurídicos passíveis de tutela, assim o faz apenas de forma exemplificativa. Na referida decisão em comento, o Ministro Gilmar Mendes consignou que tal arguição "não ultrapassa uma simples problemática de interpretação legislativa". Em suas palavras e com as mais devidas vênias, asseverou:

> entendo que essa argumentação de inconstitucionalidade se assenta *equivocadamente* em uma *interpretação assaz restritiva da norma*. O art. 223-C simplesmente dispõe que *a honra, a imagem, a intimidade, a liberdade de ação, a autoestima, a sexualidade, a saúde, o lazer e a integridade física são os bens juridicamente tutelados inerentes à pessoa física*. Não me parece ter havido qualquer tentativa do legislador ordinário de conferir às expressões *honra* ou *intimidade* qualquer conteúdo normativo taxativo.[20]

Nesta nova toada aberta e existencialista, o aludido Código de 2002 inovou ao introduzir capítulo específico, intitulado *Dos direitos da personalidade*, arts. 11 a 21, relacionando alguns direitos da pessoa, como o de proteção ao corpo, nome, sobrenome e pseudônimo. A Consolidação das Leis do Trabalho, até antes da Reforma Trabalhista de 2017, não havia se ocupado detidamente dos direitos de personalidade do empregado, com algumas raras exceções como a dos casos de vedação à revista íntima após o expediente (art. 373-A, VI, CLT). Tudo ficava limitado ao plano meramente patrimonial, próprio da época em que a CLT foi editada, em 1943. Contudo, sendo o empregado necessariamente pessoa física (art. 3º da CLT), os direitos de personalidade se encontram, inevitavelmente, em todo e qualquer contrato de trabalho, observa Estêvão Mallet.[21] Na atualidade, não mais se discute a admissão do dano moral em matéria contratual, o qual, nas lentes de Sergio Severo, pode se manifestar pelo:

a) não cumprimento de uma obrigação;

b) cumprimento defeituoso;

c) quebra de deveres secundários derivados da boa-fé.[22]

Geralmente, em tais conjeturas, o dano moral se encontra cumulado com o dano material, o que é juridicamente possível, se considerarmos que ambos colimam indenizar interesses diversos, ainda que partindo de um mesmo fato jurídico gerador. Nessa direção é a correta Súmula 37 do STJ e o art. 223-F da CLT.

---

19. MEIRELES, Rose Melo Vencelau. *Autonomia Privada e Dignidade Humana*. Rio de Janeiro: Renovar. 2009, p. 36.

20. Destarte, pela adequada exegese que norteia os direitos fundamentais, qualquer bem inerente à personalidade humana deve ser prontamente tutelado pela ordem jurídica. A decisão foi julgada em junho de 2023 e publicada no DJE em 18.08.2023.

21. MALLET, Estêvão. *Direitos de personalidade e direito do trabalho*. Revista LTr, n. 68-11, p. 1309, nov. 2004.

22. SEVERO, Sérgio. *Os danos extrapatrimoniais*. São Paulo: Saraiva, 1996. p. 58.

Das três formas mencionadas, a de maior incidência é o dano moral oriundo do descumprimento de *dever anexo de conduta*, o qual se subdivide em dever de proteção, informação e lealdade. Se de um lado é comum o empregador cumprir regulamente a sua obrigação principal (pagar salário), de outro, verifica-se, amiúde, o seu total desrespeito em relação aos direitos de personalidade do trabalhador.

Assim, em manifesto extrapolamento do exercício do seu *jus variandi*, o empregador, aproveitando-se de sua condição ascendente, ora trata seu empregado com menoscabo, injuriando-o e o destratando na frente de colegas, ora o trata com rigor excessivo, exigindo-lhe produtividade desumana com imposição de horas extras e expedientes fatigantes. Neste sentido adverte, com acerto, o jurista Valdir Florindo:

> Como sabemos, na relação de emprego existem abusos, por parte do empregador, atingindo a honra, a dignidade daquele que lhe presta serviços e que colabora para com o crescimento da produção, e que absolutamente não pode ser tratado com indiferença e insensatez, e sim com seus próprios valores, pois a pessoa humana é a fonte e fulcro de todos os valores. Essa questão é fundamental, tendo razão a preocupação apontada, pois o Direito do Trabalho possui princípios protetivos, em especial o magno princípio de proteção ao trabalhador.[23]

Hoje já se sabe que a melhor interpretação jurídica é sempre aquela que contempla a acumulação de dano material e moral. A propósito, sublinhe-se que o fato de a CLT enunciar que a ofensa moral praticada pelo empregador ou pelo empregado constitui causa de resolução contratual (art. 482, *j* e *k*, e art. 483, *e*) não afasta o pleito de indenização por danos morais, uma vez que as lesões produzidas encerram facetas e tutelas diferentes.[24] Logo, no caso de a empresa ferir a honra do seu empregado, este poderá pleitear cumulativamente: a) rescisão indireta do contrato de trabalho com a indenização trabalhista daí resultante (verbas rescisórias e multa do FGTS); b) indenização civil pelos danos morais; e c) representação criminal por meio de ação penal própria (crime contra a honra). Ademais, o próprio *caput* do mencionado art. 483 ratifica esta ilação, ao dispor que o empregado poderá considerar rescindido o contrato e *"pleitear a devida indenização"*, quando o empregador incorrer em alguma das faltas graves arroladas neste dispositivo. Da mesma forma, a empresa também poderá ser vítima de dano moral e pleitear a devida indenização, conforme será visto adiante.

---

23. FLORINDO, Valdir. *Dano moral e o direito do trabalho*. 3. ed. São Paulo: LTr, 1999. p. 67. A propósito do que estamos a denunciar, veja essa notícia publicada no site do Tribunal Superior do Trabalho: "Oi vai indenizar instalador que teve de se hospedar em quarto de motel com colega em viagem de trabalho". Na matéria publicada no site do TST, em 15 de agosto de 2016, consta que a empresa enviou 10 trabalhadores ao Rio de Janeiro, hospedando-os, por 30 dias, em 5 quartos de um Motel. O instalador alegou que teve sua imagem e honra ofendidos, vez que passou a ser alvo de chacotas e piadas. No RR a Oi sustentou que "não ficou comprovado o dano moral". A Rel. Min. Kátia Arruda ressaltou que o dano é presumido (*in re ipsa*), já que o fato de alojar empregados em um quarto de motel para dividir a mesma cama, por si só, se trata de ocasião vexatória. Decisão unânime da 6ª Turma: Dano moral em R$ 10 mil (o número do processo foi omitido para preservar a intimidade do trabalhador).

24. SOUZA, Marco Antônio Scheuer de. *O dano moral nas relações entre empregados e empregadores*. Erechim: Edelbra, 1998. p. 196.

4. CONCEITO DE DANO MORAL

Quanto ao conceito de dano moral, percebemos certa hesitação da doutrina ao longo dos anos. Há autores que adotam uma concepção residual de danos extrapatrimoniais, declarando serem todos aqueles "danos que não têm repercussão de caráter patrimonial".[25] Há uma segunda corrente, encabeçada pelos irmãos Mazeaud, que vincula o dano extrapatrimonial como "aquele que causa uma dor moral à vítima" (*pretium doloris*).[26] Em posição intermediária a essas duas correntes, há aqueles que, como Savatier, sustentam ser todo sofrimento humano não resultante de uma perda pecuniária (*toute souffrance humaine ne résultant pás d'une pertepercuniaire*).[27] Em igual sentido, Clayton Reis traz o seguinte conceito de dano moral:

> Trata-se de uma lesão que atinge os valores físicos e espirituais, a honra, nossas ideologias, a paz íntima, a vida nos seus múltiplos aspectos, a personalidade da pessoa; enfim, aquela que afeta de forma profunda não bens patrimoniais, mas que causa fissuras no âmago do ser, perturbando-lhe a paz de que todos nós necessitamos para nos conduzir de forma equilibrada nos tortuosos caminhos da existência.[28]

Uma terceira corrente sustenta que a dor não é a causa da reparação nem mesmo é ela que configura o direito violado, não havendo, pois, outras hipóteses de danos morais "além das violações aos direitos de personalidade".[29] Finalmente, hoje já se fala de dano moral como *lesão a um interesse existencial concretamente merecedor de tutela*, observa Rosenvald.[30] Particularmente, entendemos que o dano moral se caracteriza pela simples violação de um direito geral de personalidade, sendo a dor, a tristeza ou o desconforto emocional da vítima sentimentos presumidos de tal lesão (presunção *hominis*) e, por isso, prescindíveis de comprovação em juízo, conforme já vem julgando o STJ há muito tempo:

> Na concepção moderna da reparação do dano moral, prevalece a orientação de que a responsabilidade do agente se opera por força do simples fato da violação, de modo a tornar-se desnecessária a prova do prejuízo em concreto (STJ; Resp. 173.124, 4ª Turma, Rel. Ministro César Asfor Rocha, julgado em 11.9.2001, DJ 19.11.2001).

---

25. RODRIGUES, Sílvio. *Direito civil. Responsabilidade...*, p. 189.
26. MAZEAUD, Henry; MAZEAUD, Leon. *Tratado teórico y práctico de la responsabilidad civil delictual y contractual*. Trad. Luis Alcalá-Zamora y Castillo. Título original: *Traité théorique et pratique de la responsabilité civile, délictuelle et contractuelle*. Buenos Aires: EJEA, 1961. p. 424. Oportuno transcrever a seguinte ementa: "O mero dissabor não pode ser alçado ao patamar do dano moral, mas somente aquela agressão que exacerba a naturalidade dos fatos da vida, causando fundadas aflições ou angústias no espírito de quem ela se dirige" (STJ, Resp. 215.666, 4ª Turma, Rel. Ministro César Asfor Rocha, DJ 29.10.2001).
27. SAVATIER, René. *Traité de la responsabilité civile en droit français*. 12. ed. Paris: General, 1951. t. II, p. 92.
28. REIS, Clayton. *Avaliação do dano moral*. 4. ed. Rio de Janeiro: Forense, 2002. p. 205.
29. LÔBO, Paulo Luiz Netto. Danos morais e direitos da personalidade. In: LEITE, Eduardo de Oliveira (Coord.). *Grandes temas da atualidade: dano moral*. Rio de Janeiro: Forense, 2002. p. 364. Em sentido próximo, Paulo Eduardo Vieira de Oliveira prefere a expressão *dano pessoal* a dano moral, "por corresponder melhor à definição real intrínseca propriamente dita (portanto lógica e ontologicamente mais perfeita), do dano pelo objeto que menoscaba: a pessoa humana". O dano pessoal no direito do trabalho. *Revista da AMATRA* III, p. 3, mar./abr. 2002.
30. FARIAS, Cristiano Chaves de; BRAGA NETTO, Felipe Peixoto; ROSENVALD, Nelson. *Novo tratado de responsabilidade civil*. São Paulo: Atlas, 2015, p. 295.

Observa-se que esse silogismo não dispensa o autor de seu ônus probatório, mas apenas aponta para presunção da dor moral decorrente de comprovados fatos constitutivos que ensejaram a ofensa ao seu direito geral de personalidade:

> Dano moral. Prova. A jurisprudência uniformizadora da SBDI-1 desta Corte entende que a caracterização do dano moral se dá pela violação de um direito geral de personalidade, sendo suficiente para fins de responsabilidade a demonstração do evento, dispensada a prova do prejuízo quanto à lesão à honra, visto que sentimentos como a tristeza, a angústia, a dor emocional da vítima são apenas presumidos (presunção *hominis*) e, por isso, prescindíveis de comprovação em juízo (TST; RR 0000133-93.2013.5.09.0007; Sexta Turma; Rel. Min. Augusto Cesar Leite de Carvalho; DEJT 25.08.2023; p. 4988).

Em igual direção doutrinária, Maria Bodin de Moraes conceitua dano moral como lesão à dignidade humana, sobretudo pelas consequências dela geradas. Assim, toda e qualquer circunstância que atinja a condição humana, ou que (mesmo longinquamente) negue a sua qualidade de pessoa, "será automaticamente considerada violadora de sua personalidade e, se concretizada, causadora de dano moral a ser reparado". Ao complementar sua ideia, Moraes acentua que "a simples violação de uma situação jurídica subjetiva extrapatrimonial (ou de um 'interesse patrimonial') em que esteja envolvida a vítima, desde que merecedora da tutela, será suficiente para garantir a reparação".[31]

Importa sublinhar que aludidos direitos de personalidade manifestam-se tanto fora quanto dentro da esfera dos contratos. Assim, o cidadão empregado, quando da execução do contrato de trabalho, tem seus direitos de personalidade salvaguardados, inclusive contra eventuais abusos da parte do empregador. Caso o trabalhador seja ofendido em sua honra, privacidade, nome, imagem (etc.), haverá lesão a um interesse imaterial que é tutelado pelo direito, e a reparação desse dano moral estará enquadrada na responsabilidade civil contratual, sobretudo porque agente e vítima ostentam a figura jurídica de contratante (empregado e empregador) no momento da consumação do dano.

O mesmo pode-se dizer em relação aos danos morais decorrentes do acidente do trabalho. A responsabilidade civil da empresa também será do tipo contratual, sendo a prescrição aplicável a do art. 7º, XXIX, da CF e a competência da Justiça do Trabalho para julgar eventuais litígios daí decorrentes (art. 114, VI, da CF). Registre-se, contudo, a existência de equivocada corrente que insiste em dizer que tais danos acidentários são delituais, porquanto decorrentes de ato ilícito, enquadrando-se, pois, na responsabilidade extracontratual. Diante dessa premissa, propugnam pela aplicação do prazo prescricional previsto no art. 205 do Código Civil e pela fluência dos juros moratórios a partir do evento danoso na forma da Súmula 54 do STJ. Tal corrente sustenta que os interesses tuteláveis, nesses casos, não decorrem do contrato, mas da lei.

---

31. MORAES, Maria Celina Bodin de. *Danos à pessoa humana*: uma leitura civil-constitucional dos danos morais. Rio de Janeiro: Renovar, 2003. p. 188. Sobre o tema, Paulo Eduardo Vieira de Oliveira observa que "os sentimentos íntimos de humilhação, constrangimento, vergonha ou revolta, por mais nobres que sejam, são acidentais na configuração do dano pessoal e não integram seu conceito ontológico". O dano pessoal no direito do trabalho. *Revista da AMATRA III*, p. 5, mar./abr. 2002.

Ocorre que o direito de personalidade, ao mesmo tempo em que se aplica a todos os cidadãos, independentemente de estarem investidos da condição de contratante/contratado, irradia seus efeitos tutelares também na esfera contratual. A atual visão de contrato comutativo é dinâmica, reconhecendo não só as obrigações principais, como também os *deveres anexos de conduta,* pautados na boa-fé, confiança negocial e dignidade da pessoa humana. Com efeito, quando o empregado é ofendido em sua honra, durante a execução do contrato de trabalho, estaremos diante da lesão de um direito de personalidade, mas também de um dever contratual anexo de conduta.

É bem provável que a resistência de parte da doutrina em admitir a existência de danos morais contratuais incida no conceito de direito de personalidade, como absoluto (além de indisponível, irrenunciável, imprescritível e imaterial). Assim, considerando que o dano moral se caracteriza pela violação de um direito de personalidade – e sendo esse um direito absoluto e eficaz contra todos (*erga omnes*) –, boa parte dos estudiosos, seguindo esse silogismo, acabou por asseverar que a reparação do dano moral é sempre extracontratual. Ocorre que os direitos de personalidade também irradiam seus efeitos na órbita contratual, sendo, nessa medida, considerados direitos *relativos* aos contratantes.

> A inserção do empregado no ambiente de trabalho não lhe retira os direitos da personalidade, dos quais o direito à intimidade constitui uma espécie (TRT, 3ª Região, 2ª Turma, RO 16.022-2001, Rel. Juíza Alice Monteiro de Barros, DJMG 09.02.2002, p. 6).

Destarte, a espúria invasão de privacidade do empregado, por exemplo, é ao mesmo tempo uma ofensa a um direito fundamental e uma lesão ao dever anexo do contrato, qual seja o de tratamento leal, digno e protetivo. Há aqui um evidente direito relativo ao contratante. Francisco Amaral, ao mesmo tempo em que enquadra os direitos de personalidade como absolutos (porque eficazes contra todos), admite a possibilidade de existência da classe dos chamados *direitos de personalidade relativos.*[32]

Em face de tais argumentos, a jurisprudência, antes mesmo do advento do atual Código Civil de 2002, já vinha aceitando o cabimento do dano moral contratual. Quanto à doutrina, a corrente majoritária sempre defendeu a possibilidade da reparação do dano moral tanto na órbita contratual quanto extracontratual. A propósito, Clayton Reis a vincula como um marco no processo evolutivo das civilizações:

> A constatação da existência de um patrimônio moral e a consequente necessidade de sua reparação, na hipótese de dano, constituem marco importante no processo evolutivo das civilizações. Isto porque representa a defesa dos direitos do espírito humano e dos valores que compõem a personalidade do *homo sapiens*. Afinal, esses valores sempre constituíram a causa motivadora que impulsiona os homens e as civilizações no curso da história.[33]

---

32. AMARAL, Francisco. *Direito civil. Introdução.* 3. ed. Rio de Janeiro: Renovar, 2000. v. 1, p. 248. "Consequentemente (os direitos de personalidade) são absolutos, indisponíveis, irrenunciáveis, imprescritíveis e extrapatrimoniais. Absolutos porque eficazes contra todos (erga omnes), admitindo-se, porém, direitos de personalidade relativos, como os direitos subjetivos públicos, que permitem exigir do Estado uma determinada prestação, como ocorre, exemplificativamente, com o direito à saúde", completa Amaral.

33. REIS, Clayton. *Dano moral.* 4. ed. Rio de Janeiro: Forense, 1998. p. 7. Registre-se que a 1. ed. foi publicada em 1991.

5. FIXAÇÃO DO VALOR DO DANO MORAL

No campo da responsabilidade civil, o solidarismo constitucional manifesta-se na postura dos julgadores em buscar a reparação efetiva do dano infligido ao trabalhador, enxergando-o em sua essência, não apenas como sujeito de direito abstrato, mas antes como gente em sua dimensão humana e merecedora de dignidade.

Não se ignore que o verdadeiro sentido da indenização dos danos morais consolida uma ideia de plena indenização, protegendo "de forma integral o ser humano em todos os seus valores". Para tanto, faz-se mister um "aprofundamento do exame de todos os resultados vivenciados pela vítima na sua intimidade", em virtude das agressões de que foi imolada, completa Reis.[34]

Até o advento da Reforma Trabalhista de 2017, a legislação positiva era propositadamente omissa na tarifação dos danos morais e assim o fazia de forma acertada, vez que, pela própria natureza dos direitos imateriais de personalidade, não é possível fixar valores nominais a todas as situações concretas, indiscriminadamente. Não se ignore que a natureza da indenização do dano moral não é a de reparar (restaurar) o prejuízo, sendo isso possível apenas em relação aos danos materiais. Deveras, a natureza jurídica da indenização do dano moral é a de compensar financeiramente (recompensar) a vítima do dano moral. Assim, o valor pecuniário fixado deve representar uma alegria ou lenitivo à vítima, com o propósito de compensar o sofrimento da sua dor, a qual é presumida pela simples violação do direito de personalidade.

Conforme preceitua o art. 946 do CC, combinado com o art. 509, I, CPC, o juiz deve arbitrar o valor da condenação por dano moral.[35] Diante dessa forma aberta de arbitramento pelo julgador, a doutrina apresenta vários critérios objetivos para que se possa fixar um valor justo, razoável e consentâneo com a natureza jurídica dessa espécie de indenização.

> À luz do sistema aberto, cabe ao julgador, atento aos parâmetros relevantes para aferição do valor da indenização por dano moral, fixar o *quantum* indenizatório com prudência, bom senso e razoabilidade, sob pena de afronta ao princípio da restauração justa e proporcional. Agravo de instrumento conhecido e desprovido (TST; AIRR 0000791-88.2015.5.05.0612; 3ª Turma; Rel. Min. Alberto Bresciani; DEJT 28.10.2016; p. 2317).

Ressalte-se que qualquer critério sugerido pela doutrina ou jurisprudência deverá estar respaldado na natureza jurídica da indenização, nas regras da legislação civil e nos valores da Constituição da República. Com efeito, a efetiva reparação do dano moral,

---

34. REIS, Clayton. O verdadeiro sentido de indenização dos danos morais. In: LEITE, Eduardo de Oliveira (Coord.). *Grandes temas da atualidade:* dano moral. Rio de Janeiro: Forense, 2002. p. 81, 87 e 93.
35. Art. 946, CC. Se a obrigação for indeterminada, e não houver na lei ou no contrato disposição fixando a indenização devida pelo inadimplente, apurar-se-á o valor das perdas e danos na forma que a lei processual determinar.
Art. 509, CPC/15: Quando a sentença condenar ao pagamento de quantia ilíquida, proceder-se-á à sua liquidação, a requerimento do credor ou do devedor: I – por arbitramento, quando determinado pela sentença, convencionado pelas partes ou exigido pela natureza do objeto da liquidação.

mormente aquele advindo da relação empregatícia, deve representar função compensatória-preventiva.[36]

Assim, o valor da indenização deve retratar, ao mesmo tempo, uma recompensa financeira pela dor da vítima, e uma punição ao agente capaz de desestimular a reiteração da prática leviana. Observe-se que, pelo Dicionário Aurélio, a palavra *recompensar* pode tanto ser utilizada como prêmio a um serviço ou auxílio, como no sentido de "dar algo cujo valor ou importância são considerados uma boa retribuição a (esforços, dedicação, sofrimento etc.)".

Carlos Alberto Bittar preconiza que a teoria da reparabilidade dos danos morais conta com componentes centrais que lhe conferem a expressão necessária para uma efetiva realização de suas funções, a saber: "a de trazer satisfação ao interesse lesado e, de outra parte, inibir comportamentos antissociais do lesante, ou de qualquer membro da coletividade".[37] José Cairo Júnior, após sistematizar o tema, sustenta a existência de cinco pilares que deverão ser levados em conta para a fixação da indenização do dano moral, quais sejam: a) condição pessoal da vítima; b) capacidade financeira do ofensor; c) intensidade do ânimo de ofender; d) gravidade; e) repercussão da ofensa.[38]

Assim, em relação ao caráter *recompensador* do dano, além da avaliação da situação pessoal financeira da vítima, deve-se conjugar "gravedad del ilícito y magnitud del daño".[39] Quanto ao caráter *sancionatório*, além dos quesitos anteriores (necessidade pessoal da vítima, gravidade do ilícito e magnitude do dano), há de se considerar a capacidade econômica do agente, pois em uma empresa de grande porte somente a indenização vultosa será capaz de acoimá-la a ponto de inibir a reiteração do ilícito praticado. Quanto à vítima, não se pode olvidar que a dignidade da pessoa humana é o centro de sua personalidade e, portanto, merece a maior proteção possível.[40]

---

36. A 1ª Jornada de Direito Material e Processual na Justiça do Trabalho, promovida pela Anamatra e com o apoio do TST, no ano de 2007, aprovou o seguinte entendimento: "Súmula 51. O valor da condenação por danos morais decorrentes da relação de trabalho será arbitrado pelo juiz de maneira equitativa, a fim de atender ao seu caráter compensatório, pedagógico e preventivo." O evento foi realizado nos dias 21 a 23 de novembro de 2007 na sede do TST e com a participação de ministros e magistrados do Brasil inteiro. Da mesma forma, houve representação dos advogados e procuradores do trabalho. Pessoalmente, tive a honra de compor o grupo de juristas convidado para atuar como moderador na IV Comissão que versou sobre *Responsabilidade civil do empregador*.

37. BITTAR, Carlos Alberto. *Reparação civil por danos morais*. São Paulo: Ed. RT, 1993. p. 237.

38. CAIRO JÚNIOR, José. *O acidente do trabalho e a responsabilidade civil do empregador*. São Paulo: LTr, 2003. p. 103.

39. ZANNONI, Eduardo A. *El daño en la responsabilidad civil*. 2. ed. Buenos Aires: Astrea, 1993. p. 319.

40. CORTIANO JÚNIOR, Eroulths. Alguns apontamentos sobre os chamados direitos da personalidade. In: FACHIN, Luiz Edson (Coord.). *Repensando fundamentos do direito civil brasileiro contemporâneo*. Rio de Janeiro: Renovar, 1998. p. 42. Neste sentido é a ementa: "O arbitramento do valor da indenização por dano moral deve levar em consideração a extensão do dano sofrido, a condição econômica da vítima e a capacidade financeira do ofensor, além do princípio da razoabilidade, em parâmetros que atendam às funções compensatória, punitiva e educativa" (TRT 12ª R.; RO 0000137-75.2015.5.12.0008; 3ª Câmara; Rel. Juiz Nivaldo Stankiewicz; DOESC 25.11.2016). Observa-se que o binômio *necessidade da vítima e capacidade econômica do agente* é utilizado como critério legal para a fixação de alimentos provisionais, nos termos do art. 1.694, § 1º, do Código Civil. Por analogia, tal regra de binômio axiológico passou a se estender à indenização do dano moral.

6. ARBITRAMENTO, TETO E TABELAMENTO

De forma surpreendente, a Reforma Trabalhista não só trouxe um tabelamento de dano moral como criou uma espécie de "teto de valor". Ademais, não se pode deixar de consignar veemente crítica aos valores pífios propostos pela malsinada Lei 13.467 em vigor a partir de novembro de 2017. A medida, além de banalizar a prática do dano moral, surgiu na contramão da política universal que colima fixar valores capazes de desestimular a prática ilícita do agente causador do dano. Assim, ao intérprete caberá proceder a interpretação mais larga possível, a fim de prestigiar a reparação integral da vítima, princípio que norteia o instituto da Responsabilidade Civil.

Com efeito, havendo várias ofensas ao patrimônio imaterial do trabalhador, cada uma delas deverá ser influenciada pela respectiva faixa normativa de que trata o art. 223-G, § 1º, da CLT. Não por acaso que o referido artigo utiliza a expressão "*ofensa* de natureza leve, média, grave ou gravíssima". Logo, havendo múltiplas lesões à personalidade do trabalhador haverá múltiplas indenizações.

Observa-se que esta *acumulação* mencionada no texto da lei refere-se aos valores de cada pedido autônomo (*non bis in idem*). Interpretação diversa (conferindo igual indenização para uma e para várias ofensas acumuladas) será considerada inconstitucional por afronta aos já referidos princípios da Constituição, neles incluído o da isonomia. Vale dizer, se em uma determinada situação jurídica se constatar inúmeros agravos, o valor da indenização não poderá ser o mesmo daquela em que se verificar uma única ofensa, vez que não se pode tratar de modo igual situações desiguais. Veja-se que o legislador ratificou esta esteira de modulação/acumulação, ao apontar graus de ofensa relacionados nos incisos I a IV, do art. 223, § 1º, da CLT como critério informativo para cada insulto analisado individualmente.

Ainda neste tema, impende lembrar o alcance do art. 5º, incisos V e X, e § 2º, da Constituição Federal,[41] os quais asseguram, a todos, indenização por dano moral, com resposta *proporcional ao agravo*, sendo inviolável a intimidade, a vida privada, a honra e a imagem das pessoas, sem excluir outros direitos e garantias decorrentes dos princípios adotados pela Constituição. Ora, um dos fundamentos da República é a dignidade da pessoa humana (art. 1º, III, CF) e a máxima efetivação dos direitos fundamentais. Com base nesse quadro constitucional, a indenização será sempre medida "pela extensão do dano" (conforme estabelece o *caput* do art. 944 do Código Civil). Não se ignore que todo direito infraconstitucional, CLT inclusive, submete-se a essas diretivas proeminentes que conferem eficácia ao sistema jurídico do tipo aberto e indenização proporcional a cada afronta.[42]

---

41. CF, art. 5º, V: é assegurado o direito de resposta, proporcional ao agravo, além da indenização por dano material, moral ou à imagem; (...) X – são invioláveis a intimidade, a vida privada, a honra e a imagem das pessoas, assegurado o direito a indenização pelo dano material ou moral decorrente de sua violação; (...) § 2º Os direitos e garantias expressos nesta Constituição não excluem outros decorrentes do regime e dos princípios por ela adotados, ou dos tratados internacionais em que a República Federativa do Brasil seja parte.

42. Dano moral. Fixação. Critérios. O arbitramento do valor da indenização requer observância de determinados critérios, tais como a situação social e econômica das partes envolvidas, o caráter punitivo pedagógico da medida,

Com o advento da Reforma Trabalhista de 2017, houve a introdução de inúmeros critérios objetivos para o magistrado arbitrar o valor do dano moral, nos termos do artigo 223-G da CLT, *verbis*:

> Ao apreciar o pedido, o juízo considerará: I – a natureza do bem jurídico tutelado; II – a intensidade do sofrimento ou da humilhação; III – a possibilidade de superação física ou psicológica; IV – os reflexos pessoais e sociais da ação ou da omissão; V – a extensão e a duração dos efeitos da ofensa; VI – as condições em que ocorreu a ofensa ou o prejuízo moral; VII – o grau de dolo ou culpa; VIII — a ocorrência de retratação espontânea; IX – o esforço efetivo para minimizar a ofensa; X — o perdão, tácito ou expresso; XI – a situação social e econômica das partes envolvidas; XII – o grau de publicidade da ofensa.

Após esquadrinhar estes fatores de acordo com o caso concreto, o julgador deverá mensurar a natureza e a quantidade das ofensas para então fixar a devida indenização. Além disso, constatada a reincidência entre partes idênticas, o juiz deverá dobrar o valor, conforme dispõem as normas da CLT trazidas pela Lei 13.467/17:

> Art. 223-G, § 1º: Se julgar procedente o pedido, o juízo fixará a indenização a ser paga, a cada um dos ofendidos, em um dos seguintes parâmetros, vedada a acumulação:
>
> I – ofensa de natureza leve, até três vezes o último salário contratual do ofendido;
>
> II – ofensa de natureza média, até cinco vezes o último salário contratual do ofendido;
>
> III – ofensa de natureza grave, até vinte vezes o último salário contratual do ofendido;
>
> IV – ofensa de natureza gravíssima, até cinquenta vezes o último salário contratual do ofendido.
>
> § 2º Se o ofendido for pessoa jurídica, a indenização será fixada com observância dos mesmos parâmetros estabelecidos no § 1º deste artigo, mas em relação ao salário contratual do ofensor.
>
> § 3º Na reincidência entre partes idênticas, o juízo poderá elevar ao dobro o valor da indenização.

De uma apressada leitura destes dispositivos, chega-se à conclusão de que o legislador acabou por criar um quadro de tabelamento e teto de valor do dano moral (cinquenta vezes o último salário contratual do ofendido), o que, desde logo, surpreendeu os operadores do direito. Não por coincidência que inúmeras Ações Diretas de Inconstitucionalidade foram interpostas perante o Supremo Tribunal Federal. Em voto de lavra do Ministro Gilmar Mendes, prevaleceu o entendimento de que o dano moral não está sujeito à tarifação, conforme Súmula 28 do STJ em relação à Lei de Imprensa, contudo, "isso não equivale, evidentemente, à proibição de métodos que ajudem a estabelecer a quantificação do dano extrapatrimonial". Aliás, o Congresso Nacional, quando da Reforma de 2017, "pretendia reagir à suposta ausência de objetividade dos critérios utilizados pela magistratura trabalhista", completa o Acórdão.

Logo, "compreendo que a norma impugnada não deve ser julgada *in totum* inconstitucional com pronúncia de nulidade". Isso porque "os parâmetros fixados no art. 223-G, tanto nos incisos I a XII do caput do dispositivo quanto no próprio § 1º, podem validamente servir de critérios, ainda que não exaurientes, para a definição do *quantum*

---

a vedação ao enriquecimento ilícito. Mostrando-se desproporcional o valor fixado na sentença, necessária à sua redução, de acordo com os critérios delineados no art. 223-G da CLT. (TRT 3ª R.; ROT 0010976-38.2022.5.03.0147; Nona Turma; Rel. Des. Rodrigo Ribeiro Bueno; Julg. 30.08.2023; DEJTMG 01/09/2023; p. 3579).

da reparação extrapatrimonial pelo magistrado trabalhista", assinalou o corpo da decisão que julgou a ADI 6082, não sem antes ratificar que tais critérios e valores jamais poderão servir como "teto" ou limite pecuniário da condenação:

> Repiso, porém, que tais critérios, em especial o valor-referência do salário, não podem ser utilizados como "teto", sendo possível que o magistrado, diante das especificidades da situação concreta eventualmente, de forma fundamentada, ultrapasse os limites quantitativos previstos nos incisos I a IV do § 1º (do art. 223-G, da CLT).

Ao final, por maioria de votos,[43] a Excelsa Corte não chegou a declarar a inconstitucionalidade dos referidos dispositivos, preferindo optar pela técnica da *interpretação conforme à Constituição*, estabelecendo, por consequência, que tanto os valores quanto os critérios da CLT são apenas orientativos (não exaurientes) aos juízes do trabalho:

> Assim, por todo o exposto, julgo parcialmente procedente as ADI para conferir interpretação conforme à Constituição ao art. 223-G da CLT, assentado que os critérios neles fixados não impedem que decisão judicial devidamente motivada que dialogue com os parâmetros legais fixe indenização por dano extrapatrimonial em quantia superior aos limites previstos nos incisos I, II, III e IV do § 1º do dispositivo legal.[44]

Em igual sentido caminha a jurisprudência trabalhista, conforme se vê do Acórdão do Tribunal do Trabalho mineiro:

> Danos morais. Critérios para apuração do valor devido. Acerca da apuração da indenização por danos morais devida no caso concreto, deve ser observada a decisão do STF no julgamento conjunto das ADIs 6.050, 6.069 e 6.082, considerado o disposto no art. 223-G, caput e § 1º, da CLT, como fixador de *critérios orientativos, mas que não constituem teto para o arbitramento das indenizações* por danos extrapatrimoniais (TRT 3ª R.; ROT 0010652-21.2022.5.03.0156; 11ª Turma; Rel. Des. Marcelo Lamego Pertence; DEJTMG 30.08.2023; p. 2578).

7. DANO MORAL SOFRIDO PELO EMPREGADOR

Em relação à possibilidade de a pessoa jurídica sofrer dano moral, o Superior Tribunal de Justiça já pacificou o tema em sentido positivo, conforme a sua Súmula n. 227, aplicada às relações de emprego.[45] Sublinhe-se que a jurisprudência desta Corte e, em igual sentido, a dos pretórios trabalhistas[46] também firmaram posição de que a

---

43. Ficaram vencidos os Ministros Edson Fachin e Rosa Weber, que entendiam pela procedência do pedido de inconstitucionalidade do art. 223-G, da CLT.

44. Trata-se do Processo: STF; ADI 6.082; DF; Tribunal Pleno; Rel. Min. Gilmar Mendes; Julg. 26.06.2023; DJE 18.08.2023.

45. "É admissível o pedido formulado pela empresa a título de dano moral, compreendendo-se como tal o dano à imagem ou a bens imateriais (inteligência da Súmula 227 do STJ)" (TRT 12ª R.; RO 0002610-30.2014.5.12.0053; 6ª Câmara; Relª Juíza Teresa Regina Cotosky; DOESC 02.05.2016).

46. "Dano moral. Pessoa jurídica. Lesão à honra objetiva da empresa. A noção de dano moral, após a Constituição Federal de 1988, não mais se restringe ao *pretium doloris*, estendendo-se também à pessoa jurídica que tem seu nome ou imagem atacados. A proteção constitucional objetiva resguardar a imagem ou credibilidade da empresa, pois, embora a pessoa jurídica não seja titular da honra subjetiva (afeta exclusivamente ao ser humano)

indenização, nestes casos, aplica-se restritivamente aos casos de lesão à *honra objetiva* (difamação), sendo impróprio falar em honra subjetiva da empresa (calúnia ou injúria), conforme se depreende desse emblemático acórdão:

> A pessoa jurídica, criação da ordem legal, não tem capacidade de sentir emoção e dor, estando por isso, desprovida de honra subjetiva e imune à injúria. Pode padecer, porém, de ataque à honra objetiva, pois goza de uma reputação junto a terceiros, passível de ficar abalada por atos que afetam seu bom nome no mundo civil ou comercial onde atua (STJ, 4ª Turma, REsp 60.033-2-ME, Rel. Min. Ruy Rosado, RSTJ 85/268-274, DJ 27.11.1995).

Neste ponto, importa indicar a distinção feita por Miguel Reale entre *dano moral objetivo* (atinente à dimensão moral da pessoa em seu meio social, envolvendo prejuízo à sua imagem) e *dano moral subjetivo* (correlacionado com o mal sofrido pela pessoa em sua subjetividade e intimidade psíquica, causando-lhe dor ou sofrimento próprio), os quais "devem sofrer inequívoca reparação".[47]

Como se vê, o entendimento prevalecente na doutrina e na jurisprudência colima proteger a imagem mercantil da pessoa jurídica (a sua marca comercial). E assim o faz a partir de um viés patrimonial da interpretação do art. 52 do Código Civil, o qual dispõe: "aplica-se às pessoas jurídicas, *no que couber*, a proteção dos direitos da personalidade". Entrementes, cabe registrar outro importante segmento doutrinário, que pugna por uma reelaboração dogmática deste ponto. Assim, a lógica patrimonial deve se amoldar àquela existencial atinente à dignidade da pessoa humana, a qual se encontra no vértice hierárquico do ordenamento, leciona Gustavo Tepedino: "A empresa privada, na esteira de tal perspectiva, deve ser protegida não já pelas cifras que movimenta, ou pelos índices de rendimento econômico por si só considerados, mas na medida em que se torna instrumento de promoção dos valores sociais e não patrimoniais".[48]

Com outras palavras, a empresa merecerá tutela jurídica como "um instrumento privilegiado para a realização das pessoas que é capaz de congregar em seu âmbito de

---

é detentora da honra objetiva que, uma vez violada, acarreta o dever de reparação (art. 186 do CCB/02). Assim, na esfera trabalhista, se o empregado lesar a honra da empresa, para qual trabalha, deve arcar com o ônus de reparação da lesão perpetrada. *In casu*, o contexto probatório comprovou, sobejamente, que a reclamante, no exercício de suas funções, não honrou a confiança que lhe foi depositada, na medida em que passou "a maquiar as contas da reclamada, bem como aquelas pessoais da sócia", repassando cheques de alunos para outras contas, falsificando extratos bancários, não providenciando o pagamento de plano de saúde, não recolhendo FGTS, COFINS e INSS, não pagando contas particulares da sócia, utilizando-se de cartão de crédito da sócia para uso próprio, informando o seu endereço para interceptar cobranças, não pagando fornecedores etc., culminando com sua dispensa por justa causa, cuja indenização ao empregador se impõe. Reforça esse entendimento o disposto no art. 52 do CC/2002, bem como a Súmula 227 do STJ" (TRT 3ª R.; RO 1114/2004-005-03-00.4; 2ª Turma; Rel. Juíza Conv. Maria Cristina; DJEMG 9.2.2011).

47. REALE, Miguel. O dano moral no direito brasileiro. In: *Temas de direito positivo*. São Paulo: Ed. RT, 1992. p. 23. A propósito deste tema, é o famoso processo espanhol de ofensa à honra subjetiva de empregador/pessoa física, caso Isabel Preysler e o ato ilícito de sua empregada doméstica (*v. g.* TC espanhol n. 115/2000). In: ABRANTES, José João. *Direitos fundamentais da pessoa humana no trabalho em especial, a reserva da intimidade da vida privada*. Coimbra: Almedina, 2014. p. 21-22.

48. TEPEDINO, Gustavo. A tutela da personalidade no ordenamento civil-constitucional brasileiro. *Temas de direito civil*. Rio de Janeiro: Renovar, 1999. p. 52-53.

atuação",[49] incluindo-se aqui não só o próprio empresário, mas também os fornecedores, clientes e trabalhadores a ela relacionados. Percebe-se, pois, que as duas correntes doutrinárias admitem o cabimento da indenização por dano moral em prol da empresa, ainda que com fundamentos diversos. Por sua vez, a aludida Reforma Trabalhista de 2017 fez questão de trazer dispositivo específico, apontando os valores da pessoa jurídica a serem tutelados: "Art. 223-D da CLT: A imagem, a marca, o nome, o segredo empresarial e o sigilo da correspondência são bens juridicamente tutelados inerentes à pessoa jurídica".

Observa-se que todos eles se incluem no aludido conceito de imagem e honra objetiva, cujas ofensas implicam prejuízos econômicos passíveis de indenização. Nesta situação em que não cabe falar em presunção ou dano *in re ipsa*, atraindo a necessária comprovação do dano alegado pela vítima (*in casu*: o prejuízo do empregador):

> Dano moral. pessoa jurídica. Art. 5º, X, CRFB. Súmula 227, STJ. Indenização indevida. Em termos probatórios, nos casos de dano moral em face da pessoa jurídica, por estarem envolvidas questões objetivas da seara comercial, não se deve lançar mão da presunção *in re ipsa*, cabendo à parte demonstrar claramente os efetivos danos à pessoa jurídica, conforme decorre dos artigos 818 da CLT e 373, I, do CPC (TRT 9ª R.; ROT 0000143-42.2023.5.09.0863; 6ª Turma; DJE 04.09.2023).

Na atualidade, os casos mais frequentes de dano moral sofrido pelo empregador versam sobre excessos de expressões publicadas em redes sociais ou em sites de reclamação (*WhatsApp, Facebook, Reclameaqui, Consumidor.gov; Instagram, Linkedin*). Diante do caso concreto, ao julgador caberá ponderar qual direito prevalecerá em detrimento de outro: a liberdade de expressão do empregado ou a lesão à imagem da empresa. Sublinhe-se que neste tema há inúmeros incisos do artigo 5º da Constituição Federal que devem ser alinhados e ponderados:

> IV – é livre a manifestação do pensamento, sendo *vedado o anonimato*;
>
> V – é assegurado o direito de *resposta, proporcional ao agravo*, além da indenização por dano material, moral ou à imagem; (...)
>
> VIII – *ninguém será privado de direitos por motivo de crença* religiosa ou de convicção filosófica ou política, salvo se as invocar para eximir-se de obrigação legal a todos imposta e recusar-se a cumprir prestação alternativa, fixada em lei; (...)
>
> X – são *invioláveis* a intimidade, a vida privada, a honra e a imagem das pessoas, assegurado o direito a *indenização pelo dano material ou moral decorrente de sua violação*;

Assim, quando da colisão de direitos fundamentais incidente em cada caso concreto, ao juiz caberá aplicar o princípio da proporcionalidade, ponderando a tutela do maior valor jurídico em detrimento daquele de menor importância, além das cláusulas pétreas próprias desta matéria:[50]

---

49. TEPEDINO, Gustavo. Op. cit., p. 52-53. O jurista carioca complementa: "a lesão à reputação de uma empresa comercial atinge – mediata ou imediatamente – os seus resultados econômicos, em nada se assemelhando, por isso mesmo, à chamada honra objetiva, com os direitos da personalidade".

50. Conforme assinala o festejado professor da Universidade Nova de Lisboa, o princípio teve origem no direito administrativo para controlar o poder derivado da intervenção pública e "expandiu-se para o direito privado, máxime para as situações contratuais de poder-sujeição"; o objetivo é impor "limites à prevalência de uma

Crítica ao empregador em rede social. A Constituição Federal garante a *liberdade de expressão*, vedando a *prévia censura*. Em mesmo patamar, assegura reparação, *veda o anonimato e reconhece o direito de resposta*. Com isso, estabelece que o exercício da liberdade de expressão condiciona-se à responsabilidade. Divulgação em rede social tem potencial de atingimento de milhões de pessoas, sem contar as infinitas republicações. Uma vez lançada no ambiente virtual, a palavra não mais se cala. Os efeitos de crítica contundente ao empregador, que não se estriba, sequer, em confiável veracidade, impedindo ao agredido direito de resposta, ensejam a quebra da fidúcia do contrato (TRT-2ª R., 9ª T., ROT1000818-72.2014.5.02.0321, DEJT: 27.03.2015).[51]

Na atenta observação doutrinária de Mello, o exercício do direito de crítica do empregado nas redes sociais é pleno, dada a liberdade de expressão e a preservação do direito de identidade do empregado, não havendo que falar em dano moral em prol da empresa manifestações que sequer revelam crimes contra a honra, nem tampouco incorrem em abuso de direito (a exemplo de insultos ou utilização de termos excessivos, tendentes a afetar o regular funcionamento da organização ou do correto cumprimento do contrato).[52] Às vezes pode acontecer que o ato do empregado, capaz de macular a reputação da empresa, tenha ocorrido sem qualquer repercussão significativa, ou intenção de prejudicar o empregador, ocasião em que a indenização postulada restará prejudicada.[53]

Registre-se que a Lei 13467/17, ao introduzir o já mencionado art. 223-G à CLT, fixou critérios objetivos ao julgador no momento de arbitrar o valor do dano moral, os quais se aplicam tanto à pessoa física quanto jurídica. Após ponderar tais circunstâncias, o juiz arbitrará a indenização nos termos dos aludidos §§ 1º a 3º do referido art. 223-G.[54] Observa-se que o § 2º do aludido dispositivo deixa claro que se o ofendido

---

parte sobre a outra e transformar assim essas situações de poder em situações de equilíbrio ou, pelo menos, de desequilíbrio tolerável." ABRANTES, José João. *Direitos fundamentais da pessoa humana no trabalho em especial, a reserva da intimidade da vida privada*. Coimbra: Almedina, 2014.p. 18.

51. Em sentido diverso: "Manifestação da empregada em rede social. Não comprovação da falta grave. Necessidade de ponderação das circunstâncias fáticas do caso concreto e gradação das penas. Na hipótese, é incontroverso o fato de que a reclamante publicou em seu perfil nas redes sociais a seguinte frase: Escrava na empresa Correios. Sabe-se que a liberdade de expressão é preceito fundamental assegurado a todos os indivíduos, que encontra guarida na Constituição Federal, especialmente, no seu artigo 5º, IV. Não obstante, como qualquer garantia constitucional, o seu exercício possui limites que devem ser observados, de modo que a livre manifestação do pensamento ou opinião nunca poderá se sobrepor à esfera jurídica de outrem, sob pena de configuração do uso abusivo de tal liberdade. (...) Contudo, de modo objetivo, tem-se que a referida conduta, por si só, não serve como justo motivo para o término do contrato de trabalho, uma vez que, ao contrário do disposto no acórdão regional, não possui o condão de ofender a honra e imagem da ré em gravidade se permita a aplicação direta da pena máxima à empregada, considerando o já mencionado sentido coloquial emprestado à expressão, que afasta, inclusive, a subsunção exata à proibição prevista em norma interna da empresa" (TST; RR 1000864-41.2018.5.02.0444; 7ª Turma; Rel. Min. Cláudio Mascarenhas Brandão; DEJT 23.06.2023; p. 6515).

52. MELLO, Cristiane. *Direito de crítica do empregado nas redes sociais e a repercussão no Contrato de Trabalho*. SP: LTr, 2015, p. 125.

53. Opinião em redes sociais. justa causa. Comprovado que a manifestação do trabalhador não se tratou de ofensa pessoal, mas simples desabafo pessoal, sem a utilização de palavras de baixo calão, acrescido ao fato de que foram poucas "curtidas" e nenhum comentário depreciativo, conclui-se que não houve repercussão suficiente para macular a imagem da empregadora (TRT-15. RO: 0010474-87.2015.5.15.0090, DJ: 06.02.2017).

54. Art. 223-G, § 1º da CLT: "Se julgar procedente o pedido, o juízo fixará a indenização a ser paga, a cada um dos ofendidos, em um dos seguintes parâmetros, vedada a acumulação: I – ofensa de natureza leve, até três vezes o último salário contratual do ofendido; II – ofensa de natureza média, até cinco vezes o último salário contratual do ofendido; III – ofensa de natureza grave, até vinte vezes o último salário contratual do ofendido; IV – ofensa

for a empregadora/pessoa jurídica, o valor da indenização levará em conta os mesmos parâmetros do parágrafo anterior, considerando para tanto o valor do salário contratual do empregado ofensor. Logo, quanto maior o cargo e a remuneração do agente maior será o valor da indenização da vítima (pessoa jurídica).

8. O TEMA À LUZ DO SISTEMA JURÍDICO

Ao contrário dos sistemas jurídicos herméticos, próprios do Positivismo do século XIX, o atual sistema pátrio é aberto justamente porque possibilita a inserção de novos elementos dentro da ordem jurídica. Contudo, essa absorção dinâmica encontra limites nos próprios contornos da Constituição Federal. Com outras palavras, novas regras infraconstitucionais são bem-vindas ao sistema jurídico aberto, desde que não conflitem com os diques formais (regras de hierarquia, delegação e competência) e materiais (regras de valores, princípios e conteúdo). E assim cada vez que uma nova regra editada confronta com tais limites, será inconstitucional e, portanto, inválida.

Nessa esteira, pode-se dizer que é inconstitucional o art. 223-A da CLT, proposto pela Lei 13467, ao (tentar) impor regramento restritivo à matéria, ao dispor: "aplicam-se à reparação de danos de natureza extrapatrimonial decorrentes da relação de trabalho *apenas* os dispositivos deste Título". Ora, não cabe ao legislador ordinário alijar expressamente o alcance de outras normas ligadas ao tema, sobretudo normas constitucionais e civis. Não se ignore que o sistema jurídico contém regras próprias de integração, revogação e harmonização. Uma delas é justamente a submissão das leis ordinárias à Lei Maior. Não existe microssistema jurídico (CLT, CDC, CC, CPC etc.) divorciado do sistema constitucional. Vale dizer: assim como o sistema solar tem o sol em seu centro, cujas luzes alumiam os demais planetas, o sistema jurídico tem na Constituição Federal a sua centralidade, iluminando e influenciando todos os microssistemas que orbitam em torno dela. Nesta toada, a Suprema Corte brasileira, quando do Voto conjunto da ADI 5870, 6.050, 6.069 e 6.082, redigido pelo Ministro Gilmar Mendes, conferiu *interpretação conforme a Constituição*, assim constando:

> A disciplina legislativa em momento algum afastou – e nem poderia afastar – a aplicação dos princípios constitucionais que regem as relações de trabalho, seja no âmbito do regramento dos danos extrapatrimoniais, seja em qualquer outra dimensão das relações jurídicas trabalhistas.
>
> Ainda que a norma prevista no art. 223-A expressamente circunscreva o tratamento da reparação extrapatrimonial às disposições do Título II-A, é inequívoco que, ao apreciar cada caso concreto, o magistrado deverá proceder a uma interpretação íntegra do ordenamento jurídico pátrio, no que se insere o inafastável respeito aos princípios constitucionais.
>
> Despiciendo ainda observar que eventuais lacunas na aplicação da legislação trabalhista poderão ser colmatadas pelos juízes por meio do recurso à analogia, os costumes e os princípios gerais de direito. Disso resulta que, ao menos naquilo que não implicarem contrariedade expressa ao regime

---

de natureza gravíssima, até cinquenta vezes o último salário contratual do ofendido. § 2º Se o ofendido for pessoa jurídica, a indenização será fixada com observância dos mesmos parâmetros estabelecidos no § 1º deste artigo, mas em relação ao salário contratual do ofensor. § 3º Na reincidência entre partes idênticas, o juízo poderá elevar ao dobro o valor da indenização".

da CLT, os parâmetros fixados no Título IX do Código Civil, poderão ser supletivamente aplicados às relações trabalhistas. (destaques nossos)[55]

O mesmo silogismo também se aplica em relação à necessária integração da lei previdenciária na seara trabalhista dos acidentes, a exemplo da figura da *concausa* prevista no art. 21, I, da Lei 8213/91.[56] Tal dispositivo em conjunto com o art. 223-E da CLT ("são responsáveis pelo dano extrapatrimonial todos os que tenham colaborado para a ofensa ao bem jurídico tutelado, na *proporção da ação* ou da omissão") levou a doutrina e a jurisprudência concluírem que em caso de concausa será possível ao julgador reduzir o valor da indenização:

> Patologia do trabalho. Nexo de concausalidade. Reconhecido o *nexo de concausalidade* entre o labor e a patologia de que padeceu a trabalhadora no ombro direito, equiparada a acidente de trabalho (art. 21, inciso I da Lei 8.213/91), na correta proporcionalidade constatada pela perícia, a responsabilidade do empregador pelos danos decorrentes é mero corolário, na forma do previsto no art. 186 do Código Civil, combinado com o contido nos arts. 2º e *223-E da Lei Consolidada* (CLT), sendo devidas as indenizações pelos danos morais e materiais advindos do agravamento da patologia pelo labor. Critério de fixação da indenização por danos morais. O valor da indenização por danos morais deve ser arbitrado tomando-se em consideração a contribuição da empresa para o surgimento ou agravamento da patologia, de acordo com o critério da proporcionalidade e as balizas constantes do art. 944 do Código Civil, especialmente *após a decisão do Excelso Supremo Tribunal Federal proferida nas ADI 5.870; 6.050; 6.069 e 6.082* (TRT 24ª R.; ROT 0025004-47.2021.5.24.0022; 2ª Turma; Rel. Des. Francisco das Chagas L. Filho; DEJTMS 04.09.2023; p. 1967).

9. DANO MORAL DOS FAMILIARES DA VÍTIMA

Dano por ricochete é aquele que advém do verbo ricochetear. Vale dizer, algo que se movimenta e muda o seu curso. A doutrina francesa criou a teoria do *"le dommage par ricochet"*, também chamado de dano indireto ou reflexo. Oportuna, a propósito, a observação feita por Yusef Cahali:

> Embora o dano deva ser direto, tendo como titulares da ação aqueles que sofrem, de frente, os reflexos danosos, acolhe-se também o dano derivado ou reflexo (ou por ricochete), de que são os titulares que sofrem, por consequência, aqueles efeitos, como no caso do dano moral sofrido pelo filho diante da morte de seus genitores e vice-versa.[57]

Assim, no caso de o acidentado falecer em decorrência de acidente ou doença ocupacional, poderão ingressar com ação de dano moral todos aqueles que mantinham permanente convivência ou estreito laço afetivo com o *de cujus*. Repare que aqui os demandantes agirão em nome próprio, e não em substituição à dor do acidentado. O sofrimento e a angústia que originam o dano moral, nesse caso, não se dão pela inca-

---

55. Trata-se do Processo: STF; ADI 6.082; DF; Tribunal Pleno; Rel. Min. Gilmar Mendes; Julg. 26.06.2023; DJE 18.08.2023.
56. Art. 21. "Equiparam-se também ao acidente do trabalho, para efeitos desta Lei: I – o acidente ligado ao trabalho que, embora não tenha sido a causa única, haja contribuído diretamente para a morte do segurado, para redução ou perda da sua capacidade para o trabalho, ou produzido lesão que exija atenção médica para a sua recuperação".
57. CAHALI, Yusef Said. *Dano moral*. 3. ed. São Paulo: Ed. RT, 2005. p. 116.

pacidade laborativa do acidentado, mas pela perda abrupta de um ente querido, sendo legítimos para pleitearem essa espécie de dano moral não aqueles "a quem o morto devia alimentos" (art. 948, II, CC), mas aqueles que conviviam com o falecido e com ele mantinham intensa afeição.

Interessante transcrever a decisão abaixo, de lavra do Ministro do STJ, Napoleão Nunes Maia Filho, a qual bem traduz a finalidade e o cabimento do dano moral reflexo, também chamado de dano em ricochete (ou por ricochete):

> Dano moral reflexo. Precedentes. 1. Não obstante a compensação por dano moral ser devida, em regra, apenas ao próprio ofendido, tanto a doutrina quanto à jurisprudência tem admitido a possibilidade dos parentes do ofendido e a esses ligados afetivamente, postularem, conjuntamente com a vítima compensação pelo prejuízo experimentado, conquanto sejam atingidos de forma indireta pelo ato lesivo. 2. Trata-se de hipótese de danos morais reflexos, ou seja, embora o ato tenha sido praticado diretamente contra determinada pessoa, seus efeitos acabam por atingir, indiretamente, a integridade moral de terceiros. É o chamado dano moral por ricochete, cuja reparação constitui direito personalíssimo e autônomo dos referidos autores. 3. No caso em apreço, não pairam dúvidas que a esposa e o filho foram moralmente abalados com o acidente que vitimou seu esposo e pai, atualmente sobrevivendo em estado vegetativo, preso em uma cama, devendo se alimentar por sonda, respirando por traqueostomia e em estado permanente de tetraplegia, sendo que a esposa jamais poderá dividir com o marido a vicissitudes da vida cotidiana de seu filho, ou a relação marital que se esvazia, ou ainda, o filho que não será levado pelo pai ao colégio, ao jogo de futebol, ou até mesmo a colar as figurinhas da copa do mundo. 4. Dessa forma, não cabe a este relator ficar enumerando as milhões de razões que atestam as perdas irreparáveis que sofreram essas pessoas (esposa e filho), podendo qualquer um que já perdeu um ente querido escolher suas razões, todas poderosamente dolorosas; o julgamento de situações como esta não deve ficar preso a conceitos jurídicos ou pré-compreensões processuais, mas leva em conta a realidade das coisas e o peso da natureza da adversidade suportada. 5. Esta Corte já reconheceu a possibilidade de indenização por danos morais indiretos ou reflexos, *sendo irrelevante, para esse fim, até mesmo a comprovação de dependência econômica entre os familiares lesados.* Precedentes (STJ; AgRg-REsp 1.212.322; Proc. 2010/0166978-7; SP; 1ª Turma; DJE 10.06.2014).

Conforme assinala José de Aguiar Dias,[58] nenhuma dificuldade ocorre quanto aos parentes próximos da vítima, pois neste caso a convivência e o prejuízo se presumem. São os casos de irmãos do acidentado, por exemplo, em que caberá à parte *ex-adversa* demonstrar o contrário, qual seja que naquele caso excepcional não havia proximidade entre eles.[59] Quanto à dor propriamente dita dos familiares, esta será sempre presumida. Vale dizer, não se pode exigir que os autores da ação, partes legítimas que mantinham estreito laço afetivo com o *de cujus*, tenham que provar em juízo que a aludida morte

---

58. DIAS, José de Aguiar. *Da responsabilidade civil.* 3. ed. Rio de Janeiro: Forense, 1954. t. II, p. 782.

59. "Acidente de trabalho. Morte do trabalhador. Indenização por danos morais por ricochete. Ação ajuizada pelos irmãos do empregado. Trata-se de dano moral reflexo ou indireto, também denominado dano moral por ricochete, cujo reconhecimento prescinde de prova de que os parentes dependessem economicamente da vítima, pois de danos materiais não se trata. Em princípio, apenas se ficasse demonstrado que os irmãos da vítima não tivessem nenhum vínculo afetivo ou nenhuma convivência familiar com ela é que se poderia afastar a presunção *in re ipsa* dos danos morais, o que não é o caso dos autos, pois não consta no acórdão recorrido nada nesse sentido. Precedentes do TST e do STJ" (TST; RR 0001578-23.2012.5.15.0070; 6ª Turma; Relª Min. Kátia Magalhães Arruda; DEJT 26.06.2015; p. 1893).

do acidentado implicou angústia, aflição ou grave sentimento de pesar, vez que tais infortúnios constituem dano moral *in re ipsa*.[60]

Considerando que o paradigma que norteia a Responsabilidade Civil encontra-se estribado no princípio da máxima tutela da vítima, nada mais consentâneo do que incluir, nesta proteção, o patrimônio moral e material dos terceiros que se veem atingidos por manterem estreito laço afetivo. Ainda que distintos, a causa reflexa do prejuízo encontra-se relacionada com a causa direta, *in casu* o acidente do trabalho.

> Dano moral em ricochete. A jurisprudência e a doutrina há muito reconhecem que o dano moral pode ocorrer *não apenas à vítima direta, mas indiretamente (por ricochete) àqueles que estão próximos*, que integram o núcleo familiar sanguíneo e até mesmo por afinidade. *A lesão à vítima é de tamanha gravidade que transborda o sofrimento personalíssimo, atingindo várias pessoas no entorno de sua vida social.* É o caso, normalmente, do(a) cônjuge, companheiro(a), filho(a) e genitores, os quais, normalmente estão próximos no convívio e o abalo moral em uma das pessoas atinge a todos, indiretamente. Há uma presunção (relativa) de abalo moral aos descendentes, cônjuge, ascendentes e irmãos, pois incluídos nos limites do núcleo familiar, seja sanguíneo, seja por afetividade/afinidade. Por ser uma presunção relativa, é possível que a parte contrária demonstre que, a despeito da proximidade sanguínea, não havia qualquer envolvimento entre as partes; há muito romperam, entre outros fatos que revelem a desconsideração com o outro. Não comprovado esse afastamento, é devida a indenização (TRT 4ª R.; ROT 0020504-42.2021.5.04.0523; 6ª. Turma; DEJTRS 10.08.2023).

Na esfera da Justiça do Trabalho sempre que se fala em dano reflexo, ou por ricochete, o primeiro exemplo que vem à mente é o da dor do filho, em face da morte por acidente de trabalho de seu pai, ou mesmo da dor da esposa pela morte do marido trabalhador. Todavia, importa sublinhar a existência de dano por ricochete em casos que não houve necessariamente óbito da vítima direta. A título de exemplo, mencionem-se a dor dos filhos em ver seus pais submetidos a condições análogas à de escravo; o constrangimento social dos familiares em conviver com calúnias e difamações injustas contra seu filho; a dor do cônjuge em ver sua esposa sendo assediada sexualmente pelo chefe; ou mesmo a aflição da mulher em ver seu marido lesado em acidente do trabalho de forma a prejudicar sua locomoção, ou restringir sua vida afetiva:

> O dano moral reflexo pode se caracterizar ainda que a vítima direta do evento danoso sobreviva. É que o dano moral em ricochete não significa o pagamento da indenização aos indiretamente lesados por não ser mais possível, devido ao falecimento, indenizar a vítima direta. É indenização autônoma, por isso devida independentemente do falecimento da vítima direta (TRT 18ª R.; ROT 0010080-06.2021.5.18.0052; 1ª. Turma; DJEGO 15.08.2023; p. 1166).

Em relação ao montante devido da condenação há um rateio em partes iguais, de forma similar à partilha do dano material e do crédito do *de cujus* em relação ao FGTS, consoante aplicação analógica do art. 77, § 1º, da Lei 8.213/91, e do art.

---

60. Acidente de trabalho. Indenização por dano moral em ricochete. Em relação aos parentes do pequeno círculo familiar, ou seja, a família propriamente dita (pai, mãe, cônjuge, filhos e também os irmãos), o dano moral ocorre in re ipsa, não demandando, portanto, maiores indagações. Para além desse pequeno círculo, a indenização é devida caso comprovada a estreita relação (TRT 3ª R.; ROT 0011143-43.2022.5.03.0151; 7ª Turma; DEJTMG 31.08.2023; p. 1992).

1° da Lei 6.858/80,[61] respectivamente. Nesse sentido caminha a jurisprudência do TST e do STJ:

> Quanto ao valor da condenação deve ser global e partilhado entre todos os que se encontram legitimados a receber a verba. Vale dizer: a todos aqueles que mantinham laço afetivo com o falecido (STJ, 4ª Turma, Resp 163484/RJ, Rel. Min. Ruy Rosado de Aguiar, julgado em 20.08.1998).
>
> Quanto à possibilidade da adoção do critério de rateio entre todos os legitimados, cabe a aplicação analógica do art. 77 da Lei 8.213/91 (a pensão por morte, havendo mais de um pensionista, será rateada entre todos em parte iguais) (TST; RR 0000081-36.2013.5.08.0101; 6ª Turma; Rel. Min. Augusto Cesar Leite de Carvalho; DEJT 14.03.2014; p. 862).

Em situações especiais e justificadas, ao julgador cabe arbitrar valor diferenciado de acordo com a circunstância do caso e da proximidade mantida entre o falecido e as partes demandantes. Muitas vezes acontece de determinados entes próximos do falecido postular, em ação judicial separada, o seu quinhão correspondente à indenização reflexa; às vezes em momento posterior ao rateio do valor global feito em acordo ou por sentença judicial. Neste caso, a parte interessada caberá buscar sua parte na divisão, sem por meio de ação autônoma ou em ação de regresso contra aqueles que foram inicialmente beneficiados. O que não se admite é o agente-empregador ter que pagar novo valor sob o mesmo título; fato que importaria *bis in idem*.

> Acidente de trabalho. Falecimento do trabalhador. Indenização por dano moral em ricochete. Transação realizada pelo cônjuge em ação diversa. Subsistência do direito de ação dos demais atingidos. Provimento. A morte de trabalhador em decorrência de acidente de trabalho presumivelmente ocasiona dano moral em ricochete sobre o núcleo familiar imediato, tendo os atingidos direito personalíssimo de reclamar a respectiva indenização, seja em conjunto, seja individualmente, porquanto referida pretensão não decorre do direito sucessório, sendo antes individual, requerido em nome próprio por cada Demandante. Por outro lado, não há na legislação pátria determinação de direito de preferência sobre a reparação moral, nem obrigação de que todos os que se sintam atingidos demandem em conjunto, de maneira que o entendimento do Tribunal *a quo*, de que o fato de ter a viúva realizado acordo em outra ação reclamatória, percebendo idêntica indenização, tem o condão de retirar dos pais e irmã do empregado falecido o direito a pleitear a reparação em comento afrontou diretamente o inciso X do art. 5° da CF, alcançando conhecimento o recurso de revista, no particular, e devendo ser provido para declarar que os Autores têm legitimidade para pleitear a indenização por dano moral decorrente do óbito do trabalhador vitimado por acidente de trabalho (TST; RR 0159000-71.2009.5.01.0065; 5ª Turma; Rel. Des. Conv. Tarcísio Régis Valente; DEJT 27.11.2015; p. 1664).

---

61. Reza o art. 1° da Lei 6.858/80: "Os valores devidos pelos empregadores aos empregados e os montantes das contas individuais do Fundo de Garantia do Tempo de Serviço e do Fundo de Participação PIS-PASEP, não recebidos em vida pelos respectivos titulares, *serão pagos, em quotas iguais*, aos dependentes habilitados perante a Previdência Social ou na forma da legislação específica dos servidores civis e militares, e, na sua falta, aos sucessores previstos na lei civil, indicados em alvará judicial, independentemente de inventário ou arrolamento". Reza a Lei 8.213/91: art. 77: "A pensão por morte, havendo mais de um pensionista, será rateada entre todos em parte iguais. § 1°Reverterá em favor dos demais a parte daquele cujo direito à pensão cessar".

10. A DECISÃO DO STF ACERCA DO DANO EM RICOCHETE

Um dos dispositivos mais controvertidos, trazidos pela Reforma Trabalhista de 2017, refere-se ao art. 223-B, da CLT, na parte em que declara que o dano moral trabalhista somente se dá em relação aos *titulares exclusivos* do direito à reparação. Eis a redação: "Art. 223-B. Causa dano de natureza extrapatrimonial a ação ou omissão que ofenda a esfera moral ou existencial da pessoa física ou jurídica, as quais são as *titulares exclusivas do direito* à reparação."

De uma interpretação precipitada, poder-se-ia concluir que, com a vigência desse dispositivo, os autores do dano reflexo estariam excluídos do conceito de "titular exclusivo do direito à reparação". Ledo engano, pois tanto do ponto de vista sistêmico-constitucional quanto do próprio conceito de dano em ricochete persiste tal direito juridicamente reconhecido. Senão vejamos.

Conforme visto, o chamado dano reflexo ou por ricochete constitui dano moral próprio daqueles que mantêm estreito laço afetivo com a vítima do acidente de trabalho. Vale dizer: o que é reflexo ou indireto não é a titularidade do direito, mas tão somente o seu fato gerador, qual seja o acidente de trabalho ou a doença ocupacional. Assim, no dano moral reflexo há uma causa mediata (o acidente propriamente dito) e outra imediata, cujos titulares são aqueles que se veem ofendidos em sua esfera moral ou existencial diante da injusta morte ou incapacidade de seu ente querido.

Ademais, o dano moral reflexo também subsiste pela melhor interpretação sistêmica-jurídica, mormente em relação ao alcance do art. 5º, incisos V e X, e § 2º, da Constituição Federal,[62] os quais asseguram a todos a respectiva indenização por dano moral, além do direito de resposta proporcional ao agravo. Aliás, não se pode esquecer de dois fundamentos da República: a dignidade da pessoa humana (art. 1º, III, CF), e a máxima efetividade dos direitos fundamentais. Assim, qualquer sujeito que se vê ofendido em sua personalidade, aqui incluído a dor de perder injustamente um ente querido por acidente de trabalho, terá direito a indenização por dano moral, prevista no art. 5º, X, da Constituição Federal.

Nessa esteira, pode-se dizer que eventual interpretação do art. 223-B da CLT, que restrinja o amplo espectro do dano moral previsto na Constituição da República (art. 5º, X, combinado com o art. 1º, III, e com o § 2º do art. 5º) será inválida por ofensa à ordem constitucional. Neste sentido, quando da decisão do STF na ADI 6050/DF, o Ministro Gilmar Mendes, seguido pela maioria de seus pares, conferiu a seguinte interpretação conforme à Constituição:

> Penso que uma interpretação que desconsiderasse a possibilidade de acionamento da Justiça do Trabalho pela hipótese de dano em ricochete resultaria em estado de absoluta inconstitucionalidade. Essa leitura

---

62. CF, art. 5º, V: é assegurado o direito de resposta, proporcional ao agravo, além da indenização por dano material, moral ou à imagem; (...) X – são invioláveis a intimidade, a vida privada, a honra e a imagem das pessoas, assegurado o direito a indenização pelo dano material ou moral decorrente de sua violação; (...) § 2º Os direitos e garantias expressos nesta Constituição não excluem outros decorrentes do regime e dos princípios por ela adotados, ou dos tratados internacionais em que a República Federativa do Brasil seja parte.

do art. 223-B da CLT faria com que o largo âmbito de proteção do art. 5º, inciso V, da CF restasse esvaziado, na medida em que se inviabilizaria a reparação de danos por acidente de trabalho que resultasse, por exemplo, em morte da vítima. (...) Por esses motivos, *entendo ser necessário conferir interpretação conforme à Constituição, afastando-se qualquer interpretação que impeça o exercício de pretensão, em juízo, de reparação de dano extrapatrimonial na Justiça do Trabalho pela hipótese do dano em ricochete ou dano reflexo.*

Como se vê, sob as corretas lentes do STF não cabe ao legislador ordinário reduzir o alcance de normas constitucionais, sobretudo as que conferem direitos fundamentais a *todos*, como é o caso do art. 5º, X, da CF. Quando o constituinte, nesta cláusula pétrea, assegurou a indenização por dano moral incluiu a hipótese do familiar ou sujeito com estreito laço afetivo, que teve sua dignidade afetada ao ver incapacitado ou morto um de seus queridos entes, em razão de um acidente ou doença ocupacional.

Por último, cabe sublinhar que não se confunde a Ação da genitora do falecido, ao postular direito específico do *de cujus*, com a sua própria demanda, pleiteando dano reflexo (ou em ricochete). São direitos distintos, sendo que o exercício de um não exclui o do outro:

> Coisa julgada. Acordo arbitral. É certo que o direito transacionado era do espólio, transmitido por sucessão hereditária. Contudo, na presente demanda, a pretensão recai sobre direito próprio da genitora, decorrente da morte de seu filho. Trata-se do denominado dano moral indireto, também chamado dano em ricochete, caracterizado pelo fato de atingir e, por conseguinte, legitimar pessoas diversas daquelas que foram vítimas do ato praticado. O fato de a viúva ter celebrado acordo arbitral sobre direito do *de cujus*, na qualidade de sucessora, não pode incidir como óbice à genitora deduzir em juízo direito próprio (TST; AIRR 0000910-43.2012.5.11.0012; 3ª Turma; Relª Desª Conv. Vania Maria da Rocha Abensur; DEJT 19.06.2015; p. 2726).

Quanto à competência material para julgar o dano moral reflexo, até pouco tempo havia controvérsia entre os operadores do direito. De um lado os que sustentavam a alçada da Justiça Comum (pelo fato dos autores postularem direitos próprios de afeição); de outro os que defendiam a competência da Justiça do Trabalho, nos termos do art. 114, VI, da Constituição Federal. De nossa parte, conforme sustentamos alhures,[63] o fator determinante para atrair a competência trabalhista (*vis atractiva*) reside no fato de os autores pleitearem "ação de indenização decorrente da relação de trabalho", conforme prevaleceu, *a posteriori*, perante a jurisprudência do Tribunal Superior do Trabalho e do Supremo Tribunal Federal (STF 1ª T., RE-AgR 503043/SP, DJ 1º.06.2007).[64]

---

63. E assim o fizemos desde a 3ª edição da obra "*Responsabilidade Civil no Direito do Trabalho*", publicado pela Editora LTr em 2008.
64. Eis as decisões: "Compete à Justiça do Trabalho apreciar e julgar pedido de indenização por danos morais e patrimoniais, decorrentes de acidente do trabalho, nos termos da redação originária do art. 114 c/c inciso I do art. 109 da Lei Maior. Precedente: CC 7.204. Competência que remanesce ainda quando a ação é ajuizada ou assumida pelos dependentes do trabalhador falecido, pois a causa do pedido de indenização continua sendo o acidente sofrido pelo trabalhador. Agravo regimental desprovido" (STF 1ª T., RE-AgR 503043/SP, Carlos Ayres Britto, DJ 1º.06.2007). O TST segue a mesma orientação: "Acidente do trabalho. Dano moral por ricochete. Competência da justiça do trabalho. Desde o julgamento, pelo STF, do Conflito de Competência 7.545, em 14.08.2009, já não persistem dúvidas de que a Justiça do Trabalho é competente para processar e julgar as ações em que os familiares de empregado falecido em acidente de trabalho postulam, em nome próprio, indenizações por danos morais e/ou patrimoniais daí decorrentes" (TRT 4ª R.; RO 0000536-50.2013.5.04.0541; 7ª Turma; Rel. Juiz Conv. Manuel Cid Jardon; DEJTRS 27.03.2015; p. 151).

11. CONCLUSÃO

O Supremo Tribunal Federal ao julgar inúmeras Ações Diretas de Inconstitucionalidades conferiu importante interpretação ao Título II – *Do Dano Extrapatrimonial*, trazido pela Lei 13.467/17. Apesar deste rótulo, observa-se que a Reforma Trabalhista também trouxe regramento relativo ao "dano patrimonial", a exemplo do art. 223-F, § 1º e 2º que contempla a acumulação da indenização por dano material e moral, e esclarece que a composição das perdas e danos compreendem os lucros cessantes e os danos emergentes.

A aludida decisão teve repercussão geral dentro do chamado *controle concentrado de constitucionalidade,* produzindo efeito vinculante e eficácia *erga omnes* para todos os órgãos do Judiciário e da Administração Pública. Tendo como Relator o Ministro Gilmar Mendes, no julgado prevaleceu a adoção da técnica da *interpretação conforme a Constituição*. Assim, não houve declaração de inconstitucionalidade propriamente dita, mas apenas a eliminação de hipóteses incompatíveis com o texto constitucional.

Em relação ao art. 223-C da CLT, a Excelsa Corte esclareceu que, ao apontar os bens jurídicos passíveis de tutela, o dispositivo o fez de modo apenas exemplificativo, sendo equivocado conferir qualquer interpretação restritiva nesta matéria dos direitos de personalidade.

Sem dúvida, o dispositivo mais polêmico da Reforma encontra-se no art. 223-G, ao prever tabelamento, critérios objetivos e (suposto) teto de valor para o arbitramento do dano moral. Neste particular, o STF, apesar de afastar a pronuncia de nulidade por inconstitucionalidade da norma, adotou a *interpretação conforme* para estabelecer que os critérios acrescidos à CLT são apenas orientativos (não exaurientes), e os valores de referência ali contidos podem ser ultrapassados pelos juízes do trabalho, vez que não são nem devem ser interpretados como limite máximo.

Outra polêmica examinada no julgado em comento diz respeito à expressão contida no art. 223-A: "aplicam-se à reparação de danos de natureza extrapatrimonial decorrentes da relação de trabalho *apenas* os dispositivos deste Título". Nas corretas lentes do Supremo Tribunal Federal, "a disciplina legislativa em momento algum afastou – e nem poderia afastar – a aplicação dos princípios constitucionais que regem as relações de trabalho, seja no âmbito do regramento dos danos extrapatrimoniais, seja em qualquer outra dimensão das relações jurídicas trabalhistas", cabendo ao magistrado proceder "a uma interpretação íntegra do ordenamento jurídico pátrio".

Finalmente, a Excelsa Corte enfrentou a questão do cabimento do dano moral em ricochete na esfera trabalhistas, ensejada pela obscura redação do art. 223-B, ao dispor: "causa dano de natureza extrapatrimonial a ação ou omissão que ofenda a esfera moral ou existencial da pessoa física ou jurídica, as quais são as *titulares exclusivas do direito à reparação*". Neste ponto, o voto prevalecente foi incisivo ao entender ser necessário conferir interpretação conforme à Constituição para afastar qualquer exegese que impeça a pretensão, em juízo, de reparação de dano em ricochete na Justiça do Trabalho, pois, do contrário, haveria esvaziamento espúrio do largo âmbito de proteção disposto no art. 5º, V, da Constituição, concluiu a Suprema Corte.

Eis a minha contribuição nesta obra coletiva em tributo ao notável jurista e Desembargador Valdir Florindo, Presidente Honorário da Academia Brasileira de Direito do Trabalho. Aliás, foi de sua autoria uma das primeiras obras a enfrentar o tema "Dano moral e o Direito do Trabalho", publicada em 1995 pela Editora LTr. A ele deixo aqui meus protestos de elevada estima, amizade e admiração.

REFERÊNCIAS

ABRANTES, José João. *Direitos fundamentais da pessoa humana no trabalho em especial, a reserva da intimidade da vida privada*. Coimbra: Almedina, 2014.

AMARAL, Francisco. *Direito civil. Introdução*. 3. ed. Rio de Janeiro: Renovar, 2000. v. 1.

BASTOS, Celso Ribeiro. *Hermenêutica e interpretação constitucional*. São Paulo: Celso Bastos, 1999.

BITTAR, Carlos Alberto. *Reparação civil por danos morais*. São Paulo: Ed. RT, 1993.

CAHALI, Yusef Said. *Dano moral*. 3. ed. São Paulo: Ed. RT, 2005.

CAIRO JÚNIOR, José. *O acidente do trabalho e a responsabilidade civil do empregador*. São Paulo: LTr, 2003.

CASILLO, João. *Dano à pessoa e sua indenização*. 2. ed. São Paulo: Ed. RT, 1994.

CAVALIERI FILHO, Sérgio. *Programa de responsabilidade civil*. 8. ed. São Paulo: Atlas, 2008.

CORTIANO JÚNIOR, Eroulths. Alguns apontamentos sobre os chamados direitos da personalidade. In: FACHIN, Luiz Edson (Coord.). *Repensando fundamentos do direito civil brasileiro contemporâneo*. Rio de Janeiro: Renovar, 1998.

DALLEGRAVE NETO, José Affonso. *Responsabilidade Civil no Direito do Trabalho*. 6. ed. SP: Editora LTr, 2017.

DIAS, José de Aguiar. *Da responsabilidade civil*. 3. ed. Rio de Janeiro: Forense, 1954. t. II.

FARIAS, Cristiano Chaves de; BRAGA NETTO, Felipe Peixoto; ROSENVALD, Nelson. *Novo tratado de responsabilidade civil*. São Paulo: Atlas, 2015.

FISCHER, Hans Albrecht. *A reparação dos danos no direito civil*. Trad. António de Arruda Ferrer Correia. São Paulo: Saraiva, 1938.

FLORINDO, Valdir. *Dano moral e o direito do trabalho*. 3. ed. São Paulo: LTr, 1999.

GAGLIANO, Pablo Stolze; PAMPLONA FILHO, Rodolfo. *Novo curso de direito civil*: responsabilidade civil. 4. ed. São Paulo: Saraiva, 2006.

LÔBO NETTO, Paulo Luiz. Danos morais e direitos da personalidade. In: LEITE, Eduardo de Oliveira (Coord.). *Grandes temas da atualidade*: dano moral. Rio de Janeiro: Forense, 2002.

MALLET, Estêvão. *Direitos de personalidade e direito do trabalho*. *Revista LTr*, n. 68-11, p. 1309, nov. 2004.

MARTINEZ, Luciano. O dano moral social no âmbito trabalhista. *Revista da Academia Nacional de Direito do Trabalho*, São Paulo: LTr, n. 17, ano XVII, p. 56, 2009.

MAZEAUD, Henry; MAZEAUD, Leon. *Tratado teórico y práctico de la responsabilidad civil delictual y contractual*. Trad. Luis Alcalá-Zamora y Castillo. Título original: *Traité théorique et pratique de la responsabilité civile, délictuelle et contractuelle*. Buenos Aires: EJEA, 1961.

MEIRELES, Rose Melo Vencelau. *Autonomia Privada e Dignidade Humana*. Rio de Janeiro: Renovar, 2009.

MELLO, Cristiane. *Direito de crítica do empregado nas redes sociais e a repercussão no Contrato de Trabalho*. SP: LTr, 2015.

MORAES, Maria Celina Bodin de. *Danos à pessoa humana:* uma leitura civil-constitucional dos danos morais. Rio de Janeiro: Renovar, 2003.

OLIVEIRA, Paulo Eduardo Vieira de. O dano pessoal no direito do trabalho. *Revista da AMATRA* III, p. 3, mar./abr. 2002.

REALE, Miguel. O dano moral no direito brasileiro. *Temas de direito positivo.* São Paulo: Ed. RT, 1992.

REIS, Clayton. *Avaliação do dano moral.* 4. ed. Rio de Janeiro: Forense, 2002.

REIS, Clayton. *Dano moral.* 4. ed. Rio de Janeiro: Forense, 1998.

REIS, Clayton. O verdadeiro sentido de indenização dos danos morais. In: LEITE, Eduardo de Oliveira (Coord.). *Grandes temas da atualidade:* dano moral. Rio de Janeiro: Forense, 2002.

RODRIGUES, Sílvio. *Direito civil. Responsabilidade.* 25. ed. São Paulo: Saraiva, 1995. v. 4.

SAVATIER, René. *Traité de la responsabilité civile en droit français.* 12. ed. Paris: General, 1951. t. II.

SEVERO, Sérgio. *Os danos extrapatrimoniais.* São Paulo: Saraiva, 1996.

SOUZA, Marco Antônio Scheuer de. *O dano moral nas relações entre empregados e empregadores.* Erechim: Edelbra, 1998.

TEPEDINO, Gustavo. A tutela da personalidade no ordenamento civil-constitucional brasileiro. *Temas de direito civil.* Rio de Janeiro: Renovar, 1999.

ZANNONI, Eduardo A. *El daño en la responsabilidad civil.* 2. ed. Buenos Aires: Astrea, 1993.

21
O DANO MORAL EXISTENCIAL TRABALHISTA

Ivani Contini Bramante

Doutora e Mestra em Direito (PUC/SP). Desembargadora do Trabalho (TRT-2ª Região). Professora Titular de Direito Processual do Trabalho na Faculdade de Direito de São Bernardo do Campo/SP.

Sumário: 1. Violação aos direitos de personalidade e ao direito ao "mínimo existencial". Princípio da proteção insuficiente. Dano existencial. Conceito. Natureza jurídica. Requisitos – 2. Teoria dos círculos concêntricos dos direitos de personalidade. Tutela do dano moral e dano existencial. Bens jurídicos tutelados – 3. Dano existencial trabalhista. Legislação aplicável. Aplicação subsidiaria da legislação civilista – 4. Acumulação dos danos material, moral, existencial. Composição dos danos e os lucros cessantes e danos emergentes. Tabelamento do valor do dano moral e existencial – 5. Dano existencial. Direito ao descanso. Direito ao lazer. Direito à desconexão – 6. Aspectos processuais. Legitimidade ativa. Legitimidade passiva. Dano em ricochete. Responsabilidade. O direito de exigir reparação e a obrigação de prestá-la transmitem-se com a herança (art. 943, CC) – 7. Aspectos processuais. Prova robusta do dano existencial e da sua extensão. Prova do abuso do poder diretivo patronal. Dano presumido *in re ispsa* e *dano in concreto provado*. Circunstâncias do caso concreto e elementos de prova. Proporcionalidade e razoabilidade – 8. Conclusão – Referências.

1. VIOLAÇÃO AOS DIREITOS DE PERSONALIDADE E AO DIREITO AO "MÍNIMO EXISTENCIAL". PRINCÍPIO DA PROTEÇÃO INSUFICIENTE. DANO EXISTENCIAL. CONCEITO. NATUREZA JURÍDICA. REQUISITOS

Nos termos do artigo 12, da Declaração dos Direitos do Homem e do Cidadão de 1948, ninguém será objeto de interferências arbitrárias em sua vida privada, família, domicílio ou correspondência, nem ataque à sua honra ou reputação. Toda pessoa tem direito à proteção da lei, contra tais interferências ou ataques.

Em 1950 a Convenção Europeia dos Direitos do Homem também estabelece:

Artigo 8º Qualquer pessoa tem direito ao respeito da sua vida privada e familiar, do seu domicílio e da sua correspondência. Além disso, reflete que não pode haver interferência estatal numa sociedade democrática, salvo se constituir na lei, para proteção, segurança, defesa da sociedade.

O Pacto de direitos civis e políticos de 1966 prevê que "ninguém será objeto de interferências arbitrárias ou ilegais em sua vida privada, sua família, seu domicílio ou sua correspondência, nem atentados ilegais à sua honra e à sua reputação".

O princípio de proibição de proteção insuficiente, desdobrado no princípio da proporcionalidade, oriundo do Tribunal Constitucional alemão (1975), consiste na aplicação do aspecto positivo do princípio da proporcionalidade, exige do Estado atuação para o respeito e a proteção dos Direitos Fundamentais, neles incluídos os direitos de personalidade, para a promoção de direitos a prestações, especialmente, os direitos fundamentais sociais, o que ensejou na doutrina da dignidade da pessoa humana a teoria do direito "mínimo existencial" e consequente do dano moral existencial.

Nesse sentido, fundamentou o Ministro Gilmar Mendes:

> Os direitos fundamentais não podem ser considerados apenas como proibições de intervenção (Eingriffsverbote), expressando também umpostulado de proteção (Schutzgebote). Utilizando-se da expressão deCanaris, pode-se dizer que os direitos fundamentais expressam não apenas uma proibição do excesso (Übermassverbote), como também podem ser traduzidos como proibições de proteção insuficiente ou imperativos de tutela (Untermassverbote)" (...) "Assim, na dogmática alemã, é conhecida a diferenciação entre o princípio da proporcionalidade como proibição de excesso (Übermassverbot) e como proibição de proteção deficiente (Untermassverbot). No primeiro caso, o princípio da proporcionalidade funciona como parâmetro de aferição da constitucionalidade das intervenções nos direitos fundamentais como proibições de intervenção. No segundo, a consideração dos direitos fundamentais como imperativos de tutela (Canaris) imprime ao princípio da proporciona-lidade uma estrutura diferenciada. O ato não será adequado caso não proteja o direito fundamental de maneira ótima; não será necessário na hipótese de existirem medidas alternativas que favoreçam ainda mais a realização do direito fundamental; e violará o subprincípio da proporcionalidade em sentido estrito se o grau de satisfação do fim legislativo for inferior ao grau em que não se realiza o direito fundamental de proteção (STF, HC 104410, Relator(a): Gilmar Mendes, Segunda Turma, julgado em 06.03.2012, Divulg 26.03.2012 Public 27.03.2012).

Assim, cabe ao Poder Judiciário, ao aplicar a norma ao caso concreto, interpretá-la de modo que a confira maior proteção ao bem jurídico, o que, no caso, se ajusta ao princípio da primazia do interesse da vítima.

Quanto ao conceito e natureza jurídica, o dano moral é o dano que atinge a pessoa no seu âmago, na sua personalidade e dignidade, e compreende um aspecto não econômico, não patrimonial. Os requisitos do dano moral: conduta humana; culpa ou dolo na conduta; nexo causal; e dano ou prejuízo.

Na esfera cível, Yussef Said Cahali leciona que dano moral é "tudo aquilo que molesta gravemente a alma humana, ferindo-lhe gravemente os valores fundamentais inerentes à sua personalidade ou reconhecidos pela sociedade em que está interagindo".

Segundo Alain Supiot: "A razão humana nunca é um dado imediato da consciência: é o produto de instituições que permitem a cada homem dar sentido à sua existência, que lhe reconhecem um lugar na sociedade e lhe permitem expressar o seu próprio talento".

Tal condição não é possível ser atingida sem a justa e adequada posição da pessoa entre a família, lazer e o trabalho. Todo ser humano tem direito de projetar seu futuro e de realizar escolhas com vistas à sua autorrealização, bem como a fruir da vida de relações (isto é, de desfrutar de relações interpessoais). O dano existencial caracteriza-se justamente pela inibição da autodeterminação do indivíduo, inviabilizando a convivência social e frusta o seu projeto de vida. A sujeição habitual do trabalhador à jornada exaustiva implica interferência em sua esfera existencial e violação da dignidade e dos direitos fundamentais do mesmo, ensejando a caracterização do dano existencial.

Há polêmica em saber se o dano existencial é um *tertium genus* ou apenas uma extensão ou dimensão do dano moral. A vista das características, o dano existencial afigura-se apenas uma gradação quanto a extensão do dano, porque atinge todas as esferas de relações da pessoa humana. Na seara trabalhista, o dano existencial decorre da prática de ato ilícito do empregador e que frustra a realização pessoal e inviabiliza a realização dos projetos pessoais e interfere nas relações intimas, privadas, familiares, profissionais, sociais e públicas do trabalhador.

2. TEORIA DOS CÍRCULOS CONCÊNTRICOS DOS DIREITOS DE PERSONALIDADE. TUTELA DO DANO MORAL E DANO EXISTENCIAL. BENS JURÍDICOS TUTELADOS

No ano de 1953, Heinrich Hubmann, distinguiu a personalidade humana em três esferas concêntricas: privacidade (esfera externa), segredo (esfera intermediária) e intimidade (esfera interna). Em 1957 a teoria foi estudada por Heinrich Henkel denominada teoria dos círculos concêntricos da vida: círculo do segredo (direito de estar só), círculo da intimidade, círculo da vida privada.

O segredo é a camada mais profunda, na qual estão guardadas as informações mais íntimas do ser humano, geralmente não compartilhadas com outros indivíduos. A vida privada é comumente atrelada a máxima americana do "right to be alone" que se configura, de uma lado, no "direito de estar só" e, de outro lado, no direito de "ser deixado só".

A intimidade, esfera intermediária, destina-se a proteger as relações mais intimas, mas não secretas, nas quais se mantém um sigilo mais profundo, onde não há a necessidade de conhecimento de outrem e nem se quer a divulgação de determinados acontecimentos em sua vida.

A privacidade é a camada mais externa, na qual as relações interpessoais são mais superficiais, sem amplo conhecimento da vida da outra pessoa. Trata-se de uma situação de convivência com os outros indivíduos, excluindo terceiros que não representam nenhum tipo de relação mais próxima. Na vida privada há interesse público e algumas circunstâncias do ser humano são relevantes para a comunidade. O acesso à vida privada não perde a condição de íntimo, nem de privacidade devido ao conhecimento de alguns aspectos. O acesso ao público é restrito, mas sendo plausível de ingresso em caso de interesse público, por exemplo, pois é o menor grau de privacidade entre as três esferas, como ocorre na quebra do sigilo de ligações telefônicas.

O Tribunal Europeu de Direitos humanos aplicou a teoria dos círculos concêntricos, da doutrina alemã de proteção à privacidade (Persönlichkeitsrecht), decidiu que há, uma zona de interação de uma pessoa com outras, mesmo em um contexto público, que pode cair no âmbito da "vida privada" ("there is therefore a zone of interaction of a person with others, even in a public context, which may fall within the scope of 'private life'").

Segundo Kant a dignidade humana é qualidade congênita e inalienável de todos os seres humanos, a qual impede a sua coisificação e se materializa por meio da capacidade de autodeterminação que os indivíduos possuem por meio da razão. Isso ocorre porque os seres humanos têm, na manifestação da sua vontade, o poder de determinar suas ações, de acordo com a ideia de cumprimento de certas leis que adotam, sendo essa característica exclusiva dos seres racionais.

Assim temos a várias dimensões: a) dimensão ontológica, na qual se encontram os bens necessários e essenciais para a existência humana, impedindo a sua coisificação; b) dimensão cultural e em que se inserem os valores que variam em cada época e sociedade conforme as condições econômicas, políticas e culturais; c) a dimensão processual na qual se encontram os pressupostos normativos fundamentais para que possa ser assegurada pelo Estado.

A dignidade, em sentido jurídico, é uma qualidade intrínseca do ser humano que gera direitos fundamentais de: a) não receber tratamento degradante de sua condição humana (dimensão defensiva); b) ter uma vida saudável (dimensão prestacional), vale dizer, de ter a colaboração de todos para poder usufruir de um completo bem-estar físico, mental e social; c) participar da construção de seu destino e do destino dos demais seres humanos (autonomia e cidadania).

O Direito não deve determinar o conteúdo da dignidade humana, mas enunciá-lo como valor-fonte, que conforma e inspira todo o ordenamento constitucional vigente, ainda fazer respeitar e proteger.

Uma questão intrincada diz respeito a classificação do dano existencial: é um "tertius genus" (terceira espécie) ou apenas a "dimensão máxima do dano moral". A dignidade da pessoa humana é multidimensional, podendo ser associada a um amplo espectro de condições inerentes à existência humana, tais como a própria vida, a integridade física e psíquica, a plenitude moral, a liberdade, as condições materiais de bem-estar etc. Assim, temos que: o dano existencial não é uma terceira classificação de dano, mas um dano extrapatrimonial em seu grau máximo, assim entendido os prejuízos máximos causados ao trabalhador na sua "vida de relações", na medida em que frusta a realização dos seus projetos de vida.

Em suma, o conceito dos direitos de personalidade evoluiu e por consequência surge o conceito dano moral e a teoria do dano existencial, que se afigura uma das facetas da "extensão do dano moral" pela aplicação da teoria dos círculos concêntricos dos direitos de personalidade, para a sua identificação.

O artigo 944, do Código Civil estatui " o dano mede-se pela sua extensão". Assim, o dano existencial é o dano moral na sua extensão máxima. Pode se dizer que o dano existencial é o dano máximo, pois sob o prisma da gradação em leve, médio, grave, gravíssimo, o dano máximo é aquele que acarreta a morte da vítima ou afeta todos os círculos das vivências da pessoa humana: íntimo, privado, familiar, profissional, social e público.

3. DANO EXISTENCIAL TRABALHISTA. LEGISLAÇÃO APLICÁVEL. APLICAÇÃO SUBSIDIARIA DA LEGISLAÇÃO CIVILISTA

Valdir Florindo, desembargador do Tribunal do Trabalho de São Paulo, foi um dos pioneiros a tratar do dano moral no ambiente do trabalho

O dano moral na seara do Direito do Trabalho é caracterizado por uma conduta abusiva patronal, que atenta contra a dignidade ou integridade psíquica ou física de uma pessoa no ambiente do trabalho. O dano moral trabalhista é uma lesão sofrida na relação de trabalho, que atinge o ânimo psíquico, moral e intelectual da vítima, em seus direitos de personalidade, como a honra, a imagem, a intimidade, a privacidade.

A empresa ou empregador também pode ostentar a figura de vítima do dano moral e detentor da legitimidade ativa para ação judicial indenizatória. O texto celetista acolheu a jurisprudência sedimentada STJ/Súmula 227. O trabalhador ou terceiro pode ostentar a condição de ofensor, se cometer ato ilícito e lesar a imagem ou reputação da empresa ou do empregador.

A base legal e geral do direito à reparação por danos morais vem no artigo 5º da Constituição Federal, e seus incisos III, V e X, artigos 11 *usque* 20 do Código Civil, artigos 186, 187 e 927, do Código Civil.

No Brasil, a lesão causada a direito da personalidade, intimidade, vida privada, honra e imagem das pessoas assegura ao titular do direito a indenização pelo dano decorrente de sua violação. A Carta Federal, em relação ao dano, em seu artigo 5º, inciso V, X e XLIX:

> V – é assegurado o direito de resposta, proporcional ao agravo, além da indenização por dano material, moral ou à imagem;
>
> X – são invioláveis a intimidade, a vida privada, a honra e a imagem das pessoas, assegurado o direito a indenização pelo dano material ou moral decorrente de sua violação;
>
> XLIX – é assegurado aos presos o respeito à integridade física e moral; V – é assegurado o direito de resposta, proporcional ao agravo, além da indenização por dano material, moral ou à imagem.

O Código Civil – Lei 10.406, de 10 de janeiro de 2002, estabelece:

> Art. 11. Com exceção dos casos previstos em lei, os direitos da personalidade são intransmissíveis e irrenunciáveis, não podendo o seu exercício sofrer limitação voluntária.
>
> Art. 12. Pode-se exigir que cesse a ameaça, ou a lesão, a direito da personalidade, e reclamar perdas e danos, sem prejuízo de outras sanções previstas em lei.
>
> Parágrafo único. Em se tratando de morto, terá legitimação para requerer a medida prevista neste artigo o cônjuge sobrevivente, ou qualquer parente em linha reta, ou colateral até o quarto grau.
>
> Art. 186. Aquele que, por ação ou omissão voluntária, negligência ou imprudência, violar direito e causar dano a outrem, ainda que exclusivamente moral, comete ato ilícito.
>
> Art. 187. Também comete ato ilícito o titular de um direito que, ao exercê-lo, excede manifestamente os limites impostos pelo seu fim econômico ou social, pela boa-fé ou pelos bons costumes.
>
> Art. 188. Não constituem atos ilícitos:
>
> I – os praticados em legítima defesa ou no exercício regular de um direito reconhecido;

II – a deterioração ou destruição da coisa alheia, ou a lesão a pessoa, a fim de remover perigo iminente.

Parágrafo único. No caso do inciso II, o ato será legítimo somente quando as circunstâncias o tornarem absolutamente necessário, não excedendo os limites do indispensável para a remoção do perigo.

Art. 927. Aquele que, por ato ilícito (arts. 186 e 187), causar dano a outrem, fica obrigado a repará-lo.

Parágrafo único. Haverá obrigação de reparar o dano, independentemente de culpa, nos casos especificados em lei, ou quando a atividade normalmente desenvolvida pelo autor do dano implicar, por sua natureza, risco para os direitos de outrem.

A partir da Emenda Constitucional 45/2004 a Justiça do Trabalho passou a ser competente para as ações de reparação de dano moral e seus desdobramentos (art. 114, VI, CF/1988).

Quanto à tutela do dano existencial, a reforma trabalhista inovou e trouxe a lume não só o dano moral, mas também o dano existencial, que foi regulado nos artigos 223-A *usque* 223-G, da CLT, redação dada pela lei 13.467/2017, especificamente: "Art. 223-B. Causa dano de natureza extrapatrimonial a ação ou omissão que ofenda a esfera moral ou existencial da pessoa física ou jurídica, as quais são as titulares exclusivas do direito à reparação".

A lei trabalhista reforça a natureza jurídica do dano moral como dano extrapatrimonial e aponta os bens jurídicos tutelados, bem como o alcance de pessoas físicas e jurídicas, *verbis:*

Art. 223-C. A honra, a imagem, a intimidade, a liberdade de ação, a autoestima, a sexualidade, a saúde, o lazer e a integridade física são os bens juridicamente tutelados inerentes à pessoa física.

Art. 223-D. A imagem, a marca, o nome, o segredo empresarial e o sigilo da correspondência são bens juridicamente tutelados inerentes à pessoa jurídica.

Em suma, quanto aos bens tutelados especificados pela lei, da pessoa física e jurídica, radica em saber se o rol é taxativo ou aberto. A aplicação subsidiaria das normas civilistas, na relação trabalho-capital, vem tratada na reforma trabalhista (Lei 13.467/2017): de um lado estabelece artigo 8º da CLT, que o direito comum será fonte subsidiária do direito do trabalho"; de outro lado, o artigo 223-A, parece limitar a subsidiariedade, ao estatui que aplicam-se à reparação de danos de natureza extrapatrimonial decorrentes da relação de trabalho apenas os dispositivos deste Título.

Poder-se-ia objetar que antes da reforma trabalhista não havia um microssistema específico sobre dano moral e existencial nas relações de trabalho, com o que atraia a aplicação geral dos artigos 186, 187 e 927 do Código Civil.

Após a reforma trabalhista, houve a introdução dos artigos 223-A a 223-G da CLT, que criou requisitos e indicadores próprios e obrigatórios, configuradores do direito a reparação do dano moral e existencial na Justiça do Trabalho, por isso a matéria gerou diversas discussões quanto à sua aplicabilidade e constitucionalidade. Assim, abriu-se o debate acerca da possibilidade de aplicação subsidiaria da legislação civilista, na reparação de dano moral trabalhista, pois a reforma trabalhista excluiu a aplicação subsidiária de outros dispositivos legais, tais como o dano em ricochete

4. ACUMULAÇÃO DOS DANOS MATERIAL, MORAL, EXISTENCIAL. COMPOSIÇÃO DOS DANOS E OS LUCROS CESSANTES E DANOS EMERGENTES. TABELAMENTO DO VALOR DO DANO MORAL E EXISTENCIAL

A ordem jurídica nacional de há muito permite a cumulação de pedidos de dano material e moral decorrentes de um mesmo fato.

Nessa mesma linha, a legislação celetista:

> Art. 223-F. A reparação por danos extrapatrimoniais pode ser pedida cumulativamente com a indenização por danos materiais decorrentes do mesmo ato lesivo.
>
> § 1º Se houver cumulação de pedidos, o juízo, ao proferir a decisão, discriminará os valores das indenizações a título de danos patrimoniais e das reparações por danos de natureza extrapatrimonial.
>
> § 2º A composição das perdas e danos, assim compreendidos os lucros cessantes e os danos emergentes, não interfere na avaliação dos danos extrapatrimoniais.

A STJ/Súmula 37 dispõe: São cumuláveis as indenizações por dano material e dano moral oriundos do mesmo fato".

A reforma trabalhista além de inovar na regulamentação do dano existencial, classificou o dano em natureza leve, média, grave e gravíssima, e ainda trouxe a novidade da tarifação do dano moral e existencial. Com efeito o artigo 223-G ,§ 1º, da CLT estatui:

> § 1º Se julgar procedente o pedido, o juízo fixará a indenização a ser paga, a cada um dos ofendidos, em um dos seguintes parâmetros, vedada a acumulação:
>
> I – ofensa de natureza leve, até três vezes o último salário contratual do ofendido;
>
> II – ofensa de natureza média, até cinco vezes o último salário contratual do ofendido;
>
> III – ofensa de natureza grave, até vinte vezes o último salário contratual do ofendido;
>
> IV – ofensa de natureza gravíssima, até cinquenta vezes o último salário contratual do ofendido.
>
> § 2º Se o ofendido for pessoa jurídica, a indenização será fixada com observância dos mesmos parâmetros estabelecidos no § 1º deste artigo, mas em relação ao salário contratual do ofensor.
>
> § 3º Na reincidência entre partes idênticas, o juízo poderá elevar ao dobro o valor da indenização.

O tema acerca do tabelamento de valor de indenização por danos morais, a par de conferir previsibilidade e segurança jurídica às partes envolvidas no processo, sempre foi objeto de acalorados debates.

Não se desconhece a difícil tarefa de fixação do valor dos danos morais com aplicação da razoabilidade e proporcionalidade de modo a evitar: (i) fixação de valor excessivo, acarretar a transferência de patrimônio e praticar o enriquecimento sem causa da vítima ou arruinar financeiramente o ofensor; (ii) ou fixar valor irrisório, que não repara o dano a contento, a ponto de penalizar a vítima e agraciar o ofensor e estimular a reiteração da ofensa praticada.

A vetusta jurisprudência-mor já assinalava: "STF/ Súmula 281: A indenização por dano moral não está sujeita à tarifação prevista na Lei de Imprensa".

Assim, ao tabelar o valor do dano moral, a lei trabalhista excluiu a possibilidade de aplicação do artigo 944, do Código Civil, que estabelece que a indenização se mede pela extensão do dano, na contramão do princípio da proteção e o subprincípio da norma mais favorável.

Nota-se que o tabelamento do dano moral viola o princípio da isonomia, a exemplo, um pedreiro e um engenheiro da mesma empresa que sofressem um mesmo dano, hipóteses em que receberiam valores diferentes a título de indenização. Ainda, na hipótese de evento morte, que evidencia o dano máximo (existencial) o valor da indenização seria cinquenta salários do trabalhador, com o que se estabelece o lema: sua vida vale o quanto você ganha!

O tema foi objeto de questionamento na Suprema Corte em três Ações Diretas de Inconstitucionalidade STF/ ADI 6050, STF/ADI 6069 e STF/ADI 6082, *verbis:*

> Ementa: Ações diretas de inconstitucionalidade. 2. Reforma Trabalhista. Artigos 223-A e 223-G, §§ 1º e 2º, da CLT, na redação dada pela Lei 13.467/2017. Parâmetros para a fixação do quantum indenizatório dos danos extrapatrimoniais. 3. Ações conhecidas e julgadas parcialmente procedentes para conferir interpretação conforme a Constituição, de modo a estabelecer que: 3.1. As redações conferidas aos art. 223-A e 223- B, da CLT, não excluem o direito à reparação por dano moral indireto ou dano em ricochete no âmbito das relações de trabalho, a ser apreciado nos termos da legislação civil; 3.2. Os critérios de quantificação de reparação por dano extrapatrimonial previstos no art. 223-G, caput e § 1º, da CLT deverão ser observados pelo julgador como critérios orientativos de fundamentação da decisão judicial. É constitucional, porém, o arbitramento judicial do dano em valores superior aos limites máximos dispostos nos incisos I a IV do § 1º do art. 223-G, quando consideradas as circunstâncias do caso concreto e os princípios da razoabilidade, da proporcionalidade e da igualdade. (STF/ ADI 6050, STF/ADI 6069 e STF/ADI 6082. Publicação 18.08.2023. Rel. Ministro Gilmar Mendes).

Em suma, a Suprema Corte (STF/ ADI 6050, STF/ADI 6069 e STF/ADI 6082) decidiu que o tabelamento do valor da indenização por dano extrapatrimonial ou danos morais trabalhistas, prevista na Reforma Trabalhista (Lei 13.467/2017), que introduziu na CLT os artigos 223-A e 223-G, parágrafos 1º, incisos I, II, III e IV, 2º e 3º, na Consolidação das Leis do Trabalho (CLT), deverá ser observado como critério orientador de fundamentação da decisão judicial. Portanto, não impede a fixação de condenação em quantia superior, desde que devidamente motivada e a luz das circunstâncias do caso concreto e com a devida ponderação.

Na mesma linha, os julgados do Tribunal Superior do Trabalho:

> Agravo de instrumento em recurso de revista. 1. Processo seletivo. Período de seleção e treinamento. Reconhecimento de vínculo empregatício. (…) 4. Indenização por dano moral. Assédio moral. Restrição ao uso do banheiro. *Quantum* arbitrado. O Regional, ao arbitrar o valor da indenização por danos morais, valeu-se dos critérios previstos no artigo 223-G, § 1º, da CLT. Nesse contexto, ante a razoabilidade do valor arbitrado à condenação, o qual considerou todos os aspectos pertinentes, não é possível divisar violação dos artigos 944, parágrafo único, do Código Civil de 2002, 926 do CPC de 2015 e 223-G da CLT, plenamente observados. Agravo de instrumento conhecido e não provido (Processo: AIRR – 1359-76.2018.5.10.0801 – Órgão Judicante: 8ªTurma – Relatora: Dora Maria da Costa – Julgamento: 18.08.2021 – Publicação: 23.08.2021 – Tipo de Documento: Acordão).

O DANO MORAL EXISTENCIAL TRABALHISTA **357**

Destarte, cabe ao magistrado aplicar o microssistema do dano extrapatrimonial e demais legislações pertinentes, de forma subsidiária, para configurar e quantificar o valor indenizável, e assim adotar os princípios da razoabilidade e proporcionalidade, e fazer cumprir os desígnios da Carta Federal que não traz qualquer restrição sobre o tema.

5. DANO EXISTENCIAL. DIREITO AO DESCANSO. DIREITO AO LAZER. DIREITO À DESCONEXÃO

Pioneiro no tema do direito ao lazer na relação de trabalho, Otávio Calvet define o direito ao lazer como sendo: "o direito do ser humano se desenvolver existencialmente, alcançando o máximo das suas aptidões, tanto nas relações que mantém com outros indivíduos e com o Estado, quanto pelo gozo de seu tempo livre como bem entender".

O direito ao descanso é expresso na Bíblia, pois no livro da Gênese, "havendo Deus acabado no dia sétimo a obra que fizera, descansou no sétimo dia de toda a sua obra, que tinha feito". Na Encíclica Rerum Novarum, de Leão XIII, de 1891, é afirmado o direito ao descanso como condição do contrato:

O direito ao descanso de cada dia assim como à cessação do trabalho no dia do Senhor, deve ser a condição expressa ou tácita de todo o contrato feito entre patrões e operários Onde esta condição não entrar, o contrato não será probo, pois ninguém pode exigir ou prometer a violação dos deveres do homem para com Deus e para consigo mesmo.

O artigo 24, da Declaração Universal dos Direitos Humanos de 1948 determina: "Toda a pessoa tem direito ao repouso e aos lazeres, especialmente, a uma limitação razoável da duração do trabalho e das férias periódicas pagas".

O artigo XXIV da Declaração Universal dos Direitos Humanos, de 1948 prevê que "todo homem tem direito a repouso e lazer, inclusive à limitação razoável das horas de trabalho e a férias remuneradas periódicas". O artigo 15 da Declaração Americana dos Direitos e Deveres do Homem determina que: "Toda pessoa tem direito ao descanso, ao recreio honesto e à oportunidade de aproveitar utilmente o seu tempo livre em benefício de seu melhoramento espiritual, cultural e físico".

Disciplina o artigo 7º, "d", do Pacto Internacional Relativo aos Direitos Econômicos, Sociais e Culturais, de 1966 estabelece que os Estados integrantes do presente Pacto reconhecem o direito de toda pessoa de desfrutar condições de trabalho justas e favoráveis, que garantam sobretudo o repouso, os lazeres, a limitação razoável da duração do trabalho e férias remuneradas periódicas, assim como remuneração dos feriados".

As pausas do trabalho são tuteladas, também, pelas Convenções 14, 31 e 106, da OIT. O trabalho remoto telemático apresenta dificuldade para controle de jornada, pode ensejar grande exploração do trabalhador, em razão da exigência de trabalho até sua estafa física e mental.

O direito ao lazer e descanso vem previsto no art. 4º do Complemento da Declaração dos Direitos do Homem (elaborado pela Liga dos Direitos do Homem e do Cidadão em 1936); no art. XXIV da Declaração Universal dos Direitos Humanos, de 1948; no art. 7º do Pacto Internacional Relativo aos Direitos Econômicos, Sociais e Culturais, de 1966; no art. 7º, g e h do Protocolo de San Salvador (Protocolo Adicional à Convenção Interamericana Sobre Direitos Humanos em Matéria de Direitos Econômicos, Sociais e Culturais), ratificado pelo Brasil (Decreto 3.321/99).

O direito a desconexão é objeto estudo pela Organização Internacional do Trabalho), conforme relatório *Desafios e oportunidades do teletrabalho na América Latina e no Caribe* (2021), por conta dos dispositivos tecnológicos e plataformas características do teletrabalho, que mescla o ambiente de trabalho e de moradia. A hiperconexão, secundada pelo teletrabalho inibe os freios e contrapesos da rotina e equilíbrio da jornada de trabalho e descanso, e torna difícil desassociar o tempo de descanso e lazer.

O direito a desconexão vem assegurado na Alemanha (1999 e 2004) pelo direito dos empregados de recusar qualquer contato com seu empregador durante a licença médica; na Bélgica (2022) para evitar casos de Burnout; em França, a Lei El Khomri (2016); na Itália, Lei 81/2017 (*smart working,* ou *lavoro agile)*; em Portugal (Código do Trabalho, 2 e 3 do artigo 170); na Espanha na Lei de Proteção de Dados (2018) que assegura um conjunto de direitos digitais para cidadãos e funcionários, pois o artigo 88 estipula que os trabalhadores, nos setores privado e público, deverão ter o direito à desconexão para garantir o respeito aos seus períodos de folga, licença e férias, assim como para a sua privacidade pessoal e familiar; na Argentina pela Lei 27555/2021; no Chile pela Lei 21.220/2020); no Uruguai pela Lei 19.978/2021 (artigo 14) prevê o direito ao de desconexão mínima acima de 8 horas contínuas entre um dia, dos dispositivos digitais e o uso de tecnologias e; de não ser contactado pelo seu empregador para garantir o seu descanso.

No Brasil, o direito à desconexão é um direito fundamental relativos às normas de saúde, higiene e segurança do trabalho, assim como o direito à limitação da jornada, ao descanso, às férias, à redução de riscos de doenças e acidentes de trabalho, todos inscritos na Constituição Federal, (art. 7º da CF), tem por finalidade proteger a incolumidade física e psíquica do trabalhador, além da restauração da energia.

O direito à desconexão vincula-se, ainda à tutela do obreiro em face da automação (art. 7º, XXVII, da CF) e aos demais direitos fundamentais trabalhistas não específicos, a exemplo do direito social fundamental ao lazer (artigo 6º, *caput*, da CF) e dos direitos à intimidade e à vida privada (artigo 5º, inc. V e X, da CF).

Entrementes, no Brasil o regime de teletrabalho não está sujeito ao controle de jornada, bem como marcação de ponto, conforme art. 62, III, da CLT, é regulado genericamente e não há definição do direito à desconexão no teletrabalho (artigos 75-A ao 75-E da CLT).

No Brasil, em que pese o direito ao lazer ser um direito humano fundamental (arts 6º, 7º, IV, 217, parágrafo 3º e 227, CF/1988), a lei estatui que não constitui tempo à disposição ou regime de prontidão ou de sobreaviso (teledisposição e telesobreaviso), alheio ou não à jornada, o tempo de uso de equipamentos tecnológicos e de infraestrutura necessária ao teletrabalho, fora da jornada de trabalho normal do empregado, exceto se houver previsão em acordo individual ou em acordo ou convenção coletiva de trabalho (art. 75-B,§ 5°, CLT).

Assim, o trabalhador deve estabelecer e cumprir uma rotina de trabalho, além de estar online de modo a possibilitar a interação com a equipe e com seu superior sempre que necessário.

Considerando os direitos os direitos sociais mínimos previstos nos artigos 6° e 7°, da Constituição da República, dentre eles a jornada de 8 horas diárias e 44 semanais, bem como direito aos descansos e ao lazer e desconexão do trabalho, para fins de preservação da saúde e à convivência familiar, há configuração de dano existencial nos casos de imposição de jornadas de trabalho exaustivas, labor reiterado em dias de repouso semanal remunerado e feriados, ausência de fruição de férias por longos períodos e outras circunstâncias que afetam diretamente os projetos de vida do trabalhador.

Portanto, basta a prova da conduta ilícita do empregador que, dada a sua gravidade, por si só, enseja presunção de um dano existencial. Isto porque, em matéria de direito ao lazer, a jornada excessiva do trabalhador, o desrespeito às férias e folgas, de forma habitual, gera inegável dano a sua vida pessoal e familiar, além de não permitir, sequer, sua organização e planejamento de vida quanto aos estudos e aprimoramento profissional. Tais fatos, por si só, são impeditivos da fruição da vida pelo trabalhador, eis que limitam de forma considerável o tempo com sua família e amigos, com o aprimoramento profissional e cultural, bem como com o exercício de suas atividades de lazer.

Veja-se os seguintes casos de reconhecimento de dano *in re ipsa*, independente de prova sobre supressão do direito ao lazer:

> Agravo em recurso de revista. Processo sob a égide da lei 13.015/2014 e anterior à Lei 13.467/2017. Dano existencial. Prestação excessiva, contínua e desarrazoada de horas extras. Configuração. O excesso de jornada extraordinária, para muito além das duas horas previstas na Constituição e na CLT, cumprido de forma habitual e por longo período, tipifica, em tese, o dano existencial, por configurar manifesto comprometimento do tempo útil de disponibilidade que todo indivíduo livre, inclusive o empregado, ostenta para usufruir de suas atividades pessoais, familiares e sociais. A esse respeito é preciso compreender o sentido da ordem jurídica criada no País em cinco de outubro de 1988 (CF/88). É que a Constituição da República determinou a instauração, no Brasil, de um Estado Democrático de Direito (art. 1° da CF), composto, segundo a doutrina, de um tripé conceitual: a pessoa humana, com sua dignidade; a sociedade política, necessariamente democrática e inclusiva; e a sociedade civil, também necessariamente democrática e inclusiva (*Constituição da República e Direitos Fundamentais* – dignidade da pessoa humana, justiça social e Direito do Trabalho. 3. ed. São Paulo: LTr, 2015, Capítulo II). Ora, a realização dos princípios constitucionais humanísticos e sociais (inviolabilidade física e psíquica do indivíduo; bem-estar individual e social; segurança das pessoas humanas, ao invés de apenas da propriedade e das empresas, como no passado; valorização do trabalho e do emprego; justiça social; subordinação da propriedade à sua função social, entre outros princípios) é instrumento importante de garantia e cumprimento da centralidade da pessoa humana na vida socioeconômica e na ordem jurídica, concretizando sua dignidade e o próprio princípio correlato da dignidade do ser humano. Essa realização tem de ocorrer também no plano das relações humanas, sociais e econômicas, inclusive no âmbito do sistema produtivo, dentro da dinâmica da economia capitalista, segundo a Constituição da República Federativa do Brasil. Dessa maneira, uma gestão empregatícia que submeta o indivíduo a reiterada e contínua jornada extenuante, que se concretize

muito acima dos limites legais, em dias sequenciais, agride todos os princípios constitucionais acima explicitados e a própria noção estruturante de Estado Democrático de Direito. Se não bastasse, essa jornada gravemente excessiva reduz acentuadamente e de modo injustificável, por longo período, o direito à razoável disponibilidade temporal inerente a todo indivíduo, direito que é assegurado pelos princípios constitucionais mencionados e pelas regras constitucionais e legais regentes da jornada de trabalho. Tal situação anômala deflagra, assim, o dano existencial, que consiste em lesão ao tempo razoável e proporcional, assegurado pela ordem jurídica, à pessoa humana do trabalhador, para que possa se dedicar às atividades individuais, familiares e sociais inerentes a todos os indivíduos, sem a sobrecarga horária desproporcional, desarrazoada e ilegal, de intensidade repetida e contínua, em decorrência do contrato de trabalho mantido com o empregador. No presente caso, ficou demonstrado que o Autor estava sujeito à jornada de trabalho excessiva e habitual, de 7h-19h30 todos os dias da semana (estendendo a jornada até às 21h, 2 vezes por semana), com 30 minutos de intervalo e folga em 2 domingos por mês. Assim sendo, a decisão agravada foi proferida em estrita observância às normas processuais (art. 557, *caput*, do CPC/1973; arts. 14 e 932, IV, "a", do CPC/2015), razão pela qual é insuscetível de reforma ou reconsideração. Agravo desprovido (TST, Ag-RRAg-2175-81.2017.5.09.0652, 3ª Turma, Relator Ministro Mauricio Godinho Delgado, DEJT 1º.09.2023).

No caso de jornada de trabalho excessiva, de 15 horas diárias, "decorre de conduta ilícita praticada pela reclamada, que não observa as regras de limitação da jornada de trabalho, restando patente a existência de dano imaterial *in re ipsa*, presumível em razão do fato danoso" (TST – Autos 1351-49.2012.5.15.0097, 2ª Turma – Relatora Ministra Maria Helena Mallmann, data de publicação no DEJT 15.03.2019).

Outro caso, diz respeito à imputação indevida de falta grave ao empregado que mancha a reputação, nome e boa fama, hipótese em que o dano moral é presumido, pois a pessoa não precisa provar que passou vergonha, pois já implica na ocorrência de um sofrimento moral (TST/RR 2219/2003-024-15-00.2 Min. Lelio Bentes set/2009).

Outra hipótese refere-se ao meio ambiente de trabalho degradante e acidente de trabalho, que causa lesão a integridade psicofísica ao trabalhador, a exemplo: trabalho realizado na mata em condições degradantes dá a empregada direito a indenização (TST/RR-115400-91.2009.5.08.0101 (10.05.2018).

Há casos pontuais, embora a violação recaia sobre os direitos de personalidade, exige a prova concreta do evento prejudicial, pois o a reparação do dano não tem caráter punitivo, mas reparatório. O Superior Tribunal de Justiça afirma que o caráter punitivo da indenização por dano moral não é compatível com o ordenamento jurídico pátrio, em matéria de Direito Ambiental, por conta das indenizações excessivamente elevadas e desproporcionais fundadas em propósito punitivo:

Direito civil e ambiental. Caráter da responsabilidade por danos morais decorrentes de acidente ambiental causado por subsidiária da Petrobras. Recurso repetitivo (art. 543-C do CPC e Res. 8/2008 do STJ). Relativamente ao acidente ocorrido no dia 5 de outubro de 2008, quando a indústria Fertilizantes Nitrogenados de Sergipe (Fafen), subsidiária da Petrobras, deixou vazar para as águas do rio Sergipe cerca de 43 mil litros de amônia, que resultou em dano ambiental provocando a morte de peixes, camarões, mariscos, crustáceos e moluscos e consequente quebra da cadeia alimentar do ecossistema fluvial local: é inadequado pretender conferir à reparação civil dos danos ambientais caráter punitivo imediato, pois a punição é função que incumbe ao direito penal e administrativo. O art. 225, § 3º, da CF estabelece que todos têm direito ao meio ambiente ecologicamente equilibrado, bem de uso comum do povo e essencial à sadia qualidade de vida, e que "as condutas e atividades consideradas lesivas ao meio ambiente sujeitarão os infratores, pessoas físicas ou jurídicas, a sanções penais e administrativas, independentemente da obrigação de reparar os danos causados". Nesse passo, no REsp 1.114.398/PR, (julgado sob o rito do art. 543-C do CPC, DJe 16/2/2012) foi consignado ser patente o sofrimento intenso de pescador profissional artesanal, causado pela privação das condições de trabalho, em consequência do dano ambiental, sendo devida compensação por dano moral, fixada, por equidade. A doutrina realça que, no caso da compensação de danos morais decorrentes de dano ambiental, a função preventiva essencial da responsabilidade civil é a eliminação de fatores capazes de produzir riscos intoleráveis, visto que a função punitiva cabe ao direito penal e administrativo, propugnando que os principais critérios para arbitramento da compensação devem ser a intensidade do risco criado e a gravidade do dano, devendo o juiz considerar o tempo durante o qual a degradação persistirá, avaliando se o dano é ou não reversível, sendo relevante analisar o grau de proteção jurídica atribuído ao bem ambiental lesado. Assim, não há falar em caráter de punição à luz do ordenamento jurídico brasileiro – que não consagra o instituto de direito comparado dos danos punitivos (*punitive damages*) –, haja vista que a responsabilidade civil por dano ambiental prescinde da culpa e que, revestir a compensação de caráter punitivo propiciaria o *bis in idem* (pois, como firmado, a punição imediata é tarefa específica do direito administrativo e penal). Dessa forma, conforme consignado no REsp 214.053-SP, para "se estipular o valor do dano moral devem ser consideradas as condições pessoais dos envolvidos, evitando-se que sejam desbordados os limites dos bons princípios e da igualdade que regem as relações de direito, para que não importe em um prêmio indevido ao ofendido, indo muito além da recompensa ao desconforto, ao desagrado, aos efeitos do gravame suportado" (Quarta Turma, DJ 19.03.2001). Com efeito, na fixação da indenização por danos morais, recomendável que o arbitramento seja feito com moderação, proporcionalmente ao grau de culpa, ao nível socioeconômico dos autores e, ainda, ao porte da empresa recorrida, orientando-se o juiz pelos critérios sugeridos pela doutrina e jurisprudência, com razoabilidade, valendo-se de sua experiência e do bom senso, atento à realidade da vida e às peculiaridades de cada caso. Assim, é preciso ponderar diversos fatores para se alcançar um valor adequado ao caso concreto, para que, de um lado, não haja nem enriquecimento sem causa de quem recebe a indenização e, de outro lado, haja efetiva compensação pelos danos morais experimentados por aquele que fora lesado. REsp 1.354.536-SE, Rel. Min. Luis Felipe Salomão, julgado em 26.03.2014.

6.   ASPECTOS PROCESSUAIS. LEGITIMIDADE ATIVA. LEGITIMIDADE PASSIVA. DANO EM RICOCHETE. RESPONSABILIDADE. O DIREITO DE EXIGIR REPARAÇÃO E A OBRIGAÇÃO DE PRESTÁ-LA TRANSMITEM-SE COM A HERANÇA (ART. 943, CC)

À primeira vista, a lei trabalhista fixa a legitimidade exclusiva do trabalhador e do empregador para pleitear o dano moral, *verbis*: "Art. 223 – B. Causa dano de natureza extrapatrimonial a ação ou omissão que ofenda a esfera moral ou existencial da pessoa física ou jurídica, as quais são as titulares exclusivas do direito à reparação".

O artigo citado, ao conceituar o dano moral limita sua ocorrência apenas aos titulares do direito material à reparação, exclui a reparação do dano moral em ricochete aos familiares, sucessores ou pessoas do círculo socioafetivo da vítima e, ainda exclui a aplicação do artigo 943, do Código Civil.

Não se olvide que no dano moral reflexo ou em ricochete, igualmente há violação aos direitos fundamentais da personalidade de determinada pessoa, intimamente ligada à vítima do ato ilícito, que por via indireta ou reflexa, que exige reparação a título de danos morais indenizáveis.

A ação de dano moral em ricochete, trata-se, portanto, de indenização autônoma em relação ao dano sofrido pela vítima direta, por exemplo, quando ocorre no acidente do trabalho em que a vítima (empregado) vem a falecer. Neste caso, os familiares sofrem o dano reflexo ou em ricochete pela perda da pessoa do círculo socioafetivo.

O tema do dano em ricochete consta do voto nas Ações Diretas de Inconstitucionalidade STF/ ADI 6050, STF/ADI 6069 e STF/ADI 6082, no senda que que artigo 223-B da CLT, ao restringir a legitimidade para a propositura de ação por danos morais trabalhistas à própria vítima, impede o direito a indenização de dano em ricochete, de pessoas intimamente ligadas à vítima, e portanto deve ser interpretado com base na Constituição Federal e ser apreciado nos termos da legislação civil.

Registre-se que a vetusta jurisprudência ficou superada, na questão da competência para julgar ação de indenização por dano em ricochete trabalhista. O STF/ RE 600.091/ MG, em repercussão geral reconheceu a competência é da Justiça do Trabalho para reparação de dano moral em ricochete; assentou que é irrelevante, para fins de fixação da competência, o fato de a ação de indenização decorrente de acidente de trabalho ter sido ajuizada por sucessores do trabalhador falecido, *verbis*:

Compete à Justiça do Trabalho processar e julgar as ações de indenização por danos morais e patrimoniais decorrentes de acidentes de trabalho propostas por empregado contra empregador, inclusive as propostas pelos sucessores do trabalhador falecido, salvo quando a sentença de mérito for anterior à promulgação da EC 45/2004, hipótese em que, até o trânsito em julgado e a sua execução, a competência continuará a ser da Justiça Comum [Tese definida no RE 600.091, rel. Min. Dias Toffoli, P, j. 25.05.2011, DJE 155 de 15.08.2011, Tema 242].

A antiga STJ/Súmula 366 foi cancelada no ano de 2008, e antes estabelecia: "Compete à Justiça estadual processar e julgar ação indenizatória proposta por viúva e filhos de empregado falecido em acidente de trabalho".

Assim, na área trabalhista, houve nova redação TST/Súmula 392:

Dano moral e material. Relação de trabalho. Competência da justiça do trabalho (redação alterada em sessão do Tribunal Pleno realizada em 27.10.2015) – Res. 200/2015, DEJT divulgado em 29.10.2015 e 03 e 04.11.2015. Nos termos do art. 114, inc. VI, da Constituição da República, a Justiça do Trabalho é competente para processar e julgar ações de indenização por dano moral e material, decorrentes da relação de trabalho, inclusive as oriundas de acidente de trabalho e doenças a ele equiparadas, ainda que propostas pelos dependentes ou sucessores do trabalhador falecido.

No que tange a legitimidade passiva, a figura do responsável pela reparação do dano temos: "Art. 223-E. São responsáveis pelo dano extrapatrimonial todos os que tenham colaborado para a ofensa ao bem jurídico tutelado, na proporção da ação ou da omissão".

Destarte, foi acolhido o princípio da causalidade, serão responsáveis pelo dano moral aqueles que contribuem na ação ou omissão para a ofensa, podendo haver responsabilização solidária ou subsidiária.

O STF/ADI 6050, ADI 6069, ADI 6082, ao analisar os artigos 223-A e 223-B da CLT , este último que define que as pessoas físicas ou jurídicas são titulares exclusivas do direito à reparação estabeleceu que, nas relações de trabalho, pode haver direito à reparação por dano moral indireto ou dano em ricochete, isto é, dano reflexo, que está relacionado a terceiros, como ocorre, por exemplo, na perda de parentes, a ser interpretado conforme a Constituição (art. 5º, V e X) e ser apreciado nos termos da legislação civil. Em suma, aplica-se, na sua inteireza os ditames do artigo 8º, CLT de que o direito comum será fonte subsidiária do direito do trabalho nas questões de dano moral.

7. ASPECTOS PROCESSUAIS. PROVA ROBUSTA DO DANO EXISTENCIAL E DA SUA EXTENSÃO. PROVA DO ABUSO DO PODER DIRETIVO PATRONAL. DANO PRESUMIDO *IN RE ISPSA* E DANO *IN CONCRETO* PROVADO. CIRCUNSTÂNCIAS DO CASO CONCRETO E ELEMENTOS DE PROVA. PROPORCIONALIDADE E RAZOABILIDADE

O dano existencial na relação trabalho-capital, vem configurado na extrapolação dos limites de atuação do poder diretivo, no abuso de direito, que atinge a dignidade humana do empregado. Registe-se a discussão se o dano existencial é presumido *in re ipsa,* ou in concreto.

A legislação trabalhista sinaliza que o dano moral existencial e deve ser provado, porque não há dano hipotético, assim fixou, ilustrativamente, várias circunstâncias que podem ser aferidas, em cada caso concreto, e que devem necessariamente, ser objeto das provas, *verbis:*

Art. 223-G. Ao apreciar o pedido, o juízo considerará:

I – a natureza do bem jurídico tutelado;

II – a intensidade do sofrimento ou da humilhação;

III – a possibilidade de superação física ou psicológica;

IV – os reflexos pessoais e sociais da ação ou da omissão;

V – a extensão e a duração dos efeitos da ofensa;

VI – as condições em que ocorreu a ofensa ou o prejuízo moral;

VII – o grau de dolo ou culpa;

VIII – a ocorrência de retratação espontânea;

IX – o esforço efetivo para minimizar a ofensa;

X – o perdão, tácito ou expresso;

XI – a situação social e econômica das partes envolvidas;

XII – o grau de publicidade da ofensa.

§ 1º Se julgar procedente o pedido, o juízo fixará a indenização a ser paga, a cada um dos ofendidos, em um dos seguintes parâmetros, vedada a acumulação.

Regra geral, quem ajuíza ação com pedido indenização ou reparação de dano deve provar o ato lesivo e o dano prejuízo que sofreu (art. 818, CLT c/c Capítulo XII – Das provas: arts. 369 a 484 CPC). Entrementes, há situações em que a jurisprudência admite o dano moral resumido *in re ipsa*, em razão da própria coisa, caso em que basta a prova da prática do ato ilícito que o dano está configurado e não é necessário comprovar a violação dos direitos da personalidade.

O dano existencial, na relação de trabalho, é por assim dizer o dano máximo, que acarreta a morte ou se materializa nas limitações da vida particular do trabalhador, que por ato ilícito do empregador, impossibilitando-o de estabelecer relações íntimas, privadas, afetivas, familiares, profissionais, sociais, recreativas, culturais, esportivas; ou seja impede a vítima de desenvolver seus projetos de vida, de cunho particular, pessoal, profissional, social e público.

José Affonso Dallegrave Neto, acolhe o conceito elaborado por Amaro Almeida Neto, no sentido de que o dano existencial corresponde a "violação de qualquer um dos direitos fundamentais da pessoa, tutelados pela Constituição Federal, que causa uma alteração danosa no modo de ser do indivíduo ou nas atividades por ele executadas com vistas ao projeto de vida pessoal".

Ensina Carlos Roberto Gonçalves que "O dano moral, salvo casos especiais, como o de inadimplemento contratual, por exemplo, e quem se faz mister a prova da perturbação da esfera anímica do lesado, dispensa prova em concreto, pois se passa no interior da personalidade e existe *in re ipsa*".

Em regra, não é necessária a prova da existência da dor, sofrimento, angústia, pois estes são efeitos da violação dos direitos de personalidade. Pela teoria do dano moral in re ipsa, o dano existencial é presumido.

Muitos julgados adotam a aplicação do dano existencial *in re ipsa*, quando se trata de violação dos direitos de personalidade, a exemplo do acidente de trabalho seguido de incapacidade total e permanente para o trabalho; bem como a jornada exaustiva.

No caso de acidente de trabalho seguido de incapacidade para o trabalho, total e permanente, parcial e permanente (sequela), bem como de cumprimento de jornadas de trabalho exaustivas, com prestação de labor em sobrejornada acima do limite estabelecido pela Constituição (artigos 6º e 7º) e pela lei (art. 59, *caput,* da CLT), constitui causa de danos não apenas patrimoniais ao trabalhador, mas, principalmente, violação a direitos fundamentais e o aviltamento da saúde e bem-estar do empregado.

É, pois, fator de risco ao estado psicossocial da pessoa, capaz de ensejar danos à saúde e à sociedade como um todo, na medida em que o obreiro fica privado de uma vida familiar e social dignas, do lazer e do desenvolvimento de sua personalidade, além de gerar risco potencial para acidentes e doenças do trabalho. Nas hipóteses, resta dispensada a prova, sendo decorrência clara e natural da usurpação do tempo de descanso da pessoa, com a exigência do trabalho de forma habitual, de forma excessiva e abusiva além dos limites legais.

Em suma, na seara trabalhista, a moderna jurisprudência se alinha, no sentido de exigir a prova robusta do dano moral ou existencial:

(i) julgado TST/RR 4026120145150030, Relator Ministro Luiz Philippe Vieira De Mello Filho, Subseção I Especializada em Dissídios Individuais, DEJT 27.11.2020) o dano existencial deve ser provado no direito a desconexão e lazer, jornada excessiva: "embora a possibilidade, abstratamente, exista, é necessário que ela seja constatada no caso concreto para que sobre o indivíduo recaia a reparação almejada"

(ii) julgado TST/RR-20439-04.2015.5.04.0282 a Ministra Maria de Assis Calsing o dano existencial pressupõe a ocorrência, concomitante, do ato ilícito do empregador e a comprovação do prejuízo por parte do trabalhador. Explicou que o dano existencial ocorre quando o trabalhador sofre limitações na sua vida fora do ambiente de serviço, em razão de condutas ilícitas praticadas pelo empregador, que o impossibilitam de realizar atividades de lazer, conviver com a família ou desenvolver projetos particulares. Conclui que não restou provado que houve excesso no poder diretivo do empregador, ou que a jornada excessiva lhe causou prejuízos de ordem psicológica, social e moral, efetiva frustração de algum projeto pessoal capaz de lhe conferir o direito à reparação. O empregado não demonstrou que deixou de realizar atividades em seu meio social ou foi afastado do seu convívio familiar para estar à disposição do empregador, o que deveria ter sido comprovado para o recebimento da indenização. Assim, culmina: "No caso, não se pode afirmar, genericamente, que houve dano moral *in re ipsa,* isto é, independentemente de prova da efetiva lesão à honra, à moral ou à imagem do empregado".

(iii) Julgado TST/RRAg-10469-39.2020.5.03.0053 (03.05.2023) da 4ª Turma, Ministro Alexandre Ramos, resumidamente aponta que a mera a prestação de horas extras habituais pelo motorista de caminhão (jornada de 17 horas), por si só, não é suficiente para caracterizar o dano existencial, sem a em prova de que jornada excessiva gerou dano existencial, efetiva de prejuízo ao convívio familiar e social,. Assim, não se presume que a exigência de jornada exaustiva compromete o direito ao lazer e ao descanso, configurando dano existencial.

(iv) Julgado TST/RR 255901320175240091, 5ª Turma, Relator Ministro Douglas Alencar Rodrigues – DEJT 24.06.2022) quanto à lesão ao direito ao descanso na férias: "mesmo reconhecido judicialmente a não fruição de férias pelo interregno de 14 anos, não é suficiente para ensejar o deferimento da indenização por dano existencial, sendo imprescindível, na hipótese, a demonstração inequívoca do prejuízo, a necessária evidência de que o inadimplemento contratual tenha provocado outros fatos que venham a abalar os direitos de personalidade do trabalhador".

(v) Julgado TST/Ag-E-Ag-ARR-310-74.2014.5.04.0811, Subseção I Especializada em Dissídios Individuais, Relator Ministro Renato de Lacerda Paiva, DEJT 03.12.2021), a jornada de trabalho extenuante, por si só, não gera dano existencial ao trabalhador, ao qual incumbe a prova do efetivo prejuízo para sua vida pessoal e familiar. Nesse sentido a ementa:

> Agravo em recurso de embargos em agravo em recurso de revista regido pela lei 13.015/2014. Jornada de trabalho extenuante – Dano existencial – Não comprovação. A jurisprudência do Tribunal Superior do Trabalho é no sentido de que o cumprimento de jornada extenuante pela prestação de horas extras habituais, por si só, não resulta em dano existencial, sendo imprescindível a demonstração inequívoca do prejuízo, que, no caso, não ocorre in re ipsa. Precedentes da SBDI-1/TST e de Turmas. Nesse

contexto, não prospera a alegação de divergência jurisprudencial, eis que o único aresto colacionado nas razões de embargos é inservível para a demonstração do dissenso, porquanto se encontra superado pela atual, iterativa e notória jurisprudência da SBDI-1 do TST, nos termos da norma insculpida no § 2º do art. 894 da CLT. Agravo desprovido (TST, Ag-E-Ag-ARR-310-74.2014.5.04.0811, Subseção I Especializada em Dissídios Individuais, Relator Ministro Renato de Lacerda Paiva, DEJT 03.12.2021).

Registrem-se os precedentes das Turmas do C. TST: a) Ag-ARR-2791-36.2015.5.12.0040, 1ª Turma, Relator Ministro Luiz Jose Dezena da Silva, DEJT 26.06.2023; b) Ag-AIRR-617-54.2017.5.09.0594, 2ª Turma, Relatora Ministra Liana Chaib, DEJT 30.06.2023; c) AIRR-900-41.2020.5.09.0863, 4ª Turma, Relatora Ministra Maria Cristina Irigoyen Peduzzi, DEJT 25.08.2023; d) RR-90900-11.2012.5.17.0131, 5ª Turma, Relatora Ministra Morgana de Almeida Richa, DEJT 12.05.2023; e) RR-190-09.2015.5.05.0022, 6ª Turma, Relator Ministro Augusto Cesar Leite de Carvalho, DEJT 15.09.2023; f) Ag-RRAg-11946-05.2014.5.03.0087, 7ª Turma, Relator Ministro Claudio Mascarenhas Brandao, DEJT 15.09.2023; e g) RR-1001247-28.2016.5.02.0302, 8ª Turma, Relator Ministro Aloysio Correa da Veiga, DEJT 21.08.2023.

Em suma, há duas vertentes jurisprudenciais nos Tribunais trabalhistas, a primeira alegação de dano moral não exime do autor do ônus da prova. A segunda, em determinadas situações, há o dano "in re ipsa" ou presumido decorrente da "da própria coisa", ou "da coisa em si" que liga-se a ocorrência de determinado fato cujo efeito dano é presumido. Assim, quando resultar evidente o prejuízo à imagem, à honra, à vida privada, ou à intimidade da vítima pelo cometimento do ato ilícito, cabe a aplicação do "dano in re ipsa"; basta ao lesado provar o fato ensejador do dano.

Pela teoria do dano moral in concreto, acolhe-se a incompatibilidade do caráter punitivo do dano moral, e a adoção do seu estritamente caráter reparatório. Mister se faz a prova robusta dos fatos que ensejam o dano moral, pois não se indeniza dano hipotético.

Assim, exige-se prova da conduta humana, nexo causal, dano e ou prejuízo, culpa (subjetiva) ou risco (objetiva). Para ser indenizável o dano precisa de quatro requisitos: violação de um interesse jurídico material ou moral, a subsistência do dano, a certeza do dano (não se indeniza dano hipotético), a extensão do dano.

8. CONCLUSÃO

O instituto do dano moral possui extrema importância na defesa e reparação dos direitos de personalidade inerentes a dignidade da pessoa humana e ao valor social do trabalho, núcleos fundantes para o Estado Democrático de Direito (art. 1º, III, art. 5º e incisos V e X, da CRFB/88).

Do princípio fundamental da dignidade da pessoa humana decorre o direito ao livre desenvolvimento da personalidade do trabalhador, do qual constitui projeção o direito ao desenvolvimento profissional, situação que exige condições dignas de trabalho e observância dos direitos fundamentais também pelos empregadores (eficácia horizontal dos direitos fundamentais).

Constituem elementos do dano existencial, além do ato ilício, o nexo de causalidade e o efetivo prejuízo, o dano à realização do projeto de vida e o prejuízo à vida de relações.

Na seara trabalhista, o dano existencial se configura pela lesão decorrente da conduta patronal ilícita que impede o empregado de usufruir, ainda que parcialmente, das diversas formas de relações sociais fora do ambiente de trabalho (familiares, atividades recreativas e extralaborais); que obstrua a integração do trabalhador à sociedade; que frustra o projeto de vida do indivíduo; que viola os direitos da personalidade do trabalhador.

Constituem elementos do dano existencial, além do ato ilício, o nexo de causalidade e o efetivo prejuízo, o dano à realização do projeto de vida e o prejuízo à vida de relações.

Grassa na seara jurídica a polemica se o dano existencial é um *tertium genus* ou apenas uma extensão ou dimensão do dano moral. Na seara das relações do trabalho, a Lei 13.467 de 2017, no aspecto ao dano extrapatrimonial trouxe a lume expressamente a figura do dano existencial e aponta os critérios leve, media, grave e gravíssima, do qual se extrai que o dano existencial é apenas uma das dimensões da extensão do dano, qualificado pelo dano máximo, no caso de morte da vítima e supressão da "vida das relações" íntimas, privadas, familiar, profissional, social e pública.

Os parâmetros inseridos na CLT (arts 223-A a 223-G) não apresentam restrição ou delimitação quanto ao pedido de indenização por dano extrapatrimonial.

Aplicam-se subsidiariamente a legislação civil. Inteligência do art. 8º, da CLT e arts. 186/187 e 927 CC combinado artigos 940 a 950 Código Civil e STF/ADI 6050, ADI 6969, ADI 6082.

A indenização por dano moral decorrente do contrato de trabalho pressupõe a existência de um ato ilícito praticado pelo empregador, de um prejuízo suportado pelo ofendido e do nexo de causalidade entre a conduta injurídica do primeiro (arts. 186, 927 do CC e art. 7º, XXVIII da CR/88).

O dano moral ou existencial não pode ser presumido, deve ser robustamente comprovado à violação do patrimônio ideal do trabalhador, sua honra, sua imagem, sua dignidade. Inteligência dos artigos 5º, V e X, da Constituição Federal de 1988 e artigos 186 e 927 do Código Civil. Aplicável, ainda o artigo 944 e parágrafo único, do Código Civil estatui que o dano mede-se pela sua extensão. Se houver excessiva desproporção entre a gravidade da culpa e o dano, poderá o juiz reduzir, equitativamente, a indenização.

No âmbito trabalhista, tomado como parâmetro o dano moral por jornada exaustiva, temos que nas relações de trabalho, o trabalhador sofre danos e limitações em relação à sua vida fora do ambiente de trabalho em razão de condutas ilícitas praticadas pelo empregador ou tomador do trabalho. Em regra, a jornada de trabalho tem previsão legal de gozo de intervalo interjornada e intrajornada, folga semanal e férias, que permitem o convívio familiar. A ilicitude patronal na privação do direito aos convívios social e familiar do empregado, caracteriza dano moral passível de reparação pela via indenizatória.

Há dano existencial quando a prática de jornada exaustiva, em jornadas excedentes da legal, por longo período, impõe ao empregado um novo e prejudicial estilo de vida, com privação de direitos de personalidade, como o direito ao lazer, à instrução e à convivência familiar. Prática que deve ser coibida por lesão ao princípio constitucional da dignidade da pessoa humana (art. 1º, III, da Constituição Federal).

Há duas vertentes na jurisprudência acerca da apuração do dano moral existencial: o dano moral in concreto e o dano moral *in re ipsa*.

A teoria do dano moral *in re ipsa*, professa que inegavelmente, a prestação de trabalho em jornadas exaustivas, com labor habitual e diário acima dos limites estabelecidos pela lei, além do máximo tolerável para permitir uma existência digna ao trabalhador, causa dano presumível aos direitos da personalidade do empregado (dano moral/existencial *in re ipsa)*, dada a incúria do empregador na observância dos direitos fundamentais e básicos estabelecidos pela lei quanto à duração da jornada de trabalho, em especial os limites para exigência de horas suplementares e ao mínimo de descanso exigido para recomposição física e mental do trabalhador. Verificando-se no caso em discussão o cumprimento de jornada desumana e extenuante de trabalho, com patente e provado prejuízo ao direito ao descanso e ao lazer, não há dúvida quanto à configuração dos danos morais.

A teoria do dano moral existencial in concreto, fundamenta em que dano decorre de um ato ilícito do empregador, que causa prejuízo perene ao trabalhador, em seu campo de existência. O simples ato de prestar horas extras, ainda que em grande volume, ou trabalhar em jornada extensa com previsão de ordem legal, por si, não causa dano existencial ao trabalhador, de forma perene, a justificar a indenização. Mister se faz a presença do dano perene vinculado à prestação de horas extras a justificar a reparação.

Assim sendo, ainda que se tenha declarado a invalidade do regime compensatório de jornada não há como considerar a ocorrência de dano existencial. Se o trabalhador não está submetido a controle de jornada, e tem a liberdade para distribuir as horas trabalhadas e os períodos de descanso, não há que se falar em jornada exaustiva.

Nessa mesma linha, o *artigo 223-G, da Consolidação das Leis do Trabalho, estabelece como matéria de prova, que* ao apreciar o pedido de dano moral, o juiz considerará: a natureza do bem jurídico tutelado; a intensidade do sofrimento ou da humilhação; a possibilidade de superação física ou psicológica; os reflexos pessoais e sociais da ação ou da omissão; a extensão e a duração dos efeitos da ofensa; as condições em que ocorreu a ofensa ou o prejuízo moral; o grau de dolo ou culpa; a ocorrência de retratação espontânea; o esforço efetivo para minimizar a ofensa; o perdão, tácito ou expresso; a situação social e econômica das partes envolvidas; o grau de publicidade da ofensa.

REFERÊNCIAS

BELMONTE. Alexandre Agra. *Danos extrapatrimoniais nas relações de trabalho.* 2. ed. Salvador: JusPodivm. 2021.

BRAGA NETO, Felipe. *Manual da Responsabilidade Civil do Estado.* 5. ed. Salvador: JusPodivm. 2019.

BRAMANTE, Ivani Contini. *Teletrabalho:* uma nova forma flexível de trabalho. Tese de Doutorado. PUC – São Paulo, 2003.

BRAMANTE, Ivani Contini. Teletrabalho: teledireção, telessubordinação e teledisposição. *Revista Ltr*: legislação do trabalho: São Paulo, v. 76, n. 4, p. 391-412, abr. 2012.

BRAMANTE, Ivani Contini. O futuro do trabalho e o trabalho do futuro. In: CARLOTO, Selma (Coord.). (Org.). *Inteligência Artificial e as Novas Tecnologias nas Relações de Trabalho*. Mizuno: Leme. 2022.

BRASIL. Constituição (1998). Constituição da República Federativa do Brasil, de 5 de outubro de 1988. Disponível em: http://www.planalto.gov.br/ccivil_03/constituicao/constituicaocompilado.htm. Acesso em: 8 out. 2017.

BRASIL. Código Civil (2002). Lei 10.406, de 10 de janeiro de 2002. Disponível em: http://www.planalto.gov.br/ccivil_03/leis/2002/ L10406.htm. Acesso em: 5 out. 2017.

BRASIL. Consolidação das Leis do Trabalho (1943). Decreto-Lei 5.452, de 1º de maio de 1943. Disponível em: http://www.planalto. gov.br/ccivil_03/decreto-lei/Del5452.htm. Acesso em: 5 out. 2017.

BRASIL. Lei 13.467, de 13 de julho de 2017. Disponível em: http://www.planalto.gov.br/ ccivil_03/_ato2015-2018/2017/lei/L13467. htm. Acesso em: 5 out. 2017.

FERNANDES, Artur Klemes, SOBOLL, Lis Andrea Pereira. *Dano à Existência e Trabalho* – Considerações Sobre as (Im)Possibilidades e as Escolhas. São Paulo: LTr, 2021.

FONSECA. Jéssica Kaczmarek Marçal Ribeiro da (Autor), José Ernani de Carvalho Pacheco (Editor). *Teletrabalho – O Direito à Desconexão do Teletrabalhador*. Curitiba: Juruá, 2022.

FLORINDO. Valdir Florindo. *Dano moral e o direito do trabalho*. São Paulo: LTr, 2002.

GONÇALVES, Carlos Roberto. *Direito Civil Brasileiro*. 15. ed. São Paulo: Saraiva, 2020. v. 4.

LIMA, Anne Floriane da Escóssia. *Dano Existencial no Teletrabalho Sob a Perspectiva do Direito à Desconexão*. Leme: Mizuno, 2023.

MELO, Sandro Nahmias. LEITE, Karen Rosendo de Almeida. *Direito à Desconexão do trabalho*: Teletrabalho, Uberização, Infoxicação e Reflexos da pandemia Covid-19. 2. ed. São Paulo: LTR, 2021.

OLIVEIRA, Sebastião Geraldo de. *Proteção jurídica à saúde do trabalhador*. São Paulo: LTr, 2011.

PARMEGIANE, Daniele. *Dado existencial*: Análise da jornada excessiva de trabalho e o teletrabalho sob a ótica da dignidade da pessoa humana. Curitiba: CRV, 2021.

RIMOLO, Jorge Rosenbaum. El Derecho laboral frente a las nuevas realidades y cambios del mundo pos moderno. *Anales del V Encuentro Internacional de Derecho Laboral*. Atilra: Sunchales, 2018.

SANTOS, Enoque Ribeiro. *O Dano Extrapatrimonial na Lei 13.467/2007, da Reforma Trabalhista*. Disponível em: http:// genjuridico.com.br/2017/08/22/o-danoextrapatrimonial-na-lei-13-4672017-dareforma-trabalhista/. Acesso em: 10 out. 2017.

SUPIOT, Alain. *Critique du Droit du Travail*. Paris: Presses universitaire de France. 2002.

22
ASSÉDIO MORAL NO AMBIENTE DE TRABALHO

Regina Duarte

Doutora em Direito pela USP-Universidade de São Paulo. Desembargadora do Trabalho, Tribunal Regional do Trabalho da 2ª Região. Ocupa a cadeira n. 24 da APDT-Academia Paulista de Direito do Trabalho.

José Ricardo da Silva

Graduado em Direito pela Universidade de Araraquara, com especialização em Direito do Trabalho pelo Centro Universitário FMU. Servidor público no TRT da 2ª Região.

Sumário: 1. Introdução – 2. Conceito de assédio moral – 3. Assédio moral – 4. Assédio moral. Responsabilidade. Jurisprudência – 5. Conclusão – Referências.

1. INTRODUÇÃO

O estudo do tema 'assédio moral no ambiente de trabalho' implica, a nosso ver, maior atenção na busca dos fatos que o originam e de como é possível combatê-lo. Nesta perspectiva, propomos, no presente artigo, uma análise conceitual do tema para, a partir daí, procurarmos demonstrar, ainda que de forma singela, quão difícil, por vezes, é a caracterização do assédio do tipo moral, sempre a depender da produção de provas, em ações trabalhistas aforadas com o objetivo de se haver a indenização decorrente.

Em terreno movediço, porque a análise do tema envolve a de relações intersubjetivas no ambiente de trabalho e, assim, comportamentos nem sempre explícitos da parte de assediadores e de assediados, o artigo contém referência ao dilema da prova e a como o julgador pode utilizar a aplicação do princípio da aptidão da prova invertendo o ônus probatório para, ao final, abordar-se o tema da responsabilidade civil, com citação de jurisprudência pertinente.

2. CONCEITO DE ASSÉDIO MORAL

a) Doutrina

Não é desconhecido o fato de que conceituar um tema implica dificuldades que só são transponíveis a partir da leitura de vários entendimentos sobre o que se pretende analisar. Assim é porque, ao tentarmos compreender a etimologia das palavras que, à primeira vista, o abrangem, bem como as relações que o tema pode evocar, deparamo-nos com aspectos objetivos e subjetivos, estes últimos que envolvem, como regra, nossas experiências pessoais e a forma como nos inserimos em determinados contextos, nos âmbitos social e profissional.

Em significativo trabalho publicado na Revista LTR, sob o título "Assédio Moral nas Relações de Trabalho- Uma Análise Jurídico-Psicanalítica" o autor explica que "O vocábulo assédio (derivado do latim *obsidiu, obsidere* = por em diante, sitiar, atacar) significa cerco posto a um reduto para tomá-lo; sítio, insistência importuna junto a alguém, com perguntas, propostas, pretensões etc. Assediar, por sua vez, consiste em por assédio ou cerco (praça ou lugar fortificado); perseguir com insistência; importunar; molestar, com perguntas ou pretensões insistentes; assaltar." Em continuação, o autor discorre sobre a expressão assédio moral e a correlação da expressão que o identifica de forma mais conhecida como "terror psicológico" com outras expressões utilizadas em países estrangeiros, tais como *mobbing* ou *bullying,* concluindo que se tratam de "formas de violência multifacetárias presentes em diversas esferas da vida social, familiar, escolar, laboral e nas relações interpessoais. São espécies de violência que têm como denominador comum condutas direcionadas à desconstrução ou destruição do outro, acompanhadas ou não de agressões físicas" (Santos, LTR, 2022, p. 734-744).

Considerando que o nosso singelo objetivo, neste texto, é restringir nossa análise à peculiaridade do assédio no ambiente de trabalho, é de rigor citar o conceito que Marie-France Hirigoyen atribui à expressão "assédio moral".

Precursora no estudo sobre assédio moral, a psiquiatra e psicanalista Marie-France Hirigoyen o conceitua como segue: "Por assédio em um local de trabalho temos que entender toda e qualquer conduta abusiva manifestando-se sobretudo por comportamentos, palavras, atos, gestos, escritos que possam trazer dano à personalidade, à dignidade ou à integridade física ou psíquica de uma pessoa, pôr em perigo seu emprego ou degradar o ambiente de trabalho" (Hirigoyen, 2005, p. 65).

Na mesma esteira, sob o título "Assédio Moral Organizacional" , boa doutrina conceitua assédio moral como sendo "O conjunto de condutas abusivas, de qualquer natureza, exercido de forma sistemática durante certo tempo, em decorrência de uma relação de trabalho, e que resulte no vexame, humilhação ou constrangimento de uma ou mais vítimas com a finalidade de se obter o engajamento subjetivo de todo o grupo às políticas e metas da administração, por meio de ofensa a seus direitos fundamentais, podendo resultar em danos morais, físicos e psíquicos" (Araujo, LTR, 2012, p. 76).

O fenômeno é conhecido como "workplace bullying" ou "mobbing" nos países de língua inglesa, "harcèlement" em francês, "Pesten" em holandês e "acoso" ou "maltrato psicológico" em espanhol. (Einarsen, 2020, p. 4) Em português já foram adotados os seguintes termos: assédio moral, violência moral, violência silenciosa, assédio psicológico, terror psicológico, agressão psicológica, psicoterror. Os diversos sinônimos para assédio moral usualmente remetem ao sofrimento psicológico e interno do indivíduo. O dano moral resultante é visto como algo tão intangível que a doutrina e a jurisprudência têm dificuldade em determinar uma indenização adequada. Em contraste, danos materiais são facilmente identificáveis e mensuráveis. No entanto, processos psicológicos possuem aspecto físico e material significativo e se expressam, por exemplo, nas consequências do assédio moral: depressão profunda, insônia, problemas cardíacos, dores reumáticas e musculares. Qualquer um que já passou uma noite em claro sabe que, por mais imateriais que tenham sido as causas da insônia, a fadiga na manhã seguinte é real e física. O sofrimento psicológico não é uma abstração, uma vez que produz efeitos concretos no corpo e na saúde. O sofrimento emocional prolongado, além de poder ele próprio ser o sintoma de uma doença, leva a problemas de saúde físicos e tangíveis. Ignorar esta conexão é negligenciar a natureza psicossomática do ser humano. Saúde mental e física são indissociáveis.

Tratando aqui de se analisar uma relação intersubjetiva no ambiente de trabalho, como decorrência da relação de trabalho ou de emprego, é importante a referência que o juiz faz sobre o tema e a partir de qual conceito pode iniciar uma análise de fato, no julgamento de ações que lhe são submetidas à apreciação. Neste sentido, registro o que nos ensina o magistrado Helcio Luiz Adorno Junior que, ao conceituar assédio moral afirma: "Pode ocorrer nas relações de natureza civil, mas o campo mais profícuo para sua ocorrência é o da relação de trabalho (Alves, 2002, Alkimin, 2006). O assédio moral trabalhista, segundo Martins (2006, p. 4) "é uma conduta ilícita, de natureza psicológica, causando ofensa à dignidade, à personalidade e à integridade do trabalhador". Nas relações de trabalho, surge, assim, como a pressão que o empregador exerce sobre o empregado, seja diretamente ou por meio de seus prepostos, com o intuito de forçá-lo a aumentar exageradamente sua produtividade ou pedir demissão. Quanto a esta última situação, acontece, normalmente, nas hipóteses em que o empregado conta com estabilidade no emprego e o exercício do direito potestativo de dispensa pelo empregador fica restringido (Menezes, 2003)" (Junior Adorno, 2009, p. 54).

Dos conceitos acima, segundo os autores citados, verifica-se que conceituar assédio moral requer, do julgador, conhecimento amplo a respeito das relações intersubjetivas, o que só é possível conforme as características dos fatos analisados em ações judiciais sob análise, sendo necessário, a nosso ver, uma real compreensão do que significa o respeito à diversidade, contra a discriminação de todo tipo.

b) Legislação

A legislação brasileira não contém regramento específico sobre assédio moral, devendo o aplicador da lei se socorrer de princípios, da Constituição Federal, de dispositivos infra constitucionais e de normas internacionais cuja aplicação tem permeado a identificação e repressão à prática em causa.

No sentido das considerações acima, o Ministério Público do Trabalho editou interessante Manual com perguntas e respostas, cuja leitura é recomendável a quem deseja analisar uma situação de fato e dar início à sondagem de tema que, só recentemente, vem sendo estudado com afinco e produzido bons frutos na direção do aprofundamento de questões tão instigantes (Brasil, MPT, 2019).

Com foco naquilo que, pessoalmente, entendo adequado e oportuno, a referida Cartilha dispõe sobre a prevenção ao assédio moral como forma de conscientização e identificação de práticas abusivas e discriminatórias, sinalizando possível diminuição de casos de violência no ambiente de trabalho.

Nessa esteira, assim como na maioria das publicações sobre assédio a que todos têm acesso, é de rigor a referência aos artigos 1º, III e 5º, I, III e X da Constituição da República, de 1988, ou àquilo que fundamenta o Estado Democrático de Direito e que colore o que há de mais importante na convivência entre seres humanos em sociedade, ou seja, o respeito à dignidade da pessoa humana e à expectativa de que ninguém seja submetido a tortura nem a tratamento desumano ou degradante. No mesmo sentido, à expectativa de que hão de ser respeitados direitos afetos à inviolabilidade da intimidade, vida privada, honra, imagem e que em caso de violação seja assegurado ao cidadão o direito a indenização decorrente de dano material ou moral (Brasil, CF, 1988).

No âmbito da relação subordinada de trabalho é de se destacar o que dispõe o artigo 483 da Consolidação das Leis do Trabalho, de cujo texto resulta a possibilidade de ruptura do contrato de trabalho, por via indireta – rescisão indireta – com o que o empregado pode considerar rescindido seu contrato em face do empregador e pleitear a devida indenização, quando forem exigidos serviços superiores às suas forças, defesos por lei, contrários aos bons costumes ou alheios aos termos do contrato, que devem ser cumpridos pelo empregador (Brasil, CLT, 1943/2017).

O dispositivo citado é perfeitamente adequado a coibir, na omissão específica da legislação, o assédio moral, uma vez que, a título de exemplo, não é rara a cobrança de produtividade exagerada e repetida como estopim para o desencadeamento do fato assédio moral.

Ainda como regramento eficaz no combate ao assédio moral nos guia a Convenção 190 da OIT-Organização Internacional do Trabalho, de 2019, sobre violência e assédio ali referidos como se enuncia: Artigo 1º-1. Para os efeitos da presente Convenção: (a) o termo "violência e assédio" no mundo do trabalho refere-se a um conjunto de comportamentos e práticas inaceitáveis, ou de suas ameaças, de ocorrência única ou repetida, que visem, causem, ou sejam suscetíveis de causar dano físico, psicológico, sexual com base o gênero; (b) o termo "violência e assédio com base no gênero" significa violência e assédio dirigido às pessoas em virtude do seu sexo ou gênero, ou afetam de forma desproporcionada as pessoas de um determinado sexo ou gênero e inclui o assédio sexual (OIT, 2019).

A Convenção 190, acima referida, ainda não foi ratificada pelo Brasil que, no entanto, deu início ao processo de ratificação ainda não terminado. O caminho está, portanto, sendo percorrido em sentido profícuo e, de todos o exposto, depreende-se a necessidade de que a referida convenção venha a ter seus termos incorporados ao nosso ordenamento jurídico.

3. ASSÉDIO MORAL

a) A dificuldade na caracterização do assédio

O assédio moral caracteriza-se pela exposição do trabalhador a situações de humilhação provocadas por terceiros (colega, subordinado ou superior hierárquico) de forma sistemática e prolongada, no ambiente de trabalho e fora dele, em virtude das funções desempenhadas. A dificuldade em sua caracterização tem íntima relação com as diversas formas utilizadas pelo assediador para a prática do ato de assediar, muitas das vezes de maneira nem tão explícita. Ao contrário, a prática pode-se revelar por conduta insidiosa e silenciosa. Da forma como nos referimos decorre um dano que, não raramente, é intangível, a opor obstáculo ao devido e justo cálculo do valor de indenização decorrente.

Em contraste com a fácil identificação e mensuração de danos materiais, o dano decorrente de assédio moral, como já referido, envolve processos psicológicos que possuem aspectos físicos e materiais significativos. Estes se expressam nas consequências acima citadas e têm características comumente encontradas na análise de fatos e de provas nos processos que temos analisado, no exercício da judicatura.

É, pois, no ambiente de trabalho que o assédio ocorre podendo ser desenvolvido de múltiplas formas. A presença de hierarquia, a interdependência das atividades e o alto grau de competitividade constituem cenário propício à manifestação deste fenômeno destrutivo, que acaba afetando a saúde física e mental do trabalhador bem como seu desempenho profissional.

Na busca da caracterização do assédio é importante nos cientificarmos de que a discriminação pode constituir um de seus elementos, entendimento que decorre de observação simples de pessoa que, como nós, não é versada em análises psicanalíticas.

Assim, porque a discriminação, seja social, racial, sexual ou de qualquer outra forma, é um fenômeno amplamente reconhecido em nossa sociedade e surge, em certo sentido, da dificuldade que temos em conviver e aceitar as diferenças entre as pessoas. Na legislação brasileira, no entanto, assédio sexual é crime, mas assédio moral, em sentido estrito, não está previsto na lei embora seja punível com fundamento na Constituição Federal e, por exemplo, em regramentos que abordam a questão da discriminação, porquanto em alguns casos de assédio, se verificam situações em que podemos estar lidando na verdade com formas veladas de discriminação. Quando não é possível ao assediador expressar abertamente preconceitos relacionados à cor da pele, por exemplo, ridiculariza-se a cor da roupa que a vítima veste. Atitudes deste tipo dão conta da persistência da discriminação, mesmo quando certos aspectos da identidade estão protegidos pela lei. Refletem, a nosso ver, uma tentativa de contornar as restrições impostas pela sociedade, mediante formas alternativas de perpetuar preconceitos e estereótipos. Por esta razão, é crucial a compreensão de que a luta contra a discriminação transcende a mera observância das leis existentes, requerendo mudança profunda na forma de se pensar a convivência em sociedade e de se enraizar uma nova cultura, mais respeitosa, inclusiva e estruturante na direção da compreensão da diversidade como fato.

Em análise mais acurada sobre assédio moral verificamos, pois, que o ato de assediar possui características distintas de outros problemas sociais e jurídicos. Assim, o estudo do tema sob análise evoca a necessidade de se desenvolver compreensão sobre como este tipo de comportamento se manifesta e suas consequências, devendo nossa legislação estar devidamente equipada com os instrumentos teóricos necessários para o combate e repressão ao assédio moral. Além disto, deve poder proporcionar justa compensação pelos danos morais e materiais sofridos pelas vítimas, para o que a criação de uma estrutura jurídica sólida e eficaz é fundamental visando a um ambiente de trabalho saudável e livre de abusos.

A alteração da já mencionada forma de pensar requer, portanto, educação, como primeiro plano. Pessoas que recebem boa educação, desde tenra idade, que ao longo do tempo possibilita autoconhecimento e inserção em todos os meios, sejam estes grupos sociais ou profissionais, sabem se colocar como indivíduos que respeitam o outro e são respeitados. Estas pessoas têm consciência do que é ser e estar em determinado meio ou situação. Esta postura não é observada em vítimas de assédio nem em assediadores, sendo de se notar em ambos baixa autoestima, necessidade exacerbada de reconhecimento e, nas vítimas, em especial, dedicação excessiva ao trabalho e alto grau de sensibilidade.

Nas organizações empresariais, nos meios público e privado, podemos imaginar a dificuldade de gestores bem intencionados que, a todo custo, tentam observar, compreender, prevenir e solucionar situações que envolvem assédio moral. Olhar e agir nesta direção deveria fazer parte do poder diretivo na hierarquia de organizações públicas ou privadas, e, no âmbito restrito de nossa análise, com vistas à caracterização do assédio moral nas relações privadas de trabalho, é necessário saber o que integra o "jus variandi" do empregador. Assim, porque o poder diretivo do empregador se expressa pelo poder de alterar, nos limites da lei, regras que o auxiliam na condução do empreendimento, e que inclui a fiscalização, segundo boa doutrina.

Enxergar quem assedia e quem é assediado requer conhecimento profundo do papel que se tem num grupo e, neste sentido, vale dizer que "as vítimas de assédio são, acima de tudo, aquelas que são ingênuas, aquelas que são honestas demais, aquelas que insistem em dizer o que deve ser dito, as que querem fazer o trabalho que deveria ser feito" (Hirigoyen, 2011, p. 195).

Reação comum das vítimas de assédio moral é a busca por entender porque foram envolvidas em tal processo e o que poderiam ter feito para evitá-lo. Seu sentimento em relação ao assediador não é de ódio, mas de indignação e inconformismo. Outra reação que se verifica de forma recorrente é a perda de sentido na vida, com alta incidência de depressão e, em casos extremos, de pensamentos suicidas.

Frequentemente, o assédio pode-se tornar uma profecia autorrealizável, pois aquele que costumava desempenhar suas tarefas com confiança pode, com o tempo, começar a duvidar de si mesmo, devido a acusações constantes sobre sua falta de firmeza nas decisões. O renomado sociólogo americano William I. Thomas afirmou que quando alguém acredita em alguma coisa que não é verdade, as consequências são as mesmas que se fosse verdade ("If men define situations as real, they are real in their consequences"). No mesmo sentido, "o assédio moral é um processo singular, no qual a pessoa se transforma naquilo de que é acusada. Dizem-lhe: você é uma nulidade e ela perde a capacidade e se sente uma nulidade, é vista como paranoica e, depois de algum tempo, é levada a se sentir desconfiada, rígida, maníaca. É resultado do poder das palavras, as quais por imposição transformam o outro" (Hirigoyen, 2011, p. 182).

Na identificação do assédio é preciso distinguir também situações que, em verdade, não se caracterizam de tal maneira. Por vezes, imposições legítimas que integram forma honesta e bem intencionada na condução de um empreendimento, em qualquer atividade ou profissão, são entendidas como assédio moral sem o serem. A análise do perfil do assediado pode, assim, revelar o que Hirigoyen denomina de "vítimas triunfantes". Estas, na verdade, têm plena consciência de sua posição e dos acontecimentos, incluindo o conhecimento sobre o assediador e seus motivos. Buscam, às vezes, obter vantagens materiais ou licenças médicas e encontram prazer em uma situação que, se fosse real, seria motivo de angústia.

Das considerações acima resulta que, entender se um trabalhador está sendo assediado moralmente, ainda que de uma forma bastante simples, e que se evidencia, à primeira vista, é identificar situações que revelam alterações de seu comportamento tais como perda de confiança, sentimento de inferioridade, isolamento, tudo que reflete em baixa produtividade e absenteísmo. Observar quem assedia requer a identificação de certas atitudes em relação a uma pessoa (pode ocorrer em relação a um grupo), de tal forma que, a título de exemplo, se esvazia a função exercida pelo assediado por meio de uma comunicação quase inexistente, que envolve desqualificação do proceder, seja mediante imposição de isolamento ou, num extremo oposto, de tarefas de difícil execução. São inúmeros os exemplos existentes sobre condutas que caracterizam assédio moral revelados em análise de provas existentes nas ações trabalhistas que julgamos.

Em referida análise de fatos e de provas temos verificado que a diferença entre dano moral e assédio moral consiste em que este último ocorre pela repetição de práticas as quais, quando consideradas isoladamente, podem configurar o dano. Em sentido inverso, assédio é o dano moral qualificado pela repetição de comportamentos. O grau de danos à saúde física e psíquica da vítima é significativamente maior nos casos de assédio e isto se deve não apenas à óbvia conclusão de que comportamentos danosos reiterados tendem a ser mais perniciosos do que um único incidente isolado. O dano moral, como regra, pode ser superado com o tempo e a devida reparação, permitindo à vítima esquecer o ocorrido podendo não deixar sequelas de vulto. Contudo, no caso do assédio moral, a sutileza da agressão, a confusão imposta à vítima e o fato de se prolongar por meses ou anos podem gerar consequências devastadoras, como a depressão e a inabilidade para o trabalho.

Sabe-se que o conflito é uma ocorrência natural e inevitável no ambiente de trabalho. Enquanto existirem problemas a serem resolvidos e pessoas com diferentes perspectivas em busca de soluções, conflitos surgirão. A origem de conflitos pode decorrer de divergências de pontos de vista, falhas na comunicação e hábitos pessoais distintos. Porém, embora o assédio moral possa resultar em situações conflituosas, nem sempre há uma relação direta entre ambos. Em algumas organizações, por exemplo, o conflito é encorajado como meio de impulsionar a produtividade e a competitividade por meio da divisão de grupos de trabalho, em busca de objetivos específicos. O que realmente faz a diferença no tratamento dos conflitos é a possibilidade de desenvolvê-los de forma que preservem a noção de igualdade entre as partes envolvidas. Para alcançar este objetivo, é fundamental em organizações públicas e privadas, poder contar com regulamentos de consenso e aprimorar a comunicação entre todos os envolvidos. Ao estabelecer diretrizes claras e promover uma comunicação aberta e efetiva, é possível às organizações empresariais enfrentar os conflitos de maneira saudável e construtiva.

Concluindo, a prática de assédio moral requer pronta intervenção no ambiente de um ente público ou de uma empresa privada, seja da parte de um superior hierárquico ou até mesmo de pessoa que se encontra em posição horizontal com o assediado. Em relação a esta última, sem medo de perder seu posto ou eventual promoção, mas com o conhecimento de que a não intervenção pode implicar seja ela a próxima vítima.

b) Assédio como objeto de pedido em ação judicial. O dilema da prova.

É recorrente o pedido de indenização resultante da prática de dano moral por assédio moral nas reclamações trabalhistas. Verifica-se, no entanto, dificuldade real que obsta, não raramente, o deferimento de pedidos deste jaez, principalmente na reanálise da prova de fatos em segunda instância. O juiz de primeiro grau é o que dirige o processo e a instrução probatória em contato direto com as partes e que, na condução de uma audiência de instrução, constitui o principal observador do fato que possa ter originado a prática de assédio moral, ao colher, por exemplo, o depoimento de testemunhas arroladas, quando as há.

Como discorrido acima, as situações que denotam assédio, geralmente, são silenciosas, de tal forma que nem o assediador, nem o assediado que se comporta como a vítima padrão vão a público dar conhecimento dos atos que originam o assédio.

Dessa circunstância emerge a dificuldade na apreciação da prova na ação trabalhista, sobre o que vale a transcrição que segue: "Quanto ao objetivo a atingir com a atividade probatória, por ser o trabalhador a parte hipossuficiente da relação jurídica empregatícia, muitas vezes há grande dificuldade em produzir prova dos fatos ocorridos no ambiente de trabalho, porque: a aptidão da prova jaz na parte empregadora; há hipóteses de ausência de testemunhas; por vezes a lesão vem realizada de forma velada pelo empregador; há casos de ocorrência da lesão ser progressiva o que dificulta estabelecer sua gênese ou grau de aumento. Cite-se por exemplo a doença profissional, que, diferentemente do acidente do trabalho, não se dá em um momento claro e específico o que torna difícil a prova do fato incapacidade para o trabalho, ou assédio moral ou sexual, normalmente realizado de forma discreta" (Bramante, LTR, 2022, p. 345-357).

A dificuldade é a razão pela qual emerge a necessidade de entender como pode o juiz melhor atuar, em nome do Estado, na distribuição da justiça ideal, mediante o cumprimento dos termos dos artigos 139 e 932, I, do Código de Processo Civil, de aplicação subsidiária ao processo do trabalho, sendo este último dispositivo expresso no sentido de conferir poder ao juiz, em grau de recurso, de dirigir e ordenar o processo no tribunal, inclusive em relação à produção da prova, bem como, quando for o caso, homologar autocomposição das partes (Brasil, CPC, 2015).

O fato é que, embora se note uma atividade maior do juiz de segundo grau, no que se refere à conciliação das partes, quando o processo se encontra em grau de recurso, o mesmo não ocorre quanto à produção de prova, em casos envolvendo dificuldades neste sentido. Há uma tendência, em segundo grau, de se dialogar com o que dispõe a sentença, que acaba por ser o resultado da observação direta do juiz de primeiro grau, em instrução probatória. Tal diálogo, embora absolutamente necessário, primordial, não deveria obstar a ação do magistrado, em sentido estrito, de buscar meios para a facilitação prova, privilegiando-se, para tanto, o estabelecimento de almejada igualdade no processo, com fundamento no princípio da aptidão da prova. Nesta direção nos guiam os termos do artigo 765 da Consolidação das Leis do Trabalho que dispõe sobre ampla liberdade dos juízes e tribunais na direção do processo, com vistas ao andamento rápido das causas e possibilidade de determinação de qualquer diligência necessária ao seu esclarecimento. (Brasil. CLT, 1943) Para o exercício destes procedimentos, da parte dos magistrados, boa doutrina propõe a inversão do ônus da prova em defesa da parte vulnerável no processo, para o que dispõem o Código de Processo Civil, artigo 373, e 818, da Consolidação das Leis do Trabalho, bem como a Súmula 06 do Tribunal Superior do Trabalho (Brasil, CPC, 2015).

Com foco no tema do assédio moral sob análise, a depender da situação, justifica-se perfeitamente a inversão do ônus da prova como referido, principalmente se o fato do assédio denota, por parte da empresa, omissão na fiscalização de seus prepostos, não implantação de ouvidoria eficiente, tudo na tentativa de mascarar condutas de seus próprios administradores ou com vistas grossas destes em relação a seus colaboradores.

O caminho da inversão do ônus da prova, como proposto por boa doutrina, pode constituir uma parte da solução de conflitos envolvendo assédio moral, fato que está a requerer nossa atenção.

4. ASSÉDIO MORAL. RESPONSABILIDADE. JURISPRUDÊNCIA

Ao analisarmos o tema do assédio moral, procuramos introduzir seu conceito, segundo boa doutrina e a legislação, por via analógica. Tentamos demonstrar que sua caracterização apresenta dificuldades que, afinal, são resultado da escassez de elementos probatórios que podem desaguar em procedimentos úteis, como se anotou sobre a inversão do ônus da prova.

Configurado o assédio moral será necessário estabelecer a devida reparação à vítima pelos danos que sofreu, sendo de se observar que assédio moral não está tipificado como crime, constituindo a forma comum de reparação em indenização de cunho civil. A indenização tem a função de compensar a vítima, mas também de punir o agressor desestimulando-se a prática do ato de assédio.

Sob o título "Assédio Moral-Ócio Forçado à Empregada- Caracterizado- Indenização Devida", no corpo da ementa do AC. TRT 6ª, RO-001758-33.2015.5.06.0022(Ac. 2ª T.) DEJT/TRT 6ª Reg., a Des. Eneida Melo Correia de Araujo anota que "(...) Por isso a natureza meramente compensatória da indenização deve ser suficiente a mitigar o sofrimento causado, produzindo-lhe um estado de satisfação, ao tempo em que pune o infrator, materializando sanção pedagógica que iniba a reincidência. Deve-se observar, ainda, a situação financeira da vítima e o potencial financeiro da empresa, além da repercussão do fato no ambiente de trabalho e no meio social. Neste caso, para arbitrar o valor devido a título de indenização por dano moral, leva-se em consideração *o tempo de serviço do autor até a data em que foi arbitrariamente dispensado, (...), o valor da remuneração do empregado na data em questão (...), o Dano de natureza imaterial causado e as disposições contidas no art. 223-G, § 1º da CLT.(...)*" g.n. (LTR, Sup. Trab. 2019).

Uma vez configurado o assédio moral é imperativo promover a devida reparação à vítima, buscando amenizar os danos sofridos. Esta reparação é frequentemente realizada por meio de indenização de natureza civil.

O ato ilícito se caracteriza por ação ou omissão voluntária, contrária à lei, que causa danos a terceiros conforme definido no art. 186 do Código Civil (Brasil, CCB, 2002). Embora os fundamentos do Direito Penal e do Direito Civil se assemelhem, a principal distinção entre ambos é que o Direito Penal visa punir, principalmente, por meio de penas restritivas de liberdade, nos casos graves, comportamentos humanos que impactam de maneira contundente bens jurídicos essenciais para a sociedade, tais como a vida, a liberdade e a saúde. A escolha dos comportamentos que serão penalmente sancionados é feita pela sociedade, por meio do Poder Legislativo, por influência de aspectos culturais e históricos.

Em relação à responsabilidade penal, sabemos que esta se restringe à pessoa do agente, sendo intransferível. Durante o processo de assédio o agressor pode cometer crimes, como injúria, calúnia, difamação, violação de correspondência, divulgação de segredo, dano, lesões corporais, dentre outros. Na maioria dos casos, o ato ilícito penal também será considerado um ilícito civil, já que, em regra, a atividade criminosa causará prejuízos à vítima. As disposições referentes à responsabilidade civil e à obrigação de indenizar estão regulamentadas no art. 927 do Código Civil (Brasil, CCB, 2002).

A responsabilidade civil pode ser classificada em duas modalidades: contratual e extracontratual (ou aquiliana), esta última a que está associado o assédio moral.

A responsabilidade contratual ocorre quando há quebra de dever previamente pactuado, e neste caso, as perdas e danos são apurados conforme estabelece o contrato. O artigo 389 do Código Civil Brasileiro trata das consequências do inadimplemento das obrigações em geral, enquanto a Consolidação das Leis do Trabalho regula os efeitos do inadimplemento nos contratos de trabalho. Em ambos os tipos de responsabilidade (contratual e extracontratual) é necessário reparar o prejuízo causado, mas, a diferença reside no ônus da prova; na responsabilidade contratual presume-se culpa em caso de inadimplemento, embora esta presunção seja relativa; na responsabilidade extracontratual, não há presunção de culpa e a vítima deve provar tanto a culpa quanto o nexo de causalidade entre a conduta do agente e o dano.

A responsabilidade extracontratual possui quatro elementos: conduta humana, culpa em sentido amplo, relação de causalidade e dano. Estes elementos desempenham um papel crucial na apuração da responsabilidade civil extracontratual.

A conduta humana pode-se manifestar por meio de ações ou omissões, sendo a ação a regra geral. No caso da omissão, é necessário provar não apenas a omissão em si, mas também a existência de um dever legal de agir. A culpa, em sentido amplo. engloba tanto o dolo (ação ou omissão voluntária com a intenção de prejudicar alguém), quanto a culpa em sentido estrito (imperícia, imprudência e negligência). Configurado o dolo, há a obrigação de indenizar integralmente. O nexo de causalidade é o elo que conecta a conduta do agente ao dano. A responsabilidade civil é excluída quando se demonstra que a culpa foi exclusiva da vítima, de terceiros, ou que o dano foi causado por caso fortuito ou força maior. Dano é o prejuízo efetivamente suportado por alguém, podendo manifestar-se de forma patrimonial, quando atinge os bens materiais de uma pessoa, ou extrapatrimonial, quando afeta a honra, dignidade e, de modo geral, os direitos de personalidade. Lembre-se que o dano deve ser certo e atual, não permitindo a indenização de danos eventuais ou hipotéticos. Neste sentido, a vítima tem o ônus de provar tanto a culpa do agente responsável, como a real extensão do prejuízo sofrido.

O dano material diz respeito às perdas patrimoniais e sua apuração segue as normas estabelecidas no art. 402 do Código Civil Brasileiro. Esta categoria engloba tanto os danos emergentes, quanto os lucros cessantes. De um lado, os danos emergentes, também conhecidos como danos positivos, referem-se aos valores que a pessoa já perdeu e, portanto, podem ser calculados com relativa facilidade, como os gastos com cuidados médicos. Por outro lado, os lucros cessantes, considerados danos negativos, abrangem tudo aquilo que a pessoa deixou de receber em decorrência do ato ilícito, como o período em que ficou impossibilitada de trabalhar.

O dano moral abrange os direitos não patrimoniais e de personalidade, sendo um dos fundamentos da República Federativa do Brasil a dignidade da pessoa humana, conforme consagrado no art. 1º da Constituição Federal. O artigo 5º, V e X, trata dos direitos relacionados à personalidade (Brasil, CF, 1988). Os danos morais e materiais não são mutuamente excludentes, conforme estabelecido na Súmula 37 do C. Superior Tribunal de Justiça ("São cumuláveis as indenizações por dano material e dano moral oriundos do mesmo fato") (Brasil, STJ, 2002). Nosso ordenamento jurídico protege tanto a honra subjetiva (o que a pessoa pensa sobre si mesma, sua dignidade), quanto a honra objetiva (o conceito no meio social, o que as outras pessoas pensam sobre o indivíduo). Assim, as pessoas jurídicas também têm o direito de acionar o Poder Judiciário para protegerem sua honra objetiva (reputação), mesmo não possuindo honra subjetiva.

A indenização decorrente de dano moral tem sua natureza jurídica analisada conforme três correntes doutrinárias. A primeira defende que a indenização por dano moral tem natureza meramente reparatória, destinada a compensar a dor sofrida. A segunda corrente é no sentido de que indenização têm natureza punitiva, buscando desestimular a conduta danosa (teoria do desestímulo), o que pode levar a valores mais elevados de compensação. A terceira corrente prevê que a natureza da indenização é mista, priorizando a reparação, mas também atuando como um fator disciplinador e de desestímulo (teoria do desestímulo mitigada). É fato de conhecimento público que esta última corrente é amplamente prestigiada pela doutrina e jurisprudência pátrias.

Sendo o ócio forçado um dos fatos que desencadeiam pedidos de indenização decorrente de dano moral na Justiça do Trabalho, transcrevemos, abaixo, ementa colhida de processo, em grau de recurso, de relatoria do Desembargador Ricardo Tadeu Marques da Fonseca (TRT 9ª Reg., RO-0000210-82.2016.5.09.0012-(Ac. 2ª T.) 2599/18, 12.11.18, p. 399-40) como segue: "Danos morais por ócio forçado à empregada. Assédio moral caracterizado. Indenização devida. Na hipótese em exame evidenciou-se que a Empregadora submeteu a reclamante a ócio forçado, obrigando-a a permanecer em casa até o fim do período estabilitário fixado pela Lei 8.213/1991 em seu art. 118. A empresa quedou-se silente quanto às razões pelas quais determinou permanecesse a Autora em sua residência de maio de 2014 a outubro do mesmo ano, quando a dispensou. Merece destaque, ainda, que a obreira retornou de auxílio-doença acidentário em 17.10.2013, garantida a estabilidade legal até 17.10.2014. A primeira Ré dispensou-a exatamente no dia seguinte ao encerramento do período estabilitário, em 18.10.2014. Do contexto fático delineado nos autos, constato que os métodos empresariais adotados subjugaram a Trabalhadora, excedendo os limites da subordinação, a revelar autêntico assédio moral ante o ócio forçado imposto. Não cabe ao Empregador negar a dação de trabalho. Essa conduta é grave e atinge a dignidade do trabalhador. A obrigação principal do empregador é pagar o salário, mas também deve garantir o direito ao labor. Não há dúvidas de que a Autora sofreu lesões em sua esfera psíquica, já que o ilícito narrado implica abalo moral manifesto. Recurso ordinário da Autora a se dá provimento"(LTR, Sup. Trab. p. 336).

A ementa transcrita é exemplo de como pode, o julgador, dar provimento a pedido de indenização por dano moral decorrente de assédio moral, considerando-se sempre a aplicação da Constituição Federal, explícita, em seu artigo 23, no sentido de que toda pessoa tem direito ao trabalho, a condições equitativas e satisfatórias de trabalho e à proteção contra o desemprego de forma que todos têm direito, sem discriminação alguma a salário igual por trabalho igual (Brasil, CF, 1988).

5. CONCLUSÃO

O assédio moral no ambiente de trabalho é extremamente prejudicial, não apenas para as vítimas, mas também para as organizações empresariais, o Estado e a sociedade como um todo. Seus impactos são particularmente agressivos no indivíduo vitimado, resultando na destruição de carreiras, rompimento de famílias e na sensação de impotência perante uma situação sobre a qual podem não possuir controle.

O estudo de fenômenos como o assédio moral está diretamente relacionado ao grau de complexidade da proteção legal alcançado por uma sociedade. Somente quando os direitos básicos dos trabalhadores são assegurados, por meio de garantias de emprego, salário-mínimo e limitação de jornada de trabalho, dentre outros aspectos, a sociedade pode abordar, com a atuação dos profissionais do Direito, questões ligadas à individualidade e à proteção da personalidade do trabalhador. A sociedade brasileira não permanece passiva diante do problema do assédio moral, sendo certo que algumas legislações estaduais e municipais já incorporaram os conceitos em debate ao ordenamento jurídico. Além disto, as vítimas buscam se organizar, inclusive recorrendo a redes de relacionamentos virtuais tais como Facebook, Reddit etc.

Não há dúvida de que o assédio moral no trabalho é recorrente e tem afetado pessoas, independentemente de gênero e de diferentes profissões e funções. Há esperança, no entanto, no fato de empresas públicas e privadas estarem adotando, com mais frequência, políticas de tolerância zero em relação ao assédio e de se verificar incentivo na direção de mudança de cultura, com vistas ao respeito mútuo e à convivência.

Pessoas que trabalham, seja em regime de subordinação ou não, parecem ter-se munido de uma maior conscientização a respeito de quais são seus direitos, denunciando a prática de assédio quando de sua ocorrência.

Ações, com real esforço na educação de gestores e de empregados sobre o que constitui assédio e suas consequências negativas também constituem, hoje em dia, práticas inseparáveis do cotidiano das organizações o que se revela em treinamentos e workshops que lhes auxiliam na promoção de ambiente de trabalho mais saudável.

Reconhecer, pois, comportamentos abusivos e saber como agir para combatê-los tornou-se indispensável na condução de quaisquer empreendimentos, seja no âmbito púbico ou privado.

Com foco na existência de um alicerce para a construção de comunicação ética e mais respeitosa no ambiente de trabalho verifica-se a existência de regramentos (códigos de conduta), para que vigorem internamente, nas citadas organizações e entes, porém, é de rigor a edição de lei que, de forma cogente, venha conceituar assédio moral, impondo a devida responsabilidade. Em nosso meio, a existência de lei escrita pode com mais efetividade inibir tais condutas, até porque, quando as empresas são obrigadas a indenizar vítimas, ficam mais propensas a agirem na solução do problema (A citada Teoria do Desestímulo).

Temos constatado, também, nas empresas, um recrudescimento de procedimentos de apoio psicológico e jurídico para vítimas de assédio moral, a permitir que se sintam mais confiantes para realizarem denúncias na busca da reparação necessária. Saber que não estão sozinhas é essencial. Para tanto, é muito relevante a criação de eficientes ouvidorias, aptas a intermediar as relações e a colaboração entre o empreendedor/empregador e o colaborador/empregado.

Concluindo, embora o assédio moral no trabalho ainda seja muito prevalente, um novo olhar na direção da conscientização das pessoas, além da existência de leis mais rígidas e apoio às vítimas indicam que é possível superar a prática do assédio de todo tipo. No mesmo sentido, há de se instruir os que integram o mundo do trabalho na condução preventiva de fatos que podem levar ao assédio moral e, sendo este inevitável, que possa ser combatido por operadores do Direito, com esforço, educação, fiscalização e compromisso.

A força de vontade, a honestidade e a comunicação ética, em todos os níveis hierárquicos podem, sem dúvida, propiciar a criação de locais de trabalho mais saudáveis, seguros e produtivos.

REFERÊNCIAS

ADORNO JUNIOR, H. L. Assédio Moral no Ambiente de Trabalho. *Revista Universitas*, Mogi Mirim, ano 02, n. 3, p. 54, jul./dez. 2009.

ARAUJO, A.R.de. *Assédio Moral Organizacional*. São Paulo: Revista LTR, 2012.

BARROS FILHO, C. de. *Ética na Comunicação*. 4. ed. São Paulo: Summus Editorial, 2003.

BRAMANTE, I.C. *Vulnerabilidade Processual e Inversão do ônus da Prova da Doença do Trabalho e do Assédio Moral*. São Paulo: LTR, 2022.

BRASIL, CCB. Código Civil Brasileiro, 2002. Disponível em: https://www.planalto.gov.br. Acesso em: 05 set. 2023.

BRASIL, CPC. Código de Processo Civil, 2015. Disponível em: https://www.planalto.gov.br. Acesso em: 05 set. 2023.

BRASIL, Constituição Federal, 1988. Disponível em: https://www.planalto.gov.br. Acesso em: 05 set. 2023.

BRASIL, Consolidação das Leis do Trabalho. Decreto-lei 5.452, de 01 de maio de 1943. Disponível em: https:// www.jusbrasil.com.br. Acesso em: 05 set. 2023.

BRASIL, STJ. Súmula 37, 02.08.2016. Disponível em: https://www.stj.jus.br. Acesso em: 05 set. 2023.

DALLARI, D. de A. *O Poder dos Juízes*. São Paulo: Saraiva, 1996.

EINARSEN, S., Hoel, H., Zapf, D., & Cooper, C. *Bullying and Harassment in the Workplace*: Developments in Theory, Research, and Practice (3nd ed.). Boca Raton, FL: CRC Press, 2020.

HIRIGOYEN, M. F. *Mal-estar no trabalho*: redefinindo o assédio moral. Trad. Rejane Janowitzer. 6. ed. Rio de Janeiro: Bertrand Brasil, 2011.

HIRIGOYEN, M. F. *Assédio moral*: a violência perversa no cotidiano. Trad. Helena Kuhnner. 7. ed. Rio de Janeiro: Bertrand Brasil, 2005.

MARTINS, M.R. *Assédio Moral*. Ócio forçado à empregada. Caracterizado. Indenização devida. São Paulo: LTR-Suplemento Trabalhistas, a. 55, n. 52, 2018.

MENEZES, C.A.C. DE. *Assédio Moral e Seus Efeitos Jurídicos*. São Paulo: LTR, a. 67, n. 03, p. 291-294, 2003.

MPT. *Assédio Moral no Trabalho*: perguntas e respostas. Disponível em: mpt.mp.br,https://mpt.mp.br-cartilhas. Acesso em: 28 ago. 2023.

OIT. Convenção 190. *Eliminar a violência e o assédio no mundo do trabalho*. 25.06.2021. Disponível em: https://www.ilo.org. Acesso em: 05 set. 2023.

SILVA, A.B.C. *Mentes Perigosas*: o psicopata mora ao lado. Rio de Janeiro: Fontanar, 2008.

23
TRABALHO UBERIZADO E (IR)RESPONSABILIDADE CIVIL: REFLEXÕES SOBRE DANO EXISTENCIAL NA ERA DO "EMPREENDEDORISMO DE SI MESMO"

Tarso de Melo

Doutor e Mestre pela Faculdade de Direito da Universidade de São Paulo. Professor do curso de Direito da *Strong Business School*. Advogado.

tmdemelo@gmail.com.

Sumário: 1. Relevância social da proteção trabalhista – 2. O dano existencial no direito do trabalho – 3. A existência do trabalhador uberizado – 4. Considerações finais – Referências.

1. RELEVÂNCIA SOCIAL DA PROTEÇÃO TRABALHISTA

Não é privilégio dos tempos atuais, lamentavelmente, que o Direito do Trabalho enfrente uma ofensiva que visa atingir seu núcleo fundamental – a própria razão de sua existência –, que é o reconhecimento da natureza empregatícia de determinadas relações de trabalho, para que sobre elas incida toda a sorte de proteções previstas na legislação, impondo parâmetros da remuneração (mínima) à jornada (máxima), garantindo o gozo de férias e a realização da greve, proibindo discriminações e protegendo a saúde, entre outros tantos direitos que se distinguiram historicamente como resultado de lutas da classe trabalhadora em diversos países e, no direito brasileiro, têm suas linhas gerais fixadas na Constituição Federal (arts. 7º a 11).

O leitor desatento dirá que esses direitos ainda estão intocados no texto da Constituição, praticamente com a mesma redação que lhes deram os constituintes em 1988, mediante a qual a legislação trabalhista anterior, consolidada desde os anos 1940, foi não apenas recepcionada na nova ordem constitucional, mas nela incluída com o status máximo de "direitos e garantias fundamentais", em linha com o princípio republicano da *valorização social do trabalho* (art. 1º, IV) e com o objetivo fundamental de realizar *justiça social* (art. 3º, I). Com mais atenção, no entanto, o leitor vai se deparar com o avanço das estratégias para que o conjunto de direitos a que nomeamos Direito do Trabalho, enquanto exista, seja inacessível a uma parcela crescente de trabalhadores, porque a própria lei e, ainda mais, a sua interpretação judicial têm dificultado ou impedido o reconhecimento da relação empregatícia em diversas situações em que há evidente presença dos requisitos jurídicos "clássicos" para que o trabalhador receba a proteção justrabalhista: pessoalidade, não eventualidade, subordinação e onerosidade.

Contra a inteligência dos artigos 2º e 3º da Consolidação das Leis do Trabalho, no entanto, que foram redigidos de modo propositadamente "aberto" para dar conta da variedade de formas de prestação de serviço existentes e futuras, temos assistido tanto à *utilização da própria legislação trabalhista para desproteger* – ampliando, dentro do Direito do Trabalho, as hipóteses de "trabalhadores" que não são "empregados" (como o caso do trabalhador doméstico que presta serviços apenas um ou dois dias por semana) –, quanto a *imposição da jurisprudência do Supremo Tribunal Federal em matéria trabalhista*, que, sem cerimônia, contraria entendimentos consagrados e até a própria competência da Justiça do Trabalho, para validar outras formas contratuais (muitas delas tipicamente fraudulentas, como a "pejotização") em detrimento do contrato de trabalho e suas consequências protetivas.

Esse tema se cerca de especial preocupação em tempos de "uberização do trabalho", porque, em poucos anos, já se contam alguns milhões de trabalhadores prestando serviços por intermédio de plataformas digitais. Esse tipo de relação, que começa com "baixar o aplicativo e se cadastrar", obviamente passa longe de "assinar a CTPS" e assim foge – ou tenta fugir – ao filtro que a legislação trabalhista sempre utilizou para identificar, na diversidade de relações de trabalho, as *relações de emprego* que justificariam a proteção prevista na CLT. No entanto, quando o filtro é mais amplo ou mais restrito, mais "grosseiro" ou mais "rigoroso", há consequências imediatas para os trabalhadores e para toda a sociedade.

E é exatamente por reconhecer tais "consequências", transcendentes à vida individual de cada trabalhador, que o Direito do Trabalho se desenvolveu e aperfeiçoou, formando com o Direito da Seguridade Social um todo harmônico que cobre as mais diversas fases e situações da vida das pessoas. Para tanto, consolidou-se como um complexo de princípios e normas que são aplicáveis *sempre* que alguém trabalha, de modo não eventual e sob as ordens de outra pessoa, física ou jurídica, recebendo (ou devendo receber) remuneração. Do ponto de vista do Direito do Trabalho, pode-se afirmar que *a regra é a relação de emprego* e qualquer exceção deverá ser comprovada. Noutras palavras, nenhum trabalhador poderá ficar desprotegido quando se verifique que está numa *relação de emprego*, porque, mais que ser do seu interesse pessoal, essa proteção é do interesse de toda a sociedade.

Por isso, o longo processo histórico por meio do qual o Direito do Trabalho se formou e afirmou pode ser lido como uma história da *desindividualização dos trabalhadores*, isto é, como a afirmação do pertencimento dos trabalhadores a uma *classe* específica, bem como do impacto social que é próprio de tudo que afeta aos trabalhadores na relação de trabalho e em razão dela. A máxima desse processo poderia ser: se afeta a um trabalhador, afeta a toda a sociedade. Daí que se possa ler, na mão contrária, o processo de desmonte e enfraquecimento – precarização e sabotagem – da legislação social como a *reindividualização dos trabalhadores*, porque, cada vez menos protegidos como pertencentes a uma classe, são colocados na condição de simples indivíduos, pretensamente "autônomos" e "livres".

O discurso da "autonomia da vontade", que fundamenta as "flexibilizações" e as "modernizações" a que o Direito do Trabalho tem sido submetido, de modo especialmente grave após a chamada "reforma trabalhista" de 2017, é bastante significativo com relação a esse esforço para fazer com que os trabalhadores não se reconheçam como parte de uma classe. Ao ampliar a margem para que os trabalhadores, não apenas por meio da negociação coletiva, mas também individualmente, possam negociar com os empregadores – na prática, abrir mão de direitos –, a legislação recente vai minando a própria essência do Direito do Trabalho, que tem na *irrenunciabilidade da proteção* um dos seus pilares: cada trabalhador não pode abrir mão dos "seus" direitos porque, no fundo, tais direitos não são (apenas) seus.

É fácil perceber, em nossa realidade, que o ataque ao Direito do Trabalho tem vindo em frente dupla: além de alterações e/ou interpretações que retiram ou fragilizam direitos, são criados obstáculos intransponíveis (também legislativos e jurisprudenciais) para que os trabalhadores sejam reconhecidos como empregados e, portanto, sequer possam reivindicar quaisquer direitos trabalhistas. E essa segunda frente é especialmente grave porque, se a relação não é reconhecida como empregatícia, cabe à sociedade absorver todas as consequências da *relação de trabalho desprotegida*: remuneração menor ou incerta, rebaixamento das condições de trabalho do setor formal pressionado pelo informal, adoecimentos, acidentes etc. Em resumo, se a relação de trabalho está fora do radar da legislação trabalhista, isso significará que aquela – não raro sem custeá-los – pesará integralmente sobre os demais sistemas de proteção universal de que a sociedade dispõe: a Previdência, se for o caso do trabalhador contribuir por si próprio, mas, ainda mais e seguramente, a Assistência Social e a Saúde Pública.

Há algumas verdades simples em todo esse contexto: as pessoas trabalham, as pessoas adoecem e se acidentam, as pessoas doentes e acidentadas (e/ou seus dependentes) continuam existindo na sociedade. Eles não desaparecem simplesmente! Ou seja, a sociedade pagará a conta dos adoecimentos e acidentes do trabalho – para não falar das outras tantas situações em que, impedidas de trabalhar em razão de condições transitórias ou definitivas, as pessoas recorrem aos serviços públicos. É para lidar com isso que temos um sistema de Seguridade Social. E não apenas: é para evitar a sobrecarga extrema desse sistema que temos uma legislação que protege as relações de emprego, porque é nelas que, em regra, deveriam ser encontrados todos aqueles que estão, de alguma maneira, *trabalhando*.

Por isso, é tão preocupante essa tendência legislativa/judicial que, em vez de ampliar o alcance da proteção trabalhista, reduz tanto as hipóteses a que o Direito do Trabalho deve ser aplicado, quanto sua força no momento de aplicação a casos concretos. É o equivalente a afirmar que a sociedade cada vez mais terá que assumir as consequências danosas do trabalho, não podendo mais dividir tais encargos ou transferi-los para aqueles que colheram os frutos do trabalho até que não fosse mais possível – os empregadores. O contrato de emprego, como previsto na legislação brasileira vigente, é o instrumento fundamental para que os riscos da atividade laborativa, tanto aqueles que afetam mais diretamente o empregado, quanto aqueles que são mais caros à sociedade, sejam compartilhados (porque a Seguridade Social nunca se ausenta completamente da proteção) com os empregadores.

Exemplar dos riscos que essa tendência à desproteção representa para toda a sociedade é a situação dos chamados "trabalhadores de aplicativos". Trata-se de uma multidão de homens e mulheres, das mais variadas faixas etárias, que se lançam diariamente às ruas para prestar serviços durante muitas horas, em troca de remunerações baixas e variáveis. Grande parte deles está ocupada no transporte de pessoas, encomendas, alimentos etc., realizando função essencial para a vida da maioria da sociedade. Entretanto, não possuem vínculo formal com qualquer empresa, seja a do produto que entregam, seja a do aplicativo.

Mas qual é o problema desse "modelo de negócios"? O "entregador" de aplicativo pode até ver a si próprio como "empreendedor" e se gabar de "fazer seu próprio horário, seu próprio salário", mas o fato é que, se ele cair da moto e sobreviver, é o SAMU que estará lá para socorrê-lo, é para um hospital do SUS que ele será encaminhado, é da Assistência Social que ele receberá um benefício se não tiver outra fonte de renda. E assim fica mais difícil esconder, atrás da frágil "independência dos indivíduos", a dimensão pública daquela atividade que parecia ser totalmente privada, realizada apenas por ilimitável "vontade própria".

Para denunciar a gravidade dessa lógica de desproteção dos trabalhadores, podemos cotejá-la com a forma como a Justiça do Trabalho apresenta – ou apresentava? – uma crescente preocupação com a variedade de danos que o descumprimento da legislação trabalhista causa à vida do trabalhador. Para além das compensações, indenizações e multas que estão espalhadas pela legislação trabalhista, a melhor jurisprudência trabalhista sempre deu atenção redobrada a outros danos decorrentes da relação de emprego, que afetam não apenas a esfera material, mas também a moral dos trabalhadores e suas condições de desenvolvimento de uma *vida digna*. Assim, interessa-nos aqui, em especial, o chamado *dano existencial*.

2. O DANO EXISTENCIAL NO DIREITO DO TRABALHO

O desenvolvimento do Direito do Trabalho foi crucial para revelar a variedade de danos que podem decorrer da relação de emprego. De certo modo, desde as primeiras reivindicações dos trabalhadores no século XIX, ainda no contexto da Revolução Industrial, quando ganham forma as primeiras leis propriamente trabalhistas, o que estava em causa era compensar e/ou evitar os danos causados pela forma como o trabalho era explorado naquele momento. Mesmo nos aspectos mais gerais dessa legislação protetiva, como a limitação da jornada de trabalho ou a proibição do trabalho das crianças, já era possível constatar o reconhecimento de que o trabalho é capaz de causar uma miríade de danos à saúde física e mental dos trabalhadores, o que justifica a interferência da sociedade naquelas relações "privadas".

Essa mesma lógica se verifica na história da teoria, da legislação e da jurisprudência trabalhistas, como uma progressiva conscientização a respeito dos danos causados pelo trabalho à medida que se desenvolvem as formas de exploração de mão de obra, em grande medida impulsionadas por inovações tecnológicas, mas também influenciadas por fatores tão diversos quanto são diversas as realidades das condições de trabalho num país atravessado por tão severas desigualdades como o Brasil, em que se pode encontrar desde o trabalho altamente remunerado e organizado das grandes corporações (no topo dos rankings – e marketings – como "melhores empresas para trabalhar") até o trabalho em condições análogas à escravidão, não apenas no meio rural, mas também nos grandes centros urbanos.

É sobre esta realidade complexa que se deve aplicar o Direito do Trabalho, com o intuito de garantir *condições dignas de trabalho e vida* a todos os trabalhadores, e esta não é, definitivamente, uma tarefa simples, ainda mais quando se reconhece, na esteira do crescente rol de direitos fundamentais, um sentido mais amplo e profundo de *dignidade* a ser preservada em todas as relações sociais. No mundo do trabalho, não se trata mais, portanto, simplesmente de garantir a remuneração mínima, os descansos indispensáveis e outros direitos básicos, mas de fazer a proteção trabalhista dar conta de outras dimensões – igualmente fundamentais – de direitos. É nesse sentido que se irá falar na especificidade do *dano existencial*, identificado como aquele que "decorre da conduta patronal que impossibilita o empregado de se relacionar e de conviver em sociedade por meio de atividades recreativas, afetivas, espirituais, culturais, esportivas, sociais e de descanso, que lhe trarão bem-estar físico e psíquico e, por consequência, felicidade; ou que o impede de executar, de prosseguir ou mesmo de recomeçar os seus projetos de vida, que serão, por sua vez, responsáveis pelo seu crescimento ou realização profissional, social e pessoal" (Alvarenga, Boucinhas Filho, 2013: 243).

Inicialmente, a causa do dano existencial é a "invasão" dos períodos de descanso – sejam as horas livres do dia, os finais de semana ou as férias – de que o trabalhador depende para poder não apenas descansar, mas viver com sua família e amigos, estudar, dedicar-se a hobbies, esportes ou até mesmo a práticas religiosas, entre outras ocupações de sua livre escolha, mas é claro que podem ocorrer danos à *existência digna* do trabalhador também quando o trabalho não "invade" as horas livres – como sobrejornada ou não concessão de férias –, como nos casos, cada vez mais corriqueiros, em que o trabalho em jornada habitual causa tanto desgaste à saúde física e psíquica do trabalhador que ele não tem condições de se dedicar dignamente a qualquer outra atividade ou relação fora do horário de trabalho.[1] Esse esgotamento, que pode se tornar crônico e afetar per-

---

1. Neste sentido é a lição de Rúbia Zanotelli de Alvarenga e Jorge Cavalcanti Boucinhas Filho: "É preciso, contudo, ressaltar, e de forma enfática, que não é apenas a inadimplência das parcelas correspondentes à sobrejornada que torna o seu uso indiscriminado e abusivo, como uma estratégia gerencial, um mal para o empregado. Ainda que as horas suplementares sejam corretamente quitadas, o prejuízo que essa política causa ao trabalhador, impedindo-o de desfrutar do convívio com seus amigos, fazendo-lhe perder a oportunidade de ver seus filhos crescerem e, por vezes, privando-o até mesmo do direito de exercer seu credo religioso, subsistirá.

    É possível perceber prejuízo ao desfrute pelo trabalhador dos prazeres de sua própria existência tanto quando dele se exige a realização de horas extras em tempo superior ao determinado pela lei como quando dele se exige um número tão grande de atribuições que precise permanecer em atividade durante seus períodos de descanso,

manentemente a saúde do trabalhador, é uma forma de "invasão" das horas livres que pode até mesmo ser mais violenta e incapacitante.

Importante notar, ainda, que o dano existencial não se confunde com outras modalidades de danos que podem ocorrer numa relação de trabalho, como o dano moral e o material. Em especial, a afirmação de um *dano à existência do trabalhador* tem o condão de revelar uma dimensão que essas outras "camadas" de proteção não cobrem; o conceito de existência, que se funda no princípio da dignidade humana, abrange, por exemplo, o futuro do trabalhador, os "projetos de vida" e até os "sonhos" de realização pessoal. A indenização do dano existencial tem a ver justamente com o reconhecimento de que condutas presentes do empregador são capazes de retirar do trabalhador não apenas a fruição digna de sua vida enquanto vinculado àquela relação, mas também de dificultar ou inviabilizar que, no futuro, ele possa se realizar em outras dimensões da vida, porque suas condições hostis de trabalho o impediram de se dedicar a outras "tarefas", como cuidar de sua saúde, continuar estudando ou qualquer outra que seja importante de acordo com seus próprios interesses e valores.[2]

O desenvolvimento desse tipo de sensibilidade para questões menos óbvias no campo da proteção trabalhista é muito importante e característico da história do Direito do Trabalho, que, nunca é demais lembrar, foi forjado pela luta dos trabalhadores em todo o mundo e pela troca de experiência e colaboração constante de diversos setores sociais, econômicos, políticos, institucionais, científicos etc. Trata-se, portanto, de um conjunto de conquistas que não pode ser desprezado sem que se assomem todos aqueles males individuais e sociais que a legislação trabalhista e previdenciária, em suas principais linhas, nasceu para combater.

Demonstrada, em suma, a importância do desestímulo que as condenações representam para as práticas que causam dano existencial, é necessário frisar que esta camada de proteção, assim como todas as demais camadas de proteção trabalhista *ainda* vigentes (que, no caso do ordenamento jurídico brasileiro, tem suas linhas gerais fixadas no art. 7º da Constituição Federal e dali se espalha para a legislação infraconstitucional, definindo limites para a negociação individual e coletiva entre trabalhadores e empregadores), por óbvio, somente estão acessíveis aos trabalhadores que sejam reconhecidos numa relação de emprego.

---

ainda que longe da empresa, ou fique esgotado ao ponto de não encontrar forças para desfrutar de seu tempo livre" (ALVARENGA, BOUCINHAS FILHO, 2013: 242).

2. "(...) toda pessoa tem o direito de não ser molestada por quem quer que seja, em qualquer aspecto da vida, seja físico, psíquico ou social. Submetido ao regramento social, o indivíduo tem o dever de respeitar e o direito de ser respeitado, porque ontologicamente livre, apenas sujeito às normas legais e de conduta. O ser humano tem o direito de programar o transcorrer da sua vida da melhor forma que lhe pareça, sem a interferência nociva de ninguém. Tem a pessoa o direito às suas expectativas, aos seus anseios, aos seus projetos, aos seus ideais, desde os mais singelos até os mais grandiosos: tem o direito a uma infância feliz, a constituir uma família, estudar e adquirir capacitação técnica, obter o seu sustento e o seu lazer, ter saúde física e mental, ler, praticar esporte, divertir-se, conviver com os amigos, praticar sua crença, seu culto, descansar na velhice, enfim, gozar a vida com dignidade. Essa é a agenda do ser humano: caminhar com tranquilidade, no ambiente em que sua vida se manifesta rumo ao seu projeto de vida" (ALMEIDA NETO, 2005: 49).

Noutras palavras, para que o trabalhador seja protegido em seus direitos materiais, morais e existenciais, é preciso que, antes, ele tenha reconhecida a sua condição de empregado. Do contrário, por mais que existam as condições jurídicas para que ele reivindique outras indenizações pelas vias não trabalhistas, é evidente que essas jamais terão a natureza social e o alcance público que as condenações na esfera trabalhista têm. Vale lembrar que, de início, sem as salvaguardas associadas ao contrato de emprego, o trabalhador terá que se defrontar em *condições de igualdade* com quem lhe tenha causado danos e, em se tratando de disputa entre um trabalhador informal e empresas imensas, muito dificilmente aquele terá *condições reais de igualdade* para que a extensão dos danos sofridos seja reconhecida.

De todo modo, o que importa notar aqui, em síntese, é que podemos afirmar que nossa sociedade, por meio de suas instituições, já reconheceu a gravidade do dano existencial causado ao trabalhador por diversas condutas ilícitas dos empregadores. Portanto, a exigência de que se apliquem os artigos 2º e 3º da CLT do modo mais criterioso e abrangente possível, para que não fiquem de fora da proteção trabalhista quaisquer relações de trabalho que tenham natureza empregatícia, é também uma forma de garantir que danos existenciais não sejam praticados impunemente, deixando suas consequências recaírem apenas sobre os trabalhadores, suas famílias e toda a sociedade, que custeia as instituições públicas.

Diante de uma nova forma de exploração do trabalho alheio – a uberização – que se apresenta como uma relação *livre (não subordinada), impessoal e eventual* justamente para fugir à aplicação da CLT; diante da adesão veloz e "voluntária" de alguns milhões de trabalhadores, com seus corpos e seus bens pessoais, a essas novas formas de prestação de serviços; diante de condições de trabalho em que há razões ainda maiores para afirmarmos que *os trabalhadores podem sofrer danos à sua existência*, é necessário elucidar, para combater, as contradições, os riscos e as consequências já dadas desse processo.

3. A EXISTÊNCIA DO TRABALHADOR UBERIZADO

Decisão recente da Justiça de Trabalho em São Paulo,[3] em ação civil pública movida contra a Uber, causou grande estardalhaço nos meios de comunicação. A notícia de que a empresa foi condenada a pagar "um bilhão de reais em indenização", além de ser obrigada a proceder ao registro em Carteira de Trabalho de todos os motoristas e fazer todos os devidos recolhimentos dos encargos sociais correspondentes à relação de emprego, é, de fato, um prato cheio para manchetes, causando escândalo em torno da "ameaça" de que isso inviabilizará a atuação da empresa em território brasileiro. O que a imensa maioria das matérias jornalísticas não fez questão de contar é que esse valor – um bilhão[4] – foi calculado com base no valor das transações informadas pela própria

---

3. Ação civil pública 1001379-33.2021.5.02.0004, 4ª Vara do Trabalho de São Paulo, Ministério Público do Trabalho x Uber do Brasil Tecnologia Ltda., julgada em 14 de setembro de 2023.

4. "São anos de frustração de recolhimentos de valores aos cofres públicos, tanto de suas contribuições, como das contribuições a serem realizadas pelos motoristas, como cota previdenciária, FGTS, retenção e recolhimento de

empresa no próprio processo e corresponde a algo em torno de 1% – um por cento – do que a empresa faturou em território brasileiro.

Estamos falando, portanto, de um negócio absolutamente lucrativo, que dificilmente perderá seu interesse em funcionar no Brasil enquanto tiver que arcar com valores tão irrisórios se comparados com aqueles que alegram seus sócios e investidores. Quanto aos argumentos de que nem mesmo os trabalhadores querem ser registrados como empregados e que eles também não teriam interesse em continuar prestando serviços se fossem "obrigados a ser CLT", não passa de outra ameaça vazia e, de qualquer modo, pode valer para grande parte dos demais trabalhadores que, acossados pelas demandas imediatas da vida que não conseguem atender plenamente com seus salários, também se imaginam em melhores condições se recebessem em suas contas correntes os valores que são "tomados" pelo INSS, FGTS etc. É exatamente por isso que a proteção trabalhista é reconhecida como *direito social*, que não se dobra às vontades individuais e, em regra, tem caráter indisponível e irrenunciável.

É inegável, no entanto, que vivemos um momento em que a *ideologia empreendedora* contamina uma imensa parcela dos trabalhadores,[5] que se tornam incapazes de perceber, mesmo lançados em relações substancialmente idênticas àquelas que já viveram

---

imposto de renda, possível contribuição com sistema "S" e terceiros, dentre outras decorrentes de uma relação de emprego formalizada (e que todos os demais concorrentes da Ré observam).

Muitas políticas de habitação, saneamento, construção e financiamento de casa própria deixaram de ser custeadas pela ausência de formalização de contratos e de recolhimentos respectivos, além é claro do sistema de saúde (que também atende aos motoristas acidentados, doentes, contaminados em serviços para a Ré), sistema de socorro aos informais (na pandemia, ou mesmo fora dela, quanto aos que se enquadram na hipótese de pobreza com direito de acesso a benefício de prestação continuada ou estavam invisibilizados na maior crise sanitária do último século).

A sociedade vem custeando tudo isso, sem a adequada e proporcional contribuição da Ré, e nem sequer se levou em conta, no cálculo do dano, o uso do espaço público ou de bens privados para fins de custeio de suas atividades empresariais frente à coletividade como uso de vias públicas, espaços em aeroportos, rodoviárias, shopping center, hospitais, que ela se vale para realizar suas atividades sem contrapartida adequada e efetiva, ao contrário do taxistas que pagam todos os seus impostos e contribuem com conservação e desenvolvimento desses bens".

5. Já tive oportunidade de aprofundar especificamente esse aspecto ideológico noutro artigo, que cito para indicar a leitura complementar ao presente: "A ideologia da uberização é bastante distinta daquela que encontramos no direito do trabalho, que identifica os sujeitos como parte de uma *classe dos empregados* em oposição à *classe dos patrões*. Essa distinção entre as classes é fundamental para que o trabalhador entenda a necessidade de um contrato de natureza diversa, em que seus direitos são protegidos. A ideologia do direito do trabalho faz com que o trabalhador veja a si mesmo como diferente de quem o contrata. O uberizado, por sua vez, é *um indivíduo*, porque está sozinho na sua relação com a empresa-aplicativo, e um *individualista*, porque acredita que se beneficia de não pertencer a uma classe.

Esse trabalhador-indivíduo – concretamente individualizado e ideologicamente individualista – não vê a si próprio como *trabalhador* nos termos do direito do trabalho (numa relação de hipossuficiência diante do capital) e repudia qualquer tentativa de vinculação de sua individualidade com classes, grupos, categorias. É claro que existem exceções, como temos visto em várias partes do mundo, em que uberizados tentam desfazer esse véu ideológico e revelar os vínculos que existem entre os trabalhadores e, claro, o vínculo com seus patrões, mas há uma grande resistência à *legalização trabalhista* e à politização por parte dos próprios trabalhadores, *patrões de si mesmos*" (MELO, 2021: 226). Recomendo, ainda, para aprofundar esse debate sobre ideologia e uberização, o artigo de KASHIURA JR., AKAMINE JR., 2021, e sobre a ideologia do empreendedorismo, DARDOT, LAVAL, 2016.

como empregados (igualmente subordinadas, pessoais, não eventuais e assalariadas, sem que levem esses nomes), que não são "patrões de si próprios", que estão longe de ser "empreendedores". Essa ideologia impede não apenas que o trabalhador se reconheça como trabalhador, mas também que perceba a condição de absoluta vulnerabilidade em que presta serviços, exposto – pelo "modelo de negócios" do seu "parceiro" em forma de aplicativo – aos mais diversos riscos com relação à sua saúde e segurança, mas certamente também afetando *seu futuro.*

E aqui é importante desfazer uma confusão infelizmente comum quando falamos do *futuro* numa relação de trabalho: não se trata da aposentadoria, depois de décadas de trabalho, em que o trabalhador pode imaginar uma poupança melhor gerida do que a Previdência Social. O *futuro,* como o momento a partir do qual o trabalhador não poderá mais trabalhar (por um período ou definitivamente) e dependerá de sua poupança, de sua família ou do Estado para sobreviver, para um imenso contingente de trabalhadores, pode ser muito antes do que cada um deles imagina. Pode-se dizer: o *futuro* chega quando o risco se concretiza.

Se falamos em *dano existencial* dentro de relações formais de trabalho, o que dizer de relações que não são apenas informais, mas fundadas numa *vinculação voluntária* ("dirige porque quer e quanto quer") que, atrás da aparente liberdade e "eventualidade", tem significado, concretamente, jornadas de trabalho exaustivas durante 6 e até 7 dias por semana (há muitos relatos de motoristas que trabalham entre 12 e 14 horas todos os dias da semana, até mesmo dormindo em seus carros estacionados nas ruas entre uma jornada e outra)? Parece-nos evidente que esse trabalhador – subordinado pelo algoritmo e, na prática, não eventual – terá afetadas diversas camadas de *direitos subjetivos* que, numa relação de emprego, seriam protegidos de maneira mais rigorosa. Ou somos obrigados a acreditar na imagem que essas empresas vendem de si mesmas, de que são não apenas compatíveis com a dignidade dos seus "parceiros", como talvez sejam até mais dignas – porque livres e flexíveis – do que os empregos formais?

Ao lembrar que a doutrina e a jurisprudência trabalhista têm afirmado a respeito dessa camada específica que é a *existência digna do trabalhador* – em que, para além de sua subsistência, aparecem suas relações afetivas, familiares e sociais, sua disponibilidade para atividades culturais, religiosas e recreativas, suas condições de desenvolvimento profissional, intelectual etc. –, afigura-se insustentável a afirmação de que um trabalhador submetido à *gameficação* dos aplicativos, segundo a qual suas "recompensas" correspondem a jornadas cada vez mais extensas e, portanto, arriscadas, tem condições individuais de atender tanto suas necessidades financeiras imediatas, quanto de fazer a poupança que garantirá sua aposentadoria "sem depender da Previdência". E, nesse caso, pouco importa se o "empreendedor" é contra ou a favor da Seguridade Social, porque ele será atendido da mesma maneira pela Saúde Pública e pela Assistência Social quando sua ilusão se desmanchar.

Esse "empreendedor", que se lança diariamente às ruas para *competir com o aplicativo e com os demais "empreendedores",* porque será melhor remunerado à medida que bater mais metas definidas pela própria plataforma, comprometerá sua *existência digna*? Passando mais da metade das horas do seu dia no volante, ele terá tempo para se dedicar à sua família, aos seus amigos, aos estudos, ao lazer, a atividades culturais, políticas e religiosas? Ele terá disposição para atividades físicas, para cuidar de sua saúde, de seus filhos?

São perguntas que precisamos fazer, porque, até então, nos moldes da legislação trabalhista, tais questões não diziam respeito apenas à autonomia dos indivíduos, mas sim a todos que seriam afetados socialmente pelas *más decisões* de cada indivíduo, afinal, como já dito, quem sofre os resultados e paga a conta é sempre a sociedade. Ou seja, não basta que cada "empreendedor" diga "isso é problema meu" para que a proteção social se afaste – temos que olhar para a natureza da relação e para os riscos e os efeitos dela.

Em poucos anos de atuação desse modelo de "parceria" das empresas-aplicativo com trabalhadores brasileiros, para não falar de outros lugares do mundo, já há elementos concretos mais do que suficientes para acender o alerta de que os danos decorrentes dessas relações aparentemente tão livres e leves são pesados demais para a sociedade no presente e se tornarão insuportáveis no futuro próximo, pressionando o sistema de Seguridade Social por todas as suas portas. É inaceitável, portanto, que a desqualificação do caráter empregatício dessas relações de trabalho signifique a impossibilidade de responsabilizar as grandes empresas que exploram o trabalho alheio por trás dos aplicativos, ainda mais se sabemos que essa responsabilização serve tanto para reparar danos individuais e coletivos já perpetrados, quanto para evitar que novos danos, ainda mais graves, vitimem trabalhadores e sociedade.

4. CONSIDERAÇÕES FINAIS

A indenização do dano existencial deixa clara a capacidade do Direito do Trabalho para perceber, cada vez melhor, as consequências nocivas da organização do trabalho em nossa sociedade, acompanhando sua evolução e atualizando-se para repreender e evitar que se banalizem tais ofensas às diferentes esferas de direitos dos trabalhadores e aos interesses da sociedade. Esta é uma das razões para que sejam vistos com ainda maior preocupação os obstáculos para que os trabalhadores sejam tratados como empregados.

Como tem destacado Ricardo Antunes, sob a figura do "patrão de si mesmo", o que há, na verdade, é um "proletário de si mesmo"[6] – no estrito sentido de que o trabalhador passa a exercer sobre si próprio, como um capataz cruel, cobranças rigorosas e insuportáveis para dar conta das "metas" a que "voluntariamente" se submete. Somente assim se explica que, em tão pouco tempo, tenha-se tornado comum ouvir trabalhadores que exercem suas funções por 4 ou 6 horas a mais do que aquela jornada normal máxima de 8 horas admitida pela Constituição brasileira. No entanto, como não são "empregados",

---

6. Recomendo o artigo de autoria do Prof. Ricardo Antunes, bem como os demais estudos constantes da mais recente obra coletiva por ele organizada (ANTUNES, 2023), porque me aparece fundamental o diálogo com a perspectiva da Sociologia do Trabalho para a compreensão dos danos causados pela uberização.

como "trabalham porque querem", sequer se pode falar em jornada de trabalho ou algo assim, muito menos em "sobrejornada" ou nas consequências prejudiciais, como *dano existencial*, de sua banalização.

As tantas aspas utilizadas neste texto são significativas: a uberização se articula também com uma linguagem própria – todos são "parceiros"! –, que pretende ajudar a escapar dos moldes legais que são ofendidos nesse processo de "modernização" da prestação de serviços. Não é diferente, no fundo, de outros momentos de "modernização" contra a legislação trabalhista, mas tem traços e novos riscos que devemos considerar.

No comunicado que divulgou ao ser condenada na ação civil pública citada acima, a Uber se orgulhou de afirmar que "Em todo o país, já são mais de 6.100 decisões de Tribunais Regionais e Varas do Trabalho afastando o reconhecimento da relação de emprego com a plataforma". Evidentemente, se esse dado alegra a empresa e outros do gênero, que assistem o Judiciário confirmar sua irresponsabilidade, por outro lado, ele é alarmante, porque significa que já temos alguns milhares de trabalhadores que tiveram que assumir, sozinhos, com suas famílias e com o Estado, os prejuízos decorrentes desse "modelo de negócios". Certamente, o rastro de danos que essas empresas já causaram não se resume a 6100 casos que passaram pelo Judiciário trabalhista. Resta saber se teremos, como sociedade, com a organização dos trabalhadores e a atuação firme das instituições, condições de barrar o crescimento desses casos antes que seja – ainda mais – indisfarçável que os bilhões colhidos por essas empresas em nosso país correspondem à irresponsabilidade com que atuam e, assim, à possibilidade que têm de transferir integralmente para a sociedade os riscos de seu negócio.

REFERÊNCIAS

ABILIO, Ludmila Costhek. Uberização do trabalho: subsunção real da viração. *Passa Palavra*. São Paulo, 19/fevereiro/2017. Disponível em: http://passapalavra.info/2017/02/110685. Acesso em: 03 ago. 2020.

ALMEIDA NETO, Amaro Alves de. Dano existencial: a tutela da dignidade da pessoa humana. *Revista dos Tribunais*, São Paulo, v. 6, n. 24, out./dez. 2005.

ALVARENGA, Rúbia Zanotelli de; BOUCINHAS FILHO, Jorge Cavalcanti. O dano existencial e o direito do trabalho. *Revista TST*, Brasília, v. 79, n. 2, p. 240-261, abr./jun. 2013.

ANTUNES, Ricardo. *O privilégio da servidão*: o novo proletariado de serviços na era digital. 2. ed. rev. e ampl. São Paulo: Boitempo, 2020.

ANTUNES, Ricardo (Org.). *Icebergs à deriva*: o trabalho nas plataformas digitais. São Paulo: Boitempo, 2023.

DARDOT, Pierre; LAVAL, Christian. *A nova razão do mundo*: ensaio sobre a sociedade neoliberal. Trad. Mariana Echalar. São Paulo: Boitempo, 2016.

KASHIURA JR., Celso Naoto; AKAMINE JR., Oswaldo. Uberização e ideologia jurídica. In: MARTINS, Deise Lilian Lima et al. (Org.). *Crise sanitária*: uma leitura a partir da crítica marxista do direito, Belo Horizonte: DHCTEM/RTM, 2021.

LEME, Ana Carolina Paes; RODRIGUES, Bruno Alves; CHAVES JÚNIOR, José Eduardo de Resende (Coord.). *Tecnologias disruptivas e a exploração do trabalho humano*: a intermediação de mão de obra a partir das plataformas eletrônicas e seus efeitos jurídicos e sociais. São Paulo: LTr, 2017.

MELO, Tarso de. A uberização e a legalização da classe operária. In MARTINS, Deise Lilian Lima et al. (Org.), *Crise sanitária*: uma leitura a partir da crítica marxista do direito. Belo Horizonte: DHCTEM/ RTM, 2021, pp. 213-230.

SLEE, Tom. *Uberização: a nova era do trabalho precarizado*. Trad. João Peres. São Paulo: Elefante, 2017.

SOUTO MAIOR, Jorge Luiz. A regulamentação do trabalho por aplicativo. *Agência DIAP*. 08/02/2023. Disponível em: https://www.diap.org.br/index.php/noticias/agencia-diap/91236-a-regulamentacao--do-trabalho-por-aplicativo. Acesso em: 10 fev. 2023.

24
O DANO MORAL EM RAZÃO DA DISPENSA POR IMPROBIDADE: UMA ANÁLISE DA RESPONSABILIDADE CIVIL

Ingrid Elise Scaramucci Fernandes

Mestre em Função Social do Direito pela FADISP – Faculdade Autônoma de Direito. Especialista em Direito e Relações do Trabalho pela Faculdade de Direito de São Bernardo do Campo. Especialista em Direito do Trabalho e Direito Previdenciário pelo LEGALE. Coordenadora do Núcleo Diadema da Escola Superior da Advocacia – ESA OAB/SP. Professora universitária na EPD – Escola Paulista de Direito. Professora convidada em diversos cursos de pós-graduação. Advogada.

Sumário: 1. Introdução – 2. A dispensa por improbidade – 3. O instituto do dano moral e a dispensa por improbidade – 4. Análise da jurisprudência do Tribunal Superior do Trabalho – 5. Conclusão – Referências.

1. INTRODUÇÃO

A dispensa por improbidade é um tema delicado que envolve não apenas questões trabalhistas, mas também éticas e legais. Quando um empregado é dispensado sob alegação de improbidade, além das implicações financeiras e profissionais, há também considerações sobre a sua reputação e integridade pessoal. Este artigo propõe explorar a questão do dano moral decorrente da dispensa por improbidade, considerando os aspectos da responsabilidade civil envolvidos nesse contexto.

Através de uma metodologia dedutiva, utilizando-se da pesquisa bibliográfica e jurisprudencial, será analisada a questão da dispensa por justa causa fundamentada no cometimento de ato de improbidade e as hipóteses nas quais será possível a condenação no pagamento de indenização por danos morais.

Para isso, no primeiro capítulo será abordada a dispensa por improbidade no contexto das relações de trabalho, destacando a possibilidade prevista na Consolidação das Leis do Trabalho (CLT) de dispensa por justa causa em caso de cometimento de ato de improbidade. Essa modalidade excepcional de término da relação de emprego é discutida sob a ótica dos princípios fundamentais do direito do trabalho, ressaltando a importância de considerar não apenas as questões legais, mas também as implicações éticas e pessoais envolvidas nesse processo delicado.

No capítulo seguinte, será discutido o instituto do dano moral em relação à dispensa por improbidade, no contexto do Direito do Trabalho. Será ressaltado que, embora a dispensa por justa causa após ato de improbidade não gere automaticamente o direito à indenização por dano moral, a reversão judicial dessa dispensa injusta pode configurar uma ofensa à honra do empregado dispensado de forma injusta. Nesse sentido, será destacada a importância de analisar os reflexos do dano moral no Direito do Trabalho, considerando a proteção dos direitos da personalidade do trabalhador diante das situações de dispensa por improbidade.

Por fim, será realizada uma análise da jurisprudência do Tribunal Superior do Trabalho em relação à dispensa por improbidade. A jurisprudência tem reconhecido a existência de dano moral indenizável nos casos em que a justa causa por ato de improbidade é revertida judicialmente? Esta pergunta será respondida no decorrer da análise de julgados do órgão maior no que diz respeito à esfera trabalhista. A análise dos julgados buscará reforçar a importância da responsabilização civil diante de dispensas por improbidade injustas, ressaltando a necessidade de proteger a integridade e dignidade dos colaboradores no ambiente de trabalho.

Após todas as análises indicadas acima, será respondida a questão acerca da possibilidade ou não de se ter o reconhecimento judicial da possibilidade de haver uma condenação na obrigação de pagar indenização por danos morais em razão de uma dispensa por justa causa fundamentada no cometimento de ato de improbidade quando houver reversão desta em Juízo.

2. A DISPENSA POR IMPROBIDADE

A Consolidação das Leis do Trabalho (CLT) dispõe, em seu artigo 482, I, a possibilidade de o empregador dispensar o empregado por justa causa em caso de cometimento de ato de improbidade.

Trata-se de modalidade excepcional do término da relação de emprego, uma vez que um dos princípios básicos do direito do trabalho é a continuidade da relação laboral. A possibilidade existe uma vez que existem condutas tomadas pelo empregado que tornam impossível a continuidade da relação de emprego, razão pela qual se admite, em casos taxativos, previstos no artigo 482 da CLT, a possibilidade de dispensa do obreiro com o recebimento apenas dos valores pertinentes aos serviços prestados até aquele momento, sem o recebimento de aviso prévio ou a multa do Fundo de Garantia por Tempo de Serviço (FGTS), por exemplo.

Consoante previsto na Súmula do TST, em seu verbete 72: "A ocorrência de justa causa, salvo no caso de abandono de emprego, no decurso do prazo do aviso prévio dado pelo empregador, retira do empregado qualquer direito às verbas rescisórias de natureza indenizatória."

Gustavo Filipe Barbosa Garcia (2010, p. 347-350) descreve como elemento subjetivo a existência de dolo ou culpa do empregado, não podendo ser dispensado por justa causa por conduta na qual não concorreu de modo doloso ou, no mínimo, culposo. Ademais, descreve como elementos objetivos: (i) a tipicidade, devendo a conduta estar taxativamente prevista como ensejadora de justa causa na legislação; (ii) a gravidade, a conduta deverá ser grave o suficiente para não ser mais possível a manutenção da relação laboral;

(iii) o nexo de causalidade, devendo haver correlação entre a conduta do empregado e o ato tipificado; *(iv)* a proporcionalidade, ou seja, não se pode dispensar um empregado se a conduta faltosa não for grave o suficiente para ensejar a ruptura do contrato de trabalho; *(v)* a imediatidade, tão logo o empregador saiba do ato faltoso, deve aplicar a medida, não podendo aguardar para aplica-la em outra oportunidade, sob pena de restar caracterizado o perdão tácito; e *(vi)* o *non bis in idem,* no qual a empresa não pode aplicar duas penalidades para uma única conduta faltosa do empregado. Sem estarem presentes todos esses elementos, não restará caracterizada a justa causa para dispensa.

Passadas essas linhas introdutórias quanto à justa causa, importante se faz a análise quanto à dispensa por justa causa em caso de ato de improbidade. Maurício Godinho Delgado descreve o ato de improbidade como sendo:

> [...] conduta faltosa obreira que provoque dano ao patrimônio empresarial ou de terceiro, em função de comportamento vinculado ao contrato de trabalho, com o objetivo de alcançar vantagem para si ou para outrem. O ato de improbidade, embora seja também *mau procedimento,* afronta a moral genérica imperante na vida social, tem a particularidade, segundo a ótica justrabalhista, de afetar o patrimônio de alguém, em especial do empregador, visando, irregularmente, a obtenção de vantagens para o obreiro ou a quem este favorecer.
>
> [...]
>
> Esclareça-se que pode ocorrer ato de improbidade, vinculado ao contrato de emprego, mas que importe em prejuízo a *patrimônio de terceiro,* e não exatamente, pelo menos de modo imediato, do empregador. Isso não descaracteriza a infração, mormente por se saber que o empregador será responsável perante tal terceiro pelos atos cometidos por seus empregados, no contexto do cumprimento do contrato (Delgado, 2014, p. 1263).

Verifica-se, deste modo, que o ato de improbidade é a conduta cometida pelo trabalhador empregado que causa prejuízo econômico à empresa ou a terceiro, que essa conduta gera a dispensa por justa causa e que o empregado não terá o direito a receber as verbas rescisórias de natureza indenizatória, apenas recebendo saldo de salário, 13º salário vencido e férias, acrescidas de 1/3 vencidas.

A CLT não prevê um procedimento específico para que ocorra a dispensa por justa causa, apenas prevendo o inquérito para apuração de falta grave quando houver falta grave cometida por empregado detentor de garantia de emprego (dirigente sindical, estável decenal, representante dos empregados na Comissão de Conciliação Prévia, empregado eleito diretor de sociedade cooperativa criada por eles, membros do Conselho Curador do FGTS – representante dos trabalhadores e membros do Conselho Nacional de Previdência Social, representantes dos trabalhadores em atividade).

De todo modo, deve-se tomar um cuidado especial quando for aplicada uma dispensa por justa causa, uma vez que a conduta imputada ao empregado pode macular sua honra e imagem perante terceiros, como é o caso da acusação do cometimento de ato de improbidade.

A dispensa por improbidade por ter uma série de impactos profundos na vida do indivíduo, tanto no âmbito profissional quanto no pessoal. Esses impactos podem se manifestar de várias formas, afetando não apenas o bem-estar psicológico do indivíduo, mas também suas relações sociais, financeiras e até mesmo sua saúde física. Abaixo estão alguns dos principais impactos.

A dispensa por improbidade pode manchar a reputação profissional do indivíduo, especialmente se houver ampla divulgação do motivo da dispensa – o que é coibido na legislação pátria. Isso pode dificultar a obtenção de empregos futuros, pois muitas empresas realizam verificações de antecedentes e referências.

Ademais, a perda do emprego devido à improbidade pode abalar significativamente a autoestima e autoconfiança do indivíduo. Ele pode questionar suas habilidades e competências profissionais, levando a sentimentos de inadequação e insegurança.

Não fosse o bastante, a dispensa por improbidade pode afetar as relações interpessoais do indivíduo, tanto no ambiente do trabalho como fora dele. Colegas de trabalho podem passar a trata-lo de maneira diferente, e amigos e familiares podem ter dificuldade em compreender ou aceitar a situação, o que pode levar a um isolamento social.

Ainda se não bastasse, a perda repentina do emprego pode resultar em dificuldades financeiras significativas, especialmente se o indivíduo não conseguir encontrar rapidamente outro emprego. Isso pode levar a problemas como atrasos no pagamento de contas, acúmulo de dívidas e até mesmo perda de bens materiais, como casa ou carro.

A dispensa por improbidade pode, ainda, desencadear altos níveis de estresse e ansiedade no indivíduo, o que, por sua vez, pode levar a problemas de saúde física e mental. O estresse prolongado pode aumentar o risco de desenvolver condições como depressão, distúrbios do sono, problemas cardiovasculares e até mesmo doenças autoimunes.

Por fim, a dispensa por improbidade pode fazer com que o indivíduo perca temporariamente sua perspectiva e sentido de propósito na vida. Ele pode se sentir perdido e sem rumo, sem saber qual será seu próximo passo profissional ou como reconstruir sua carreira.

Conclui-se, portanto, que a dispensa por improbidade não apenas afeta o indivíduo em termos profissionais, mas também tem implicações profundas em sua vida pessoal e bem-estar geral. É importante que as empresas estejam cientes desses impactos ao tomar decisões sobre dispensa por improbidade e ajam com responsabilidade e sensibilidade ao lidar com tais situações. Além disso, é fundamental oferecer apoio e recursos adequados para ajudar o indivíduo a lidar com os desafios decorrentes da dispensa e se recuperar emocional e financeiramente.

3.   O INSTITUTO DO DANO MORAL E A DISPENSA POR IMPROBIDADE

Obviamente o fato de uma pessoa ser dispensada por justa causa, após o cometimento de um ato de improbidade não lhe gera qualquer direito ao recebimento de indenização por ofensa aos seus direitos da personalidade, especificamente por dano moral, entretanto, quando essa dispensa não segue os padrões legais e é revertida judicialmente, pode se estar diante de uma ofensa à honra do empregado dispensado de maneira injusta. Por essa razão, importante se faz uma pequena análise acerca do instituto do dano moral e seus reflexos no Direito do Trabalho.

O dano moral é um instituto jurídico reconhecido no Brasil, que visa reparar danos não patrimoniais, como lesões à dignidade, à honra, à imagem, à intimidade, à liberdade, entre outros direitos da personalidade. Sua previsão legal está fundamentada na Constituição Federal, no artigo 5º, X, que assegura a reparação por danos morais decorrentes de violações a esses direitos.

No âmbito civil, a disciplina do dano moral é contida no artigo 186. Rui Stoco observa que o referido artigo fez apenas uma breve menção ao dano moral, ao final de sua redação (2011, p. 1876).

Aliás, Ralpho Waldo de Barros Monteiro Filho e Renata Pinto Lima Zanetta destacam os efeitos da reparação civil ao afirmarem que a compensação pelo dano moral desempenha duas funções distintas: a função expiatória, que penaliza o responsável pela lesão ao impor uma perda patrimonial como forma de punição, e a função de satisfação, que visa atender à vítima ou ofendido, proporcionando-lhe uma compensação financeira para utilizar conforme sua conveniência, visando a mitigar o prejuízo ou dano sofrido (2015, p. 196).

No âmbito do Direito do Trabalho, o dano moral ganha especial relevância devido à relação laboral entre empregador e empregado, que envolve questões sensíveis relacionadas ao ambiente de trabalho, à subordinação e à dignidade do trabalhador. A aplicabilidade do dano moral no Direito do Trabalho é respaldada não apenas pela Constituição Federal, mas também pela CLT e pela jurisprudência consolidada dos Tribunais trabalhistas.

A CLT, em seu artigo 483, estabelece as hipóteses em que o empregado pode rescindir o contrato de trabalho por justa causa, sendo uma delas a prática de ato lesivo da honra ou da boa fama contra o empregador ou superiores hierárquicos. Essa disposição evidencia a preocupação do legislador em proteger a integridade moral do trabalhador, reconhecendo que agressões dessa natureza podem gerar danos passíveis de reparação.

Além disso, a Lei 14.467/2017 (Reforma Trabalhista) trouxe a inclusão do Título II-A, na CLT, o qual define a existência do dano extrapatrimonial no âmbito dos direitos dos trabalhadores, conceituando-o como: a "ação ou omissão que ofenda a esfera moral ou existencial da pessoa física ou jurídica, as quais são as titulares exclusivas do direito à reparação", *ex vi* artigo 223-B da CLT.

Não fosse o bastante, reconhece "a honra, a imagem, a intimidade, a liberdade de ação, a autoestima, a sexualidade, a saúde, o lazer e a integridade física" como bens "juridicamente tutelados", nos termos do disposto no artigo 223-C, também da CLT, não havendo margens para se dizer que os direitos de cunho extrapatrimonial não seriam protegidos na relação de emprego.

Além disso, a jurisprudência trabalhista brasileira tem reconhecido diversas situações em que o empregado sofreu dano moral no ambiente de trabalho, tais como assédio moral, discriminação, exposição a condições degradantes, não pagamento de salários, entre outras condutas ilícitas por parte do empregador.

Nesse sentido, a doutrina brasileira destaca a importância do dano moral no Direito do Trabalho como instrumento de proteção da dignidade do trabalhador. Para Maurício Godinho Delgado "dano moral corresponde a toda dor psicológica ou física injustamente provocada em uma pessoa humana." (2020, p. 755)

Portanto, o instituto do dano moral no Brasil possui previsão legal e é amplamente aplicável no Direito do Trabalho, sendo essencial para a proteção da dignidade e dos direitos fundamentais do trabalhador no ambiente laboral. A jurisprudência e a doutrina têm contribuído significativamente para o desenvolvimento desse instituto, consolidado sua importância na garantia de um ambiente de trabalho justo e respeitoso.

Passada esta breve introdução acerca do dano moral, faz-se necessário apresentar as razões pelas quais uma dispensa por justa causa aplicada em razão do cometimento de ato de improbidade pode levar à condenação no pagamento de uma indenização por danos morais.

Como já esclarecido anteriormente, não é qualquer aplicação de justa causa por ato de improbidade que gerará o dever de indenizar, mas sim aquela justa causa que imputa indevidamente o cometimento de um crime, não ocorrido. Explica-se: a atribuição a um empregado de cometimento de uma conduta ilícita de furto, por exemplo, sabendo-se que não fora o ato cometido pelo empregado indiciado, pode gerar a condenação na obrigação de indenizar moralmente o trabalhador.

Nesse sentido, leciona Maurício Godinho Delgado:

> [...] a CLT prevê a possibilidade de dispensa do trabalhador por justa causa (art. 482 e alíneas, por exemplo). O simples enquadramento da conduta obreira motivadora da dispensa nos tipos jurídicos do art. 482 da CLT não enseja, regra geral, reparação por dano moral e à imagem, conforme jurisprudência amplamente dominante. Tratando-se, porém de enquadramento em ilícito trabalhista e também ilícito criminal – tal como ocorre com o ato de *improbidade* referido pelo art. 482, "a", da Consolidação -, a jurisprudência extrai consequências jurídicas distintas. Pode, sim, ensejar reparação por dano moral ou à imagem (art. 5º, V e X, CF/88) a acusação pelo empregador ao empregado de prática de ato ilícito, especialmente o capitulado no art. 482, "a", da CLT. Notadamente se feita esta acusação de modo despropositado ou leviano, sem substrato probatório convincente, ou se feita de maneira descuidada, com alarde e publicidade ainda que informais. Mesmo que não transpareçam essas características circunstanciais descritas (leviandade, descuido, publicidade), a mera acusação de ato ilícito criminal, por afrontar gravemente a honra e a imagem da pessoa humana, pode ensejar danos morais, caso *não comprovada*. Claro que, tratando-se de operação consistente na avaliação minuciosa e sopesada do fato e de seu subsequente enquadramento em norma jurídica, a aferição das peculiaridades do caso concreto pode conduzir a resultados diferenciados pelo Julgador (2020, p. 795).

Verifica-se, portanto, que como requisito primordial para que se possa configurar o dever de indenizar, no caso de dispensa por improbidade, está o fato da imputação do ato de improbidade seja leviana, sem provas da acusação ou que seja feita de modo a dar publicidade à acusação.

Pelo acima exposto, entende-se ser plenamente possível a condenação no pagamento de indenização por danos morais na Justiça do Trabalho, seja pelo disposto constitucionalmente (artigo 5º, X, CF), seja pelo consubstanciado na CLT, artigo 223-B e seguintes. Mas no que diz respeito à dispensa por ato de improbidade, esta somente gerará o direito ao recebimento de indenização por danos morais no caso de haver reversão da justa causa em Juízo, conforme será melhor analisado no próximo capítulo.

4. ANÁLISE DA JURISPRUDÊNCIA DO TRIBUNAL SUPERIOR DO TRABALHO

A jurisprudência do Tribunal Superior do Trabalho tem sido uníssona no sentido de reconhecer a existência de dano moral indenizável ao empregado que tiver a justa causa por ato de improbidade revertida no Poder Judiciário, uma vez que a honra e a imagem do trabalhador ficam manchadas pela imputação de conduta ilícita. Abaixo, far-se-á uma análise de alguns julgados que reconhecem o dever de indenizar quando da dispensa por improbidade.

> Recurso de revista. 1. Danos morais. Reversão da justa causa. Ato de improbidade. A jurisprudência consolidada nesta Corte Superior é a de que a reversão de justa causa fundada em ato de improbidade não comprovado em juízo traduz-se em abuso do direito potestativo do empregador, nos termos do artigo 187 do Código Civil, caracterizando ato ilícito que atenta contra a honra e a imagem do empregado e enseja dever de reparação por dano moral *in re ipsa*. Precedentes. Recurso de revista conhecido e provido (RR-257-64.2016.5.17.0002, 8ª Turma, Relatora Ministra Dora Maria da Costa, DEJT 08.05.2020).

Neste caso tem-se duas informações importantes que devem ser ressaltadas no acórdão, a primeira diz respeito à constatação de que se trata de dano moral *in re ipsa* e, em segundo lugar, a constatação da existência de abuso no direito potestativo, nos termos do Código Civil, artigo 187.

No que diz respeito ao dano moral *in re ipsa*, importante trazer a reflexão de Flaviana Rampazzo Soares (2023, p. IX) acerca da diferença existente entre o dano moral presumido e o dano moral *in re ipsa*. No dano moral presumido, ter-se-ia a presunção de que o ato lesivo ocorreu, partindo-se da presunção, ela pode elidir prova em contrário. Já no dano moral *in re ipsa* deve haver a comprovação do ato lesivo, o que não precisa ser comprovado é o dano, uma vez que a conduta é tão degradante que o dano se torna inerente à conduta.

Quanto à utilização do previsto no artigo 187 do Código Civil, verifica-se que o referido artigo diz respeito ao abuso de direito, que é conceituado por Daniel Rapoport como: "[...] ato ilícito, em que a culpa não configura como elemento integrante, mas sim os limites impostos pela boa fé, bons costumes e o fim econômico ou social do direito." (2013, p. 113)

Em um julgado publicado recentemente, trouxe a ementa:

> Agravo. Agravo de instrumento em recurso de revista. Dano moral. Dispensa fundada em ato de improbidade. Desconstituição da justa causa em juízo. Ofensa à honra subjetiva *in re ipsa*. Indeni-

zação devida. Não merece provimento o agravo que não desconstitui os fundamentos da decisão monocrática pela qual ficou caracterizado o dano moral sofrido pela empregada em decorrência da desconstituição, em Juízo, da justa causa fundada em ato de improbidade, uma vez que a reclamada imputou, sem provas, a autoria de crime à reclamante, o que lhe causou abalo e sofrimento. Agravo desprovido (Ag-AIRR-85-29.2015.5.09.0084, 3ª Turma, Relator Ministro Jose Roberto Freire Pimenta, DEJT 09.02.2024).

Em que pese a ementa não deixe claro as razões pelas quais se teve a reversão da justa causa, fato é que reconhece e mantém o entendimento pacificado do Tribunal Superior do Trabalho quanto ao tema. Aliás, importante ponto é esclarecido na fundamentação:

O empregado dispensado com base nesse tipo de conduta, necessária e consequentemente, carrega a pecha de ímprobo e de desonesto, mesmo quando há a desconstituição da justa causa judicialmente, o que, por óbvio, ofende de forma frontal e profunda sua honra subjetiva e sua imagem perante ele mesmo e perante toda a sociedade, causando-lhe sofrimento, independentemente da ampla divulgação ou não do ocorrido por parte de seu empregador.

Verifica-se, portanto, que há o reconhecimento do dano moral *in re ipsa*, uma vez que do ato ilícito praticado (dispensa por justa causa por ato de improbidade revertida judicialmente), há o dever de indenizar moralmente o empregado.

Por último, recente caso também expressa a possibilidade de condenação no pagamento de indenização por danos morais em razão de reversão da dispensa por justa causa ter sido aplicada em razão de improbidade. Nesse sentido:

Agravo. Agravo de instrumento em recurso de revista. Acórdão publicado na vigência da Lei 13.467/2017. Indenização por danos morais. Reversão em juízo. Dispensa por justa causa. Ato de improbidade. Transcendência política reconhecida. Agravo a que se dá provimento para examinar o agravo de instrumento em recurso de revista. Agravo provido. Agravo de instrumento em recurso de revista. Acórdão publicado na vigência da Lei 13.467/2017. Indenização por danos morais. Reversão em juízo. Dispensa por justa causa. Ato de improbidade. Transcendência política reconhecida. Em razão de provável caracterização de ofensa ao art. 5º, X, da Constituição Federal, dá-se provimento ao agravo de instrumento para melhor exame do recurso de revista. Agravo de instrumento provido. Recurso de revista. Acórdão publicado na vigência da Lei 13.467/2017. Indenização por danos morais. Reversão em juízo. Dispensa por justa causa. Ato de improbidade. Transcendência política reconhecida. Não se desconhece que a jurisprudência desta Corte é no sentido de que a mera reversão da justa causa em juízo não dá ensejo à indenização por danos morais. Contudo, tratando-se de reversão da justa causa pautada em ato de improbidade não comprovado, como na hipótese, tem-se por caracterizado o flagrante excesso do poder potestativo pelo empregador, abuso este que se equipara ao ato ilícito, capaz de ensejar, nos termos do art. 187 do Código Civil, o dever de reparação por danos morais *in re ipsa*, ou seja, independentemente da prova do abalo emocional sofrido pelo empregado. Isso porque a imputação de falta grave decorrente de ato de improbidade (penalidade mais grave capitulada no artigo 482 da CLT), sem a devida cautela pelo empregador, autoriza a presunção de lesão à integridade moral, à honra, à dignidade e à imagem do empregado. Precedentes. O e. TRT, ao concluir que não restou comprovado o dano moral, por reversão em juízo da justa causa, em razão da não comprovação de ato de improbidade, decidiu de forma contrária ao entendimento pacificado na SBDI-1 e no âmbito das Turmas. Recurso de revista conhecido e provido (RR-10015-68.2021.5.03.0071, 5ª Turma, Relator Ministro Breno Medeiros, DEJT 11.12.2023).

Este último caso demonstra a existência, inclusive, de transcendência política, uma vez que há precedentes da Sessão de Dissídios Individuais acerca do tema, dos quais pode-se citar: E-ED-RR-143700-80.2009.5.12.0027, Relator Ministro Guilherme Augusto Caputo Bastos, Subseção I Especializada em Dissídios Individuais, DEJT 29.03.2019; Ag-E-ED-ED-ED-ARR-368-72.2010.5.01.0012, Relator Ministro Augusto César Leite de Carvalho, Subseção I Especializada em Dissídios Individuais, DEJT 02.03.2018; e E-ED-RR-1575100-35.2004.5.09.0012, Relator Ministro José Roberto Freire Pimenta, Subseção I Especializada em Dissídios Individuais, DEJT 1º.12.2017.

Verifica-se, com isso, que há um entendimento pacificado no Tribunal Superior do Trabalho no que diz respeito à possibilidade de haver uma responsabilização civil pela dispensa por justa causa, fundada em ato de improbidade, quando este for revertido judicialmente, uma vez que a imputação de conduta criminosa a empregado, quando essa não foi cometida, caracteriza a ofensa aos direitos da personalidade do empregado, principalmente da sua honra.

5. CONCLUSÃO

A dispensa por improbidade não apenas resulta em consequências profissionais e financeiras para o indivíduo, mas também pode causar sérios danos morais. A responsabilidade civil emerge como um instrumento crucial na busca por reparação diante dessas situações. É imperativo que as empresas ajam com transparência e ética em suas práticas de gestão de recursos humanos, visando não apenas evitar a ocorrência de dispensas por improbidade injustas, mas também proteger a integridade e dignidade dos seus colaboradores.

A análise do dano moral em razão da dispensa por improbidade revela a complexidade e as consequências profundas desse cenário no ambiente de trabalho. A partir das reflexões apresentadas no presente artigo, torna-se evidente a importância de se considerar não apenas os aspectos legais, mas também os impactos emocionais e sociais envolvidos nesse processo. A jurisprudência do Tribunal Superior do Trabalho tem reconhecido a necessidade de reparação diante de dispensas por improbidade injustas, ressaltando a proteção da honra e imagem dos trabalhadores como um direito fundamental a ser preservado.

É fundamental que as empresas ajam com responsabilidade e sensibilidade ao lidar com situações de dispensa por improbidade, garantindo processos transparentes e éticos em sua gestão de recursos humanos. Além disso, é crucial oferecer apoio e recursos adequados para auxiliar os indivíduos afetados a lidar com os desafios emocionais e financeiros decorrentes da perda do emprego.

Em suma, a análise do dano moral em razão da dispensa por improbidade destaca a necessidade de um olhar holístico sobre as relações de trabalho, priorizando o respeito à dignidade e integridade dos trabalhadores como pilares fundamentais para um ambiente laboral justo e equilibrado.

A conclusão sobre o dano moral em razão da dispensa por improbidade nos leva a refletir sobre a importância da ética e da responsabilidade nas relações de trabalho. A reversão da justa causa por ato de improbidade em juízo não apenas evidencia a necessidade de reparação dos danos morais sofridos pelo empregado, mas também ressalta a relevância de um sistema jurídico que proteja os direitos fundamentais dos trabalhadores.

Além disso, a análise do impacto emocional e social da dispensa por improbidade nos alerta para a necessidade de um olhar mais humano e empático nas decisões empresariais. A perda do emprego, especialmente em circunstâncias injustas, pode desencadear não apenas consequências financeiras, mas também problemas de saúde mental e emocional que afetam diretamente a qualidade de vida do trabalhador.

Portanto, a conclusão do estudo sobre o dano moral em razão da dispensa por improbidade reforça a importância da justiça, da equidade e do respeito mútuo no ambiente de trabalho. A busca por relações laborais mais justas e equilibradas deve ser pautada não apenas pela legislação vigente, mas também pela consciência ética e pela valorização da dignidade humana em todas as esferas da atividade laboral.

REFERÊNCIAS

BRASIL. TST. RR-257-64.2016.5.17.0002, 8ª Turma, Relatora Ministra Dora Maria da Costa, DEJT 08.05.2020.

BRASIL. TST. Ag-AIRR-85-29.2015.5.09.0084, 3ª Turma, Relator Ministro José Roberto Freire Pimenta, DEJT 09.02.2024.

BRASIL. TST. RR-10015-68.2021.5.03.0071, 5ª Turma, Relator Ministro Breno Medeiros, DEJT 11.12.2023.

BRASIL. TST. E-ED-RR-143700-80.2009.5.12.0027, Relator Ministro Guilherme Augusto Caputo Bastos, Subseção I Especializada em Dissídios Individuais, DEJT 29.03.2019.

BRASIL. TST. Ag-E-ED-ED-ED-ARR-368-72.2010.5.01.0012, Relator Ministro Augusto César Leite de Carvalho, Subseção I Especializada em Dissídios Individuais, DEJT 02.03.2018.

BRASIL. TST. E-ED-RR-1575100-35.2004.5.09.0012, Relator Ministro José Roberto Freire Pimenta, Subseção I Especializada em Dissídios Individuais, DEJT 1º.12.2017.

DELGADO, Mauricio Godinho. *Curso de direito do trabalho*: obra revista e atualizada. 19. ed. São Paulo: LTr, 2020.

GARCIA, Gustavo Filipe Barbosa. *Manual de direito do trabalho*. 2. ed. rev. e atual. Rio de Janeiro: Forense; São Paulo: Método, 2010.

MONTEIRO FILHO, Ralpho Waldo de Barros. ZANETTA, Renata Pinto Lima. O dano na responsabilidade civil. In: GUERRA, Alexandre Dartanhan de Mello; BENACCHIO, Marcelo (Coord.). *Responsabilidade civil*. São Paulo: Escola Paulista da Magistratura, 2015.

RAPOPORT, Daniel. *A responsabilidade civil nos dez anos da codificação civil, na construção da doutrina e da jurisprudência*. 10 anos do Código Civil: aplicação, acertos, desacertos e novos rumos. Rio de Janeiro: EMERJ, 2013. 2 v. (Série Aperfeiçoamento de Magistrados, 13).

SOARES, Flaviana Rampazzo. Dano presumido e dano *in re ipsa* – distinções necessárias. *Revista IBERC*. v. 6, n. 1, p. IV-X, jan./abr. 2023 Disponível em: www.responsabilidadecivil.org/revista-iberc.

STOCO, Rui. *Tratado de responsabilidade civil*. 8. ed. São Paulo: Ed. RT, 2011.

25
A PRÁTICA DO ETARISMO NO CONTRATO DE TRABALHO E SUAS CONSEQUÊNCIAS

Paulo Eduardo Vieira de Oliveira

Livre-docente, Doutor e Mestre em Direito do Trabalho pela Universidade de São Paulo – USP. Professor Associado do Departamento de Direito do Trabalho e da Seguridade Social da Faculdade de Direito da Universidade de São Paulo. Professor da Faculdade de Direito do Sul de Minas – FDSM e da Faculdade Padre Anchieta de Jundiaí-SP. Desembargador Federal do Trabalho no TRT da 2ª Região – São Paulo.

Sumário: 1. Introdução – 2. Contrato de trabalho; 2.1 Poder diretivo do empregador – 3. Proteção à dignidade do trabalhador – 4. O etarismo no direito internacional – 5. O etarismo na realidade brasileira – 6. O etarismo nos contratos de trabalho – 7. Jurisprudência sobre o etarismo no Brasil – 8. Conclusões – Referências.

1. INTRODUÇÃO

No Brasil, a estrutura etária populacional está em transformação, com o envelhecimento da população e a parcela de idosos se tornando mais significativa. Todavia, existe uma resistência frequente ao curso natural do envelhecimento, o que pode ser demonstrado por uma percepção negativa por parte da sociedade em relação aos idosos, que são vistos como seres mais frágeis e improdutivos.

Nas sociedades ocidentais, a velhice é estereotipada como uma etapa de limitações e de perdas e, nesse contexto, surge o "etarismo" e seus sinônimos, termo que define uma forma preconceituosa de encarar a velhice e que é bastante disseminado em nossa cultura. Muitas vezes, essa discriminação encontra-se mascarada na nossa sociedade, mas ela se reflete de diversas maneiras.

O Brasil atualmente vive um novo paradigma demográfico, diante da diminuição do ritmo de crescimento da população e de mudanças na estrutura etária, tendo como perspectiva futura a diminuição do contingente populacional.

Dados preliminares do Censo 2022 mostram que estamos envelhecendo mais rapidamente do que o esperado. Desde 2000, as taxas de fecundidade estão abaixo do nível de reposição. O único estrato da população que segue crescendo é o de pessoas idosas.

Por volta de 2040, nossa população terá chegado ao pico e começará a diminuir. Nenhum país já desenvolvido passou por tal experiência, o que será um imenso desafio. O bem mais precioso de qualquer país é sua gente – no nosso caso, gente envelhecida. Fazer com que as pessoas envelheçam de forma ativa e saudável é investir no futuro do país, tornando-o mais produtivo e competitivo.

Como consequência desses fatores, acompanhados de outros mais como o desenvolvimento da medicina, alimentação saudável e prática regular de exercícios físicos, teremos, em pouco tempo, uma estrutura etária muito envelhecida.[1]

Como as pessoas vivem mais tempo e com mais saúde, também permanecem no mercado de trabalho por mais tempo e com maior probabilidade de serem vítimas de discriminação com base na idade.

O etarismo é sustentado pela ideia de que a idade está diretamente ligada à capacidade do ser humano de tomar decisões, trabalhar e realizar tarefas do cotidiano, ou seja, se aplica em qualquer tipo de discriminação pela idade.

No mercado de trabalho, particularmente, essa forma de discriminação pelo fator idade se acentua em todos os níveis por conta da idade de cada trabalhador. Desta feita pode afetar adultos jovens, que podem ter dificuldades em encontrar emprego e que por isso recebem salários mais baixos, sob a justificativa de que são novos e inexperientes e, enquanto isso, os adultos mais velhos geralmente encontram problemas para conseguir um emprego, manter seu emprego, serem promovidos ou mudar de carreira.

A discriminação com base na idade, apesar de grave e cruel, é frequentemente normalizada, segundo dados da Organização Mundial de Saúde. Segundo relatório global sobre preconceito etário realizado em uma campanha feita por iniciativa da OMS para combater estereótipos, realizada em 57 países, no Brasil os dados mostraram que o etarismo se inicia antes das pessoas chegarem à terceira idade, vez que 16,8% dos brasileiros com mais de 50 anos já se sentiram vítimas de algum tipo de discriminação pela idade, que é mais concentrada nos adultos mais velhos.

Estudos apontam que profissionais mais velhos estão sujeitos a enfrentar obstáculos nos diferentes processos de gestão de pessoas. Além disso, os trabalhadores mais velhos são as primeiras vítimas da reestruturação do emprego e dos regulamentos relativos aos limites de idade durante o recrutamento. A confluência de tais fatores demonstra ser urgente avançar no entendimento sobre o etarismo no ambiente de trabalho, pois as consequências vão além da esfera individual, impactando a sociedade como um todo. Logo, a discriminação etária é um tema de relevância incontestável a ser explorado, com vistas a contribuir para o avanço da literatura, sobretudo fundamentada em experiências brasileiras.

2. CONTRATO DE TRABALHO

O regime jurídico do trabalho subordinado assenta, em larga medida, no enquadramento das realidades laborais num esquema empresarial, quer dizer, no âmbito de uma organização de fatores produtivos dotada de certa complexidade e visando uma atividade produtiva.

---

1. KALACHE, Alexandre. *Folha de São Paulo* de 24.07.2023. Tendências/Debates.

Concentrando a atenção sobre o elemento humano podemos, de modo geral, fixar os seguintes elementos de organização da empresa:

a) *elementos humanos*, representados pelo chefe da empresa e pelo pessoal dela dependente;

b) *elementos materiais*, ou sejam, os meios utilizados pela comunidade e pelo empresário, e

c) *elementos intelectuais*, representados pelo fim procurado pelo empreendedor e pelo empresário

O empreendedor é o chefe natural do grupo social que constitui a empresa econômica. O diretor ou o presidente é o chefe da instituição que constitui outras fontes de trabalho, como as associações civis. O Direito do Trabalho uniformiza a designação desses dirigentes, denominando-os empregadores. Os que trabalham sob a dependência destes, de empregados.[2]

Dessa forma, podemos conceituar contrato de trabalho como sendo aquele pelo qual uma pessoa física se obriga, por remuneração, a trabalhar de maneira subordinada para outra pessoa física ou jurídica. É uma relação obrigacional, com deveres acessórios.

Referido contrato cria, para empregador e empregado direitos e obrigações recíprocas, implicando numa situação correlata de poder organizacional do empregador e de subordinação a este poder, por parte do empregado.

Conforme bem ensina António Monteiro Fernandes a respeito da questão:

> Como detentor dos restantes meios de produção (porventura não como proprietário, mas tendo, por qualquer forma, acedido a eles) e empenhado num projecto de actividade económica (corporizado na empresa), o empregador obtém, por contratos, a disponibilidade da força de trabalho alheia – o que tem como consequência que fique a pertencer-lhe uma certa autoridade sobre as pessoas dos trabalhadores admitidos.[3]

Examinando as obrigações e o poder diretivo do empregador, com seu objeto e seus limites, tem-se a possibilidade de verificar como do descumprimento das obrigações, ou da exorbitância no exercício do poder, pode surgir a violação da dignidade dos empregados, com a correspondente obrigação de indenizar.

2.1 Poder diretivo do empregador

Em uma relação de emprego, a subordinação é um e o poder de direção o outro lado da moeda, de modo que, sendo o empregado um trabalhador subordinado, está sujeito ao poder de direção do empregador.

O poder de direção pode ser definido como a faculdade atribuída ao empregador de determinar o modo como a atividade do empregado, em decorrência de contrato de trabalho, deve ser exercida.

---

2. GOMES, Orlando e Gottschalk. *Curso de Direito do Trabalho*. Rio de Janeiro: Forense, 1971, p. 72 e 73.
3. FERNANDEZ, António Monteiro. *Direito do Trabalho*. 13. ed. Coimbra: Almedina, 2005 p. 260.

É uma característica do contrato de trabalho e pode ser exercido dentro dos limites desse contrato. Ao exercício do poder de direção existem sanções por parte do trabalhador, conforme coloca a Professora Dra. Maria do Rosário Palma Ramalho.

No Código do Trabalho português, o poder de direção do empregador está previsto no artigo 150, que o concebe como um modo de concretização da prestação laboral, e fixa os termos de como pode ser realizado o trabalho, prevendo: "*Artigo 150º (Poder de direcção)*. Compete ao empregador, dentro dos limites decorrentes do contrato e das normas que o regem, fixar os termos em que deve ser prestado o trabalho."

Dessa forma, o empregador tem o direito de determinar a estrutura e o funcionamento da empresa, ou seja, a organização empresarial, e também tem o direito de regular as condições da prestação de serviços por parte dos empregados.

Nesse sentido, Emílio Gonçalves assevera:

(...) o empresário obtém, por via contratual, a disponibilidade da força de trabalho alheio. Desse fato deriva uma consequência de efeitos relevantes: é que o empresário passa a enfeixar em suas mãos uma certa autoridade sobre a pessoa dos trabalhadores que admite a serviço da empresa. E assim, como empregador, passa a deter o poder de direção sobre a atividade profissional dos empregados, o qual decorre da própria lei. Neste sentido o disposto no artigo 2º da CLT, quando, ao conceituar o empregador, lhe reconhece o poder de dirigir a prestação pessoal de serviço dos empregados".[4]

Sendo assim o empregador não pode, de forma nenhuma, adotar qualquer prática na empresa que estimule qualquer tipo de discriminação dos seus empregados, em especial a discriminação tendo em vista o fator idade.

3. PROTEÇÃO À DIGNIDADE DO TRABALHADOR

O caráter sucessivo do contrato de trabalho com suas diversas fases (pré-contratual, celebração, execução, extinção e pós-contratual), oferece várias oportunidades para que ocorram violações da dignidade dos trabalhadores.

Ressalte-se que qualquer discriminação perpetuada pelo empregador importa, em última análise, em desrespeito à cidadania e à dignidade da pessoa humana, sendo esta protegida constitucionalmente.

Cidadania em sentido estrito, como preleciona Manoel Gonçalves Ferreira Filho, é um *status* ligado ao regime político, podendo-se distinguir três graus: a) o mínimo de que há participação no processo político com possibilidade de acesso aos cargos públicos em geral, mas sem elegibilidade; b) o médio, compreendendo elegibilidade com restrições; c) o máximo: com plena elegibilidade e pleno acesso aos cargos públicos.[5]

Em sentido lato, cidadania consiste no direito de usufruir de todos bens que a sociedade dispõe ou deve dispor para todos e não só para eupátridas, tais como: edu-

---

4. GONÇALVES, Emílio. *O Poder Regulamentar do Empregador*. São Paulo: LTr, 1997. p. 25.
5. FERREIRA FILHO, Manoel Gonçalves. *Curso de Direito Constitucional*. São Paulo: Saraiva, 2003. p. 205 e 206.

cação escolar nos diversos níveis, seguridade social (saúde pública, da previdência ou da assistência social).

O respeito à dignidade da pessoa humana constitui fundamento da República Federativa do Brasil, conforme preceitua o artigo 1º, inciso III da Constituição Federal de 1988, *in verbis*:

> Art. 1º A República Federativa do Brasil, formada pela união indissolúvel dos Estados e Municípios e do Distrito Federal, constitui-se em Estado Democrático de Direito e tem como fundamentos:
>
> (...)
>
> III – a dignidade da pessoa humana.

O empregado, como cidadão, se encontra protegido pelo dispositivo constitucional supra transcrito, e este implica, concretamente, em limitação ao poder de direção do empregador.

Não pode o empregador, pelo simples fato de ter o empregado como seu subordinado e lhe pagar salários, praticar atos discriminatórios de qualquer natureza, inclusive com relação à idade, em nome de um suposto poder de direção.

O princípio básico é: empregado e empregador devem, reciprocamente, em todas as fases do contrato, incluída a preliminar, respeitar direitos e deveres individuais e coletivos elencados no art. 5º da Constituição Federal brasileira, que no seu *caput* declara: "todos são iguais perante a lei, sem distinção de qualquer natureza, garantindo-se aos brasileiros e aos estrangeiros residentes no País, a inviolabilidade do direito à vida, à liberdade, à igualdade, à segurança e à propriedade".

Há, em outros países, normas que também limitam o poder do empregador, especialmente no que concerne ao respeito à dignidade do empregado, como ocorre em Portugal.

A Constituição da República Portuguesa estabelece, em seu artigo 26, número "1", quando trata dos Direitos, Liberdades e Garantias, o seguinte:

> Art. 26º (Outros direitos pessoais).
>
> 1. A todos são reconhecidos os direitos à identidade pessoal, ao desenvolvimento da personalidade, à capacidade civil, à cidadania, ao bom nome e reputação, à imagem, à palavra, à reserva da intimidade da vida privada e familiar e à protecção legal contra quaisquer formas de discriminação.
>
> 2. (...).

Nesse sentido o entendimento da pesquisadora Ana Maria Goldani, "in verbis":

> Apesar das garantias constitucionais, a discriminação faz parte do cotidiano dos brasileiros em vários cenários e em diferentes níveis. A discriminação por idade no mercado de trabalho é mal conhecida, mas os resultados disponíveis indicam claramente a sua presença, mesmo dentro de um grupo já discriminado, como os trabalhadores incapacitados (Sampaio, Navarro & Martín, 1999).
>
> No ano de 2005, por exemplo, mais de um quarto dos homens entre 50 e 65 anos e 30% das mulheres entre 50 e 59 anos eram definidos como economicamente inativos, no Brasil. Embora seja difícil para os pesquisadores quantificar a contribuição do preconceito etário e da discriminação por idade em

si para essas baixas taxas de atividade, muitos indícios não sistemáticos sugerem que tanto homens quanto mulheres, à medida que se aproximam da idade da aposentadoria legal, são cada vez menos inclinados a buscar emprego.

Acreditam, com base nas suas próprias experiências, que a discriminação por idade vai pesar contra eles no mercado de trabalho.[6]

Dentre as variadas formas que podem propiciar a ofensa aos mencionados direitos de cidadania, a discriminação decorrente da idade do empregado merecerá análise mais detalhada.

4. O ETARISMO NO DIREITO INTERNACIONAL

Apesar do tema etarismo ser algo recente no Brasil, em outros países, como por exemplo os Estados Unidos da América, ele é abordado desde a década de 60 e já possui, inclusive, regulamentação legal, o "Age Discrimination in Employment Act os 1967 – ADEA". Trata-se de lei criada em 1967 que regula especificamente a discriminação por idade no trabalho.

Referida norma tem como objetivo promover o emprego de pessoas idosas nos EUA, com base em sua capacidade e não na sua idade, bem como coibir qualquer discriminação que possa ocorrer no ambiente de trabalho em decorrência desse fator idade e assim dispõe:

DECLARAÇÃO DO CONGRESSO DE CONCLUSÕES E OBJETIVO

SEC. 621. [Seção 2]

(a) O Congresso por meio deste considera e declara que:

(1) diante do aumento da produtividade e riqueza, os trabalhadores mais velhos encontram-se em desvantagem em seus esforços para manter o emprego e, especialmente, para reconquistá-lo quando afastados do emprego;

(2) o estabelecimento de limites de idade arbitrários, independentemente do potencial de desempenho no trabalho, tornou-se uma prática comum, e certas práticas desejáveis podem prejudicar os idosos;

(3) a incidência de desemprego, especialmente o desemprego de longa duração, com a consequente deterioração da qualificação, do moral e da aceitabilidade do empregador, é alta, em relação às idades mais jovens, entre os trabalhadores mais velhos; seus números são grandes e crescentes; e seus graves problemas de emprego;

(4) a existência em indústrias que afetam o comércio, de discriminação arbitrária no emprego por causa da idade, onera o comércio e o livre fluxo de mercadorias no comércio.

(b) Portanto, o objetivo deste capítulo é promover o emprego de idosos com base em sua capacidade e não em sua idade; proibir a discriminação arbitrária por idade no emprego; ajudar os empregadores e os trabalhadores a encontrar formas de resolver os problemas decorrentes do impacto da idade no emprego.

---

6. GOLDANI, Ana Maria. *Desafios do "Preconceito Etário" no Brasil*. Disponível em: http://www.cedes.unicamp. br. Acesso em: 28 ago. 2023.

Além da regulamentação legal supra transcrita, o tema etarismo é amplamente debatido nos estados Unidos, inclusive em escolas.

Em Nova Iorque, por exemplo, 13 (treze) escolas no bairro do Brooklyn passaram a promover um projeto com lições de combate ao etarismo, tendo como objetivo promover uma consciência sobre o preconceito e possibilitar a compreensão dos efeitos dessa prática.[7]

Na Europa, apesar do debate sobre o etarismo ser tema relevante, principalmente porque a população de idosos com 65 (sessenta e cinco) anos ou mais vai aumentar significativamente, de 90,5 milhões em 2019 para 129.8 milhões em 2050, não existe legislação específica para tratar do assunto.

Em que pese tal fato, existem espalhadas pelo continente europeu diversas Organizações Não Governamentais – ONG's e movimentos sociais que realizam trabalhos de combate ao etarismo.

Dentre as diversas ONG's e movimentos sociais existentes destaca-se o trabalho da associação #Stopidadismo, que teve sua origem na Espanha, por meio da instituição "Atención a Personas" e cujo objetivo principal é sensibilizar e identificar discriminações nos diversos locais e faixas etárias para combater o idadismo.

Tais iniciativas que ocorrem nos estados Unidos e na Europa são importantes para conscientizar as pessoas sobre o preconceito baseado na idade e promover uma sociedade mais inclusiva, valorizando as habilidades e contribuições das pessoas, independentemente de sua idade.

Há que se ressaltar, ainda, que a discriminação por idade custa bilhões de dólares às nossas sociedades. Nos Estados Unidos da América, um estudo de 2020 mostrou que a discriminação – na forma de estereótipos negativos de idade – levou a custos anuais excessivos, de US$ 63 bilhões, para as oito condições de saúde mais custosas. Isso equivale a US$ 1 em cada US$ 7 (dólares americanos) gastos nessas condições para todos os americanos com mais de 60 anos durante um ano.

Nesse sentido, conforme explanou Michelle Bachelet, Alta Comissária das Nações Unidas para os Direitos Humanos:

> A discriminação por idade prejudica a todos – idosos e jovens. Mas, muitas vezes, é tão difundida e aceita – em nossas atitudes, políticas, leis e instituições – que nem mesmo reconhecemos seu efeito prejudicial sobre nossa dignidade e direitos (...). Precisamos combater a discriminação por idade de frente como uma violação profundamente enraizada dos direitos humanos.[8]

---

7. "Em Nova York Projeto em 13 escolas promove lições de combate ao etarismo". Disponível em: https://www.educamaisbrasil.com.br/educacao/carreira/nova-york-projeto-em-escolas-promove-licoes-de-combate-ao--etarismo. Acesso em: 20 ago. 2023, às 08h.

8. Discriminação por idade é um desafio global, afirma relatório da Organização das Nações Unidas. Disponível em: https://www.paho.org/pt/noticias/18-3-2021-discriminacao-por-idade-e-um-desafio-global-afirma-re-latorio-da-organizacao-das-nacoes-unidas. Acesso em: 1º set. 2023, às 7h45min.

Podemos afirmar, assim, que a luta contra o etarismo requer não apenas medidas legais, mas também uma mudanças de mentalidade de toda a sociedade e ações concretas para combater a discriminação e promover a igualdade de oportunidades em todas as idades.

5. O ETARISMO NA REALIDADE BRASILEIRA

O etarismo ainda é objeto de pouca discussão na realidade brasileira, mas para que isso aconteça é necessário reconhecê-lo como um problema e, em seguida, direcionar ações em diferentes níveis da sociedade para eliminá-lo.

Nesse sentido, abordar o tema etarismo é essencial para que seja criada uma sociedade igualitária, com respeito e proteção à dignidade de todas as pessoas, inclusive as idosas.

Um dos casos mais recentes no Brasil ocorreu em 10/03/2023, onde 3 (três) estudantes de biomedicina da Faculdade de Bauru fizeram um vídeo durante o intervalo das aulas, recheado de comentários preconceituosos sobre uma aluna mais velha que frequentava a mesma sala de aula.

O vídeo teve milhões de visualizações e a faculdade abriu um processo disciplinar para apurar a conduta das três alunas, mas durante o processo elas solicitaram desistência do curso e o processo perdeu o objeto.

O caso gerou enorme repercussão em todo Brasil, sendo comentado até pelos Ministros dos Direitos Humanos e da Cidadania, Silvio Almeida e da Educação, Camilo Santana, que repudiaram o etarismo ocorrido, uma vez que, segundo o Censo de Educação Superior, o Brasil conta com mais de 27 milhões de idosos.

As denúncias de violações de Direitos Humanos podem ser feitas de maneira anônima pelo Disque Direitos Humanos (Disque100). Segundo informações desse órgão, de janeiro a junho de 2022 foram registradas mais de 35 mil denúncias de violações de direitos contra pessoas idosas, ocupando o terceiro lugar entre a totalidade dos registros efetuados.

A verdade é que o etarismo ainda é pouco discutido na sociedade e se mostra necessário reconhecê-lo como um problema e, em seguida, direcionar ações em diferentes níveis da sociedade: individual, institucional e governamental como, por exemplo:

– conscientizar as empresas, escolas e famílias sobre o etarismo, suas formas e manifestações;

– programas de incentivo à contratação de pessoas idosas nas empresas;

– criar leis que combatam a discriminação contra pessoas mais velhas;

– implementar programas de cuidado e bem-estar mais acessíveis para pessoas idosas;

– estimular propagandas com idosos inseridos na sociedade;

– promover uma visão atualizada e embasada sobre o envelhecimento de forma a reduzir preconceitos e aumentar a integração entre gerações em todos os ambientes.

Nessa linha de pensamento, a Comissão de Constituição e Justiça (CCJ) da Câmara Legislativa do Distrito Federal aprovou, em 18 de outubro de 2022, mudança na imagem que representa pessoas idosas na demarcação de vagas de estacionamento, filas preferenciais, assentos e outros serviços onde quem tem mais de 60 anos tem prioridade por lei.

Além disso, a Lei 10.741/2003, também conhecida como Estatuto do Idoso, em seu artigo 96, descreve o delito de discriminação contra idoso, que consiste no ato de, em razão da idade, tratar a pessoa de forma injusta ou desigual, criando empecilhos ou dificuldades de acesso a operações bancárias, meios de transporte, ou criar embaraços ao exercício da cidadania. A pena prevista é de 6 meses a 1 ano de reclusão e multa. Se a pessoa que cometer o crime for responsável pela vítima, a pena será aumentada em até 1/3. A norma prevê, ainda, que também responde pelo crime a pessoa que, por qualquer motivo, humilhe ou menospreze alguém por causa de sua idade, in verbis:

> Art. 96. Discriminar pessoa idosa, impedindo ou dificultando seu acesso a operações bancárias, aos meios de transporte, ao direito de contratar ou por qualquer outro meio ou instrumento necessário ao exercício da cidadania, por motivo de idade:
>
> Pena – reclusão de 6 (seis) meses a 1 (um) ano e multa.
>
> § 1º Na mesma pena incorre quem desdenhar, humilhar, menosprezar ou discriminar pessoa idosa, por qualquer motivo.
>
> § 2º A pena será aumentada de 1/3 (um terço) se a vítima se encontrar sob os cuidados ou responsabilidade do agente.

Discutir o etarismo é fundamental para que seja criado um mundo mais igual, com respeito e proteção à dignidade e aos direitos de todos, sem qualquer distinção, como preconiza a Agenda 2030 da ONU para o Desenvolvimento Sustentável.

Um dos principais desafios do Estado e da sociedade em geral é o de garantir que todos tenham seus direitos à dignidade e à igualdade garantidos, inclusive aqueles que já tem mais idade.

Reconhecer a ampla diversidade da experiência da velhice, as desigualdades do preconceito etário e demonstrar disposição para perguntar como a sociedade pode se organizar melhor podem ser os primeiros passos para resolução do problema.

6. O ETARISMO NOS CONTRATOS DE TRABALHO

Como já mencionado anteriormente, o etarismo se propaga por todos os setores da sociedade, inclusive no trabalho, dificultando o acesso e a permanência de pessoas mais velhas no emprego formal.

Diferentemente do que acontece no serviço público, onde as pessoas podem trabalhar até atingirem os 70 (setenta) ou 75 (setenta e cinco) anos de idade, nas empresas privadas esse número é muito inferior a isso.

Terreno fértil para a ocorrência das mais variadas formas de discriminação em virtude da subordinação econômica, o empregado se vê, por muitas vezes submetido a situações vexatórias em função de sua idade, isso não quando é simplesmente demitido por esse mesmo fator.

Segundo a Organização Mundial de Saúde, o etarismo pode ser definido como o conjunto de estereótipos, preconceitos e discriminações relacionados a pessoas com base na sua idade.

A Organização Internacional do Trabalho (OIT), através da Convenção 111,[9] que trata especificamente da proibição da discriminação em matéria de emprego e ocupação, aprovada na 42ª reunião da Conferência Internacional do Trabalho (Genebra – 1958), entrou em vigor no plano internacional em 15.06.1960 e foi ratificada pelo Brasil em 28 de novembro de 1966, e assim define em seu artigo 1º:

Art. 1 – 1. Para os fins da presente convenção o termo "discriminação" compreende:

a) toda distinção, exclusão ou preferência fundada na raça, cor, sexo, religião, opinião política, ascendência nacional ou origem social, que tenha por efeito destruir ou alterar a igualdade de oportunidade ou de tratamento em matéria de emprego ou profissão;

b) qualquer outra distinção, exclusão ou preferência que tenha por efeito destruir ou alterar a igualdade de oportunidades ou tratamento em matéria de emprego ou profissão que poderá ser especificada pelo Membro interessado depois de consultadas as organizações representativas de empregadores e trabalhadores, quando estas existam, e outros organismos adequados.

Esta mesma Convenção, em seus "consideranda", estabelece que a discriminação constitui uma violação dos direitos enunciados na Declaração Universal dos Direitos do Homem , por isso, deve ser evitada.

Dessa forma, discriminar um indivíduo, segregá-lo ou o impedi-lo de obter os mesmos direitos e oportunidades conferidas a outros sujeitos implica em clara violação de seus direitos humanos.

Como já afirmado anteriormente, a ocorrência de discriminação em razão da idade pode ser ainda mais evidente no âmbito laboral, visto que a pessoa idosa não possui acesso às mesmas oportunidades de emprego que indivíduos mais jovens, não obstante sua competência.

Dessa forma, considerando que a Convenção 111 da OIT iguala as oportunidades e o tratamento em matéria de emprego ou profissão, podemos entender que a discriminação por idade no ambiente laboral configura verdadeira violação ao princípio da igualdade previsto no artigo 5º, *caput* e inciso I da Constituição Federal de 1988.

E como se isso por si só não bastasse, o fato do empregador discriminar um indivíduo ou um grupo de indivíduos em razão da idade e os colocando em evidente posição

---

9. Convenção 111, Discriminação em matéria de emprego e ocupação (Aprovada na 42ª reunião da Conferência Internacional do Trabalho (Genebra-1958), entrou em vigor no plano internacional em 15.06.1960. No Brasil, foi aprovada pelo Decreto Legislativo 104, de 24.11.1964; ratificada em 26 de novembro de 1965; promulgada pelo Decreto 62.150 de 19.01.1968 e entrou em vigência nacional em 26 de novembro de 1966).

de vulnerabilidade, viola o princípio de proteção da dignidade da pessoa humana, que constitui um dos fundamentos da República Federativa do Brasil e está prevista em seu artigo 1º, inciso III.

Segundo dados fornecidos pelo Ministério do Trabalho e Previdência Social em 2020, a discriminação no ambiente de trabalho, inclusive em decorrência da idade, gera impactos negativos para a saúde do trabalhador, vez que a segregação desses indivíduos pode ocasionar diversas consequências psicopatológicas (síndrome do pânico, depressão e ansiedade), psicossomáticas (gastrite e hipertensão arterial) e comportamentais (uso de drogas e álcool), mas além disso, no aspecto social, tal discriminação gera o afastamento do indivíduo do convívio social e, finalmente, prejudica o acesso a novas oportunidades de emprego, levando a um cenário de desigualdade social e marginalização.

De acordo com estudo elaborado pelo Instituto de Longevidade MAG a partir de dados públicos, a população com 50 anos ou mais no país soma 55,9 milhões de pessoas, e a participação desse público no mercado de trabalho vem crescendo a taxas de 0,5 ponto percentual por ano.

A população com mais de 50 anos, pelo mesmo estudo, uma taxa de participação de 41,3% em 2021 em todos os postos de trabalho. Segundo dados do Instituto Brasileiro de Geografia e Estatística (IBGE) de janeiro deste ano, em 30 anos quase 30% da população brasileira será idosa, índice que triplicou desde 2010. Se continuarmos nessa tendência, em 2030 haverá uma mudança de paradigma, pois será quando a população do país com 60 anos ou mais irá ultrapassar crianças e adolescentes de 14 anos.

Esses dados mostram a urgência do combate ao etarismo e como a inclusão etária tornou-se uma prioridade. Ele deve ser combatido da mesma maneira que o racismo, machismo ou homofobia: com educação, conscientização e estímulos práticos para que pessoas que se enquadrem nesse perfil tenham oportunidades concretas de manter seus empregos e ascender em suas carreiras.

Cabe ainda ressaltar que o preconceito afeta a saúde mental da pessoa, porque ela tende a ficar em isolamento, não se sente confortável no ambiente de trabalho onde ela é basicamente rejeitada por de ter mais de 60 anos. Isso pode levar à depressão, porque a cada vez que a pessoa pensa em fazer algo, ela interioriza isso.

Como consequência do impacto na saúde mental da população idosa, o etarismo também afeta o cotidiano de sua vida, vez que muitas atividades de lazer e locais para prática de atividade física, por exemplo, não contam com acessibilidade.

A Constituição de 1988, em seu artigo 3º, incisos III e V, estabelece como objetivos fundamentais da República a erradicação da pobreza e a marginalização e ainda a redução das desigualdades sociais, bem como promover o bem de todos, sem qualquer tipo de preconceito.

Ainda em matéria de discriminação no ambiente de trabalho, a Constituição Federal, em seu artigo 7º, inciso XXX, proíbe expressamente a diferença de salários, de exercício de funções e de critério de admissão por motivo de sexo, idade, cor ou estado civil, cabendo ressaltar que esse rol é meramente enunciativo.

Em matéria publicada no site "Portal do Envelhecimento e Longeviver" a pesquisadora Janis Sayer assim aborda o problema do etarismo:

> Os estereótipos relacionados à idade e à discriminação no local de trabalho são muito comuns. Em um estudo de Marchiondo, Gonzales e Williams,(2019), que ganhou o prêmio Bronze de Pesquisa Inovadora sobre Envelhecimento em 2020, os pesquisadores examinaram as percepções dos funcionários idosos sobre a discriminação por idade no local de trabalho e seu efeito na saúde do funcionário e na intenção de se aposentar.
>
> Os pesquisadores analisaram dados das ondas de 2010, 2012 e 2014 do Health and Retirement Study (HRS), um estudo longitudinal de adultos norte-americanos com 50 anos ou mais. Um total de 3.957 participantes que trabalharam pelo menos meio período durante cada ano de estudo foram incluídos no mesmo.
>
> Os pesquisadores levantaram a hipótese de que, com o tempo, as percepções de discriminação por idade levariam ao aumento da depressão, diminuição da saúde, diminuição da satisfação no trabalho e redução da probabilidade de trabalhar após a idade de aposentadoria.
>
> As percepções de discriminação no local de trabalho foram medidas de acordo com duas afirmações: "Nas decisões sobre promoção, meu empregador dá preferência aos mais jovens sobre os mais velhos" e "Meus colegas de trabalho fazem os trabalhadores mais velhos sentirem que devem se aposentar antes dos 65 anos." Medidas de depressão, saúde geral, satisfação no trabalho e probabilidade de trabalhar após a idade de aposentadoria também foram incluídos no estudo.
>
> A pesquisa mostrou que, em média, os trabalhadores mais velhos relataram aumentos na percepção da discriminação por idade no trabalho ao longo dos anos de estudo. Três das quatro previsões do estudo foram realizadas.
>
> Embora os aumentos na discriminação percebida não reduzam a probabilidade de trabalhar após a idade de aposentadoria, os aumentos na discriminação percebida foram relacionados a um maior número de pessoas com sintomas depressivos, declínios na satisfação no trabalho e declínios na saúde geral auto percebida.
>
> Isso fornece suporte para a teoria de que a discriminação por idade é um estressor crônico que pode impactar negativamente a saúde do trabalhador idoso, devendo ser tomadas medidas para lidar com a discriminação por idade.[10]

O estudo foi orientado por uma teoria de que a exposição persistente de idosos à discriminação por idade supera sua capacidade de lidar com a situação e, subsequentemente, prejudica a saúde, fato este que se percebe cada vez mais no dia a dia das empresas.

7. JURISPRUDÊNCIA SOBRE O ETARISMO NO BRASIL

A Justiça do Trabalho tem se deparado cada de vez de forma mais frequente, com ações em que se discute algum tipo de discriminação decorrente da idade.

---

10. SAYER, Janis. Referência: Marchiondo LA, Gonzales E, Williams LJ. Trajectories of perceived workplace age discrimination and long-term associations with mental, self-rated, and occupational health. *The Journals of Gerontology: Series B*; (2019); Apr 12.

A PRÁTICA DO ETARISMO NO CONTRATO DE TRABALHO E SUAS CONSEQUÊNCIAS

Já existem julgados sobre o tema no Tribunal Superior do Trabalho e, por enquanto, a tendência é de que ocorra um aumento significativo nos próximos anos.

Vejamos alguns julgados proferidos pelo TST sobre o tema etarismo:

1. (...) Dano extrapatrimonial. Configuração. Ofensa pessoal em face do não cumprimento das metas. Etarismo. Ausência de transcendência. O direito à indenização por danos patrimonial e extrapatrimonial encontra amparo no art. 186 do Código Civil, c/c o art. 5º, X, da CF, bem como nos princípios basilares da nova ordem constitucional, mormente naqueles que dizem respeito à proteção da dignidade humana e da valorização do trabalho humano (art. 1º, da CR/88). Para que surja o dever de indenizar, impõe-se a concorrência de três requisitos: a conduta ilícita (dano), a culpa pela sua ocorrência e o nexo de causalidade entre o fato danoso e o prejuízo daí advindo. A configuração do dano extrapatrimonial independe de comprovação da sua existência e da sua extensão, sendo presumível a partir da ocorrência do fato danoso. Para a hipótese dos autos, está evidenciado que o autor sofreu graves ofensas pessoais em face do não cumprimento das metas estabelecidas pela empresa e pelo etarismo. Dessa forma, tem-se por presentes os elementos caracterizadores do dano extrapatrimonial, uma vez que, em face da negligência da empresa, o autor fora atingido em sua honra, o que certamente lhe trouxe abalo psicológico. Incólumes os preceitos de Lei indicados e inespecíficos os arestos trazidos ao confronto de teses (Súmula 296/TST). Agravo de instrumento conhecido e desprovido, por ausência de transcendência (...). (AIRR-1002269-25.2016.5.02.0043, 7ª Turma, Relator Ministro Alexandre de Souza Agra Belmonte, DEJT 16.06.2023).

2. (...) Recurso de revista do reclamante. Danos morais. Programa de demissão incentivada (PDI) direcionado exclusivamente aos empregados aposentados. Dispensa discriminatória. Critério etário. Configuração. 1) No caso, apesar de o e. Tribunal Regional ter reconhecido que a dispensa da parte reclamante teria sido discriminatória em razão do critério etário, determinando, por conseguinte, a sua reintegração no emprego, reputou indevida a condenação ao pagamento de indenização por danos morais. 2) Contudo, a jurisprudência dessa Corte orienta-se no sentido de que o plano de desligamento incentivado destinado apenas a empregados aposentados, sob pena de dispensa sem justa causa em caso de não adesão do trabalhador, caracteriza ato ilícito apto a configurar dano moral, em razão da dispensa discriminatória fundada em critério exclusivamente etário. 3) Violação do artigo 5º, X, da CR/88 que se reconhece. Recurso de revista conhecido e provido, no tema. (Ag-RRAg-211-53.2019.5.09.0015, 1ª Turma, Relator Ministro Hugo Carlos Scheuermann, DEJT 17.03.2023).

3. I – Agravo em agravo de instrumento. Recurso de revista sob a égide da Lei 13.467/2017. Indenização por dano moral. Dispensa discriminatória em razão do critério "idade". Comprovação. Inaplicabilidade do óbice da Súmula 126 do TST. Ficou demonstrado o desacerto da decisão monocrática que negou provimento ao agravo de instrumento. Agravo provido para conhecer e prover o agravo de instrumento, determinando o processamento do recurso de revista, no particular. II – Agravo de instrumento. Recurso de revista sob a égide da Lei 13.467/2017. Indenização por dano moral. Dispensa discriminatória em razão do critério "idade". Comprovação. Transcendência política reconhecida. O entendimento consignado no acórdão regional apresenta-se em dissonância do desta Corte firmado no sentido de reconhecer a dispensa discriminatória de empregados aposentados ou que reunissem condições para requerer aposentadoria, pois fundamentada no critério "idade", circunstância apta a demonstrar o indicador de transcendência política, nos termos do art. 896-A, § 1º, II, da CLT. Agravo de instrumento. Recurso de revista sob a égide da lei 13.467/2017. Indenização por dano moral. Dispensa discriminatória em razão do critério "idade". Comprovação. Agravo de instrumento provido ante possível violação dos artigos 1º, caput, da Lei 9.029/1995 e 187 do CC. III – Recurso de revista sob a égide da Lei 13.467/2017. Indenização por dano moral. Dispensa discriminatória em razão do critério "idade". Comprovação. Requisitos do art. 896, § 1º-A, da CLT, atendidos. Extrai-se do acórdão regional que "foram anexados aos referidos autos diversas cartas de dispensa [...] donde se destaca que os empregados dispensados possuíam muito tempo de serviço" e que tal documento "demons-

tra que a reclamada, diante da suposta necessidade de redução do quadro de empregados, adotou como critério para escolha aqueles com maior tempo de serviço, tratando-se de critério calcado no fato de tais empregados se encontrarem aposentados ou elegíveis à aposentadoria, [...]". Entretanto, o Tribunal a quo concluiu que "a opção feita pela empresa no sentido de dispensar os empregados com maior tempo de serviço, porque aposentados ou elegíveis à aposentadoria, não configura, por si só, dispensa discriminatória". A jurisprudência desta Corte Superior, em casos análogos, tem considerado discriminatório o uso do critério do tempo de serviço (ou contribuição) e a condição de aposentado ou de elegibilidade à aposentadoria proporcional ou integral pela Previdência Social para dispensa de empregados, pois é fator necessariamente vinculado à idade do empregado, que somente pode exercer o benefício após determinada idade e tempo de contribuição. Precedentes da SBDI-1 e de Turmas do TST. À luz do entendimento pacífico desta Corte acerca da matéria, a dispensa do autor deve ser considerada discriminatória e, portanto, enseja o pagamento de indenização por danos morais. O acórdão recorrido incide em violação dos artigos 1º, caput, da Lei 9.029/1995 e 187 do CC. Recurso de revista conhecido e provido (RR-417-14.2016.5.05.0038, 6ª Turma, Relator Ministro Augusto Cesar Leite de Carvalho, DEJT 17.03.2023).

4. Agravo interno – Interposição na vigência da Lei 13.015/2014 – Embargos em recurso de revista – Banco Banestes – Resolução 696/2008 – Plano de afastamento antecipado voluntário – Dispensa discriminatória por idade. 1. A constatação de fato incontroverso nos autos não configura reexame de fatos e provas. Incólume a Súmula 126 do Eg. TST. Precedentes. 2. Além disso, a C. SBDI-I consolidou o entendimento de que a rescisão contratual fundada no PAAV – Plano Antecipado de Afastamento Voluntário, instituído pelo Banestes mediante a Resolução 696/2008, detém caráter discriminatório fundado em fator idade, ainda que de forma implícita, diante da relação diretamente proporcional com o tempo de serviço. Óbice do § 2º do art. 894 da CLT. Agravo Interno a que se nega provimento (Ag-E-ED-RR-36900-07.2010.5.17.0010, Subseção I Especializada em Dissídios Individuais, Relatora Ministra Maria Cristina Irigoyen Peduzzi, DEJT 04.11.2022).

5. Agravo. Agravo de instrumento. Recurso de revista. Interposição sob a égide da lei 13.467/2017. Nulidade da dispensa. Reintegração. Transcrição da decisão regional no início das razões do recurso de revista sem indicação do trecho específico que consubstancia o prequestionamento da controvérsia e sem confronto analítico entre a tese recorrida e os dispositivos e arestos apontados. Descumprimento do art. 896, § 1º-A, I e III, da CLT. Óbice processual que impede a análise da matéria tornando inócua a manifestação desta corte sobre eventual transcendência. Impõe-se confirmar a decisão monocrática, mediante a qual denegado seguimento ao agravo de instrumento da reclamada. Agravo conhecido e não provido. Recurso de revista. Danos morais. Dispensa discriminatória por idade e por tempo de serviço. Indenização devida. Transcendência. Impõe-se confirmar a decisão mediante a qual dado provimento ao recurso de revista do reclamante, a fim de condenar a reclamada ao pagamento de indenização por danos morais, em razão da dispensa discriminatória, no importe de R$ 50.000,00 (cinquenta mil reais). Agravo conhecido e não provido (Ag-ARR-10743-84.2016.5.18.0001, 1ª Turma, Relator Ministro Hugo Carlos Scheuermann, DEJT 21.10.2022).

6. (...) Recurso de revista recurso de revista interposto a acórdão publicado na vigência da Lei 13.467/2017. Dispensa discriminatória. Critério "idade". Transcendência política reconhecida. 1. Cinge-se a controvérsia a aferir se a despedida de empregados aposentados ou que reúnem condições de obter aposenta-doria/complementação de aposentadoria configura dispensa discriminatória. 2. No presente caso, o Tribunal Regional considerou lícita a dispensa coletiva levada a efeito pela reclamada, consignando expressamente que "a ré adotou como estratégia a redução de seu quadro de pessoal, decidindo por dispensar os empregados já aposentados pelo INSS ou em condições de requerer o benefício e aptos a receber a complementação da Fundação CEEE (se participantes). Desta forma, não verifico o caráter discriminatório da dispensa. Ao contrário, considero razoável o critério adotado pela ré, porquanto demonstra a sua preocupação com o impacto social gerado pela medida, tendo justamente elegido os empregados que não ficariam totalmente desamparados com a dispensa " (os destaques foram

acrescidos). 3. A SBDI-I e a SBDI-II desta Corte superior firmaram entendimento no sentido de reconhecer a dispensa discriminatória de empregados aposentados ou que reunissem condições para requerer aposentadoria, pois fundamentada no critério "idade". Considerou-se, para tanto, a relação diretamente proporcional entre idade e tempo de serviço, bem como entre tempo de contribuição e idade. 4. Resulta daí que o Tribunal Regional, ao reputar lícita a adoção do critério etário, ainda que de forma indireta – como é o caso da conjugação dos fatores tempo de serviço e idade ou tempo de contribuição e idade –, para a dispensa da reclamante, contrariou a jurisprudência atual, iterativa e notória desta Corte superior, ensejando, desse modo, o reconhecimento da transcendência política da causa , nos termos do artigo 896-A, § 1º, II, da CLT. 5. Verificada a natureza discriminatória da dispensa da reclamante, determina-se o retorno dos autos ao Tribunal Regional de origem, a fim de que prossiga no exame dos demais temas veiculados no Recurso Ordinário interposto pela obreira, como entender de direito. 6. Recurso de Revista conhecido e provido (RRAg-20704-69.2017.5.04.0012, 6ª Turma, Relator Ministro Lelio Bentes Correa, DEJT 07.10.2022).

7. (...) *II – Agravo de instrumento do reclamante em recurso de revista. Acórdão regional na vigência da Lei 13.467/2017. Indenização por danos extrapatrimoniais. Plano de demissão incentivada direcionado aos empregados aposentados. Transcendência política.* 1. A insurgência recursal dirige-se contra a declaração de improcedência do pedido de pagamento de indenização por dano extrapatrimonial, decorrente de adesão de empregado ao plano de demissão incentivada instituído pela reclamada apenas com objetivo de alcançar os empregados já aposentados, com previsão de que a não adesão implicaria dispensa sem justa causa. 2. Por destoar a decisão regional da jurisprudência pacífica desta Corte, reconhece-se a transcendência política da causa e, diante de possível violação dos arts. 5º, X, da CR e 186 do CCB, determina-se o processamento do recurso de revista, para melhor exame. Agravo de instrumento conhecido e provido.(...) *III – Recurso de revista do reclamante. Acórdão regional na vigência da Lei 13.467/2017. Indenização por danos extrapatrimoniais. Plano de demissão incentivada direcionado apenas aos empregados aposentados. Conduta discriminatória. Fator etário. Transcendência política.* 1. A insurgência recursal dirige-se contra o indeferimento do pedido de pagamento de indenização por dano extrapatrimonial, decorrente de adesão de empregado ao plano de demissão incentivada instituído pela reclamada apenas para alcançar os empregados já aposentados, com previsão de que a não adesão implicaria em dispensa sem justa causa. 2. Trata-se de caso em que o próprio Tribunal Regional reconhece o caráter discriminatório do plano instituído pela reclamada, fundado no fator da idade, em descompasso com toda a legislação constitucional (artigos 1º, III, 3º, IV, 5º, caput, e 7º, XXX, da CR) e infraconstitucional que combate à discriminação em face de critério injustamente desqualificante. Mas que, em relação à pretensão à indenização por dano extrapatrimonial, entendeu ser indevida ao fundamento de que "o dano sofrido pelo empregado não ultrapassa o prejuízo material" e que "aborrecimentos decorrentes do rompimento contratual não caracterizam, por si só, dano moral indenizável". 3. Sendo, no entanto, inequívoca a conduta discriminatória da empresa e, por conseguinte, as ofensas à dignidade e à personalidade do trabalhador decorrente dessa conduta, encontram-se presentes os requisitos que ensejam a reparação por dano extrapatrimonial. Precedentes. Recurso de revista conhecido por violação dos artigos 5º, X, da CR e 186 do CCB e provido. (...). Conclusão: Agravo de instrumento da reclamada conhecido e desprovido; agravo de instrumento do reclamante conhecido e parcialmente provido e recurso de revista do reclamante conhecido e provido (RRAg-606-91.2018.5.09.0011, 8ª Turma, Relator Ministro Alexandre de Souza Agra Belmonte, DEJT 09.08.2022).

8. (...) *II – Agravo da reclamante. Agravo. Agravo de instrumento em recurso de revista. Acórdão publicado antes da vigência da Lei 13.015/2014. "política de desligamento" do Banestes. Resolução 696/2008. Dispensa discriminatória, em razão da idade, obstativa da aposentadoria integral.* Agravo a que se dá provimento para examinar o agravo de instrumento em recurso de revista; Em razão de provável ofensa ao art. 1º da Lei 9.029/95, dá-se provimento ao agravo de instrumento para determinar o prosseguimento do recurso de revista. Agravo de instrumento provido. Recurso de revista. "política

de desligamento" do Banestes. Resolução 696/2008. Dispensa discriminatória, em razão da idade, obstativa da aposentadoria integral. Esta Corte firmou o entendimento de que a "Política de Desligamento" adotada pelo Banestes, prevista na Resolução 696/2008, é discriminatória, haja vista vincular a dispensa compulsória do empregado ao seu tempo de serviço e, consequentemente, à sua idade, na contramão do art. 1º da Lei 9.029/95, que veda a prática discriminatória e limitativa, para efeito de acesso à relação de trabalho, ou de sua manutenção, por motivo de idade, dentre outros. Recurso de revista conhecido e provido (RRAg-57700-90.2009.5.17.0010, 5ª Turma, Relator Ministro Breno Medeiros, DEJT 05.08.2022).

8. CONCLUSÕES

Ao fim deste estudo podemos concluir que a discriminação por idade, conhecida como *etarismo*, é perceptível nas relações de emprego atuais. Pessoas mais velhas são alvo de preconceito ao serem taxadas como pouco produtivas ou sem criatividade. Receios equivocados sobre sua pretensão salarial também são comuns e demissões baseadas apenas no fator "idade" também.

O Brasil é um país que envelheceu muito rápido. A França levou quase 100 anos para dobrar o número de idosos, enquanto que no Brasil esse mesmo aumento está levando aproximadamente 30 anos. Esse ritmo acelerado faz com que a mudança no perfil etário seja mais veloz que a resolução de questões básicas de saúde, de infraestrutura e, também, de mercado de trabalho. Não existe uma estrutura pensada para acomodar essas mudanças e isso é grave.

As empresas estão longe de priorizar esse tema, pois acreditam que lidar com o público mais velho é uma escolha que só elas podem fazer. Só que isso não é verdade. A questão não é se a empresa vai fazer algo sobre isso, mas quando vai, porque o crescimento acelerado da população acima dos 50 anos já é uma realidade.

Dados divulgados pelo *Instituto Brasileiro de Geografia e Estatística* (IBGE), em 2019 a expectativa de vida no Brasil já era de 76,6 anos. Hoje certamente será ainda maior.

O preconceito afeta a saúde mental da pessoa, porque ela tende a ficar em isolamento por não se sentir confortável em ambiente onde ela é discriminada por de ter mais de 60 anos. Isso pode levar à depressão e outras doenças, porque a cada vez que a pessoa pensa em fazer algo, ela interioriza isso.

Além do impacto na saúde mental da população idosa, o etarismo também afeta o cotidiano das pessoas inseridas nessa faixa etária, por exemplo nas alternativas de atividades de lazer e locais para prática de atividades físicas que, normalmente, não contam com acessibilidade, o que se mostra um contrassenso vez que impedir o acesso a esportes e à saúde é uma forma de resumir os idosos às doenças, negligenciando a realização de seus prazeres.

O aumento da longevidade é a maior conquista coletiva da humanidade nos últimos tempos. Isso é um privilégio e mostra o quanto nós já fomos capazes de vencer doenças infecciosas, de passar por guerras e fenômenos climáticos e, ainda assim, conseguirmos vencer doenças.

Quando reconhecemos o valor das pessoas mais velhas e lhes damos as oportunidades que merecem, estamos construindo uma sociedade mais justa e equitativa para todos. Combater o etarismo e garantir o direito de sonhar dos idosos é uma tarefa que será cada vez mais necessária em nossa sociedade.

É importante também esclarecer que idade não determina habilidade. Sendo assim, pessoas mais velhas não são melhores nem piores que pessoas jovens, e sim grupos complementares para o desempenho das atividades do negócio, através de visões e perspectivas plurais de um mesmo assunto.

Dessa forma, podemos concluir que discutir o assunto etarismo e trazê-lo para os conselhos de administração das empresas, para os bancos escolares, enfim, para toda sociedade é fundamental para que todos possam entender que uma pessoa mais velha não pode ser discriminada por não estar familiarizada com as ferramentas, tecnologias e práticas mais recentes, mesmo porque a experiência dessas pessoas é fundamental para o desenvolvimento sadio das empresas e da sociedade como um todo, em especial no mercado de trabalho.

REFERÊNCIAS

FERNANDEZ, António Monteiro. *Direito do Trabalho*. 13. ed. Coimbra: Almedina, 2005.

FERREIRA FILHO, Manoel Gonçalves. *Curso de Direito Constitucional*. São Paulo: Saraiva, 2003.

GOLDANI, Ana Maria. *Desafios do "Preconceito Etário" no Brasil*. Disponível em: http://www.cedes.unicamp.br. Acesso em: 28 AGO. 2023.

GOMES, Orlando e Gottschalk. *Curso de Direito do Trabalho*. Rio de Janeiro: Forense, 1971.

GONÇALVES, Emílio. *O Poder Regulamentar do Empregador*. São Paulo: Editora LTr, 1997.

KALACHE, Alexandre. *Folha de São Paulo* de 24.07.2023. Tendências/Debates.

NOTÍCIA NO SITE EDUCA MAIS BRASIL: Disponível em: https://www.educamaisbrasil.com.br/educacao/carreira/nova-york-projeto-em-escolas-promove-licoes-de-combate-ao-etarismo.

OIT – Discriminação por idade é um desafio global, afirma relatório da Organização das Nações Unidas. Disponível em: https://www.paho.org/pt/noticias/18-3-2021-discriminacao-por-idade-e-um-desafio--global-afirma-relatorio-da-organizacao-das-nacoes-unidas.

SAYER, Janis. Referência: Marchiondo LA, Gonzales E, Williams LJ. Trajectories of perceived workplace age discrimination and long-term associations with mental, self-rated, and occupational health. *The Journals of Gerontology: Series B*; (2019); Apr 12.

26
HIPÓTESES DE RESPONSABILIZAÇÃO CIVIL POR DANO MORAL DIFUSO E COLETIVO POR OFENSA AOS DIREITOS INDIVIDUAIS À INTIMIDADE, VIDA PRIVADA, HONRA, IMAGEM E LIBERDADE SEXUAL DAS (OS) TRABALHADORAS (ES)

Manoel Jorge e Silva Neto

Professor Visitante na Universidade da Flórida (EUA) e na Universidade François Rabelais (FRA). Subprocurador-geral do Trabalho (DF). Diretor-geral Adjunto da Escola Superior do Ministério Público da União. Membro da Academia Brasileira de Direito do Trabalho (Cadeira n. 64).

Sumário: 1. A justa homenagem ao desembargador e professor Valdir Florindo – 2. Proposta do artigo – 3. Considerações gerais sobre a responsabilidade civil; 3.1 Interesses transindividuais e o dano moral difuso e coletivo. Possibilidade de reparação na Justiça do Trabalho – 4. Circunstâncias determinantes da responsabilidade civil por dano moral coletivo na Justiça do Trabalho; 4.1 Dano moral por ofensa à intimidade; 4.2 Dano moral por transgressão à vida privada dos trabalhadores; 4.3 Dano moral por ofensa à imagem dos empregados; 4.4 Dano moral coletivo e honra dos trabalhadores; 4.5 Liberdade sexual dos trabalhadores e dano moral coletivo – 5. Situação ensejadora da responsabilização por dano moral difuso – 6. Conclusão – Referências.

1. A JUSTA HOMENAGEM AO DESEMBARGADOR E PROFESSOR VALDIR FLORINDO

Conhecer e reconhecer são verbos que se identificam apenas por pertencerem ao grupo da segunda conjugação, assim como os substantivos deles decorrentes – conhecimento e reconhecimento – distam milhas um do outro.

Muitos intelectuais têm obras fantásticas cujo reconhecimento se opera tardiamente.

Todavia, assim não acontece com o Desembargador, Professor e Confrade Valdir Florindo, sobre cujas especulações acerca da responsabilidade civil no altiplano das relações de trabalho o credencia como fonte mais que respeitável em sede de solução de conflitos correlatos ao controvertido tema.

Por isso que a justíssima iniciativa do Professor Gilberto Carlos Maistro Júnior – tão fortemente compartilhada por todos nós – encerra o também justo casamento entre o conhecimento e o reconhecimento – binômio que sela, com pompa acadêmica, a carinhosa homenagem ao Professor Valdir Florindo.

2. PROPOSTA DO ARTIGO

Torna-se, de início, caminho a ser necessariamente percorrido aquele pertinente às considerações genéricas sobre o tema.

Com efeito, ao escolhermos como título do presente trabalho "Hipóteses de responsabilização civil por dano moral difuso e coletivo por ofensa aos direitos individuais à intimidade, vida privada, honra, imagem e liberdade sexual das (os) trabalhadoras (es), não seria razoável se lançar ao exame imediato do assunto, sem, em verdade, recorrer aos conceitos básicos sobre a responsabilidade civil e seus pressupostos.

Após, com os subsídios fornecidos pelos conceitos básicos, é admissível extratar algumas proposições sobre a responsabilidade civil por dano moral coletivo e difuso na Justiça do Trabalho.

É importante, entretanto, declinar as circunstâncias autorizativas dessa responsabilização, com o que imprescindível se apresenta o exame da ofensa a garantias fundamentais do cidadão-trabalhador, como as relativas à intimidade, vida privada, imagem, honra, liberdade sexual; todas, inegavelmente, de grande relevância para determinar a indenização por dano moral no recinto do contrato de trabalho.

Também é verdade que o dano moral – por suas características mais marcantes – tem habitualmente servido para fixar indenizações para o trabalhador atingido; aqui, de modo distinto, tentaremos demonstrar a necessidade de reparação do patrimônio moral não apenas do ofendido, mas também da coletividade de empregados (dano moral coletivo), e da comunidade de uma forma geral, que, por via de ação ou omissão dos sujeitos do contrato de trabalho, vê conspurcado interesse difuso. Será, por conseguinte, de grande valia breve reflexão em derredor da tutela dos interesses metaindividuais por órgão jurisdicional trabalhista.

Doutra sorte, a competência material da Justiça do Trabalho para apreciar ações que versem sobre dano moral coletivo e difuso é tema que não deve ser esquecido, mais ainda em virtude da proposta do excerto.

E, por fim, mas dentro dos desdobramentos de cariz processual, impõe seja analisada a legitimidade de órgãos, públicos ou privados, para a obtenção de provimento judicial tutelador do dano moral coletivo e difuso.

3. CONSIDERAÇÕES GERAIS SOBRE A RESPONSABILIDADE CIVIL

Diz o conhecido art. 159 do CC: "Aquele que, por ação ou omissão voluntária, negligência, ou imprudência, violar direito, ou causar prejuízo a outrem, fica obrigado a reparar o dano".

O indigitado dispositivo do Código Civil, ao determinar a reparação pela prática de ato ilícito, fixa os pressupostos que caracterizam a responsabilidade, a saber: i) ação ou omissão voluntária, negligência ou imprudência; ii) ocorrência de prejuízo ou dano; iii) nexo de causalidade entre a conduta omissiva ou comissiva e o dano.

RESPONSABILIZAÇÃO CIVIL POR DANO MORAL DIFUSO E COLETIVO **429**

Sem a concorrência desses três elementos, não há como se cogitar de responsabilidade civil, porquanto a ação ou omissão pode ser originária de manifestação volitiva do agente, como de negligência, imprudência ou mesmo imperícia, contanto que a conduta cause prejuízo a alguém e que tenha ela nexo de causalidade com o dano em si.

A Constituição Federal, por sua vez, preceitua que "é assegurado o direito de resposta, proporcional ao agravo, além da indenização por dano material, moral ou à imagem" (art. 5º, V). E no art. 5º, X, dispõe que "são invioláveis a intimidade, a vida privada, a honra e a imagem das pessoas, assegurado o direito a indenização pelo dano material ou moral decorrente de sua violação".

Antes da promulgação do texto constitucional de 1988, pode-se concluir que o tema relativo ao dano moral se constituía muito mais em tese acadêmica do que propriamente em um dado do sistema positivo assecuratório do direito subjetivo à reparação do patrimônio moral do indivíduo.

Com o advento da Constituição, cujos incisos V e X do art. 5º, previam expressamente a reparabilidade por ofensa a dano moral, o assunto deixou de ser elemento de teorização exclusiva no meio acadêmico para se constituir em objeto de preocupação dos aplicadores do direito.

Já a partir da Constituição de 1988, espaço não há para sedimentar teorias que repugnem a reparação do dano moral. Assim, o constituinte originário, ao positivar, de modo implícito, o princípio da reparação integral no corpo do art. 5º, V e X, tornou juridicamente possível, a par da reparação do dano material, o pedido de indenização por dano moral e, mais do que isso, podemos caminhar passos à frente para dizer que, no altiplano do prejuízo moral, para satisfazer a injunção firmada pelo poder constituinte, toma-se perfeitamente cabível pleitear indenizações por ofensa ao patrimônio moral difuso ou coletivo.

Por força de engendrar teoria que vai de encontro a muito do que já se disse e ainda se diz a respeito da responsabilidade civil, preferimos desenvolver o assunto em subitem distinto.

3.1 Interesses transindividuais e o dano moral difuso e coletivo. Possibilidade de reparação na Justiça do Trabalho

De acordo com a definição proposta pelo art. 81, parágrafo único, do CDC, são três as espécies de interesses metaindividuais: os difusos, os coletivos e os individuais homogêneos. Difusos são "(...) os transindividuais, de natureza indivisível, de que sejam titulares pessoas indeterminadas e ligadas por circunstâncias de fato" (art. 81, parágrafo único, I).

São diversas as hipóteses de transgressão a interesse difuso dos trabalhadores, bastando, por ora, indicar apenas algumas delas: i) desatendimento à proporcionalidade para contratação de empregados com deficiência, nos termos do art. 93 da Lei 8.213/91, posto que inviável delimitar, no universo do mercado de trabalho, os trabalhadores sob tais condições a serem contratados pelas empresas; ii) contratação de empregados públicos por sociedades de economia mista ou empresas públicas à revelia do comando expresso no art. 37, II, da Constituição, garantidor do interesse difuso trabalhista à ampla acessibilidade à função pública.

Coletivos, por seu turno, são "(...) os transindividuais de natureza indivisível de que seja titular grupo, categoria ou classe de pessoas ligadas entre si ou com a parte contrária por uma relação jurídica base" (art. 81, parágrafo único, II, CDC).

Bem mais numerosas são as ocorrências de transgressão a interesse coletivo dos trabalhadores: i) determinação empresarial no sentido de que os empregados do estabelecimento se filiem a uma determinada agremiação sindical, por ser, presumivelmente, mais dócil aos interesses do empregador; ii) ofensa à normativa referente ao meio ambiente do trabalho; iii) divulgação não autorizada da imagem dos trabalhadores da empresa; iv) ilegítima imposição da obrigatoriedade quanto ao porte de *bips*, telefones celulares ou qualquer outra parafernália eletrônica restritiva da garantia fundamental à vida privada (art. 5º, X, da Constituição); v) revistas pessoais excessivamente invasivas e constrangedoras, com inegável ofensa à intimidade dos trabalhadores (art. 5º, X, da Constituição); vi) prática de assédio sexual na empresa.

Foram enunciadas exemplificativamente hipóteses de violação a interesses difusos e coletivos, tudo de sorte a certificar que, no âmbito do contrato de trabalho, hoje, não há mais como se duvidar acerca da efetiva existência de interesses superindividuais, que merecem tutela específica pelo juiz do trabalho.

Atualmente não remanesce qualquer dúvida acerca da certificação de competência da Justiça do Trabalho para o julgamento de ações, individuais ou coletivas, versantes sobre responsabilidade civil por ofensa ao patrimônio moral.

Deveras, o Supremo Tribunal Federal já se posicionou a respeito do tema, fixando a competência da Justiça do Trabalho: "Compete à Justiça do Trabalho o julgamento de ação de indenização, por danos materiais e morais, movida pelo empregado contra seu empregador, fundada em fato decorrente da relação de trabalho, nada importando que o dissídio venha a ser resolvido com base nas normas de Direito Civil" (STF, RE 238.737-SP, rel. Min. Sepúlveda Pertence, 17.11.1998).

E quanto ao dano moral difuso e coletivo, esclareça-se, de logo, que fenômeno interessante ocorreu no momento da consolidação do Estado de Direito Social – substitutivo do modelo liberal – individualista das sociedades políticas predominantes até início do século XX: a coletivização dos direitos, o prestígio conferido aos direitos sociais como forma de obstar o ímpeto de movimentos sociais, à feição da Revolução Russa de 1917, não foi acompanhada da respectiva coletivização do processo.

Convivia-se dentro de contexto absolutamente antagônico entre o direito material, corporificado em prestações positivas do Estado, direitos de segundo grau, e o processo, ainda atrelado, tão só, ao velho paradigma de solução de conflitos individuais.

No campo da responsabilidade civil, o mesmo raciocínio pode ser empregado.

Quando a doutrina civilista assentou as bases da responsabilização por dano moral, não passava pela cabeça de ninguém que, um dia, por força da transformação da sociedade pós-moderna, o sistema normativo viesse a se ocupar da proteção dos interesses transindividuais.

Por tal razão, a possibilidade de ressarcimento por ofensa ao patrimônio moral estava adstrita ao sujeito de direito, encontrava-se vinculada exclusivamente à pessoa ofendida.

Nos dias atuais, o natural desenvolvimento da teoria referente aos interesses supraindividuais (no caso, os difusos e coletivos, visto que os individuais homogêneos admitem proteção por via de ação individual) conduz à reparabilidade por ofensa ao patrimônio moral de interesses da ordem.

Com efeito, não se pode recusar que a sociedade possui patrimônio moral que, uma vez atingido, enseja, ato contínuo, a sua indenização, mesmo sabendo-se que os indivíduos integrantes da comunidade cujo interesse difuso fora desrespeitado não podem se apresentar como beneficiários do valor devido a título de dano moral, o que desnaturaria a essência do interesse metaindividual.

O didático recurso a exemplo demonstra objetivamente a plausibilidade da reparação por dano moral difuso de caráter trabalhista: o empregador que não contrata empregados com deficiência só e só por tal circunstância. Além de ser compelido judicialmente à obrigação de fazer por via de ação civil pública, é injuntiva a reparação pelo dano moral perpetrado contra todos os empregados com deficiência, sejam aqueles com limitação física, mental ou sensorial.

Por outro lado, temos por induvidosa a competência material da Justiça do Trabalho para apreciar a questão, porquanto agiu o empregador nos limites de uma relação de emprego que poderia se constituir, e somente não o foi em virtude do procedimento discriminatório consumado.

A ação de indenização proposta serviria a dois propósitos de elevadíssimo alcance: i) obter o ressarcimento pecuniário do patrimônio moral dos empregados com deficiência; ii) eventual condenação surtiria o salutar efeito pedagógico de precatar empregadores para que não discriminem.

4. CIRCUNSTÂNCIAS DETERMINANTES DA RESPONSABILIDADE CIVIL POR DANO MORAL COLETIVO NA JUSTIÇA DO TRABALHO

Depois de ressaltada a possibilidade de responsabilização por dano moral difuso na Justiça do Trabalho, apresentaremos, agora, casos concretos que admitem a reparabilidade por ofensa a interesse coletivo.

E, por outro lado, sendo certo que a Constituição deve ser assumida como o texto básico da cidadania, sendo mediante ela que as garantias fundamentais se espraiam e alcançam os domínios mais recônditos da realidade social, é realizável o intuito de apro-

432 MANOEL JORGE E SILVA NETO

ximar o máximo possível o cidadão-trabalhador do conjunto dos direitos individuais protegidos pelo art. 5º, tudo de sorte a possibilitar a reparação por dano moral.

Em virtude dos desígnios já traçados para a nossa pesquisa, esta aproximação dos trabalhadores ao plexo das garantias fundamentais clássicas não se dará dentro de um contexto de cariz individual.

Preocupa-nos as transgressões às garantias do art. 5º que impliquem em ofensa a interesse transindividual dos trabalhadores e, consequentemente, ensejem a responsabilidade civil por dano moral difuso e coletivo.

4.1 Dano moral por ofensa à intimidade

O já referido art. 5º, X, da Constituição preceitua que "são invioláveis a intimidade, a vida privada, a honra e a imagem das pessoas, assegurado o direito a indenização pelo dano moral decorrente de sua violação".

A garantia individual à intimidade, conquanto prevista no corpo do art. 5º, X, ao lado de outros direitos indisponíveis da pessoa humana (vida privada, honra e imagem), corresponde a direito fundamental específico, cuja identificação aos outros constitui erro vitando, já que, à luz do princípio da eficiência (postulado de interpretação constitucional impositivo de um desfecho que maior eficácia atribua às garantias individuais), torna-se irrecusável o reconhecimento de sua autonomia, principalmente porque nos próximos itens 4.2 e 4.3 estaremos investigando, respectivamente, o direito à vida privada e à imagem dos trabalhadores.

Por isso, antes de desvendar a amplitude da garantia à intimidade e os seus desdobramentos no que tange à tutela jurisdicional à pretensão de reparo por dano moral, é necessário distingui-la de outra com a qual os estudiosos, habitualmente, de modo equivocado, têm feito alguma confusão. Referimo-nos ao direito à vida privada.

O direito à intimidade expressa a esfera mais recôndita do indivíduo.

No campo das relações sociais, há ações do sujeito que invariavelmente sofrem um juízo de valor da comunidade, ora para enaltecê-las, ora para reprová-las. Tais atitudes podem ser incluídas no âmbito da vida pública do indivíduo. Noutro contexto, encontramos o indivíduo – filho, filha, a esposa, o marido. Nas relações de família está situada a vida privada.

Não há como identificar, portanto, intimidade e vida privada, quando é certo que a primeira corresponde ao conjunto de informações, hábitos, vícios, segredos, até mesmo desconhecidos do tecido familiar, ao passo que a última está assentada na proteção do que acontece no seio das relações familiares; proteção destinada a que se preserve no anonimato o quanto ali ocorre, exceto na hipótese de ofensa a interesse público.

O que se vê, então, é que o direito à intimidade se situa em círculo concêntrico menor ainda que o direito à vida privada.

Visualizamos o direito à intimidade inteiramente aplicável à relação contratual de trabalho, inexistindo equívoco em localizar topograficamente a matéria dentre as garantias individuais, eis que só pela via de extensão abrange o contrato laboral.

E mais do que isso: diante da superioridade econômica do empregador e da subordinação jurídica do empregado, trata-se de garantia individual costumeiramente desrespeitada, o que, a um só tempo, atiça a nossa curiosidade para o estudo do tema e recrudesce a preocupação para os contornos da ofensa dentro do contrato de trabalho, postando-se indiscrepante que autoriza a reparação por dano moral.

Impõe-se a responsabilização civil do empregador por transgressão ao patrimônio moral coletivo dos trabalhadores nas seguintes circunstâncias: i) inclusão de perguntas em questionário confeccionado pela empresa e a ser utilizado predominantemente no momento da admissão de empregados, alusivas ao estado de saúde, quando não se tratar de doença infectocontagiosa, e de indagações referentes à orientação sexual do(a) laborista ou sua opção político-ideológica; ii) introdução de câmeras de vídeo em vestiários, refeitórios ou qualquer outra área da empresa destinada à socialização ou congraçamento dos empregados; iii) adoção, como prática habitual na empresa, das revistas pessoais constrangedoras, promovendo-se inspeção em partes íntimas dos(as) empregados(as).

Meramente exemplificativo o elenco de circunstâncias determinantes da responsabilização civil do empregador por dano moral coletivo, porque outras situações poderão obrigá-lo à reparação.

O que necessita restar esclarecido é que, na eventualidade de agravo à intimidade do(a) empregado(a), torna-se juridicamente possível o pleito de indenização por dano moral individual e, a par disso, uma vez provado que o ataque à garantia individual se opera com relação aos demais trabalhadores do estabelecimento, não há como se recusar, de igual modo, a reparação em face do dano moral coletivo consumado.

4.2   Dano moral por transgressão à vida privada dos trabalhadores

Vida privada e intimidade não se confundem, como pudemos remarcar no item anterior, tornando-se incompreensível a identificação das garantias individuais, notadamente quando o constituinte originário tratou de mencioná-las em momentos distintos, como a enfatizar a real necessidade de o intérprete da norma constitucional buscar a concretização em consonância com a sua realidade de direitos fundamentais autônomos, conquanto – é verdade – próximos um do outro.

Atiça a nossa curiosidade o estudo da vida privada e os interesses transindividuais dos trabalhadores à conta das consequências ocasionadas nas relações privadas dos empregados o uso – cada dia mais intenso – de *bips*, telefones celulares fornecidos pela empresa, comunicação via internet à residência do laborista e toda sorte de parafernália eletrônica que lhe subtrai ou limita os momentos de convívio familiar.

Reconhece-se que algumas profissões, por sua própria natureza, trazem implícito, desde a inserção do empregado no estabelecimento, o consentimento para que se opere

– digamos assim – uma "invasão de privacidade". Profissões ou funções exercidas em atividades ou serviços reputados essenciais denotam a possibilidade de maior restrição à vida privada do empregado.

O art. 10 da Lei 7.783/89 fornece parâmetro seguro para que se desvendem as atividades ou serviços essenciais que podem admitir o uso de aparelhos pelo empregado com consequente limitação à sua vida privada: "I – tratamento e abastecimento de água; produção e distribuição de energia elétrica, gás e combustíveis; II – assistência médica e hospitalar; III – distribuição e comercialização de medicamentos e alimentos; IV – funerários; V – transporte coletivo; VI – captação e tratamento de esgoto e lixo; VII – telecomunicações; VIII – guarda, uso e controle de substâncias radioativas, equipamentos e materiais nucleares; IX – processamento de dados ligados a serviços essenciais; X – controle de tráfego aéreo; XI – compensação bancária".

Entretanto, até nos serviços ou atividades consideradas essenciais, torna-se injuntivo o juiz do trabalho investigar se, no caso concreto posto à sua apreciação, há correlação lógica entre a função do empregado na empresa e a exigência que se lhe dirige quanto ao uso de *bip*, por exemplo. Sim, porque o mero fato de a atividade empresarial estar enquadrada em algum inciso do art. 10 não autoriza, ato contínuo, o empregador a diminuir o espectro da garantia individual de todos os trabalhadores do estabelecimento, mas sim apenas e tão só dos que realizam função estreitamente conjugada àquela atividade reputada essencial pela norma.

Exemplificando, não parece razoável, ainda que se trate de empresa voltada ao tratamento e abastecimento de água, obrigar empregado que atue no setor administrativo ao uso de telefone celular para viabilizar a sua expedita presença em situações de emergência, principalmente em virtude do mais comezinho fato de que pouco servirá o seu auxílio para debelar o sinistro, à míngua de conhecimentos técnicos sobre assuntos que tais.

Nesse momento, é admissível apresentar alguns critérios que fornecerão segurança ao aplicador do direito do trabalho quando estiver diante de alegada transgressão à vida privada do trabalhador: i) não se tratando de atividade empresarial adequada ao disposto no art. 10 da Lei 7.783/89, é vedado ao empregador exigir do empregado o uso de qualquer aparelho que, colhendo-o após o término da jornada de trabalho, termine por cercear a sua privacidade; ii) conquanto reputada essencial a atividade, somente será lícita a exigência do empregador quando a função exercida pelo laborista guardar pertinência com a atividade-fim considerada substancial pela lei.

Se há desrespeito à garantia prevista nos art. 5º, X, da Constituição relativamente a um empregado, resolver-se-á a questão com a propositura de medida judicial tendente a responsabilizar o empresário por dano moral individual.

De contraparte, se a determinação empresarial é dirigida a todos os empregados, será correto reconhecer a dimensão coletiva da ofensa, a compostura de transgressão a interesse transindividual trabalhista, e, assim, pleiteada indenização por dano moral coletivo, é indeclinável a emissão de provimento judicial com tal fim, inclusive para refrear os ânimos do empregador quanto a novas investidas ou ainda precatar os desavi-

RESPONSABILIZAÇÃO CIVIL POR DANO MORAL DIFUSO E COLETIVO **435**

sados acerca da residência no sistema normativo de garantia que permite ao trabalhador existência também fora da empresa: a vida privada.

4.3 Dano moral por ofensa à imagem dos empregados

À semelhança do que ocorrera com as garantias fundamentais pertinentes à intimidade e vida privada, revela-se identicamente possível que, em face de ofensa à imagem dos trabalhadores, seja obtida a reparação por dano moral coletivo.

Aqui, no presente item, nos ocuparemos quanto a informar as situações que ensejam transgressão à garantia.

Particularmente no que se refere à imagem, prevalece incompreensível desconhecimento de que o direito individual possui duas realidades inconfundíveis: a imagem-retrato e a imagem-atributo.

A imagem-retrato, a primeira delas, é aquela que pode ser reproduzida em fotografia, assegurando-se, sempre, ao indivíduo – ou à coletividade de pessoas, como no caso dos trabalhadores, conforme poderemos constatar mais adiante –, a possibilidade de pleitear judicialmente o reparo diante do indevido uso da imagem.

A imagem-atributo, diversamente, decorre da vida em sociedade, já que, no cotidiano dos afazeres de cada qual, o indivíduo, à razão direta em que vai ocupando um espaço na comunidade, vai também introduzindo novos caracteres indissociáveis da sua imagem-atributo.

Quanto à primeira espécie do direito fundamental, existem hipóteses concretas em que podem se operar transgressões no relacionamento entre empregados e empregador.

Imaginemos campanha publicitária divulgada amplamente na televisão e que mostra a planta industrial e os trabalhadores em atividade.

Se não houve, por parte dos empregados, prévia anuência quanto à divulgação da imagem, torna-se perfeitamente cabível o pleito reparatório mediante ação civil coletiva que, na forma prevista pelo art. 91 do CDC, visa apurar responsabilidade pelos danos individualmente sofridos.

A utilização de ação civil coletiva não terá por propósito a reparação por dano moral coletivo, mas, como dito, a indenização pelo prejuízo acarretado a cada trabalhador. Diferentemente, a ação civil pública destinar-se-á ao ressarcimento da lesão ocasionada ao patrimônio moral dos empregados.

E, no particular, pouco importa enalteça a campanha publicitária o produto da empresa, a higiene no meio ambiente do trabalho ou a excelência dos serviços prestados pelos seus empregados; o que é decisivo para a reparação do dano moral coletivo é a divulgação não consentida da imagem dos trabalhadores.

Por outro lado, mesmo que haja prévia anuência para a difusão da imagem, o ato autorizatório bem pode ter sido concebido por coação moral (vis compulsiva), especialmente porque a dependência econômica do empregado ao empregador e a subordinação jurídica daquele em face deste deve provocar no espírito dos operadores do direito do trabalho sérias desconfianças quanto à validade da manifestação volitiva.

Diante da vontade manifestada no sentido da divulgação da imagem sem ônus para a empresa, é conveniente instaure o Ministério Público do Trabalho o competente inquérito civil público para apurar se a autorização fora emitida livremente ou se, pelo contrário, decorreu de imposição do empregador, fixando a cláusula autorizativa quando da admissão dos empregados.

A ofensa à imagem-atributo também enseja a responsabilização por dano moral coletivo.

Bastar citar uma única situação para afastar de vez qualquer dúvida a respeito de tal possibilidade.

Imagine-se, portanto, que determinada pessoa, ou até mesmo certo veículo de comunicação divulgue, de forma injusta, que os empregados da empresa "X" são preguiçosos, desidiosos ou indolentes.

Não houve a menção a um trabalhador do estabelecimento, mas à coletividade; fora, destarte, atingido o substrato moral de todos empregados, o que torna necessária a reparação do gravame cometido por dano moral coletivo.

4.4   Dano moral coletivo e honra dos trabalhadores

Luiz Alberto David Araújo aponta com precisão os traços que distinguem a honra do direito à imagem, em sua dupla acepção: "A imagem, é preciso reconhecer, é ferida em outras situações em que a honra pode ser deixada de lado, havendo, mesmo assim, violação da imagem. E o caso, por exemplo, da usurpação da fotografia. Posso me utilizar da fotografia de alguém sem lhe ferir a honra, maltratando, no entanto, seu direito à imagem. Imaginemos, para seguir a teoria expendida, a possibilidade de alguém se opor, com base no direito à honra, à veiculação de um comercial de televisão onde o indivíduo é representado como homem virtuoso, pleno de qualidades, bom chefe de família etc. A pessoa representada teve seus dados pessoais elevados e elogiados; sua honra não foi nem de longe arranhada. Ao contrário, sua honradez e bom comportamento social foram ressaltados".[1]

E continua, já agora extremando a honra da imagem-atributo:

"Um determinado cirurgião, por exemplo, pode ser conhecido pelo sucesso de suas operações plásticas. Ser bom ou mau cirurgião pouco ou nada tem a ver com a honra.

Um advogado pode se consagrar em seu meio como defensor de causas sociais, voltadas para os menos favorecidos. Ou, ao contrário, determinado profissional da área do Direito pode se notabilizar pela defesa dos grandes latifúndios ou dos grandes grupos industriais, sem que isso esteja vinculado à sua honra".[2]

---

1. Cf. A Proteção Constitucional da Própria Imagem, p. 35.
2. Idem, p. 36.

No momento, o que mais nos interessa concernente à honra é deixar claro que outras situações ofensivas à garantia fundamental podem ocorrer no contexto da relação de trabalho e não guardam qualquer pertinência com a intimidade, vida privada ou imagem dos trabalhadores.

Assim, por exemplo, se, de forma maledicente e criminosa, for divulgado por alguém ou por algum veículo de comunicação que as empregadas da empresa "Y" são prostitutas, sem embargo da adequação penal de quem assim procede (no caso a injúria, em razão da ofensa à dignidade ou ao decoro, de acordo com o tipo simples previsto no art. 140 do CP), pode ser buscada eventual tutela à indenização por dano moral coletivo perante órgão jurisdicional trabalhista.

Em nosso entendimento, firmar-se-á a competência material da Justiça do Trabalho ainda que a odiosa observação não provenha do empregador – e será pouco provável que proceda desta forma, principalmente porque o corpo de empregados é patrimônio imaterial da empresa, competindo-lhe, de ordinário, a sua proteção ainda que não decorra de preposto seu.

Porque, na condição de empregadas da empresa, tiveram atingidas a dignidade e o decoro. Porque o fato gerador da incidência originária do pedido está atrelado à relação contratual de trabalho é que, inegavelmente, a competência para apreciar a ação civil pública é da Justiça do Trabalho.

4.5   Liberdade sexual dos trabalhadores e dano moral coletivo

É inegável o reconhecimento quanto à heterogeneidade do conjunto de trabalhadores de uma empresa.

Muito embora se torne exigível a apresentação de um determinado standard de comportamento pelo(a) trabalhador(a) quando ingressa no estabelecimento, o fato é que o plexo de valores, a vida pregressa, o nível socioeconômico, o ambiente familiar, dentre outros, terminam por criar idiossincrasias e por desenvolver uma maneira bastante particular do indivíduo ver, sentir e reagir diante de fatores externos.

E, irrefutavelmente, não há nada mais idiossincrásico em termos de comportamento do ser humano do que a sua conduta sexual.

Há pessoas tímidas e mais "atiradas" no que toca aos assuntos e fatos relacionados à questão sexual; mas há também aquelas que não impõem limites ao modo e ao momento para manifestar o seu desejo ou atração sexual por outrem.

Quando, no meio ambiente de trabalho, houver conduta sexual inconveniente, vale dizer, quando o trabalhador, mediante gestos, expressões faciais, beliscões ou até forte contato físico, todos indesejados, vier a constranger colega de trabalho sob sua subordinação, ocorre o que comumente se denomina assédio sexual, espécie de discriminação no emprego fundada no sexo, que importa em gravíssima transgressão à liberdade sexual dos trabalhadores.

Dúvida não persiste quanto à viabilidade da reparação por dano moral perpetrado contra o(a) trabalhador(a) vítima de assédio sexual na empresa.

No entanto, o tratamento da problemática pertinente ao assédio sexual no direito comparado tem proporcionado o alargamento da responsabilidade dos empregadores, fundada, principalmente, na segurança do meio ambiente do trabalho.

Jane Hodges-Aeberhard menciona a decisão da Suprema Corte indiana que, diante de estupro praticado por membros de uma gang contra determinada empregada, ampliou a definição do assédio sexual para incluir o contato de abordagem física, favores sexuais, observações de natureza sexual, a exibição de pornografia, atribuindo também ao empregador o ônus de assegurar um ambiente de trabalho seguro para seus funcionários, o que inclui a previsão em normas e regulamentos internos de expressa proibição do assédio sexual.[3]

O desatendimento às normas de medicina e segurança do meio ambiente do trabalho, além de sujeitar o empregador ao gravame do reconhecimento judicial da despedida indireta – se assim postular o empregado –, com base no art. 483, c, d e e, da CLT, determina a necessidade de propositura de ação civil pública, a fim de que seja compelida a empresa a adotar procedimentos internos obstativos da prática do assédio sexual.

A responsabilização civil do empregador na Justiça do Trabalho não se dá ato contínuo à ocorrência de assédio sexual na empresa.

Como foi exposto no início do subitem, a conduta sexual do indivíduo revela aspecto particularíssimo de sua identidade, razão por que assentir com a imposição de reparação pecuniária tão só à conta de consumada a conduta assediante não se apresenta como a alternativa mais adequada.

Em primeiro lugar, frise-se que o empresário não é o senhor dos desejos dos seus empregados, que mantêm a sua individualidade e as características modeladoras, inclusive, do seu comportamento sexual. A obrigação do empregador, nessa linha de compreensão, é reprimir o assédio sexual na empresa, desde que – isso parece óbvio – tenha efetivo conhecimento do desvio de conduta ocorrido no ambiente de trabalho.

Sem prévia ciência do que ocorrera no estabelecimento é indiscutível não caber a responsabilização do empregador, o que significa afirmar a respeito de a responsabilidade estar devidamente acompanhada da culpa, materializada, aqui, na omissão quanto à iniciativa para coibir, de modo objetivo, a prática do assédio sexual.

Outrossim, não se pode eximir da culpa alegando desconhecimento quanto à situação, no instante em que o assédio se subsume em fato notório na empresa.

Fora daí não cabe falar em indenização por dano moral por violação da garantia à liberdade sexual do trabalhador individualmente atingido e, por outro lado, menos próprio ainda se cogitar de responsabilização em face de dano moral coletivo.

---

3. Cf. Linhas gerais sobre desenvolvimentos recentes em questões de igualdade no emprego para juízes de cortes trabalhistas e assessores, p. 21.

5. SITUAÇÃO ENSEJADORA DA RESPONSABILIZAÇÃO POR DANO MORAL DIFUSO

Para responsabilizar alguém por dano moral, seja difuso, coletivo ou até mesmo meramente de ordem individual, mister se faz provar o grave desrespeito atingidor do patrimônio moral do indivíduo ou da coletividade; não basta o mero constrangimento para tomar possível a reparação, o que dificulta um pouco mais a indenização por dano moral difuso.

Conquanto reconheçamos a possibilidade de a pessoa jurídica ser vítima de ato ilícito causador de dano ao seu patrimônio moral,[4] mesmo em se tratando de pessoa jurídica de direito público territorial, não há espaço para incluir o fato como circunstância autorizativa de indenização por dano moral difuso, mas sim de caráter pessoal, ou seja, da pessoa política atingida.

Não repugna o que foi antes concluído o encontro de hipótese na qual há prejuízo ao patrimônio moral difuso.

Veja-se, por exemplo, situação em que o empregador, malgrado a determinação contida no art. 93 da Lei 8.213/91 (ver subitem 2.1), não contrata pessoas com deficiência, divulgando que assim não o faz por entender serem tais indivíduos "incapazes", "inaptos" ou "inválidos", atribuindo-os acerbos que nem de longe faria recomendável a outros empregadores a contratação de empregados em tais condições.

O fato de não contratar, não obstante configure grave desrespeito a interesse difuso trabalhista, somente leva à responsabilização do empregador por dano moral difuso quando, a par da resistência em admiti-los, divulgue publicamente que assim não procede por força da incapacidade dos laboristas de exercer qualquer função na empresa.

A infeliz observação é, a um só tempo, fomentadora da insidiosa discriminação contra a qual todos os operadores do direito devem se insurgir veementemente, e, também, sério retrocesso à luta empreendida pelas pessoas portadoras de deficiência no nosso País.

Via de consequência, provada a alegação, há prejuízo do patrimônio moral de todos os indivíduos que possuem limitação física, mental ou sensorial gravemente limitante, mais ainda quando se sabe haver entre elas liame subjetivo tendente a reduzir as resistências da sociedade conservadora contra tudo ou todos que não se encaixam no estereótipo daquilo que se convencionou chamar de "pessoa normal". E, patenteado o prejuízo, abre-se a possibilidade da reparação por dano moral difuso na Justiça do Trabalho, cuja competência para apreciar a ação se dá em virtude de a recusa do posto

---

4. José de Aguiar Dias (*Da responsabilidade civil*, v. II) expõe que "a pessoa jurídica pública ou privada, os sindicatos, as autarquias podem propor ação de responsabilidade, tanto fundada no dano material como no prejuízo moral. Este ponto de vista, esposado pela generalidade dos autores, é sufragado hoje pacificamente pela jurisprudência estrangeira. A nossa carece de exemplos, ao menos de nós conhecidos. Não há razão para supor que não adote, ocorrida a hipótese, igual orientação".

de trabalho, acompanhada da adjetivação injuriosa, atrair a incidência do art. 114 da Constituição.

Seria risível argumentar acerca da incompetência da Justiça do Trabalho porque o vínculo contratual não chegou a se formar, pois, assim entendido, não haveria uma hipótese sequer de ofensa a interesse difuso que viabilizasse a sua apreciação por órgão jurisdicional trabalhista; o que parece absolutamente definitivo para firmar o pressuposto processual subjetivo do juiz do trabalho é a necessidade, em tema de interesse difuso, de tutelar não os empregados, mas os empregáveis, aqueles trabalhadores que, *in potentia*, têm como acessar o mercado de trabalho; acesso, por sua vez obstado por práticas do gênero.

6. CONCLUSÃO

Do quanto se expôs, é possível alcançar as seguintes conclusões:

6.1 A responsabilização civil por dano moral difuso e coletivo na Justiça do Trabalho não pode desconsiderar as garantias individuais previstas no art. 5º, X, da Constituição;

6.2 Antes da promulgação da Constituição de 1988, pode-se concluir que o tema relativo ao dano moral se constituía muito mais em tese acadêmica do que propriamente em um dado do sistema positivo assecuratório do direito subjetivo à reparação do patrimônio moral do indivíduo;

6.3 O princípio da reparação integral tornou injuntiva a responsabilização por ofensa ao patrimônio material e moral;

6.4 Conquanto existam hipóteses variadas de ofensa a interesses difusos, coletivos e individuais homogêneos no domínio das relações de trabalho, importa considerar que as de compostura coletiva são bem mais numerosas;

6.5 Atualmente, o natural desenvolvimento da teoria relativa aos interesses transindividuais conduz à reparabilidade por ofensa ao patrimônio moral difuso e coletivo;

6.6 As hipóteses de transgressão à intimidade, vida privada, honra, imagem e liberdade sexual dos trabalhadores denotam ofensa a interesse coletivo;

6.7 Circunstância autorizativa à emissão de provimento judicial tutelador de dano moral difuso na Justiça do Trabalho se dá quando o empregador, além de não contratar pessoas portadoras de deficiência, divulga publicamente que não o faz por entender serem tais trabalhadores "incapazes", "inaptos" ou "inválidos", aumentando, assim, a resistência de outras empresas para a contratação;

REFERÊNCIAS

DAVID ARAUJO, Luiz Alberto. *A proteção constitucional da própria imagem*. Belo Horizonte: Del Rey, 1996.

DIAS, José de Aguiar. *Da responsabilidade civil*. 7. ed. Rio de Janeiro: Forense, 1983. v. II.

FLORINDO, Valdir. *O dano moral no direito do trabalho*. São Paulo: Ltr. Editora, 1996.

HODGES-AEBERHARD, Jane. *Linhas gerais sobre desenvolvimentos recentes em questões de igualdade no emprego para juízes de cortes trabalhistas e assessores*. Brasília, publicação do Ministério Público do Trabalho, 1998.

SILVA NETO, Manoel Jorge e. *Curso de Direito Constitucional*. 10. ed. 3. tir. Rio de Janeiro: Lumen Juris, 2022.

SILVA NETO, Manuel Jorge e. O *princípio da máxima efetividade e a interpretação constitucional*. São Paulo: Ltr, 1999.

27
A TARIFAÇÃO DA INDENIZAÇÃO POR DANO MORAL NA JUSTIÇA DO TRABALHO À LUZ DA REFORMA TRABALHISTA E O POSICIONAMENTO DO SUPREMO TRIBUNAL FEDERAL SOBRE O TEMA

André Cremonesi

Especialista em Tutela de Interesses Difusos e Coletivos pela ESMPE. Autor de livros e artigos jurídicos. Advogado. Juiz do Trabalho Aposentado. Ex Procurador do Trabalho. Mestre em Direito do Trabalho pela PUC-SP.

Carlos Augusto Marcondes de Oliveira Monteiro

Doutor e Mestre em Direito do Trabalho pela Pontifícia Universidade Católica de São Paulo (PUC-SP). Coordenador e Professor dos cursos de pós-graduação em direito do trabalho da Escola Paulista de Direito – EPD. Sócio da DMG Advogados.

Sumário: 1. Introdução – 2. Regra matriz constitucional – 3. Norma infraconstitucional: Código Civil e consolidação das leis do trabalho – 4. Algumas hipóteses de cabimento de indenização por dano moral e a valoração de cada uma delas; 4.1 Notícia de acórdão do TST de procedência de indenizações por danos morais decorrentes de supressão do plano de saúde pelo empregador; 4.2 Notícia de acórdão do TRT-2 de procedência de indenizações por danos morais e materiais decorrentes de doença ocupacional da sentença de primeiro grau, mas não manteve o plano de saúde vitalício; 4.3 Notícia de acórdão do TRT-3 que decidiu pela procedência de indenização por danos morais em decorrência de racismo no trabalho; 4.4 Notícia de acórdão do TST que decidiu pela procedência de indenização por danos morais em decorrência de dispensa de empregado portador de deficiência, sem antes ter providenciado a contratação do seu substituto; 4.5 Notícia de acórdão do TRT-1 que decidiu pela procedência de indenização por danos morais por discriminação de gênero contra funcionário transexual; 4.6 Notícia de acórdão do TST que decidiu pela procedência de indenização por danos morais coletivos pelo descumprimento de normas de proteção à saúde e à segurança dos trabalhadores; 4.7 Notícia de acórdão do TST sobre indenização por danos morais devida em razão de determinação patronal para troca de atestado médico por outro de período menor; 4.8 Notícia de acórdão do TST que decidiu pela improcedência de indenização por danos morais no caso de motorista que ficou de pernoite em caminhão; 4.9 Notícia de acórdão do TST que decidiu pela fixação de indenização por danos morais por duas empresas que obrigaram um instalador a trabalhar em ambientes com condições ruins de higiene e segurança; 4.10 Notícia de acórdão do TST que manteve condenação à indenização por danos morais em decorrência de revista vexatória; 4.11 Notícia de acórdão do TRT7 que deferiu indenização por danos morais a um eletricista que ficou tetraplégico em acidente do trabalho; 4.12 Notícia de acórdão do TST sobre o dano moral em ricochete – 5. O posicionamento do Supremo Tribunal Federal e os critérios fixados pela doutrina – 6. Conclusão – Referências.

1. INTRODUÇÃO

O tema escolhido para este artigo é polêmico, eis que existem muitas controvérsias a respeito.

Com efeito, sempre foi desafiador ao Poder Judiciário, incluído também o ramo trabalhista, quantificar o valor da indenização por dano moral, sobretudo porque aquilo que pode ser muito grave para uns, não é grave para outros, além de outros tantos que entendam que, a depender dos fatos, tal nem deva ser objeto de fixação de indenização, que, neste último caso, a doutrina e a jurisprudência tratam como apenas meros dissabores.

Dizemos isso porque numa sociedade plural e complexa como a do nosso País, as condutas humanas têm valores que mudam conforme a camada social, a região na qual as pessoas vivem, o conceito que as pessoas gozam perante a sociedade etc.

Assim, a responsabilidade patronal decorrente de conduta contrária ao direito desafia duas perguntas que se mostram complexas de obtermos respostas, a saber:

a) O fato imputado ao autor, no caso o empregador, se caracteriza como dano moral indenizável?

b) No caso de reconhecimento de que o fato imputado ao empregador deva ser indenizado, qual o *quantum* que se prestará a reparar, de forma justa, o dano moral sofrido pelo empregado?

Por óbvio que esse tipo de litígio, no mais das vezes, desagua no Poder Judiciário, em especial no trabalhista, dada a complexidade da relação capital/trabalho.

Reiteramos, aqui, que, entre outros, vigora para a magistratura o princípio da independência funcional, o que significa dizer que não há uniformidade quanto ao entendimento de que esta ou aquela conduta seja indenizável e muito menos há uniformidade dos valores reparatórios a serem fixados pelo Poder Judiciário Trabalhista.

Logicamente que a fixação, por sentença, de uma indenização extremamente alta ou mesmo de uma indenização ínfima, permite àquele que se sentir prejudicado numa ou noutra hipótese possa manejar o recurso cabível, no caso do processo do trabalho, o Recurso Ordinário perante o Tribunal Regional do Trabalho respectivo para reformar a decisão de primeiro grau e até mesmo o Recurso de Revista perante o Tribunal Superior do Trabalho para reformar a decisão de segundo grau.

Sobreleva mencionar que "fazer justiça" nada mais é do que "dar a cada um o que é seu na medida do seu direito; nem mais, nem menos".

Ainda que esse conceito do que vem a ser "fazer justiça" possa ser considerado como inquestionável, remanesce a dificuldade dos Tribunais do Trabalho no momento do arbitramento de uma indenização por danos morais.

Sob essa perspectiva analisaremos o tema à luz da Constituição Federal de 1988 e das normas infraconstitucionais, mais precisamente do Código Civil e da Consolidação das Leis do Trabalho.

2. REGRA MATRIZ CONSTITUCIONAL

A Carta Republicana de 1988 é um marco no reconhecimento, pelo legislador constituinte originário, de muitos direitos, inclusive aqueles de natureza moral, decorrente das condutas humanas. Para corroborar isso lembrarmos aqui que o Deputado Ulisses Guimarães a rotulou de "Constituição Cidadã".

Acerca do tema destacamos dois dispositivos constitucionais que ora trazemos a este trabalho, consistente no artigo 1º, inciso III e no artigo 5º, incisos V e X, *in verbis*:

Artigo 1º A República Federativa do Brasil, formada pela união indissolúvel dos Estados e Municípios e do Distrito Federal, constitui-se em Estado Democrático de Direito e tem como fundamentos:

(...)

III – a dignidade da pessoa humana;

(...)

Artigo 5º Todos são iguais perante a lei, sem distinção de qualquer natureza, garantindo-se aos brasileiros e aos estrangeiros residentes no País a inviolabilidade do direito à vida, à liberdade, à igualdade, à segurança e à propriedade, nos termos seguintes:

(...)

V – é assegurado o direito de resposta, proporcional ao agravo, além da indenização por dano material, moral ou à imagem;

(...)

X – são invioláveis a intimidade, a vida privada, a honra e a imagem das pessoas, assegurado o direito a indenização pelo dano material ou moral decorrente de sua violação;

(...)

Merece ressaltar que o legislador constituinte originário não enfrenta, na própria Carta Magna, o valor da reparação cabível quando violados os direitos de personalidade do empregado por parte do empregador.

Com efeito, na Constituição Federal se podemos afirmar com segurança que o princípio da dignidade humana preconizado no artigo 1º, inciso III, não se mostra como dispositivo meramente programático, também é verdade que a extensão de propalada "dignidade" alcança interpretações as mais variadas.

Da mesma forma o artigo 5º, inciso V da Constituição da República falar em indenização proporcional ao agravo, o que somente pode ser aferido caso a caso para fins de fixação do *quantum* devido pelo empregador ao empregado.

Por fim, o artigo 5º, inciso X da Lei Maior consagra as hipóteses de cabimento de indenização por dano moral, a saber: a honra, a imagem, a intimidade ou a vida privada, mas sem qualquer parâmetro indenizatório em cada caso.

Essas são as considerações a respeito do tema perante a Constituição Federal de 1988.

No tópico seguinte trataremos nas normas infraconstitucionais que disciplinam o tema.

3. NORMA INFRACONSTITUCIONAL: CÓDIGO CIVIL E CONSOLIDAÇÃO DAS LEIS DO TRABALHO

Com o advento da Constituição Federal em 05/10/1988 é inegável que fui difundida o conceito de dano moral, o que tornou o instituto por demais conhecido dos cidadãos brasileiros.

Essa conscientização sobre o direito à indenização por dano moral por violação dos direitos de personalidade também atingiu os trabalhadores brasileiros.

Com isso, um sem número de ações trabalhistas foi apresentado à Justiça do Trabalho visando buscar indenização reparatória em decorrência da suposta conduta patronal contrária ao direito com invocação de ocorrência de dano moral.

Merece registro que o Código Civil, aprovado em 2002, precede a reforma trabalhista consagrada na Lei 13.467/2017.

Por força do parágrafo 1º do artigo 8º, da Consolidação das Leis do Trabalho, aplica-se subsidiariamente o direito comum ao direito do trabalho, *in verbis*: "Artigo 8º [...] § 1º O direito comum será fonte subsidiária do direito do trabalho."

Nessa linha de raciocínio, o artigo 884, caput, do Código Civil assim preconiza: "Artigo 884. Aquele que, sem justa causa, se enriquecer à custa de outrem, será obrigado a restituir o indevidamente auferido, feita a atualização dos valores monetários".

O dispositivo legal supracitado veda o enriquecimento ilícito ou sem causa.

Por óbvio que não há limitação na aplicabilidade desse dispositivo legal, quer se trate de dano material, quer se trate de dano moral.

A questão que fica sem solução, mesmo com a previsão legal de aplicação subsidiária do direito civil ao direito do trabalho, é que remanesce a dúvida sobre o *quantum* indenizatório a ser aplicado pelo Poder Judiciário Trabalhista no caso concreto.

Prova disso, são os valores díspares de indenização por dano moral fixados em decisões dos Tribunais do Trabalho que se conhece da farta jurisprudência sobre o tema.

Com o intuito de superar os valores díspares de indenização por dano moral fixados em decisões judiciais, e preocupado com o princípio da vedação do enriquecimento sem causa, houve por bem o legislador infraconstitucional fixar parâmetros para fixação desta, com o advento da Reforma Trabalhista aprovada pela Lei 13.467/2017.

Nesse sentido, o Congresso Nacional aprovou os artigos 223-A a 223-G na Consolidação das Leis do Trabalho, *in verbis*:

Artigo 223-A. Aplicam-se à reparação de danos de natureza extrapatrimonial decorrentes da relação de trabalho apenas os dispositivos deste Título.

Artigo 223-B. Causa dano de natureza extrapatrimonial a ação ou omissão que ofenda a esfera moral ou existencial da pessoa física ou jurídica, as quais são as titulares exclusivas do direito à reparação.

Artigo 223-C. A honra, a imagem, a intimidade, a liberdade de ação, a autoestima, a sexualidade, a saúde, o lazer e a integridade física são os bens juridicamente tutelados inerentes à pessoa física.

Artigo 223-D. A imagem, a marca, o nome, o segredo empresarial e o sigilo da correspondência são bens juridicamente tutelados inerentes à pessoa jurídica.

Artigo. 223-E. São responsáveis pelo dano extrapatrimonial todos os que tenham colaborado para a ofensa ao bem jurídico tutelado, na proporção da ação ou da omissão.

Artigo 223-F. A reparação por danos extrapatrimoniais pode ser pedida cumulativamente com a indenização por danos materiais decorrentes do mesmo ato lesivo

§ 1º Se houver cumulação de pedidos, o juízo, ao proferir a decisão, discriminará os valores das indenizações a título de danos patrimoniais e das reparações por danos de natureza extrapatrimonial.

§ 2º A composição das perdas e danos, assim compreendidos os lucros cessantes e os danos emergentes, não interfere na avaliação dos danos extrapatrimoniais.

Artigo 223-G. Ao apreciar o pedido, o juízo considerará:

I – a natureza do bem jurídico tutelado;

II – a intensidade do sofrimento ou da humilhação;

III – a possibilidade de superação física ou psicológica;

IV – os reflexos pessoais e sociais da ação ou da omissão;

V – a extensão e a duração dos efeitos da ofensa;

VI – as condições em que ocorreu a ofensa ou o prejuízo moral;

VII – o grau de dolo ou culpa;

VIII – a ocorrência de retratação espontânea;

IX – o esforço efetivo para minimizar a ofensa;

X – o perdão, tácito ou expresso;

XI – a situação social e econômica das partes envolvidas;

XII – o grau de publicidade da ofensa.

§ 1º Se julgar procedente o pedido, o juízo fixará a indenização a ser paga, a cada um dos ofendidos, em um dos seguintes parâmetros, vedada a acumulação:

I – ofensa de natureza leve, até três vezes o último salário contratual do ofendido;

II – ofensa de natureza média, até cinco vezes o último salário contratual do ofendido;

III – ofensa de natureza grave, até vinte vezes o último salário contratual do ofendido;

IV – ofensa de natureza gravíssima, até cinquenta vezes o último salário contratual do ofendido.

§ 2º Se o ofendido for pessoa jurídica, a indenização será fixada com observância dos mesmos parâmetros estabelecidos no § 1º deste artigo, mas em relação ao salário contratual do ofensor.

§ 3º Na reincidência entre partes idênticas, o juízo poderá elevar ao dobro o valor da indenização.

Merece registro que a redação original dos referidos dispositivos legais foi parcialmente alterada pela Medida Provisória 808 de 2017, a qual posteriormente veio a ter sua vigência encerrada, ou seja, não foi convertida em lei.

Deve ser frisado também que os dispositivos legais em comento foram objeto das ADIs – Ações Diretas de Inconstitucionalidade 6050, 6069 e 6082, cujos julgamentos de mérito apontaremos no item 5 deste trabalho.

Por ora, importa-nos trazer à baila o que dispõe o artigo 223-G do Texto Celetizado, que busca criar critérios (alguns de caráter objetivo, mas a maioria de caráter subjetivo), tudo de modo a fazer justiça quando da fixação do *quantum* indenizatório.

Sem adentrar a cada uma das hipóteses previstas no dispositivo legal em comento salta aos olhos o contido no inciso X que consagra "o perdão, tácito ou expresso".

Estranho que o juiz deva levar em consideração, justamente para apreciar o pedido e o valor nele contido, que com o "passar do tempo" sem que o empregado demonstre interesse em deixar o emprego – por certo pelo motivo de necessitar sustentar a si e à sua família – tal possa caracterizar perdão tácito, o que implicaria na fixação de indenização módica em seu favor!!!

Pior do que isso, é o mesmo inciso desse artigo considerar que o perdão expresso – talvez assinado pelo empregado sob coação – possa induzir o juízo a fixar uma quantia menor a título de indenização!!!

Quanto aos demais incisos a ser observados pelo juízo trabalhista, pensamos que os critérios sejam adequados para que seja fixada a indenização por dano moral em favor do empregado.

No tocante à tarifação propriamente dita, inserida no parágrafo 1º desse mesmo artigo 223, da CLT, pensamos, com a devida vênia e respeito a posicionamentos em contrário, que tal traz consigo uma verdadeira "camisa de força" imposta ao juiz que, em qualquer situação concreta com que se depare, não pode fixar indenização superior a 50 (cinquenta) vezes o último salário contratual do ofendido.

Com efeito, há casos de violações aos direitos de personalidade do empregado que, de forma alguma, compensaria com indenização deveras ínfima.

A nosso ver, com a devida vênia e respeito ao Poder Legislativo, a tarifação é equivocada, injusta, absurda, além de estimular a conduta patronal de manter o *status quo* relativamente ao tratamento dispensado pelos empregadores aos empregados.

Por óbvio que reconhecemos que em muitos casos será possível arbitrar uma indenização justa dentro dos parâmetros legais ora em comento.

No tópico seguinte traremos algumas hipóteses de fixação de indenização por dano moral na Justiça do Trabalho.

4. ALGUMAS HIPÓTESES DE CABIMENTO DE INDENIZAÇÃO POR DANO MORAL E A VALORAÇÃO DE CADA UMA DELAS

Como dito anteriormente o *quantum* indenizatório por conta de dano moral sofrido na constância do contrato de trabalho varia muito por parte da Justiça do Trabalho.

Assim, trazemos abaixo notícias de algumas decisões da Justiça do Trabalho que fixaram o *quantum* indenizatório a depender do caso concreto, mas com evidente carga de subjetivismo.

4.1 Notícia de acórdão do TST de procedência de indenizações por danos morais decorrentes de supressão do plano de saúde pelo empregador

Cancelamento indevido de plano de saúde gera indenização por dano moral.

17 de maio de 2021, Conjur

O cancelamento indevido de um plano de saúde viola os direitos da personalidade, o que gera o dever de pagar indenização por dano moral. Utilizando esse entendimento, a 2ª Turma do Tribunal Superior do Trabalho condenou uma empresa de São José do Rio Preto (SP) a indenizar em R$ 5 mil um motorista que teve o plano cancelado por quase um ano após a aposentadoria por invalidez.

O motorista teve de se aposentar por causa de uma hérnia de disco.

Na avaliação do colegiado, a supressão do plano foi ilícita e abalou psicologicamente o ex-empregado da Nacional Expresso Ltda.

O motorista ficou afastado do trabalho por diversos períodos em razão de uma hérnia de disco de origem ocupacional, até ser concedida sua aposentadoria por invalidez, em novembro de 2014. Na reclamação trabalhista, ele alegou que em dezembro do mesmo ano a empresa o excluiu do plano de assistência médico-hospitalar que mantinha, levando-o a optar pelo pagamento integral da mensalidade dele e de sua esposa, com base na Lei dos Planos de Saúde (Lei 9.656/1998).

No entanto, em junho de 2015, ao precisar fazer exames, ele foi informado de que seu contrato fora cancelado pela empresa. Segundo o motorista, a supressão foi arbitrária e abusiva e atingiu sua dignidade.

A empresa, em sua defesa, sustentou que a legislação determina que a aposentadoria por invalidez gera a suspensão total do contrato de trabalho. Também argumentou que não houve comprovação de que o cancelamento do benefício teria gerado dano ao aposentado e que, por outro lado, havia provas de que ele não havia necessitado do plano.

O juízo de primeiro grau e o Tribunal Regional do Trabalho da 15ª Região (interior de São Paulo) rejeitaram o pedido de indenização. Segundo a corte regional, embora pudesse ter causado ao empregado alguns dissabores, o cancelamento indevido, por si só, não era suficiente para condenar a empresa, e cabia ao trabalhador comprovar qualquer ocorrência extraordinária que lhe assegurasse a indenização por danos morais, o que não ocorreu.

Contudo, o relator do recurso de revista do motorista, ministro José Roberto Pimenta, entendeu que, uma vez constatado que o cancelamento se deu de forma indevida, ficou evidente a violação dos direitos da personalidade. "O empregado se viu abalado psicologicamente porque teve dificultado seu acesso e de sua família à assistência à saúde", afirmou o relator.

De acordo com o ministro, o dano moral, em si, não é passível de prova, pois acontece no íntimo do ser humano, "de modo que não é possível demonstrá-lo materialmente". Contra a decisão unânime a empresa opôs embargos à SDI-1, ainda não julgados.

Acórdão RR 11746-43.2015.5.15.0082.

4.2 Notícia de acórdão do TRT-2 de procedência de indenizações por danos morais e materiais decorrentes de doença ocupacional da sentença de primeiro grau, mas não manteve o plano de saúde vitalício

Acidente de trabalho não obriga empresa a arcar com plano de saúde vitalício

9 de maio de 2021, Conjur

Mesmo que decorrente da prática profissional, um acidente não obriga empresa a arcar com plano de saúde vitalício. De acordo com esse entendimento, a 17ª Turma do Tribunal do Trabalho da 2ª

Região optou por afastar a manutenção de sentença de primeiro grau que condenava uma empresa montadora de imóveis.

Apesar de ser consequência da prática, condição clínica não garante plano vitalício.

O reclamante é um soldador cujas tarefas requeriam movimentos constantes e repetitivos com postura antiergonômica dos braços e movimentos de elevação acima dos ombros – sem pausas e sem rodízios profissionais.

Os exames médicos apresentados pela empresa traziam resultados negativos, não apontando o trabalho como causador da redução de sua capacidade laboral. O empregado pediu, então, a manutenção do plano de saúde vitalício pago pela empresa e indenizações por danos materiais e morais.

De acordo com a decisão, o laudo pericial foi claro em apontar que o reclamante é portador de tendinopatia dos ombros, doença profissional causada pelas atividades exercidas pela ré, apresentando incapacidade laboral parcial e permanente para atividades que exijam empenho do membro superior direito.

No entanto, foi negada ao soldador a manutenção do plano de saúde de forma vitalícia pela empresa. A relatora designada Anneth Konesuke afirmou que, para casos assim, "não existe previsão legal para condenar a empregadora à manutenção vitalícia do plano de saúde às suas expensas".

"Os planos de saúde são oferecidos pelas empresas como um benefício social aos empregados. Para manter o plano de saúde que possui, o empregado tem que arcar com o seu custeio, por ser uma determinação proveniente de lei, não havendo outro meio de manter o mesmo plano de saúde", complementou.

As indenizações, no entanto, foram mantidas pelos desembargadores, apenas com alterações em valor. O valor arbitrado da multa por dano material, de R$ 350 mil, foi reduzido em 30%, e o da indenização por dano moral, R$ 30 mil, perdeu R$ 5 mil.

Acórdão 1000205-29.2019.5.02.0466.

4.3 Notícia de acórdão do TRT-3 que decidiu pela procedência de indenização por danos morais em decorrência de racismo no trabalho

Empresa é condenada a indenizar empregada que sofreu racismo no trabalho.

8 de maio de 2021, Conjur

Uma empresa deve zelar pela boa-fé, urbanidade e pelo respeito à dignidade humana no ambiente de trabalho. Desconsiderar um comportamento preconceituoso de um funcionário pode ser passível de indenização. De acordo com esse entendimento, a 4ª Turma do Tribunal Regional do Trabalho de Minas Gerais (TRT-3) condenou uma companhia a pagar indenização por danos morais a uma funcionária que sofreu racismo por parte de outra empregada.

A funcionária foi injuriada pela "colega" e a empresa não tomou nenhuma providência.

Segundo o processo, a autora estava no ambiente de trabalho durante a Semana da Consciência Negra e, por conta disso, haviam diversos cartazes, referentes à comemoração pregados nas paredes. Durante um intervalo, uma outra funcionária apontou para os cartazes, gritou: "Oh, você!" e citou o nome da autora. No momento da injúria, havia cerca de 30 pessoas no pátio e todas começaram a rir da empregada acometida.

Após o ocorrido, a empregada procurou o líder da sua equipe, que lhe encaminhou para a área de recursos humanos. Ela também procurou a psicóloga da companhia, mas a empresa não tomou qualquer providência em relação à colega de trabalho responsável pela situação desagradável.

A autora entrou com ação e apresentou boletins de ocorrência e outros documentos relativos à ação penal ajuizada para apuração do crime de injúria racial. A empresa, entretanto, alegou que não tinha conhecimento sobre o ocorrido, seja pelo setor de recursos humanos ou pelo setor jurídico, e acrescentou que dispõe de um canal de denúncias que não foi utilizado pela trabalhadora.

Ao ouvir testemunhas, o juiz Iuri Pereira Pinheiro decidiu em favor da autora por confirmar a injúria racial sofrida por ela. A 4ª Turma do TRT-3 manteve a decisão e pontuou que o tratamento dispensado pela empresa à trabalhadora no ambiente de trabalho, por meio de outra empregada, foi ofensivo à dignidade e estabeleceu a indenização no valor de R$ 2 mil.

Acórdão 0010740-24.2019.5.03.0040.

4.4 Notícia de acórdão do TST que decidiu pela procedência de indenização por danos morais em decorrência de dispensa de empregado portador de deficiência, sem antes ter providenciado a contratação do seu substituto

Abuso de direito

Dispensa sem motivo de empregado com deficiência gera dever de indenizar

3 de maio de 2021, Conjur

A empresa que demite empregado com deficiência sem antes providenciar a contratação de outro profissional com essa característica comete abuso de direito e, por isso, tem o dever de indenizar o trabalhador. Nesse tipo de situação, o dano é presumido, portanto não existe necessidade de prova, uma vez que o próprio ato abusivo já justifica a reparação.

O Itaú terá de pagar indenização para empregado com deficiência dispensado.

Assim entendeu a 2ª Turma do Tribunal Superior do Trabalho ao condenar o banco Itaú Unibanco S. A. a pagar indenização a um caixa com deficiência dispensado sem justa causa e sem a contratação de outro trabalhador na mesma condição. Para o colegiado, não há necessidade de demonstração da angústia resultante da ofensa, pois a mera irregularidade da dispensa já caracteriza o dano moral.

Na reclamação trabalhista, o bancário relatou que foi contratado na cota de pessoas com deficiência em razão de sequelas da poliomielite, que o obrigavam a usar aparelho ortopédico nas pernas e duas bengalas. Dispensado após nove anos na empresa, ele pediu a reintegração e a indenização.

O juízo da 4ª Vara do Trabalho de Belo Horizonte determinou a reintegração ao constatar que o banco não havia contratado previamente outro empregado em condição análoga, como exige a Lei 8.213/1991. No entanto, considerou indevida a indenização, por entender que a condenação exigiria a prova do dano moral sofrido, da conduta ilícita cometida pelo empregador e do nexo de causalidade entre ambos.

A sentença foi mantida pelo Tribunal Regional da 3ª Região (MG), que considerou, entre outros pontos, que o bancário havia recebido um valor substancial a título de verbas rescisórias, suficiente para manter seu sustento durante o tempo de afastamento.

No recurso de revista apresentado ao TST, o bancário argumentou que havia ficado inativo por oito meses por culpa do empregador e que o valor recebido na rescisão, dividido por esse período, era inferior à sua remuneração mensal. Ainda segundo ele, a conduta da empresa havia atingido sua esfera de personalidade, causando dor, ansiedade e agonia.

A relatora do recurso, ministra Maria Helena Mallmann, acolheu os argumentos do bancário. Ela observou que a regra de proteção ao trabalhador com deficiência (artigo 93, parágrafo 1º, da Lei 8.213/1991) limita o exercício do direito potestativo do empregador de dispensar os empregados nessa condição sem encontrar previamente um substituto em situação semelhante. Por unanimidade, a 2ª Turma deu provimento ao recurso e fixou a indenização em R$ 30 mil.

Acórdão RR 1611-79.2014.5.03.0004.

4.5 Notícia de acórdão do TRT-1 que decidiu pela procedência de indenização por danos morais por discriminação de gênero contra funcionário transexual

Discriminação nefasta

Empresa é condenada por discriminação de gênero contra funcionário transexual

1 de maio de 2021, Conjur

A discriminação por identidade de gênero é nefasta, porque retira das pessoas a legítima expectativa de inclusão social em condições iguais aos demais cidadãos.

Empresa é condenada por discriminação de gênero contra funcionário transexual.

Com esse entendimento, a 7ª Turma do Tribunal Regional do Trabalho da 1ª Região condenou a Prosegur Brasil Transportadora de Valores e Segurança a pagar indenização por danos morais de R$ 60 mil pela discriminação de gênero sofrida por um ex-empregado.

Na inicial, o trabalhador informou que, em 2018, deu início ao processo de transição de gênero, submetendo-se a um tratamento hormonal, a fim de garantir visibilidade à identidade masculina. Com as características gradualmente reveladas, entendeu que seria melhor ser tratado pelo seu nome social, solicitando isso aos seus supervisores e aos demais colegas.

A partir disso, ele afirmou ter sofrido resistência, exclusão, situações vexatórias, proibição de uso de banheiro masculino, fazendo com que precisasse recorrer ao uso de medicamentos contra ansiedade e fazer tratamento contra depressão. Relatou, ainda, que a empresa marcou uma reunião para que se discutissem como seria tratado o caso. Poucas semanas após essa reunião, ele foi demitido.

Uma testemunha ratificou os fatos narrados pelo autor, confirmando que um dos supervisores se negava a chamar o colega pelo nome social. Ela relatou que alguns colegas do mesmo nível hierárquico faziam piadas. A despeito dessas situações, a testemunha confirmou que não houve por parte da direção da empresa qualquer atitude para conscientizar o quadro funcional e incentivar o respeito ao profissional e a obediência à lei.

Em sua contestação, a empresa negou que tenha havido discriminação com o trabalhador, que, segundo ela, sempre foi tratado pelo nome social desde o momento que assim o requereu. Alegou, ainda, que não foi possível entregar a carta de referência com o nome social do empregado, na ocasião da sua demissão, porque na sua documentação ainda constava o nome de registro. De acordo com a Prosegur, a demissão foi motivada pela necessidade de reduzir o quadro de pessoal.

Em primeiro grau, a empresa foi condenada a pagar indenização por danos morais no valor de R$ 20 mil reais. O juiz que proferiu a sentença observou que a simples recusa da empresa em tratar o empregado pelo seu nome social nos documentos que emitia (contracheque, TRCT, e carta de referência) já era um comprovante da resistência enfrentada pelo profissional em relação à sua identidade de gênero no ambiente de trabalho. A indenização por danos materiais foi fixada em R$ 4.540,75, exato valor constante do liquido rescisório (TRCT).

Inconformada, a empregadora recorreu da decisão, e o empregado também, sendo que este pediu o aumento dos valores das indenizações por danos morais e materiais. Segundo o trabalhador, a sentença condenou a empresa ao pagamento de indenização por danos materiais, não observando o pedido inicial de condenação com base na Lei 9.029/95.

Essa lei assegura ao empregado que teve o contrato de trabalho rompido por ato discriminatório a faculdade de optar entre a reintegração, com ressarcimento integral de todo o período de afastamento, mediante pagamento das remunerações devidas, ou a percepção, em dobro, da remuneração do período de afastamento.

Aumento da indenização

A TARIFAÇÃO DA INDENIZAÇÃO POR DANO MORAL NA JUSTIÇA DO TRABALHO

Em segundo grau, o caso foi analisado pela desembargadora Carina Bicalho. "A discriminação por identidade de gênero é nefasta. Dói. Mas dói na alma, no desejo e no sentido de contribuir para construir uma sociedade vocacionada à promoção do bem de todos e sem preconceitos de qualquer ordem, que assegure o bem-estar, a igualdade e a justiça como valores supremos e a resguardar os princípios da igualdade e da privacidade, como quer a Constituição", afirmou.

A magistrada pontuou que os tribunais que tratam do assunto na esfera social reconhecem que os indivíduos transgêneros têm o direito de usar seu nome social, preservando, assim, seus direitos constitucionais individuais, com base nos artigos 5º e 3º, IV, ambos da Constituição Federal.

Em seu voto, a desembargadora reformou a sentença, aumentando o valor da indenização por danos morais para R$ 30 mil. Ela também divergiu do primeiro grau, optando pela aplicação da Lei 9.029/95. No seu entendimento, como o trabalhador já conseguiu outro emprego, ficando assim prejudicada a reintegração, ele faria jus ao pagamento de indenização equivalente ao dobro da remuneração do período de afastamento, corrigida monetariamente e acrescida dos juros legais.

O período abrangido, no entanto, foi considerado de 20 de maio a 10 de setembro de 2019 (do aviso prévio indenizado à data da obtenção do novo emprego), diferente do pleiteado pelo empregado na inicial (de 8 de abril a 19 de outubro de 2019). A 7ª Turma do TRT-1, por unanimidade, reconheceu ser válida a aplicação da Lei 9.029/95 e fixou o valor da condenação em R$ 60 mil.

Acórdão Processo 0100846-58.2019.5.01.0017.

4.6 Notícia de acórdão do TST que decidiu pela procedência de indenização por danos morais coletivos pelo descumprimento de normas de proteção à saúde e à segurança dos trabalhadores

Morte por queda

TST condena empresa por não cumprir norma para trabalho em altura

27 de abril de 2021, Conjur

A 5ª Turma do Tribunal Superior do Trabalho condenou a Argafacil do Brasil Argamassas, de Tamandaré (PR), ao pagamento de danos morais coletivos pelo descumprimento de normas de proteção à saúde e à segurança dos trabalhadores. A condenação ocorre depois que um empregado morreu ao cair de uma plataforma de aproximadamente dez metros de altura.

TST condenou empresa por morte de trabalhador.

De acordo com a apuração, não havia sistema de ancoragem que permitisse ao empregado permanecer com o cinto de segurança conectado durante o procedimento.

Também ficou demonstrado que a vítima desempenhava a função sem a exigência de aptidão para trabalho em altura e que, em audiência, a empresa se recusou a assinar Termo de Ajustamento de Conduta (TAC).

O juízo da 2ª Vara do Trabalho de Colombo (PR) entendeu que a empresa não cumpria a legislação relativa ao trabalho seguro em altura e, por isso, determinou a adequação do local. Contudo, indeferiu o pedido de indenização, por entender que o acidente não havia provocado abalo moral na sociedade, mas apenas no círculo familiar do trabalhador. O Tribunal Regional do Trabalho da 9ª Região (PR) manteve a sentença.

O relator do recurso de revista do MPT, ministro Breno Medeiros, assinalou que, para caracterizar a existência de dano moral coletivo, deve haver lesão injusta e intolerável a interesses ou direitos da coletividade considerada em seu todo ou em qualquer de suas expressões: grupo, classes ou categorias de pessoas. Nesses casos, o dano é de natureza objetiva, verificável pela simples análise das circunstâncias que o motivaram.

No caso da Argafacil, evidenciado o descumprimento de normas de segurança do trabalho, considera-se caracterizada a conduta transgressora da empresa, que transcende a esfera individual de interesses dos trabalhadores e atinge toda a coletividade dos integrantes dos quadros da empresa, gerando o dever de indenizar.

Para o ministro, embora a empresa tenha, posteriormente, se adequado às normas trabalhistas, há registro acerca da prática ilícita de descumprimento. Nesses casos, o TST tem entendido cabível a condenação ao pagamento de indenização por danos morais coletivos. Por unanimidade, a Turma fixou a condenação em R$ 30 mil.

Processo 1118-63.2016.5.09.0684.

4.7 Notícia de acórdão do TST sobre indenização por danos morais devida em razão de determinação patronal para troca de atestado médico por outro de período menor

Banco é condenado por pressionar caixa a trocar atestado e voltar ao trabalho

27 de fevereiro de 2021, Conjur

A 6ª Turma do Tribunal Superior do Trabalho condenou um banco a pagar indenização de R$ 5 mil a um empregado que foi pressionado a trocar um atestado médico de cinco dias por outro de período menor e ameaçado de demissão se não retornasse ao trabalho. "Diante de tal ameaça, não há dúvidas de o empregado ter se sentido constrangido", afirmou o relator do recurso, ministro Augusto César.

Banco é condenado por pressionar caixa a trocar atestado e voltar ao trabalho.

Admitido em 2011 como escriturário da agência do Bradesco em Pires do Rio (GO), o empregado foi promovido a caixa em 2011 e dispensado em 2012. Na reclamação, disse que, depois de entregar ao seu gerente administrativo o atestado médico de cinco dias, em razão de uma infecção grave de garganta grave, o gerente regional visitou a agência e determinou que retornasse imediatamente ao trabalho, sob pena de ser demitido, e que trocasse o atestado por outro de período menor.

Em decorrência da pressão psicológica, ele fez o que foi determinado e trabalhou doente. As informações foram confirmadas por testemunhas. Ao analisar o caso, o Tribunal Regional do Trabalho da 18ª Região considerou que, apesar de o empregado ter comprovado suas alegações, tratou-se de um fato isolado, não havendo notícia de outros atos abusivos do empregador e de fatos de maior potencial ofensivo. Para o TRT, o instituto da indenização por danos morais não visa reparar "lesões de pequena repercussão nos direitos da personalidade".

No exame do recurso de revista do bancário, o ministro Augusto César destacou que não há controvérsia a respeito da ameaça de dispensa e da pressão sofridas, que resultaram na troca do atestado e no retorno ao trabalho antes do determinado pelo médico. "Não é razoável concluir que obrigar que um empregado troque o atestado médico e trabalhe doente resulte em lesão de pequena repercussão", afirmou.

Na avaliação do relator, a indenização por danos morais não tem como único objetivo compensar o dano moral sofrido pelo trabalhador, mas também servir como uma "razoável carga pedagógica", a fim de inibir a reiteração de atos do empregador que afrontem a dignidade humana. A decisão foi unânime.

Acórdão RR-423-22.2013.5.18.0181.

4.8 Notícia de acórdão do TST que decidiu pela improcedência de indenização por danos morais no caso de motorista que ficou de pernoite em caminhão

Pernoite em caminhão não dá direito a indenização por dano moral a motorista.

Conforme a jurisprudência do TST, a reparação só é devida se for efetivamente comprovado dano à personalidade.

19.04.2021 – A Quarta Turma do Tribunal Superior do Trabalho, por unanimidade, excluiu da condenação imposta à Trans Accurcio Ltda., de Palmas (TO), o pagamento de indenização por dano moral a um motorista que tinha de pernoitar no caminhão durante as viagens de trabalho. O colegiado seguiu a jurisprudência do TST para reformar decisão do Tribunal Regional do Trabalho da 10ª Região (DF/TO), que havia condenado a empresa ao pagamento de reparação.

Diárias insuficientes

O motorista afirmou, no processo, que viajava a serviço constantemente, mas não recebia o pagamento de auxílio-hospedagem. Assim, era compelido a dormir dentro do baú do caminhão. Ele relatou ter passado por diversos transtornos em razão da precariedade do descanso em local muito quente e do medo de assaltos.

Pernoite

A empresa, por sua vez, sustentou que o artigo 235-C, parágrafo 4º, da CLT permite o pernoite do motorista no próprio caminhão e afirmou que sempre pagara diárias e pernoites no valor estabelecido em norma coletiva. Defendeu, ainda, que o fato do motorista dormir no caminhão uma ou duas noites na semana, por si só, não caracterizaria dano moral.

Dano presumido

Ao analisar o caso, o TRT levou em conta o depoimento de duas testemunhas que confirmaram que o motorista tinha de pernoitar no caminhão porque o valor pago pela empresa se destinava às refeições e era insuficiente para o pagamento de hospedagem. Recibos de diárias demonstraram, também, que a empresa pagava valor inferior aos R$ 76 previstos na norma coletiva. A Corte Regional concluiu, então, que houve dano moral na modalidade presumida e, por isso, determinou o pagamento de indenização de R$ 10 mil.

Jurisprudência

Contudo, o relator do recurso de revista da empresa, ministro Alexandre Ramos, votou pela exclusão da condenação, uma vez que, na decisão do TRT, não havia registro de efetivos prejuízos sofridos pelo motorista em razão do pernoite. Ele explicou que, de acordo com a jurisprudência do TST, o fato de o empregado pernoitar no caminhão não configura, por si só, lesão ao seu patrimônio imaterial nem dano presumido. Para o deferimento da indenização, é imprescindível a comprovação do dano à personalidade do trabalhador.

A decisão foi unânime.

Processo: RR-1936-25.2016.5.10.0801.

4.9 Notícia de acórdão do TST que decidiu pela fixação de indenização por danos morais por duas empresas que obrigaram um instalador a trabalhar em ambientes com condições ruins de higiene e segurança

TST aumenta indenização a instalador que trabalhava em ambientes degradantes

20 de abril de 2021, Conjur

A 2ª Turma do Tribunal Superior do Trabalho aumentou de R$ 5 mil para R$ 15 mil o valor da indenização por danos morais devida por duas empresas que obrigaram um instalador a trabalhar em ambientes com condições ruins de higiene e de segurança.

O instalador era obrigado a trabalhar em condições ruins de higiene e segurança. No entendimento do colegiado, o valor fixado nas instâncias inferiores é incompatível com a gravidade do dano sofrido e com a capacidade econômica das empresas.

Na reclamação trabalhista, o instalador relatou que trabalhava para a Serede – Serviços de Rede S.A. e para a Oi S.A. com escadas quebradas, amarradas por fios e cordas, e que as centrais (DGs) não tinham cadeiras ou mesas, o que o forçava a fazer seu trabalho no chão. Os locais também sofriam com falta de água, banheiros "entupidos e imundos" e galões de água sem lacres e amarrados com saco de lixo. Segundo o instalador, a "estrutura sucateada" estava em desacordo com as normas de higiene e segurança do trabalho.

O Tribunal Regional da 12ª Região (SC) deferiu a indenização de R$ 5 mil, diante da exposição diária a um ambiente de trabalho degradante e sem condições mínimas de higiene e conforto. O trabalhador, então, recorreu ao TST pedindo o aumento da condenação.

A relatora do recurso de revista, ministra Maria Helena Mallmann, explicou que, de acordo com a jurisprudência do TST, a mudança do valor indenizatório a título de danos morais somente é possível quando o montante fixado na origem estiver fora dos padrões da proporcionalidade e da razoabilidade. Segundo ela, cabe ao julgador, atento às circunstâncias relevantes da causa, arbitrá-lo com prudência e bom senso, observando também o caráter punitivo, pedagógico e dissuasório e a capacidade econômica das partes. Na sua avaliação, a indenização de R$ 5 mil não é compatível com esses requisitos. A decisão foi unânime.

Acórdão RRAg 2642-48.2015.5.12.0005.

4.10 Notícia de acórdão do TST que manteve condenação à indenização por danos morais em decorrência de revista vexatória

Intimidade violada

TST mantém condenação de supermercado por revistar armário de funcionário.

5 de abril de 2021, Conjur

Por entender que o recurso não transcreveu a parte "juridicamente relevante" da decisão que desejava ver anulada, a 6ª Turma do Tribunal Superior do Trabalho manteve a condenação imposta a um supermercado do Rio de Janeiro por fazer revista diária no armário de um funcionário, sem autorização para isso. A empresa, assim sendo, terá de indenizar o trabalhador.

O ex-funcionário do supermercado vai receber uma indenização de R$ 5 mil.

Na ação, o comerciário, que trabalhou por 12 anos nos Supermercados Mundial Ltda. e teve como última função na empresa a de operador de perecíveis, relatou que todos os dias, ao término do expediente, era pessoalmente revistado por um fiscal de prevenção de perdas do supermercado, que inspecionava seus pertences dentro da bolsa, "na frente da loja, perante os demais funcionários e clientes".

De acordo com o trabalhador, a empresa "punha em dúvida sua honestidade" e a dos demais empregados ao também revistar, indistintamente, seus armários, sem prévia autorização, com a intenção de localizar mercadorias da loja possivelmente desviadas.

O juízo de primeiro grau julgou procedente o pedido de indenização e o Tribunal Regional do Trabalho da 1ª Região (RJ) confirmou a sentença. Para a corte fluminense, as revistas na saída da loja, meramente visuais, não eram abusivas, pois o próprio empregado abria sua bolsa ou mochila. O motivo da condenação, fixada em R$ 5 mil, foi a inspeção do armário, considerado uma "extensão da intimidade do empregado".

A empresa, então, apelou ao TST com o argumento de que as revistas eram realizadas "sem contato físico e sem discriminação entre os funcionários" e que o procedimento não gerava situações vexatórias ou humilhantes.

A relatora do agravo na corte superior, ministra Kátia Arruda, assinalou que a empresa "tentou pincelar trechos da decisão" do TRT que, "supostamente", poderiam favorecê-la, mas não transcreveu a parte "juridicamente relevante" do acórdão para a análise da abusividade das revistas. Com isso, inviabilizou o trâmite do recurso. A decisão foi unânime.

Acórdão RRAg 101068-68.2016.5.01.0037.

4.11 Notícia de acórdão do TRT7 que deferiu indenização por danos morais a um eletricista que ficou tetraplégico em acidente do trabalho

Atividade de risco acentuado

Eletricista que ficou tetraplégico em acidente será indenizado em R$ 2 milhões.

6 de março de 2021, Conjur

O cargo de eletricista é atividade de risco acentuado e, por isso, atrai a aplicação da teoria da responsabilidade objetiva, prevista no artigo 927 do Código Civil. Assim, cabe ao empregador a responsabilidade pelas indenizações por dano moral, material ou estético decorrente de lesões vinculadas à execução ou em razão do trabalho.

No processo trabalhista, o acidentado requereu verbas rescisórias, indenização por danos materiais, danos morais e estéticos, entre outras verbas.

Foi com esse entendimento que a 2ª Turma do Tribunal Regional do Trabalho do Ceará (TRT-CE) condenou as empresas Companhia Energética do Ceará (Enel) e Dínamo Engenharia a indenizar um trabalhador por ter sofrido acidente laboral que o deixou tetraplégico. O colegiado arbitrou a condenação de R$ 2,1 milhões, sentenciando as empresas em responsabilidade solidária ao pagamento de danos morais, estéticos, pensão vitalícia e seguro de vida.

No caso analisado, um eletricista ajuizou, em outubro de 2018, ação trabalhista na Vara do Trabalho de Crateús contra a Enel, a empresa Dínamo Engenharia e o município de Ararendá, distante 238 km de Fortaleza. O trabalhador alegou que sofreu acidente de trabalho em maio de 2015 ao cair de um poste de iluminação no momento de trocar lâmpadas, quando seu cinto de segurança rompeu. Em razão da queda, ele foi acometido de traumatismo raquimedular grave, que o deixou com todos os membros paralisados (tetraplegia).

Em sua defesa, o município de Ararendá alegou que o contrato de iluminação pública da cidade é de responsabilidade da Enel, que, por sua vez, transferiu a prestação do serviço para a empresa Dínamo Engenharia. A empregadora Dínamo defende que o eletricista mantinha contrato de prestação de serviço com o município.

A titular da Vara do Trabalho de Crateús, Daniela Pinheiro Gomes Pessoa, proferiu sua decisão em setembro de 2019, excluindo o município de Ararendá do polo passivo. Na ocasião, condenou a empresa Dínamo e, subsidiariamente, a Enel a restabelecer o plano de saúde do eletricista, além do pagamento de salário a título de pensão mensal pela redução da capacidade laborativa.

A juíza responsabilizou, ainda, as empresas pelo pagamento de indenização pelos danos morais e materiais sofridos. "Evidente a sua dor imensurável em se ver dependente pelo resto de seus dias dos cuidados de terceiros em plena idade de atividade profissional. Evidente os prejuízos emocionais e psíquicos a que o autor está submetido em decorrência do acidente sofrido", declarou a julgadora, que arbitrou a condenação em R$ 800 mil.

Em grau de recurso, a ação foi julgada pela 2ª Turma do TRT-CE, que confirmou o entendimento do primeiro grau. O acórdão, por sua vez, atribuiu responsabilidade solidária entre as empresas condenadas, quando todos os devedores são responsáveis igualmente pela totalidade da obrigação.

O relator do acórdão, desembargador Francisco José Gomes da Silva, majorou a indenização para R$ 2,1 milhões em razão da gravidade do acidente e destacou o caráter pedagógico da pena. "Se o cinto rompeu é porque não tinha qualidade, não estava numa situação boa. Portanto, o acidente decorreu da incúria da empresa em não dar equipamento de qualidade para o trabalhador", afirmou o magistrado, que também é gestor regional do Programa Trabalho Seguro no TRT-CE.

Além do relator da decisão, participaram do julgamento os desembargadores Cláudio Soares Pires (presidente da 2ª Turma) e Jefferson Quesado Júnior, que teve voto vencido.

Acórdão 961-16.2018.5.07.0025.

4.12 Notícia de acórdão do TST sobre o dano moral em ricochete

Fábrica de margarina vai indenizar parentes de mecânico morto em explosão de reator

A companheira e os três filhos vão receber, cada um, R$ 80 mil.

02.03.2021 – A Terceira Turma do Tribunal Superior do Trabalho condenou a M. Dias Branco S.A. – Indústria e Comércio de Alimentos, fabricante de alimentos que engloba marcas como Piraquê e Adria, a pagar indenização de R$ 80 mil à companheira e a cada um dos três filhos de um mecânico de manutenção industrial. Ele faleceu em decorrência de uma explosão ocorrida durante o reparo de um reator de hidrogenação na fábrica de Gorduras e Margarinas Especiais (GME), em Fortaleza (CE).

Quatro vítimas fatais

O acidente ocorreu em 27/9/2012 e foi manchete nos jornais da época. Os empregados envolvidos, após a realização de reparos costumeiros, constataram a existência de vazamento de hidrogênio no reator e iniciaram procedimentos de correção, que redundaram na explosão. Oito empregados foram atingidos, e quatro deles morreram no acidente.

Atividade nociva

O juízo de primeiro grau destacou que, no ramo de produção de margarina, trabalhadores que exercem determinadas funções lidam com maquinário que contém gás inflamável (hidrogênio) e que essa atividade é acentuadamente nociva. De acordo com os laudos periciais e os depoimentos colhidos, constatou-se que os membros da equipe de manutenção executaram a operação de reparo em ambiente altamente perigoso, sem que fossem adotados os procedimentos mínimos de segurança. Considerando a gravidade do dano, condenou a empresa a pagar indenização de R$ 200 mil a cada herdeiro do mecânico. O Tribunal Regional do Trabalho da 7ª Região (CE), no exame de recurso ordinário, reduziu o valor para R$ 175 mil.

Negligência e imprudência

Ao recorrer ao TST, a empresa buscou se isentar da responsabilidade da reparação, mas o recurso não foi conhecido nesse ponto. O relator, ministro Agra Belmonte, apontou as evidências de culpa, diante da negligência e da imprudência no cumprimento de suas próprias normas de segurança.

Valor excessivo

Contudo, em relação ao valor da condenação, o relator avaliou que o montante arbitrado pelo TRT foi excessivo, contrariando os princípios da razoabilidade e da proporcionalidade. Para tanto, ele considerou a extensão do dano, a natureza do bem jurídico tutelado, a intensidade do sofrimento dos sucessores do trabalhador falecido, as condições em que ocorreu o acidente, o porte econômico da empresa e a repercussão pedagógica na sua política administrativa. Por maioria, a Turma decidiu, então, reduzir o valor da reparação.

Processo: RRAg-10017-19.2012.5.07.0014.

A nosso ver, com a devida vênia e respeito, percebemos que, no mais das vezes, os valores fixados como indenização por danos morais são extremamente baixos quando comparados com as condutas patronais comprovadas nos autos.

5. O POSICIONAMENTO DO SUPREMO TRIBUNAL FEDERAL E OS CRITÉRIOS FIXADOS PELA DOUTRINA

Numa análise prematura e perfunctória projetamos questionamentos dos artigos 223-A a 223-G da Consolidação das Leis do Trabalho, à luz da Constituição Federal, com a conclusão de que ao menos a tarifação da indenização seria julgada inconstitucional.

No tocante à tarifação da indenização por dano moral na esfera trabalhista, que foi trazida pela Reforma Trabalhista pela Lei 13.467/2017, foram ajuizadas três ADIS – Ações Diretas de Inconstitucionalidade 6050, 6069 e 6082, todos da relatoria do Ministro Gilmar Mendes.

Em seu julgamento datado de 26/06/2023 o Supremo Tribunal Federal assim entendeu:

> Decisão: O Tribunal, por maioria, conheceu das ADIs 6.050, 6.069 e 6.082 e julgou parcialmente procedentes os pedidos para conferir interpretação conforme a Constituição, de modo a estabelecer que: 1) As redações conferidas aos arts. 223-A e 223-B, da CLT, não excluem o direito à reparação por dano moral indireto ou dano em ricochete no âmbito das relações de trabalho, a ser apreciado nos termos da legislação civil; 2) Os critérios de quantificação de reparação por dano extrapatrimonial previstos no art. 223-G, caput e § 1º, da CLT deverão ser observados pelo julgador como critérios orientativos de fundamentação da decisão judicial. É constitucional, porém, o arbitramento judicial do dano em valores superiores aos limites máximos dispostos nos incisos I a IV do § 1º do art. 223-G, quando consideradas as circunstâncias do caso concreto e os princípios da razoabilidade, da proporcionalidade e da igualdade. Tudo nos termos do voto do Relator, vencidos os Ministros Edson Fachin e Rosa Weber (Presidente), que julgavam procedente o pedido das ações. Plenário, Sessão Virtual de 16.6.2023 a 23.6.2023.

Nada obstante tenha sido afastado o pedido de inconstitucionalidade da tarifação da indenização por dano moral, é certo que a tarifação da mesma deve ser vista apenas e tão somente como critério orientativo de fundamentação, mas sendo possível a fixação de valores superiores aos limites máximos como previstos no parágrafo 1º, do artigo 223-G do Texto Celetizado, quando consideradas as circunstâncias do caso concreto e os princípios da razoabilidade, da proporcionalidade e da igualdade.

A nosso ver não seria adequado julgar tais ações diretas improcedentes. Importante, sim, foi a ressalva quanto a permissão de fixar indenização em valores superiores àqueles previstos em lei, embora os conceitos de razoabilidade e de proporcionalidade possam vir carregados de inegável subjetivismo quando dos julgamentos dessa indenização.

É necessário que de toda humilhação e sofrimento causado deva ser reparado com o desígnio punitivo, para que não mais ocorra. Neste sentido leciona a advogada Fátima Zanetti:[1] "(...) que se coloquem em prática os ensinamentos da doutrina brasileira no sentido de que na reparação do dano moral há que se atingir dupla finalidade: a da compensação e a da punição pedagógica."

No mesmo sentido é a doutrina da professora Maria Helena Diniz:[2] "A reparação do dano moral cumpre (...) uma função de justiça corretiva ou sinalagmática, por conjugar de uma só vez a natureza satisfatória e a natureza penal da indenização".

Por esse motivo é que a tarifação, conforme proposta pelo legislador nos dispositivos da Consolidação das Leis do Trabalho retromencionados, não atinge o objetivo da indenização por danos morais, conforme estabelece o texto constitucional.

---

1. ZANETTI, Fátima. *A problemática da fixação do valor da reparação por dano moral: um estudo sobre os requisitos adotados pela doutrina*. São Paulo: LTr, 2009. p. 97.
2. DINIZ. Maria Helena. Indenização por dano moral. *Revista Jurídica*, Consulex, 1997, ano 1, n. 3.

Neste sentido é a doutrina de Antônio Jeová Santos:

> Essa seria uma boa razão para desconsiderar a tarifação. O total interesse dos potenciais ofensores em continuar na prática de atos desabonadores e o impedimento de satisfação total dos interesses da vítima. Ao tarifar a indenização, fica diminuída a reparação integral. Seja qual for a dimensão do ato lesivo, o montante em dinheiro já estará previamente escolhido. Não pode ser esquecida a possibilidade de não prejudicar, de não lesar a outrem, da máxima prevenção. A ausência de tarifação fará com que indenizações sejam fixadas em quantias que levem em conta a resipiscência do detrator. Isso exercerá um efeito pedagógico e fará com que o vitimador deixe ao largo a vontade concreta em continuar dilapidando o patrimônio imaterial das pessoas. A correlação que deve haver entre a gravidade, intensidade do dano e a dimensão da lesão experimentada há de ser buscada pelo juiz no momento da aplicação da indenização pecuniária. Fica patente que esse espírito que cerca o direito de danos é incompatível com a tarifação. Em seu ventre, tarifar seria a própria negação da reparação plena.
>
> Qualquer tentativa em tarifar a indenização do dano moral pode redundar em rotunda inconstitucionalidade. O princípio geral de não causar dano a outrem, o *neminem laedere*, tem hierarquia constitucional. Em consequência, não existe possibilidade de pôr limitação à indenização do dano moral.[3]

Essa questão também é enfrentada pela doutrina estrangeira, conforme da doutrina de José Ángel Almodóvar Maldonado:[4]

> Específicamente, con relación al carácter extra-patrimonial del daño corporal, éste constituye, a juicio de Ricardo de Ángel Yagüez, un gravísimo problema: el de tratar de armonizar las condiciones particulares de cada caso con la homogeneidad de las indemnizaciones pecuniarias de situaciones muy parecidas entre sí. Pero, en todo caso, persiste el dilema de cuánto es el valor de un brazo perdido o de una cicatriz en el rostro. Más aún, cabe preguntarse si ha de ser igualmente resarcido el brazo del carpintero y el del administrador de una empresa, o la marca en la cara de una modelo y en el rostro de una maestra escolar. En este sentido, el Tribunal Supremo de Puerto Rico ha opinado lo siguiente: – Como sabemos, no hay dos casos exactamente iguales; cada caso se distingue por sus propias y variadas circunstancias. Es por ello que – a pesar de que es aconsejable que los tribunales de instancia utilicen como guía o punto de partida las cuantías concedidas por este Tribunal en casos similares anteriores – la decisión que se emita en un caso en específico en relación con esta materia no puede ser considerada como precedente obligatorio para otro caso. Como el dolor y sufrimiento no pueden ser objeto de cotización o cuantificación precisa, para determinar la compensación monetaria razonable por los daños morales, es imperioso que la víctima aporte, en cada caso, las pruebas necesarias que permitan asegurar que no se trata de una simple pena pasajera, sino que, en alguna medida apreciable, el reclamante quedó realmente afectado en su salud, bienestar y felicidad.

A preocupação colocada pelo autor é a da impossibilidade de utilizar da mesma condenação para casos similares em razão da especificidade de cada caso, o que se dirá tarifação imposta por lei? A lei ao estabelecer tarifação para a indenização por danos morais afasta por completo o real sentido dessa espécie de indenização, pois casos similares merecem análise específica e talvez consequência jurídica diversa.

---

3. SANTOS, Antonio Jeová. *Dano moral indenizável*. 4. ed. red., ampl. e atual. de acordo com o novo Código Civil. São Paulo: Ed. RT, 2003. p. 169-170.

4. MALDONADO, José Ángel Almodóvar. *Evolución Del Daño Y La Indemnización em La Jurisprudencia Puertorriqueña*. Tese de doutorado Universidade de Valladolid, 2010, p. 322.

Neste sentido também é a conclusão de Aurélia Carrillo López:[5]

El Derecho relativo a las indemnizaciones o al resarcimiento del daño no puede alejarse del desarrollo social sino que tiene que configurarse como un factor concurrente con los comportamientos sociales. Y así la "satisfacción como compensación al sufrimento" resulta que es un hecho y no una norma legal. Este razonamiento, es perfectamente aplicable respecto a la "Indemnización por daños", y por ello, cabría proceder a una profunda reflexión de la aplicación de los criterios legales o paralegales vigentes.

6. CONCLUSÃO

Ante os comentários retromencionados nos itens 1 a 5 deste modesto trabalho concluímos que a tarifação da indenização por danos morais nunca foi algo pacificado, quer na jurisprudência, quer na doutrina.

Pensamos que a tarifação legal da indenização por danos morais, por meio da Lei 13.467/2017, também conhecida como Reforma Trabalhista, trouxe uma distorção consistente em colocar uma "camisa de força" no julgador não permitindo que este fixe uma indenização superior àquela prevista legalmente que entenda mais adequada, ainda que se possa reputar o ato patronal com muito gravíssimo.

Por óbvio que os conceitos ofensa de leve, ofensa média, ofensa grave e ofensa gravíssima implicam em concluir que se tratam de tipos abertos e que permitem uma inevitável carga de subjetivismo quando da fixação do *quantum* indenizatório e podem culminar com verdadeiras injustiças, para mais ou para menos, aos ofendidos.

Evidente, pois, que tais injustiças não são cometidas pelos julgadores de forma deliberada, na medida em que para alguns juízes o ato patronal possa ser considerado gravíssimo, enquanto que para outros juízes esse mesmo ato possa ser considerado leve ou médio, por exemplo. Portanto, referidos entendimentos divergentes podem acontecer normalmente na Justiça do Trabalho e o manejo dos recursos cabíveis são medidas que se impõem para corrigir eventuais injustiças.

A Reforma Trabalhista aprovada pela Lei 13.467/2017 contemplou novos dispositivos legais extremamente controvertidos, sem falar que muitos deles foram objeto de Ações Diretas de Inconstitucionalidade perante o Supremo Tribunal Federal, inclusive no tocante à tarifação da indenização por danos morais.

A Corte Suprema, sensível aos argumentos apontados nas Ações Diretas de Inconstitucionalidade 6050, 6069 e 6082, houve por bem julgar o dispositivo legal que trata da tarifação da indenização por danos morais *conforme a Constituição Federal*, ou seja, nos termos e nos limites desta, mas com a ressalva que há permissivo para o julgador fixar o *quantum* indenizatório superior aos limites ali delineados, quando a gravidade do ato seja de tal ordem que 50 (cinquenta) vezes o último salário do ofendido seja ínfimo a ponto de não compensá-lo pela dor sofrida durante o pacto laboral.

---

5. LÓPEZ, Aurélia Carrillo. *La Responsabilidad civil del empresario por daños derivados del accidente de trabajo*. Tese de doutorado Universidade de Granada, p. 391.

De lembrar que um dos critérios a serem levados em consideração no momento da fixação da indenização por danos morais é o de não fixá-la em valor muito alto a ponto de levar o ofensor à ruína e nem de valor muito baixo a ponto de estimulá-lo a continuar as ofensas em relação a outros empregados.

Assim, é possível concluir que a frase acima aparentemente pode dizer pouco sobre o valor da indenização por danos morais, mas permite que o Poder Judiciário cumpra sua função de fazer justiça no sentido mais amplo da palavra utilizando-se dos princípios da razoabilidade, da proporcionalidade e da igualdade no momento da fixação do *quantum* indenizatório por danos morais, sobretudo após o julgamento das Ações Diretas de Inconstitucionalidade retromencionadas.

REFERÊNCIAS

DINIZ. Maria Helena. Indenização por dano moral. *Revista Jurídica*, Consulex, 1997, ano 1, n. 3.

LÓPEZ, Aurélia Carrillo. *La Responsabilidad civil del empresario por daños derivados del accidente de trabajo*. Tese de doutorado Universidade de Granada, 2014.

MALDONADO, José Ángel Almodóvar. *Evolución Del Daño Y La Indemnización em La Jurisprudencia Puertorriqueña*. tese de doutorado Universidade de Valladolid, 2010.

SANTOS, Antonio Jeová. *Dano moral indenizável*. 4. ed. red., ampl. e atual. de acordo com o novo Código Civil. São Paulo: Ed. RT, 2003.

ZANETTI, Fátima. *A problemática da fixação do valor da reparação por dano moral*: um estudo sobre os requisitos adotados pela doutrina. São Paulo: LTr, 2009.

28
DESMONETARIZAÇÃO DA RESPONSABILIDADE CIVIL E ABORDAGEM AMPLIADA DE REPARAÇÃO NOS DANOS MORAIS COLETIVOS TRABALHISTAS

Lady Ane de Paula Santos Della Rocca

Mestre em Direito pela Faculdade de Direito de Ribeirão Preto (FDRP-USP) e Doutoranda em Direito pela Universidade Nove de Julho. Professora e Juíza do Trabalho Substituta do TRT da 15ª Região.

Marcelo Benacchio

Doutor e Mestre pela PUC/SP. Professor do Mestrado e Doutorado em Direito da Universidade Nove de Julho. Professor Titular de Direito Civil da Faculdade de Direito de São Bernardo do Campo. Juiz de Direito em São Paulo.

Sumário: 1. Introdução – 2. Fundamentos teóricos da desmonetarização da responsabilidade civil – 3. Os danos morais coletivos e a necessidade de uma abordagem ampliada de reparação – 4. A insuficiência das reparações pecuniárias e a importância dos termos de ajuste de conduta (TACS) no tratamento adequado dos casos envolvendo trabalho análogo à condição de escravo – 5. O "caso Zara" e a estipulação de medidas não pecuniárias de reparação – 6. A desmonetarização na corte interamericana de direitos humanos (CIDH). O caso "trabalhadores da Fazenda Brasil Verde vs. Brasil" – 7. Considerações finais – Referências.

1. INTRODUÇÃO

O paradigma clássico da responsabilidade civil baseia-se no princípio da reparação integral dos danos causados a terceiros, cuja finalidade precípua é a reposição do ofendido ao estado anterior à ocorrência do dano injusto, transferindo ao patrimônio do ofensor as consequências do ato lesivo. Nesse cenário, dentre as funções atribuídas ao instituto da responsabilidade, ainda predomina a função reparatória, que prestigia a compensação pecuniária como forma de reparar os danos causados, o que se faz através do pagamento de uma indenização que se mede, nos termos do art. 944 do Código Civil, pela extensão do dano.

No entanto, é evidente que o mero ressarcimento dificilmente será capaz de neutralizar as consequências do ato ilícito, uma vez que qualquer conduta lesiva desencadeia uma série de eventos que, como regra, tornam impossível a reposição do lesado a situação idêntica àquela existente antes do dano sofrido, o que faz com que a premissa de recomposição da ordem jurídica violada se torne uma utopia.

A par disso, a restrição da responsabilidade civil a saídas de cunho exclusivamente pecuniário, especialmente em demandas envolvendo lesão a interesses extrapatrimoniais, acaba por patrimonializá-los ou mercantilizá-los, na medida em que se abre margem para que eles sejam invocados visando a obtenção de ganhos financeiros, servindo de estímulo para a proliferação de demandas frívolas, que serem de base para a propagação da chamada "indústria do dano moral".

Tal constatação é reforçada e merece ainda mais atenção no plano dos danos morais coletivos trabalhistas, que por envolverem a lesão injusta e intolerável a direitos fundamentais de uma coletividade de trabalhadores, tal como a imposição de condições precárias e degradantes de trabalho, demandam uma reparação adequada, eficaz e justa em face do dano causado, que assegure não apenas a compensação financeira, mas também promovam a prevenção de violações futuras, a reparação coletiva, bem como a mudança de práticas laborais e a promoção da justiça social.

Essa mudança de paradigma da responsabilidade civil, que envolve a superação da reparação exclusivamente pecuniária dos danos morais coletivos trabalhistas, ao que se tem atribuído a denominação de "desmonetarização" da reparação dos danos, busca, portanto, uma abordagem mais abrangente, que contemple a dimensão coletiva da responsabilização, a prevenção de futuras violações e a transformação das relações de trabalho. Essa perspectiva tem como objetivo garantir uma reparação mais efetiva e justa para os trabalhadores, promovendo a dignidade e a proteção dos direitos fundamentais no ambiente laboral.

Nesse particular, merecem destaque os Termos de Ajuste de Conduta (TACs) firmados pelo Ministério Público do Trabalho que, sobretudo no contexto do trabalho análogo à condição de escravo, desempenham papel fundamental na construção e promoção de soluções não pecuniárias, além das indenizações destinadas às vítimas e ao Fundo de Defesa de Direitos Difusos (art. 13 da Lei 7.347/85), que propiciem o enfrentamento das causas e dos aspectos estruturais que favorecem a ocorrência do trabalho escravo, permitindo que sejam estabelecidas, por exemplo, cláusulas que exijam o monitoramento contínuo das condições de trabalho, a implementação de políticas internas de respeito aos direitos humanos, a implementação de programas de prevenção e combate ao trabalho escravo, a regularização das condições de trabalho, a capacitação dos empregadores e dos trabalhadores, bem como a promoção da responsabilidade social.

2. FUNDAMENTOS TEÓRICOS DA DESMONETARIZAÇÃO DA RESPONSABILIDADE CIVIL

O vocábulo "responsabilidade" origina-se do latim *respondere*, que encerra a ideia de segurança ou garantia da restituição ou compensação do bem sacrificado, o que, por seu turno, encontra-se relacionado ao significado de recomposição, de obrigação de restituir ou ressarcir (Gonçalves, 2023, p. 24).

O conceito de responsabilidade civil, como instituto do Direito, não é uníssono na doutrina pátria e estrangeira, sendo que a diversidade de definições comumente pode ser atribuída ao elemento predominante para cada autor.

Maria Helena Diniz, ante o aludido dissenso doutrinário, traz em sua obra uma definição que busca conjugar os principais conceitos atribuídos ao instituto. Para a autora "poder-se-á definir a responsabilidade civil como a aplicação de medidas que obriguem alguém a reparar dano moral ou patrimonial causado a terceiros em razão de ato do próprio imputado, de pessoa por quem ele responde, ou de fato de coisa ou animal sob sua guarda ou, ainda, de simples imposição legal" (2022, p. 23).

Nota-se, portanto, que, apesar de tradicionalmente a responsabilidade civil ter sido pautada pelo modelo centrado na compensação financeira, em que a reparação dos danos, como regra, é feita exclusivamente através do pagamento de indenizações em dinheiro, ela pode ser compreendida sob uma conotação mais ampla, sobretudo se for considerada a sua finalidade primária de restauração o equilíbrio moral e patrimonial desfeito, conforme é possível extrair da leitura conjugada dos artigos 186 e 927 do CC. Isso porque, no contexto da "sociedade de risco", proposta por Ulrich Beck (2022), impõe-se ao instituto da responsabilidade uma visão prospectiva no sentido de que a tutela da intangibilidade existencial e patrimonial, consubstanciada na cláusula geral da "neninem laedere", geralmente focada em uma postura reativa, caminhe para uma abordagem antecipatória de resultados, prestigiando-se a função preventiva (Rosenvald, 2017, p. 28).

Nessa esteira, Nelson Rosenvald adverte que a responsabilidade civil assume "uma expressão fluida como os tempos em que vivemos, que pode exprimir uma ideia de reparação, punição ou precaução, conforme a dimensão temporal e espacial em que se coloque" (2017, p. 21).

Tal mudança se justifica diante das limitações significativas do modelo tradicional de responsabilidade civil centrado na compensação pecuniária. Dentre elas, a que tende a reduzir os danos sofridos à dimensão financeira, desconsiderando os aspectos imateriais, emocionais e sociais das vítimas, o que pode conduzir a uma subavaliação do impacto real dos danos, especialmente no caso de danos morais e coletivos. Além disso, a ênfase no aspecto pecuniário muitas vezes resulta em uma abordagem individualista, negligenciando-se a dimensão social das violações e sua repercussão na comunidade, cabendo ainda destacar que a compensação financeira, por si só, pode não ser suficiente para desencorajar condutas ilícitas e evitar a repetição de danos, pode, ainda, agravar as desigualdades socioeconômicas, uma vez que nem todas as vítimas têm acesso igualitário aos recursos financeiros necessários para buscar reparação, o que pode gerar uma disparidade e perpetuar as desigualdades existentes na sociedade.

A par do exposto, a reparação exclusivamente monetária dos danos extrapatrimoniais ainda contribui para o incremento da litigiosidade e a banalização do próprio instituto do dano moral, pois, conforme adverte Anderson Schreiber, "o temor de que o imenso oceano de novos interesses extrapatrimoniais deságue em ações frívolas voltadas à obtenção de indenização pelos acontecimentos mais banais da vida social deriva, em grande parte, do fato de que a abertura ao ressarcimento do dano moral deu-se por meio de uma extensão da função historicamente patrimonialista da responsabilidade civil, sem que se procedesse, ao mesmo tempo, a qualquer modificação substancial na estrutura do instituto. Assim, mesmo às lesões a interesses não patrimoniais o ordenamento jurídico continua oferecendo, como única resposta, o seu remédio tradicional, de conteúdo estritamente patrimonial, qual seja, a deflagração do dever de indenizar. Bem vistas as coisas, a tão combatida inversão axiológica – por meio da qual a dignidade humana e os interesses existenciais passam a ser invocados visando à obtenção de ganhos pecuniários –, tem como causa imediata não o desenvolvimento social de ideologias reparatórias ou um processo coletivo de vitimização, mas a inércia da própria comunidade jurídica, que insiste em oferecer às vítimas desses danos, como uma só solução, o pagamento de uma soma em dinheiro[...]" (2012, p. 193).

Diante de tais circunstâncias, tem-se a necessidade de repensar o modelo tradicional centrado na compensação financeira da responsabilidade civil, surgindo como alternativa a chamada desmonetarização[1] da responsabilidade civil, também denominada despatrimonialização ou despecuniarização da reparação de danos (Shreiber, 2015, p. 200), que propõe uma visão mais ampla e abrangente da reparação dos danos, considerando não apenas a compensação financeira imediata, mas também os aspectos imateriais, sociais e coletivos dos danos, com vistas a promover a prevenção de futuras violações e garantir a transformação das práticas e estruturas que levaram à ocorrência dos eventos lesivos.

A desmonetarização da responsabilidade civil, ao admitir soluções não pecuniárias, contribuiu para a prevenção de futuras violações, a transformação das práticas e estruturas que levaram à ocorrência dos danos, a promoção da justiça social e a garantia dos direitos humanos, o que se coaduna com a premissa da reparação integral e reafirma a prevenção como cerne da responsabilidade civil contemporânea.

3. OS DANOS MORAIS COLETIVOS E A NECESSIDADE DE UMA ABORDAGEM AMPLIADA DE REPARAÇÃO

Os avanços tecnológicos e o desenvolvimento da organização social resultaram na necessidade de reconhecimento da proteção de outros valores e bens fundamentais para a sociedade, o que fez com que a responsabilidade civil, inicialmente voltada para a composição de danos no âmbito individual e privado, fosse redirecionada para abarcar também violações a interesses e direitos de natureza difusa e coletiva (Medeiros Neto, 2007, p. 136).

Tal circunstância, que culminou na expansão dos danos indenizáveis, demandou a ampliação do próprio conceito de dano moral ou extrapatrimonial, que sob a ótica da tutela coletiva, passou a ser denominado dano moral coletivo e pode ser definido como a lesão injusta e intolerável a interesses titularizados por uma coletividade (Medeiros Neto, 2007, p. 137).

---

1. Trata-se de um "neologismo" que tem sido empregado pela doutrina para descrever a proposta de desvinculação da responsabilidade civil de soluções exclusivamente pecuniárias ou patrimoniais.

Os danos morais coletivos, em linha gerais, são aqueles que afetam não apenas indivíduos isolados, mas também grupos, comunidades e a sociedade como um todo. Diferentemente dos danos morais individuais, que se referem a lesões sofridas por uma pessoa específica, os danos morais coletivos surgem de violações de direitos que têm impacto além do indivíduo lesado e podem incluir danos causados por desastres ambientais, violações de direitos humanos em larga escala, inclusive de natureza trabalhista, violência comunitária, entre outros, e afetam não apenas as vítimas diretas, mas também a minam a confiança nas instituições, abalam a coesão social e afetam a percepção de justiça na sociedade. Além disso, podem gerar tensões políticas, desigualdades e conflitos, prejudicando o desenvolvimento democrático.

A reparação dos danos morais coletivos requer, além da responsabilização dos responsáveis mediante o pagamento de indenização e sanção pecuniárias, a implementação de medidas efetivas que promovam a prevenção, a conscientização e a mudança de práticas prejudiciais, devendo abordar não apenas os efeitos individuais dos danos, mas também as causas estruturais e sistêmicas que levaram à sua ocorrência.

Nesse sentido, o art. 927, do Código Civil impõe o dever de reparar, mas não trata expressamente da forma de reparação, legitimando a adoção da forma mais adequada ao caso concreto, enquanto os artigos 1º, 3º e 11 da Lei da Ação Civil Pública (LACP) permitem concluir que a imposição de obrigações de fazer ou não fazer podem ser meios para operar a reparação do dano, tanto patrimonial quanto não patrimonial.

Aliás, a preocupação com a reparação adequada dos danos morais coletivos também se faz presente nos tribunais, podendo-se destacar o Tema 1.104, ainda pendente de julgamento pelo Superior Tribunal de Justiça, cujo acórdão de afetação ao rito dos recursos repetitivos foi publicado em 10.09.20121 e que tem como objetivo "Definir a possibilidade de imposição de tutela inibitória, bem como de responsabilização civil por danos materiais e morais coletivos causados pelo tráfego com excesso de peso em rodovias".

Além da legislação mencionada, o Princípio da Fraternidade, reconhecido como categoria jurídica, também representa um importante marco jurídico na busca de saídas não pecuniárias para reparação dos danos morais coletivos, pois reforça a importância de se construir uma sociedade justa e solidária, em que todos os indivíduos e grupos sejam tratados com dignidade e respeito e impõe a necessidade de uma resposta abrangente, que vá além da compensação financeira, e que esteja fundamentada nos princípios de dignidade, igualdade e justiça. Trata-se de promover relações harmoniosas e igualitárias, baseadas na compreensão de que todos são interdependentes e têm responsabilidade uns pelos outros, em uma concepção fraternal de sociedade, que zela pelo bem-estar coletivo e pela justiça social (Fonseca, 2019).

Do princípio da fraternidade, que também guarda assento no art. 3º, inciso I da Constituição Federal, extrai-se a responsabilidade de uns pelos outros, impondo a cada indivíduo agir de forma solidária e fraterna.

Dessa forma, tal princípio se constituiu um vetor fundamental na determinação da responsabilidade civil e na busca de soluções de reparação adequada nos casos de danos morais coletivos, visando o bem-estar coletivo.

4. A INSUFICIÊNCIA DAS REPARAÇÕES PECUNIÁRIAS E A IMPORTÂNCIA DOS TERMOS DE AJUSTE DE CONDUTA (TACS) NO TRATAMENTO ADEQUADO DOS CASOS ENVOLVENDO TRABALHO ANÁLOGO À CONDIÇÃO DE ESCRAVO

No contexto dos danos morais coletivos trabalhistas, o trabalho escravo representa uma das formas mais extremas de violação dos direitos humanos e uma clara manifestação da exploração e da degradação humana. O trabalho escravo envolve a privação da liberdade, condições de trabalho desumanas, jornadas exaustivas, violência física e psicológica, além da negação de direitos básicos dos trabalhadores.

Nesse sentido, a desmonetarização da responsabilidade civil se mostra fundamental para enfrentar os danos morais coletivos trabalhistas decorrentes do trabalho escravo. A compensação financeira por si só é insuficiente para reparar os danos causados aos trabalhadores, suas famílias e à coletividade como um todo. A reparação integral requer medidas efetivas que não se restrinjam apenas ao aspecto econômico, mas também busquem combater as causas estruturais do trabalho escravo, promover a conscientização, prevenir futuras violações e promover a justiça social.

Nesse contexto, os TACs (Termos de Compromisso de Ajuste de Conduta) têm desempenhado um papel fundamental na reparação dos danos morais coletivos trabalhistas relacionados ao trabalho escravo, pois podem estabelecer obrigações e compromissos que vão além da compensação financeira, buscando a implementação de medidas concretas para prevenir novas violações e promover a transformação das práticas trabalhistas.

O Termo de Compromisso de Ajuste de Conduta, ou simplesmente chamado de "termo de ajuste de conduta" ou "compromisso de ajustamento de conduta" encontra-se previsto no art. 5º, § 6º da Lei da Ação Civil Pública (LACP) e consiste no "ato jurídico pelo qual a pessoa, reconhecendo implicitamente que sua conduta ofende interesse difuso ou coletivo, assume o compromisso de eliminar a ofensa através da adequação de seu comportamento às exigências legais" (Carvalho Filho, 195, p. 137).

Referido instrumento, conforme o dispositivo legal acima indicado, pode ser entabulado pelos órgãos públicos legitimados à propositura da ação civil pública, "que poderão tomar do causador do dano a direitos ou interesses difusos, coletivos ou individuais homogêneos termo de compromisso de ajuste de conduta às exigências legais, mediante cominações, que terá eficácia de título executivo extrajudicial".

A despeito da redação do art. 5º, § 6º da LACP, que utiliza a expressão "*tomar do interessado* o termo de compromisso de ajustamento de sua conduta às exigências legais", possa conferir um caráter impositivo ao órgão público legitimado, afastando a natureza de acordo ou transação do instituto, tem prevalecido a corrente doutrinária que defende a natureza híbrida do TAC, pois nada impede que ele verse sobre matérias disponíveis, ou seja, transacionáveis relativas às consequências do ato lesivo, e não propriamente sobre o conteúdo do direito, o que autorizaria, portanto, a inserção de cláusulas contendo obrigações de natureza não pecuniária, atendendo as peculiaridades do caso concreto e com vistas a prevenir a repetição da conduta, especialmente nas hipóteses de impossibilidade de retorno *ao status quo ante.*

Nessa esteira, Bruno Gomes Borges da Fonseca defende a "possibilidade transacional relativa a aspectos periféricos ou circunstanciais do TAC (modo, lugar e tempo) e aos efeitos patrimoniais dos interesses metaindividuais. Nessas hipóteses, haveria transigência sobre as consequências e não acerca do conteúdo do direito. O TAC, por exemplo, poderá prever prazos, formas e condições para adequação da conduta e, também, estipular a maneira de reparação do dano: (i) destinação a fundos; (ii) volvida diretamente às pessoas afetadas. Por esses aspectos, assumiria feição híbrida, como tipo de transação indireta, extraordinária, especial ou atípica" (2013, p. 73).

Assim, um TAC pode estabelecer, por exemplo, a obrigatoriedade de adoção de políticas de respeito aos direitos humanos nas empresas, a implementação de programas de formação e sensibilização para os trabalhadores e gestores, a criação de canais de denúncia de violações trabalhistas, entre outras medidas. Essas ações visam não apenas compensar os danos sofridos pelos trabalhadores, mas também promover mudanças nas práticas empresariais e na cultura organizacional, contribuindo para a erradicação do trabalho escravo e a proteção dos direitos humanos no ambiente de trabalho.

Dessa forma, a desmonetarização da responsabilidade civil aliada à utilização de TACs proporciona uma abordagem mais abrangente e efetiva para lidar com os danos morais coletivos trabalhistas decorrentes do trabalho escravo. Essa abordagem reconhece a necessidade de uma reparação integral, que combina medidas de compensação financeira com a implementação de ações estruturais e preventivas, promovendo a justiça, a dignidade e o respeito aos direitos humanos dos trabalhadores.

5. O "CASO ZARA" E A ESTIPULAÇÃO DE MEDIDAS NÃO PECUNIÁRIAS DE REPARAÇÃO

No contexto da desmonetarização da responsabilidade civil e dos danos morais coletivos trabalhistas, o caso da Zara se destaca como um exemplo emblemático de violação dos direitos humanos no setor da moda e do trabalho escravo contemporâneo.

Em 2011, foram descobertas oficinas de costura terceirizadas na cidade de São Paulo, estavam produzindo roupas para a Zara, uma renomada marca de moda internacional, pertencente ao grupo espanhol Inditex. Nessas oficinas, trabalhadores eram submetidos a condições de trabalho degradantes, jornadas exaustivas, salários irrisórios e restrições de liberdade, configurando uma situação de trabalho análoga à escravidão.

Esse caso gerou uma ampla repercussão e chamou a atenção para a responsabilidade das empresas na cadeia de produção. Foi um exemplo claro de como a desmonetarização da responsabilidade civil se faz necessária, uma vez que a simples compensação financeira não seria suficiente para reparar os danos causados aos trabalhadores e à sociedade como um todo.

A Zara, diante da pressão e das denúncias, assumiu a responsabilidade pelos abusos cometidos em sua cadeia de suprimentos e firmou um TAC com o Ministério Público do Trabalho no Brasil (TAC 21/2017). Tal acordo previa uma série de medidas para a reparação dos danos morais coletivos e para prevenir futuras violações, incluindo a adoção de políticas de responsabilidade social corporativa e a realização de auditorias para garantir o cumprimento das normas trabalhistas em suas oficinas terceirizadas. Também foram estipuladas obrigações de controle e fiscalização da cadeia produtiva, incluindo o controle preventivo na contratação de fornecedores.

Ademais, dentre os objetivos expressos no aludido termo constaram "11.7. criar uma cultura construtiva de combate efetivo àquelas vulnerabilidades, com o uso de ações preventivas e corretivas a serem empreendidas pela ZARA" e "11.8. gerar efeito pedagógico e atrativo para todos os agentes econômicos do segmento da indústria do vestuário, quiçá para os demais setores da economia", evidenciando a importância da função preventiva da responsabilidade civil e uma das bases para a construção de saídas não pecuniárias de reparação.

O caso da Zara ilustra a importância da desmonetarização da responsabilidade civil no enfrentamento dos danos morais coletivos trabalhistas, especialmente quando envolve grandes empresas transnacionais, permitindo expandir o escopo da responsabilidade para além do vínculo contratual direto, de modo a incluir empresas que obtêm benefícios econômicos da exploração do trabalho escravo, mesmo que não sejam diretamente empregadoras. Essa abordagem busca combater a terceirização e a subcontratação abusivas, responsabilizando todas as partes envolvidas na cadeia produtiva por violações dos direitos trabalhistas, especialmente nos casos em que a compensação financeira por si só não seria capaz de reparar a gravidade das violações cometidas, sendo necessárias medidas concretas para promover a responsabilização, a prevenção e a transformação das práticas laborais, através de medidas que sirvam de desestímulo para a reiteração da conduta lesiva, que também representam mecanismos de concorrência desleal.

Essa experiência também evidencia o papel dos TACs como instrumento para promover a reparação integral dos danos morais coletivos trabalhistas. Através desses acordos, é possível estabelecer compromissos e obrigações que vão além da compensação financeira, buscando a implementação de políticas e práticas que garantam o respeito aos direitos humanos no ambiente de trabalho.

Em suma, o caso da Zara representa um marco na discussão sobre a desmonetarização da responsabilidade civil e a necessidade de uma abordagem ampliada na reparação dos danos morais coletivos trabalhistas. Ele demonstra a importância de responsabilizar as empresas pela cadeia produtiva, fortalecer os mecanismos de controle e garantir que as práticas laborais estejam em conformidade com os princípios de dignidade, igualdade e respeito aos direitos humanos.

6. A DESMONETARIZAÇÃO NA CORTE INTERAMERICANA DE DIREITOS HUMANOS (CIDH). O CASO "TRABALHADORES DA FAZENDA BRASIL VERDE VS. BRASIL"

A desmonetarização da responsabilidade civil também tem sido reconhecida e discutida pela Corte Interamericana de Direitos Humanos (CIDH), órgão judicial autônomo da Organização dos Estados Americanos (OEA) responsável por zelar pela proteção e interpretação da Convenção Americana de Direitos Humanos.

A CIDH tem se posicionado de forma progressista em relação à reparação de danos morais coletivos, buscando ir além da compensação financeira tradicionalmente aplicada. Em diversos casos, a Corte tem destacado a importância de adotar medidas não pecuniárias que visem à reparação integral das vítimas e à prevenção de violações futuras.

A título de exemplo, cita-se o caso "Trabalhadores da Fazenda Brasil Verde vs. Brasil", em que a CIDH, em sentença de 20 de outubro de 2016, abordou a questão do trabalho escravo e ressaltou que a reparação deve contemplar medidas de restituição, reabilitação, satisfação, garantias de não repetição e outras formas de reparação integral, além da compensação financeira. A Corte também enfatizou a necessidade de implementar políticas públicas para combater o trabalho escravo e garantir a proteção dos direitos humanos.

Durante a década de 90, a propriedade pecuária Fazenda Brasil Verde recebeu 128 trabalhadores rurais para a execução de diversos trabalhos em Sapucaia, no sul do estado do Pará. Os homens, com idade de 15 a 40 anos, foram atraídos de diversas cidades do norte e nordeste do país pela promessa de trabalho. No entanto, acabaram sendo submetidos a condições degradantes de trabalho, com jornadas exaustivas, e eram impedidos de deixar a fazenda em razão de dívidas contraídas.

No bojo da decisão, a CIDH reforçou a função preventiva da responsabilidade civil, estabelecendo, expressamente que "o dever de prevenção inclui todas as medidas de caráter jurídico, político, administrativo e cultural que promovam a salvaguarda dos direitos humanos e que assegurem que eventuais violações a esses direitos sejam efetivamente consideradas e tratadas como um fato ilícito o qual, como tal, é suscetível de gerar punições para quem os cometa, bem como a obrigação de indenizar às vítimas por suas consequências prejudiciais" (2016, p. 83).

A Corte, ainda, destacou em tópico próprio, denominado de "Ausência de proteção judicial efetiva" que a Ação Civil Pública versando sobre os mesmos fatos, a foi pactuado um acordo, "sem considerar de maneira detalhada a gravidade dos fatos nem a necessidade de reparação dos trabalhadores da Fazenda", o que reforça a importância da análise casuística e voltada para as particularidades de cada caso concreto no processo de escolha das medidas não pecuniárias adequadas. Nesse sentido, foram enumerados, dentre os pontos que teriam tornado os procedimentos judiciais anteriores inefetivos, a inexistência de um mecanismo de reparação para as vítimas e a inaptidão dos meios adotados em prevenir que as violações aos direitos das vítimas continuassem.

Por fim, com fundamento no disposto no artigo 63.1 da Convenção Americana Sobre Direitos Humanos, a CIDH ressaltou que "toda violação de uma obrigação internacional que tenha provocado dano compreende o dever de repará-lo adequadamente", de modo que "A reparação do dano causado pela infração de uma obrigação internacional requer, sempre que seja possível, a plena restituição (*restitutio in integrum*), que consiste no restabelecimento da situação anterior. Caso não seja possível, como ocorre na maioria dos casos de violações de direitos humanos, o Tribunal determinará medidas para garantir os direitos violados e reparar as consequências produzidas pelas infrações" (2016, p. 108).

O caso em análise evidencia o reconhecimento pela Corte Interamericana de Direitos Humanos (CIDH) da necessidade de se tratar adequadamente os danos morais coletivos e promover a reparação integral das vítimas, com ênfase no dever de prevenção, o que necessariamente perpassa pela ideia de desmonetarização da responsabilidade civil.

Enfatiza-se a importância de adotar medidas que vão além da compensação financeira, buscando a transformação das estruturas e práticas que propiciaram a violação dos direitos humanos, visando a prevenção de novas violações, o que reforça a necessidade de repensar o modelo tradicional centrado na compensação financeira e promover uma abordagem mais ampla e abrangente na reparação dos danos morais coletivos, em conformidade com as normas e princípios de direitos humanos.

7. CONSIDERAÇÕES FINAIS

Diante das limitações do paradigma clássico da responsabilidade civil, centrado na compensação financeira, surge a necessidade de repensar a reparação dos danos causados a terceiros, especialmente no contexto dos danos morais coletivos trabalhistas. A desmonetarização da responsabilidade civil, que propõe uma abordagem mais abrangente e ampliada da reparação, mostra-se como uma alternativa que busca contemplar os aspectos imateriais, sociais e coletivos dos danos, promovendo a prevenção de futuras violações, a transformação das práticas laborais e a promoção da justiça social.

A responsabilidade civil não pode se restringir apenas a soluções pecuniárias, pois os danos morais coletivos vão além do impacto individual, afetando grupos, comunidades e a sociedade como um todo. Esses danos têm implicações que vão além do aspecto financeiro e demandam medidas que promovam a conscientização, a mudança de práticas prejudiciais e a prevenção de violações futuras.

A desmonetarização da responsabilidade civil, ao admitir soluções não pecuniárias, permite enfrentar as causas e os aspectos estruturais que favorecem a ocorrência dos danos morais coletivos trabalhistas. Instrumentos como os Termos de Ajuste de Conduta (TACs), firmados pelo Ministério Público do Trabalho, possibilitam a implementação de cláusulas que exigem o monitoramento das condições de trabalho, a implementação de políticas de respeito aos direitos humanos, programas de prevenção e combate ao trabalho escravo, entre outras ações que visam à mudança de práticas laborais e à garantia dos direitos fundamentais no ambiente de trabalho.

A adoção de uma abordagem mais abrangente da responsabilidade civil, voltada para a reparação integral dos danos morais coletivos trabalhistas, não apenas proporciona uma reparação mais efetiva e justa para os trabalhadores, mas também contribui para a prevenção de futuras violações, a transformação das relações de trabalho e a promoção da dignidade e dos direitos fundamentais no ambiente laboral.

Portanto, a desmonetarização da responsabilidade civil e a busca por uma reparação adequada e eficaz, em conformidade com os direitos humanos, são fundamentais para superar as limitações do modelo tradicional e garantir uma proteção mais abrangente e efetiva diante dos danos morais coletivos trabalhistas. A mudança de paradigma proposta visa a construção de uma sociedade mais justa, igualitária e fraterna, que valoriza a dignidade humana e promove a proteção dos direitos fundamentais.

REFERÊNCIAS

BECK, Ulrich. *Sociedade de Risco*: rumo a uma outra modernidade. 2. ed. São Paulo: Editora 34, 2011.

CARVALHO FILHO, José os Santos. *Ação Civil Pública*: Comentários por artigo. Rio de Janeiro: Freitas Bastos, 1995.

CAVALIERI FILHO, Sergio. *Programa de Responsabilidade Civil*. 15. ed. Barueri: Atlas, 2021.

CORTE INTERAMERICANA DE DERECHOS HUMANOS. Caso trabalhadores da Fazenda Brasil Verde vs. Brasil. Sentença de 20 de outubro de 2016. Disponível em: https://www.corteidh.or.cr/docs/casos/articulos/seriec_318_por.pdf. Acesso em: 30 maio 2023.

DINIZ, Maria Helena. *Curso de direito civil brasileiro*: responsabilidade civil. 36. ed. São Paulo: Saraiva, 2022. v. 7.

FONSECA, Reynaldo Soares da. *O Princípio Constitucional da Fraternidade*: Seu Resgate no Sistema de Justiça. Belo Horizonte: Editora D'Plácido, 2019.

GONÇALVES, Carlos Roberto. *Responsabilidade Civil*. 21. ed. São Paulo: Saraiva, 2023.

LEITE, Carlos Henrique B. *Ministério Público do Trabalho*. 8. ed. São Paulo: Saraiva, 2017.

MEDEIROS NETO, Tiago de Medeiros. *Dano Moral Coletivo*. 2. ed. São Paulo: LTr, 2007.

MIGALHAS. Reparação não pecuniária do dano coletivo. *Migalhas de Responsabilidade Civil*. Disponível em: https://www.migalhas.com.br/coluna/migalhas-de-responsabilidade-civil/354897/reparacao-nao--pecuniaria-do-dano-coletivo. Acesso em: 30 maio 2023.

MINISTÉRIO PÚBLICO DO TRABALHO (MPT). Procuradoria Regional do Trabalho da 2ª Região. Termo de Ajustamento de Conduta 021/2017 – Zara Brasil Ltda. São Paulo, 2017. Disponível em: https://www.estadao.com.br/blogs/blog/wp-content/uploads/sites/41/2017/05/MPT-SP_TAC-Zara_21-2017.pdf. Acesso em: 30 maio 2023.

MINISTÉRIO PÚBLICO FEDERAL. (s.d.). Entenda o caso Fazenda Brasil Verde. Disponível em: https://www.mpf.mp.br/pgr/documentos/entenda-o-caso-_fazenda-brasil-verde.pdf. Acesso em: 30 maio 2023.

ROSENVALD, Nelson. *As funções da responsabilidade civil*. 3. ed. São Paulo: Saraiva, 2017.

SCHREIBER, Anderson. *Novos Paradigmas da Responsabilidade Civil*: da erosão dos filtros da reparação à diluição dos danos. São Paulo: Atlas, 2012.

SCHREIBER, Anderson. Reparação Não Pecuniária dos Danos Morais. In: TEPEDINO, Gustavo e FACHIN, Luiz Edson (Org.). *Pensamento crítico do Direito Civil brasileiro*. Curitiba: Juruá Editora, 2011.

SOUZA, Fábio Gaspar de. A reparação não pecuniária do dano extrapatrimonial – racionalidade, efetividade e coerência. *Rev. Fac. Direito São Bernardo do Campo*. v. 23. n. 2. 2017.

SUPERIOR TRIBUNAL DE JUSTIÇA. Pesquisa de Temas Repetitivos. Disponível em: https://processo.stj.jus.br/repetitivos/temas_repetitivos/pesquisa.jsp?novaConsulta=true&tipo_pesquisa=T&cod_tema_inicial=1104&cod_tema_final=1104. Acesso em: 30 maio 2023.

VI – *COMPLIANCE* E RESPONSABILIDADE CIVIL NAS RELAÇÕES DE TRABALHO

VI – COMPLIANCE E
RESPONSABILIDADE CIVIL NAS
RELAÇÕES DE TRABALHO

29
COMPLIANCE COMO FERRAMENTA DE PREVENÇÃO AO ASSÉDIO E OUTRAS FORMAS DE VIOLÊNCIA NO MEIO AMBIENTE DO TRABALHO

Célio Pereira Oliveira Neto

Pós-Doutorando pela Universidade do Porto. Doutor, Mestre e Especialista em Direito do Trabalho pela PUC/SP. Pesquisador GETRAB/USP. Coordenador do Conselho de Relações do Trabalho da Associação Comercial do Paraná. Membro: Comunidad para la Investigación y el Estudio Laboral y Ocupacional, Instituto Brasileiro de Direito Social Cesarino Junior e Instituto dos Advogados Brasileiros. Diretor Jurídico da Sociedade Brasileira de Teletrabalho e Teleatividades. Membro da Academia Brasileira de Direito do Trabalho (titular da cadeira 75). http://lattes.cnpq.br/9453367171078315.

Laura Haj Mussi Pereira Oliveira

Bacharelanda em direito da Universidade Federal do Paraná. Pesquisadora UFPR. Membra Núcleo de Estudos em Sistemas de Direitos Humanos UFPR. Certificada em inglês jurídico pela FGV-RJ e em *business advocacy* pelo *Law Internacional Program* – PUC-PR.

Sumário: Objeto – Introdução – 1. Conceitos introdutórios; 1.1 Meio ambiente do trabalho; 1.2 Assédio e outras formas de violência; 1.2.1 Assédio moral; 1.2.2 Assédio sexual; 1.2.3 Violência – 2. Obrigação de prevenção do empregador no meio ambiente do trabalho; 2.1 Diretriz constitucional; 2.2 Legislação infraconstitucional; 2.3 Plano internacional; 2.3.1 Convenções da OIT; 2.3.2 Destaques para a convenção 190 e recomendação 206 da OIT; 2.3.3 Não discriminação; 2.4 Responsabilidade por omissão; 2.5 Marcas do assédio e outras formas de violência – 3. *Compliance;* 3.1 Origem e desenvolvimento; 3.2 Canais de denúncia; 3.3 Políticas internas – 4. Diagnóstico de *compliance;* 4.1 Questionário da OIT; 4.2 Cartilha do Senado Federal; 4.3 Modelo do Tribunal de Contas da União – 5. Conclusão – Referências.

OBJETO

O presente artigo tem por escopo apresentar como o *compliance* pode atuar como ferramenta para prevenir condutas de assédio e outras formas de violência no meio ambiente do trabalho.[1]

INTRODUÇÃO

Aumentaram de maneira espantosa as demandas perante a Justiça do Trabalho envolvendo casos de assédio e outras formas de violência no meio ambiente laboral.

---

1. A oportunidade é ímpar diante da honra de participar da justa homenagem ao consagrado jurista, Des. Valdir Florindo, ser humano da mais alta envergadura e, ao mesmo tempo escrever este artigo em coautoria (pai e filha).

Para se ter uma ideia, em matéria da Folha de São Paulo (2023), segundo a consultoria de jurimetria Data Lawyear, de 2018 a 2022 houve acréscimo de 208% das ações trabalhistas que contemplam pedidos envolvendo assédio sexual.

Segundo o jornal Terra (2023), a quantidade de denúncias relativas a episódios de assédio moral e de assédio sexual recebidas pelo Ministério Público do Trabalho nos seis primeiros meses de 2023 foi de 8.458, o que equivale quase que a totalidade das recebidas no ano anterior.

Os escândalos de denúncias envolvendo a administração de Pedro Guimarães na Caixa Econômica Federal geraram a abertura de 115 procedimentos para apurar assédio moral e 35 relativos à assédio sexual, segundo matéria do jornal Poder 360 (2021).

As mulheres são as maiores vítimas do assédio e outras formas de violência no ambiente laboral. Segundo pesquisa da consultoria de inovação Think Eva Instituto em parceria com o Linkedin, quase metade das mulheres no Brasil já sofreram assédio sexual no trabalho e apenas 5% delas recorreram ao setor de gestão de pessoas nas organizações. A pesquisa objeto de matéria do G1 (2020) levantou informações alarmantes de violência contra a mulher, dentre as quais, que: (i) a maioria das brasileiras conhecem uma mulher que foi assediada por um superior ou sofreu preconceito por ser mulher; (ii) 76% das trabalhadoras informam já terem sofrido violência e assédio no trabalho; (iii) para 92% das pessoas entrevistadas, as mulheres sofrem mais situações de constrangimento e assédio no ambiente de trabalho do que os homens.

Esses breves relatos já são suficientes para demonstrar que o cenário tem de mudar, sendo imperiosa a adoção pelo empregador de padrões de prevenção, detecção e correção estruturados em um programa de *compliance*.

1. CONCEITOS INTRODUTÓRIOS

1.1 Meio ambiente do trabalho

Meio ambiente é um complexo que envolve não só a natureza e o clima, mas o conjunto interativo de diversos elementos, cuja harmonização se presta ao desenvolvimento em equilíbrio de todas as formas de vida. A Constituição da República Federativa do Brasil (CRFB) inclui o meio ambiente do trabalho no conceito de meio ambiente, o que se extrai da combinação dos seus arts. 200, inciso VIII e 225 (Oliveira Neto, 2022).

Valem aqui os ensinamentos de Raimundo Simão de Melo (2023, p. 29), que, ao tratar da abrangência do meio ambiente do trabalho, nele os enquadra "os instrumentos de trabalho, o modo da execução das tarefas e a *maneira como o trabalhador é tratado pelo empregador ou tomador de serviço e pelos próprios colegas de trabalho*" (destacamos).

Na ampla definição de Guilherme Guimarães Feliciano (2013), meio ambiente do trabalho "é o conjunto (= sistema) de condições, leis, influências e interações de ordem física, química, biológica e psicológica que incidem sobre o homem em sua atividade laboral, esteja ou não submetido ao poder hierárquico de outrem".

1.2 Assédio e outras formas de violência

Dano moral é o gênero em que se enquadram as diferentes espécies de assédio e violência. Na definição de Francisco Antonio de Oliveira (2011, p. 1.127), dano moral "é aquele que atinge bens incorpóreos como a autoestima, a honra, a privacidade, a imagem, o nome, a dor, o espanto, a emoção, a vergonha, a injúria física ou moral, a sensação de dor, de angústia, de perda." Não pode ser medido, haja vista que reside em sede psíquica e sensorial. Tem por elementos o ato ilícito (ação ou omissão), que gera lesão afetando o íntimo da pessoa, atingindo a sua personalidade. As hipóteses mais comuns no campo das relações do trabalho são o assédio moral e o assédio sexual, embora ocorram outras formas de violência.

1.2.1 Assédio moral

O assédio moral caracteriza-se por ataques constantes e repetidos que se prolongam no tempo,[2] com o fim de desestabilizar emocionalmente a vítima, refletindo-se em sua saúde física e psíquica, com o fim de afastá-la do trabalho (Felker, 2007). Pode ocorrer de forma *vertical* (ascendente: quando parte do superior hierárquico; ou descendente: quando um empregado ou grupo sabota os planos do superior hierárquico), *horizontal* (de um colega para o outro) ou *combinado* (vertical e horizontal ao mesmo tempo). Ocorre o assédio moral organizacional quando o superior hierárquico utiliza de estratégia de humilhação e desacreditamento para com a equipe, desestruturando o ambiente de trabalho sob a justificativa de cumprimento de metas.

Exemplos comuns de assédio moral decorrem do abuso do poder diretivo, mediante cobrança de resultados de forma intimidatória, ou mesmo mediante xingamentos e humilhações, assim como ameaças de demissão e atribuição de metas impossíveis com prazos inatingíveis. Também pode-se mencionar a desmoralização perante a equipe de trabalho, falta de reconhecimento e desprezo pelos esforços do empregado, ataques persistentes e negativos ao rendimento profissional de forma desarrazoada, agressões verbais, cobranças desproporcionais e, claro, discriminação, dentre tantas outras hipóteses.

O PL 1.521 de 2019 pretende tipificar o assédio moral como crime, muito embora só o reconheça quando parte do superior hierárquico, de modo mais restritivo, portanto, do que a doutrina e jurisprudência pregam no campo das relações de trabalho.[3]

Reginald Felker (2007, p. 179) aponta que "sob as denominações de Mobbing, Bullying, Harcélement Moral, Bosisgin, Harassment, Psicoterropr, Ijime ou Murahachibu, os juristas psicólogos e legisladores de diversos países vêm denominando um fenômeno que está se tornando cada vez mais frequente, que é o assédio moral".

---

2. Com a ressalva Convenção 190, OIT.
3. "Assédio moral. Art. 146-A. Praticar, reiteradamente, contra o trabalhador ato hostil capaz de ofender a sua dignidade e causar-lhe dano físico ou psicológico, prevalecendo-se o agente de sua condição de superior hierárquico ou ascendência inerentes ao exercício de emprego, cargo ou função".

Por sinal, no Brasil, a Lei 13.185/2015, em seu art. 2º conceitua *bullying* ou intimidação "quando há violência física ou psicológica em atos de intimidação, humilhação ou discriminação e, ainda: I – ataques físicos; II – insultos pessoais; III – comentários sistemáticos e depreciativos; IV – ameaças por quaisquer meios; V – grafites depreciativos; VI – expressões preconceituosas; VII – isolamento social consciente e premeditado; VIII – pilhérias" (brincadeiras).

Por sinal, de forma oportuna, em meio à sociedade da informação, o parágrafo único reconhece o *ciberbullying*, quando a intimidação sistemática se dá por meio da rede mundial de computadores[4] – sugerindo-se neste estudo a ampliação dessa disposição para outras formas que envolvam o uso da telemática (comunicação + informação e/ou informática).

1.2.2   Assédio sexual

O assédio sexual caracteriza-se por todo comportamento indesejado de caráter sexual, sob forma verbal, não verbal ou física, com o objetivo ou o efeito de perturbar ou constranger a pessoa, afetar a sua dignidade, ou de lhe criar um ambiente intimidativo, hostil, degradante, humilhante ou desestabilizador. Na lição de Alexandre Agra Belmonte (2009), *"para que o assédio sexual se configure, são necessários os seguintes elementos: a) sujeitos (assediante empregador ou preposto, e assediado empregado ou empregada; b) posição de ascendência do assediante em relação ao assediado; c) conduta coativa, por meio de constrangimento visando a inequívoca obtenção de favores sexuais"*, com a ressalva de que pode ser caracterizado o assédio mesmo diante da aceitação se a insistência a tanto conduziu por importunação ou perseguição reiterada.

A doutrina majoritária divide o assédio sexual em dois tipos: a) por chantagem: quando o assediador condiciona o favor sexual para efeito de oferecer benefício ou em prejuízo do assediado; b) por intimidação: quando o assediador cria ambiente hostil, intimidativo ou humilhante visando obtenção do favor sexual.

A jurisprudência trabalhista pátria igualmente faz a distinção dos dois tipos de assédio sexual, reconhecendo o assédio sexual por intimidação em razão de incitações sexuais inoportunas, verbais ou físicas, degradando o ambiente de trabalho.[5] Já o assédio

---

4. Art. 3º A intimidação sistemática (*bullying*) pode ser classificada, conforme as ações praticadas, como:

    I – verbal: insultar, xingar e apelidar pejorativamente;

    II – moral: difamar, caluniar, disseminar rumores;

    III – sexual: assediar, induzir e/ou abusar;

    IV – social: ignorar, isolar e excluir;

    V – psicológica: perseguir, amedrontar, aterrorizar, intimidar, dominar, manipular, chantagear e infernizar;

    VI – físico: socar, chutar, bater;

    VII – material: furtar, roubar, destruir pertences de outrem;

    VIII – virtual: depreciar, enviar mensagens intrusivas da intimidade, enviar ou adulterar fotos e dados pessoais que resultem em sofrimento ou com o intuito de criar meios de constrangimento psicológico e social.

5. Dano moral. Assédio sexual. Colega de trabalho. Possibilidade. Na seara trabalhista, a doutrina e jurisprudência mais abalizadas admitem outras modalidades de assédio sexual, como o que se convencionou se denominar

por intimidação é semelhante ao assédio moral, na medida em que cria-se ambiente degradante, mas sem a condicionante de benefício ou prejuízo daí decorrente ao assediado. A diferença é que o assédio moral visa a exclusão do assediado do ambiente de trabalho, ao passo que o sexual mira o favorecimento sexual.

O Relatório V (1) da Conferência Internacional do Trabalho, 107ª Sessão, de 2018, cujo tema é "Acabar com a violência e o assédio contra mulheres e homens no mundo do trabalho", em seu item 1.1.2.1, da mesma forma contempla as duas formas de assédio sexual: a) *quid pro quo – também conhecido por chantagem –*, que ocorre, na definição da Comissão de Peritos da OIT, "quando é exigido a uma trabalhadora ou a um trabalhador um serviço, sexual, cuja aceitação ou rejeição será determinante para que quem o exige tome uma decisão favorável ou, pelo contrário, prejudicial para a situação laboral da pessoa assediada"; e b) *ambiente de trabalho hostil – também conhecido por intimidação –*, que, na definição da Comissão de Peritos, "abrange todas as condutas que criam um ambiente de trabalho intimidativo, hostil ou humilhante".

O assédio sexual está tipificado no Código Penal, que prevê pena de 1 a 2 anos, na forma do art. 216-A, para quem "constranger alguém com o intuito de obter vantagem ou favorecimento sexual, prevalecendo-se o agente da sua condição de superior hierárquico ou ascendência inerentes ao exercício de emprego, cargo ou função".

1.2.3 Violência

Segundo o dicionário Houaiss, "violência é ação ou efeito de violentar, de empregar força física (contra alguém ou algo) ou intimidação moral contra (alguém); ato violento, crueldade, força".

A violência está, pois, umbilicalmente ligada com o assédio moral, assédio sexual e quaisquer outros comportamentos que representem atos ilícitos que envolvam força física, intimidação moral, ato cruel e hostilidades no campo das relações de trabalho, seja por ação ou omissão, ainda que no exercício de direito quando haja abuso. Destarte, a violência e o assédio tem sido tratados conjuntamente tanto no plano nacional quanto internacional.

Prova disso é que a Convenção 190 da OIT define violência e assédio de forma conjunta no mundo do trabalho, de modo a designar "conjunto de comportamentos e práticas inaceitáveis ou ameaças de tais comportamentos e práticas, quer se manifestem apenas uma vez ou repetidamente, que objetivem causar, causem ou sejam suscetíveis de causar danos físicos, psicológicos e sexuais ou econômicos, e inclui violência e assédio em razão do gênero." (OIT, 2019), consignando em suas disposições novas manifestações

---

como *assédio por intimação, em que a vítima é alvo de conduta indecorosa, inconveniente e persistente sempre com incitação sexual, degradando dessa forma o ambiente laboral.* Não se pode olvidar ainda até mesmo da possibilidade do assédio sexual vertical ascendente, realizado por inferior hierárquico e do assédio sexual horizontal, praticado por colega de trabalho na mesma posição hierárquica dentro do ambiente de trabalho (TRT da 3ª Região; PJe: 0010332-33.2014.5.03.0032 (RO); Disponibilização: 16.06.2016, DEJT/TRT3/Cad.Jud, Página 456; Órgão Julgador: Decima Turma; Relator: Paulo Mauricio R. Pires). (destacamos)

de violência e assédio, sempre que provocarem danos físicos, psicológicos, sexuais ou econômicos.[6]

Na mesma esteira, o Relatório V (1) da Conferência Internacional do Trabalho, 107ª Sessão, de 2018, cujo tema é "Acabar com a violência e o assédio contra mulheres e homens no mundo do trabalho".

No cenário nacional, a Lei 14.457/2022 que objetiva a prevenção e combate ao assédio sexual e outras formas de violência no âmbito do trabalho. Nessa linha, a Cartilha do Ministério da Saúde, de 2009 tem o seguinte título: "Assédio: Violência e sofrimento no local de trabalho". Nessas poucas menções já é possível notar, pois, que violência e assédio tem sido tratados de modo conjunto.

Apresentados os conceitos introdutórios quanto ao meio ambiente do trabalho, assédio e outras formas de violência, passa-se a abordagem relativa à obrigação de prevenção do empregador prevista na CRFB, legislação infraconstitucional e no plano internacional.

2. OBRIGAÇÃO DE PREVENÇÃO DO EMPREGADOR NO MEIO AMBIENTE DO TRABALHO

2.1 Diretriz constitucional

A preservação do saudável meio ambiente do trabalho deriva da obrigação constitucional do empregador de redução dos riscos inerentes ao trabalho, conforme previsão do art. 7º, inciso XXII, que deve ser combinado com o art. 225, *caput*, que trata do direito ao meio ambiente equilibrado e art. 200, inciso VIII que cuida da proteção do meio ambiente, nele compreendido o do trabalho.

Na lição de Manoel Jorge e Silva Neto (2021, p. 968) "a Constituição de 1988 persegue a salubridade e a segurança do meio ambiente do trabalho, razão por que o inciso XXII do art. 7º explicita como direito dos trabalhadores a redução dos riscos inerentes ao trabalho, por meio de normas de saúde, higiene e segurança.") . Resulta que é direito fundamental dos trabalhadores o meio ambiente de trabalho saudável e equilibrado, com a redução dos riscos daí decorrentes, o que implica no dever de prevenção do empregador.

O sistema constitucional é aberto e amplo, tendo os princípios como vetores de aplicação de seus comandos para a legislação infraconstitucional, sem a mesma especificidade do direito privado (Oliveira Neto, 2015). Assim, a diretriz constitucional de proteção ao meio ambiente do trabalho não só se faz presente, como possui maior grau de especificidade no plano infraconstitucional, partindo sempre do princípio da dignidade humana (art. 1º, III, CRFB) que informa todo o ordenamento jurídico.

---

6. Violência sexual, Assédio sexual, Violência doméstica, Violência física, Violência psicológica, Assédio moral, Violência estrutural, Assédio organizacional, Assédio virtual, Violência de gênero, Assédio em razão de gênero.

2.2 Legislação infraconstitucional

O vetor de aplicabilidade no ordenamento infraconstitucional se encontra no capítulo V da CLT – Da Segurança e Medicina do Trabalho – em especial no art. 157 da norma consolidada e seus incisos, que preveem que cabe às empresas: "I – Cumprir e fazer cumprir as normas de segurança e medicina do trabalho; II – instruir os empregados, através de ordens de serviço, quanto às precauções a tomar no sentido de evitar acidentes do trabalho ou doenças ocupacionais; III – adotar as medidas que lhes sejam determinadas pelo órgão regional competente; IV – facilitar o exercício da fiscalização pela autoridade competente".

Por evidente, a discriminação e o preconceito se enquadram tanto na espécie assédio quanto violência nas relações de trabalho. Nessa esteira, a doutrina de José Afonso Dallegrave Neto (2014): "não se pode negar que toda prática de assédio (moral ou sexual) implica discriminação negativa e odiosa da vítima." Assim, vale breve incursão para mencionar parte da legislação infraconstitucional dedicada ao combate dessas condutas.

A Lei 9.459/1997, que alterou os arts. 1º e 20 da Lei 7.716/1989, define os crimes resultantes de preconceito de raça ou de cor, de modo a classificar como crime a discriminação ou preconceito de raça, cor, etnia, religião ou procedência nacional, enquadrando-se como tal a xenofobia (sentimento de hostilidade e ódio a estrangeiros), situação cuja ocorrência não é rara nas relações do trabalho, mormente diante do fluxo migratório, sobretudo quando se trata de imigrantes de países com menor desenvolvimento ou crise social que vem ao Brasil em busca de emprego e melhores condições de vida, tais como venezuelanos e haitianos[7] (Oliveira Neto, 2023). A título meramente ilustrativo, pode-se citar triste episódio recém julgado pelo TRT-3 (0010928-42.2018.5.03.0140), de trabalhador que atuava em Belo Horizonte, e segundo relato de testemunhas ouvidas: "um empregado sempre falava que não gostava do trabalhador por ele ser haitiano, e ele tinha que morrer, além de tê-lo atacado com uma pá."

O recém-criado Programa Emprega + Mulheres, fruto da conversão da MP 1.116 na Lei 14.457, de 21.09.2022, dentre suas disposições, por meio do Capítulo VII, art. 23, institui medidas de conduta para as empresas na prevenção e combate ao assédio sexual e outras formas de violência no âmbito do trabalho.

2.3 Plano internacional

2.3.1 Convenções da OIT

Visando o trabalho seguro, a *Convenção 161 da OIT* (1988) sobre Serviços de Saúde no Trabalho prevê o estabelecimento e a conservação de um ambiente de trabalho seguro e saudável que favoreça uma saúde física e mental ótima em relação ao trabalho

---

7. Na Europa, árabes e muçulmanos, e nos Estados Unidos, mexicanos.

e a adaptação do trabalho às capacidades tanto dos trabalhadores, quanto das trabalhadoras, tomando em consideração o seu estado de saúde física e mental.

A Convenção 111, de 1958,[8] que trata da Discriminação em matéria de Emprego e Profissão, define o que se deve entender por discriminação para os fins da Convenção, fazendo referência não só à distinção e exclusão, mas também a preferência em razão da raça, cor, sexo, religião, opinião política, ascendência nacional ou origem social, que "tenha por efeito destruir ou alterar a igualdade de oportunidade ou de tratamento em matéria de emprego ou profissão", assim como deixa em aberto qualquer outra distinção, exclusão, ou preferência que tenha o mesmo efeito, podendo ser "especificada pelo Membro interessado depois de consultadas as organizações representativas de empregadores e trabalhadores, quando estas existam, e outros organismos adequados" (Oliveira Neto, 2023).

A Convenção 155, OIT, de 1981,[9] dispõe que a saúde não se limita a ausência de afecções e doença, mas compreende a defesa do indivíduo contra os elementos físicos e mentais que afetam a sua saúde e estão diretamente ligados com a segurança e higiene no trabalho.

2.3.2 Destaques para a Convenção 190 e Recomendação 206 da OIT

A *Convenção 190 da OIT* sobre a Eliminação da Violência e do Assédio no Mundo do Trabalho, de 21.06.2019, não foi ratificada pelo Brasil,[10] de tal arte que em princípio não ingressou no ordenamento jurídico nacional. Ainda assim merece especial menção; seja porque a sua aplicabilidade é defensável, por força do art. 8º da CLT que permite o uso de fontes do direito comparado na ausência de uma definição do conceito de assédio moral,[11] além de outras aplicações; seja porque é o primeiro tratado internacional a reconhecer o direito de todas as pessoas a um mundo livre de assédio e violência no trabalho, contemplando importantes disposições que têm sido utilizadas pela doutrina brasileira com o escopo de preservar a saúde física, psicológica e sexual no meio ambiente do trabalho.

Dentre outras, em seu preâmbulo preconiza "a importância de uma cultura de trabalho com base no respeito mútuo e na dignidade do ser humano" e complementa "destinada a prevenir a violência e o assédio" (OIT, 2019). Nota-se, pois, o caráter preventivo a ser adotado pelos Estados-Membros, o que, claro, acaba reverberando para o comportamento esperado dos diversos entes empregadores, seja na iniciativa pública, privada ou mista, e mesmo na economia informal.[12]

---

8. Ratificada pelo Brasil em 19.11.1959, por meio do Decreto-Lei 42.520.

9. Aprovada pelo Decreto Legislativo 2, de 7 de março de 1992, e promulgada em 29 de setembro de 1994.

10. Enviada pelo Poder Executivo para a Câmara dos Deputados em 14.03.2023, já tendo sido ratificada por 25 países.

11. Com a ressalva de que a Lei 13.185/2015 contempla condutas que tipificam o bullying (intimidação sistemática), o que equivale ao assédio moral.

12. Consoante previsão do art. 2º, item e, repetido no que se refere à economia informal no art. 8º, a.

A Convenção 190 reconhece que "a violência e o assédio no mundo do trabalho afetam a saúde psicológica, física e sexual das pessoas, a dignidade e o ambiente familiar e social", assim como "a qualidade dos serviços públicos e privados", sendo "incompatíveis com a promoção de empresas sustentáveis", afetando de forma negativa "a organização do trabalho, as relações no local de trabalho, o empenho do trabalhador, a reputação da empresa, e a produtividade".

Ao tratar da aplicação e reparação das questões relativas ao assédio e violência no mundo do trabalho, o art. 10º prevê série de medidas a serem adotadas pelos Estados-Membros, pedindo-se licença para destacar: (i) procedimentalização para apresentação de queixa e investigação; (ii) proteção visando impedir a retaliação dos queixosos, vítimas ou denunciantes; (iii) apoio jurídico, social, médico e administrativo para os queixosos e vítimas; (iv) proteção da privacidade, assim como confidencialidade no que tange às pessoas envolvidas; (v) previsão de sanções; (vi) garantia de que os trabalhadores possam retirar-se do labor caso tenham razoável justificativa diante de perigo iminente para a vida, saúde ou segurança, sem sofrerem represálias; (vii) garantia de que as inspeções e autoridades do trabalho estejam capacitadas para lidar com o tema, tendo poder para emitir ordens para interromper o trabalho em casos de risco à vida, saúde ou segurança.

A *Recomendação 206 da OIT*, também de 21.06.2019, embora não vinculativa, traz importantes subsídios acerca do que se espera do comportamento das empresas, ao dispor, forte item 7, o que deve ser contemplado em uma política de proteção e prevenção no local de trabalho,[13] consignando: "(a) afirmar que a violência e o assédio não serão tolerados; (b) estabelecer programas de prevenção da violência e do assédio, quando apropriado, com objectivos mensuráveis; (c) especificar os direitos e responsabilidades dos trabalhadores e do empregador; (d) conter informações sobre procedimentos de apresentação de queixa e investigação; (e) prever que todas as comunicações internas e externas relacionadas com incidentes de violência e assédio sejam devidamente tomadas em consideração e atuadas de forma apropriada; (f) especificar o direito à privacidade e à confidencialidade dos indivíduos, a que se refere o artigo 10, alínea c), da Convenção, equilibrando o direito dos trabalhadores à sensibilização de todos os perigos; e (g) incluir medidas destinadas a proteger os autores da queixa, as vítimas, as testemunhas e os denunciantes contra a vitimização ou a retaliação" (OIT, 2019).

A Recomendação em referência orienta a levar em conta fatores que aumentam a probabilidade de violência e assédio, incluindo perigos e riscos psicossociais, demonstrando preocupação com as condições e modalidade de trabalho, organização do trabalho e recursos humanos, e expressamente relacionando terceiros "como clientes, consumidores, prestadores de serviços, usuários, pacientes e membros do público" (OIT, 2019).

---

13. Consoante atuação do Estado-Membro, à quem cabe especificar em leis e regulamentos que os trabalhadores e os seus representantes deveriam participar na elaboração, implementação e acompanhamento da política do local de trabalho

2.3.3   Não discriminação

Com o cuidado de não abrir demais o tema – dado o espaço aqui reservado –, mas considerando vez mais que a discriminação é elemento usualmente presente nas condutas de assédio e violência nas relações de trabalho, não se pode deixar de mencionar alguns dos principais instrumentos internacionais que tutelam a igualdade entre todos os seres humanos, vedando qualquer forma de discriminação.

Afora a *Declaração Universal dos Direitos Humanos*, o comando da não discriminação tem importante alicerce no *Pacto Internacional sobre Direitos Econômicos, Sociais e Culturais de 1966*, assim como no *Pacto Internacional sobre Direitos Civis e Políticos de 1966*, que expressamente consignam a rejeição à discriminação por motivo de raça, cor, sexo, língua, religião, opinião política ou de outra natureza, origem nacional ou social, situação econômica, nascimento ou qualquer outra condição.[14]

Na mesma esteira, a *Convenção Americana sobre Direitos Humanos de 1969* – Pacto de São José da Costa Rica – que em seu art. 2º, igualmente prevê, o compromisso dos Estados Partes a respeitar e a garantir os direitos nela reconhecidos, expressamente consignando a rejeição à discriminação por motivo de raça, cor, sexo, idioma, opiniões políticas ou de outra natureza, origem nacional ou social, posição econômica, nascimento ou qualquer outra condição[15] (Oliveira Neto, 2023).

No que se refere à discriminação racial, destaque para a *Convenção Interamericana contra o Racismo, a Discriminação Racial e Formas Correlatas de Intolerância*[16] – objeto do Decreto 10.932/2022 que recentemente a promulgou, consignando, forte art. 2º, a igualdade de todos os seres humanos, e o "direito à proteção contra o racismo, a discriminação racial e formas correlatas de intolerância, em qualquer esfera da vida pública ou privada".

Na mesma esteira, deve-se observar a *Convenção sobre os Direitos das Pessoas com Deficiência*,[17] assim como o *Protocolo Adicional à Convenção Americana sobre Direitos Humanos em Matéria de Direitos Econômicos, Sociais e Culturais*[18] e a *Convenção sobre a Eliminação de Todas as Formas de Discriminação contra a Mulher.*[19]

2.4   Responsabilidade por omissão

O Título II da CRFB que trata dos direitos e garantias fundamentais, Capítulo I, forte art. 5º, inciso X dispõe que "são invioláveis a intimidade, a vida privada, a honra e

---

14. Incorporados ao ordenamento jurídico nacional, forte do art. 84, inciso VIII da CF, apensos por cópia aos Decretos 591 e 592/1992, que os promulgaram.
15. Objeto, no Brasil, do Decreto 678/1992, que a promulgou.
16. Firmada pelo Presidente da República, por ocasião da 43ª Sessão Ordinária da Assembleia Geral da Organização dos Estados Americanos, em 2013, na Guatemala.
17. Aprovada pelas casas legislativas, por meio do Decreto 186/2008, na forma do art. 5º, § 3º da CF, tendo sido promulgada por meio do Decreto 6.949/2009.
18. Protocolo de San Salvador, promulgado por meio do Decreto 3.321/1999.
19. Promulgada pelo Decreto 4.377/2002.

COMPLIANCE COMO FERRAMENTA DE PREVENÇÃO AO ASSÉDIO **487**

a imagem das pessoas, assegurado o direito à indenização pelo dano material ou moral decorrente de sua violação".

Reverberando os valores da Carta Magna, o Código Civil (2002) preserva o direito de imagem (art. 20), inviolabilidade da vida privada (art. 21), assim como prevê a obrigação de indenização pelo autor do ato ilícito (art. 927), que pode ser configurado tanto por ação quanto por omissão quando viole direito (art. 186), ainda que em abuso de direito (art. 187), atribuindo responsabilidade ao empregador em razão de atos de seus prepostos (art. 932).

A CLT, a seu turno, por força das alterações promovidas pela Lei 13.467 de 2018 (Reforma Trabalhista), no Capítulo V, inseriu o Título II-A – Do Dano Extrapatrimonial, disciplinando no art. 223-A que a reparação de danos de natureza extrapatrimonial decorrentes da relação de trabalho deverá observar apenas dispositivos do Título II-A – não olvidando do julgado pelo STF no enfrentamento das ADI 6.050, 6.069 e 6.082, onde, em apertada síntese, prevaleceu a compreensão de que as tarifações previstas pelo art. 223-G, § 1º e incisos representam parâmetros, não o teto de valores, assim como o direito à reparação por dano moral indireto ou dano em ricochete.

O art. 223-B da CLT disciplina que causa dano extrapatrimonial a ação ou omissão que ofenda a esfera moral ou existencial da pessoa física ou jurídica, e o art. 223-C enuncia que "a honra, a imagem, a intimidade, a liberdade de ação, a autoestima, a sexualidade, a saúde, o lazer e a integridade física são os bens juridicamente tutelados inerentes à pessoa física." Portanto, tem o empregador responsabilidade não só pela conduta comissiva, mas também pela omissiva, respondendo conforme a extensão de sua ação ou omissão,[20] haja vista que dentre as suas obrigações, a partir do vetor constitucional, deve adotar medidas de conscientização, prevenção e detecção do assédio e outras formas de violência.

Destarte, se for diagnosticada postura assediadora por parte de um de seus empregados, sem que sejam tomadas providências corretivas e, em regra punitivas, estará configurada conduta omissiva, ficando o empregador suscetível às possíveis consequências em caso de inércia, dentre elas o abalo da imagem da organização perante o mercado e a sociedade em geral, perda de valor da marca e de negócios, rescisão indireta do contrato de trabalho do empregado assediado, ação trabalhista individual (inclusive com pedido de reintegração e indenização em dobro se o assédio moral decorrer de ato discriminatório, consoante art. 4º, incisos I e II da Lei 9.029/95), inquérito civil a ser instaurado pelo Ministério Público do Trabalho e até eventual ação civil pública. Isso sem falar na degradação do ambiente de trabalho, seguida muitas vezes do afastamento do trabalhador assediado por questões de saúde mental, perda de horas de trabalho e produtividade.

---

20. Mede-se, contudo, de acordo com a extensão da ação do(s) responsável(eis) na formação do resultado (art. 223-E, CLT). Assim, se o preposto do empregador adotar postura assediadora na contramão das orientações preventivas e fiscalizatórias, poderá ser responsabilizado por meio de ação regressiva a fim de imputar responsabilidade civil ao assediador.

Assim, e considerando que o empregador responde pelos atos de seus prepostos (art. 932, CC), a ausência de medidas de prevenção, de detecção e de correção, tende a implicar em agravamento da responsabilidade do empregador. Nesse sentido, a título meramente ilustrativo, decisão nos autos 0010073-35.2020.5.15.0051 do TRT15, em que entendeu-se ser "falaciosa a alegação de que nunca houve denúncia acerca das condutas irregulares do funcionário, como evidencia relatório juntado aos autos".

Tratava-se de processo em que foram encontradas "dezenas de fatos desabonadores ao gerente, incluindo o assédio moral praticado pelos líderes e por outro funcionário contra a trabalhadora, no ano de 2016. Entretanto, a empresa se negou a investigar o fato." Quanto às medidas preventivas adotadas, para o acórdão, "é evidente que, não obstante a propalada política de prevenção e combate ao assédio, a empresa não toma providências efetivas contra os assediadores" consequentemente "submetendo as trabalhadoras do sexo feminino a um ambiente de trabalho absolutamente nocivo", o que reforça "a tese autoral de que sua denúncia acerca do assédio sexual sofrido não foi levada a sério, havendo uma evidente misoginia no trato dessas questões". A decisão mencionada reforça a necessidade não apenas da previsão formal de medidas de *compliance*, mas também da atuação ativa da empresa, a fim de que não se caracterize a conduta omissiva.

Nessa esteira, no exercício da presidência do TST, à época, a Ministra Maria Cristina Peduzzi apontou o dever do empregador em promover a gestão racional das condições de segurança e saúde do trabalho, relatando que "ao deixar de providenciar essas medidas, ele viola o dever objetivo de cuidado, configurando-se a conduta culposa", de sorte que cabe ao empregador, assim, coibir o abuso de poder nas relações de trabalho e tomar medidas para impedir tais práticas, de modo que as relações no trabalho se desenvolvam em clima de respeito e harmonia.

2.5   Marcas do assédio e outras formas de violência

O *Ministério Público Federal* em relatório aponta que tanto o assédio sexual quanto o moral deixam marcas comuns, dentre as quais: "Depressão, angústia, estresse, crises de competência, crises de choro, mal-estar físico e mental; Cansaço exagerado, falta de interesse pelo trabalho, irritação constante; Insônia, alterações no sono, pesadelos; Diminuição da capacidade de concentração e memorização; Isolamento, tristeza, redução da capacidade de se relacionar com outras pessoas e fazer amizades; Sensação negativa em relação ao futuro; Mudança de personalidade, reproduzindo as condutas de violência moral; Aumento de peso ou emagrecimento exagerado, aumento da pressão arterial, problemas digestivos, tremores e palpitações; Redução da libido; Sentimento de culpa e pensamentos suicidas; Uso de álcool e drogas; Tentativa de suicídio".

Segundo *Cartilha do Ministério da Saúde*, de 2009, que trata do "Assédio: Violência e sofrimento no local de trabalho", as principais consequências do assédio sexual para a saúde são: "estresse emocional; sentimento de culpa; perda do poder de concentração; transtornos de adaptação; ansiedade; insegurança; baixa autoestima; perda de produtividade; e falta de motivação".

A *Cartilha de Prevenção ao Assédio Moral do TST* (2022) aponta exemplificativamente, as seguintes sequelas para a pessoa vítima de assédio: "dores generalizadas; palpitações; distúrbios digestivos; dores de cabeça; hipertensão arterial (pressão alta); alteração do sono; irritabilidade; crises de choro; abandono de relações pessoais; problemas familiares; isolamento; depressão; síndrome do pânico; estresse; esgotamento físico e emocional; perda do significado do trabalho; e suicídio".

Para as empresas, segundo a Cartilha, as consequências são: "redução da produtividade; rotatividade de pessoal; aumento de erros e acidentes; absenteísmo (faltas); licenças médicas; exposição negativa da marca; indenizações trabalhistas; e multas administrativas", enquanto o Estado acaba arcando com custos relativos a "tratamentos médicos; despesas com benefícios sociais; e custos com processos administrativos e judiciais".

Ao abordar o impacto da violência e do assédio no mundo do trabalho, a *Comissão de Peritos da OIT (2018)* concluiu que a violência e o assédio afetam "as relações no local de trabalho, o compromisso dos trabalhadores, a saúde, a produtividade, a qualidade dos serviços públicos e privados e a reputação das empresas", assim como repercute "na participação no mercado de trabalho e, em particular, pode impedir que as mulheres integrem o mercado de trabalho, especialmente nos setores e trabalhos dominados pelos homens, e que permaneçam nestes".

Ao tratar dos reflexos nos trabalhadores, a Comissão de Peritos entendeu que "a violência física e o assédio podem deixar cicatrizes físicas evidentes, mas deixam também cicatrizes emocionais que requerem reabilitação e aconselhamento de especialistas. A violência e o assédio nos planos psicológico e sexual podem produzir efeitos tais como ansiedade, depressão, cefaleias, transtornos do sono, o que tem repercussões negativas no desempenho laboral" (Caponecchia e Wyatt, 2011; Cihon e Castagnera, 2011, p. 177)".

Já as empresas – segundo o relatório –, se submetem a diversos custos, como "absenteísmo, diminuição do volume de negócios, o custo dos litígios e o pagamento de indenizações", assim como custos indiretos, dos quais "a redução da produtividade e efeitos de impacto público, que podem prejudicar a reputação, a imagem e a competitividade das empresas" são importantes exemplos.

3. COMPLIANCE

3.1 Origem e desenvolvimento

A palavra "*compliance*" tem origem na língua inglesa: "*to comply*", que significa cumprir, estar de acordo. Expandindo essa ideia, atualmente *compliance* é entendido como o conjunto de dispositivos que visam fazer cumprir as normas, políticas internas e diretrizes éticas estabelecidas por uma empresa, com o objetivo de prevenir, detectar e tratar qualquer desvio ou inconformidade (Carloto, 2020). Representa "a adoção de condutas alinhadas com as leis vigentes e os imperativos éticos", "antes de tudo um trabalho de educação dos colaboradores de uma empresa, para garantir sua integridade" (Silva, 2021). Contudo, até ser entendido como tal, o instituto passou por evolução histórica

A *Foreign Corruption Practices Act (FPCA)*, de 1977 foi a primeira lei a estabelecer parâmetros de regulamentação e ferramentas para detecção e prevenção acerca da corrupção, tendo sido promulgada nos Estados Unidos da América (EUA) no contexto do caso Watergate, um dos maiores e mais relevantes episódios de corrupção do mundo, que envolveu inúmeras empresas e o governo de Richard Nixon.

A lei em referência teve por mote reestabelecer a credibilidade e seriedade das empresas americanas e do governo estadunidense, elencando requisitos de transparência contábil, criminalizando o suborno de funcionários públicos estrangeiros e fomentando cultura de combate à corrupção – o que rapidamente se expandiu pelo globo.

No Brasil, a Lei 9.613 de 1998 visava o combate à lavagem de dinheiro, tendo sido alterada pela Lei 12.683 de 2012, tendo posteriormente sido promulgada a Lei 12.846 de 2013, conhecida também como "Lei da Empresa Limpa", que regula políticas anticorrupção contra a administração pública, ao prever políticas de *compliance* e de colaboração como atenuante de responsabilização.

Já em 2014, a Operação Lava Jato marcou a concretização do *compliance* no Brasil quando grandes empresas públicas e privadas se envolveram em escândalo de corrupção sem precedentes, gerando robusta crise ética e de confiança. Nesse contexto, o Brasil assumiu compromissos internacionais de combate à corrupção, com a ONU, OEA e OCDE, promulgando o Decreto 8.420 de 2015 (posteriormente alterado para Decreto 11.129 de 2022), que estabeleceu, dentre outros, Programa de Integridade, por meio de mecanismos e procedimentos a serem inseridos no âmbito das empresas relativos à integridade, auditoria, incentivo à denúncia de irregularidades e efetiva aplicação de códigos de ética e de conduta, assim como políticas e diretrizes – ou seja, critérios de um programa de *compliance* –, visando "prevenir, detectar e sanar desvios, fraudes, irregularidades e atos ilícitos praticados contra a administração pública, nacional ou estrangeira", além de "fomentar e manter uma cultura de integridade do ambiente organizacional".

Desde então observou-se o crescimento da cultura de *compliance* nas empresas brasileiras, inicialmente voltada às práticas anticorrupção e, ulteriormente, ampliando-se a fim de contemplar a observância à legislação, assim como a adoção de padrões éticos e íntegros em todos os setores da economia e etapas de produção, o que se aplica no campo das relações humanas como um todo, aonde a relação de trabalho é protagonista.

A cultura de *compliance* trabalhista tem o condão de mitigar riscos econômicos e de imagem, mas muito antes disso visa tutelar direitos humanos e fundamentais dos trabalhadores (Carloto, 2020 p. 24), que não se despem de seus direitos personalíssimos no curso de um contrato de emprego.

A adoção de padrões de conformidade ganhou novos contornos com a Lei 13.709/18 (Lei Geral de Proteção de Dados), tendo por objetivo proteger os direitos fundamentais de liberdade e de privacidade e o livre desenvolvimento da personalidade da pessoa natural num cenário em que a proteção de dados e a autodeterminação informativa foram reconhecidas como garantias fundamentais pelo Supremo Tribunal Federal (STF) quando do enfrentamento das ADI 6387, 6388, 6389 e 6390, todas relativas à MP 954/2020, assim como a ADI 6649 ADPF 695, portanto antes ainda da EC 115 que inseriu expressamente a garantia fundamental à proteção de dados – tema umbilicalmente ligado com a apresentação anônima de denúncias e tramitação destas.

Mais recentemente a Lei 14.457 de 2022, que implantou o Programa Emprega + Mulheres, ampliou a atuação da Comissão Interna de Prevenção de Acidentes e de Assédio (CIPA) de modo a inserir a prevenção ao assédio, e expresamente, forte art. 23, a obrigatoriedade de ferramentas de observância ético-normativa para empresas que tenham CIPA a fim de promover "ambiente laboral sadio, seguro e que favoreça a inserção e a manutenção de mulheres no mercado de trabalho", e isso com o propósito de "prevenção e ao combate ao assédio sexual e às demais formas de violência no âmbito do trabalho".

Dentre as disposições da novel legislação, a determinação de (i) "inclusão de regras de conduta a respeito do assédio sexual e de outras formas de violência nas normas internas da empresa", promovendo-se "ampla divulgação do seu conteúdo aos empregados e às empregadas"; (ii) fixação de procedimentos para recebimento e acompanhamento de denúncias, sempre "garantido o anonimato da pessoa denunciante, sem prejuízo dos procedimentos jurídicos cabíveis"; (iii) "inclusão de temas referentes à prevenção e ao combate ao assédio sexual e a outras formas de violência nas atividades e nas práticas da Cipa"; (iv) "realização, no mínimo a cada 12 (doze) meses, de ações de capacitação, de orientação e de sensibilização dos empregados e das empregadas de todos os níveis hierárquicos da empresa", de forma a contemplar as temáticas relativas à violência, assédio, igualdade e diversidade no âmbito do trabalho.

Necessário apontar que o *compliance* não visa apenas adequação legislativa ou mitigação de riscos de ilícitos, e sim almeja criar cultura de ética e efetivação de direitos, que é levada a efeito por meio de Programas de *compliance*, que contemplam Códigos de Ética e Conduta, políticas internas, treinamentos, conscientização e capacitação, uso de canais de denúncia, dentre outras ferramentas de conscientização, prevenção, detecção e reparação de condutas.

3.2   Canais de denúncia

Os canais de denúncia são ferramentas indispensáveis para a adequação ética e normativa, revelando-se efetivas para localizar possíveis fraudes, atos de corrupção e outros ilícitos. No campo das relações de trabalho, tais canais se mostram de importância crucial para efeito de denúncia de condutas violadoras dos direitos da personalidade, sobretudo em situações envolvendo assédio moral, assédio sexual, discriminações e outras violências no meio ambiente do trabalho.

Referidos meios também atuam como instrumento de consulta, por meio do qual empregados, terceiros, prestadores de serviços, fornecedores, parceiros e demais interessados podem sanar dúvidas sobre a eticidade ou não de uma conduta, inclusive como se portar frente determinada situação, ou mesmo acerca da interpretação das políticas internas e dos códigos de conduta. Com isso gera-se maior conscientização, o que corrobora para que não sejam praticadas muitas das condutas que potencialmente estariam no limiar da ética.

Cumpre observar que a já mencionada Lei 12.846 de 2013 foi a responsável por inaugurar os mecanismos de denúncia, forte art. 7º, inciso VIII ao prever como critério para aplicação de sanções a "existência de mecanismos e procedimentos internos de integridade, auditoria e incentivo à denúncia de irregularidades e a aplicação efetiva de códigos de ética e de conduta no âmbito da pessoa jurídica".

O também aludido Decreto 8.420 de 2015, posteriormente alterado para o Decreto 11.129 de 2021, que regulamenta a Lei Anticorrupção, por meio do art. 7º, prevê a existência de canais de denúncia abertos e amplamente divulgados a funcionários e terceiros, contemplando ainda mecanismos que protejam os denunciantes de boa-fé de qualquer tipo de retaliação pela denúncia.

A ISO 37.001 de 2017, que regula a gestão antissuborno, determina que a organização implemente procedimentos para – dentre outros –, no que aqui aplicável de forma analógica às denúncias no campo das relações de trabalho: a) incentivar e permitir o relato de boa-fé, seja diretamente ou por pessoa interessada; b) proteger a identidade do denunciante e outros; c) permitir o relato de forma anônima; d) proibir a retaliação e proteger os que delatem a retaliação; e) permitir a prestação de orientações.

A Lei 14.457 de 2022 expandiu os horizontes dos canais de denúncia de forma expressa para o campo das relações laborais, contemplando a obrigatoriedade de instituição de um canal anônimo para empresas que tenham instituída a CIPA.

Mais recentemente, a Lei 14.611 de 2023 que dispõe sobre a igualdade salarial e de critérios remuneratórios entre mulheres e homens – tendo por escopo a igualdade substancial –, dispôs de forma expressa, consoante art. 4º, acerca da disponibilização de canais específicos para denúncias de discriminação salarial.

Como é possível observar, a legislação caminhou no sentido de efetivar os canais de denúncia dentro das organizações a fim de procurar eliminar, quando não reduzir, atos de corrupção, assédio e violência, assim como disparidade salarial com base em gênero. É claro que estas hipóteses não são exaustivas, cabendo às empresas constantemente adequarem as suas políticas e canais prevenindo atos em desconformidade com a legislação laboral, assim como à ética e integridade.

Criado o canal de denúncias, cabe observar o requisito da garantia do anonimato do denunciante, sendo crucial notar que há receio e vergonha em apresentar queixa quanto aos episódios de assédio, especialmente quando a mulher é a vítima. Nesse sentido, a título meramente ilustrativo matéria do Tribunal Regional do Trabalho da Paraíba (TRT13) relata a falta de coragem da assediada para falar sobre o ocorrido, dada a exposição da intimidade e privacidade.

Ao se referir à exposição perante o judiciário, a juíza do trabalho Mirella Cahú (2022), coordenadora da Comissão de Prevenção e Enfrentamento do Assédio Moral e do Assédio Sexual do TRT13, relata "muitos querem esquecer a violência vivida e não se expor, ainda mais em um ambiente ao qual não estão acostumados, que é o Judiciário.

A implementação de canal de denúncias anônimo não só impede a retaliação contra o denunciante, como garante análise equitativa da denúncia por meio da equipe encarregada pelo recebimento, investigação, análise, apuração dos fatos ou aplicação de sanções. Nessa linha, deve-se considerar a fixação de requisitos mínimos e objetivos de um plano de investigação, o que corrobora para garantir aos colaboradores a uniformidade nos critérios de investigação a serem adotados, independente de quem tenha sido o denunciante ou denunciado (Serpa, 2019).

É igualmente recomendável propiciar uma variedade de canais em que a denúncia possa ser formulada, o que dará maior amplitude e efetividade ao sistema de *compliance*, até porque a falta de um canal de denúncias adequado não pode criar impeditivos à denúncia, acessível para empregados, fornecedores, prestadores de serviços, terceiros e demais partes interessadas, cuja tramitação possa ser acompanhada. Na mesma esteira, a adoção de canais externos garantem maior imparcialidade, promovendo ambiente íntegro, independente e transparente, que possibilita a apresentação de denúncias sem o receio de retaliação ou exclusão.

3.3   Políticas internas

Quando se trata de *compliance*, a primeira medida formal é a instituição de um Código de Ética, por meio do qual as organizações devem disciplinar que a abrangência deste envolve não só empregados, mas toda a cadeia produtiva, nela compreendidas prestadoras de serviços, fornecedores, parceiros e parte interessadas, com o efetivo compromisso da mais alta gestão.

O objetivo é o cumprimento das regras legais, políticas internas, assim como observância à ética e integridade em todos os níveis, expressamente prevendo – no que tange ao campo das relações do trabalho – a proteção dos direitos humanos, respeitando-se a liberdade de associação, eliminando e repudiando qualquer forma de preconceito, discriminação ou assédio, mantendo-se ambiente de trabalho saudável e seguro, onde prevaleçam a cordialidade e respeito mútuo.

Aconselhável que o Código de Ética inclusive contemple definições e exemplos de formas de assédio moral (vertical, horizontal, combinado), sexual e outras formas de violência no trabalho, de modo a deixar clara a conduta que se espera de todos, sobretudo orientando gestores quanto ao correto uso do poder diretivo, que não implica em deixar de cobrar produtividade, resultado, disciplina ou observância às regras e políticas, mas o fazer em respeito à dignidade do trabalhador, ou seja sem abuso de poder e/ou violação de direitos da personalidade.

Outras situações devem igualmente ser previstas no Código de Ética a fim de prevenir a ocorrência de assédio e outras formas de violência, dentre as quais a instituição de política de uso das redes sociais e política de uso de recursos eletrônicos, inclusive estabelecendo condicionantes para as manifestações em ambiente corporativo ou com repercussões no mundo do trabalho.

Com efeito, o direito de expressão do empregado, em regra, não sofre nenhuma limitação nas suas manifestações pessoais, salvo no que tange às relações do trabalho, quando cause dano ao saudável meio ambiente do trabalho ou prejuízo ao empregador (Oliveira Neto, 2022), pois se de um lado o empregado tem o direito à manifestação do pensamento; de outro o empregador tem o dever de prevenção a fim de manter o meio ambiente do trabalho seguro e saudável.

Políticas preventivas têm o condão de estabelecer regras com aptidão para alcançar momentos em que o trabalho não está sendo prestado, no que tange à possível limitação dos direitos de expressão do empregado até o necessário à proteção dos direitos do empregador e à manutenção do saudável e seguro meio ambiente do trabalho, livre de assédio e outras formas de violência, sem que isso represente ferir o núcleo essencial dos direitos da personalidade do empregado. "Cuida-se da atuação dos princípios do juízo de ponderação e da dimensão de peso e importância" (Belmonte, 2009, p. 77), haja vista que a colisão de direitos torna necessária a aplicação do juízo de ponderação, de modo a impor o mínimo sacrifício ao direito preterido e a máxima eficácia do direito protegido.

Portanto, a limitação das manifestações na forma apontada não se restringe ao horário de trabalho, alcançando, com supedâneo nas cláusulas gerais da boa-fé objetiva e função social do contrato, não só os períodos em que o labor não está sendo prestado, como até mesmo o momento *post pactum finitum* (Oliveira Neto, 2022).

Observadas tais disposições, deve o empregador implementar política de uso das redes sociais vedando o desrespeito entre colegas, e na mesma política tratar das regras de civilidade, urbanidade e respeito entre todos, tais como nas relações com o empregador, fornecedores, parceiros, clientes e demais partes interessadas.

A política de uso das redes sociais deve ser clara no sentido de que o empregado tem a liberdade de se manifestar nas redes sociais como e quando quiser, cabendo observar os direitos de terceiros, e não causar mácula ao ambiente de trabalho, evitando comentários que possam ser prejudiciais às regras de uso das redes sociais estabelecidas pela organização, onde se deve dar ênfase pelo respeito aos direitos da personalidade, vedando qualquer meio ou episódio de assédio e outras formas de violência no meio ambiente do trabalho, o que contempla não só as redes sociais como também os grupos corporativos ou não de WhatsApp, orientando especialmente aos gestores quanto às cautelas que se deve adotar na cobrança de metas e resultados, assim como o respeito ao direito de desconexão.

Nessa mesma esteira, é mister a implementação de política de uso de recursos eletrônicos, onde, dentre outras, fique expressa, de modo indene de dúvidas, a possibilidade de monitoramento formal e material dos correios eletrônicos e demais dispositivos de comunicação, quando corporativos, assim como o monitoramento formal quando do uso de equipamentos da empresa em correios pessoais – sempre de modo geral e impessoal – a fim de proteger não só a propriedade imaterial, mas também os dados pessoais do trabalhador e prevenir situações de assédio e outras formas de violência no ambiente de trabalho (Oliveira Neto, 2022).

4. DIAGNÓSTICO DE *COMPLIANCE*

As organizações devem mediar o nível de adoção de padrões de conformidade no que tange às medidas de prevenção, detecção e correção de condutas de assédio e outras formas de violência, valendo-se de diferentes referenciais, dentre os quais pode-se sugerir o modelo proposto pela OIT, a Cartilha do Senado Federal e a avaliação do Tribunal de Contas da União.

4.1 Questionário da OIT

A OIT disponibiliza questionário visando autoavaliação das empresas, no que tange à efetividade de como são tratadas as denúncias nos canais internos, tomando-se a liberdade de destacar os seguintes quesitos: a) *Você tem uma política por escrito para os processos de denúncia?* b) *Você oferece aos trabalhadores meios diferentes para que possam apresentar reclamações de maneira confidencial, sem retaliação ou vingança por parte do trabalhador que causou o problema?* c) *O sistema de tratamento de reclamações foi desenvolvido em consulta com trabalhadores ou sindicatos e a gerência?* d) *Os trabalhadores conhecem as vias para apresentar uma reclamação?* e) *Você resolve as reclamações conforme exigido por lei?* f) *Você estabelece um ambiente construtivo em que a privacidade dos trabalhadores é protegida para que eles não tenham medo de vingança ou retaliação quando se trata de questões delicadas para encorajá-los a apresentar reclamações?* g) *Você faz um acompanhamento para garantir que os passos da ação acordada sejam efetivamente implementados?* (OIT, 2020)

4.2 Cartilha do Senado Federal

Em cartilha do Programa Pró-Equidade de Gênero e Raça (2011), o Senado Federal apresenta algumas medidas a serem tomadas no combate ao assédio, dentre as quais: a) *Oferecer informação sobre o assédio sexual;* b) *Fazer constar do código de ética do servidor ou das convenções coletivas de trabalho medidas de prevenção do assédio sexual;* c) *Incentivar a prática de relações respeitosas no ambiente de trabalho;* d) *Avaliar constantemente as relações interpessoais no ambiente de trabalho, atentando para as mudanças de comportamento;* e) *Dispor de instância administrativa para acolher denúncias;* f) *Apurar e punir as violações denunciadas.*

4.3 Modelo do Tribunal de Contas da União

O Tribunal de Contas da União possui modelo de Avaliação do Sistema de Prevenção e Combate ao Assédio (2022), dividido em prevenção, detecção e correção.

A fase da *Prevenção* prevê os seguintes passos: a) estabelecer a distinção entre comportamentos considerados desejáveis e inaceitáveis no ambiente de trabalho; b) implementar a estrutura de prevenção do assédio; c) divulgar a política, o sistema e as ações de prevenção e combate ao assédio; d) orientar quais os procedimentos em caso ou suspeita de assédio; e) capacitar todos os colaboradores no uso do sistema de prevenção e combate ao assédio.

A fase da *Detecção* prevê atuar ativamente na detecção de casos de assédio e manter disponível estrutura de recebimento de denúncias, enquanto a de *Correção* contempla: (i) adotar, quando possível e conveniente, medidas conciliatórias e de ajuste de conduta; (ii) receber e encaminhar denúncias; (iii) analisar preliminarmente as denúncias; (iv) apurar os casos de assédio identificados; (v) estabelecer processo de responsabilização.

5. CONCLUSÃO

A preservação do saudável meio ambiente do trabalho deriva da obrigação constitucional do empregador de redução dos riscos inerentes ao trabalho, de tal arte que o empregador adote posturas de prevenção, detecção e correção do assédio e de todas as formas de violência.

Nesse contexto, imperiosa a adoção de uma cultura de *compliance*, ou seja, de conformidade não só à legislação, mas também à ética e integridade, que contempla Códigos de Ética, políticas internas, treinamentos, conscientização e capacitação, uso de canais de denúncia, dentre outras ferramentas de conscientização em formatos acessíveis, apropriados e que tenham efetividade, com o escopo de manter o meio ambiente do trabalho seguro e saudável, e o nível de *compliance* pode ser medido por diferentes meios de avaliação, servindo de paradigma os indicados neste artigo.

REFERÊNCIAS

BELMONTE, Alexandre Agra. *O monitoramento da correspondência eletrônica nas relações de trabalho*. São Paulo: LTr, 2009.

BELMONTE, Alexandre Agra. *Curso de Responsabilidade Trabalhista*: Danos Morais e Patrimoniais nas Relações de Trabalho. 2. ed. São Paulo: LTr, 2009.

BRASIL. Decreto 592, de 6 de jul. de 1992. Atos Internacionais. Pacto Internacional sobre Direitos Civis e Políticos. Promulgação.

BRASIL. Ministério da Saúde. Secretaria-Executiva. Subsecretaria de Assuntos Administrativos. Assédio: violência e sofrimento no ambiente de trabalho : assédio sexual– Brasília :Editora do Ministério da Saúde, 2009.

BRASIL. Senado Federal. Assédio moral e sexual, 2011. Disponível em: https://www12.senado.leg.br/institucional/procuradoria/proc-publicacoes/cartilha-assedio-moral-e-sexual. Acesso em: 02 out. 2023.

BRASIL. Tribunal Superior do Trabalho. Cartilha de prevenção ao assédio moral. Disponível em:https://www.tst.jus.br/documents/10157/55951/Cartilha+ass%C3%A9dio+moral/573490e3-a2dd-a598-d2a-7-6d492e4b2457. Acesso em: 02 out. 2023.

BRASIL. Decreto 10932, de 10 de jan. de 2022. Promulga a Convenção Interamericana contra o Racismo, a Discriminação Racial e Formas Correlatas de Intolerância, firmado pela República Federativa do Brasil, na Guatemala, em 5 de junho de 2013.

BRASIL. Decreto 4.377, de 13 de set. de 1990. Promulga a Convenção sobre a Eliminação de Todas as Formas de Discriminação contra a Mulher, de 1979, e revoga o Decreto 89.460, de 20 de março de 1984.

BRIGATTI, Fernanda. Ações trabalhistas que citam assédio sexual crescem 200% desde 2018. *Folha de S. Paulo*. Disponível em: https://www1.folha.uol.com.br/mercado/2023/03/acoes-trabalhistas-que-citam-assedio-sexual-crescem-200-desde-2018.shtml. Acesso em: 02 out. 2023.

CARDOSO, Ana Paula. 7 pontos chaves para se aplicar um programa de compliance. *IBGC Instituto de Governança Corporativa*. 14 de maio de 2021. Disponível em : https://ibgc.org.br/blog/7-pontos-chaves-para-aplicar-programa-comliance. Acesso em: 1º out. 2023.

CARLOTO, Selma. *Compliance Trabalhista*. 2. ed. São Paulo: LTr, 2020.

CARLOTO, Selma: *O compliance trabalhista e a efetividade dos direitos humanos dos trabalhadores*. 2. ed. São Paulo: LTr, 2023.

CAVALLINI, Marta. Quase metade das mulheres já sofreu assédio sexual no trabalho; 15% delas pediram demissão, diz pesquisa. *G1*. Disponível em: https://g1.globo.com/economia/concursos-e-emprego/noticia/2020/10/08/quase-metade-das-mulheres-ja-sofreu-assedio-sexual-no-trabalho-15percent--delas-pediram-demissao-diz-pesquisa.ghtml. Acesso em: 06 set. 2022.

CONSELHO Nacional do Ministério Público. Assédio Moral e Sexual Previna-se, 2016. Disponível em: https://www.mpf.mp.br/sc/arquivos/cartilha-assedio. Acesso em: 04 set. 2022.

DALLEGRAVE NETO, José Afonso. *Responsabilidade civil no direito do trabalho*. 5. ed. São Paulo: LTr, 2014.

DENÚNCIAS de assédio no local de trabalho disparam em 2023. TERRA. Disponível em: https://www.terra.com.br/noticias/denuncias-de-assedio-no-local-de-trabalho-disparam-em-2023,ccf356525b379ab6e-d635f2c458b492bfe5en9rs.html. Acesso em: 02 out. 2023.

FELICIANO, Guilherme Guimarães. O meio ambiente do trabalho e a responsabilidade civil patronal: reconhecendo a danosidade sistêmica. In: FELICIANO, Guilherme Guimarães, URIAS, João (Coord.). *Direito ambiental do trabalho*. São Paulo: LTr, 2013. v.1: Apontamentos para uma teoria geral: saúde, ambiente e trabalho: novos rumos da regulamentação jurídica do trabalho.

FELKER, Reginald Delmar Hintz. *O dano moral, o assédio moral e o assédio sexual nas relações do trabalho*: doutrina, jurisprudência e legislação. 2. ed. São Paulo: LTr, 2007.

JUNIOR, Janarary. Câmara vai analisar tratado internacional contra violência e assédio no trabalho. *Agência câmara de notícias 14 de março 2023*. Disponível em: https://www.camara.leg.br/noticias/944523-camara-vai-analisar-tratado-internacional-contra-violencia-e-assedio-no-trabalho/. Acesso em: 26 set. 2023.

MODESTO, Celina. *Em quatro anos, TRT 13 recebe 101 casos de assédio sexual no trabalho*. Comunicação Social TRT-13. 19 de setembro 2022. Disponível em https://www.trt13.jus.br/informe-se/noticias/em-quatro-anos-trt-13-recebe-101-casos-de-assedio-sexual-no-trabalho. Acesso em: 06 set. 2022.

MONTADORA é condenada por assédio sexual e moral contra trabalhadora. Comunicação Social Tribunal Superior do Trabalho. 10 de Maio de 2022. Disponível em: https://trt15.jus.br/noticia/2022/montadora-e-condenada-por-assedio-sexual-e-moral-contra-trabalhadora. Acesso em: 05 out. 2023.

MORAIS, Pamela. *Xenofobia no Brasil*: o que gera essa intolerância? Disponível em: https://www.politize.com.br/xenofobia-no-brasil-existe/. Acesso em: 12 ago. 2022.

OLIVEIRA, Francisco Antônio de. *Curso de Direito do Trabalho*. São Paulo: LTr, 201.

OLIVEIRA NETO, Célio Pereira. Discriminação Atentatória dos direitos e liberdades fundamentais. In: MARTINEZ, Luciano; BELMONTE, Alexandre Agra; NAHAS, Thereza Christina. *Artigo 5º da Constituição da República*: os direitos constitucionais inespecíficos aplicados às relações de trabalho. Porto Alegre: LEX; ABDT, 2023.

OLIVEIRA NETO, Célio Pereira. *Cláusula de não concorrência no contrato de emprego*: efeitos do princípio da proporcionalidade. São Paulo: LTr, 2015.

OLIVEIRA NETO, Célio Pereira. *Trabalho em ambiente virtual*: causas, efeitos e conformação. 2. ed. atual., ampl. e rev. São Paulo: LTr, 2022.

ORGANIZAÇÃO INTERNACIONAL DO TRABALHO (OIT). Recomendação 111. 1958. Disponível em: https://www.ilo.org/brasilia/convencoes/WCMS_242717/lang--pt/index.htm. Acesso em: 14 jul. 2022.

ORGANIZAÇÃO INTERNACIONAL DO TRABALHO (OIT). Convenção 161. 1988. Disponível em: https://www.ilo.org/brasilia/convencoes/WCMS_236240/lang--pt/index.htm. Acesso em: 04 set. 2022.

ORGANIZAÇÃO INTERNACIONAL DO TRABALHO (OIT) Convenção 190, 2019. Disponível: https://www.ilo.org/wcmsp5/groups/public/---europe/---ro-geneva/---ilo-lisbon/documents/genericdocument/wcms_729459.pdf. Acesso em: 11 set. 2023.

ORGANIZAÇÃO INTERNACIONAL DO TRABALHO (OIT) Convenção 155, 1981. Disponível em: https://www.ilo.org/brasilia/convencoes/WCMS_236163/lang--pt/index.htm. Acesso em: 04 out. 2023.

ORGANIZAÇÃO INTERNACIONAL DO TRABALHO (OIT). Recomendação 206. 2019. Disponível em: https://www.ilo.org/wcmsp5/groups/public/---europe/---ro-geneva/---ilo-lisbon/documents/genericdocument/wcms_729461.pdf. Acesso em: 25 set. 2023.

ORGANIZAÇÃO INTERNACIONAL DO TRABALHO (OIT). Relatório V Conferência Internacional do Trabalho 107ª Sessão, 2018. Disponível em: https://www.tst.jus.br/documents/1199940/1321373/Violencia_Assedio_Relatorio_V1_OIT_2018.pdf/614e8f0b-7267-8d86-a3f1-4a09a775bd95. Acesso em: 11 set. 2023.

ORGANIZAÇÃO INTERNACIONAL DO TRABALHO (OIT) Ambientes de trabalho seguros e saudáveis livres de violência e de assédio – Genebra, OIT, 2020. Disponível em: https://www.ilo.org/wcmsp5/groups/public/---europe/---ro-geneva/---ilo-lisbon/documents/publication/wcms_783092.pdf. Acesso em: 02 out. 2022.

PORFÍRIO, Francisco. *Intolerância religiosa*: nos dias atuais, na lei, no Brasil. Disponível em: https://mundoeducacao.uol.com.br/sociologia/intolerancia-religiosa.htm. Acesso em: 02 out. 2023.

SANTOS, Rafa. *Intolerância e discriminação*: reflexos do medo despertado pelas diferenças Disponível em: https://www.conjur.com.br/2022-jul-07/trt-condena-empresa-indenizar-haitiano-vitima-racismo. Acesso em: 28 jul. 2022.

SERPA, Alexandre de Cunha. Investigações de Compliance: Antes, durante e depois. *LEC*: Legal Ethics Complianc., 2019. Disponível em: https://d335luupugsy2.cloudfront.net/cms/files/28354/1499348302ebook_investiga.pdf. Acesso em: 25 ago. 2023.

SILVA, Gabriela da; BETINA, Kelly. *Intolerância e discriminação*: reflexos do medo despertado pelas diferenças. Disponível em: https://www.jornalnh.com.br/_conteudo/2016/07/noticias/358042-intolerancia-e-discriminacao-reflexos-do-medo-despertado-pelas-diferencas.html. Acesso em: 14 jul. 2022.

SILVA NETO, Manoel Jorge e. *Curso de direito constitucional*: atualizado até a EC 109, de 15 de março de 2021. 10. ed. Rio de Janeiro: Lumen Juris, 2021.

SIMÃO DE MELO, Raimundo. *Direito ambiental do trabalho e a saúde do trabalhador*. 2013. Disponível em: http://www.ltr.com.br/loja/folheie/4738.pdf. Acesso em: 16 nov. 2021.

TRIBUNAL de Contas da União. Relatório Levantamento do sistema de prevenção e combate ao assédio moral e sexual, 2022. Disponível em: https://portal.tcu.gov.br/data/files/19/F7/1D/6A/531B18102D-FE0FF7F18818A8/Relatorio_prevencao_e_combate_ao_assedio.pdf. Acesso em: 1º out. 2022.

WALTENBERG, Guilherme. *Casos de assédio na Caixa explodem sob Pedro Guimarães*. Poder 360. Disponível em: https://www.poder360.com.br/brasil/casos-de-assedio-na-caixa-explodem-sob-pedro-guimaraes/#:~:text=Como%20resultado%2C%20foram%20abertos%20115,que%20h%C3%A1%20sigilo%20nesses%20processos. Acesso em: 02 out. 2023.

VII – RESPONSABILIDADE CIVIL E PROCESSO DO TRABALHO

30
CIF COMO CRITÉRIO TÉCNICO DE AFERIÇÃO DA PENSÃO NA INCAPACIDADE DO TRABALHADOR PELO ACIDENTE DE TRABALHO E A IMPORTÂNCIA DOS QUESITOS FACE À PERÍCIA TÉCNICA

Francisco Ferreira Jorge Neto

Mestre pela PUC/SP. Autor de livros na área de Direito do Trabalho e Direito Processual do Trabalho. Desembargador do Tribunal Regional do Trabalho da 2ª Região.

Sumário: 1. Introdução – 2. Medicina e segurança do trabalho como direito social dos trabalhadores – 3. Perícia – 4. Aplicação da CIF (Classificação Internacional de Funcionalidade, Incapacidade e Saúde) como parâmetro de quantificação do dano material (pensão) ocasionado pelo acidente de trabalho – 5. Proposta de quesitos – 6. Conclusão – Referências.

1. INTRODUÇÃO

Para fins da plena reparação do dano material pelo acidente de trabalho, como um dos direitos sociais dos trabalhadores (art. 7º, XXVIII, CF), é imprescindível a realização da perícia, não só pela análise da capacidade laborativa do trabalhador, como também da avaliação das efetivas consequências ocasionadas à vida pessoal, familiar e social da vítima.

Como critério técnico para a busca desta plena reparação, é necessário que o operador do Direito indique a CIF (Classificação Internacional de Funcionalidade, Incapacidade e Saúde), não só na formulação da causa de pedir no tocante a reparação da pensão, como também faça os quesitos adequados quando da determinação quanto à realização da perícia técnica.

O presente artigo pretende demonstrar a importância da CIF, como critério de análise aos operadores do Direito no campo da reparação integral do dano material, em especial, da pensão face à incapacidade permanente total ou parcial do trabalhador.

2. MEDICINA E SEGURANÇA DO TRABALHO COMO DIREITO SOCIAL DOS TRABALHADORES

O preâmbulo da CF/88 declina a necessidade de um Estado Democrático, destinado a *"assegurar o exercício dos direitos sociais e individuais, a liberdade, a segurança, o bem-estar, o desenvolvimento, a igualdade e a justiça como valores supremos de uma sociedade fraterna, pluralista e sem preconceitos, fundada na harmonia social e comprometida, na ordem interna e internacional, com a solução pacífica das controvérsias [...]"*.

A essência do Estado Democrático de Direito, ao lado de um quadro político que assegure a plenitude da vida democrática, também pressupõe a intervenção organizada do Estado na atividade econômica, assegurando o bem-estar e o reconhecimento dos direitos sociais.

Os direitos sociais representam os "direitos fundamentais do homem, caracterizando-se como verdadeiras liberdades positivas, de observância obrigatória em um Estado Social de Direito, tendo por finalidade a melhoria de condições de vida aos hipossuficientes, visando à concretização da igualdade social, e são consagrados como fundamentos do Estado Democrático, pelo art. 1º, IV, da Constituição Federal. (...) Os direitos sociais previstos constitucionalmente são normas de ordem pública, com a característica de imperativas, invioláveis, portanto, pela vontade das partes contraente da relação trabalhista" (Moraes, 2012, p. 205-206).

Os direitos sociais representam uma dimensão dos direitos fundamentais do homem, logo, são direitos de todos; porém, o exercício de tais direitos pressupõe um tratamento diferente para as pessoas que, em função de condições sociais, físicas ou econômicas, não possam gozar desses direitos. Sintetizam o ideal da democracia econômica e social no sentido de proporcionar igualdade aos cidadãos no que concerne às diversas formas de atuação estatal.

Os direitos sociais envolvem as questões relativas à educação, a saúde, a alimentação, ao trabalho, a moradia, ao transporte, ao lazer, a segurança, a previdência social, a proteção a maternidade e a infância e a assistência aos desamparados (art. 6º, CF), enquanto o art. 7º, CF, estabelece quais são os direitos dos trabalhadores urbanos e rurais, além de outros que visem a melhoria de sua condição social. No elenco destes direitos, temos: "redução dos riscos inerentes ao trabalho, por meio de normas de saúde, higiene e segurança" (art. 7º, XXII).

Todo empregador é obrigado a zelar pela segurança, saúde e higiene de seus trabalhadores, propiciando as condições necessárias para tanto, bem como zelando para o cumprimento dos dispositivos legais atinentes à medicina e segurança do trabalho.

A medicina e segurança do trabalho são matérias inseridas no direito tutelar do trabalho, pois o seu intuito é zelar pela vida do trabalhador, evitando acidentes, preservando a saúde e propiciando a humanização do trabalho.

As disposições inseridas na legislação e que são pertinentes à saúde, higiene e segurança possuem a titulação de medicina (estudo de todas as formas de proteção à saúde, com destaques para a prevenção das doenças profissionais e das aptidões laborais relativas às condições físicas, mentais e ambientais dos trabalhadores) e segurança no trabalho (eliminação dos riscos que possam atingir a incolumidade física e psíquica do trabalhador).

Pela lei consolidada, a medicina e segurança do trabalho é disciplinada nos arts. 154 e ss., os quais se encontram divididos em três partes: (a) condições de segurança; (b) condições de salubridade; (c) outras condições tendentes a assegurar o conforto do trabalhador. São normas de ordem pública e aderem ao contrato individual de trabalho, integrando o direito tutelar do trabalho.

A saúde e a incolumidade física do trabalho são fatores integrantes do próprio direito à vida. A vida humana possui um valor inestimável e deve ser protegida por todos os meios. A medicina e segurança do trabalho são matérias de grande valia, como instrumental técnico-jurídico, a valorizar e dignificar a vida humana, além do patrimônio jurídico do trabalhador, o qual é representado pela sua força de trabalho.

Por fim, o direito aos danos patrimoniais e extrapatrimoniais, os quais sejam decorrentes do acidente de trabalho e outras hipóteses a ele equiparáveis, também é assegurado na ordem constitucional (art. 7º, XXVIII): "seguro contra acidentes de trabalho, a cargo do empregador, sem excluir a indenização a que este está obrigado, quando incorrer em dolo ou culpa".

3. PERÍCIA

Perícia é o meio de prova, onde técnicos capacitados, por determinação judicial, manifestam o seu parecer sobre determinado fato ou coisa, apresentando-o ao juízo da causa.

Para o deferimento do pedido de perícia formulado por uma das partes, devem estar presentes os pressupostos específicos de sua realização: (a) imprescindibilidade de conhecimentos técnicos ou científicos; (b) necessidade de que os fatos a serem provados por seu intermédio necessitem de tais esclarecimentos e interpretação (art. 464, § 1º, I a III, CPC).

Além da insalubridade e periculosidade (art. 195, CLT), a perícia é imperiosa nas ações em que se discute o acidente e as suas consequências quanto ao contrato individual de trabalho, tais como: (a) a reintegração, por cláusula normativa (convenção coletiva ou acordo coletivo de trabalho ou sentença normativa) ou pela aplicação do art. 118, Lei 8.213/91 (Súmula 378, TST), decorrente de acidente de trabalho ou doença profissional; (b) a constatação da responsabilidade civil por acidente de trabalho ou doença profissional. Nessas duas hipóteses, a necessidade repousa na avaliação médica das lesões causadas ao trabalhador e o respectivo nexo causal, além da aferição da negligência do empregador quanto ao cumprimento das normas de medicina e segurança do trabalho. Recomenda-se que a perícia seja efetuada por dois peritos: (a) o médico, para avaliar a lesão, o tipo e o grau de incapacidade etc.; (b) o engenheiro, para análise do nexo causal e a inobservância das normas de medicina e segurança do trabalho. A dupla nomeação deriva da aplicação subsidiária do processo civil (art. 475, CPC), precipuamente, por ser uma perícia complexa e que exige conhecimento especializado de mais de uma área do conhecimento humano.

Como trabalho técnico, o laudo pericial deve conter: (a) a exposição do objeto da perícia; (b) a análise técnica ou científica realizada pelo perito; (c) a indicação do método utilizado, esclarecendo-o e demonstrando ser predominantemente aceito pelos especialistas da área do conhecimento da qual se originou; (d) resposta conclusiva a todos os quesitos apresentados pelo juiz, pelas partes e pelo órgão do Ministério Público (art. 473, I a IV, CPC). Por esta indicação, já se denota a importância dos quesitos a serem elaborados pelas partes e que devem ser respondidos pelo Perito, como auxiliar do Juízo.

Além do teor do art. 473, CPC, é importante a observância dos requisitos previstos no art. 2º da Resolução 2.323, de 6 de outubro de 2022, do Conselho Federal de Medicina (CFM), o qual fixa que para o estabelecimento do nexo causal entre os transtornos de saúde e as atividades do trabalhador, além da anamnese, do exame clínico presencial (físico e mental), de relatórios e de exames complementares, é dever do médico do trabalho considerar: (a) a história clínica e ocupacional atual e pregressa, decisiva em qualquer diagnóstico e/ou investigação de nexo causal; (b) o estudo do local de trabalho; (c) o estudo da organização do trabalho; (d) os dados epidemiológicos; (e) a literatura científica; (f) a ocorrência de quadro clínico ou subclínico em trabalhadores expostos a riscos semelhantes; (g) a identificação de riscos físicos, químicos, biológicos, mecânicos, estressantes e outros; (h) o depoimento e a experiência dos trabalhadores; (i) os conhecimentos e as práticas de outras disciplinas e de seus profissionais, sejam ou não da área da saúde. Citadas premissas são importantes para a fixação do nexo causal, além da identificação do grau de incapacidade do trabalhador, vítima de acidente de trabalho.

Quando da elaboração do laudo médico, o perito deve requerer e estudar os documentos pertinentes à medicina e segurança do trabalho (art. 10, Resolução 2.323/2022, CFM): (a) Programa de Prevenção de Riscos Ambientais (PPRA)/Gerenciamento de Riscos Ocupacionais (GRO); (b) Programa de Controle Médico de Saúde Ocupacional (PCMSO); (c) Perfil Profissiográfico Previdenciário (PPP); (d) Comunicação de Acidente de Trabalho (CAT); (e) Laudo Técnico de Condições Ambientais de Trabalho (LTCAT); (f) Programa de Gerenciamento de Riscos (PGR); (g) Programa de Condições e Meio Ambiente de Trabalho na Indústria da Construção (PCMAT); (h) Análise ergonômica do posto de trabalho, ficha de produtos químicos e outros documentos relacionados às condições de trabalho e pertinentes à contestação poderão ser utilizados, quando necessário. Referidos documentos são vitais para a análise do nexo causal, da lesão e do grau de incapacidade.

De forma sintética, Sebastião Geraldo de Oliveira pondera que: "Nos casos de ações envolvendo doenças ocupacionais, cujas controvérsias são mais complexas, o laudo pericial deve abranger com suficiente profundidade técnica três etapas sucessivas, para oferecer ao julgador amplo conhecimento dos fatos: 1) diagnóstico detalhado, com mensuração do grau de invalidez e da capacidade residual de trabalho para a mesma ou para outras funções; 2) minuciosa descrição das condições ergonômicas e dos fatores etiológicos da doença, para aferir a eventual existência de nexo causal com o trabalho; 3) investigação sobre os possíveis descumprimentos das normas legais, ergonômicas, técnicas e outras, bem como avaliação dos aspectos organizacionais e psicossociais a que o trabalhador esteve exposto, para verificar a possível culpa (grave, leve ou levíssima) do empregador" (2007, p. 287-288).

A incapacidade pode ser temporária ou permanente.

Temporária é a que ocorre durante o tratamento do trabalhador e que desaparece após esse período, sem deixar sequelas incapacitantes ou depreciativas (art. 949, CC). As indenizações são: (a) despesas com o tratamento (gastos com médicos, medicamentos, tratamentos com fisioterapeutas, enfermeiros etc.); (b) lucros cessantes (o valor não recebido pela vítima durante o seu afastamento pelo período de tratamento); (c) outros prejuízos sofridos (face a reparação integral dos prejuízos, a vítima pode ter direito a indenização por dano estético ou outros danos interligados ao direito geral da personalidade).

Permanente é a incapacidade mais grave, ocasionando sequelas incapacitantes após o período do tratamento, podendo ser total ou parcial para o exercício das funções que ocupava antes do acidente (art. 950, CC). Além do pagamento pelas despesas e os lucros cessantes durante o período da convalescença, o trabalhador tem direito a uma pensão correspondente à importância do trabalho para que inabilitou ou da depreciação que ele sofreu. A pensão pode ser paga de forma mensal até a sua morte, reajustada pelos índices salariais da sua categoria profissional ou com base no reajuste do salário-mínimo.

Como o Brasil possui índices alarmantes de acidentes de trabalho, torna-se recorrente a existência de demandas trabalhistas objetivando o reconhecimento da responsabilidade civil do empregador pelo acidente de trabalho. Como já dito, a perícia, quando a incapacidade é permanente (total e parcial), é imperiosa para a quantificação do grau da incapacidade, daí a importância de se ter critérios técnicos adequados para essa aferição. A incapacidade deve ser avaliada pelo prisma da profissão do trabalhador, considerando-se que a sua redução da sua capacidade laboral, sem dúvidas, implica no seu afastamento do mundo do trabalho, em especial, face a eventual dificuldade na obtenção de um novo emprego.

4. APLICAÇÃO DA CIF (CLASSIFICAÇÃO INTERNACIONAL DE FUNCIONALIDADE, INCAPACIDADE E SAÚDE) COMO PARÂMETRO DE QUANTIFICAÇÃO DO DANO MATERIAL (PENSÃO) OCASIONADO PELO ACIDENTE DE TRABALHO

No âmbito da Organização Internacional de Saúde (OMS) há duas classificações, as quais são adotadas como critérios de referência para a descrição dos estados de saúde: (a) Classificação Internacional de Doenças (CID); (b) Classificação Internacional de Funcionalidade, Incapacidade e Saúde (CIF).

A CID é uma ferramenta epidemiológica do cotidiano médico, sendo que a sua principal função é monitorar a incidência e prevalência de doenças, visto que adota um padrão universal. As condições ou estados de saúde (doenças, distúrbios, lesões etc.) são classificados na CID, a qual fornece um modelo, em que há grandes eixos de análise, tais como: etiológico, o anátomo-funcional, o anatomopatológico, o clínico e o epidemiológico. Como publicação oficial da OMS, a CID é adotada nos seus países membros, com a finalidade de formulações estatísticas das causas de morte (mortalidade) ou de doenças, as quais levam a internações hospitalares ou atendimento ambulatoriais. Avalia a saúde e as suas causas, contudo, não propicia a análise do impacto das doenças na vida das pessoas. É revista de forma periódica, sendo que a CID-11 (décima primeira edição) foi lançada em 18 de junho de 2018, com entrada em vigor em 1º de janeiro de 2022. É um padrão internacional para o relato de doenças e condições de saúde.

Por sua vez, a CIF (foi adotada de forma oficial pela OMS em 22 de maio de 2001, Resolução WHO 54.21), como classificação, objetiva retratar a interação dinâmica que há entre a condição de saúde de uma pessoa, os fatores ambientais e os fatores pessoais. Sem dúvidas, os seus objetivos, como classificação, são: (a) modelo analítico de compreensão dos estados de saúde e de condições relacionadas, fixando as causas e os efeitos; (b) estabelecer uma linguagem acessível de compreensão e descrição do estado de saúde da pessoa, auxiliando na comunicação do paciente com o pessoal da área de saúde. A essência da CIF não está em descrever pessoas e sim a uma visão contextualizada da saúde do ser humano, com ênfase no seu estado geral de saúde, observando e interagindo os fatores ambientais e pessoais. Como se denota, a incapacidade não deve ser tratada apenas pelos aspectos clínicos e ou biológicos, desta maneira a CIF inclui os fatores contextuais, nos quais os fatores ambientais são listados, propiciando, assim, os registos do ambiente na funcionalidade da pessoa. Desta forma, a CIF não classifica as pessoas e sim descreve a condição contextualizada de cada pessoa em uma escala de domínios de saúde.

A CIF pode ser aplicada como ferramenta: (a) estatística, em que se tem a coleta e registro de dados (em estudos populacionais e pesquisas ou em sistemas de gerenciamento de informações; (b) de pesquisa, como forma de medição de resultados, qualidade de vida ou fatores ambientais; (c) clínica, em que se tem avaliação de necessidades, na compatibilidade dos tratamentos com condições específicas, avaliação vocacional, reabilitação e avaliação de resultados; (d) de política social, isto é, no planejamento dos sistemas de previdência social, sistemas de compensação e projeto e implementação de políticas públicas; (e) pedagógica, atuando na elaboração de programas educativos, para aumentar a conscientização e realizar ações sociais.

Para a CIF, funcionalidade é um termo genérico, que engloba as funções e estruturas do corpo, atividades e participação. Indica os aspectos existentes entre o indivíduo e os fatores contextuais. Face a dinâmica da vida em sociedade, não se pode dizer que se tenha completa funcionalidade ou completa incapacidade. O importante é o destaque para saúde funcional, ou seja, as possibilidades que um indivíduo tenha na sociedade, mesmo em face dos seus problemas de estruturas e funções do seu corpo. O enfoque é a qualidade da vida humana. Assim, saúde funcional é a medida da qualidade no desempenho das atividades e da participação social do ser humano em sociedade. No âmbito da CIF, incapacidade há de ser compreendida como: (a) sendo uma experiência comum a todas as pessoas e não simplesmente como um atributo ou característica de uma pessoa; (b) dependente do ambiente no qual a pessoa está inserida. A pessoa pode estar submetida a incapacidade, mas não a possui. Pode haver facilitadores no seu meio ambiente que neutralizam tais deficiências, propiciando a um indivíduo, por exemplo, portador de deficiência visual, ter plena capacidade de desempenhar as suas atividades e atuando de forma direta na vida em sociedade.

Na visualização da funcionalidade e da saúde do ser humano, a CIF adota as seguintes definições: (a) *funções do corpo* são as funções fisiológicas dos sistemas do corpo (incluindo funções psicológicas); (b) *estruturas do corpo* são as partes anatômicas do corpo como órgãos, membros e seus componentes; (c) *deficiências*[1] são problemas nas funções ou nas estruturas do corpo como um desvio significativo ou uma perda; (d) *atividade* é a execução de uma tarefa ou ação por um indivíduo; (e) participação é o envolvimento em situações de vida diária; (f) *limitações de atividade* são dificuldades que um indivíduo pode encontrar na execução de atividades; (g) *restrições de participação* são os problemas que um indivíduo pode enfrentar ao se envolver em situações de vida; (h) *fatores ambientais* compõem o ambiente físico, social e de atitude no qual as pessoas vivem e conduzem sua vida. Por tais definições, pode-se afirmar que a CIF adota sete itens: função, estrutura, atividade, participação social, condição de saúde (transtorno ou doença), fatores ambientais e fatores pessoais.

De forma estrutural, a CIF possui duas partes: (a) Funcionalidade e Incapacidade, com os componentes: (a.1) Funções e Estruturas do Corpo, em que os códigos adotados para funções corporais são precedidos da letra "b" (originário de *body functions*) e para as estruturas pela letra "s" (originário de *structure*); (a.2) Atividades e Participação, em que os códigos são precedidos pela letra "d" (originário de *domain*); (b) Fatores Contextuais, em que os componentes são: (b.1) Fatores Ambientais; (b.2) Fatores Pessoais. Nesta parte, os códigos são precedidos pela letra "e" (originário de *environment*).

Os componentes podem ser expressos em termos positivos e negativos. Pondere-se que cada componente tem domínios, sendo que em cada domínio há várias categorias, denominadas de unidades de classificação. Isso significa que a saúde e os estados relacionados com a saúde de um indivíduo podem ser registados através da seleção do código ou códigos apropriados da categoria. O uso de qualquer código da CIF vem acompanhado de um qualificador, o qual expressa a dimensão da gravidade do problema. Vale dizer, os qualificadores são códigos numéricos que especificam a extensão ou magnitude da funcionalidade ou da incapacidade naquela categoria, ou em que medida um fator ambiental facilita ou é uma barreira. Sem os qualificadores, os códigos da CIF não possuem significados para avaliar a saúde da pessoa.

O quadro abaixo indica uma visão geral da CIF (Partes, Complementos e Qualificadores):

---

1. A Convenção Internacional sobre os Direitos da Pessoa com Deficiência (ONU – Organização das Nações Unidas) (Decreto Legislativo 186, de 09.07.2008; Decreto 6.949, de 25.08.2009 promulgou a Convenção), estabelece que a deficiência é um conceito em evolução e que a deficiência resulta da interação entre pessoas com deficiência e as barreiras devidas às atitudes e ao ambiente que impedem a plena e efetiva participação dessas pessoas na sociedade em igualdade de oportunidades com as demais pessoas.

Quadro 1. Uma visão geral da CIF

	Parte 1: Funcionalidade e Incapacidade		Parte 2: Fatores Contextuais	
Componentes	Funções e Estruturas do Corpo	Atividades e Participação	Fatores Ambientais	Fatores Pessoais
Domínios	Funções do Corpo Estruturas do Corpo	Áreas da vida (tarefas, ações)	Influências externas sobre a funcionalidade e a incapacidade	Influências internas sobre a funcionalidade e a incapacidade
Construtos	Mudança nas funções do corpo (fisiológicas) Mudança nas estruturas corporais (anatômicas)	Capacidade: Execução de tarefas em um ambiente padrão Desempenho: Execução de tarefas no ambiente habitual	Impacto facilitador ou limitador das características do mundo físico, social e de atitude	Impacto dos atributos de uma pessoa
Aspecto positivo	Integridade funcional e estrutural	Atividades Participação	Facilitadores	Não aplicável
	Funcionalidade			
Aspecto negativo	Deficiência	Limitação da atividade Restrição de participação	Barreiras/ Obstáculos	Não aplicável
	Incapacidade			

Fonte: (OMS, CIF, 2015, p. 24).

Dentro de cada componente, os qualificadores são:

(a) *funções do corpo* (o qualificador indica o grau de alteração funcional, de deficiência ou de disfunção), os qualificadores são: 0 Nenhuma deficiência (0 a 4%); 1 Deficiência leve (5 a 24%); 2 Deficiência moderada (25% a 95%); 3 Deficiência grave (50 a 95%); 4 Deficiência completa (96 a 100%); 8 Não especificado; 9 Não aplicável;

(b) *estruturas do corpo*, há três qualificadores: (b.1) o primeiro, como ocorre para as funções do corpo, indica a extensão (= grau) da lesão estrutural: 0 Nenhuma deficiência (0 a 4%); 1 Deficiência leve (5 a 24%); 2 Deficiência moderada (25% a 95%); 3 Deficiência grave (50 a 95%); 4 Deficiência completa (96 a 100%); 8 Não especificado; 9 Não aplicável; (b.2) o segundo, relacionado com a indicação da natureza (= tipo) da alteração estrutural: 0 Nenhuma mudança na estrutura; 1 Ausência total; 2 Ausência parcial; 3 Parte adicional; 4 Dimensões aberrantes; 5 Descontinuidade; 6 Posição desviada; 7 Mudanças qualitativas na estrutura, incluindo acúmulo de líquido; 8 Não especificada; 9 Não aplicável; (b.3) o terceiro qualificador é opcional e a bem da verdade trata-se de um complemento topográfico: 0 mais de uma região; 1 direita; 2 esquerda; 3 ambos os lados; 4 parte anterior; 5 parte posterior; 6 proximal; 7 distal; 8 não especificada; 9 não aplicável;

(c) *atividades e participação*, há dois qualificadores: desempenho e capacidade. O qualificador do desempenho retrata o que o ser humano faz no seu ambiente real. Por ambiente real, compreenda-se o contexto social e físico em que o indivíduo vive. São observados todos os aspectos existentes neste contexto social e físico que podem ser codificados adotando-se os fatores ambientes da CIF. No tocante ao qualificador da capacidade, o que se tem é a descrição das habilidades do ser humano na execução de tarefas e ou ações. Procura-se indicar o nível máximo de funcionamento do indivíduo em um dado contexto e momento. Vale dizer, a capacidade é avaliada em um ambiente uniforme e padrão, o qual pode ser: um ambiente real utilizado comumente para avaliação de capacidade em situações de teste; nos casos em que não isto não é possível, um ambiente que possa ser considerado como tendo um impacto uniforme. O ambiente neutro é o indicativo dos ambientes importantes para a realização da tarefa ou da ação especificada, não podendo ter barreiras ou obstáculos, como forma de avaliação da efetiva capacidade do ser humano. Desta maneira, a capacidade é a habilidade do ser humano ajustada ao ambiente. Assim, o indicativo do desempenho considera os fatores ambientais e pessoais na sua análise, enquanto o qualificador da capacidade procura neutralizar o impacto dos diferentes ambientes sobre a capacidade do indivíduo. Os graus são: 0 Nenhuma dificuldade (0 a 4%); 1 Dificuldade leve (5 a 24%); 2 Dificuldade moderada (25 a 49%); 3 Dificuldade grave (50 a 95%). 4 Dificuldade completa (96 a 100%); 8 Não especificado; 9 Não aplicável;

(d) *os fatores ambientais* são externos ao ser humano, podendo ter uma influência positiva ou negativa quanto a sua participação em sociedade. Interferem no desempenho de atividades ou até mesmo em alguma funcionalidade ou estrutura corporal. Os graus são: 0 Nenhuma barreira ou 0 nenhum facilitador (0 a 4%); 1 Barreira Leve ou +1 facilitador leve (5 a 245); 2 Barreira Moderada ou +2 facilitador moderado (25% a 49%); 3 Barreira grave ou + 3 facilitador considerável (50 a 95%). 4 Barreira completa ou + 4 facilitador completo (96 a 100%). Apesar de a CIF não detalhar os *fatores pessoais*, pode-se afirmar que não são os elementos característicos da condição de saúde ou do estado de saúde do ser humano, contudo, interferem ou influenciam na forma de como o indivíduo lida com as doenças e as suas consequências. Podem ser: raça, gênero, idade, nível de educação, estilo de vida, preparo físico, hábitos de vida, profissão etc.

Como forma de visualização da interação dos componentes, a CIF apresenta o quadro abaixo:

Fig. 1 Interações entre os componentes da CIF

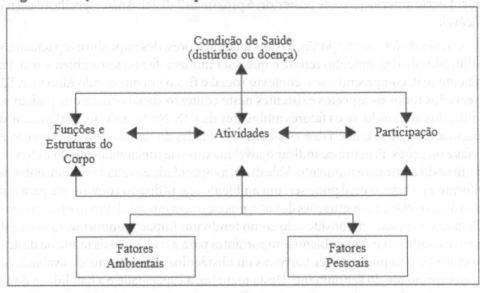

Fonte: (OMS, CIF, 2015, p. 32).

A CIF considera o ser humano e todo o conjunto dos componentes e de suas influências, as quais possam favorecer ou dificultar a execução das suas atividades. Há uma relação multidirecional, podendo ser a doença o ponto inicial ou o ponto final de análise. As setas saem de todos os itens e chegam a todos os itens. Na CIF, todos os itens acima são classificados, com exceção da condição da saúde (classificado pela CID) e os fatores pessoais (não há classificação).

A Resolução 452, de 10 de maio de 2012, do CNS (Conselho Nacional de Saúde), adota a CIF no âmbito do Sistema Único de Saúde (SUS) e na Saúde Suplementar. Os parâmetros da sua aplicação são: (a) nas investigações para medir resultados acerca do bem estar, qualidade de vida, acesso a serviços e impacto dos fatores ambientais (estruturais e atitudinais) na saúde dos indivíduos; (b) como uma ferramenta estatística na coleta e registro de dados (em estudos da população e inquéritos na população ou em sistemas de informação para a gestão); (c) como ferramenta clínica para avaliar necessidades, compatibilizar os tratamentos com as condições específicas, ampliando a linha de cuidado; (d) para dar visibilidade e avaliar os processos de trabalho com os respectivos impactos reais das ações dos profissionais de saúde, que atuam diretamente com a funcionalidade humana; (e) no dimensionamento e redimensionamento de serviços visando qualificar e quantificar as informações relativas ao tratamento e recuperação da saúde no processo de reabilitação e os respectivos resultados; (f) como ferramenta no planejamento de sistemas de segurança social, de sistemas de compensação e nos projetos e no desenvolvimento de políticas; (g) como ferramenta pedagógica na elaboração de programas educacionais, para aumentar a conscientização e a realização de ações sociais; (h) como ferramenta geradora de informações padronizadas em saúde, devendo a mesma ser inserida no Sistema Nacional de informações em saúde do Sistema Único de Saúde para alimentar as bases de dados, com vistas ao controle, avaliação e regulação para instrumentalizar a gestão no gerenciamento das ações e serviços de saúde em todos os seu níveis de atenção; (i) como geradora de indicadores de saúde referentes à funcionalidade humana.

O art. 2º, *caput*, da Lei 13.146, de 6 de julho de 2015 (Estatuto da Pessoa com Deficiência), considera pessoa com deficiência aquela que tem impedimento de longo prazo de natureza física, mental, intelectual ou sensorial, o qual, em interação com uma ou mais barreiras, pode obstruir sua participação plena na sociedade em igualdade de condições com as demais pessoas. O § 1º fixa que a avaliação, quando necessária, será biopsicossocial, a ser realizada por equipe multiprofissional e interdisciplinar e considerará: (a) os impedimentos nas funções e nas estruturas do corpo; (b) os fatores socioambientais, psicológicos e pessoais; (c) a limitação no desempenho de atividades; (d) a restrição de participação. Evidente a presença da CIF no Estatuto da Pessoa com Deficiência.

Em razão da aplicação do princípio da reparação integral (art. 944 e ss., CC), a indenização a ser paga pelo agente deve corresponder, efetivamente, ao prejuízo sofrido pela vítima, bem como ao valor que ela deixou de auferir em decorrência da lesão.

Na apuração do acidente de trabalho, em especial, do evento incapacidade permanente, parcial ou total, não basta a realização de uma perícia tradicional na qual se analisa a incapacidade para o exercício da função contratada ou da profissão do trabalhador. É imperiosa a interação deste grau de incapacidade nas funções e estruturas do corpo, além das influências que a lesão pode ocasionar na sua qualidade de vida, considerando os fatores contextuais (fatores ambientais e pessoais), bem como as limitações no desempenho de suas atividades e participação na sociedade. Essa perícia deve ser humanizada. Há de se ter uma pensão que repare de forma integral os reflexos efetivos, diretos e indiretos, que o acidente de trabalho causou na sua capacidade de trabalho, como também nos indicativos da sua qualidade de vida. Desta forma, é inegável a importância da CIF como critério de aferição desta pensão.

No caso de perda parcial da capacidade laborativa, decorrente de doença profissional ou acidente do trabalho, a tabela da SUSEP se mostra insuficiente e inadequada. Ressalvas quanto a sua aplicação única, como critério de fixação da pensão nas demandas trabalhistas de responsabilidade civil:

(a) a sua adoção limita-se a visualizar a invalidez de modo genérico. Não se presta a auferir de forma clara e precisa o montante devido, eis que se trata de percentual apurado de forma impessoal, apenas para efeito de cálculo de seguro privado;

(b) mesmo só pelo prisma da incapacidade para o trabalho, sua adoção não permite avaliar a efetiva inabilitação do trabalhador para o exercício de sua função ou profissão, visto que a SUSEP foi concebida para o pagamento das indenizações devidas pelas seguradoras as pessoas acidentadas, em percentuais vinculados à importância segurada e ao nível das consequências econômicas prefixadas da parte do corpo atingida. Por exemplo, a perda dos dedos de uma das mãos para o servente da construção civil não tem o mesmo efeito para um pianista. A fixação da pensão já de considerar, quando da sua mensuração, a perspectiva da justiça social e da dignidade humana (art. 1º, III e IV, art. 170 e art. 193, CF/88). A adoção da CIF permite uma visão multidimensional no cálculo da indenização;

(c) por fim, a indenização fixada pela SUSEP não considera as consequências provocadas pela lesão à qualidade de vida da vítima. Assim, a perícia deve conter não só a incapacidade para o trabalho, como as consequências dela advindas para a qualidade de vida do trabalhador, como critérios na mensuração do valor da pensão. Quase sempre, a lesão ocasiona a dificuldade do trabalhador em obter nova colocação no mercado de trabalho.

Por analogia, a perícia realizada nas demandas trabalhistas de responsabilidade civil pelo acidente de trabalho, após o reconhecimento da incapacidade permanente parcial ou total, deve analisar as condições pessoais e sociais do trabalhador para a mensuração da pensão (Súmula 47, Turma Nacional de Uniformização – CJF).

Por ser um mecanismo muito mais eficaz, na apuração da funcionalidade e incapacidade do trabalhador, na demanda trabalhista, o trabalhador, diante da incapacidade permanente total ou parcial, deve formular quesitos, quando da realização da perícia, que a CIF seja adotada, não só na avaliação física e psíquica, como também no exame das consequências do acidente para o desempenho e capacidade do trabalhador no seu contexto social e familiar, como também para a mensuração da pensão, como forma de reparação integral pelo acidente sofrido.

Como forma de valorizar a proteção constitucional à proteção da saúde e constituição física e psíquica do trabalhador, o Tribunal Superior do Trabalho tem decidido pela impossibilidade de utilização apenas do critério da tabela SUSEP, fixando que o citado critério há de ser aplicável em sintonia com as demais provas dos autos:

> Agravo de instrumento. Recurso de revista. Processo sob a égide da Lei 13.015/2014 e anterior à Lei 13.467/2017. 1. Acidente de trabalho. Prescrição. *Actio nata* – ciência inequívoca da extensão do dano sofrido. 2. Preliminar de nulidade por cerceamento do direito de defesa. Não configuração. Indenização por danos materiais. Percentual da incapacidade laborativa. Tabela Susep. No caso dos autos, segundo a prova pericial transcrita no acórdão recorrido, 'chegamos ao diagnóstico de lesão complexa de membro superior esquerdo com perda de função de antebraço, punho e mãos de caráter irreversível sob o ponto de vista neurológico, com isso há atrofia e impotência funcional do mesmo significando a dizer invalidez total e permanente para este membro'. O Juiz, na sentença, julgou procedente o pedido de indenização por danos materiais, determinando o pagamento de pensão mensal vitalícia correspondente ao percentual de 100% da remuneração obreira. O Tribunal Regional reformou a sentença para arbitrar a pensão mensal vitalícia em 80% da remuneração. A esse respeito, considerando que não há uma tabela específica relacionada aos valores a título de reparação civil, os julgadores se valem de percentuais indicados pelos peritos médicos e de critérios legais aplicáveis, por analogia, à pensão civil como, por exemplo, o Regulamento da Previdência Social; as tabelas DPVAT e SUSEP; e a Classificação Internacional de Funcionalidade e Saúde, aprovada pela Organização Mundial de Saúde. Especificamente acerca da tabela SUSEP, anote-se que ela é utilizada pela Superintendência de Seguros Privados para calcular o valor da indenização de seguros privados decorrentes de acidentes

CIF COMO CRITÉRIO TÉCNICO DE AFERIÇÃO DA PENSÃO **513**

pessoais a partir dos percentuais estimados em decorrência da perda de funcionalidade de membros lesados. Ainda que a tabela SUSEP enquadre a invalidez de modo genérico e não possa ser utilizada isoladamente para a aferição do grau de incapacidade laborativa decorrente de acidentes e doenças do trabalho, ela é uma diretriz válida a ser utilizada pelo Julgador quando ponderada em conjunto com as circunstâncias do caso concreto – a conclusão do laudo pericial, a incapacidade laboral para a profissão exercida e para o trabalho em geral, a redução da chance de concorrer no mercado de trabalho, a remuneração percebida, dentre outros fatores – a fim de se apurar a depreciação relativa à profissão exercida pela vítima de acidente de trabalho, nos moldes do art. 950 do CCB. Não é por outra razão que Raimundo Simão de Melo e Cristine Helena Cunha alertam que, 'se a incapacidade é para o ofício habitualmente exercido pela vítima, a tabela da SUSEP não pode ser um parâmetro isolado de aferição de restrição de funcionalidade laboral, uma vez que, enquanto essa tabela pondera a incapacidade de acordo com o órgão ou membro que sofreu limitação funcional, o objeto de tutela do art. 950 do Código Civil tem pôr fim a profissão específica da vítima e, de acordo com sua atividade, a utilização de determinada parte do corpo possui maior ou menor relevância' (Melo, Raimundo Simão de; Cunha, Cristine Helena. A utilização da Tabela SUSEP como parâmetro de arbitramento da pensão mensal decorrente de acidente do trabalho: uma contradição jurisprudencial. *Revista de Direito do Trabalho e Seguridade Social.* v. 211. ano 46. p. 233-251. São Paulo: Ed. RT, maio-jun. 2020). No caso concreto, o Tribunal Regional, sopesando o conjunto probatório dos autos – perda irreversível de função de antebraço, punho e mãos do membro superior esquerdo, percepção de auxílio doença acidentário há 14 anos, a incapacidade para a função laboral exercida na Reclamada, a redução parcial da capacidade laboral para concorrer em igualdade de condições no mercado de trabalho – e os parâmetros fixados na tabela SUSEP – perda parcial de uma das mãos (60%) e perda de um dos punhos (20%) – rearbitrou o percentual indenizatório para 80% da remuneração obreira. Nesse contexto, a conduta adotada pelo Tribunal Regional – em decisão proferida com base na tabela SUSEP aliada às circunstâncias fáticas do caso concreto – não caracteriza cerceamento do direito de defesa, visto que a norma processual (arts. 765 da CLT e 370 do CPC/2015 – 130 do CPC/1973) confere ao Juiz amplos poderes na condução e direção do processo, desde que não obste o conhecimento da verdade, o que não ocorreu na hipótese. Portanto, não há nulidade a ser declarada. Agravo de instrumento desprovido (TST – 3ª T. – AIRR-10522-05.2014.5.15.0115 – Relator Ministro Mauricio Godinho Delgado – DEJT 02.07.2021).

I – Recurso de Revista. Lei 13.467/2017. Lei 13.015/2014. IN 40/2016 do TST. Reclamante. Transcendência. Acidente de trabalho. Indenização por dano material. Pensão mensal. Percentual. Aplicação da tabela Susep. 1 – Deve ser reconhecida a transcendência jurídica para exame mais detido da controvérsia devido às peculiaridades do caso concreto. O enfoque exegético da aferição dos indicadores de transcendência em princípio deve ser positivo, especialmente nos casos de alguma complexidade, em que se torna aconselhável o debate mais aprofundado do tema. 2 – A insurgência da reclamante se restringe ao percentual arbitrado pelo TRT a título de pensão mensal. 3 – A indenização por danos materiais deve corresponder à depreciação da capacidade de trabalho, ou seja, deve apresentar equivalência dos danos em relação à importância do trabalho para que se inabilitou, às despesas do tratamento e lucros cessantes até ao fim da convalescença, e, para isso, incluirá pensão. 4 – Assim, quando há redução da capacidade de trabalho, o valor da pensão deverá ser proporcional à depreciação dessa capacidade e o cálculo da indenização deve ser apurado com base na incapacidade para o exercício de seu ofício ou profissão, e não para o mercado de trabalho em sentido amplo, devendo ser avaliada a situação pessoal da vítima. 5 – A tabela da Superintendência de Seguros Privados (SUSEP), utilizada como parâmetro para a indenização dos seguros privados, não pode ser aplicada, como critério exclusivo, aos processos de responsabilidade civil por acidente de trabalho. Isso porque, referida tabela apenas enquadra a invalidez de modo genérico, avaliando a incapacidade para o trabalho em sentido amplo, sem ponderar a inabilitação para a profissão exercida pela vítima, que é o objeto de indenização do artigo 950 do Código Civil. Julgado. 6 – Contudo, o fato de a tabela SUSEP não poder ser considerada como parâmetro isolado para o arbitramento da pensão mensal, não a torna critério inválido, quando ponderado em conjunto com as circunstâncias do caso, notadamente a profissão do trabalhador. 7 – Isso porque, apesar de não verificar a incapacidade para a profissão do trabalhador, conforme discorrido acima, a referida tabela é elaborada por autarquia federal e tem por finalidade, justamente, a estipulação de percentuais objetivos de incapacidade laboral permanente, total ou parcial, razão por que, sopesados tais percentuais em face das peculiaridades do caso concreto, a aplicação da Tabela SUSEP não encontra qualquer óbice legal. 8 – No caso, o Tribunal Regional desconsiderou o percentual de incapacidade laboral fixado pelo laudo pericial (entre 26 a 35%), sob o fundamento de que, nos termos estabelecidos pela tabela SUSEP, o percentual a ser considerado para a redução laborativa por anquilose total de um dos cotovelos é de 25%. Registrou o TRT que, embora o perito tenha fixado o grau de incapacidade laboral da reclamante entre 26 a 35%, foi enfático ao atestar que a lesão acarretou em perda funcional moderada para todo o membro superior esquerdo, de forma definitiva'. 9 – Assim, considerando a informação do laudo pericial de que a perda funcional foi moderada, entendeu o TRT que o percentual devido a título de pensão mensal deveria ser de 12,5%, valor esse correspondente a 50% do grau de incapacidade estabelecido pela tabela SUSEP para a lesão sofrida pela reclamante (25%), isso porque entendeu ser aplicável à hipótese a regra prevista no § 1º do artigo 5º da Circular 29 de 20/12/91 da Susep, a qual dispõe que 'não ficando abolidas por completo as funções do membro ou órgão lesado, a indenização por perda parcial é calculada pela aplicação, à percentagem prevista na tabela para sua perda total, do grau de redução funcional apresentado. Na falta de indicação da percentagem de redução e, sendo informado apenas o grau dessa redução (máximo, médio ou mínimo), a indenização será calculada, respectivamente, na base das percentagens de 75%, 50% e 25%'. 10 – Contudo, verifica-se que a referida circular estabelece que os percentuais de 75%, 50% e 25% a serem aplicados de acordo com o grau de redução da capacidade (máximo, médio ou mínimo) devem ser considerados na falta de indicação da percentagem de redução da incapacidade, o que não corresponde ao caso dos autos, no qual houve indicação específica pelo laudo pericial de que a incapacidade laboral da reclamante foi entre 26 a 35%. 11 – Ademais, conforme já explicitado, a tabela SUSEP apenas enquadra a invalidez de modo genérico, avaliando a incapacidade para o trabalho em sentido amplo, de modo que não pode ser utilizada de forma isolada para afastar laudo pericial que define de modo específico o grau de redução da capacidade da empregada, que no caso foi entre 26 a 35%. 12 – Recurso de revista de que se conhece e a que dá provimento (TST – 6ª T. – RR 10041-90.2014.5.15.0099 – Relatora Ministra Katia Magalhaes Arruda – DEJT 20.11.2020).

(...) 3 – Danos materiais. Pensionamento. Valor. Percentual de redução da capacidade funcional. 2.1. O Tribunal Regional acompanhou as conclusões periciais no sentido de que o acidente que resultou na amputação do polegar da mão direita do reclamante configurou lesão moderada, notadamente porque a função de esmerilhador, exercida pelo reclamante, exigia manuseio constante das mãos. Assim, apurou a redução mínima prevista na Tabela CIF (Classificação Internacional de Funcionalidade) para a graduação constatada para a lesão (25%). 2.2. Por sua vez, os fundamentos recursais não permitem desconstituir a ilação levada a efeito pelo TRT. Assim, a mera alegação de irrazoabilidade do percentual apurado desafia o reexame do contexto fático-probatório dos autos, ao arrepio da Súmula 126 desta Corte. Agravo de instrumento não provido (TST – 2ª T. – AIRR 20792-71.2017.5.04.0121 – Relatora Ministra Delaide Alves Miranda Arantes – DEJT 16.04.2021).

(...) 2. Dano material. Compensação. Acidente de trabalho. Pensionamento. Artigo 950 do CC. Não conhecimento. Da leitura do artigo 950 do CC, depreende-se que, quando o dano sofrido pelo empregado ocasionar a perda ou redução de sua capacidade laborativa, ele terá direito ao pagamento de pensão, que corresponderá à importância do trabalho para o qual se inabilitou. No caso, o egrégio Tribunal Regional reconheceu que o autor sofreu acidente de trabalho – rompimento tendíneo do II Dedo da mão Esquerda – no desempenho da das funções de corte e desossa da carne, em prol do reclamado, que resultou em deficiência mínima de flexão, irreversível, sem novos tratamentos. E acrescentou que segundo o laudo pericial, embasado na tabela referencial da SUSEP/DPVAT, o autor teve perda anatômica ou funcional completa de qualquer um dentre os outros dedos da mão de 10%, porém, sendo a limitação funcional de grau leve, o percentual de aplicação era da ordem de 25%. Assim, tomando por supedâneo a Classificação Internacional de Funcionalidade – CIF –, que prevê para o caso de problema leve, o percentual de 24%, concluiu que era devido o pagamento de compensação por danos materiais, na forma de pensionamento vitalício, fixado em 24% da remuneração do autor. Premissas fáticas incontestes à luz da Súmula 126. Desse modo, o reclamante tem direito ao pagamento de pensão mensal vitalícia em virtude da perda parcial permanente de sua capacidade laborativa. Recurso de revista de que não se conhece (TST – 4ª T. – RR-229-69.2011.5.04.0702 – Relator Ministro Guilherme Augusto Caputo Bastos – DEJT 16.03.2018).

5. PROPOSTA DE QUESITOS

Como vítima de um acidente de trabalho, com incapacidade permanente parcial e total, o trabalhador deve estabelecer critérios e formular quesitos a serem respondidos pelo perito judicial, quando da elaboração do laudo, para que a CIF seja adotada na sua avaliação física, psíquica e social, além da mensuração do valor da pensão, como forma de se obter a reparação integral da indenização (art. 473, I a IV, CPC).

A proposta de quesitos engloba uma visão genérica de formulações a serem respondidas pelo Perito, quando da realização do exame, da vistoria ao local de trabalho e da elaboração do laudo, entrelaçando os requisitos da responsabilidade civil, as peculiaridades do meio ambiente de trabalho e a CIF, como um critério de análise e aferição da causa de pedir e do pedido contido na inicial trabalhista. Citada padronização há de ser adequada as realidades de cada demanda trabalhista.

Assim, como proposta de padronização de quesitos, tem-se:

1. Indique as patologias alegadas pelo Reclamante na petição inicial? Houve a sua constatação durante a realização da perícia? Caso afirmativo, pergunta-se:

a) Em que consistem as patologias, quais suas possíveis etiologias e qual a história clínica do Reclamante?

b) Quais os elementos técnicos que permitiram o diagnóstico das patologias?

2. Em não sendo constatadas as patologias no momento da perícia, pode o Perito, com base nos exames e demais dados constantes dos autos, afirmar que elas existiram quando da relação de emprego? Justificar pormenorizadamente.

3. Em qual periodicidade a empresa submete o Reclamante ao exame de médicos?

4. De acordo com os exames e relatórios médicos apresentados ao Perito, pode-se afirmar que o Reclamante é portador da patologia ou das patologias indicadas na petição inicial ou de outras, as quais tenham sido constatadas quando do exame clínico?

5. Pode-se dizer que as atividades exercidas pelo Reclamante durante a vigência do seu contrato de trabalho foram as responsáveis pela eclosão ou agravamento da patologia ou das patologias indicadas na petição inicial ou de outras, as quais tenham sido constatadas quando do exame clínico?

516 FRANCISCO FERREIRA JORGE NETO

6. O Reclamante quando admitido apresentava alguma anormalidade nas funções do seu corpo?

7. O Reclamante quando admitido apresentava alguma anormalidade nas estruturas do seu corpo?

8. Com base nos relatos dos empregados ativos entrevistados pelo Perito, pode informar se as condições de trabalho existentes no dia da perícia permanecem a mesma de quando o Reclamante trabalhou?

9. Se houve alteração, pode indicar quais foram (ergonômicas)?

10. Pode o Perito informar qual o nome do empregado entrevistado, e há quanto tempo trabalha na Reclamada?

11. O Reclamante gozava regularmente de intervalos, repouso e férias? Estas pausas serviram para sua recuperação, diluindo o tempo gasto em mesma atitude e tarefa?

12. Nas patologias diagnosticadas está presente o nexo técnico epidemiológico previdenciário? Esclareça.

13. Pode-se afirmar tecnicamente se as patologias do Reclamante tiveram surgimento em razão do labor realizado na Reclamada? Justificar pormenorizadamente.

14. No caso de a patologia ser de natureza ocupacional, diga o Perito se é classificada como espécie de doença do trabalho ou de doença profissional?

15. Caso as doenças não tenham eclodido em razão do labor realizado na Reclamada (nexo causal), as atividades ou condições laborais podem ter atuado como concausa com a causa principal que desencadeou a(s) doença(s) (fatores preexistentes, supervenientes ou concomitantes)? Justificar pormenorizadamente.

16. No caso de haver nexo de concausalidade (pluralidade de causas), diga o Perito quais foram às causas laborais e não laborais? Qual a proporcionalidade de cada causa, levando em conta a sua quantidade e relevância?

17. Caso as doenças tenham sido diagnosticadas como sendo preexistente, de cunho degenerativo ou inerente a grupo etário, queira o Perito detalhar como chegou a esta conclusão, afastando a doença de caráter ocupacional?

18. O Reclamante apresenta incapacidade parcial ou total, temporária ou permanente, para o exercício de sua profissão (função exercida na Reclamada)? Justificar pormenorizadamente.

19. Há incapacidade parcial ou total, temporária ou permanente, para o exercício de outras atividades laborais (readaptação em funções compatíveis)? Justificar pormenorizadamente.

20. Caso não haja incapacidade laboral no momento da perícia, houve incapacidade laboral temporária durante o pacto laboral ou até data anterior à realização da perícia?

21. Qual data o Perito fixa como termo inicial da incapacidade ou redução da capacidade laborativa permanente para cada patologia, se houver? Qual data o

perito fixa como termo inicial e final da incapacidade laborativa total e temporária, se houve?

22. Havendo comprometimento patrimonial físico decorrente das moléstias ocupacionais, qual seu percentual à luz da Tabela SUSEP? Considerando que a tabela leva em conta apenas a parte do corpo atingida e seu grau de comprometimento, olvidando o perfil socioprofissional da vítima e as consequências quanto a sua efetiva capacidade laborativa, diga o Perito, com base em fatores como profissão, escolaridade e idade do trabalhador, qual o grau (percentual) realista de efetiva redução de capacidade laborativa do Reclamante?

23. As doenças causam comprometimento na vida social do Reclamante, ou seja, o Reclamante possui plena integridade física e psicológica que possibilite o amplo convívio social e a realização de todas as atividades desempenhadas antes de adquirir as doenças? Justifique.

24. O Reclamante foi treinado para o exercício da função?

25. No setor de trabalho do Reclamante aconteceram casos semelhantes nos últimos cinco anos?

26. A Reclamada possui programas de proteção aos empregados, que comprovem a preocupação com a saúde dos trabalhadores? Citá-los de forma pormenorizada.

27. A Reclamada possui, em seu quadro, pessoal especializado em Segurança e Medicina do Trabalho, em obediência a NR 4, da Portaria 3.214/78?

28. A Reclamada possui Comissão Interna de Prevenção de Acidentes, em obediência a NR 5, da Portaria 3.214/78?

29. As patologias diagnosticadas deixaram sequelas, as quais necessitam de tratamento e/ou acompanhamento por toda a vida, tais como a realização de consultas médicas regulares, exames de imagem para acompanhamento da evolução da patologia etc., em épocas de sintomatologia presente? Justifique pormenorizadamente. Quais são os tratamentos necessários para a cura ou melhora da doença? Esclareça.

30. Quais as normas técnicas específicas que a empresa deveria observar para medicina e segurança do trabalho, considerando a função e tarefas desempenhadas pelo Reclamante? Elas foram observadas? Justifique.

31. De acordo com o que foi constatada em perícia, a Reclamada, de alguma forma, concorreu com culpa para a ocorrência das doenças ocupacionais (descumprimento de normas legais, ergonômicas, técnicas ou outras)? Justifique tecnicamente.

32. Baseado nas patologias ortopédicas descritas nos laudos anexados pode-se afirmar que o obreiro poderá retornar às suas atividades laborativas, sem que haja agravamento da doença?

33. De acordo com a CIF, o Perito deverá esclarecer qual é o qualificador de alteração funcional do Reclamante e o grau da sua deficiência, com a exata indicação dos códigos desta classificação? Qual é o percentual?

0 não há problema (nenhum, ausente, insignificante) 0-4%

1 Problema leve (leve, pequeno, ...) 5-24%

2 Problema moderado (médio, regular, ...) 25-49%

3 Problema grave (grande, extremo, ...) 50-95%

4 Problema completo (total, ...) 96-100%

34. De acordo com a CIF, o Perito deverá esclarecer qual é o qualificador da extensão da lesão estrutural do Reclamante e o grau da sua deficiência, com a exata indicação dos códigos desta classificação? Qual é o percentual?

0 não há problema (nenhum, ausente, insignificante) 0-4%

1 Problema leve (leve, pequeno, ...) 5-24%

2 Problema moderado (médio, regular, ...) 25-49%

3 Problema grave (grande, extremo, ...) 50-95%

4 Problema completo (total, ...) 96-100%

35. De acordo com a CIF, o Perito deverá esclarecer qual é o qualificador da natureza da alteração estrutural do Reclamante, com a exata indicação dos códigos desta classificação?

0 nenhuma mudança na estrutura

1 ausência total

2 ausências parcial

3 parte adicional

4 dimensões aberrantes

5 descontinuidade

6 desvio de posição

7 mudanças qualitativas na estrutura, incluindo acúmulo de líquido

36. De acordo com a CIF, o Perito deverá esclarecer se há algum complemento topográfico a ser incluído na descrição desta alteração estrutural, com a exata indicação dos códigos de classificação?

37. Face as consequências da lesão ou das lesões do Reclamante e as suas consequências, de acordo com a CIF, o Sr. Perito deverá avaliar e indicar quais as consequências pessoais e sociais, indicando os fatores ambientais e pessoais afetados e que prejudicam a qualidade de vida deste trabalhador, com exata indicação dos códigos de classificação? Quais são os percentuais?

0 não há problema (nenhum, ausente, insignificante) 0-4%

1 Problema leve (leve, pequeno, ...) 5-24%

2 Problema moderado (médio, regular, ...) 25-49%

3 Problema grave (grande, extremo, ...) 50-95%

4 Problema completo (total, ...) 96-100%

38. No atual estado de saúde, quanta dificuldade (nenhuma, leve, moderado e grave) o Reclamante tem para:

a) longas caminhadas

b) mover objetos

c) carregar peso

d) subir e descer escadas/rampas

e) dirigir veículo automotor por longos períodos

f) calçar meias e sapatos, vestir calças e roupa íntima

g) praticar esportes (excluindo exercícios de reabilitação/fisioterapêuticos)

39. As lesões que padece o Reclamante podem afetar outras regiões do corpo? Para quais áreas do corpo (indicar)? Há reflexos?

40. Qual a natureza da atividade em que o Reclamante se ativava? Existe a possibilidade de o Reclamante exercê-la sem restrição de movimento? E de carga? É possível fazê-la com normalidade quanto a jornada de trabalho e número de repetições necessárias para o desempenho padrão?

41. O Reclamante poderia concorrer em pé de igualdade com outros trabalhadores braçais para uma vaga de emprego?

42. Durante o afastamento previdenciário do Reclamante, foi possível a participação sem restrição nas atividades do dia a dia? E atualmente, existe limitação?

43. Com base nas respostas acima, qual o percentual de incapacidade do autor pela tabela CIF?

6. CONCLUSÃO

A perícia é fator imperioso diante da demanda trabalhista em que se discute a responsabilidade civil do empregador pelo acidente de trabalho, em especial, diante da incapacidade permanente total ou parcial do trabalhador.

A CIF, face a sua estrutura normativa e aos fatores nela contemplados, permite ao Perito Judicial uma análise mais adequada e correta desta incapacidade, pois, contextualiza não só os reflexos da lesão à força de trabalho da vítima, como também as consequências familiares, pessoais e sociais para o trabalhador. É um critério técnico mais completo do que a SUSEP, como mecanismo de mensuração do valor da pensão.

É responsabilidade do operador do direito, ao representar a vítima nestas demandas trabalhistas, que traga a CIF ao universo desta temática, como forma de se obter a plena reparação do dano.

Desta maneira, é imprescindível que faça quesitos, os quais devem ser respondidos de forma elucidadora pelo Perito Judicial, como forma de composição do laudo pericial em atendimento aos requisitos do art. 473, CPC.

REFERÊNCIAS

MORAES, Alexandre. *Direito Constitucional*. 28. ed. São Paulo: Editora Atlas S.A., 2012.

OLIVEIRA, Sebastião Geraldo de. *Indenizações por Acidente de Trabalho ou Doença Ocupacional*. 3. ed. São Paulo: LTr, 2007.

OMS, CIF: Classificação Internacional de Funcionalidade, Incapacidade e Saúde /[Centro Colaborador da Organização Mundial da Saúde para a Família de Classificações Internacionais em Português, org.; coordenação da tradução Cássia Maria Buchalla]. 1. ed., 2. reimp. São Paulo: Editora da Universidade de São Paulo, 2015.

31
A REVOGAÇÃO DA TUTELA PROVISÓRIA E A RESPONSABILIDADE POR DANO PROCESSUAL NO PROCESSO DO TRABALHO

Gilberto Carlos Maistro Junior

Doutor (FADISP) e Mestre (UNIMES) em Direito. Professor Titular de Direito Processual Civil na Faculdade de Direito de São Bernardo do Campo/SP e de Direito Civil na Faculdade de Direito de Sorocaba/SP (FADI). Coordenador-Pedagógico dos Cursos de Especialização em Direito e Relações do Trabalho do Programa de Pós-Graduação *Lato Sensu* da FDSBC e de Direito e Processo do Trabalho do Programa de Pós-Graduação *Lato Sensu* da FADI Sorocaba. Membro efetivo do IBDP – Instituto Brasileiro de Direito Processual – e do CEAPRO – Centro de Estudos Avançados de Processo. Autor de obras jurídicas. Advogado.

Sumário: 1. Introdução – 2. A realidade transcendental do processo: de instrumento a garantia fundamental – 3. A efetividade da atividade jurisdicional e as tutelas provisórias – 4. O risco de prejuízos ao réu decorrentes da concessão indevida de tutela provisória de urgência – 5. Os sentidos do Art. 302 do CPC e a reparação dos danos causados ao réu pela execução da tutela de urgência – 6. A aplicação do Art. 302 do CPC no processo do trabalho – 7. Considerações finais – Referências.

1. INTRODUÇÃO

O instituto das tutelas provisórias tem grande relevância na busca da conquista de efetividade processual, almejada a bem dos interesses dos jurisdicionados e, assim, sociedade e da credibilidade da atividade jurisdicional estatal.

Evidentemente, por se tratar de decisão proferida mediante cognição sumária, sujeita-se às adequações que porventura possam ser exigidas pelo surgimento de novas informações e provas trazidas aos autos, podendo, inclusive, ser revogada a qualquer tempo (CPC. art. 296). Eis um dos traços justificadores da sua classificação como *tutela provisória*.

Sendo assim, a probabilidade do direito e o receio de dano grave, de difícil ou impossível reparação (CPC, art. 300), compõem o quadro de requisitos para a concessão dessa ordem de tutela, que permite a entrega do bem da vida ao postulante, no todo ou em parte, de forma prévia à que naturalmente marcaria a sua situação jurídica.

Sabe-se que, a bem do respeito ao devido processo legal em sentido processual (CF, art. 5º, LIV), qualificado pela garantia do contraditório e da ampla defesa (CF, art. 5º, LV), a rigor, a crise de certeza somente encontra solução com a decisão definitiva (leia-se: decisão de mérito), após cognição exauriente, e, de modo mais pujante, após o seu trânsito em julgado. A concessão de tutelas provisórias pautadas em cognição perfunctória, portanto, consiste em instrumento de salvaguarda da justiça processual contra os malefícios do tempo pouco razoável de tramitação processual e dos influxos da urgência, de modo a permitir o afastamento de prejuízos indevidos ao autor.

Questiona-se, contudo, sobre a possibilidade do autor carecer de razão na disputa. Em outras palavras, há de se investigar sobre qual deve ser a consequência se, melhor verificada a questão – portanto, após cognição exauriente –, concluir-se que os elementos que conduziram à aparência de probabilidade do Direito não se confirmaram ou cederam a outros que vieram a ser trazidos posteriormente aos autos, inclusive por meio dos depoimentos das partes e das testemunhas, da conclusão pericial, dentre outros.

Nesse caso, estará aclarado que o direito do autor não era tão certo quanto antes considerado ou, pior, que o autor não é titular do referido direito e, mesmo assim, beneficiou-se do bem da vida indevidamente postulado durante determinado período de tempo, às custas, por vezes, de prejuízos amargados pelo réu, que, então, passam a exigir a justa reparação.

Exatamente sobre o referido tema encontra-se, no Código de Processo Civil em vigor as regras do art. 302, cerne desta investigação, voltada à averiguação das possibilidades, características e limitações da sua aplicação nos feitos que tramitam perante a Justiça do Trabalho.

Para além desse objetivo, em especial, o presente estudo é voltado à merecida homenagem direcionada ao Desembargador do Trabalho, Valdir Florindo, do Egrégio Tribunal Regional do Trabalho da Segunda Região. Profissional de reputação ilibada e de grande contribuição para a construção das bases de estudo e aplicação das regras pertinentes à reparação dos danos extrapatrimoniais nas relações de trabalho, foi advogado de grande destaque e chegou à magistratura pela via do quinto constitucional, em razão da já destacada reputação e do seu notório saber jurídico. Atuou no Tribunal Superior do Trabalho, foi Vice-Presidente do Tribunal Regional do Trabalho da Segunda Região e ocupou a Presidência da Seção de Dissídios Coletivos da mesma Corte Regional, dentre outras relevantes funções, a bem dos interesses da sempre perseguida pacificação dos conflitos laborais de modo equilibrado e adequado ao que determina o Direito.

Assim, em homenagem ao Desembargador Valdir Florindo, seguem as singelas linhas seguintes, integrantes deste estudo acerca da responsabilidade civil no âmbito processual, especificamente no tocante ao recorte eleito: a aplicação do CPC, art. 302 ao processo do trabalho.

2. A REALIDADE TRANSCENDENTAL DO PROCESSO: DE INSTRUMENTO A GARANTIA FUNDAMENTAL

O instituto das tutelas provisórias, disciplinado, em regras gerais, nos arts. 294 a 311 do Código de Processo Civil de 2015, tem inequívoca relevância para a salvaguarda do que se pode chamar de *justiça processual*.

Como sabido, o processo pode ser compreendido como instrumento e como garantia fundamental. De um modo ou de outro, assume papel extremamente relevante em um Estado Democrático de Direito.

O estabelecimento da atividade jurisdicional como meio para contenção da autotutela, na busca da solução dos conflitos intersubjetivos existentes no seio da sociedade, impõe a conquista de *eficiência* na referida prestação – estatal ou não –, tendo por consequência, caso assim não se tenha, a inafastável perda da *credibilidade*. O resultado prático desse quadro – aqui considerado de modo hipotético e, ao menos, em potencial –, se disseminado, consiste no fomento da autotutela, realidade cuja neutralização e afastamento se encontram na base justificadora do advento da própria noção de jurisdição.

Considere-se que é justamente a busca da racionalização das relações sociais, para que sejam afinadas ao regramento prévio das condutas, na forma do oficialmente estabelecido, que justifica a imposição de limitações às liberdades individuais a bem do interesse de cada grupo social, havidas *se* necessárias e *no limite do* exigido para tanto. De modo singelo, tem-se, nisso, raízes do que culmina na ideia de *contrato social*. Ao fim e ao cabo, trata-se da limitação pontual de liberdades individuais em garantia da própria liberdade, considerada em seu sentido mais amplo.

Ocorre que esse estabelecimento de padrões de conduta adequados, por meio das leis e das demais fontes do Direito, de pouco se prestaria sem a inclusão, no mesmo quadro normativo, de consequências para o descumprimento das obrigações (sanções) bem como de instrumentos para a reconstituição da ordem jurídico-social atingida ou comprometida pelo comportamento afrontoso à ordem posta pelo sistema para fim da organização social perseguida.

Nesse ponto, emerge a inequívoca importância do *processo* como *instrumento*.

A edificação do processo se dá tendo por elementos de sustentação quatro grandes pilares, a saber: a jurisdição, a ação, a defesa e o próprio processo.[1] Sendo assim, há de se garantir a todos o direito material à ação, assim entendido o direito público, subjetivo e incondicionado de provocação do Estado-juiz para a prestação da atividade jurisdicional, em especial para a conquista da solução adequada de determinada disputa.

A importância do referido direito é de clareza solar: para fim de garantir a todos a tão necessária segurança jurídica, há de ser assegurado que aquele a quem tocar externar o pronunciamento decisório agirá com imparcialidade, pautado pelos fatos comprovados e pelo bom direito a ser adequadamente aplicado.

Pois bem. A manifestação inaugural sobre a existência de uma controvérsia, impondo a uma das partes o dever de se *manifestar* quanto à prestação da outra, já denota a inclinação (ou, ao menos, a suposição) de que a parte adversa *pode estar certa* no que se refere à sua posição na relação conflituosa. Essa singela cogitação, tida como ponto de partida para o início do procedimento cognitivo, já afasta a imparcialidade que há

---

1. Como, há tempos, tão bem já explicavam Ada Pellegrini Grinover, Cândido Rangel Dinamarco e Antonio Carlos de Araújo Cintra (*Teoria Geral do Processo*. 31. ed. São Paulo: Malheiros, 2019).

de ser exigida do juiz, o que carrega grande risco de comprometimento da *credibilidade* da atividade do Poder Judiciário.

Do exposto, extrai-se a inafastabilidade do primado da *inércia* como elemento fomentador do estado de imparcialidade do juiz e garantidor, em certa medida, do respeito à liberdade da parte, que somente terá a causa submetida ao Estado-juiz *se* assim decidir.[2]

De outro lado, não basta à conquista da efetividade da prestação jurisdicional ter-se o respeito à inércia da jurisdição e a imposição de conduta ativa de uma das partes para fim da provocação do Estado e da consequente obtenção da prestação jurisdicional: o processo deve assegurar, com segurança, que a solução do conflito ocorrerá de modo a permitir a satisfação do quanto devido à parte titular dos direitos sobre o bem da vida em disputa. Logo, o processo deve servir como instrumento hábil para tanto, o que conduz a uma realidade transcendental: ao prestar-se a tanto, o processo ultrapassa o estado instrumental para tornar-se efetiva garantia de respeito aos direitos fundamentais. Não por menos, pode-se afirmar que o *devido processo legal* (CF, art. 5º, LIV) consiste em garantia fundamental que deve ser assegurada, irrestritamente, a todos.

A partir disso, é possível afirmar que a garantia do *acesso à Justiça* qualifica-se como verdadeiro *acesso à ordem jurídica justa* (CF, art. 5º, XXXV) e consiste em *noção parcelar* do *sentido amplo* de *devido processo legal*: para que se mantenha a organização social incólume, é indispensável que haja o respeito à ordem posta e, para a salvaguarda dessa, diante das certas condutas violadoras de direitos alheios, a *garantia* de um *instrumento* adequado, caracterizado pela previsão do *modo* pelo qual as disputas intersubjetivas devem ser resolvidas, em respeito à dignidade humana, modo seguro e efetivo. Nesse desiderato, inicia-se pelo estabelecimento de regras pertinentes à circunscrição da atuação do Estado-juiz, tanto sob o prisma subjetivo quanto no aspecto objetivo (com destaque para os efeitos imediatos do *pedido* na dita delimitação objetiva da demanda), mantendo-se a inércia para todo o mais. A partir disso, estabelece-se o meio para a provocação do ente dotado de jurisdição, para fim do início da atividade e da prestação do serviço jurisdicional, a bem da adequada busca de solução das controvérsias ou, ao menos, das disputas, com a consequente edificação do cenário de paz social.

A efetividade do referido meio heterocompositivo de solução das disputas também exige que haja o incremento da credibilidade do pronunciamento final pela via do estabelecimento de procedimento que se desenvolva necessariamente sob o crivo de *contraditório substancial*, com todos os recursos e meios exigidos pela noção de *ampla defesa* (CF, art. 5º, LV), inclusive probatórios.

---

2. Daniel Amorim Assumpção Neves explica que, dentre os motivos que justificam a inércia da jurisdição, inclui-se [o propósito de evitar] a: "perda da indispensável imparcialidade do juiz, considerando-se que um juiz que dá início a um processo de ofício tem a percepção, ainda que aparente, de existência do direito, o que o fará pender em favor de uma das partes. É natural que, se o juiz, desde o início, desacreditasse na existência de direito material violado ou ameaçado, não ingressaria com a demanda de ofício" (NEVES, Daniel Amorim Assumpção. *Manual de Direito Processual Civil*: volume único. 15. ed. Salvador: JusPodivm, 2023. p. 67).

Por fim, há de consagrar a obtenção da referida solução do conflito dentro de lapso temporal adequado, o que traz à baila uma das mais complexas questões inerentes à realidade da atividade jurisdicional e, assim, do próprio processo.

Se, de um lado, é inegável que "um dia sequer" de supressão da possibilidade de gozo de um direito consiste em injustiça manifesta na vida do seu titular, de outro não menos verdade é que um período "não tão breve" de tempo é necessário para que, adequadamente, cada uma das partes da relação jurídica processual possa cumprir com o que lhe caiba, inclusive desincumbindo-se dos ônus a ela afetos.[3] Nesse passo, evidencia-se que há de se garantir às partes *prazos* (logo, *tempo*) para que possam atuar a bem da mais completa cooperação com o juiz no tocante ao descobrimento da verdade (CPC, art. 378) e para a análise da causa, quer sob o ponto de vista fático, quer sob o prisma do direito aplicável (quanto à definição da fonte pertinente; da sua adequada interpretação, à luz das exigências do bem comum e dos seus fins sociais, na forma da Lei de Introdução às Normas do Direito Brasileiro, art. 5º, e do CPC, art. 8º, primeira parte; e do modo de efetiva aplicação, para a constituição da norma jurídica do caso concreto e, com ela, da *fórmula* de solução específica da disputa subjacente à causa apreciada).

Sendo assim, há de se concluir que a *celeridade*, por si, não pode ser considerada isoladamente como um elemento de sustentação da estrutura processual: a ela, deve ser somada a garantia de oportunidade da prática de todo e qualquer ato que se mostre *necessário* à garantia do respeito ao devido processo legal, conducente à justiça processual, ou seja, ao acesso à justiça com o desenvolvimento de procedimento em contraditório substancial e com ampla possibilidade de defesa dos direitos e dos interesses em jogo, por parte de cada legitimado. Lado outro, não se pode admitir que haja *tempo "morto"* na tramitação processual, assim entendido cada período no qual o processo fique sem movimentação e sem pendência de atos a praticar em prazos já em curso. Também não se pode admitir que haja a prática de atos inúteis, em prestígio à economia processual. Consagra-se, assim, a garantia fundamental da *duração razoável do processo* (CF, art. 5º, LXXVIII).

Por isso, pode-se afirmar que o processo consiste, a um só tempo, em *instrumento* e *garantia*, a bem da salvaguarda de interesses sociais, que deve ter *duração razoável*, sob pena de viabilizar a construção de cenário injusto decorrente da postergação indevida do acesso do jurisdicionado dotado de razão na disputa no tocante ao bem da vida que lhe pertence ou sobre o qual é titular de direitos.

Não por menos, o sistema processual é permeado por institutos e regras voltados à chamada *monitorização do processo*, no intuito de prestigiar as garantias fundamentais do processo, mas, concomitantemente, conduzir à entrega da prestação devida com a máxima celeridade. Dentre tais institutos, merece destaque o pertinente às *tutelas provisórias*.

---

3. "Para o processo, o tempo é um mal necessário. Precisamos de tempo razoável para que o julgador possa conhecer do caso e de suas peculiaridades, bem como possa promover o contraditório" (RODRIGUES, Ana Francisca; REIS, Marcelo Terra; MILHORANZA, Mariângela Guerreiro. A tutela provisória de urgência no Novo CPC e o processo do trabalho. In: REIS, Sérgio Cabral dos. *O novo CPC e sua repercussão no processo do trabalho*: encontros e desencontros. São Paulo: LTr, 2016. p. 169).

3. A EFETIVIDADE DA ATIVIDADE JURISDICIONAL E AS TUTELAS PROVISÓRIAS

Como se nota, o *processo* consiste em verdadeira *garantia* fundamental, portanto, todos têm o *direito* de *acesso* a uma *ordem jurídica justa*, para fim da obtenção da solução adequada das disputas em que inseridos.[4]

A partir disso, pode-se concluir que razão assiste a Luiz Guilherme Marinoni, Sérgio Arenhart e Daniel Mitidiero ao afirmarem que o processo civil visa a "tutela de direitos", por meio de atividades cognitivas ou executivas e mediante "decisões provisórias e definitivas que podem ter lugar indistintamente em qualquer procedimento".[5] Nada diferente da realidade do processo do trabalho.

As *tutelas provisórias*, portanto, compõem com as decisões definitivas o conjunto de pronunciamentos voltados à solução dos conflitos e consequente proteção dos direitos indevidamente afrontados nas relações subjetivas desenvolvidas pelos diversos atores sociais.

De fato, a técnica consistente na previsão e na aplicação das tutelas provisórias de urgência no processo civil contribui diretamente para a mais completa tutela de direitos. Sabe-se dos efeitos deletérios do *tempo* sobre os direitos, como se tem, *v.g.*, no caso de colocação de obstáculos à candidatura de empregado a vaga na CIPA+A[6] ou frente a qualquer outra conduta patronal obstativa de direitos dos empregados, ou, ainda, na dispensa sem justa causa de empregada gestante ou outro empregado titular de garantia provisória de emprego. O necessário respeito ao contraditório e à ampla defesa, bem como ao mais que caracteriza o procedimento judicial, exige que se conceda às partes prazo suficiente para a prática adequada do que lhes toca e, assim, inviabiliza a pronta solução definitiva das disputas. Com as tutelas provisórias, tem-se o respeito a tais garantias precedido da tomada de medidas concretas voltadas à viabilização da perseguida justiça processual, já que viabiliza o acautelamento voltado à proteção da efetividade das práticas procedimentais legalmente previstas, antecipando-as ou permitindo que sejam realizadas de modo útil no momento processual previsto em lei (ainda futuro), ou, então, pela via da técnica antecipatória, permite que o resultado concreto almejado pela parte, ou seja, o exercício do direito cujo reconhecimento pleiteia seja a ela permitido antes da decisão definitiva – por vezes, desde antes mesmo de qualquer oitiva do réu. Encontra-se, com isso, um caminho na trilha da tão difícil quanto necessária harmonização entre *tempo* e *processo*.

---

4. Nelson Nery Junior destaca: "Pelo princípio constitucional do direito de ação, além do direito ao *processo justo*, todos têm o direito de obter do Poder Judiciário a *tutela jurisdicional adequada*. Não é suficiente o direito à tutela jurisdicional. É preciso que essa tutela seja a *adequada*, sem o que estaria vazio de sentido o princípio. Quando a tutela adequada para o judiciário for medida urgente, o juiz, preenchidos os requisitos legais, tem de concedê-la, independentemente de haver lei autorizando ou, ainda, que haja lei proibindo a tutela urgente" (NERY JUNIOR, Nelson. *Princípios do processo na Constituição Federal*. 13. ed. São Paulo: Ed. RT, 2017. p. 214).

5. MARINONI, Luiz Guilherme; ARENHART, Sérgio C.; MITIDIERO, Daniel. *Novo Código de Processo Civil Comentado*. São Paulo: Ed. RT, 2015. p. 306.

6. CIPA+A ou CIPAA, ou seja, Comissão Interna de Prevenção de Acidentes e de Assédio. Vide: Lei 14.457/2022, arts. 23 e 32.

Para tanto, o Código de Processo Civil prevê a possibilidade de concessão de *tutelas provisórias* fundadas na constatação de *urgência*, assim consideradas as chamadas *tutelas cautelares* e as *tutelas antecipadas*, na forma do previsto no art. 294, *caput* e parágrafo único.

São as *tutelas de urgência*, assim denominadas por exigirem, para fim de sua concessão, a reunião de dois grandes requisitos: (1) a probabilidade do direito, que deve ser evidenciada mediante a apresentação de elementos que permitam cognição sumária e conclusão nesse sentido; e (2) o receio de dano grave, de difícil ou impossível reparação, ou, como preferiu o legislador, o perigo de dano ou o risco ao resultado útil do processo, nos moldes do disposto no art. 300, *caput*, do CPC. Em outras palavras, a concessão de uma *tutela de urgência*, seja de natureza cautelar, seja antecipatória, depende da prévia demonstração sumária da existência de elementos que evidenciem, além da probabilidade do direito, o tão conhecido *periculum in mora*: disso, também, a denominação e o seu fundamento (urgência).

Como dito, a espécie abarca as tutelas *cautelares* e *antecipadas*.

São consideradas *tutelas cautelares* as tutelas de urgência (portanto, provisórias) voltadas à preservação do resultado útil do processo, seja na fase de conhecimento, seja na fase ou no processo de execução. Consistem em medidas concretas de acautelamento, direcionadas à preservação da possibilidade da prática de atos processuais no seu momento oportuno sem o comprometimento da sua efetividade, ou, quando necessário, à antecipação da dita prática, a bem de garantir à parte a mais completa defesa dos seus interesses em juízo, afastados os riscos de perecimento de faculdades processuais trazidos pela sombra que o tempo exigido para a respectiva tramitação representa no caso concreto.

As *tutelas antecipadas* (*técnica antecipatória*), por sua vez, também consistem em *tutelas provisórias de urgência,* sendo, contudo, voltadas ao deslocamento temporal do acesso da parte ao bem da vida almejado ou aos efeitos desse, no todo ou em parte. Trata-se, *v.g.,* da hipótese de concessão liminar de tutela para a reintegração de empregada gestante dispensada no período de garantia provisória de emprego.

Ao lado das *tutelas de urgência,* o Código de Processo Civil consagra a possibilidade de concessão de tutelas provisórias em casos nos quais não há o perigo da demora, porém, em que existem elementos que evidenciam de modo intenso o direito da parte. São as chamadas *tutelas da evidência,* previstas no art. 294, *caput*, e disciplinadas no art. 311, ambos do CPC.

Nesse sentido, traz o art. 311 do CPC que a *tutela da evidência* será concedida nos casos previstos nos seus incisos, "independentemente da demonstração de perigo da demora ou de risco ao resultado útil do processo". Os referidos incisos trazem, por sua vez, as hipóteses de concessão da tutela provisória fundada na evidência. Dos quatro incisos do aludido artigo, apenas três interessam às causas de competência da Justiça do Trabalho, de modo que, no processo do trabalho, para fim de concessão de *tutela da evidência,* considerar-se-á suficiente: (1) a caracterização do abuso do direito de defesa ou o manifesto propósito protelatório da parte (inciso I); (2) a existência de alegações de fato comprovadas apenas documentalmente que permitam o enquadramento da causa ao previsto em tese firmada em julgamento de casos repetitivos ou em súmula vinculante (inciso II); e (3) a instrução da petição inicial com prova documental suficiente dos fatos constitutivos do direito do autor, a que o réu não oponha prova capaz de gerar dúvida razoável. Destas, somente a prevista no inciso II permite a concessão *liminar* da tutela provisória fundada na evidência.

Percebe-se, pois, o incremento de efetividade à atividade jurisdicional, na medida em que, diante da evidência acentuada quanto ao direito do autor, permite-se, mesmo sem a sombra do perigo da demora, a concessão de tutela provisória.

O presente estudo, todavia, dirige-se a questão afeta às tutelas de urgência, especificamente.

4. O RISCO DE PREJUÍZOS AO RÉU DECORRENTES DA CONCESSÃO INDEVIDA DE TUTELA PROVISÓRIA DE URGÊNCIA

Como visto, a efetividade do processo ganha valioso incremento com a possibilidade de concessão de tutelas provisórias.

Ocorre que, analisada a questão sob prisma invertido, aumenta-se consideravelmente o risco de tais medidas causarem danos indevidos ao réu, o que se extrai da seguinte situação geral: como as tutelas provisórias são concedidas mediante juízo *sumário*, *superficial* ou *perfunctório*, a cognição exauriente que se seguirá poderá conduzir o juiz à conclusão de que se equivocou na análise inicial dos elementos trazidos aos autos, a resultar no *cancelamento* da tutela antes concedida, por decisão devidamente motivada, de maneira clara e precisa (CF, art. 93, IX e CPC, arts. 11, *caput*, e 298). Aliás, tal possibilidade é inerente à natureza meramente *provisória* da tutela em questão, consoante se depreende do disposto no CPC, art. 298.

Considere-se que a execução da tutela provisória tenha resultado em *danos* ao réu. Abre-se a seguinte questão: tais prejuízos podem restar não ressarcidos?

Há de se levar em conta que a concessão foi precedida de requerimento, pautado no interesse exclusivo do autor de *antecipar* os efeitos da tutela final ou de *acautelamento* por ele afirmado como necessário, ou, ainda, de *evidências* sustentadas pelo demandante. Em outros termos, o autor *decidiu e agiu ao postular a antecipação daquilo que somente obteria após a decisão definitiva*, em sentido depois reconhecido como indevido. Logo, de sua conduta, se não dolosa ao menos *precipitada*, e, portanto, culposa (por imprudência ou até negligência, a depender do caso), resultou o dano sofrido pelo réu. Preenchidos, pois, os requisitos do art. 186 do Código Civil, para a caracterização do ato ilícito e, assim, para o dever de reparação do dano causado à vítima – no caso, o réu –, mesmo que se estivesse diante de hipótese de responsabilidade subjetiva.

Abre-se, então, a seguinte questão: é devida a referida reparação dos prejuízos sofridos pelo réu, se verificados em razão direta e imediata da execução da tutela provisória concedida e, depois, cancelada? Esse, o objeto central do presente estudo.

5. OS SENTIDOS DO ART. 302 DO CPC E A REPARAÇÃO DOS DANOS CAUSADOS AO RÉU PELA EXECUÇÃO DA TUTELA DE URGÊNCIA

O Código de Processo Civil dispõe, no art. 302, que a parte responde pelo prejuízo que a efetivação da tutela de urgência causar à parte adversa se, em suma, vier a ser cancelada posteriormente. A regra não é nova já que, no texto do revogado CPC de 1973, art. 811, encontra-se disposição bastante similar voltada à revogação ou ao cancelamento específico da tutela cautelar antes concedida, no tocante à responsabilidade pela reparação dos prejuízos decorrentes de sua efetivação.

Trata-se de hipótese de responsabilidade *objetiva*,[7] ou seja, que prescinde do debate acerca da demonstração de culpa ou dolo da parte em proveito de quem foi concedida a tutela de urgência posteriormente esvaziada de efeitos. Note-se que o art. 302 não exige a demonstração da presença de qualquer elemento subjetivo para fim da imputação do dever de reparar. Importante destacar que, conforme entendemos, a conduta pertinente ao requerimento de medida concedida e posteriormente cancelada carrega, lógica e intrinsecamente, o elemento subjetivo, afinal, ao postular a concessão da tutela de urgência, a parte conhece as provas que já possui ou as que pode produzir, no mínimo, assumindo o risco de sua conduta – a caracterizar imprudência, negligência ou até imperícia caso não consiga êxito na sua busca processual. De toda sorte, a regra legal não exige a demonstração de culpa ou dolo, não se tratando sequer de hipótese de responsabilidade presumida: consiste, mesmo, em hipótese de responsabilidade independentemente do elemento *culpa*.

Ademais, como já destacado, a responsabilidade se dá pela reparação de danos decorrentes da efetivação da medida, ou, nas palavras de Antonio Claudio da Costa Machado, relativas ao antigo Processo Cautelar, "só há responsabilidade se houver execução da medida pelo cumprimento do mandado ou do ofício".[8] Desse modo, a parte prejudicada terá o ônus de demonstrar os referidos danos sofridos e o nexo de causalidade desses com a execução da tutela de urgência concedida e revogada ou esvaziada de efeitos.

---

7. Antonio Cláudio da Costa Machado, em comentários ao art. 811 do CPC/1973, já reconhecia a natureza objetiva da responsabilidade em questão, ao trazer: "Ressaltem-se três aspectos: primeiro, a responsabilidade instituída é objetiva, vale dizer, prescinde de qualquer elemento subjetivo como ocorre em algumas situações materiais (CC, arts. 186 e 927); [...]." (COSTA MACHADO, Antonio Claudio da. *Código de Processo Civil Interpretado*. 6. ed. Barueri: Manole, 2007. p. 1.160). Já sob a égide do CPC em vigor e a disciplina dada à matéria no art. 302, afirma José Miguel Garcia Medina, na mesma linha, ainda tratar-se de responsabilidade objetiva. Acrescenta: "A responsabilidade objetiva decorre, também, do disposto no art. 520, I, do CPC/2015 (aplicável às tutelas de urgência *ex vi* do art. 297, parágrafo único, do CPC/2015)" (MEDINA, José Miguel Garcia. *Novo Código de Processo Civil Comentado*: com remissões e notas comparativas ao CPC/1973. 3. ed. São Paulo: Ed. RT, 2015. p. 484-485). No mesmo sentido, Nelson Nery Junior e Rosa Maria de Andrade Nery (*Comentários ao Código de Processo Civil*. São Paulo: Ed. RT, 2015. p. 861) e Renato Montans de Sá (*Manual de Direito Processual Civil*. 6. ed. São Paulo: Saraiva, 2021. p. 514), dentre outros. Vale anotar, contudo, acerca de corrente que sustenta que a responsabilidade será objetiva nos casos dos incisos II e III, sendo certo que nas hipóteses dos incisos I e IV, será subjetiva. Nesse sentido, Humberto Dalla Bernardina de Pinho (*Manual de Direito Processual Civil contemporâneo*. São Paulo: Saraiva, 2019. p. 515-516).

8. COSTA MACHADO, Antonio Cláudio da. *Código de Processo Civil Interpretado*. 6. ed. Barueri: Manole, 2007. p. 1.160.

Para aclarar a disciplina dada ao tema, foi introduzido no referido art. 302 do CPC em vigor um conjunto de hipóteses em que tal revogação pode ocorrer, dispostas em quatro incisos.

O inciso I traz que a parte responde pelo prejuízo que a efetivação da tutela de urgência causar à parte adversa se "a sentença lhe for desfavorável". Sabe-se que a sentença, seja terminativa, seja definitiva, toma o lugar da tutela anteriormente concedida, a título provisório, razão pela qual há a natural cessação dos efeitos dessa última. Assim, se a sentença *não confirmar* a decisão carregada na tutela provisória de urgência concedida, e, se a execução dessa tiver acarretado danos à parte adversa, essa fará jus à reparação do referido prejuízo.

Ainda quanto ao inciso I, cabe destacar que correta é a posição de Ester Camila Gomes Norato Rezende ao defender que se exige que a sentença desfavorável àquele em benefício de quem foi concedida a tutela de urgência tenha transitado em julgado, pois, como bem sustenta, "nesta hipótese pode-se afirmar categoricamente que a medida de urgência era descabida, visto que definitivamente assentado não socorrer ao autor o direito vindicado".[9]

Nesse ponto do exame do tema, questão que se abre a partir do disposto no art. 302, I, do CPC, é a seguinte: qual a consequência de ser proferida sentença que confirma apenas em parte o antes concedido a título provisório, em tutela de urgência? Antonio Cláudio da Costa Machado, em comentários ainda voltados ao art. 811, I, do revogado CPC de 1973, já afirmava que "a improcedência parcial gera responsabilidade restrita".[10] Entendemos que essa ainda deve ser a disciplina direcionada à solução da questão, mesmo na vigência das regras gerais trazidas no CPC em vigor.

Já o inciso II fixa que haverá a mencionada responsabilidade pela reparação do dano advindo da efetivação da tutela de urgência concedida se, obtida liminarmente e *em caráter antecedente*, não forem fornecidos os meios para a citação do requerido no prazo de cinco dias.

O inciso III carrega teor que demonstra o caráter exemplificativo do rol de hipóteses de responsabilidade civil da parte a proveito de quem foi concedida a tutela de urgência, em caso de posterior cancelamento dos efeitos dessa, se a sua efetivação tiver causado danos à outra parte. Dispõe que haverá a responsabilidade pela reparação dos danos se "ocorrer a cessão da eficácia da medida *em qualquer hipótese legal*" (destaque do autor).

Por fim, o inciso IV também fixa como hipótese de responsabilidade da parte em proveito de quem houve a concessão da tutela de urgência pela reparação dos danos que a sua efetivação causou à parte adversa o acolhimento da alegação de decadência ou prescrição da pretensão do autor.

---

9. NORATO, Ester Camila Gomes. Tutela provisória. In: THEODORO JUNIOR, Humberto; OLIVEIRA, Fernanda Alvim Ribeiro de; REZENDE, Ester Camila Gomes Norato. *Primeiras lições sobre o novo Direito Processual Civil brasileiro*. Rio de Janeiro: Forense, 2015. p. 199.

10. COSTA MACHADO, Antonio Cláudio da. *Código de Processo Civil Interpretado*. 6. ed. Barueri: Manole, 2007. p. 1.161.

Vale destacar que o referido dever de reparação coexistirá com a responsabilidade pela reparação dos danos processuais. Logo, a condenação da parte nas penas da litigância de má-fé ou em qualquer outra ordem de meio de reparação de danos processuais (CPC, arts. 79 a 81, além das hipóteses de assédio processual e de ato atentatório à dignidade da justiça) não afasta a possibilidade de condenação específica pertinente à reparação dos prejuízos advindos da efetivação de tutela de urgência concedida e, depois, cancelada.

Destaque-se, por fim, que, a teor do parágrafo único do art. 302 do CPC em vigor, a liquidação da indenização, para definição do seu *quantum*, dar-se-á nos autos em que a medida tiver sido concedida, sempre que possível.

6. A APLICAÇÃO DO ART. 302 DO CPC NO PROCESSO DO TRABALHO

O art. 15 do CPC carrega conhecida regra de integração do sistema processual ao dispor que o seu texto se aplica subsidiária e supletivamente, dentre outros, ao processo do trabalho. A regra é bastante relevante uma vez que agrega a via da aplicação supletiva (entenda-se: complementar a dispositivos da própria legislação processual trabalhista) à já conhecida aplicação subsidiária do processo comum ao processo do trabalho, determinada pelos arts. 769 e 889 da CLT.

Para fim específico da referida aplicação subsidiária das normas processuais civis previstas no CPC em vigor ao processo do trabalho, há de se verificar, como elemento central de viabilização, a existência de lacuna (na legislação de regência do processo do trabalho, seja a CLT, sejam outras leis processuais trabalhistas extravagantes) e de compatibilidade.

Pois bem. A Consolidação das Leis do Trabalho é omissa quanto a qualquer consequência da revogação ou do cancelamento de efeitos de tutela de urgência antes concedida, cuja efetivação tenha causado danos à parte adversa. Da mesma forma, nada há sobre a questão na legislação processual trabalhista extravagante, de modo que o primeiro requisito para a aplicação das regras previstas no CPC exibe-se preenchido.

Remanesce a necessidade de verificar sobre a compatibilidade do disposto no art. 302 do CPC aos princípios e regras que regem o processo do trabalho.

A Instrução Normativa 39, de 2016, do Tribunal Superior do Trabalho, que trata dos dispositivos do Código de Processo Civil de 2015 aplicáveis e inaplicáveis ao processo do trabalho, traz, em seu art. 3º, VI, que são aplicáveis aos feitos que tramitam perante a Justiça do Trabalho os arts. 294 a 311, pertinentes às regras gerais sobre tutelas provisórias, "em face de omissão e compatibilidade". Logo, no referido grupo de artigos encontra-se o art. 302, a indicar a sua possível aplicação nos domínios do processo do trabalho.

Mesmo assim, a questão não é pacífica. Wagner D. Giglio, por exemplo, ao tempo do CPC/1973 e em alusão ao seu art. 811 (pertinente ao antigo processo cautelar, já mencionado neste estudo), afirmava ser "inaplicável ao processo trabalhista a responsabilização do requerente pelos danos causados à parte contrária com a execução da medida cautelar [...] por incompatibilidade com a gratuidade dos procedimentos na Justiça do Trabalho".[11]

Já àquele tempo, contudo, encontrava-se divergência doutrinária quanto ao tema. Francisco Ferreira Jorge Neto e Jouberto de Quadros Pessoa Cavalcante, por exemplo, afirmavam a responsabilidade do "requerente do processo cautelar" pelos prejuízos decorrentes da execução da medida concedida, nos moldes do art. 811 do CPC/1973, sem ressalvas.[12]

Já sob a vigência do CPC/2015 e especificamente acerca do trazido no art. 302 do CPC, Otávio Amaral Calvet sustenta a sua aplicação no processo do trabalho sob o fundamento de se tratar de "base ética para o processo trabalhista no sentido de cada um responder pelos seus atos".[13] Leonardo Tibo Barbosa Lima também trata do tema, admitindo, novamente sem ressalvas, a aplicação do art. 302 do CPC no processo do trabalho.[14]

No mesmo sentido, Rodolfo Pamplona Filho e Tercio Roberto Peixoto Souza sustentam ser aplicável o disposto no art. 302 do CPC nos processos que tramitam perante a Justiça do Trabalho, frente ao que concluem que a parte deve ser responsável ao pleitear a antecipação da prestação jurisdicional, "sob pena de ser obrigada a arcar com a restituição da coisa ao status quo ante, ou a indenização correspondente".[15]

Entendemos que não há como negar que, também no processo do trabalho, é possível que a efetivação de tutela provisória resulte prejuízo à parte adversa. Por isso, não é admissível que o empregador, por exemplo, obtenha a concessão e a efetivação de tutela de urgência que resulte em prejuízo a empregado e, depois, frente ao esvaziamento dos efeitos dessa sem que a decisão definitiva a confirme, de modo expresso ou tácito, deixar o prejudicado sem a devida e correspondente reparação. Do mesmo modo, também é inegável que não integra os riscos do empreendimento ou do negócio, por exemplo, a empresa arcar com prejuízos causados por tutelas provisórias ditas de urgência requeridas de modo irresponsável e concedidas de modo equivocado – a ponto de serem revogadas ou terem seus efeitos cancelados, posteriormente.

No campo das relações laborais, o princípio protetivo, de inegável importância, não pode servir de manto para ocultar iniquidades. Assim, não pode servir de fundamento de sustentação para casos de enriquecimento sem causa, objeto de repúdio do sistema jurídico brasileiro à vista do disposto no art. 884 do Código Civil brasileiro.

---

11. GIGLIO, Wagner D. *Direito Processual do Trabalho*. 14. ed. São Paulo: Saraiva, 2005. p. 357.

12. JORGE NETO, Francisco Ferreira; CAVALCANTE, Jouberto de Quadros Pessoa. *Direito Processual do Trabalho*. 5. ed. São Paulo: Atlas, 2012. p. 1.331.

13. CALVET, Otavio Amaral. As tutelas de urgência e da evidência e suas repercussões no Processo do Trabalho. *In*: LEITE, Carlos Henrique Bezerra (Org.) *Novo CPC*: Repercussões no Processo do Trabalho. São Paulo: Saraiva, 2015. p. 185.

14. LIMA, Leonardo Tibo Barbosa. *Lições de Direito Processual do Trabalho*: teoria e prática. 4. ed. São Paulo: LTr, 2017. p. 483.

15. PAMPLONA FILHO, Rodolfo; SOUZA, Tercio Roberto Peixoto. *Curso de Direito Processual do Trabalho*. São Paulo: Saraiva, 2020. p. 441.

Sendo assim, analisado o objeto da disciplina do art. 302 do CPC, nada há que o torne ou que faça qualquer regra nele compreendida incompatível com as bases de suporte do processo do trabalho no Brasil, com o que se harmoniza o disposto no *caput* e nos incisos I e III do dito dispositivo.

Da mesma forma, nada há de incompatível entre o disposto no inciso IV do art. 302 do CPC com as bases normativas do sistema processual do trabalho. Ora, se, mesmo após a perda do direito potestativo por força da decadência operada, a parte postula a concessão de tutela de urgência e consegue, em um primeiro momento, conduzir o juiz a equívoco, clara estará a ilicitude de sua conduta (negligente, no mínimo – para não afirmar se tratar de imperícia, caso haja atuação de advogado no caso), da qual, efetivada a tutela concedida, decorreu o dano. Reunidos, pois, os requisitos do art. 186 do Código Civil e, com isso, caracterizado o dever de reparação (CC, art. 927), o que resultaria na responsabilidade mesmo se fosse subjetiva, realidade que não é diferente nos processos que tramitam perante a Justiça do Trabalho. De toda sorte, reitere-se que nosso entendimento está afinado à corrente que considera objetiva a responsabilidade prevista nos casos elencados no CPC, art. 302, inclusive no tocante àqueles que se enquadram no inciso IV. Nada diferencia o exposto da hipótese de dedução de pedido que carregue pretensão já extinta pela prescrição.

No caso do inciso II tem-se, também, conduta negligente da parte em proveito de quem foi concedida a tutela de urgência, de modo a retardar indevidamente o feito, em detrimento dos direitos da adversa, que amargou os danos pendentes de ressarcimento. Nada há de incompatível com as bases do processo do trabalho na imposição do referido dever de reparação.[16]

Otavio Amaral Calvet, por sua vez, afirma que o disposto no inciso II do art. 302 do CPC não é aplicável no processo do trabalho frente à regra do art. 841 da CLT e a atribuição da Secretaria da Vara que, de ofício, deve expedir e providenciar o ato de comunicação devido.

Assim, conclui que não há "necessidade de a parte praticar qualquer ato no sentido da realização da chamada 'notificação citatória' trabalhista".[17]

Ocorre que, como bem destaca André Luiz Bäuml Tesser, a responsabilização se dá, na forma do inciso II do art. 302 do CPC, a bem da reparação de danos causados *"ante a demora injustificada em permitir que a parte adversa possa exercer plenamente seu direito de defesa e o contraditório"*, após citar exemplos de condutas que vão além

---

16. No mesmo sentido, afirma Manoel Antonio Teixeira Filho, em comentários ao inciso II do art. 302 do CPC: "Se a tutela foi obtida em caráter antecedente, a parte beneficiada deverá promover a citação do requerido no prazo de cinco dias; não o fazendo, responderá pelos danos e prejuízos causados a este. Neste caso, o requerente será pecuniariamente punido em virtude de sua negligência processual" (TEIXEIRA FILHO, Manoel Antonio. *Comentários ao novo Código de Processo Civil sob a perspectiva do processo do trabalho*. São Paulo: LTr, 2015. p. 314).

17. CALVET, Otavio Amaral. As tutelas de urgência e da evidência e suas repercussões no Processo do Trabalho. In: LEITE, Carlos Henrique Bezerra (Org.). *Novo CPC*: Repercussões no Processo do Trabalho. São Paulo: Saraiva, 2015. p. 186.

do não recolhimento das despesas pertinentes ao ato (exigidas de modo antecipado no processo civil, em regra, na forma do art. 82 do CPC, mas desnecessárias no processo do trabalho, frente ao regime próprio no tocante às regras de regência do momento de quitação das despesas processuais).

De fato, há a possibilidade de que se exija a prática de algum ato que anteceda a efetivação da citação da parte contrária, a impor a sua realização no prazo apontado no art. 302, II, do CPC, também nos feitos que tramitam perante a Justiça do Trabalho. Nos tempos do processo físico, poder-se-ia exemplificar com a falta de apresentação de cópia da inicial para acompanhar o mandado de citação, realidade superada pelo processo eletrônico. De toda sorte, há de se considerar que as regras que regem o processo do trabalho diminuem o espaço para a aplicação do inciso II do art. 302 do CPC, mas, de toda sorte, não o tornam absolutamente incompatível ou de impossível aplicação nos feitos que tramitam perante a Justiça do Trabalho. Tome-se como exemplo a correta indicação de endereço para a realização do ato de comunicação em questão.

Há, também, relevância na questão pertinente à possibilidade (ou não) de concessão de ofício da tutela provisória de urgência e do diálogo que guarda com a regra do art. 302 do CPC, sob exame.

Como destacado, a perda dos efeitos da tutela provisória de urgência, salvo quando confirmada por decisão definitiva proferida em sentido que a abarque integralmente, gera responsabilidade objetiva da parte a quem aproveitou a concessão pela reparação dos danos que a efetivação da medida tiver causado à parte adversa.

Por isso, como também mencionado, o destaque de Rodolfo Pamplona Filho e Tercio Roberto Peixoto Souza, dentre outros, para o cuidado que há de marcar a iniciativa de requerimento de concessão de medida dessa natureza.

A partir disso, duas questões passam a ser bastante relevantes, a saber: (1) a primeira, quanto à possibilidade ou não de concessão de ofício, pelo juiz, da tutela de urgência; e (2) a segunda, acerca de quem seria o responsável pela reparação de danos causados pela efetivação da medida na forma do previsto no art. 302 do CPC, em caso de concessão de ofício de tutela da dita natureza.

Rodolfo Pamplona Filho e Tercio Roberto Peixoto Souza negam a possibilidade da concessão de ofício da tutela de urgência, e afirmam: "Com efeito, sendo a tutela satisfativa ou cautelar tutela de direito, em regra somente seria possível a sua concessão mediante pedido (arts. 2º e 141 do CPC)". De toda sorte, advertem que o dever de colaboração processual faculta ao juiz, ao notar ser possível a concessão da medida, realizar a consulta à parte a respeito do seu interesse em obter o dito provimento provisório. E concluem: "Se tal medida seria possível no âmbito das demandas ditas comuns, com muito mais razão poderia sê-lo no âmbito do processo laboral".[18]

---

18. PAMPLONA FILHO, Rodolfo; SOUZA, Tercio Roberto Peixoto. *Curso de Direito Processual do Trabalho*. São Paulo: Saraiva, 2020. p. 452.

Nota-se que a solução dada por Pamplona Filho e Peixoto Souza resolve, na prática, a segunda questão, pertinente à responsabilidade pela reparação de danos à parte adversa àquela em proveito de quem foi concedida a tutela de urgência. Ocorre que, na fórmula proposta, o juiz não concede a tutela de urgência de ofício, mas, limita-se a sinalizar o entendimento no sentido de ser possível a concessão, a partir do que deixa a critério do interessado formular o respectivo requerimento ou não. Ao assim fazer, mantém-se inerte no tocante à decisão de concessão da tutela de urgência, em respeito ao disposto no art. 2º do CPC,[19] e atua no campo da direção do processo, que lhe toca à vista do art. 765 da CLT.

Questão outra que emerge a partir disso remete aos limites do exercício do dito poder de direção do processo, pois, ao sinalizar a dita possibilidade, a proatividade do juiz se aproxima do comprometimento da imparcialidade. De outro lado, poder-se-ia dizer que, aqui, não se está diante de imparcialidade, mas, de ausência de indiferença frente aos elementos trazidos pela parte autora, ao provocar a atuação jurisdicional pela via da propositura da ação. De um jeito ou de outro, fato é que, ao praticamente sugerir uma postulação, o juiz inegavelmente antecipa o seu entendimento à parte, em ato de colaboração que não beneficia ambas de modo igualitário – ao contrário, pode gerar prejuízos imediatos à adversa. De toda sorte, há de se reconhecer que, ao menos, resolve-se o problema da aplicação do art. 302 do CPC, pois, somente seria concedida a tutela de urgência se a parte acolhesse a sugestão judicial e formalizasse o requerimento para tanto.

Cabe anotar o entendimento de Renato Montans de Sá, que também destaca a possibilidade do juiz, ao verificar a situação de urgência não observada pela parte, intimá-la para que se manifeste sobre o tema, em atenção ao princípio da cooperação, com fulcro no CPC, arts. 6º, 9º e 10). Porém, conclui quanto à responsabilidade prevista no art. 302, sob exame: "Contudo, entendemos, ainda que haja essa intimação, que não será possível apenar apenas o autor por uma situação a que não ele deu causa (ainda que lhe seja favorável). O Estado deverá arcar igualmente com essa responsabilidade. O autor poderá até desejar a concessão da medida, mas pode não ter requerido, pois não deseja, no futuro, ser apenado com o pagamento de eventual responsabilidade objetiva".[20]

Problema de difícil solução existe se admitida a possibilidade de concessão de ofício da tutela de urgência pelo juiz, sob qualquer fundamento.

Otávio Amaral Calvet reconhece que, de forma geral, prevalece a concepção no sentido da impossibilidade do juiz conceder de ofício a tutela de urgência que entender devida justamente ante a possibilidade de responsabilização objetiva do beneficiário nas hipóteses do art. 302 do CPC. Reconhece, ademais, que "soa estranho a parte responder por algo que não requereu".[21] Calvet, contudo, afirma que tal circunstância não deve

---

19. Embora ainda exista considerável polêmica acerca da extensão do princípio da inércia da jurisdição. Nesse sentido, vide: NEVES, Daniel Amorim Assumpção. *Manual de Direito Processual Civil*: volume único. 15. ed. Salvador: JusPodivm, 2023. p. 67.

20. SÁ, Renato Montans de. *Manual de Direito Processual Civil*. 6. ed. São Paulo: Saraiva, 2021. p. 515.

21. CALVET, Otavio Amaral. As tutelas de urgência e da evidência e suas repercussões no Processo do Trabalho. *In:* LEITE, Carlos Henrique Bezerra (Org.). *Novo CPC*: Repercussões no Processo do Trabalho. São Paulo: Saraiva, 2015. p. 184.

impedir que o juiz do trabalho, "sopesando os valores acaso incidentes" frente ao caso concreto, "mormente se envolvendo proteção a direitos fundamentais", possa agir de ofício, no intuito de preservar tais valores. Afirma que, "sempre de forma corretamente fundamentada", o juiz do trabalho pode atuar de ofício na concessão das tutelas de urgência, "mormente sob o pensamento de que ao provocar o Poder Judiciário a parte pretende obter todas as ferramentas que o ordenamento jurídico criou para efetivação de seu direito".[22]

Ocorre que, nesse caso, a parte beneficiada pela tutela concedida não agiu no sentido de provocar a sua concessão e, assim, eventual prejuízo que possa vir a ser sofrido pela parte contrária. Desse modo, não estão reunidos os requisitos básicos para a sua responsabilização, por faltar, a princípio, a própria conduta com relação à qual haveria nexo de causalidade com o dano a ser reparado, realidade que não deixa de ser necessária por se tratar de evento originado a partir do processo.

Assim, parece-nos que, além do disposto nos arts. 2º e 141 do CPC, soma-se o trazido no art. 299 do mesmo Código, regra especial pertinente à teoria geral das tutelas provisórias, no sentido de que a medida deve ser "requerida ao juízo da causa e, quando antecedente, ao juízo competente para conhecer do pedido principal" – logo, exige requerimento. A construção é harmônica com o disposto no art. 302 do CPC, de modo que, nas hipóteses acobertadas pelo referido dispositivo, se há direito da parte adversa de obter reparação pelos danos experimentados, a tutela somente poderia ser concedida por provocação da parte interessada e potencialmente responsável pela eventual reparação. Essa realidade não seria diferente nos feitos que tramitam perante a Justiça do Trabalho.

Questão outra, também bastante importante, advém das reflexões propostas por Ovídio A. Baptista da Silva sobre a constitucionalidade ou não da regra de responsabilização do autor pela tutela de urgência cassada. Ovídio Baptista da Silva sugere a reflexão a partir do exame do princípio da isonomia, já que o réu não é responsabilizado pela reparação dos prejuízos somados pelo autor em razão de ter sido privado do bem da vida durante a tramitação do feito – enquanto o réu dele fruiu indevidamente nesse mesmo período.[23]

Entendemos que as situações são distintas. No processo de conhecimento, pressupõe-se a existência de uma crise de certeza, que exige o respeito ao devido processo legal para fim de sua solução, com ônus – inclusive do tempo – distribuídos igualitariamente entre as partes. Já no que se refere ao requerimento de concessão de tutela de urgência, há iniciativa da parte no sentido de postular uma alteração antecipada no estado das coisas, pautada em juízo perfunctório, em faculdade processual que, por isso, ao ser exercida, atrai consequências, sendo natural que uma dessas consista na reparação

---

22. CALVET, Otavio Amaral. As tutelas de urgência e da evidência e suas repercussões no Processo do Trabalho. *In*: LEITE, Carlos Henrique Bezerra (Org.). *Novo CPC*: Repercussões no Processo do Trabalho. São Paulo: Saraiva, 2015. p. 184.

23. SILVA, Ovídio A. Baptista da. *Da sentença liminar à nulidade da sentença*: ensaios e pareceres. Rio de Janeiro: Forense, 2001. p 206-208.

dos danos causados à parte adversa caso o exercício de tal possibilidade e a execução da decisão tenham nexo causal com o dito prejuízo. A parte postulante da concessão da tutela de urgência abreviou o tempo necessário para ter acesso ao bem da vida, no todo ou em parte, ou para ter concretizados medidas de acautelamento, baseadas em juízo sumário, por opção sua: logo, deve responder por isso. Dessa conclusão, reforça-se outra aqui sustentada, qual seja, a da mais absoluta impossibilidade de concessão da tutela de urgência de ofício, a não ser que se reconheça razão a Montans de Sá, dentre outros, com a responsabilização do Estado pela reparação prevista no CPC, art. 302.

Por fim, vale anotar que outro dispositivo deve ser considerado, ao lado do art. 302 do CPC: trata-se do art. 309 do CPC, especificamente aplicável no tocante ao procedimento das tutelas cautelares antecedentes, cujo exame, contudo, foge da delimitação traçada para o presente estudo – realidade que não retira a relevância e a necessidade da referência aqui registrada.

7. CONSIDERAÇÕES FINAIS

Portanto, frente ao acima exposto, entendemos que, embora polêmicas, as questões centrais enfrentadas no presente estudo merecem ser respondidas da seguinte forma: (1) há responsabilidade objetiva da parte em proveito de quem foi concedida a tutela de urgência, pela reparação dos danos causados à adversa em razão direta e imediata da efetivação da medida, caso haja a revogação ou, de qualquer modo, cessação de efeitos da dita tutela provisória (salvo se mantidos por incorporados à decisão definitiva); (2) caso parcialmente revogada, a responsabilidade pela dita reparação deverá ser proporcional ao impacto da parcela da decisão provisória não mantida no tocante aos prejuízos experimentados pela parte contrária (oriundos da efetivação da medida); (3) o juiz não pode conceder de ofício a tutela provisória de urgência haja vista o risco de comprometimento do caráter absoluto e objetivo de sua imparcialidade decorrente de tal iniciativa, a afastar qualquer fundamento no sentido da validação do ato (inclusive o dito *poder geral de cautela*, que se presta para fim de atendimento do quanto requerido, se pertinente e de direito, e não para validar a atuação de ofício); (4) o juiz também não pode conceder de ofício tutela de urgência haja vista o regramento pertinente à responsabilidade objetiva da parte que a postula pela reparação dos danos que a sua efetivação trouxer à outra, em caso de posterior cassação ou esvaziamento de efeitos: não é possível carrear ao autor tal ordem de responsabilidade por dano decorrente de conduta alheia, pela qual não responde, salvo se considerada a responsabilidade do Estado pela pertinente reparação; e (5) o art. 302 do CPC tem aplicação nas causas que tramitam na Justiça do Trabalho frente à sua compatibilidade com os princípios e regras que regem o processo do trabalho e a existência de lacuna, a atrair a aplicação do disposto na CLT, arts. 769 e 889, bem como do CPC, art. 15, e, com isso, dos arts. 294 a 311 do CPC, na forma do art. 3º, VI, da Instrução Normativa 39 do TST.

Essas considerações finais devem ser somadas às demais conclusões parciais apresentadas ao longo deste estudo.

REFERÊNCIAS

CALVET, Otavio Amaral. As tutelas de urgência e da evidência e suas repercussões no Processo do Trabalho. In: LEITE, Carlos Henrique Bezerra (Org.). *Novo CPC*: Repercussões no Processo do Trabalho. São Paulo: Saraiva, 2015.

COSTA MACHADO, Antonio Cláudio da. *Código de Processo Civil Interpretado*. 6. ed. Barueri: Manole, 2007.

CINTRA, Antonio Carlos de Araújo; DINAMARCO, Cândido Rangel; GRINOVER, Ada Pellegrini. *Teoria Geral do Processo*. 31. ed. São Paulo: Malheiros, 2019.

GIGLIO, Wagner D. *Direito Processual do Trabalho*. 14. ed. São Paulo: Saraiva, 2005.

JORGE NETO, Francisco Ferreira; CAVALCANTE, Jouberto de Quadros Pessoa. *Direito Processual do Trabalho*. 5. ed. São Paulo: Atlas, 2012.

LIMA, Leonardo Tibo Barbosa. *Lições de Direito Processual do Trabalho*: teoria e prática. 4. ed. São Paulo: LTr, 2017.

MARINONI, Luiz Guilherme; ARENHART, Sérgio C.; MITIDIERO, Daniel. *Novo Código de Processo Civil Comentado*. São Paulo: Ed. RT, 2015.

MEDINA, José Miguel Garcia. *Novo Código de Processo Civil Comentado*: com remissões e notas comparativas ao CPC/1973. 3. ed. São Paulo: Ed. RT, 2015.

NERY JUNIOR, Nelson; NERY, Rosa Maria de Andrade. *Comentários ao Código de Processo Civil*. São Paulo: Ed. RT, 2015.

NEVES, Daniel Amorim Assumpção. *Manual de Direito Processual Civil*: volume único. 15. ed. Salvador: JusPodivm, 2023.

NORATO, Ester Camila Gomes. Tutela provisória. In: THEODORO JUNIOR, Humberto; OLIVEIRA, Fernanda Alvim Ribeiro de; REZENDE, Ester Camila Gomes Norato. *Primeiras lições sobre o novo Direito Processual Civil brasileiro*. Rio de Janeiro: Forense, 2015.

PINHO, Humberto Dalla Bernardina de. *Manual de Direito Processual Civil contemporâneo*. São Paulo: Saraiva, 2019.

RODRIGUES, Ana Francisca; REIS, Marcelo Terra; MILHORANZA, Mariângela Guerreiro. A tutela provisória de urgência no Novo CPC e o processo do trabalho. In: REIS, Sérgio Cabral dos. *O novo CPC e sua repercussão no processo do trabalho*: encontros e desencontros. São Paulo: LTr, 2016.

SÁ, Renato Montans de. *Manual de Direito Processual Civil*. 6. ed. São Paulo: Saraiva, 2021.

SILVA, Ovídio A. Baptista da. *Da sentença liminar à nulidade da sentença*: ensaios e pareceres. Rio de Janeiro: Forense, 2001.

TEIXEIRA FILHO, Manoel Antonio. *Comentários ao novo Código de Processo Civil sob a perspectiva do processo do trabalho*. São Paulo: LTr, 2015.

TESSER, André Luiz Bäuml. Comentário ao art. 302 do CPC. In: CRUZ E TUCCI, José Rogério; FERREIRA FILHO, Manoel Caetano; APRIGLIANO, Ricardo de Carvalho; DOTTI, Rogéria Fagundes; MARTINS, Sandro Gilbert (Coord.). *Código de Processo Civil anotado*. São Paulo: AASP; Curitiba: OABPR, 2021.

32
ADC 944: A FILIGRANA DA ANTICIDADANIA

Guilherme Guimarães Feliciano

Livre-Docente (Universidade de São Paulo), Pós-Doutor (IGC/CDH – Universidade de Coimbra) e Doutor (Universidade de Lisboa, Universidade de São Paulo) em Direito. Acadêmico Titular da Cadeira n. 43 da Academia Brasileira de Direito do Trabalho. Coordenador dos Núcleos de Pesquisa e Extensão "O Trabalho além do Direito do Trabalho" e "Meio Ambiente do Trabalho" (DTBS/FDUSP). Professor Associado II do Departamento de Direito do Trabalho e da Seguridade Social da Faculdade de Direito da Universidade de São Paulo. Juiz Titular da 1ª Vara do Trabalho de Taubaté. Presidente da Associação Nacional dos Magistrados da Justiça do Trabalho no biênio 2017-2019.

Sumário: 1. Introdução – 2. A destinação das indenizações por danos morais coletivos e sociais na jurisprudência atual: uma breve referência – 3. A ADPF 944-DF e seus aspectos processuais. O princípio da subsidiariedade – 4. A ADPF 944-DF e seus aspectos meritórios (1): a pertinência/eficiência dos fundos de defesa de interesses difusos para os danos de base laboral – 5. A ADPF 944-DF e seus aspectos meritórios (2): a necessária construção hermenêutica dialógica – 6. A ADPF 944-DF e seus aspectos meritórios (3): "ativismo judicial"? – 7. Considerações finais – Referências.

1. INTRODUÇÃO

No dia 16 de fevereiro p.p., a Confederação Nacional da Indústria (CNI) apresentou ao Supremo Tribunal Federal a ADPF 944-DF, que pretende ver reconhecida a inconstitucionalidade das decisões judiciais que destinam indenizações (*rectius*: compensações) por danos morais coletivas e/ou danos sociais para fundos ou finalidades outras que não sejam aquelas previstas literalmente no art. 13 da Lei 7.347, de 24 de julho de 1985 (Lei da Ação Civil Pública – doravante, LACP).

Na opinião da CNI, com efeito, essas destinações "atípicas" configurariam reprovável elemento de ativismo judicial, cabendo ao Supremo Tribunal Federal dar cobro dessa prática e determinar, com vinculatividade abstrata e eficácia *"erga omnes"*, a estrita aplicação dos dinheiros obtidos em condenações judiciais por danos morais coletivos ou sociais, no âmbito da Justiça do Trabalho, adstrita ao fundo do art. 13 da LACP; ou, se muito, ao Fundo de Amparo ao Trabalhador (FAT), instituído pela Lei 7.998, de 11.1.1990 (art. 10).

Na dicção da peça, contrariam o ordenamento jurídico em vigor as "decisões judiciais proferidas no âmbito da Justiça do Trabalho, em ações civis públicas, nas quais, ao invés de haver ordem de reversão dos valores das condenações a um Fundo gerido por um Conselho Federal, nos termos do art. 13 da Lei 7.347/1985, outras destinações vêm sendo dadas a esses valores".

A relatora, Min. Rosa Weber, entendeu pelo descabimento da arguição de descumprimento de preceito fundamental, propondo a extinção do processo sem resolução de mérito (com toda razão, a propósito, como adiante apontaremos). Seguiram-se os votos dos Ministros Roberto Barroso, Dias Toffoli e Gilmar Mendes e o voto-vista do Ministro André Mendonça, em sentido contrário, porque todos conheciam da ADPF; e, bem assim, o voto do Ministro Edson Fachin, acompanhando a d. Relatora. A seguir, na sessão virtual plenária de 23.06.2023 a 30.06.2023, pediu vista dos autos o Ministro Alexandre de Moraes. A questão, portanto, segue em aberto.

Esse tema, entretanto, está a merecer uma análise mais cuidadosa e garantista, para além dos eflúvios emocionais que se leem cá e lá, geralmente a reboque de críticas mal postas a um suposto "ativismo judicial". Vejamos com maior vagar.

2. A DESTINAÇÃO DAS INDENIZAÇÕES POR DANOS MORAIS COLETIVOS E SOCIAIS NA JURISPRUDÊNCIA ATUAL: UMA BREVE REFERÊNCIA

A ADPF 944-DF foi distribuída à Min. Rosa Weber e, até este momento, não houve apreciação liminar. É certo, porém, que se identifica uma importante resistência a destinações que não revertam aos fundos de defesa de direitos difusos (LACP, art. 13), federal ou estaduais, e/ou ao FAT. Vejam-se, *e.g.*, TST, RR 18543220105030111, rel. Min. Maria de Assis Calsing, j. 24.06.2015, 4ª Turma, publ. 26.06.2015; TRT 20, RO 00019295120155200005, rel. Des. Jorge Antonio Andrade Cardoso, publ. 13.09.2018; TRT 1, RO 01010325920175010241, rel. Des. Rogerio Lucas Martins, j. 05.06.2019, 7ª Turma, publ. 15.06.2019; TRT 3, AP 00350000620085030056, rel. Des. Paula Oliveira Cantelli, j. 20.08.2020, 4ª Turma, publ. 20.08.2020 (conquanto, nesse caso, em razão da coisa julgada); e assim sucessivamente.

Em sentido diverso, por outro lado, veja-se, *e.g.*, TST, ARR 1019008520055050131, rel. Min. Walmir Oliveira da Costa, j. 30.9.2020, 1ª Turma, publ. 02.10.2020. Nesse julgado, o saudoso Ministro Walmir Costa mantinha – por razões processuais, é verdade – a destinação da indenização por dano moral coletivo, em unidade baiana da Ford Motors Company, para o *Funtrad/BA*[1] e não para o FAT.

Há, com todas as vênias, tanto naquele repto judicial como nesse pendor jurisprudencial mais restritivo, ao menos quatro equívocos – e, com eles, um grande retrocesso argumentativo – que devem ser trazidos à luz.

Analisemo-los doravante.

3. A ADPF 944-DF E SEUS ASPECTOS PROCESSUAIS. O PRINCÍPIO DA SUBSIDIARIEDADE

Em primeiro lugar, e com todas as vênias, a ADPF não admitiria sequer conhecimento, porque viola o princípio da subsidiariedade, ínsito à regência processual das arguições de descumprimento de preceito fundamental, nos precisos termos da Lei 9.882, de 03.12.1999.

---

1. "Fundo de Promoção do Trabalho Decente", vinculado à Secretaria do Trabalho, Emprego, Renda e Esporte (SETRE) do Estado da Bahia.

Com efeito, tal ação de controle abstrato de constitucionalidade é de restritíssima via, eis que "a petição inicial será indeferida liminarmente, pelo relator, quando não for o caso de arguição de descumprimento de preceito fundamental, faltar algum dos requisitos prescritos nesta Lei ou for inepta" (art. 4º); e, na forma do respectivo parágrafo 1º, "[n]ão será admitida arguição de descumprimento de preceito fundamental quando houver qualquer outro meio eficaz de sanar a lesividade".

Ora, o cabimento ou não da destinação das indenizações por danos sociais e morais coletivos a determinado fundo, e a suficiência das respectivas instâncias de gestão (i.e., se atreladas ou não a um "conselho federal"), são questões a serem aferidas caso a caso, sob o rigor da garantia do juiz natural, nas ações civis públicas e coletivas que reclamem tais compensações.[2] Daí porque, à partida, a ADPF 944-DF não deveria sequer ser admitida, por absoluta inadequação, *ut* art. 485, VI, 2ª parte, do CPC.

4. A ADPF 944-DF E SEUS ASPECTOS MERITÓRIOS (1): A PERTINÊNCIA/EFICIÊNCIA DOS FUNDOS DE DEFESA DE INTERESSES DIFUSOS PARA OS DANOS DE BASE LABORAL

Em segundo lugar, deve-se ter em conta que os preditos "fundos de defesa de interesses difusos", previstos no art. 13 da LACP, não estão sequer completamente constituído em todos os Estados da Federação; e, de um modo geral, os usos previstos pelas respectivas regulamentações não dizem respeito, por exemplo, à saúde e segurança do trabalho (ou, dir-se-á com melhor técnica e maior abrangência, ao *meio ambiente do trabalho*, *ut* art. 200, VIII, *in fine*, c.c. art. 225, *caput*, da CRFB). Não raro, prestam-se a intervenções restaurativas no meio ambiente natural ou no patrimônio cultural brasileiro, por exemplo.

Ora, a finalidade das "indenizações" de índole coletiva que se obtêm após o reconhecimento de danos ao meio ambiente – inclusive o do trabalho – é precisamente recuperar o bem jurídico coletivo, *na sua especificidade ontológica*; ou, se menos, minorar os impactos deletérios da atividade lesiva ou perturbadora. Essa é a razão, aliás, pela qual a Lei 12.288, de 20.7.2010 (Estatuto da Igualdade Racial) introduziu, no precitado art. 13 da LACP, o seu atual parágrafo 2º:

> [...] § 2º Havendo *acordo ou condenação com fundamento em dano causado por ato de discriminação étnica* nos termos do disposto no art. 1º desta Lei, *a prestação em dinheiro reverterá diretamente ao fundo de que trata o caput e será utilizada para ações de promoção da igualdade étnica*, conforme definição do Conselho Nacional de Promoção da Igualdade Racial, na hipótese de extensão nacional, ou dos Conselhos de Promoção de Igualdade Racial estaduais ou locais, nas hipóteses de danos com extensão regional ou local, respectivamente. (g.n.)

---

2. V., *e.g.*, STF, ADPF 172-RJ (MC), rel. Min. Marco Aurélio Mello, Tribunal Pleno, j. 10.6.2009. V. ainda RTJ 184/373, RTJ 189/395. Na doutrina, v., por todos, GOMES, Ana Cláudia Nascimento. O destino da ADPF 944/DF e de outras propostas genericamente contra "decisões judiciais proferidas no âmbito da Justiça do Trabalho". *Migalhas de peso*. Migalhas, 24.02.2022. Disponível em: https://www.migalhas.com.br/depeso/360396/o-destino-da-adpf-944-df-e-o-principio-do-juiz-natural-do-trabalho. Acesso em: 16 mar. 2022.

Com efeito, é da melhor doutrina que todo dano merece uma reparação justa e, preferencialmente, passível de reverter fenomenicamente a situação criada (de lesão a um determinado bem jurídico) ao seu *"status quo ante"*, evitando-se a transformação maciça de todos os direitos em pecúnia[3] (= patrimonialização);[4] e essa é, a rigor, a ideia mais adequada de "reparação integral" que deve informar o tratamento jurídico dos danos difusos e coletivos. E, justamente por isso, mesmo a destinação ao FAT termina sendo, ao mais das vezes, algo *inservível* para a recomposição do bem jurídico coletivo especificamente lesado ou ameaçado, quando estivermos tratando de direitos difusos e coletivos de cariz laboral.

Imagine-se, p. ex., a hipótese de uma indenização por dano moral coletivo derivado da exploração de mão de obra análoga a de escravo (CP, art. 149); ou ainda a de uma indenização por dano social derivado do reiterado descumprimento das regras de saúde e segurança do trabalho impostas pela NR 18 para o setor da construção civil. Caso esses valores sejam revertidos para o FAT (Lei 7.998/1990, art. 11, V), servirão basicamente para custear benefícios previdenciários *"lato sensu"*, como são o seguro-desemprego (Lei 7.998/1990, arts. 3º e 4º) e a bolsa de (re)qualificação profissional (Lei 7.998/1990, art. 2º-A). Tais benefícios são concedidos difusamente, por todo o território nacional, de acordo com as políticas do Conselho Deliberativo do Fundo de Amparo ao Trabalhador (Codefat).

Logo, é certo que, no final das contas, os recursos destinados aos tais "fundos geridos por conselhos" não beneficiarão própria e especialmente a comunidade ou o município diretamente afetado pela cooptação de trabalho escravo contemporâneo, no primeiro caso; ou tampouco a categoria profissional diretamente prejudicada (trabalhadores da construção civil), no segundo caso. A finalidade da indenização, que se alinha à ideia-força do princípio da *"restitutio in integrum"*[5] (*supra*) – ainda que nem sempre se alcance a

---

3. TRAMONTE, Marina Silva; MELHADO, Reginaldo; NATALI, Heiler Ivens de Souza. A inadequação da destinação de recursos obtidos pelo MPT ao Fundo de Amparo ao Trabalhador e sua utilização em ações de política pública social. *Revista de Direito Público*. Londrina: Universidade Estadual de Londrina, v. 7, n. 1, p. 149-164, jan./abr. 2012. Disponível em: http://dx.doi.org/10.5433/1980-511X.2012v7n1p149. Acesso em: 08 mar. 2022.

4. De nossa parte, já dissemos alhures que o Direito do Trabalho contemporâneo padece de três grandes vezos: ele se *patrimonializou* demais (o que se revela no pendor pelas reparações pecuniárias, mesmo no campo dos interesses difusos e coletivos), como também se *individualizou* demais (e isso também se revela nas decisões judiciais que pretendem distribuir os dinheiros decorrentes das indenizações por danos morais coletivos aos próprios trabalhadores; v., *e.g.*,) e, por fim, *contratualizou-se* demais (e, quanto a isso, veem-se já tendências de "terceirização" dos riscos, no campo dos interesses difusos e coletivos, por meio da contratação de seguros específicos para esses sinistros, o que pode estimular o desinvestimento em prevenção/precaução). Cf. FELICIANO, Guilherme Guimarães. *Curso crítico de Direito do Trabalho*: Teoria Geral do Direito do Trabalho. São Paulo: Saraiva, 2013, passim; v. também FELICIANO, Guilherme Guimarães. Prefácio. In: NEMER NETO, Alberto; ROCHA, Cláudio Jannotti da; RIZK FILHO, José; PIMENTA, José Roberto Freire; BRITTO, Ricardo José Macêdo de. *Direito material e processual do trabalho constitucionalizados*. Porto Alegre: OAB Nacional/LexMagister, 2020, v. 4 (Processo Coletivo do Trabalho), passim; FELICIANO, Guilherme Guimarães. *Discurso de posse*. Brasília: Academia Brasileira de Direito do Trabalho, 27.11.2020. Disponível em: https://andt.org.br/academicos/guilherme-guimaraes-feliciano. Acesso em: 08 mar. 2022.

5. Afinal, cabe entender – especialmente em tema de meio ambiente do trabalho – que, "[...] em caso de dano ambiental especificamente considerado, não sendo possível a restauração natural no próprio local, a chamada restauração in situ, deverá ser invocada a compensação por equivalente ecológico (restauração ex situ), por

plena restauração (o que, diga-se claramente, é natural e aceitável, precisamente porque estamos lidando com uma *norma-princípio*, i.e., com um *"Optmierungsgebot"*[6]) –, estará larga e severamente comprometida.

5. A ADPF 944-DF E SEUS ASPECTOS MERITÓRIOS (2): A NECESSÁRIA CONSTRUÇÃO HERMENÊUTICA DIALÓGICA

Em terceiro lugar – e em acréscimo ao argumento anterior –, a impugnação judicial prefere desconhecer as lições da hermenêutica clássica em torno dos *métodos de interpretação*; neste caso, em especial, os métodos de interpretação *histórica*, *sistemática* e *teleológica*, que devem preferir à própria interpretação gramatical. Essa via de inteleção, a propósito, não é "facultativa", nem pressupõe juízes mais "progressistas"; ao revés, deriva do expresso e positivo teor da legislação vigente: nos termos do Decreto-lei 4.657, de 4.9.1942 (Lei de Introdução às Normas do Direito Brasileiro – doravante, LINDB), "[n]a aplicação da lei, o juiz atenderá aos fins sociais a que ela se destina e às exigências do bem comum".

Ora, a interpretação histórica supõe que a fonte formal do direito seja interpretada de acordo com as condições do meio social e do momento em que a fonte foi elaborada, impondo um olhar para o passado. Já a interpretação teleológica requer, na direção do art. 5º da LINDB, que o intérprete ultrapasse os baremas da lógica formal e construa uma semântica que assegure o melhor proveito ao bem da vida ou ao interesse jurídico tutelado pela fonte.[7] E a interpretação sistemática, enfim, busca construir objetivamente o sentido e o alcance da norma, no contexto do sistema jurídico-positivo em que ela se insere – com seus princípios, regras e valores (*"mens legis"*) –, relativizando a intelecção do legislador histórico (*"mens legislatoris"*).[8]

Para questões como a deste estudo, as duas últimas são as que devem prevalecer,[9] considerando-se sobretudo o tempo considerável que medeia entre a publicação da LACP (1985) e o tempo presente: são praticamente *trinta e sete* anos de evolução processual

---

meio da substituição do bem afetado por outro que lhe corresponda funcionalmente. [...] Desse modo, tem-se que o princípio da reparação integral impõe o dever de se buscar a reparação do dano ambiental de forma a se restabelecer o equilíbrio ecológico por meio de ações que visem ao retorno da situação evidenciada de forma mais próxima ao status quo ante. Em não sendo possível, deve-se buscar a adoção de medida compensatória equivalente, de sorte a propiciar algo próximo daquilo que era antes da sua ocorrência, que se traduz, ao fim e ao cabo, em mecanismo voltado ao restabelecimento do equilíbrio ecológico". MILARÉ, Édis; FRANCO, Rita Maria Borges. Reparação integral: "pensando" melhor. *Revista do Advogado*. São Paulo: Associação dos Advogados de São Paulo, ano 37, n. 133, p. 57-58, mar. 2017.

6. "Mandado de otimização". Cf. ALEXY, Robert. *Theorie der Grundrechte*. 3. Aufl. Frankfurt am Main: Suhrkamp, 1996, p.75-77 e 122-125.

7. V., por todos, AGUIAR JUNIOR, Ruy Rosado de. Interpretação. *Revista AJURIS*. Porto Alegre: Associação dos Juízes do Rio Grande do Sul, v. 16, n. 45, p. 7 e ss., mar. 1989.

8. V., *e.g.*, LOBO, Jorge. Hermenêutica, interpretação e aplicação do Direito. *Revista do Ministério Público do Estado do Rio de Janeiro*. Rio de Janeiro: MPRJ, n. 72, p. 125-146, abr./jun. 2019.

9. Nesse sentido, a propósito, Miguel Reale ponderava que "o trabalho do intérprete, longe de reduzir-se a uma passiva adaptação do texto, representa um trabalho construtivo de natureza axiológica, não só por se ter de captar o significado do preceito, correlacionando-o com outros da lei, mas também porque se deve ter presente os da mesma espécie existentes em outras leis: destarte, a sistemática jurídica, além de ser lógico-formal, como

(com um novo CPC em 2015) e de transformações institucionais (com a ressignificação da Justiça do Trabalho pela EC 45/2004) que não podiam ser sequer cogitadas em meados dos oitentas.

Nesse caso, é de rigor considerar que, em diversas hipóteses, o sistema legal brasileiro revela a estrita necessidade de que os ativos derivados de condenações por danos coletivos sirvam essencialmente à reparação/promoção dos próprios bens jurídicos coletivos lesados ou ameaçados. É o que se dá com os danos ambientais, para os quais foram originalmente pensados para o(s) fundo(s) de defesa de interesses difusos do art. 13 da LACP,; ou com os danos coletivos derivados de atos de discriminação ética, como dito há pouco, cujas indenizações também devem reverter para aquele(s) fundo(s) do art. 13 da LACP, mas com afetação específica às "ações de promoção de igualdade étnica, conforme definição do Conselho Nacional de Promoção da Igualdade Racional [...] ou dos Conselhos de Promoção de Igualdade Racial estaduais ou locais" (LACP, art. 13, §2°), conforme a extensão geográfica do próprio dano; ou, ainda, para os danos coletivos derivados de ilícitos praticados contra crianças e adolescentes, cujas indenizações devem reverter para o Fundo da Criança e do Adolescente (FDCA).[10]

Ocorre, porém, que esse nível de especialização gerencial não se verifica (ainda) em todas as hipóteses-modelos de lesões a interesses difusos e coletivos; não há, por exemplo, um fundo para a promoção da saúde e da segurança do trabalho, ou um fundo para a promoção da liberdade sindical (e nem haverá, diante da atual resistência do próprio Poder Executivo federal – e, por consequência, de setores importantes do Congresso Nacional – à criação de "fundos autônomos" que impactem ou imobilizem parcialmente o orçamento da União).[11]

Para situações como essas, a única maneira de se conferir *coerência* ao sistema jurídico-positivo e atender minimamente a finalidade da indenização judicialmente deferida, convergindo para o princípio da "*restitutio in integrum*" (e sua especificidade intrínseca), é admitir que o juiz ou tribunal, na condição de sujeito político concretizador das normas-princípios[12] (e revelador da capacidade de aprendizagem das normas

---

se sustentava antes, é também axiológica ou valorativa" (REALE, Miguel. *Lições preliminares de direito*. 27. ed. São Paulo: Saraiva, 2004, p. 287 e ss.).

10. Lei 8.069/1990, art. 260.

11. Veja-se, p. ex., o caso do PL 6.786/2016 (que advém de anteprojeto elaborado no âmbito da Associação Nacional dos Magistrados da Justiça do Trabalho., quando a presidimos, e que "[r]egulamenta o art. 97 da Lei n. 13.105, de 16 de março de 2015 (Código de Processo Civil), no âmbito da União, cria o Fundo de Modernização do Poder Judiciário da União e dá outras providências"): conquanto se trate de iniciativa legislativa destinada a basicamente regulamentar um fundo já previsto pela legislação em vigor (CPC/2015, art. 97), a resistência à sua tramitação é de tal ordem que, até o presente momento, o projeto sequer foi votado na Comissão de Trabalho, Administração e Serviço Público (CTASP) da Câmara dos Deputados. Confira-se em: https://www.anamatra. org.br/imprensa/noticias/26582-projeto-que-cria-fundo-de-modernizacao-judiciario-da-uniao-recebe-parecer-favoravel-na-comissao-de-trabalho-da-camara (acesso em: 16 fev. 2022). A proposta foi apresentada, em 21.12.2016, pelo Dep. Alessandro Molon, e obteve, na CTASP, parecer favorável do relator, Dep. Wolney Queiroz, com substitutivo.

12. V. CANOTILHO, J. J. Gomes. *Direito Constitucional e Teoria da Constituição*. 7. ed. Coimbra: Almedina, 2003, p. 1086-1087.

constitucionais em geral),[13] possa estabelecer *destinações especiais, sob balizas claras de gestão* – o que não significa, registre-se, criar fundos "judiciais" a esmo, à base da caneta, sem diálogo interinstitucional e mínimas condições de viabilidade a longo prazo –, que atendam à especialidade do dano e sirvam à reparação/promoção específica do bem da vida lesado ou ameaçado. A não ser assim, certos interesses difusos e coletivos estarão sempre mais bem atendidos do que outros, apenas porque aqueles primeiros foram primeiramente e/ou casuisticamente galardoados pelo legislador federal ordinário, estabelecendo-se uma "hierarquia" de proteção jusfundamental que não se justifica constitucionalmente.

6. A ADPF 944-DF E SEUS ASPECTOS MERITÓRIOS (3): "ATIVISMO JUDICIAL"?

Em quarto lugar, e por último, cabe entender bem essa interminável polêmica do "ativismo judicial", até mesmo porque envolve frequentemente jogos semânticos perigosos. O que é ser "ativista"? Julgar conforme a Constituição, *apesar* da lei? Se for isto, o Supremo Tribunal Federal talvez seja, de todos, o mais "ativista" dos tribunais; e estaremos inadvertidamente fazendo coro com recentes clamores de "indignação" – inclusive de altas autoridades da República[14] – que flertam com o imobilismo judiciário, com uma ideologia retroliberal radicada no século XVIII (do juiz "*bouche de la loi*"),[15] com a falência do saudável regime de "*checks and balances*" que anima as repúblicas e, algures, com a autocracia e o autoritarismo. A ser assim, ademais, estaríamos condenando aos umbrais da ilicitude qualquer esforço de controle difuso de constitucionalidade por parte de juízes e tribunais por todo o mundo.

Diriam os detratores da ideia, por outro lado, que a aderência das leis à Constituição suscita múltiplas opiniões, o que levaria a uma grande insegurança jurídica; e que, por-

---

13. Idem, ibidem, p. 1085. V. também FELICIANO, Guilherme Guimarães. *Por um processo realmente efetivo*: Inflexões do "due process of law" na tutela processual de direitos humanos fundamentais. São Paulo: LTr, 2016, subseção 12.2, IV. Entre os autores alemães, procure-se pela expressão "*Lehre-Fähigkeit*".

14. Cf., *e.g.*, https://oglobo.globo.com/politica/bolsonaro-diz-que-barroso-fez-politicalha-ativismo-judicial-ao--mandar-abrir-cpi-da-pandemia-3-24963045, acesso em: 16 mar. 2022.

15. Porque, nas repúblicas, a lei – e apenas ela – seria a "rainha de todos os mortais e imortais"; jamais "justa" ou "injusta", mas sempre soberana. Cf. MONTESQUIEU, Charles de Secondat, Baron de. *Do espírito das leis*. Trad. Roberto Leal Ferreira. São Paulo: Martin Claret, 2010, p. 21 (a obra foi escrita originalmente em 1748). As interpretações judiciais, portanto, seriam sempre "declaratórias", jamais constitutivas; aliás, os juízes sequer deveriam se organizar em carreiras – não teria cabimento um corpo judiciário profissionalizado, como há nas democracias contemporâneas –, mas, antes, cumpririam mandatos circunscritos cronologicamente, de modo a que os tribunais durassem "apenas o tempo necessário". Essa visão de mundo, *d.v.*, já não se sustenta há muitas décadas. Nesse sentido, v., *e.g.*, TAMANAHA, Brian Z. *Beyond the formalist-realist divide*: The role of politics in judging. Princeton: Princeton University Press, 2010, *passim* (e sua teoria realista do Direito); BARAK, Aharon. *Purposive interpretation in law*. Trad. Sari Bashi. Princeton: Princeton University Press, 2005, *passim* (com a tese unificadora da dita "interpretação intencional", convergindo para o que propusemos acima); e, para uma releitura particular e crítica da obra de Oliver Wendell Holmes Jr. (a partir de uma compreensão menos formalista das possibilidades do direito judiciário), v. ALSCHULER, Albert W. *Law without values*: The life, work, and legacy of Justice Holmes. Chicago/London: University of Chicago Press, 2001, p. 98 e ss. (referindo, a partir de Holmes, a figura do "*deductive formalist bogeyman*", ou "bicho-papão dedutivo-formalista").

tanto, cumpriria sempre privilegiar a presunção de legitimidade e constitucionalidade das leis, algo iterativamente desacatado pela copiosa jurisprudência "ativista", especialmente no campo laboral. Mas, a seguir por aí, o debate seria estatístico: em quantas ocasiões a lei trabalhista aprovada, promulgada e sancionada teve a sua constitucionalidade questionada? Poderíamos afirmar que, mesmo em relação à Lei 13.467/2017, tão ampla e incisivamente criticada – inclusive por nós –, a maioria dos novos preceitos teve a sua vigência negada por algum sub-reptício expediente "hermenêutico"? Ou, ao revés, a despeito das críticas doutrinárias mais extensas e inespecíficas (inclusive no sentido de que "toda" a reforma trabalhista seria ilegítima[16] e/ou inconstitucional), deve-se reconhecer que a discussão jurisprudencial ateve-se, finalmente, a determinados *temas sensíveis* – independência judicial, direito fundamental à desconexão, direito fundamental à redução dos riscos inerentes ao trabalho, direito fundamental ao trabalho decente (e, logo, não precário), autonomia sindical etc. –, que realmente suscitam dúvida quanto à legitimidade constitucional, inclusive do ponto de vista da literalidade dos preceitos (v., *e.g.*, o caso dos artigos 790-A e 791-A, § 4º, da CLT, na perspectiva do art. 5º, LXXIV, da CRFB, vertido na ADI 5.766-DF)?

Parece claro que uma análise desapaixonada, a partir da própria pesquisa jurisprudencial, decerto apontará nessa última direção.

Então, afinal, concluiremos que a jurisprudência trabalhista não padece desse "ativismo" malsão, tantas vezes vociferado como a mais odiosa distorção legada pela Justiça do Trabalho. Há, sim, falácia e resistência ideológica; mas não há fundamentos efetivos. Como dissemos, noutro contexto, o diabolizado "ativismo" nada mais é, as mais das vezes, do que o produto de uma "inexorável mudança de perspectiva": hodiernamente,

> [...] não se pode mais interpretar a Constituição pelas lentes míopes das leis, como se o legislador fosse o único intérprete autorizado do texto constitucional. Manda a hermenêutica contemporânea, libertada dos arreios do positivismo jurídico (e diz-se dela, por isso mesmo, ser "pós-positivista"), que se interpretem as leis conforme a Constituição; não o contrário. Eis aqui, altaneiro, o princípio da supremacia da Constituição, festejado aos quatro ventos desde a célebre sentença do juiz Marshall no caso Marbury x Madison. Se a lei é contrária à Constituição, deve ser expungida do sistema; se a lei admite variegadas interpretações, deve-se optar pela interpretação conforme a Constituição; se a lei é lacunosa, deve-se completá-la com os princípios constitucionais. [...][17]

Nessa direção é que se deve compreender, afinal, as decisões judiciais que determinam destinações "alternativas" às indenizações por danos coletivos (sejam morais, sejam sociais): construções judiciárias de adequação legítima da legislação em geral – e

---

16. V., *e.g.*, o Enunciado 1 da Comissão 1 da 2ª Jornada de Direito Material e Processual do Trabalho da Associação Nacional dos Magistrados da Justiça do Trabalho (Anamatra, 2018): "A Lei 13.467/2017 é ilegítima, nos sentidos formal e material". Cfr. FELICIANO, Guilherme Guimarães; MIZIARA, Raphael. *Enunciados da 2ª Jornada de Direito Material e Processual do Trabalho*: Organizados por assunto. Disponível em: https://juristas.com.br/wp-content/uploads/2018/03/Enunciados-da-2-Jornada-de-Direito-Material-e-Processual-do-Trabalho-da--ANAMATRA-Organizados-por-Assunto-1-1.pdf. Acesso em: 16 mar. 2022.

17. FELICIANO, Guilherme Guimarães. "Ativismo judicial" para bom entendedor. *Folha de S. Paulo*, 25.5.2009, p. 3 (Opinião). V. também BARROSO, Luís Roberto. Judicialização, ativismo judicial e legitimidade democrática. *Revista de Direito do Estado*. Rio de Janeiro: Renovar, ano 4, n. 13, p. 71-91, jan./mar. 2009.

do art. 13 da LACP em especial – às necessidades do caso concreto, para a efetiva reparação/promoção do bem da vida vulnerado pela(s) conduta(s) do réu. Porque, afinal,

> [...] a norma constitucional que afirma a ação institui o direito fundamental à tutela jurisdicional efetiva [...]. O direito fundamental à tutela jurisdicional efetiva *obriga o juiz a garantir todos os seus corolários, como o direito ao meio executivo capaz de permitir a tutela do direito,* além de obrigar o legislador a desenhar os procedimentos e as técnicas processuais adequadas às diferentes situações de direito substancial. [...] As novas técnicas processuais, partindo do pressuposto de que o direito de ação não pode ficar na dependência de técnicas processuais ditadas de maneira uniforme para todos os casos ou para alguns casos específicos, incorporam normas abertas, isto é, normas voltadas para a realidade, deixando claro que *a ação pode ser construída conforme as necessidades do caso conflitivo.* [...][18]

Não há como dizer melhor.

7. CONSIDERAÇÕES FINAIS

Já se afirmou que o ato humano de julgar, nos foros e tribunais, dá-se por empréstimo divino. De nossa parte, jamais chegaríamos a tanto.

A justiça dos homens é, ao revés, genuinamente humana, como tem de ser, com todos os predicamentos inerentes à humanidade. É racionalizante, mas também intuitiva; é limitada e ocasionalmente falha, mas também pacificadora. Tanto mais pacificadora, aliás, quanto mais se aproxime dos valores subjacentes à norma jurídica.

Essa constatação autoriza-nos, com o perdão do clichê, a ressignificar a máxima de Coríntios 2, 3: "A letra mata, mas o Espírito vivifica". O art. 13 da LACP, nesse sentido, deve ser entendido para além da sua letra, com vislumbres mais francos do seu espírito.

REFERÊNCIAS

AGUIAR JUNIOR, Ruy Rosado de. *Interpretação. Revista AJURIS.* Porto Alegre: Associação dos Juízes do Rio Grande do Sul, v. 16, n. 45, mar. 1989.

ALEXY, Robert. *Theorie der Grundrechte.* 3. Aufl. Frankfurt am Main: Suhrkamp, 1996.

ALSCHULER, Albert W. *Law without values*: the life, work, and legacy of justice Holmes. Chicago/London: University of Chicago Press, 2001.

BARAK, Aharon. *Purposive interpretation in law.* Trad. Sari Bashi. Princeton: Princeton University Press, 2005.

BARROSO, Luís Roberto. Judicialização, ativismo judicial e legitimidade democrática. *Revista de Direito do Estado.* Rio de Janeiro: Renovar, ano 4, n. 13, jan./mar. 2009.

CANOTILHO, J. J. Gomes. *Direito constitucional e teoria da Constituição.* 7. ed. Coimbra: Almedina, 2003.

FELICIANO, Guilherme Guimarães. "Ativismo judicial" para bom entendedor. *Folha de S. Paulo,* 25.5.2009, p. 3 (Opinião).

FELICIANO, Guilherme Guimarães. *Curso crítico de direito do trabalho*: teoria geral do direito do trabalho. São Paulo: Saraiva, 2013.

---

18. MARINONI, Luiz Guilherme. *Teoria Geral do Processo.* 3. ed. São Paulo: Ed. RT, 2008, v. I, p. 285-291 (g.n.).

FELICIANO, Guilherme Guimarães. *Discurso de posse*. Brasília: Academia Brasileira de Direito do Trabalho, 27.11.2020. Disponível em: https://andt.org.br/academicos/guilherme-guimaraes-feliciano. Acesso em: 08 mar. 2022.

FELICIANO, Guilherme Guimarães. *Por um processo realmente efetivo*: inflexões do "due process of law" na tutela processual de direitos humanos fundamentais. São Paulo: LTr, 2016.

FELICIANO, Guilherme Guimarães. Prefácio. In: NEMER NETO, Alberto; ROCHA, Cláudio Jannotti da; RIZK FILHO, José; PIMENTA, José Roberto Freire; BRITTO, Ricardo José Macêdo de. *Direito material e processual do trabalho constitucionalizados*. Porto Alegre: OAB Nacional/LexMagister, 2020. v. 4 (Processo Coletivo do Trabalho).

FELICIANO, Guilherme Guimarães; MIZIARA, Raphael. *Enunciados da 2ª Jornada de Direito Material e Processual do Trabalho*: organizados por assunto. Disponível em: https://juristas.com.br/wp-content/uploads/2018/03/Enunciados-da-2-Jornada-de-Direito-Material-e-Processual-do-Trabalho-da-A-NAMATRA-Organizados-por-Assunto-1-1.pdf. Acesso em: 16 mar. 2022.

GOMES, Ana Cláudia Nascimento. O destino da ADPF 944/DF e de outras propostas genericamente contra "decisões judiciais proferidas no âmbito da Justiça do Trabalho". *Migalhas de peso*. Migalhas, 24.2.2022. Disponível em: https://www.migalhas.com.br/depeso/360396/o-destino-da-adpf-944-df-e-o-principio-do-juiz-natural-do-trabalho. Acesso em: 16 mar. 2022.

LOBO, Jorge. Hermenêutica, interpretação e aplicação do Direito. *Revista do Ministério Público do Estado do Rio de Janeiro*. Rio de Janeiro: MPRJ, n. 72, abr./jun. 2019.

MARINONI, Luiz Guilherme. *Teoria Geral do Processo*. 3. ed. São Paulo: Ed. RT, 2008. v. I.

MILARÉ, Édis; FRANCO, Rita Maria Borges. Reparação integral: "pensando" melhor. *Revista do Advogado*. São Paulo: Associação dos Advogados de São Paulo, ano 37, n. 133, p. 57-58, mar./2017.

MONTESQUIEU, Charles de Secondat, Baron de. *Do espírito das leis*. Trad. Roberto Leal Ferreira. São Paulo: Martin Claret, 2010.

REALE, Miguel. *Lições preliminares de direito*. 27. ed. São Paulo: Saraiva, 2004.

TAMANAHA, Brian Z. *Beyond the formalist-realist divide*: the role of politics in judging. Princeton: Princeton University Press, 2010.

TRAMONTE, Marina Silva; MELHADO, Reginaldo; NATALI, Heiler Ivens de Souza. A inadequação da destinação de recursos obtidos pelo MPT ao Fundo de Amparo ao Trabalhador e sua utilização em ações de política pública social. *Revista de Direito Público*. Londrina: Universidade Estadual de Londrina, v. 7, n. 1, p. 149-164, jan./abr. 2012. Disponível em: http://dx.doi.org/10.5433/1980-511X.2012v7n1p149. Acesso em: 08 mar. 2022.

VIII – INTERFACES ENTRE O DIREITO PENAL E A RESPONSABILIDADE CIVIL

VIII – INTERFACES ENTRE O DIREITO
PENAL E A RESPONSABILIDADE CIVIL

33
ALGUNS ASPECTOS SOBRE O CRIME DE ASSÉDIO SEXUAL NO AMBIENTE DO TRABALHO E SEUS REFLEXOS INDENIZATÓRIOS

Giuliano Rossi de Migueli

Mestre em Direito pela PUC/SP. Delegado de Polícia Civil do Estado de São Paulo.

Sumário: 1. Introdução – 2. Os elementos para a caracterização do assédio sexual – 3. Superioridade hierárquica, ascendência e dignidade da pessoa humana – 4. Da responsabilidade civil decorrente do assédio sexual; 4.1 Do dano moral – 5. Conclusão – Referências.

1. INTRODUÇÃO

O presente artigo destina-se a estudar o crime de assédio sexual, previsto no artigo 216-A do Código Penal Brasileiro e os reflexos indenizatórios dele decorrentes.

O tipo penal descrito no artigo 216-A, denominado assédio sexual, foi introduzido no Código Penal Brasileiro pela Lei 10.224 de 15 de maio de 2001 que entrou em vigor em 16 de maio de 2001, como consequência da necessidade de se atender necessidade laboral-social de pessoas que eram submetidas, no ambiente de trabalho, a condutas de superiores hierárquicos que as constrangiam com ameaças de demissões, perda de benefícios legais, transferências injustificadas, dentre outras ações que lhes traziam prejuízos emocionais e morais, a cederem a seus desejos sexuais, sendo que até a inserção do artigo 216-A no Código Penal, não havia dispositivo legal que amoldasse a conduta de referidos assediadores.

Assim, atuou o legislador a fim de disciplinar penalmente a relação abusiva de poder entre funcionários com vínculos de subordinação hierárquica a fim de resguardar a dignidade e a liberdade sexual das vítimas, a honra e o direito a não discriminação no ambiente de trabalho.

Neste artigo, serão abordados alguns aspectos penais do referido artigo bem como a responsabilização penal e civil de assediadores e empregadores.

2. OS ELEMENTOS PARA A CARACTERIZAÇÃO DO ASSÉDIO SEXUAL

Preliminarmente, a fim de que seja possível a formulação de um conceito de assédio sexual, faz-se necessária a transcrição do artigo 216-A do Código Penal que traz a conduta e os elementos que o constituem "Art. 216-A. Constranger alguém com o intuito de obter vantagem ou favorecimento sexual, prevalecendo-se o agente da sua condição de superior hierárquico ou ascendência inerentes ao exercício de emprego, cargo ou função. Pena – detenção de 1 (um) a 2 (dois) anos de detenção § 2º A pena é aumentada em até um terço se a vítima é menor de 18 (dezoito) anos".

Na esteira do artigo de lei, pode-se conceituar o crime de assédio sexual como a conduta praticada por pessoa em posição laboral hierarquicamente superior ou de ascendência inerente a cargo, emprego ou função, consistente em forçar, compelir ou obrigar pessoa subordinada, a ceder aos seus impulsos de natureza sexual.

Da definição legal, é possível tomar-se as expressões vantagem ou favorecimento sexual como sinônimas, representativas de quaisquer ganhos de natureza sexual hábeis a satisfazerem o ímpeto de libidinagem do superior hierárquico ou em condição de ascendência laboral.

Sobre a objetividade jurídica, trata-se o assédio sexual de crime que encontra-se localizado no Título VI, Capítulo I, do Código Penal, que tratam, respectivamente dos crimes contra a dignidade sexual e contra a liberdade sexual, objetivando o legislador proteger mencionados bens jurídicos bem como a honra e a dignidade no ambiente de trabalho, onde exista vínculo de subordinação entre funcionários ou empregados, a fim de que a vítima, qual seja, a parte subordinada, possa desempenhar suas atividades profissionais com tranquilidade, sem constrangimentos que possam ocorrer em relação a aspectos sexuais, tratando-se o artigo 216-A de delito pluriofensivo ante a diversidade de bens jurídicos protegidos.

Os bens jurídicos tutelados pelo artigo em tela podem ser entendidos como espécies do gênero dignidade da pessoa humana princípio constitucional que norteia o ordenamento jurídico brasileiro conforme se afere da leitura do artigo 1º, inciso III da Constituição Federal de 1988.

A dignidade da pessoa humana, segundo Giuliano Rossi de Migueli é "condição inerente a todas as pessoas, indistintamente, tendo como conteúdo a humanidade" bem como a "forma de preservação de sua autoestima, compreendida esta como a necessidade de não desmerecimento de sua condição de sujeito de direitos, seja perante si mesmo, seja perante os outros" (Migueli, 2021, p. 98).

Desta forma, no momento em que uma pessoa que trabalha em posição hierárquica ou de ascendência inferior é assediada sexualmente por seu superior, automaticamente vê sua condição de sujeito de direitos ser desrespeitada, pois fere-se sua liberdade sexual, entendida esta como o poder de escolher com quem, e se, deseja manter relações sexuais, afetando sua autoestima bem como sua dignidade em sentido amplo no exercício de seu trabalho.

No que concerne ao autor ou sujeito ativo, trata-se o assédio sexual de crime próprio, pois exige condição especial da pessoa que o pratica, qual seja, estar em condição de superioridade hierárquica ou de ascendência em relação à vítima inerentes a cargo, emprego ou função, podendo tratar-se o ofensor de homem, mulher ou pessoas do mesmo sexo.

Do sujeito passivo também exige-se condição especial, independentemente do sexo, qual seja, vínculo laboral em que a vítima encontre-se em situação hierárquica ou de ascendência inferior à pessoa que a constrange e que possa vir a sofrer consequências diante do não atendimento da exigência libidinosa daquele que a constrange a tal ato.

Caso o assédio sexual seja praticado no ambiente de trabalho por servidores ou empregados da mesma faixa hierárquica em que não haja vínculo de subordinação e sim horizontalidade funcional, haverá o que se convencionou chamar de assédio ambiental, não havendo que se falar em ocorrência do artigo 216-A do Código penal, podendo o fato configurar outros crimes de cunho sexual a exemplo dos crimes previstos nos artigos 213 e 215-A do Código Penal.

A ação nuclear do tipo penal previsto no artigo 216-A do Código Penal consubstancia-se no verbo constranger, isto é, a conduta de servidor ou empregado hierarquicamente superior consistente em forçar, compelir, obrigar o trabalhador subordinado a praticar ato que lhe proporcione vantagem ou favorecimento sexual.

Rogério Sanches Cunha sintetiza o a conduta típica da seguinte maneira: "é, em resumo, a insistência importuna de alguém em posição privilegiada, que usa dessa vantagem para obter favores sexuais de um subalterno" (Cunha, 2023, p. 466).

O assediador utiliza como meio, para obtenção do que deseja, a sua posição de superioridade no vínculo laboral, ameaçando a vítima, por exemplo, de dispensa em caso de recusa à prática do ato sexual, não pagamento de benefícios legais a que a vítima tenha direito, transferência de posto de trabalho para localidades distantes, dentre outras condutas lesivas ao subordinado.

Importante consignar que não configura o assédio sexual o constrangimento praticado mediante violência ou grave ameaça, pois não foram inseridas pelo legislador no tipo penal em apreço como elementares do tipo. A respeito, Fernando Capez ensina que "no caso de ocorrer o emprego de uma ameaça mais específica (...) a conduta deverá ser enquadrada em um dos crimes sexuais nos quais o constrangimento se dá por grave ameaça" (Capez, 2007, p. 41).

Dessa forma, ocorrendo constrangimento mediante violência ou grave ameaça, poderá consumar-se, no caso concreto, a título de exemplo, o crime previsto no artigo 213 do Código Penal, conforme mencionado anteriormente.

O assédio sexual possui natureza de crime formal, não se exigindo a produção de resultado naturalístico consistente na obtenção, pelo autor, da vantagem ou favorecimento pessoal de cunho sexual, bastando que haja a prática do ato de constrangimento, ainda que praticado uma única vez, não sendo necessário, para a configuração do crime, a reiteração da ação nuclear.

Admite-se a tentativa se o sujeito ativo, ao empregar os meios caracterizadores do constrangimento destinados à vítima, não a intimide, podendo ocorrer também a tentativa quando os meios de constrangimento não cheguem, por qualquer motivo, ao conhecimento da pessoa subordinada.

Entende-se por elementos normativos do tipo os elementos que integram um tipo penal, sem, contudo, serem totalmente objetivos, o que faz surgir a necessidade de valorá-los jurídica, social, econômica e culturalmente a fim de se lhe extrair o verdadeiro sentido. É o que ocorre com o artigo 216-A do Código Penal quando menciona as elementares superior hierárquico ou ascendência.

Elementos normativos do tipo, a superioridade hierárquica e a ascendência, por vezes, suscitam dúvidas acerca da configuração do delito, havendo posições doutrinárias não unânimes acerca de tais expressões.

"Para Guilherme de Souza Nucci, a primeira (superioridade hierárquica) retrata uma relação laboral no âmbito público, enquanto a segunda (ascendência), a mesma relação, porém no campo privado, ambas inerentes ao exercício de emprego, cargo ou função. Dentro desse espírito, não configura o crime mera relação entre docente e aluno, por ausência entre os dois sujeitos do vínculo de trabalho (aliás, o vínculo de trabalho é entre a faculdade e o professor)" (Sanches, 2023, p. 466).

"Luiz Regis Prado discorda, assim argumentando "superior hierárquico, como elemento normativo do tipo, é condição que decorre de uma relação laboral, tanto no âmbito da Administração Pública como da iniciativa privada, em que determinado agente, por força normativa ou por contrato de trabalho, detém poder sobre outro funcionário ou empregado, no sentido de dar ordens, fiscalizar, delegar, ou avocar atribuições, conceder privilégios (v.g., promoção, gratificação etc.), existindo uma carreira funcional, escalonada em graus. Na ascendência, elemento normativo do tipo, não se exige uma carreira funcional, mas apenas uma relação de domínio, de influência, de respeito e até mesmo de temor reverencial (v.g, relação professor-aluno em sala de aula)" (Sanches, 2023, p. 466).

À luz do artigo 216-A do Código Penal, defendemos a possibilidade de atribuir-se à expressão superior hierárquico ao servidor que exerce poder de direção, coordenação, delegação de funções, concessão de férias, licenças, dentre outras, na estrutura da Administração Pública enquanto ascendência deve ser compreendida como o poder de mando e influência existente entre empregador e empregado em relação de trabalho regida pelo direito privado, ainda que, mesmo no mencionado setor, não seja incorreto a utilização da elementar superior hierárquico, sendo imprescindível, em uma e outra, a existência do vínculo de subordinação funcional ou laboral.

Questão sempre recorrente e controversa envolvendo as duas expressões é a possibilidade de ocorrência da configuração do delito de assédio sexual entre professores e alunos em ambiente acadêmico.

Para Nucci, não haverá configuração do delito no exemplo em análise, posto defender que "o tipo penal foi bem claro ao estabelecer que o constrangimento necessita envolver superioridade hierárquica ou ascendência inerentes ao exercício de emprego, cargo ou função. Ora, o aluno não exerce emprego, cargo ou função na escola que frequenta, de modo que na relação entre professor e aluno, embora possa ser considerada de ascendência do primeiro no tocante ao segundo, não se trata de vínculo de trabalho" (Nucci, 2015, p. 1102).

Se adotada a posição de Luiz Régis Prado, a resposta é diversa, pois conforme sua citação acima transcrita, não há exigência, no elemento normativo ascendência, de carreira funcional, bastando a relação de domínio, influência e respeito o que ocorre na relação entre professores e alunos em sala de aula.

Entendemos que no exemplo professor-aluno, não se configura o assédio sexual, pois não há entre ambos vínculo laboral decorrente de cargo, emprego ou função, vínculo este que se estabelece entre professor e estabelecimento de ensino contratante. É patente que o professor exerça ascendência em relação aos alunos que decorre da função que exerce, geradora de natural sentimento de respeito e deferência por parte dos alunos sobre sua pessoa. Porém, referida ascendência não se confunde com a ascendência laboral-funcional, que é a estabelecida por vínculo de emprego ou por força de lei.

Dessa forma, havendo professores que estejam imbuídos no intento de obterem vantagem ou favorecimentos sexual de alunos, poderão responder por crimes contra a dignidade sexual previstos no Código Penal, mas não pelo delito previsto no artigo 216-A do citado diploma legal.

Em que pese posicionamento por nós adotado, têm prevalecido as decisões que reconhecem a prática do assédio sexual oriundo da relação aluno-professor:

A respeito, veja-se decisão proferida pelo STJ: "3. Insere-se no tipo penal de assédio sexual a conduta de professor que, em ambiente de sala de aula, aproxima-se de aluna e, com intuito de obter vantagem ou favorecimento pessoal, toca partes de seu corpo (barriga e seios), por ser propósito do legislador penal punir aquele que se prevalece de sua autoridade moral e intelectual – dado que o docente naturalmente suscita reverência e vulnerabilidade e, não raro, alcança autoridade paternal – para auferir a vantagem de natureza sexual, pois o vínculo de confiança e admiração criado entre aluno e mestre implica inegável superioridade, capaz de alterar o ânimo da pessoa constrangida. 4. É patente a aludida "ascendência", em virtude da "função", desempenhada pelo recorrente – também elemento normativo do tipo –, devido à atribuição que tem o professor de interferir diretamente na avaliação e no desempenho acadêmico do discente, contexto que lhe gera, inclusive, o receio da reprovação. Logo, a "ascendência" constante do tipo penal objeto deste recurso não deve se limitar à ideia de relação empregatícia entre as partes. Interpretação teleológica que se dá ao texto legal" (REsp 1.759.135/SP, Rel. Min. Sebastião Reis Júnior, j. 13.08.2019).

Defende-se neste estudo que ascendência e superioridade hierárquica são condições que o servidor ou empregado incorpora quando ingressa no serviço público ou celebra um contrato de trabalho, assumindo condições hierárquico-laborais superiores fazendo surgir vínculo de subordinação.

Ocorre que, se utilizadas para a prática criminosa, tanto a superioridade hierárquica como a ascendência permitem, àqueles que os detêm, exercerem diversas formas de pressões sobre a vítima visando objetivos de naturezas sexuais, como no caso explicitado na decisão judicial acima transcrita.

3. SUPERIORIDADE HIERÁRQUICA, ASCENDÊNCIA E DIGNIDADE DA PESSOA HUMANA

Conforme estudado até o momento, tem-se que a superioridade hierárquica e a ascendência, enquanto elementos do tipo penal previstos no artigo 216-A do Código Penal, pressupõem uma relação de subordinação decorrente do poder diretivo do superior hierárquico ou de empregado com ascendência no ambiente de trabalho, que lhes permitem organizar a dinâmica laboral visando o atingimento dos fins legais ou contratuais almejados pelo empregador no local em que o subordinado exerça suas atribuições.

Mas para que seja exercido de forma legítima, esse poder hierárquico de direção ou de mando derivado da ascendência, devem amoldar-se ao princípio constitucional da dignidade da pessoa humana.

Nas palavras de Eliane de Andrade Rodrigues, "a dignidade da pessoa humana é pressuposto da determinação do direito, como é também o seu limite, visto que introduz no ordenamento jurídico o respeito recíproco, que restringe a esfera de atuação de cada indivíduo" (Rodrigues, 2012, p. 42).

Assim, a manifestação do poder hierárquico ou ascendência no ambiente de trabalho, seja público ou privado, encontra seu limite no princípio da dignidade da pessoa humana, vetor de todo o ordenamento jurídico que lhe confere legitimidade, de acordo com o artigo 1º, inciso III da Constituição Federal de 1988 onde se lê "art. 1º A República Federativa do Brasil, formada pela união indissolúvel dos Estados e Municípios e do Distrito Federal, constitui-se em Estado Democrático de Direito e tem como fundamentos: III – a dignidade da pessoa humana".

Sob o prisma da pessoa ofendida no crime em comento, o princípio da dignidade da pessoa humana se manifesta, no ambiente de trabalho, na manutenção de sua autoestima que, em hipótese alguma, poderá ser afetada por constrangimentos praticados por superiores hierárquicos ou pessoas com ascendência decorrentes de vínculo de subordinação, que visem a satisfação de seus instintos lascivos, que afetem a tranquilidade do trabalhador no desempenho de suas atividades laborais.

Uma vez verificada a prática do assédio sexual, o resgate da autoestima da vítima, do ponto de vista legal, se dará, inicialmente, no campo da persecução penal extrapenal, onde, o delegado de Polícia, ao ser cientificado do fato criminoso, de acordo com atribuições fixadas no artigo 144, § 4º da Constituição Federal e no artigo 4º do Código de Processo Penal, bem como no artigo 2º, § 1º da Lei 12.830, de 20 de junho de 2013, objetivando a aplicação da lei penal ao caso concreto, determinará a instauração de inquérito policial por meio de portaria para apuração dos fatos ou, caso estejam suficientemente demonstrados no momento em que ocorreram e desde que presentes autor e vítima, determinará a lavratura de termo circunstanciado, de acordo com a Lei 9.099/95, posto tratar-se o assédio sexual de infração tida como de menor potencial ofensivo, cuja pena não ultrapassa dois anos, fato que, em nosso sentir, reveste-se de equívoco legislativo

O CRIME DE ASSÉDIO SEXUAL NO AMBIENTE DO TRABALHO E REFLEXOS INDENIZATÓRIOS **557**

diante da gravidade do crime praticado que exige reprimenda mais severa como forma de intimidação coletiva para aqueles que tencionam praticar o crime em estudo.

Ao final dos atos de polícia judiciária praticados, estes são encaminhados ao Poder Judiciário e ao Ministério Público, sede em que se desenvolverá a segunda etapa da persecução penal.

Esclareça-se que a atuação de delegado de Polícia, do promotor de Justiça e do juiz de Direito, no que tange ao artigo 216-A do Código Penal, situa-se no campo do dever de ofício, pois o assédio sexual possui natureza de ação penal pública incondicionada conforme preceitua o artigo 225 do Código Penal. Significa dizer, uma vez que qualquer das autoridades públicas mencionadas tomem ciência da prática do crime em análise, têm elas o dever de adotarem as providências legais reclamadas para o caso independentemente da vontade da vítima, podendo o assediador ser responsabilizado criminalmente, sujeitando-se à pena de detenção de 1 (um) a 2 (dois) anos, sanção esta prevista no preceito secundário do artigo 216-A do diploma penal, aumentando-se em até um terço se a vítima for menor de 18 (dezoito) anos conforme previsão no § 2º do mesmo artigo de lei.

4. DA RESPONSABILIDADE CIVIL DECORRENTE DO ASSÉDIO SEXUAL

Analisada a responsabilidade criminal oriunda da prática do delito capitulado no artigo 216-A do Código Penal, cumpre-nos tecermos alguns comentários relativos à responsabilização na órbita civil como consequência da consumação do crime em tela.

O empregador, seja ele da iniciativa privada ou do setor público, a fim de evitar a ocorrência do delito de assédio sexual, deve assegurar aos empregados e servidores que se encontrem em relação de subordinação decorrente do vínculo de trabalho, condições para que desempenhem suas atribuições em ambiente laboral salutar, a salvo de importunações ou constrangimentos de natureza sexual, pois, uma vez configurado o crime previsto no artigo 216-A do Código Penal, poderá o empregador ser responsabilizado objetivamente pelos danos emocionais provocados pelo assédio na esfera cível, e mesmo criminalmente, posto tratar-se o assédio sexual também de crime comissivo por omissão, de acordo com o artigo 13, § 2º do Código Penal.

Interessa-nos, neste momento, a análise da obrigação de reparação civil e moral decorrentes do assédio sexual.

Não é possível falar-se em dano moral sem a compreensão do que sejam os direitos de personalidade, posto serem conceitos indissociáveis.

Personalidade, levando-se em consideração o artigo 5º, inciso X da Constituição Federal, pode ser conceituada como o conjunto de direitos destinados a proteger a individualidade da pessoa humana, constituída esta, a individualidade, pela intimidade, vida privada, honra e imagem, como forma de concretização do princípio da dignidade humana.

Em nossa obra Inquérito Policial Efetividade À Luz do Princípio da Dignidade Humana, mencionamos que "O Pacto de San José da Costa Rica em seu artigo 11, estabelece proteção aos direitos de personalidade ao prescrever que toda pessoa humana tem direito a ver respeitada sua honra e reconhecida sua dignidade, afirmando que ninguém pode ser alvo de ofensas ilegais à sua honra e reputação e prescrevendo, ainda, que todos têm direito à proteção da lei contra tais ofensas. O Pacto Internacional Sobre Direitos Civis e Políticos contém, em seu artigo 17, idêntica disposição e proteção" (Migueli, 2021, p. 132).

Os citados dispositivos legais dos Pactos Internacionais dos quais o Brasil é signatário estabeleceram proteção aos direitos de personalidade influenciando positivamente o legislador constitucional a tratar da proteção a tais direitos na Constituição Federal de 1988 conforme se afere da leitura do artigo 5º, inciso X erigindo-os à categoria de direitos fundamentais: "art. 5º Todos são iguais perante a lei, sem distinção de qualquer natureza, garantindo-se aos brasileiros e aos estrangeiros residentes no País a inviolabilidade do direito à vida, à liberdade, à igualdade, à segurança e à propriedade, nos termos seguintes: X – são invioláveis a intimidade, a vida privada, a honra e a imagem das pessoas, assegurado o direito a indenização pelo dano material ou moral decorrente de sua violação".

Da leitura do citado inciso, constata-se que o legislador constitucional estabeleceu, para o caso de violação dos direitos de personalidade, a garantia constitucional de indenização à vítima pelo dano moral ou material suportado.

4.1 Do dano moral

O Título III do Capítulo V do Código Civil, trata dos atos ilícitos e, de acordo com o artigo 186, estipula que "aquele que, por ação ou omissão voluntária, negligência ou imprudência, violar direito e causar dano a outrem, ainda que exclusivamente moral, comete ato ilícito" complementando, o artigo 187 que "também comete ato ilícito o titular de um direito que, ao exercê-lo, excede manifestamente os limites impostos pelo seu fim econômico ou social, pela boa-fé ou pelos bons costumes".

Com base nos artigos 186 e 187 do Código Civil, pode-se conceituar dano moral como sendo o prejuízo moral causado por conduta comissiva ou omissiva, voluntária ou culposa, do agente provocador, que fira os direitos de personalidade de determinada pessoa, provocando reflexos na saúde de quem os suporta, afetando seu estado físico e psicológico.

A lição de Silvio de Salvo Venosa é apropriada para compreensão do conceito acima formulado ao afirmar que "o dano moral estará presente quando uma conduta ilícita causar a determinado indivíduo extremo sofrimento psicológico e físico que ultrapasse o razoável ou o mero dissabor, sentimentos estes, que muitas vezes podem até mesmo levar à vítima a desenvolver patologias, como depressão, síndromes, inibições ou bloqueios" (Venosa, 2015 p. 52).

Dos ensinamentos de Silvio de Salvo Venosa, extraem-se exatamente os sentimentos que a vítima do assédio sexual experimenta ao se ver assediada no meio ambiente laboral, razão pela qual, poderá acionar o assediador nos termos da lei civil, pois a agressão sofrida acaba por afetar um dos aspectos da vida normal de uma pessoa, qual seja sua vida profissional.

Desta forma, restando caracterizado o dano moral como consequência do assédio sexual, aplicar-se-á o artigo 927 do Código Civil onde se constata que "aquele que, por ato ilícito (arts. 186 e 187), causar dano a outrem, fica obrigado a repará-lo", devendo indenizar a vítima após decisão judicial procedente sendo referida ação de competência da Justiça do Trabalho, nos termos do artigo 114, inciso VI da Constituição Federal.

Caso a ação seja ajuizada por servidor público, este deverá fazê-lo na Justiça Comum.

Em ambos os casos, trata-se de responsabilidade objetiva, em que o autor da ação, ora vítima, deverá comprovar a existência do fato, o dano dele decorrente e o nexo de causalidade entre ambos, frisando-se que na esfera cível, o autor da ação pode movê-la contra a pessoa jurídica e não contra o autor da agressão, reservando-se a esta ação para exercício de direito de regresso nos termos do artigo 37, § 6º, da Constituição Federal.

Trata-se de obrigação da Administração Pública de ressarcir os danos causados por funcionários que integram seus quadros a terceiros, sendo estes, no caso específico do assédio sexual, os funcionários que ocupem cargos hierarquicamente inferiores.

5. CONCLUSÃO

Pretendeu-se, com o presente artigo, o apontamento de alguns aspectos penais do crime de assédio sexual, previsto no artigo 216-A do Código Penal Brasileiro e seus reflexos indenizatórios constantes no Código Civil.

Através da análise de apontamentos doutrinários acerca dos elementos constitutivos do tipo penal, buscou-se demonstrar a forma pela qual o delito estudado se consuma, em quais circunstâncias, quem os pratica, quem os suporta e os efeitos dele decorrentes.

Em que pese ser tema afeto ao direito penal, o crime de assédio sexual provoca reflexos também na esfera cível, proporcionando à vítima a possibilidade de ajuizamento de ações indenizatórias em virtude da lesão aos seus direitos de personalidade que acabam por lhe provocar danos físicos e psicológicos, afetando sua autoestima, permitindo, assim, o ingresso em juízo mediante ação versando sobre danos morais.

Procurou-se demonstrar, ainda, a necessidade do servidor público hierarquicamente superior ou do empregado com ascendência no vínculo laboral, adotarem medidas de prevenção no ambiente de trabalho a fim de se evitar o crime estudado e os reflexos penais e cíveis que produz.

REFERÊNCIAS

CAPEZ, Fernando. *Curso de direito Penal*. 5 ed. São Paulo: Saraiva, 2007. v. 3.

CUNHA, Rogério Sanches. *Código Penal e Lei de Execução Penal para Concursos*. 16. ed. São Paulo: JusPodivm, 2023.

MIGUELI, Giuliano Rossi de. *Inquérito policial*: efetividade à luz do princípio da dignidade humana. Curitiba: Juruá, 2021.

NUCCI, Guilherme de Souza. *Código penal comentado*. 15 ed. Rio de Janeiro: Forense, 2015.

RODRIGUES, Eliane de Andrade. *O princípio da adequação social no Direito Penal*. Belo Horizonte: Arraes, 2012.

VENOSA, Silvio de Salvo. *Direito Civil*: Responsabilidade Civil. 15. ed. São Paulo: Atlas, 2015.

IX – INTERFACES ENTRE O DIREITO PREVIDENCIÁRIO E A RESPONSABILIDADE CIVIL NAS RELAÇÕES DE TRABALHO

34
O LIMBO JURÍDICO TRABALHISTA PREVIDENCIÁRIO E A RESPONSABILIDADE CIVIL DO EMPREGADOR

Priscilla Milena Simonato de Migueli

Doutora e Mestre em Direito Previdenciário pela Pontifícia Universidade Católica de São Paulo – PUC-SP. Professora Titular de Direito do Trabalho e Previdenciário da Faculdade de Direito de São Bernardo do Campo. Advogada.

Sumário: 1. Introdução – 2. Do limbo jurídico trabalhista previdenciário: das regras de concessão dos benefícios por incapacidade e da responsabilidade do empregador em caso de alta do empregado – 3. Considerações finais – Referências.

1. INTRODUÇÃO

Os empregados que encontram-se afastados do trabalho em razão de acidente ou doença, seja relacionado ao trabalho ou não, muitas vezes ficam desprotegidos da cobertura previdenciária e também desprotegidos da proteção trabalhista.

O trabalhador não consegue a concessão do seu benefício previdenciário, e, por outro lado, a empresa impede-o de retornar as suas atividades por entender que o empregado não está apto para as suas atividades laborativas.

Diante disto, o empregado, no momento em que mais precisa de rendimento para realizar o seu tratamento médico, fica sem amparo da Previdência Social e, também, fica sem o pagamento dos salários realizados pelo seu empregador.

Explicita-se na primeira parte do artigo sobre as regras para a concessão dos benefícios previdenciários e seus efeitos no contrato de trabalho.

Na segunda parte é feita uma análise sobre a responsabilidade civil do empregador diante do afastamento do empregado do trabalho por incapacidade e a não concessão do benefício previdenciário.

Dessa forma, pretende-se com o presente artigo demonstrar se cabe ao empregador a responsabilidade pelo pagamento dos salários ao empregado enquanto não lhe é concedido o benefício previdenciário.

2. DO LIMBO JURÍDICO TRABALHISTA PREVIDENCIÁRIO: DAS REGRAS DE CONCESSÃO DOS BENEFÍCIOS POR INCAPACIDADE E DA RESPONSABILIDADE DO EMPREGADOR EM CASO DE ALTA DO EMPREGADO

Para que o empregado receba qualquer espécie de benefício previdenciário, faz-se necessário que detenha a qualidade de segurado perante o órgão previdenciário. Dessa forma, deverá ser filiado ao INSS, bem como, ter o seu salário de contribuição superior ao salário-mínimo.[1]-[2]

Os fatos geradores da incapacidade para o trabalho podem ou não estar relacionadas com o trabalho. Será concedido o benefício de auxílio por incapacidade temporária, antes chamado de auxílio-doença, para segurado, que havendo cumprido o período de carência de 12 (doze) meses, ficar, ficar incapacitado para o seu trabalho ou para a sua atividade habitual por mais de 15 (quinze) dias consecutivos.

Destaque-se que, a legislação previdenciária dispensa a carência de 12 (doze) meses para os benefícios por incapacidade, caso ela tenha sido ocasionada por um acidente de qualquer natureza, acidente do trabalho ou doença considerada grave e que tal acidente ou doença tenha ocasionado uma incapacidade para o trabalho ou atividade habitual.

Para o segurado empregado, o benefício de auxílio por incapacidade temporária será devido a contar do décimo sexto dia do afastamento da atividade e enquanto ele permanecer incapaz. Durante os quinze primeiros dias consecutivos ao do afastamento da atividade por motivo de doença, incumbirá à empresa pagar ao segurado empregado o seu salário integral.

Se o segurado empregado, por motivo de incapacidade, afastar-se do trabalho durante o período de 15 (quinze) dias, retornar à atividade no 16º (décimo sexto) dia, e voltar a se afastar no prazo de 60 (sessenta) dias contado da data do seu retorno, em decorrência do mesmo motivo que gerou a incapacidade, este fará jus ao auxílio por incapacidade temporária a partir da data do novo afastamento.

Ainda, se o retorno à atividade tiver ocorrido antes de 15 (quinze) dias do afastamento, o segurado fará jus ao auxílio por incapacidade temporária a partir do dia seguinte ao que completar os 15 (quinze) dias de afastamento, somados os períodos de afastamento intercalados.

---

1. Dispõe o art. 195, § 14 da Constituição Federal: A seguridade social será financiada por toda a sociedade, de forma direta e indireta, nos termos da lei, mediante recursos provenientes dos orçamentos da União, dos Estados, do Distrito Federal e dos Municípios, e das seguintes contribuições sociais: O segurado somente terá reconhecida como tempo de contribuição ao Regime Geral de Previdência Social a competência cuja contribuição seja igual ou superior à contribuição mínima mensal exigida para sua categoria, assegurado o agrupamento de contribuições.

2. Dispõe o Art. 19-E do Decreto 3.408/99: A partir de 13 de novembro de 2019, para fins de aquisição e manutenção da qualidade de segurado, de carência, de tempo de contribuição e de cálculo do salário de benefício exigidos para o reconhecimento do direito aos benefícios do RGPS e para fins de contagem recíproca, somente serão consideradas as competências cujo salário de contribuição seja igual ou superior ao limite mínimo mensal do salário de contribuição.

Ainda, poderá ser concedido o benefício de incapacidade laborativa permanente (aposentadoria por invalidez) caso a incapacidade do segurado seja permanente, por ter sido considerada incapaz e insusceptível de reabilitação para o exercício de atividade que lhe garanta a subsistência.

Caberá ao Perito Médico Federal estabelecer a existência ou não de incapacidade para o trabalho e, conforme o caso, o prazo suficiente para o restabelecimento dessa capacidade.

Na impossibilidade de realização do exame médico pericial inicial antes do término do período de recuperação indicado pelo médico assistente em documentação, é autorizado o retorno do empregado ao trabalho no dia seguinte à data indicada pelo médico assistente, mantida a necessidade de comparecimento do segurado à perícia na data agendada.

Na análise médico-pericial será fixada a data de início da incapacidade. Caso o prazo fixado para a recuperação da capacidade para o trabalho ou para a atividade habitual se revele insuficiente, o segurado poderá, nos 15 (quinze) dias que antecedem a Data de Cessação do Benefício – DCB, solicitar a prorrogação do benefício.

Identificada a impossibilidade de desempenho da atividade que exerce, porém permita o desempenho de outra atividade, o Perito Médico Federal poderá encaminhar o segurado ao processo de reabilitação profissional.

Nesse sentido, "a concessão do auxílio-doença gera o direito subjetivo à percepção da prestação previdenciária na modalidade serviço, a saber: processo de reabilitação profissional e tratamento às expensas da Previdência Social".[3] Tal medida visa reabilitar o segurado para retornar ao seu trabalho, devolvendo-lhe o direito constitucional ao trabalho e consequentemente a sua dignidade.

Enquanto o empregado está afastado do trabalho por receber benefício por incapacidade, seja ele o auxílio por incapacidade temporária ou a aposentadoria por incapacidade permanente, o seu contrato de trabalho será suspenso e não interrompido.

Na interrupção do contrato de trabalho, tem-se a paralisação temporária do empregado na prestação de seu serviço e a cessação da disponibilidade para o empregador, contudo, mantém-se em vigor todas as cláusulas contratuais, inclusive a contraprestação do contrato – pagamento de salário pelo empregador – ainda que não haja a prestação de serviço.

Nesse sentido, Mauricio Godinho Delgado[4] explica:

> a interrupção contratual é a sustação temporária da principal obrigação do empregado no contrato de trabalho (prestação de trabalho e disponibilidade perante o empregador), em virtude de um fato juridicamente relevante, mantidas em vigor todas as demais cláusulas contratuais. Como se vê, é a interrupção a sustação e unilateral de efeitos contratuais.

---

3. HORVATH JUNIOR, Miguel. *Direito Previdenciário*. 11. ed. São Paulo, Quartier Latin, 2017, p. 342.
4. DELGADO, Maurício Godinho. *Curso de direito do trabalho*. 8. ed. São Paulo: LTr, 2009, p. 971-972.

Na suspensão contratual, por sua vez, há a paralização temporária da prestação de serviço pelo empregado, contudo, não há a obrigação do empregador realizar o pagamento dos salários, bem como, referido período não será computado como tempo de serviço, salvo casos autorizados em lei. Mauricio Godinho Delgado[5] ensina que:

> A suspensão contratual é a sustação temporária dos principais efeitos do contrato de trabalho no tocante às partes, em virtude de um fato juridicamente relevante, sem ruptura, contudo, do vínculo contratual formado. É a sustação ampliada e recíproca de efeitos contratuais, preservado, porém, o vínculo entre as partes.

Contudo, em caso de não reconhecimento da incapacidade pelo INSS, o empregado retorna ao médico do trabalho da empresa. Caso o médico do trabalho da empresa entenda que o segurado não está apto para o retorno das suas atividades laborativas, de quem será a responsabilidade pelo pagamento dos salários?

Em tal situação, o empregado encontra-se no limbo jurídico trabalhista previdenciário, ou seja, o empregado está apto para o trabalho pelo INSS e inapto para o empregador, que não permite o seu retorno ao trabalho.

Lazzari e Kravechychyn conceituam o limbo jurídico trabalhista previdenciário como sendo

> Casos em que o trabalhador entra em fruição de auxílio-doença e, com a cessação do benefício, é submetido a exame médico na empresa (de retorno ao trabalho), em que o médico desta, ou por ela credenciado, considera o trabalhador inapto para retornar ao trabalho, causando um impasse de grave risco à subsistência do indivíduo e de seus dependentes, pois, cessado o auxílio-doença, também não recebe salário de seu empregador.[6]

Luciano Martinez define o que é limbo jurídico previdenciário:

> Limbo é palavra que provém do latim, *limbus*, que se pode traduzir como orla, debrum, margem ou franja. Há nesse vocábulo, em sentido jurídico trabalhista-previdenciário, uma clara ideia de posicionamento do trabalhador/segurado num ponto esquecido e não protegido nem pela lei trabalhista nem pela lei previdenciária. A ideia de 'esquecimento' provém da concepção católica de limbo, que corresponde a um lugar fora dos limites do céu, no qual se vive de forma esquecida, sem a visão plena da eternidade, privado da visão beatificada de Deus. Dizer que alguém está no 'limbo previdenciário', portanto, equivale afirmar que esta pessoa foi 'esquecida' tanto no âmbito da relação trabalhista quanto previdenciária, pois vive uma situação na qual não se arrima.[7]

Diante desta situação, o afastamento do empregado das suas atividades e o não retorno ao trabalho, acarreta o não pagamento dos salários pelo empregador

---

5. DELGADO, Maurício Godinho. *Curso de direito do trabalho*. 8. ed. São Paulo: LTr, 2009, p. 971.
6. LAZZARI, João Batista; KRAVCHYCHYN, Jefferson Luís; KRAVCHYCHYN, Gisele Lemos; CASTRO, Carlos Alberto Pereira de. *Prática processual previdenciária: administrativa e judicial*. 10. ed. rev. e atual. Rio de Janeiro: Forense, 2018, p. 407.
7. MARTINEZ, Luciano. *Curso de direito do trabalho*: relações individuais, sindicais e coletivas de trabalho. 10. ed. São Paulo: Saraiva, 2019 p. 647.

Nesse sentido, o art. 63 da Lei 8.213/91 dispõe que o contrato de trabalho somente está suspenso quando o empregado estiver "em gozo de auxílio-doença" (art. 63 da Lei 8.213/91), ou, usando as palavras do art. 476 da CLT, "durante o prazo desse benefício".

Importante mencionar que a decisão pericial por parte do INSS é ato administrativo com presunção de legitimidade e veracidade, sendo ônus do empregador desconstituir tais características em sede administrativa ou em ação própria contra a autarquia previdenciária.

Além disso, em caso de impossibilidade de readaptação do empregado, após o seu retorno, o mesmo deverá receber licença remunerada até que a questão seja solucionada, sendo portanto, sempre prestigiado o lado hipossuficiente da relação contratual, qual seja, o do empregado.

A responsabilidade pelo pagamento dos salários, de período em que o empregado não goza de benefício por incapacidade é afastado do trabalho, por recomendação de médica da própria empresa, é do empregador, devendo ele recorrer da decisão do INSS que concede alta médica ou não concede o benefício previdenciário, para efeito de ressarcimento, ao invés de deixar o laborista sem quaisquer meios de subsistência, diante de quadro indefinido em relação a seu contrato de trabalho.

Após a alta médica do INSS, a suspensão do pacto laboral deixa de existir, voltando o contrato em tela a produzir todos os seus efeitos. Se o empregador impede o retorno ao labor, deve tal situação ser vista como se o empregado estivesse à disposição da empresa esperando ordens, onde o tempo de trabalho deve ser contado e os salários e demais vantagens decorrentes o vínculo de emprego quitados pelo empregador, nos termos do art. 4º da CLT, salvo se constatada recusa deliberada e injustificada pelo empregado em assumir os serviços.

Somente a concessão do benefício previdenciário é que afasta a responsabilidade da empresa pelo pagamento dos salários de seu empregado, já que, enquanto o trabalhador aguarda a resposta do órgão previdenciário, permanece à disposição de seu empregador.

Não se pode olvidar que é fundamento basilar da República Federativa do Brasil a dignidade da pessoa humana e os valores sociais do trabalho (art. 1º, incisos III e IV da CF).

Ademais, a valorização do trabalho humano, sobre que é fundada a ordem econômica, tem o fim de assegurar a todos existência digna, conforme os ditames da justiça social (art. 170 da CF).

Neste caso, o ato ilícito e a culpa do empregador pelo dano decorre da omissão voluntária em não conduzir o empregado de volta a sua função e/ou função compatível com sua capacidade laborativa, custeando seus salários enquanto negado o benefício previdenciário.

O art. 187 do Código Civil dispõe que, comete ato ilícito o titular de um direito que, ao exercê-lo, excede manifestamente os limites impostos pelo seu fim econômico ou social, pela boa-fé ou pelos bons costumes.

O abuso de poder no limbo jurídico trabalhista previdenciário estará presente caso o empregador exceda o seu poder de direção estabelecido no art. 2º da CLT ao impedir o retorno ao trabalho do empregado, e também, de não realizar o pagamento dos seus salários ainda que cessado o benefício previdenciário.

Estão configurados os elementos que ensejam o dever de reparação, nos termos da teoria da responsabilidade subjetiva: o dano moral (sofrimento psicológico decorrente da privação total de rendimentos por longo período), o nexo de causalidade (dano relacionado com a eficácia do contrato de trabalho) e a culpa (omissão patronal no tocante ao pagamento dos salários).

Assim, o nexo de causalidade entre a omissão ilícita da empresa e a lesão imaterial e material suportada pela empregado é evidente, pois não há dúvida de que – tomando-se em consideração a situação de total desamparo vivenciada pelo empregado, fica sem ter como prover a si e à sua família e diante da indefinição do quadro narrado; a dor pessoal, o sofrimento íntimo, o abalo psíquico e o constrangimento tornam-se patentes.

O empregador não pode simplesmente afastar o empregado sem realizar o pagamento da sua remuneração, de tal forma se o empregador entende que o empregado está incapaz para retornar à sua função habitual, deverá, então, readaptá-lo em outra compatível com a alegada limitação ou conceder a este licença remunerada, mas sem considerar o contrato de trabalho como supostamente suspenso, eis que o benefício previdenciário ao empregado e não pode arcar com o prejuízo da doença/lesão que acometeu no desempenhar de suas funções, diante da função social que a empresa exerce.

3. CONSIDERAÇÕES FINAIS

Todos estão sujeitos aos riscos inerente em adquirir uma doença ou sofrer um acidente, e em razão disso, ficar incapacitado, seja de forma temporária ou permanente, para suas atividades. Dessa forma, a Constituição Federal concede proteção previdenciária para o risco social incapacidade e a legislação infraconstitucional criou os benefícios de auxílio por incapacidade temporária e aposentadoria por incapacidade permanente.

Contudo, diversas são as situações em que o empregado não consegue a concessão do benefício por incapacidade do INSS, pelo órgão entender que a doença ou acidente que sofreu, não o incapacita para o trabalho. Por outro lado, o seu empregador entende que o empregado está incapacitado para o trabalho e impede-o de retornar às suas atividades laborativas e cria um limbo jurídico, em que o empregado não recebe benefício previdenciário e não recebe salário da empresa.

Não há na legislação previdenciária e na legislação trabalhista solução expressa para a solução do conflito existente, contudo, é dever do empregador, pela função social que exerce, o pagamento dos salários do empregado enquanto perdurar tal situação. Somente assim é possível concretizar a dignidade da pessoa humana e amparar o empregado no momento em que se encontra mais vulnerável.

REFERÊNCIAS

DELGADO, Maurício Godinho. *Curso de Direito do Trabalho*. 8. ed. São Paulo: LTr, 2009.

HORVATH JUNIOR, Miguel. *Direito Previdenciário*. 11 ed. São Paulo, Quartier Latin, 2017.

LAZZARI, João Batista; KRAVCHYCHYN, Jefferson Luís; KRAVCHYCHYN, Gisele Lemos; CASTRO, Carlos Alberto Pereira de. *Prática processual previdenciária: administrativa e judicial*. 10. ed. rev. e atual. Rio de Janeiro: Forense, 2018.

MARTINEZ, Luciano. *Curso de direito do trabalho*: relações individuais, sindicais e coletivas de trabalho. 10. ed. São Paulo: Saraiva, 2019.

X – INTERFACES DO DIREITO DESPORTIVO COM O DIREITO DO TRABALHO E RESPONSABILIDADE CIVIL

35
REPASSE DA SAF
E RESPONSABILIDADE DOS DIRIGENTES

Sergio Pinto Martins

Professor titular de Direito do Trabalho da Faculdade de Direito da USP. Ministro do TST.

Sumário: 1. Introdução – 2. Repasse – 3. Jurisprudência – 4. Conclusão.

1. INTRODUÇÃO

O presente artigo pretende analisar a responsabilidade dos dirigentes dos clubes de futebol na transformação em Sociedade Anônima do Futebol (SAF) em razão da falta de repasses do artigo 10 da Lei 14.193/21.

2. REPASSE

Na insolvência o devedor tem dívidas que superam o seu patrimônio.

Na recuperação judicial existe crise econômico-financeira (arts. 47 e 51, I, da Lei 11.101/05).

O fundamento da Lei 14.193 na criação da SAF foi para ela não ter dívidas, cabendo ao clube original a responsabilidade pelo pagamento dos débitos anteriores à constituição da SAF.

A Lei 14.597/23 mostra a necessidade de profissionalização da SAF, inclusive quanto à necessidade da instituição de governança (ou de *compliance*).

Dispõe o artigo 10 da Lei 14.193/21:

> Art. 10 O clube ou pessoa jurídica original é responsável pelo pagamento das obrigações anteriores à constituição da Sociedade Anônima do Futebol, por meio de receitas próprias e das seguintes receitas que lhe serão transferidas pela Sociedade Anônima do Futebol, quando constituída exclusivamente:
>
> I – por destinação de 20% das receitas correntes mensais auferidas pela Sociedade Anônima do Futebol, conforme plano aprovado pelos credores, nos termos do inciso I do *caput* do art. 13 desta Lei.
>
> II – por destinação de 50% dos dividendos, dos juros sobre o capital próprio ou de outra remuneração recebida desta, na condição de acionista.

Prescreve o parágrafo 1º do artigo 11 da Lei 4.320/64 que são Receitas Correntes as receitas tributária, de contribuições, patrimonial, agropecuária, industrial, de serviços e outras e, ainda, as provenientes de recursos financeiros recebidos de outras pessoas de direito público ou privado, quando destinadas a atender despesas classificáveis em Despesas Correntes.

Entretanto, o conceito de receita corrente não é o da Lei 4.320/64, que trata de normas gerais de Direito Financeiro.

Receita corrente é a receita mensal, mas não a proveniente da venda de jogadores, pois esta não é corrente, nem mensal. Ocorre algumas vezes.

A Sociedade Anônima do Futebol não responde pelas obrigações do clube ou pessoa jurídica original que a constituiu, anteriores ou posteriores à data de sua constituição, exceto quanto às atividades específicas do seu objeto social, e responde pelas obrigações que lhe forem transferidas conforme disposto no parágrafo 2º do artigo 2º da Lei 14.193/21, cujo pagamento aos credores se limitará à forma estabelecida no art. 10 da Lei 14.193/21 (art. 9º da Lei 14.193/21).

Sem prejuízo das disposições relativas à responsabilidade dos dirigentes previstas no artigo 18-B da Lei 9.615/98, os administradores da Sociedade Anônima do Futebol respondem pessoal e solidariamente pelas obrigações relativas aos repasses financeiros definidos no art. 10 desta Lei 14.193/21, assim como respondem, pessoal e solidariamente, o presidente do clube ou os sócios administradores da pessoa jurídica original pelo pagamento aos credores dos valores que forem transferidos pela Sociedade Anônima do Futebol (art. 11 da Lei 14.193/21). A responsabilidade do dirigente é pessoal, incluindo, portanto, seu patrimônio pessoal. Aqui a solidariedade decorre da previsão legal do artigo 11 da Lei 14.193/21 e não da vontade das partes (art. 265 do Código Civil)

Enquanto a Sociedade Anônima do Futebol cumprir os pagamentos previstos nesta Seção, é vedada qualquer forma de constrição ao patrimônio ou às receitas, por penhora ou ordem de bloqueio de valores de qualquer natureza ou espécie sobre as suas receitas, com relação às obrigações anteriores à constituição da Sociedade Anônima do Futebol (art. 12 da Lei 14.173). A irregularidade no cumprimento dos pagamentos permite a constrição do patrimônio e receitas. Normalmente, na execução concentrada, o não pagamento importa o cancelamento do sistema de concentração de execuções.

O inciso II do artigo 217 da Lei 14.597/23 (Lei Geral do Esporte) foi vetado. Ele revogava a Lei 9.615/98. Foram vetados aproximadamente 84 artigos da lei, desfigurando a referida norma. Agora, temos duas leis do esporte em vigor. A lei anterior: a Lei 9.615/98 (Lei do Desporto) e a nova: Lei 14.597/23 (Lei Geral do Esporte). Haverá dúvida sobre o que está em vigor e também gerará insegurança jurídica e dificuldade de interpretação. Parece que a Lei 14.597/23 teve os vetos, pois, do contrário, não haveria normas regulando a Justiça Desportiva, que estão previstas na Lei 9.615/98 (arts. 50 a 58), que não foram tratados na primeira norma. Talvez deveria ter sido estabelecida um prazo para a Lei 14.597/23 entrar em vigor (*vacatio legis*). Enquanto isso, poderiam ser refeitos reparos na lei pelo Congresso Nacional ou por medida provisória.

Parece que a Lei 14.197/23 teria, em princípio, regulado a maior parte da matéria. Por ser posterior, prevalece sobre a anterior (§ 1º do art. 2º da Lei de Introdução às Normas do Direito Brasileiro).

Menciona o artigo 66 da Lei 14.597/23:

Art. 66. Os dirigentes das organizações esportivas, independentemente da forma jurídica adotada, têm seus bens particulares sujeitos ao disposto no art. 50 da Lei 10.406, de 10 de janeiro de 2002 (Código Civil).

§ 1º Para os fins do disposto nesta Lei, dirigente é aquele que exerce, de fato ou de direito, poder de decisão na gestão da entidade, inclusive seus administradores.

§ 2º Os dirigentes de organizações esportivas respondem solidária e ilimitadamente pelos atos ilícitos praticados e pelos atos de gestão irregular ou temerária ou contrários ao previsto no contrato social ou estatuto.

§ 3º O dirigente que tiver conhecimento do não cumprimento dos deveres estatutários ou contratuais por seu predecessor ou pelo administrador competente e deixar de comunicar o fato ao órgão estatutário competente será responsabilizado solidariamente.

Tratou o artigo 66 da Lei 14.597/23 da mesma forma que o artigo 18-B da Lei 9.615/98 e, portanto, o revogou, por ser posterior a ele e regular a matéria.

Consideram-se atos de gestão irregular ou temerária praticados pelo dirigente aqueles que revelem desvio de finalidade na direção da organização ou que gerem risco excessivo e irresponsável para seu patrimônio, tais como (art. 67 da Lei 14.597/23):

I – aplicar créditos ou bens sociais em proveito próprio ou de terceiros;

II – obter, para si ou para outrem, vantagem a que não faz jus e de que resulte ou possa resultar prejuízo para a organização esportiva;

III – celebrar contrato com empresa da qual o dirigente, seu cônjuge ou companheiro ou parentes, em linha reta, colateral ou por afinidade, até o terceiro grau sejam sócios ou administradores, exceto no caso de contratos de patrocínio ou doação em benefício da organização esportiva;

IV – receber qualquer pagamento, doação ou outra forma de repasse de recursos oriundos de terceiros que, no prazo de até um ano, antes ou depois do repasse, tenham celebrado contrato com a organização esportiva;

V – antecipar ou comprometer receitas em desconformidade com o previsto em lei;

VI – não divulgar de forma transparente informações de gestão aos associados;

VII – deixar de prestar contas de recursos públicos recebidos.

Os itens da gestão irregular ou temerária são exemplificativos, pois se usa a expressão "tais como". Não são exaustivos ou taxativos.

Em qualquer hipótese, o dirigente não será responsabilizado caso:

I – não tenha agido com culpa grave ou dolo; Tem que haver culpa grave. Não pode ser leve ou média. Tem que ter dolo ou

II – comprove que agiu de boa-fé e que as medidas realizadas visavam a evitar prejuízo maior à entidade.

Para os fins do disposto no inciso IV do artigo 66 da Lei 14.597/23, também será considerado ato de gestão irregular ou temerária o recebimento de qualquer pagamento, doação ou outra forma de repasse de recursos por:

I – cônjuge ou companheiro do dirigente;

II – parentes do dirigente, em linha reta, colateral ou por afinidade, até o terceiro grau;

III – empresa ou sociedade civil da qual o dirigente, seu cônjuge ou companheiro ou parentes, em linha reta, colateral ou por afinidade, até o terceiro grau sejam sócios ou administradores.

O artigo 67 da Lei 14.597 tratou da mesma forma que o artigo 18-C da Lei 9.615/98 e, portanto, revogou o último.

Na recuperação judicial e extrajudicial não se aplicam os porcentuais de 20% e 50%, mas valerá a forma estabelecida entre clubes e credores na recuperação.

O artigo 10 da Lei 14.193 remete ao artigo 13, I, da Lei 14.193/21, ou seja, ao regime concentrado de execuções. Logo, não se aplica na recuperação.

3. JURISPRUDÊNCIA

Recentemente, a SAF do Botafogo foi condenada em primeira instância na Justiça do Trabalho, na qual deverá suportar, de forma solidária, a dívida trabalhista do clube. Segundo tal entendimento, o operador de TI não precisaria entrar na fila de credores, conforme determina expressamente a Lei da SAF (3ª VT do Rio de Janeiro).[1]

Em outro caso, um treinador de goleiras, integrante da comissão técnica do time de futebol feminino do Cruzeiro, também ficou configurada a responsabilidade da entidade desportiva, tendo o juiz do trabalho responsável pela sentença decidido que "não pode o credor trabalhista ficar à mercê de eventual ausência de transferência ou repasse dos administradores para quitação das dívidas, sendo tal obrigação decorrente do contrato entre as rés que deverão fiscalizar entre si o cumprimento contratual" (TRT 3ª R, 3ª T, Rel. Milton Vasques Thibau de Almeida, proc. 0010052-44.2022.5.03.0012).

O Cruzeiro foi também condenado em caso de fisiologista integrante da comissão técnica, em decisão proferida em segundo grau de jurisdição, tendo o TRT-MG da 3ª Região mantido a sentença, que entendeu "que o segundo reclamado responde subsidiariamente pelos créditos reconhecidos ao autor, nos exatos termos previstos no art. 10 da Lei 13.143/21, sem prejuízo de eventual responsabilidade solidária em caso de fraude à execução ou não repasse das verbas previstas na Lei" (TRT 3ª R, 11ª T., Rel. Marco Antonio Paulinelli, 0010036-87.2022.5.03.0110):

> Sociedade anônima de futebol. Empregado vinculado ao departamento de futebol. Responsabilidade trabalhista. Nos termos do art. 9º da Lei 14.192/21, a Sociedade Anônima de Futebol (SAF) responde pelas obrigações contraídas pelo clube em relação aos atletas, membros da comissão técnica e funcionários cuja atividade principal seja vinculada diretamente ao departamento de futebol, observados os limites previstos no art. 10 quanto à destinação de receitas.

Houve caso de clube que ficou poucos meses na execução concentrada e depois requereu recuperação judicial, em que as dívidas ficam centralizadas e sob a responsabilidade da Justiça Estadual.

Há outros julgados sobre o tema em análise:

---

1. Disponível em: https://www.uol.com.br/esporte/futebol/colunas/rafael-leis/2021/12/22/todos-os-times-grandes--da-europa-sao-clubes-empresas-verdade-ou-lenda.htm. Acesso em: 28 jun. 2023.

Sociedade Anônima de Futebol – SAF – Responsabilidade solidária. Reconhecimento. A responsabilidade da Sociedade Anônima de Futebol (SAF) ocorre nas hipóteses previstas nos arts. 9º, 10 e 12 da Lei no 14.193/2021, respondendo ela de forma solidária pelas dívidas trabalhistas anteriores ou posteriores do clube originário quando a atividade principal do empregado estiver vinculada diretamente ao departamento de futebol. Comprovado pela prova coligida aos autos essa circunstância, impõe-se a condenação solidária do reclamado constituído na forma de SAF pelas verbas deferidas à reclamante. TRT da 3ª Região; 0010602-02.2022.5.03.0186 (ROT); 2ª T., Relatora: Maristela Iris S. Malheiros).

Sociedade Anônima do Futebol. Lei 14.193/2021. Responsabilidade solidária. De acordo com art. 10 da Lei no 14.193/2021, apenas o clube (primeiro réu) é responsável pelo pagamento das obrigações anteriores à constituição da sociedade anônima do futebol. A obrigação da SAF se limita ao repasse ao clube instituidor das verbas elencadas no mencionado art. 10, não respondendo pelas obrigações anteriores ou posteriores à data da sua constituição. A exceção a essa regra são os créditos trabalhistas de atletas, membros da comissão técnica e/ou empregados cuja atividade principal seja vinculada diretamente ao departamento de futebol, conforme parágrafo único do art. 9º da mencionada lei, pois o referido dispositivo autoriza que a execução desses créditos se processe independentemente dos repasses previstos no artigo subsequente. TRT da 3ª Região, 0010245-65.2022.5.03.0010 (ROT), DEJT/TRT3/Cad.Jud, p. 1.465; 2ª T.; Relator: Sebastiao Geraldo de Oliveira).

No caso abaixo não ficou comprovada a existência de fraude:

Desconsideração da personalidade jurídica. Associação civil. Time de futebol. Responsabilidade dos sócios dirigentes. Impossibilidade. A sujeição dos bens particulares dos dirigentes de entidades de prática desportiva e administração de desportos só têm lugar na hipótese destes aplicarem, em proveito próprio ou de terceiros, créditos ou bens sociais das entidades, circunstância não comprovada nestes autos. Agravo de Petição provido (TRT 6ª R., 4ª Turma, Ag – 0000315-09.2013.5.06.0413, j. 20.04.2016, Redator: Paulo Alcântara).

O clube não forma grupo econômico com a Sociedade Anônima do Futebol. A associação não tem por objeto atividade lucrativa. Logo, não se aplica o parágrafo 2º do artigo 2º da CLT.

Reza o artigo 448-A da CLT:

Art. 448-A. Caracterizada a sucessão empresarial ou de empregadores prevista nos arts. 10 e 448 desta Consolidação, as obrigações trabalhistas, inclusive as contraídas à época em que os empregados trabalhavam para a empresa sucedida, são de responsabilidade do sucessor.

Parágrafo único. A empresa sucedida responderá solidariamente com a sucessora quando ficar comprovada fraude na transferência.

O dispositivo trata de responsabilidade por sucessão empresarial.

Se forem cumpridas as disposições da Lei 14.193/21 e da Lei 14.597/23, não pode ser observado o artigo 443-A da CLT. Ao contrário, será observado o artigo 443-A da CLT se não forem cumpridas as disposições das duas primeiras normas e em caso de fraude (art. 9º da CLT).

Já se utilizou do artigo 448-A da CLT para julgar questão da SAF e responsabilidade por dívidas trabalhistas:

Sociedade Anônima de Futebol. Responsabilidade pelas dívidas trabalhistas. Lei 14.193/2021. A Sociedade Anônima de Futebol deve responder, sem qualquer limitação, pelas obrigações trabalhistas relativas ao departamento de futebol da pessoa jurídica original desde que decorrentes do labor prestado a partir da sua criação. Incide nesta hipótese a regra geral prevista no art. 448-A da CLT. Todavia, a responsabilidade pelas obrigações anteriores à constituição da Sociedade Anônima do Futebol deve ser submetida ao disposto no art. 12 da Lei no 14.193/2021, motivo pelo qual somente é passível de constrição do patrimônio ou de receitas em caso de descumprimento dos repasses obrigatórios previstos no art. 10 da Lei 14.193/2021 (TRT da 3ª Região, 0010177-27.2021.5.03.0180 (AP); 8ª Turma; Rel. Jose Marlon de Freitas).

4. CONCLUSÃO

A Lei 14.193/21 teve por objetivo blindar a SAF em relação a dívidas, da sociedade nascer sem dívidas. Podem, porém, ocorrer fraudes, com a transformação do clube em SAF só para não pagar dívidas, principalmente pelo fato de que muitos clubes estão endividados. Não se pode pretender que haja um calote dos clubes ou SAF pelo não pagamento de dívidas, especialmente trabalhistas, que têm natureza alimentar.

Entretanto, tem de ser observada a previsão da lei, de acordo com o devido processo legal (art. 5º, LIV, da Constituição), especialmente a Lei 14.197/23.

36
RESPONSABILIDADE CIVIL E RACISMO. REPARAÇÃO DE DANOS SOFRIDOS POR ATLETAS PROFISSIONAIS DECORRENTES DA VIOLÊNCIA IRRADIANTE DE TORCEDORES

Augusto Grieco Sant'Anna Meirinho

Pós-Doutor em Direitos Humanos e Constitucionalismo pelo IGC / Coimbra. Doutor em Direito das Relações Sociais pela Pontifícia Universidade Católica de São Paulo. Mestre em Direito Previdenciário pela PUC-SP. Especialista em Direito e Processo do Trabalho pela Universidade de São Paulo. Especialista em Relações Internacionais pela Universidade Cândido Mendes – RJ. Professor universitário licenciado. Ex-Procurador Federal da Advocacia-Geral da União. Procurador do Trabalho. Titular da Cadeira n. 20 da Academia Brasileira de Direito da Seguridade Social (ABDSS).

Sumário: 1. Introdução – 2. O esporte como manifestação cultural humanista. Uma referência sintética – 3. Manifestações discriminatórias como realidades recorrentes nos estádios de futebol – 4. Apontamentos sobre a relação de trabalho do atleta profissional de futebol – 5. A quem deve ser atribuída a responsabilidade civil pelo dano sofrido pelo atleta profissional de futebol? – 6. Considerações finais – Referências.

1. INTRODUÇÃO

Parabenizando os coordenadores da obra coletiva em homenagem ao Desembargador Valdir Florindo, Responsabilidade Civil no Direito do Trabalho, decidi trazer algumas reflexões sobre um problema que vem se tornando um fator de preocupação crescente das autoridades públicas, os atos de racismo direcionados aos atletas profissionais de futebol.

As manifestações de intolerância racial em partidas de futebol não são novidades no mundo. Elas ocorrem em vários países, independente da cultura e nível de desenvolvimento das sociedades. Até aquelas que se dizem avançadas em matéria de proteção aos direitos humanos têm enfrentado episódios de racismo em eventos esportivos.

Um dos mais recentes casos de racismo no futebol ocorreu com o jogador brasileiro Vinicius Junior, em uma partida pelo campeonato espanhol de futebol profissional, conhecida como "La Liga".

Essa liga de futebol profissional tem como principal patrocinadora uma instituição financeira com presença em diversos países e que certamente possui os seus programas de "compliance" e de responsabilidade social.

A partir desse caso específico, e da repercussão local e mundial, inclusive no Brasil considerando ser de nacionalidade brasileira o jogador a quem as manifestações de racismo foram dirigidas, e dos debates que se seguiram, sobretudo na grande imprensa, ficou evidenciado que ainda existe, mesmo que enfrentada por alguns atores sociais, uma cultura de certa tolerância, ou de justificação, com tais práticas, sobretudo quando envolve o coletivo.

O estudo tem como objetivo principal analisar, a partir da ocorrência dessas manifestações de intolerância, a condição das vítimas de racismo à luz do Direito do Trabalho, na medida em que tais agressões são direcionadas a profissionais no exercício de sua atividade laborativa.

Embora estas ocorrências não se restrinjam ao futebol, a análise se limitará a este esporte. Em primeiro lugar, por ser a modalidade esportiva da preferência da sociedade brasileira. Mas também, pela recorrência desta prática discriminatória em diversos países do mundo, que possuem o futebol como o esporte mais popular.

Ressalta-se que não se pretende aprofundar a teoria geral da responsabilidade civil, mas apresentar possibilidades de tutela mais adequada dos direitos fundamentais dos atletas que são vítimas de atos racistas por parte de torcedores, sob a perspectiva da possível responsabilidade por tais atos.

2. O ESPORTE COMO MANIFESTAÇÃO CULTURAL HUMANISTA. UMA REFERÊNCIA SINTÉTICA

O esporte, enquanto manifestação cultural, pode ser encontrado nas mais diversas sociedades ao longo da história da humanidade.

Segundo João Leal Amado, vivemos numa sociedade desportivista. Para o autor português, "é inegável que o desporto pauta a vida quotidiana do planeta, enquanto fenômeno quase omnipresente, para os que o praticam (e são bastantes), para os que a ele assistem (e são muitos) e para os que dele falam (e são quase todos)".[1]

No Brasil, as práticas desportivas formais e não formais estão previstas, no art. 217 da Constituição da República Federativa do Brasil de 1988 (CRFB/1988), como direito de cada um,[2] cabendo ao Estado fomentá-las. Se cabe ao Estado fomentá-las, é certo que as manifestações que gravitam em torno do esporte devem se submeter aos valores e princípios estabelecidos pela CRFB/1988.

Recentemente, foi promulgada a Lei 14.597/2023,[3] que institui a Lei Geral do Esporte (LGE), e que considera o esporte como de alto interesse social[4] (art. 2°, parágrafo único).

---

1. AMADO, João Leal. *Contrato de Trabalho Desportivo*. Coimbra: Almedina, 2021, p. 9.
2. Segundo Alexandre Miguel Mestre, segundo as teses jusnaturalistas, o Desporto é algo inerente ao ser humano, pela sua própria natureza e "o acesso ao Desporto pela pessoa humana não pode depender do arbítrio do legislador ou da opinião da maioria" (MESTRE, Alexandre Miguel. *Direito do Desporto*. Aspectos Transversais. Coimbra: Almedina, 2023, p. 126).
3. A Lei 14.597, de 14 de junho de 2023, revogou expressamente a Lei 10.671, de 15 de maio de 2003, que dispunha sobre o Estatuto de Defesa do Torcedor.
4. Embora não elencado entre os direitos sociais listados no art. 6° da CRFB/1988, o esporte está diretamente relacionado à educação, à saúde e ao lazer. A sua natureza de direito fundamental é evidente e assim deve ser considerado pelo intérprete.

Não é sem razão que o desporto se encontra, topograficamente, inserido no Título VIII da CRFB/1988 que dispõe sobre a Ordem Social. Nesse contexto, sempre importante lembrar que a ordem social tem como base o primado do trabalho, e como objetivos o bem-estar e a justiça sociais (art. 193 da CRFB/1988). O art. 193 da CRFB/1988, por sua vez, se encontra diretamente vinculado aos artigos 1º e 3º da Constituição Federal de 1988, por trazer em seu bojo a síntese dos fundamentos e objetivos da República Federativa do Brasil, como estado democrático e social de direito.

Como expressão cultural da sociedade, o esporte também tem sido veículo de manifestações dos mais diversos matizes, inclusive protestos e pautas reivindicatórias políticas, abrangendo gênero[5] e igualdade racial.

No caminho da evolução humanista, em 06 de abril de 1896, tinha início os primeiros jogos olímpicos da era moderna, em Atenas, na Grécia, como um marco simbólico de um novo espírito de congraçamento entre os povos. Antes, em 1894, o Barão Pierre de Coubertin fundou o Comitê Olímpico Internacional (COI), o qual se tornaria o órgão de promoção do movimento olímpico no mundo.

A bandeira olímpica é significativa, pois congrega a união dos povos dos cincos continentes, irmanados no espírito olímpico. Em 1914, "a bandeira olímpica apresentada por Pierre de Coubertin no Congresso de Paris foi adotada. Ela inclui os cinco anéis entrelaçados, que representam a união dos cinco continentes e o encontro de atletas de todo o mundo nos Jogos Olímpicos".[6] Entre os princípios fundamentais do movimento olímpico, há dois que se destacam:

> 2. O objetivo do olimpismo é colocar o esporte a serviço do desenvolvimento harmonioso da humanidade, com o objetivo de promover uma sociedade pacífica preocupada com a preservação da dignidade humana.
>
> (...)
>
> 4. A prática do esporte é um direito humano. Todo indivíduo deve ter a possibilidade de praticar esporte, sem discriminação de qualquer tipo e no espírito olímpico, o que requer entendimento mútuo com espírito de amizade, solidariedade e jogo limpo.[7]

---

5. Nesse contexto, a Copa do Mundo de Futebol Feminino da FIFA, realizada entre os dias 20 de julho e 20 de agosto de 2023, na Nova Zelândia e Austrália, é um exemplo de evolução da igualdade de gênero no esporte, sobretudo pela visão ainda predominante de o futebol ser um esporte prevalentemente masculino. Segundo a ONU Mulheres, em parceria com a FIFA, ressalta que a Copa do Mundo de 2023 possui dois apelos: "unir-se pela igualdade de gênero", para realizar a igualdade de gênero como um direito humano fundamental e crítico para um mundo pacífico e sustentável; e "unir-se para acabar com a violência contra as mulheres", um chamado para acabar com a violência contra mulheres e meninas como a violação de direitos humanos mais difundida em todo o mundo (Disponível em: https://www.unwomen.org/en/news-stories/press-release/2023/07/press-release-womens-world-d-cup-2023-un-women-and-fifa-join-forces-for-gender-equality. Acesso em: 15 ago. 2023).

6. "In 1914, the Olympic flag presented by Pierre de Coubertin at the Paris Congress was adopted. It includes the five interlaced rings, which represent the union of the five continents and the meeting of athletes from throughout the world at the Olympic Games". Todas as traduções são de responsabilidade do autor. Disponível em: https://stillmed.olympic.org/media/Document%20Library/OlympicOrg/General/EN-Olympic-Charter.pdf#_ga. Acesso em: 25 jul. 2023.

7. "2. The goal of Olympism is to place sport at the service of the harmonious development of humankind, with a view to promoting a peaceful society concerned with the preservation of human dignity. (...) 4. The practice of sport is a human right. Every individual m Kausik Bandyopadhyay & Souvik Naha ust have the possibility

Não restam dúvidas de que o espírito humanista que levou ao surgimento do movimento olímpico e ao estabelecimento dos Jogos Olímpicos é avesso a manifestações de discriminação, de qualquer espécie.

> De acordo com a ideologia desportiva, a competição é um teste de justiça nas sociedades democráticas que postulam uma igualdade fundamental dos indivíduos. O desporto seria, portanto, um espaço de justiça na sua essência e o local por excelência de integração de todos os desportistas, qualquer que seja a sua cultura ou a sua origem nacional.[8]

Erguido sobre esses pilares, o esporte, em seu sentido amplo, é incompatível com o racismo.

Deixando o movimento olímpico de lado, pela obviedade de seu espírito humanista, centra-se a análise no futebol, que é o esporte, profissional e amador, mais praticado no mundo.[9] Ademais, é o esporte mais assistido globalmente, fazendo do futebol uma manifestação de massa e, consequentemente, um grande negócio do ponto de vista econômico.

Como todos sabem, o futebol teve origem na Inglaterra.[10] A difusão do futebol por outros países é explicada pela influência que a Inglaterra tinha naquela época, ou seja, no final do século XIX e início do século XX. Ainda se vivia um "mundo britânico", embora já em transição. Esse fenômeno é bem explicado por Eduardo Galeano.

> Em plena expansão imperial, o futebol era um produto de exportação tão tipicamente britânico como os tecidos de Manchester, as estradas de ferro, os empréstimos do banco Barings ou a doutrina do livre comércio. Tinha chegado pelos pés dos marinheiros, que o jogavam nos arredores dos diques de Buenos Aires e Montevidéu, enquanto os navios de Sua Majestade descarregavam ponchos, botas e farinha e embarcavam lã, couros e trigo para fabricar, lá longe, mais ponchos, botas e farinha.[11]

Como a Inglaterra possuía evidentes interesses econômicos no Brasil, não demorou para que o futebol fosse introduzido em nosso país. E o início da prática do futebol no Brasil também foi contaminado com o ambiente social então vigente, qual seja, uma sociedade que acabava de abolir a escravidão, mas que não havia rompido com a estrutura escravocrata.

---

of practising sport, without discrimination of any kind and in the Olympic spirit, which requires mutual understanding with a spirit of friendship, solidarity and fair play". Disponível em: https://stillmed.olympic.org/media/Document%20Library/OlympicOrg/General/EN-Olympic-harter.pdf#_ga. Acesso em: 25 jul. 2023.

8. "Selon l'idéologie sportive, la compétition s´impose comme une épreuve de justice dans les sociétés démocratiques postulant une égalité fondamentale des individus. Le sport serait donc un espace de justice par essence et le lieu par excellence de l´intégration de tous les sportifs, quelles que soient leur culture ou leur origine nationale" (GASPARINI, William. Le Paradoxe du Sport. Tolérance et Racisme Ordinaire dans les Clubs Sportifs de France. In: BOLI, Claude, CLASTRES, Patrick et LASSUS, Marianne (Dir.). Le Sport en France à L'épreuve du Racisme. Paris: Nouveau Monde Éditions, 2015, p. 268).

9. João Coviello compreende o futebol surgindo como esporte "no contexto do espírito olímpico que rondava a Europa na metade do século XIX" (COVIELLO, João. Futebol e Experiência Estética. In: SILVEIRA, Ronie A. T. (Org.). O Futebol e a Filosofia. Campinas: Editora PHI, 2014, p. 163).

10. Por essa razão é que alguns fazem referência ao futebol como o esporte Bretão (oriundo da Grã-Bretanha). Teve origem na cisão ocorrida na associação de rúgbi, outro esporte com bola, onde alguns praticantes dissentiam quanto à proibição de se utilizar as mãos para segurar a bola.

11. GALEANO, Eduardo. Futebol ao Sol e à Sombra. Porto Alegre: L&PM, 1995, p. 31.

3. MANIFESTAÇÕES DISCRIMINATÓRIAS COMO REALIDADES RECORRENTES NOS ESTÁDIOS DE FUTEBOL

Parece correta a afirmação feita por Herman Ouseley de que, provavelmente, a expressão mais óbvia de ódio racial no esporte tenha se refletido no futebol, na medida em que, ao longo dos anos, "como os jogadores de futebol negros apareceram no campo de jogo, eles têm sido abusados verbal e fisicamente".[12]

Os fatos que são veiculados na imprensa, nacional e internacional, vão acumulando evidências de que o racismo se encontra presente no esporte, sobretudo no futebol.

Com as manifestações de racismo, e outras formas de discriminação, também começaram a surgir diversas experiências de enfrentamento dessa grave violência no esporte.

Um dos mais relevantes movimentos foi criado no Reino Unido, por ser uma das regiões mais apaixonadas pelo futebol e com uma história de diversidade cultural advinda do Império Britânico. Assim, no ano de 1993, época em que as manifestações de racismo eram frequentes e havia um negacionismo difuso, foi lançada pela Comissão de Igualdade Racial do Reino Unido e pela Associação de Jogadores Profissionais de Futebol (PFA – "Professional Footballers' Association"), uma campanha denominada "Kick it Out" ("Let's Kick Racism Out of Football"). Este movimento se consolidou em uma organização que vem desenvolvendo, há mais de 25 anos, um trabalho de conscientização contra o racismo, de forma a banir qualquer forma de discriminação do futebol.

Segundo a PFA, o "Kick It Out" tem como principal objetivo o enfrentamento de todas as formas de discriminação no futebol. Os objetivos centrais da "Kick It Out" são os seguintes:

> Promover a conscientização sobre os benefícios da igualdade, inclusão, políticas e práticas de diversidade no futebol.
>
> Expor e desafiar todos os aspectos da discriminação e práticas e condutas injustas em todos os níveis do futebol.
>
> Compartilhar informações sobre boas práticas em busca de igualdade e resultados justos.
>
> Apoiar indivíduos, grupos, clubes e autoridades a realizar ações para alcançar igualdade e resultados justos.
>
> Desenvolver uma conscientização e aceitação mais amplas das atividades do "Kick It Out" e de seus papéis habilitadores e facilitadores como uma força que contribui para o bem no futebol.[13]

---

12. "Perhaps the most obvious expression of race hate in sport has been reflected in football. Over the years, as Black footballers have appeared on the field of play, they have been verbally and physically abused". (OUSELEY, Herman. Foreword. In: LONG, Jonathan and SPRACKLEN, Karl (Ed.). *Sports and Challenges to Racism*. New York: Palgrave Macmillan, 2011, p. x.

13. "Promote awareness of the benefits of equality, inclusion, diversity policies and practices in football. Expose and challenge all aspects of discrimination and unfair practices and conduct at all levels of football. Share information about good practices being pursued to achieve equality and fair outcomes. Support individuals, groups, clubs, and authorities to effect actions themselves to achieve equality and fair outcomes. Develop a wider awareness and acceptance of Kick It Out's activities and its enabling and facilitating roles as a contributory force for good in football". Disponível em: https://www.kickitout.org/aims-and-objectives. Acesso em: 27 jul. 2023.

No Brasil, pode-se citar o Observatório da Discriminação Racial no Futebol fundado sob a perspectiva de que o futebol se apresenta como um importante instrumento de inclusão social e de luta contra a violência e a discriminação racial. O Observatório visa utilizar a força do esporte mais popular do Brasil, para debater, alertar e conscientizar sobre a discriminação racial no futebol brasileiro.

> Idealizado com o objetivo de monitorar, acompanhar e noticiar os casos de racismo no futebol brasileiro, assim como divulgar e desenvolver ações informativas e educacionais que visem erradicar essa praga que tanto macula a sociedade nacional, o Observatório tem se tornado uma ferramenta de consulta para pesquisas acadêmicas, imprensa e público no geral, interessados no debate e construção do conhecimento.[14]

O Observatório da Discriminação Racial no Futebol afirma a grande incidência de casos de intolerância racial no futebol, e nesse contexto se propõe a monitorar e a divulgar, através de seus canais, os casos de racismo no futebol, assim como ações informativas e educativas que visem erradicar a intolerância que macula a democracia das relações sociais.

> O racismo no futebol precisa ser tratado com extrema seriedade e o Observatório almeja tornar-se uma organização que promova o diálogo entre clubes, entidades, torcidas e movimentos sociais; através de conferências, workshops e seminários entre outros eventos, e assim fomentar ideias e buscar sugestões para combater a discriminação. O Observatório acredita que o esporte mobiliza e transforma vidas em todo o Brasil. Ele contribui para a aprendizagem e proporciona mais qualidade de vida, bem-estar e saúde a crianças e adultos. O futebol gera emprego, multiplica renda e é um importante fator de inclusão social. Além disso, pode ser um agente mobilizador em prol de diferentes causas da sociedade, entre elas a discriminação racial.[15]

São dois exemplos, um no país que criou o futebol e outro no país em que o esporte é uma verdadeira paixão para grande parte da sociedade, de movimentos surgidos como reação ao racismo observado e praticado em manifestações ligadas ao futebol. Mas outros movimentos vão surgindo e se afirmando com pautas específicas, inclusive com participação ativa no enfrentamento de condutas discriminatórias específicas, quer no plano preventivo, quer no plano reativo.[16]

Embora as práticas discriminatórias sejam evidentes, ainda há um negacionismo latente na sociedade, fruto de uma arraigada cultura da exclusão. Essa realidade tem origem histórica, fruto de um modelo capitalista reinante nos períodos colonial e imperial, ainda não rompida, mesmo diante de algumas ações afirmativas impostas por lei.[17]

---

14. Disponível em: https://observatorioracialfutebol.com.br/apresentacao/. Acesso em: 28 jul. 2023.
15. Disponível em: https://observatorioracialfutebol.com.br/observatorio/o-que-e/. Acesso em: 28 jul. 2023.
16. Um exemplo dessa realidade foi a denúncia apresentada pelo Coletivo de Torcidas Canarinhos LGBTQ na Confederação Brasileira de Futebol (CBF) em face de cânticos homofóbicos praticados pela torcida do Ceará FC em partida contra o Vila Nova pela Série B do Campeonato Brasileiro, no dia 19 de julho de 2023. Interessante destacar que o clube de futebol irá utilizar como defesa as campanhas realizadas contra condutas discriminatórias, como cursos e palestras educativas e avisos nos estádios sobre o respeito à diversidade. Informações disponíveis em: https://meuvozao.com/noticias-do-ceara/ceara-julgado-cantos-homofobicos/. Acesso em: 21 ago. 2023.
17. O racismo estrutural se torna mais evidente quando o discurso político prevalente é carregado de ataques aos direitos humanos e às instituições democráticas.

RESPONSABILIDADE CIVIL E RACISMO

A concepção estrutural do racismo ocorre por meio da relação entre racismo e economia. O racismo estrutural está intrinsicamente ligado ao institucional, pois determina suas regras a partir de uma ordem social estabelecida. O racismo estrutural é decorrência da estrutura da sociedade, que normaliza e concebe como verdade padrões e regras baseadas em princípios discriminatórios da raça. O racismo é, portanto, fruto de um processo social, histórico e político que desenvolve mecanismos para que pessoas ou grupos sejam discriminados de forma sistemática.[18]

Importante, nesse contexto, fazer algumas breves considerações sobre o racismo.[19]

Começa-se com o principal instrumento da Organização Internacional do Trabalho (OIT) sobre o tema. A Convenção 111 da OIT,[20] que trata Discriminação em Matéria de Emprego e Ocupação, define discriminação logo em seu art. 1º, conforme se segue:

> Art. 1 – 1. Para os fins da presente convenção o termo "discriminação" compreende:
>
> a) toda distinção, exclusão ou preferência fundada na raça, cor, sexo, religião, opinião política, ascendência nacional ou origem social, que tenha por efeito destruir ou alterar a igualdade de oportunidade ou de tratamento em matéria de emprego ou profissão.

Para Aroldo Rodrigues, preconceito pode ser entendido como uma atitude negativa, aprendida, dirigida a um grupo determinado",[21] sendo condicionado pelo meio social onde se encontra inserido o indivíduo. José Claudio Monteiro de Brito Filho, convergindo com esse entendimento, conclui que é do meio social que extraímos o preconceito,

> pois serão as situações da vida em sociedade: modelo de educação, convivência familiar, inserção em dado grupo etc., que irão influenciar no comportamento das pessoas, levando-as ou não a adotar, em relação a certas pessoas ou grupos, essa atitude negativa.[22]

A discriminação, como manifestação exteriorizada do preconceito consiste numa ação ou omissão que dispensa um tratamento diferenciado, inferiorizado a uma pessoa ou grupo de pessoas. Juridicamente, discriminação é toda distinção, exclusão ou preferência fundada na raça, cor, sexo, religião, opinião política, ascendência nacional, origem social ou outros critérios de discriminação, que tenha por efeito destruir ou alterar a igualdade de oportunidade ou de tratamento.[23]

---

18. SAMPAIO, Tamires Gomes. *Código Oculto*. Política criminal, processo de racialização e obstáculos a cidadania da população negra no Brasil. São Paulo: Editora Contracorrente, 2020, p. 60.
19. Interessante classificação é feita por Grant Jarvie que, abordando o racismo no esporte, explica o racismo estrutural, o racismo institucional e o racismo individual (GRANT, Jarvie, THORNTON, James and MACKIE, Hector. *Sport, Culture and Society*. An Introduction. London, New York: Routledge, 2018, p. 275-276).
20. A Convenção 111 da OIT foi aprovada na 42ª Conferência Internacional do Trabalho, ocorrida em Genebra m 1958, entrando em vigor em 15 de junho de 1960. Em relação ao Brasil, ela foi aprovada pelo Decreto Legislativo 104, de 24 de novembro de 1964 e ratificada em 26 de novembro de 1965. Foi promulgada pelo Decreto Presidencial 62.150, de 19 de janeiro de 1968. O Decreto 10.088, de 05 de novembro de 2019, consolida, na forma de seus anexos, os atos normativos editados pelo Poder Executivo Federal que dispõem sobre a promulgação de convenções e recomendações da Organização Internacional do Trabalho – OIT ratificadas pela República Federativa do Brasil e em vigor, em observância ao disposto na Lei Complementar 95, de 26 de fevereiro de 1998, e no Decreto 9.191, de 1º de novembro de 2017. O art. 5º desse Decreto revoga todos os Decretos anteriores que veiculavam as Convenções da OIT ratificadas pelo Brasil, incluindo o Decreto 62.150/1968 (inciso XXV).
21. RODRIGUES, Aroldo. *Psicologia Social*. Petrópolis: Vozes, 1998, p. 220.
22. BRITO FILHO, José Claudio Monteiro de. *Discriminação no Trabalho*. São Paulo: LTr, 2002, p. 37.
23. BRASIL. *Perguntas e Respostas sobre Discriminação no Trabalho*. Brasília: Ministério do Trabalho, 2018, p. 12.

Quando centrada em questões de raça, para usar o termo empregado pela CRFB/1988, temos o racismo.[24] O ato racista, nas palavras de Muniz Sodré, é a discriminação concretizada em agressão física ou xingamento.[25]

Também é relevante destacar que o racismo nem sempre se manifesta sob a forma de um abusivo discurso de ódio ("hate speech") ou assédio ostensivo, mas também pode ocorrer por intermédio do humor ou formas de expressão a "título de brincadeira",[26] o que se aproxima da ideia de racismo recreativo.

A discriminação racial no Brasil, a despeito de outras formas de discriminação presentes, talvez seja a mais perversa, pois vem acompanhada de um discurso negacionista difuso em que parcela significativa da sociedade não enxerga, ou não quer enxergar, os sinais de sua presença cotidiana e ostensiva.

Esse quadro é agravado quando o próprio Estado não responde adequadamente às manifestações de racismo.[27]

Como em diversos países, também há manifestações ostensivas de discriminação em eventos esportivos no Brasil. Ou seja, o coletivo é um catalisador de exteriorização de sentimentos racistas e discriminatórios que convivem latente na individualidade.

Mesmo diante daqueles que insistem em negar a realidade fática, as manifestações de discriminação são, periodicamente, transmitidas pela grande mídia, mesmo sem intensão de o fazê-lo. Por outro giro, para quem está habituado a sofrer discriminação, a percepção da realidade apresenta uma sintonia fina que é diversa daquela das pessoas que são indiferentes ou que praticam condutas discriminatórias.

Como bem observa Rafael Francisco Marcondes de Moraes, "os comportamentos observados no meio desportivo invariavelmente refletem hábitos e aspectos culturais de uma sociedade, em especial naquelas modalidades esportivas de maior popularidade",[28] como é o caso do futebol.

Esses comportamentos, por sua vez, podem ter origem diversas, partindo dos próprios praticantes do esporte, dos clubes a que pertencem, da imprensa especializada

---

24. Segundo George Fredrickson, a palavra "racismo" foi usada pela primeira vez, de forma comum, na década de 1930, quando uma nova palavra se tornou necessária para descrever as teorias em que se baseava o regime nazista em sua perseguição aos judeus. O autor destaca, ainda, que o fenômeno existia muito antes da cunhagem da palavra (FREDRICKSON, George M. *Racism*. A Short History. New Jersey: Princeton University Press, 2002, p. 5).

25. SODRÉ, Muniz. *O Fascismo da Cor*. Uma Radiografia do Racismo Nacional. Petrópolis: Vozes, 2023, p. 223.

26. Como dizem Las Back, Tim Crabbe e John Solomos, "o humor trabalha com estereótipos raciais insidiosos, mas permite sua expressão de forma legítima". ("humor works with insidious racial stereotypes yet enables their expression in a legitimate way") (BACK, Les, CRABBE, Tim and SOLOMOS, John. *The Changing Face of Football*. Racism, Identity and multiculture in the English Game. Oxford, New York: Berg, 2001, p. 111).

27. Pior, ainda, quando algumas pessoas racistas e preconceituosas ocupam cargos proeminentes na estrutura governamental e que, com o seu carisma, forma uma legião de seguidores que enxergam um ambiente propício para a supressão de seus filtros sociais, externando os mais diversos tipos de preconceito, muitas vezes de forma violenta e criminosa.

28. MORAES, Rafael Francisco Marcondes de. Crimes Raciais e de Intolerância no Âmbito Desportivo. In: GIORDANI, Francisco Alberto da Motta Peixoto e GIORDANI, Manoel Francisco de Barros da Motta Peixoto (Coord.). *Direito Desportivo*. Aspectos Penais e Trabalhistas Atuais. São Paulo: LTr, 2017, p. 129.

ou não, e dos torcedores. Essa última manifestação, centrada no preconceito arraigado da sociedade é que interessa no presente estudo, mormente pela complexidade de seu enfrentamento.

4. APONTAMENTOS SOBRE A RELAÇÃO DE TRABALHO DO ATLETA PROFISSIONAL DE FUTEBOL

Evidenciada a existência de condutas discriminatórias direcionadas aos atletas de futebol profissional, passa-se a tratar da relação jurídica entre esses profissionais e o clube de futebol. Mas antes, algumas linhas sobre o direito desportivo se fazem em ordem.

O Direito Desportivo, caminhando para a sua autonomia, se é que ainda não a adquiriu, apresenta, como uma de suas características singulares, a multidisciplinariedade. Na verdade, relaciona-se com diversos do direito. Mauricio da Veiga diz, com propriedade, que "a característica multidisciplinar do Direito Desportivo proporciona o contato frequente desta área específica com o direito do trabalho, tributário, constitucional, civil, penal, previdenciário, administrativo e empresarial".[29] É, portanto, um microssistema normativo, mormente diante da existência de uma legislação própria específica, qual seja, a Lei Geral do Esporte (LGE).

Nesse contexto de múltiplas relações jurídicas, para o tema do presente estudo realça-se a relação de trabalho, pois é essa a natureza jurídica do vínculo entre o clube de futebol profissional e o atleta.

A legislação brasileira evoluiu com o passar das décadas de forma a estabelecer um conjunto normativo de proteção aos atletas profissionais até a sedimentação da natureza de uma relação de emprego entre os clubes de futebol e os jogadores.

Guilherme Augusto Caputo Bastos, Ministro do Tribunal Superior do Trabalho, não deixa dúvidas ao trazer esta discussão em um estudo sobre os "contratos de gaveta" envolvendo atletas de futebol.

> Poder-se-ia, de início, questionar se o contrato de trabalho firmado entre os jogadores de futebol e seus Clubes configuraria relação de emprego, tal como formatada pela CLT. Entretanto, não obstante as características inerentes à atividade, dúvida não há acerca de que o jogador de futebol é um empregado do Clube que o contrata, porquanto presentes os requisitos da continuidade, subordinação, onerosidade e pessoalidade.[30]

Em que pese a evidência da existência de relação de emprego, pelas características fáticas do trabalho realizado, existem peculiaridades específicas que podem ser usadas para tentar lançar uma cortina jurídica sobre a realidade.[31] Isso tem se tornado comum

---

29. VEIGA, Mauricio de Figueiredo Corrêa da. *Direito e Desporto*. São Paulo: LTr, 2018, p. 13.
30. CAPUTO BASTOS, Guilherme Augusto. As Renovações e Extensões Unilaterais de Contratos de Trabalho de Atletas de Futebol – "Contratos de Gaveta". In: MELO FILHO, Álvaro et. al. (Coord.). *Direito do Trabalho Desportivo*. Homenagem ao Professor Albino Mendes Baptista. São Paulo: Quartier Latin, 2012, p. 204.
31. Océlio Morais fala em um "fog jurídico" (*legal fog* ou nevoeiro jurídico, no sentido de se criar uma obscuridade jurídica) ao se referir ao trabalho parassubordinado, com uso de algumas expressões com o objetivo de desca-

atualmente no Brasil, com uma interpretação desvalorativa do trabalho humano sob uma supervalorização indevida da livre iniciativa. Os princípios basilares do direito do trabalho são esquecidos pelo aplicador do direito, deixando de lado a prevalência da realidade para consagrar uma falsa autonomia da vontade, que não existe em uma relação assimétrica.

A LGE parece seguir esse caminho nebuloso ao dispor que a atividade assalariada não é a única forma de caracterização da profissionalização do atleta, reconhecendo a possibilidade de contratos de natureza cível. Veja-se o que diz o art. 82 da Lei 14.597/2023.

> Art. 82. A atividade assalariada não é a única forma de caracterização da profissionalização do atleta, do treinador e do árbitro esportivo, sendo possível também definir como profissional quem é remunerado por meio de contratos de natureza cível, vedada a sua participação como sócio ou acionista da organização esportiva.
>
> Parágrafo único. A atividade profissional do atleta, do treinador e do árbitro esportivo não constitui por si relação de emprego com a organização com a qual ele mantenha vínculo de natureza meramente esportiva, caracterizado pela liberdade de contratação.[32]

Essa é uma questão relevante e de consequências graves para uma sociedade que foi edificada constitucionalmente sob o valor social do trabalho. A prevalência dos interesses econômicos da parte com ascendência sobre a parte mais vulnerável da relação jurídica,[33] sob uma alegada autonomia da vontade, não contribui para o cumprimento dos mandamentos constitucionais humanistas.

Ainda é mais incompreensível essa opção do legislador quando a própria LGE destaca, em seu artigo 70, que as relações econômicas que advêm da prática do esporte

---

racterizar a real subordinação jurídica da relação de emprego. Daí surge, por exemplo, a expressão "colaborador" (MORAIS, Océlio de Jesús C. *Competência da Justiça Federal do Trabalho e a Efetividade do Direito Fundamental à Previdência*. São Paulo: LTr, 2014, p. 28-29).

32. Parece evidente a intenção da norma, qual seja, afastar a competência da Justiça do Trabalho, mesmo considerando ser a relação entre o atleta e o clube de natureza laboral. Relação de trabalho não se confunde com relação de emprego e a Justiça do Trabalho é competente para julgar as controvérsias decorrentes da relação de trabalho. O art. 114 da CRFB/1988 não deixa dúvidas quanto a abrangência da competência da Justiça Especializada ao dispor de forma clara e inconteste competir à Justiça do Trabalho processar e julgar as ações oriundas da relação de trabalho, abrangidos os entes de direito público externo e da administração pública direta e indireta da União, dos Estados, do Distrito Federal e dos Municípios (inciso I). Contudo, o STF insiste em dilapidar a competência da Justiça Especializada com interpretações reducionistas que não observam o valor social do trabalho, fazendo prevalecer uma irreal autonomia da vontade, inclusive com afastamento das regras processuais mais comezinhas de fixação de competência, como se observa em recentes decisões monocráticas proferidas em sede de reclamações.

33. Certamente haverá aqueles que afirmarão que os jogadores de futebol profissionais não são vulneráveis na relação de trabalho com os clubes diante dos valores elevados que percebem durante os seus contratos de trabalho. Em primeiro lugar, a assimetria entre as partes não está associada apenas à hipossuficiência do trabalhador, tanto que se utilizou a palavra vulnerabilidade e não hipossuficiência. Por outro lado, a realidade da grande maioria dos jogadores profissionais, no Brasil, é de vulnerabilidade econômica, considerando que as altas remunerações ocorrem em relação a uma minoria dos contratos. Segundo pesquisa do site salario.com.br, um jogador de futebol ganha em média R$ 7.873,17 no mercado de trabalho brasileiro para uma jornada de trabalho de 43 horas semanais. As informações foram obtidas junto a dados oficiais do Novo CAGED, eSocial e Empregador Web com um total de 24.243 salários de profissionais admitidos e desligados no período de junho de 2022 a junho de 2023. Segundo a pesquisa, a faixa salarial do atleta de futebol, no período, ficava entre R$ 1.350,00 e o teto salarial de R$ 27.461,16, sendo a média do piso salarial do ano de 2023 de acordos coletivos levando em conta profissionais em regime CLT de todo o Brasil (Disponível em: https://www.salario.com.br/profissao/jogador-de-futebol-cbo-377110/. Acesso em: 26 ago. 2023).

devem basear-se nas premissas do desenvolvimento social e econômico e no primado da proteção do trabalho, da garantia dos direitos sociais do trabalhador esportivo e da valorização da organização esportiva empregadora.

Deixando de lado essa questão, pelo menos por enquanto, tem-se que o contrato de trabalho formado entre o atleta profissional e o clube de futebol é um contrato especial, com características próprias. Define-se o contrato de trabalho do atleta profissional como sendo o "negócio jurídico celebrado entre uma pessoa física (atleta) e o clube, disciplinando condições de trabalho, algumas delas prefixadas na *lex sportiva*, de forma onerosa e sob a orientação do empregador (clube)".[34]

Presentes os elementos da relação de emprego, nos termos dos artigos 2º e 3º da CLT (trabalho prestado por pessoa física, pessoalidade, não eventualidade, onerosidade, subordinação jurídica e alteridade), o contrato de trabalho do atleta profissional de futebol tem contornos especiais, sendo regido por lei específica. Deve-se observar que se aplicam, de forma subsidiária, as normas celetistas.

Trata-se de um contrato *intuitu personae*, na medida em que o sujeito trabalhador (o atleta profissional de futebol) é central na relação jurídica trabalhista. Embora o esporte em questão seja praticado de forma coletiva, a relação de emprego entre o clube e o atleta profissional é individualizada, não havendo que se falar em contrato de equipe.[35]

É bem verdade que a pessoalidade é uma característica presente em todos os contratos de emprego. Contudo, no contrato firmado entre o Clube de futebol (empregador) e o jogador (empregado), a figura do atleta ganha relevo, por tudo que ele representa, não apenas internamente para a equipe e para o Clube, mas, sobretudo, externamente no sentimento de afeição (ou não) com a sua torcida ou em termos de retorno publicitário.

Ao lado dos direitos trabalhistas específicos previstos na legislação de regência do contrato de trabalho dos atletas profissionais de futebol, esses jogadores também gozam dos direitos de personalidade. Esses últimos são os direitos de cidadania, ligados à personalidade da pessoa humana (direitos fundamentais de primeira dimensão) que, uma vez exercido pelos trabalhadores nas relações de trabalho, passam a ser denominados como direitos laborais inespecíficos dos trabalhadores.[36]

Assim, pode-se afirmar que o jogador de futebol profissional no Brasil é um trabalhador que, no exercício de sua profissão, deve ter a devida proteção aos seus direitos

---

34. VEIGA, Mauricio de Figueiredo Corrêa da. *Manual de Direito do Trabalho Desportivo*. São Paulo: LTr, 2022, p. 74.

35. O contrato de trabalho por equipe, ou plúrimo, ocorre por conta das especificidades da prestação do serviço, levando à contratação de múltiplos empregados de forma simultânea. O que importa na contratação é o conjunto.

36. Os direitos laborais inespecíficos são os direitos fundamentais de primeira dimensão (direitos civis e políticos), os quais também devem ser observados na relação trabalhista, segundo ensinamentos de Renato Rua de Almeida para quem a "consagração dos direitos da cidadania como direitos fundamentais de primeira geração ou dimensão despertou a ideia de que sua efetivação, no que tange aos trabalhadores, não deve ser perseguida apenas no contexto da sociedade política, mas também no âmbito das relações de trabalho" (ALMEIDA, Renato Rua de. Direitos Laborais Inespecíficos dos Trabalhadores. *Revista do Tribunal Regional do Trabalho da 8ª Região*. Belém: Tribunal Regional do Trabalho da 8ª Região, v. 46, n. 90, p. 151, jan./jun. 2013.

fundamentais, sejam eles direitos trabalhistas específicos ou inespecíficos, observados pelo clube de futebol, e assegurados pelo Estado.

Assim, as violações sofridas pelos atletas de futebol, quando executadas durante as partidas de futebol, se dão no contexto do exercício da profissão e, portanto, os danos sofridos são decorrentes da relação de trabalho existente com o clube.

Por óbvio que o jogador de futebol profissional exerce a sua atividade profissional em diversos momentos: durante os treinos físicos, nos treinos táticos, nas sessões de fisioterapia, nas campanhas de marketing do clube, nas entrevistas de imprensa, entre outras situações. Mas não há dúvidas de que a sua principal aparição como profissional é durante as partidas de seu clube.

O estádio de futebol (ou arena) é o ambiente no qual a principal atividade do jogador se desenvolve. O campo de futebol, cercado pelas arquibancadas onde se encontra o público, é o principal ambiente de trabalho do jogador profissional ("labor environment").

O público presente nos estádios, normalmente, se divide em dois grupos "antagônicos" na medida em que é composto de pessoas que torcem para cada um dos clubes envolvidos na partida. Embora possam estar assistindo à partida pessoas que não tenham preferência por nenhum dos times, é razoável assumir que a maioria dos presentes sejam torcedores dos clubes.

Conquanto o universo de pessoas presente no estádio durante uma partida de futebol seja heterogêneo, há uma convergência, um fator de aproximação, que é a preferência por um dos clubes. Esse público interage entre si e com os atletas das mais diversas maneiras, exibindo reações de apreensão, tensão, descontentamento, raiva, alegria, júbilo, a depender da performance de seu clube.

Não é tão raro a ocorrência de violência entre os torcedores, não sendo uma exclusividade brasileira. Esse ambiente influencia a conduta das pessoas que, inseridas em um contexto coletivo, muitas vezes são contaminadas pela massa e passam a agir de forma que normalmente não agiriam, inclusive com exteriorização de preconceitos, com manifestações discriminatórias, inclusive de racismo.

Vale a pena transcrever trecho da obra de Ulisses Augusto Pascolati Junior que, ao tratar das torcidas organizadas, também faz importante referência ao dito torcedor comum.

> O anonimato vale para os torcedores comuns da mesma maneira que incide sobre os organizados. Além disso, o individualismo e por que não, a atomização destes torcedores, devido às vicissitudes do evento esportivo e da séria de sentimentos que ele acarreta, os levam, também, à prática de ilícitos penais que, fora deste contexto, em sua vida cotidiana, provavelmente não praticariam.[37]

Essas práticas ocorrem na execução do contrato de trabalho, em que o atleta é colocado no campo de futebol (estádio ou arena), por seu empregador, para uma exibição

---

37. PASCOLATI JUNIOR, Ulisses Augusto. *Delito e Torcedor*. Esporte, Violência e Direito Penal. Belo Horizonte, São Paulo: D'Plácido, 2020, p. 70.

desportiva, em que sua imagem fica exposta às mais diversas manifestações. Nem todas as manifestações são positivas. Muitas são violadoras de direitos da personalidade do profissional.

Como tais violações ocorrem no exercício da profissão, há ofensa a direitos fundamentais trabalhistas inespecíficos. Não há dúvidas de que estas manifestações de intolerância, colocam os atletas na condição de vítimas de racismo à luz do Direito do Trabalho.

A reparação do dano, portanto, deve se dar na perspectiva da vítima trabalhadora. Nesse contexto, os olhos se voltam para o empregador, o clube de futebol. Mas é possível ampliar o espectro da responsabilização, de forma a criar um mecanismo de prevenção que preserve os direitos fundamentais dos atletas expostos durante a partida de futebol.

5. A QUEM DEVE SER ATRIBUÍDA A RESPONSABILIDADE CIVIL PELO DANO SOFRIDO PELO ATLETA PROFISSIONAL DE FUTEBOL?

Como exposto na introdução, não serão abordados aspectos da teoria geral da responsabilidade civil.

Sendo o objeto de investigação as manifestações discriminatórias e/ou racistas praticadas por terceiros à relação de emprego (constituída entre o atleta profissional e o clube de futebol), no caso, os torcedores presentes nos estádios, a questão se reveste de maior complexidade.

A responsabilidade significa a sujeição de uma pessoa que vulnera um dever de conduta imposto em interesse de outro sujeito à obrigação de reparar o dano sofrido.[38]

Em nosso ordenamento jurídico, como regra geral, a responsabilidade civil é de natureza subjetiva, o que implica estarem aperfeiçoados no plano fenomênico quatro elementos caracterizadores, quais seja, a conduta praticada pelo agente, o dano, a culpa e o nexo de causalidade.[39]

Também deve ser considerado que, desde a vigência do Código Civil de 2002, vem se observando um movimento de objetivização da responsabilidade civil, pelo reconhecimento do dever de reparação do dano causado mesmo ausente o elemento subjetivo da culpa.[40]

---

38. ROSPIGLIOSI, Enrique Varsi e MALDONADO, Marco Andrei Torres. La Responsabilidad Civil Derivada de la Vulneración de los Derechos de la Persona. Protección Jurídica del Sujeto y Defensa de sus Derechos. In: RUZYK, Carlos Eduardo Pianovski e ROSENVALD, Nelson (Coord.). *Novas Fronteiras da Responsabilidade Civil*. Direito Comparado. Indaiatuba: Editora Foco, 2020, p. 79.

39. Art. 186 CC/2002. Aquele que, por ação ou omissão voluntária, negligência ou imprudência, violar direito e causar dano a outrem, ainda que exclusivamente moral, comete ato ilícito.

40. Art. 927 CC/2002. Aquele que, por ato ilícito (arts. 186 e 187), causar dano a outrem, fica obrigado a repará-lo. Parágrafo único. Haverá obrigação de reparar o dano, independentemente de culpa, nos casos especificados em lei, ou quando a atividade normalmente desenvolvida pelo autor do dano implicar, por sua natureza, risco para os direitos de outrem.

Como observa José Affonso Dallegrave Neto, consolidada no século XX, a teoria objetiva tornou-se cientificamente autônoma, porém não foi capaz de se sobrepor à teoria subjetiva, pois "ainda hoje, a presença do elemento culpa é a regra geral da ação reparatória, ficando reservado ao legislador a enumeração taxativa (todavia, cada vcez mais larga) dos casos especiais de indenização sem culpa".[41]

Pois bem, é incontroverso, nos casos de manifestações racistas nos estádios, a existência da conduta violadora de direitos fundamentais dos atletas vítmias dos atos, do dano e do nexo de causalidade, além do elemento subjetivo, no caso o dolo de praticar a conduta.

Certamente haverá aqueles que, de pronto, afirmarão que os clubes de futebol não têm qualquer responsabilidade pelas condutas dos torcedores que praticam tais atos, pelo menos em relação aos jogadores a quem as violências são dirigidas.

Assim, não haveria o elemento subjetivo por parte do clube de futebol em violar direitos fundamentais dos atletas vítimas das condutas praticadas pelos torcedores.

Pensamos de forma diferente.

Sem adentrar nas diversas teorias dos riscos, de forma a subsidiar uma possível responsabilidade objetiva do clube de futebol, é fato que o mesmo tem proveito econômico com a partida. Esse proveito econômico tem diversas origens e fontes, tais como os valores decorrentes na venda de ingressos, os direitos televisivos, a comercialização de produtos e veiculação de imagens, além do patrocínio de marcas.

O jogo, em si, realizado no plano fenomênico pelos atletas, é fato gerador de proveito econômico para os clubes, ou seja, é uma atividade lucrativa, em um ambiente de negócios em expansão.

Sob essa perspectiva, o atleta contribui para os ingressos financeiros para o clube, que, assumindo os riscos da atividade econômica, admite, assalaria e dirige a prestação pessoal de seus serviços (art. 2º da CLT).

Por sua vez, o clube de futebol, ostentando a posição de empregador dos atletas profissionais de futebol, é responsável pela higidez do meio ambiente de trabalho o que, por certo, abarca a proteção da saúde do trabalhador contra riscos ambientais em sua mais ampla dimensão.[42]

Em que pese o clube não praticar diretamente os atos de racismo irradiados pela torcida, ou parte dela, ao manter o jogador em campo exposto a tais atos, contribui para a violação de direitos fundamentais do atleta. Assim, falta com o dever de tutela dos direitos de personalidade de seus empregados, que estaria incluído em suas obrigações como empregador. E não o faz por interesse no resultado da partida, portanto, com vistas a proveitos econômicos.

---

41. DALLEGRAVE NETO, José Affonso. *Responsabilidade Civil no Direito do Trabalho*. São Paulo: LTr, 2007, p. 91.

42. Cláudio Brandão afirma que o principal objetivo a ser buscado na legislação de proteção ao trabalho é "garantir a integridade psicofísica do empregado e, por consequência, a sua própria capacidade laboral, meio de manutenção própria e de sua família, elemento indissociável de sua dignidade" (BRANDÃO, Cláudio. *Acidente do Trabalho e Responsabilidade Civil do Empregador*. São Paulo: LTr, 2009, p. 36).

Só por isso, já haveria fundamento para atribuir responsabilidade ao clube empregador por danos causados ao atleta profissional vítima de racismo. Volta-se à figura do torcedor presente no estádio.

O torcedor não integra uma plateia passiva que assiste a partida de futebol. O torcedor participa ativamente do "espetáculo", inclusive influenciando o ambiente em que a partida se realiza. Nesse contexto, Marcelo Martins Barreira afirma que o torcedor "joga junto com e não é um mero espectador; ele não fica apenas contemplando a partida. Ele toma parte dos lances e interfere no movimento do jogo".[43]

A torcida, nesse contexto, pode influenciar o transcurso da partida, e o seu resultado, de forma positiva ou negativa.

Quando a torcida, em sua dimensão coletiva, pratica atos de natureza violenta (o que abrange as condutas discriminatórias), o clube pode ser penalizado. No âmbito dos regulamentos desportivos, o clube pode perder "mando de campo" ou ser sofrer outras penalidades, por exemplo, a realização das partidas com "portões fechados", ou seja, sem torcida.[44]

Embora com potenciais reflexos no desempenho desportivo do clube de futebol, são respostas insuficientes para prevenir a repetição das condutas praticadas pelos torcedores, além de não reparar os danos causados aos atletas vítimas da violência.

A Lei Geral do Esporte estabelece as condições de acesso e de permanência do espectador no recinto esportivo, independentemente da forma de seu ingresso (art. 158 da Lei 14.597/2023). Entre as condições está listada as seguintes: não portar ou ostentar cartazes, bandeiras, símbolos ou outros sinais com mensagens ofensivas, ou entoar cânticos que atentem contra a dignidade da pessoa humana, especialmente de caráter racista, homofóbico, sexista ou xenófobo (inciso IV); não arremessar objetos de qualquer natureza no interior do recinto esportivo (inciso V); não incitar e não praticar atos de violência no estádio, qualquer que seja a sua natureza (inciso VII).

Nos termos do parágrafo único do art. 158 da LGE, o não cumprimento das condições estabelecidas neste artigo implicará a impossibilidade de acesso do espectador ao recinto esportivo ou, se for o caso, o seu afastamento imediato do recinto, sem prejuízo de outras sanções administrativas, civis ou penais eventualmente cabíveis.

---

43. BARREIRA, Marcelo Martins. Futebol (como metáfora) se discute, sim... In: SILVEIRA, Ronie A. T. (Org.). *O Futebol e a Filosofia*. Campinas: Editora PHI, 2014, p. 107. Ainda, segundo Barreira, o estádio funciona "como um templo secularizado que ritualiza numa totalidade seus diversos componentes – torcedor, jogador, dirigentes, estádio, clima, diretoria –, bastando um estalo para acender a paixão pelo futebol (...). Por isso, o estádio poderá simbolizar um universo cultural como o brasileiro." (BARREIRA, Op. cit., p. 107-108). Pensamos que essa visão é de extrema relevância para entendermos por que razão temos tantas manifestações violentas nos estádios de futebol. Vemos o estádio, em sua coletividade, como uma caixa que reverbera os sentimentos das pessoas, como microcosmo da sociedade brasileira. Isso fica evidente quando ocorrem manifestações de discriminação, independente da amplitude subjetiva.

44. As infrações disciplinares previstas no Código Brasileiro de Justiça Desportiva podem acarretar a aplicação de penas previstas em seu art. 170 (I – advertência; II – multa; III – suspensão por partida; IV – suspensão por prazo; V – perda de pontos; VI – interdição de praça de desportos; VII – perda de mando de campo; VIII – indenização; IX – eliminação; X – perda de renda; XI – exclusão de campeonato ou torneio).

Como se verifica, as consequências do descumprimento das condições elencadas em lei é uma punição de natureza individual, desde que haja a individualização do torcedor que tenha praticado o ato em contradição com a norma.

Por outro giro, é comum que as manifestações de discriminação dirigidas aos atletas, mesmo que se iniciem de forma individualizada ou concentrada em um grupo de torcedores, reverberem na massa difusa das pessoas que se encontram naquele ambiente coletivizado. Como se sabe, não é incomum que, em um contexto coletivo, freios sociais sejam rompidos, tornando as condutas individuais parte da manifestação amplificada da multidão.

Nesse cenário, a punição individualizada dos autores das condutas, seja na esfera administrativa desportiva, sejam nas esferas da responsabilização civil e criminal, são insuficientes para a recomposição da ordem jurídica violada. O dano causado é, simultaneamente individual e coletivo.

Se a responsabilização individualizada é frágil para tão grave violação da ordem jurídica, deve-se buscar uma forma de, ao mesmo tempo que se aplique a sanção pelas condutas praticadas, sirva de barreira preventiva para a continuidade da prática. Reparação e inibição, essa deve ser a combinação a ser buscada pela tutela estatal.

A partir desse cenário de adequação da responsabilização, volta-se o olhar para dois atores que possuem capacidade de, efetivamente, intervir no plano fenomênico em que se dá a conduta ilícita de forma a cessar a exposição da vítima aos atos praticados pelos torcedores. São eles o próprio clube de futebol profissional e o Estado.

O jogador de futebol vítima de discriminação irradiada da torcida, adversária ou não, encontra-se em um ambiente de amplificação do dano. O dano sofrido pelo jogador é amplificado em função do ambiente onde ocorre a partida, com milhares de pessoas, dando expressão coletiva ao momento em que ocorre a prática da discriminação. Reverbera-se em uma massa de pessoas que se associa ativamente para praticar os atos discriminatórios, ou apenas assiste passivamente tais atos.

Além da exposição presencial, os atos discriminatórios, muitas vezes, são difundidos em decorrência da transmissão da partida pela mídia, inclusive pela internet. Portanto, a dimensão da exposição do jogador transborda o público presente no estádio, ganhando um contorno difuso indeterminado.

Por essa dimensão irradiadora da violação aos direitos de personalidade do jogador vítima dos atos discriminatórios perpetuados pela torcida, é insuficiente a responsabilização individual, quando possível identificar o agente violador.

Atribuímos ao clube de futebol a responsabilidade primária de proteger os direitos fundamentais de seus atletas profissionais. Essa proteção pode se dar de várias formas como, por exemplo, a realização constante de campanhas educativas contra o racismo, a exibição de mensagens durante as partidas de futebol, a punição dos torcedores que praticam atos racistas, entre outras medidas. Pensamos que, ocorrendo atos coletivos de racismo durante as partidas, a vítima deveria ser retirada de campo de forma a estancar, no momento da violência, o dano direto, mesmo em prejuízo do resultado. Na ponderação de interesses, a pessoa humana em primeiro lugar.

Em casos mais graves, pensamos que o clube de futebol deveria exigir que a arbitragem fizesse constar na súmula da partida as ocorrências e, até mesmo, exigir que o jogo seja interrompido pela autoridade desportiva.

Estamos muito longe disso acontecer. Os interesses econômicos ainda preponderam em relação à proteção de direitos fundamentais, como se verifica recorrentemente nas relações jurídicas em que há subordinação, sobretudo nas relações de trabalho, evidentemente assimétricas.

Podemos avançar ainda mais em medidas arrojadas pois o racismo, independentemente de sua dimensão, não é um elemento irrelevante em nossa sociedade. Na verdade, o racismo é um fator preponderante das desigualdades sociais e das violências sofridas pela parcela vulnerável da sociedade. E cabe ao Estado atuar ativamente, por intermédio de políticas públicas, para enfrentar tais atos, buscando cumprir o mandamento constitucional de construir uma sociedade livre, justa e solidária, erradicar a pobreza e a marginalização e reduzir as desigualdades sociais e regionais, promover o bem de todos, sem preconceitos de origem, raça, sexo, cor, idade e quaisquer outras formas de discriminação (art. 3º da CRFB/1988).

De tal modo, outro ponto deve ser considerado sobre a reparação do dano sofrido pelos atletas profissionais decorrentes de manifestações de discriminação: em que medida o Estado, enquanto tutor da dignidade da pessoa humana, tem se omitido em dar uma resposta adequada a essas violações de direitos fundamentais.

Para o reconhecimento da responsabilidade civil do Estado em reparar o dano, a doutrina observa que o agente causador do dano deve, de alguma forma, estar vinculado à Administração Pública, direta ou indireta, de direito público ou de direito privado (que preste serviço público). Esse seria um óbice para imputar ao Estado o dever de reparar o dano causado pela torcida aos atletas profissionais nos casos de racismo.

Contudo, pela gravidade dos atos racistas praticados nos estádios, com danos amplificados pela transmissão (televisiva, radiofônica e, agora, pela internet e serviços de "streaming"), impõe-se ao Estado medidas severas de contenção dessa violência. Afinal, o Estado tem o dever de tutelar, por intermédio de condutas comissivas, a dignidade da pessoa humana, em seus aspectos mais amplos.

Assim, caberia ao Estado, no exercício de seu poder de polícia, e diante de graves situações de racismo, determinar ao árbitro da partida a adoção de medidas para proteção dos jogadores, tais como, não iniciar a partida, paralisar o jogo ou, até mesmo, encerrar definitivamente o evento.

Não o fazendo, atrairia para si a responsabilidade civil pela reparação do dano sofrido pelo atleta profissional, por ter deixado de adotar as medidas possíveis para a tutela de seus direitos fundamentais.

Para casos graves, as medidas também devem ser severas, pois não há mais espaço para convivência com atos de racismo em nossa sociedade.

Por fim, a tecnologia pode ser empregada para a prevenção de casos de racismo nos estádios, criando-se um sistema de monitoramento como um "VAR antirracismo", permitindo às autoridades públicas a identificação de pessoas que praticam os atos discriminatórios, mesmo no meio da massa de torcedores. Esse sistema funcionaria como um instrumento de inibição das pessoas inseridas no ambiente coletivizado do público.

Sempre importante lembrar que os jogadores profissionais, antes de serem atletas, são pessoas, e devem ser protegidos por essa condição inalienável.

6. CONSIDERAÇÕES FINAIS

O esporte, enquanto manifestação cultural, inserido no rol de direitos fundamentais da pessoa humana, deve ser um instrumento de integração social e de evolução das sociedades, inspirado por princípios axiologicamente elevados, entre eles o da não discriminação.

A questão posta para análise neste artigo não é apenas sobre como combater o racismo nos estádios de futebol e em que medida responsabilizar aqueles que atentam contra a dignidade dos jogadores. Na verdade, objetiva revelar que as manifestações discriminatórias, racistas ou não, refletem um microcosmos das sociedades, inclusive a brasileira, e que aceitar, ou tentar justificar, essa realidade é normalizar as violências sofridas pelos atletas.

Sabendo das dificuldades impostas pelo ambiente em que ocorrem, não basta encontrar aquele (ou aqueles) que diretamente cometeu o ato ilícito.

Também não é suficiente desenvolver uma teoria que atribua a responsabilidade ao clube de futebol, como empregador dos jogadores.

Parece que a solução deve ser mais radical, imputando ao próprio Estado a responsabilidade pela prevenção e combate a essas manifestações, de forma a evidenciar que nós, como sociedade, não aceitamos o racismo.

Diante do cenário recente, ainda há um longo caminho pela frente.

REFERÊNCIAS

ALMEIDA, Renato Rua de. Direitos Laborais Inespecíficos dos Trabalhadores. *Revista do Tribunal Regional do Trabalho da 8ª Região*. Belém: Tribunal Regional do Trabalho da 8ª Região, v. 46, n. 90, p. 151-154, jan./jun. 2013.

AMADO, João Leal. *Contrato de Trabalho Desportivo*. Coimbra: Almedina, 2021.

BACK, Les, CRABBE, Tim and SOLOMOS, John. *The Changing Face of Football*. Racism, Identity and multiculture in the English Game. Oxford, New York: Berg, 2001.

BARREIRA, Marcelo Martins. Futebol (como metáfora) se discute, sim... In: SILVEIRA, Ronie A. T. (Org.). *O Futebol e a Filosofia*. Campinas: Editora PHI, 2014.

BRANDÃO, Cláudio. *Acidente do Trabalho e Responsabilidade Civil do Empregador*. São Paulo: LTr, 2009.

BRASIL. *Perguntas e Respostas sobre Discriminação no Trabalho*. Brasília: Ministério do Trabalho, 2018.

BRITO FILHO, José Claudio Monteiro de. *Discriminação no Trabalho*. São Paulo: LTr, 2002.

CAPUTO BASTOS, Guilherme Augusto. As Renovações e Extensões Unilaterais de Contratos de Trabalho de Atletas de Futebol – "Contratos de Gaveta". In: MELO FILHO, Álvaro et. al. (Coord.). *Direito do Trabalho Desportivo*. Homenagem ao Professor Albino Mendes Baptista. São Paulo: Quartier Latin, 2012.

COVIELLO, João. Futebol e Experiência Estética. In: SILVEIRA, Ronie A. T. (Org.). *O Futebol e a Filosofia*. Campinas: Editora PHI, 2014.

DALLEGRAVE NETO, José Affonso. *Responsabilidade Civil no Direito do Trabalho*. São Paulo: LTr, 2007.

FREDRICKSON, George M. *Racism*. A Short History. New Jersey: Princeton University Press, 2002.

GALEANO, Eduardo. *Futebol ao Sol e à Sombra*. Porto Alegre: L&PM, 1995.

GASPARINI, William. Le Paradoxe du Sport. Tolérance et Racisme Ordinaire dans les Clubs Sportifs de France. In: BOLI, Claude, CLASTRES, Patrick et LASSUS, Marianne (Dir.). *Le Sport en France à L'épreuve du Racisme*. Paris: Nouveau Monde Éditions, 2015.

GRANT, Jarvie, THORNTON, James and MACKIE, Hector. *Sport, Culture and Society*. An Introduction. London, New York: Routledge, 2018.

MESTRE, Alexandre Miguel. *Direito do Desporto*. Aspectos Transversais. Coimbra: Almedina, 2023.

MORAES, Rafael Francisco Marcondes de. Crimes Raciais e de Intolerância no Âmbito Desportivo. In: GIORDANI, Francisco Alberto da Motta Peixoto e GIORDANI, Manoel Francisco de Barros da Motta Peixoto (Coord.). *Direito Desportivo*. Aspectos Penais e Trabalhistas Atuais. São Paulo: LTr, 2017.

MORAIS, Océlio de Jesús C. *Competência da Justiça Federal do Trabalho e a Efetividade do Direito Fundamental à Previdência*. São Paulo: LTr, 2014.

OUSELEY, Herman. Foreword. In: LONG, Jonathan and SPRACKLEN, Karl (Ed.). *Sports and Challenges to Racism*. New York: Palgrave Macmillan, 2011.

PASCOLATI JUNIOR, Ulisses Augusto. *Delito e Torcedor*. Esporte, Violência e Direito Penal. Belo Horizonte, São Paulo: D'Plácido, 2020.

RODRIGUES, Aroldo. *Psicologia Social*. Petrópolis: Vozes, 1998.

ROSPIGLIOSI, Enrique Varsi e MALDONADO, Marco Andrei Torres. La Responsabilidad Civil Derivada de la Vulneración de los Derechos de la Persona. Protección Jurídica del Sujeto y Defensa de sus Derechos. In: RUZYK, Carlos Eduardo Pianovski e ROSENVALD, Nelson (Coord.). *Novas Fronteiras da Responsabilidade Civil*. Direito Comparado. Indaiatuba: Editora Foco, 2020.

SAMPAIO, Tamires Gomes. *Código Oculto*. Política criminal, processo de racialização e obstáculos a cidadania da população negra no Brasil. São Paulo: Editora Contracorrente, 2020.

SODRÉ, Muniz. *O Fascismo da Cor*. Uma Radiografia do Racismo Nacional. Petrópolis: Vozes, 2023.

VEIGA, Mauricio de Figueiredo Corrêa da. *Direito e Desporto*. São Paulo: LTr, 2018.

VEIGA, Mauricio de Figueiredo Corrêa da. *Manual de Direito do Trabalho Desportivo*. São Paulo: LTr, 2022.